Inhalt

Zu diesem Buch

Obwohl die Literatur über den Nationalsozialismus und das Dritte Reich beständig wächst, fehlte bisher ein Personenlexikon. Zweck des vorliegenden Buches ist es, Fachleuten und vor allem interessierten Laien eine verläßliche und zur Weiterbeschäftigung anregende Informationsquelle über eine Zeit in die Hand zu geben, die zu den entscheidenden Phasen der europäischen Geschichte des 20. Jahrhunderts gehört. Das Buch enthält eine Sammlung alphabetisch geordneter Biographien und gibt damit in großen Zügen Auskunft über die Karrieren von nahezu 400 Persönlichkeiten, die im Dritten Reich eine herausragende Rolle spielten. Anhand dieser Lebensbeschreibungen versuche ich, die Geschichte des Nationalsozialismus darzustellen. Jede Biographie bildet eine Facette des damaligen Deutschland, und ihre Verknüpfung ergibt ein komplexes Bild, das die Vielfalt der Querverbindungen aufzeigt, die in ihrer Gesamtheit das Phänomen Drittes Reich ausmachen.
Die in diesem Band enthaltenen Namen repräsentieren die ganze Fülle gesellschaftlicher und politischer Funktionen Hitlerdeutschlands. Neben Spitzenfunktionären der NSDAP, der SS, der Gestapo, der Wehrmacht und der Politik habe ich Beamte, Juristen, Industrielle, Intellektuelle, Geistliche, Professoren, aber auch Künstler aller Sparten aufgenommen. Denn Schauspieler, Maler, Bildhauer, Architekten, Musiker, Philosophen und Historiker, die in Deutschland blieben und es zu Prominenz brachten, stellen einen wichtigen, wenn auch oft zu wenig beachteten Teil der Wirklichkeit des Dritten Reiches dar.
Auch die geistige Abwanderung aus dem damaligen Deutschland, insbesondere all jener bedeutenden Naturwissenschaftler und Schriftsteller, die aus rassischen und politischen Gründen aus ihrer Heimat vertrieben wurden, habe ich berücksichtigt. Artikel über die akademischen Wortführer im Bereich der Eugenik, der Anthropologie und der Rassenkunde, Biographien von SS-Ärzten und KZ-Kommandanten, höheren Polizeioffizieren und an der »Endlösung« beteiligter SS-Führer unterstreichen den kriminellen Charakter des Hitlerregimes. Andererseits informiere ich jedoch auch über den deutschen Widerstand, der zum Sammelbecken von Vertretern unterschiedlichster geistiger Strömungen (von protestantischen Theologen über katholische Politiker und Priester, Sozialdemokraten und Konservative bis hin zu Offizieren der Wehrmacht) geworden war.

Das Hauptproblem war die Auswahl. Selbst wenn ich mich ausschließlich auf NSDAP-Größen beschränkt hätte, wäre die Zahl der Anwärter auf einen Platz in diesem Buch in die Tausende gegangen. Um so schwieriger war es, eine angemessene Auswahl zu treffen, die einen repräsentativen Querschnitt aller zwischen 1933 und 1945 in Deutschland bestehenden und unterdrückten Strömungen zu geben vermag. Sollte man dabei alle Persönlichkeiten übergehen, die vorwiegend zur Zeit der Weimarer Republik gewirkt hatten? Viele der aufgeführten Personen lebten auch nach 1945 noch. Konnte man ihren späteren Lebensweg einfach ignorieren? Und sollte schließlich nicht die Länge der einzelnen Biographien der Bedeutung der jeweiligen Persönlichkeiten entsprechen?
Unvermeidlich spiegeln meine Versuche, mit all diesen Problemen fertigzuwerden, in gewissem Maße meine persönlichen Interessen und Vorlieben wider. Ich schrecke auch nicht davor zurück, Werturteile zu fällen, wo sie mir tragbar erscheinen. Handelt es sich doch um einen Abschnitt der europäischen Geschichte, angesichts dessen jede Behauptung, objektiv und unvoreingenommen zu sein, schlicht unaufrichtig wirkt.
In zahlreichen Fällen konnte ich auf bereits vorliegende Geschichtsdarstellungen zurückgreifen. Bei weniger bekannten (wenn auch in ihrem Bereich durchaus nicht unwichtigen) Persönlichkeiten erwies sich das Zusammentragen der Informationen als sehr viel schwieriger. Dieses Werk wäre möglicherweise nie zustande gekommen, hätte ich nicht das Glück gehabt, von 1974 bis 1980 als Herausgeber des *Bulletin* an der *Wiener Library* in London zu arbeiten. Die Akten, Dokumente, Zeitungsausschnitte und Geschichtswerke dieser umfangreichen Sammlung von Material über den Nationalsozialismus und das Dritte Reich bilden die unentbehrliche Grundlage für dieses Buch.
In erster Linie ein Nachschlagewerk, will dieses Buch jedoch auch durch die biographische Aufbereitung des Stoffes das Interesse breiterer Leserkreise am Thema Nationalsozialismus und Drittes Reich wecken. Für die bessere Lesbarkeit sind die einzelnen Biographien in einem erzählenden Stil verfaßt, die Ereignisse werden in chronologischer Reihenfolge angeführt, und ich habe der Versuchung widerstanden, den Text durch Fußnoten mit Quellenangaben zu belasten. Allerdings soll die umfassende Bibliographie am Ende des Buches den interessierten Leser nicht nur darüber informieren, auf welchem Quellenmaterial das vorliegende Werk beruht, sondern sie will auch zu weiterer Beschäftigung mit dem Thema anregen. Denn selbstverständlich lassen sich der rhetorische Bombast, der Terror und die tragischen Aspekte des Deutschlands der NS-Zeit unmöglich in einer Folge noch so repräsentativer Biographien ganz erfassen und vermitteln. Andererseits geben die auf den nachstehenden Seiten

festgehaltenen Lebensläufe keineswegs nur Sachinformationen weiter, sondern durchaus auch etwas von der Dimension des Menschlichen (und allzu oft nur Unmenschlichen), die für das Begreifen dieser so entscheidenden Phase der modernen Geschichte unerläßlich ist.

Mein Dank gilt dem Mitarbeiterstab der *Wiener Library* und ihrem Direktor, Prof. Walter Laqueur, sowie insbesondere Mrs. Johnson, Mrs. Kehr und Janet Langmaid, die mir bei meinen ersten Gehversuchen zur Seite standen. Er gilt Lord Weidenfeld, der dieses Vorhaben anregte, und Linda Osband, die mir von seiten des Verlages ihre Unterstützung gewährte. Nicht zuletzt gilt er aber auch den Mitarbeitern von Yad Vashem in Jerusalem, Joachim Hoelzgen vom Londoner SPIEGEL-Büro und Prof. M. R. Marrus (Toronto).

London/Jerusalem — Robert Wistrich

Wer war wer im Dritten Reich von Abetz, Otto bis Zöberlein, Hans

A

Abetz, Otto (1903–1958)
Deutscher Botschafter im Vichy-Frankreich. A. wurde am 26. März 1903 in Schwetzingen geboren, studierte in Karlsruhe und wurde Kunsterzieher an einer dortigen Mädchenschule. Seit 1931 unterstützte er die Ziele der NSDAP und unterhielt gleichzeitig Verbindungen zu ehemaligen Frontkämpfern in Frankreich. 1934 wurde er Frankreich-Referent der Reichsjugendführung, im Januar 1935 trat er in die sogenannte Dienststelle → *Ribbentrop* ein, die neben dem Außenpolitischen Amt der NSDAP und dem Auswärtigen Amt Außenpolitik betrieb.
Seine Aktivitäten als Repräsentant dieser Dienststelle in Paris führten zu seiner Ausweisung (Juli 1939), doch nach dem Ende des Frankreichfeldzugs kehrte er im Juni 1940 nach Frankreich zurück und erhielt im November seine Akkreditierung als Deutscher Botschafter bei der Regierung Pétain. Dieses Amt hatte er vier Jahre lang inne. Offiziell war die deutsche Botschaft für alle politischen Fragen im besetzten wie unbesetzten Frankreich zuständig, außerdem hatte sie beratende Funktion gegenüber der deutschen Polizei und dem deutschen Militär.
Abetz' Hauptziel war es, die Franzosen möglichst vollständig zur Mitarbeit zu gewinnen, und als aktiver Nationalsozialist – er bekleidete den Rang eines SS-Brigadeführers – suchte er dabei so weit wie möglich eigene Initiativen zu ergreifen. Beispielsweise schlug er vor, alle staatenlosen jüdischen Emigranten zu enteignen und in den unbesetzten Teil Frankreichs abzuschieben. A. betrachtete den Antisemitismus als geeignetes Mittel, um den Einfluß von Armee und Kirche im Vichy-Frankreich zu brechen und eine prodeutsche, antiklerikale Volksbewegung auf breiter Grundlage zu schaffen.
Im Juli 1949 wurde er von einem Pariser Militärtribunal als Kriegsverbrecher zu 20 Jahren Zwangsarbeit verurteilt. Im April 1954 freigelassen, verbrannte er vier Jahre später bei einem Autounfall auf der Autobahn Köln–Ruhrgebiet. Sein Wagen hatte bei hoher Geschwindigkeit einen Schaden an der Lenkung. Möglicherweise handelte es sich um einen Racheakt wegen seiner Beteiligung an der Deportation französischer Juden.

Abs, Hermann (geb. 1901)
Großbankier. A. wurde am 15. Oktober 1901 in Bonn als Sohn eines Justizrats und Großaktionärs geboren. Nach dem Jurastudium absolvierte A. von 1921 bis 1923 eine Banklehre im Kölner Bankhaus Delbrück von der Heydt & Co. und ging anschließend zu verschiedenen Banken in London, Paris, Amsterdam und in den USA, wo er vielfältige Erfahrungen sammelte und Bekanntschaften knüpfte. 1929 Direktor einer Amsterdamer Bank, ein Jahr spä-

ter Prokurist bei Delbrück Schickler & Co. in Berlin, wurde A. 1935 Teilhaber dieses Bankhauses und Gesellschafter bei seiner alten Lehrfirma. Anfang 1938 gab er seine alten Teilhaberschaften auf und trat als Direktor der Auslandsabteilung in den Vorstand der Deutschen Bank ein. 1942 hatte er bereits 40 Aufsichtsratsmandate inne, wozu er eine Sondergenehmigung des Reichswirtschaftsministeriums benötigte, da nach den gesetzlichen Bestimmungen nur 20 erlaubt waren. 10 Aufsichtsratsmandate übte A. bei Firmen aus, die in den von deutschen Truppen besetzten europäischen Gebieten lagen.

Die Rolle der Deutschen Bank bei der Kriegsfinanzierung führte nach dem Krieg dazu, daß A. in Jugoslawien in Abwesenheit als Kriegsverbrecher zu 15 Jahren Zwangsarbeit verurteilt wurde. A. war während der NS-Zeit im Aufsichtsrat, teilweise als Vorsitzender, u. a. folgender Firmen: Adler & Oppenheimer AG, Philipp Holzmann AG, Schlesische Bergwerks- & Hütten AG in Beuthen, Vereinigte Glanzstoff AG in Elberfeld, Aschaffenburger Zellstoffwerke AG in Berlin, Portland Zementwerke Heidelberg AG, Zeiß Ikon AG in Dresden, Industriefinanzierung AG Ost in Berlin, Dyckerhoff Portland-Zementwerke AG in Amöneburg, Rudolph Karstadt AG in Berlin, Metallgesellschaft AG in Frankfurt/M., Rheinisch-Westfälische Boden-Credit-Bank, Rheinisch-Westfälische Elektrizitätswerke AG in Essen. Außerdem gehörte A. dem Beirat der Deutschen Reichsbank in Berlin an und war Mitglied in deren Währungsausschuß und im Rußland-Ausschuß der Deutschen Wirtschaft sowie im Siebenerausschuß der Deutschen Golddiskontbank Berlin.

Bekannter wurde A. in der Nachkriegszeit, vor allem als Freund und Finanzberater von Konrad →*Adenauer*. Im Mai 1951 wurde er stellvertretender Vorsitzender im Aufsichtsrat der Bank für Wiederaufbau in Frankfurt/M. und im Jahr darauf Leiter der deutschen Delegation bei der Londoner Konferenz zur Regelung der deutschen Auslandsschulden (Londoner Schuldenkonferenz). Nach der Wiedergründung der Deutschen Bank im Jahr 1957 wurde A. bis 1967 deren Vorstandssprecher und übernahm dann noch mehrere Jahre den Vorsitz im Aufsichtsrat.

Im Jahre 1972 wurden der Ostberliner Autor Eberhard Czichon und sein Kölner Verlag vom Landgericht Stuttgart zur Schadensersatzleistung in Höhe von 20000 DM verurteilt, weil Czichon u. a. behauptet hatte, A. habe sich bei der Arisierung jüdischen Besitzes während der NS-Zeit bereichert.

Adam, Wilhelm (1877–1949)

A. wurde am 15. September 1877 in Ansbach (Mittelfranken) geboren, diente während des Ersten Weltkrieges als Offizier in der bayerischen Armee und erwarb sich später den Ruf, einer der fähigsten Offiziere der Reichswehr zu sein. 1930 zum Generalmajor befördert, wurde er im Herbst desselben Jahres Chef des Truppenamts (was der späteren Stellung des Generalstabschefs des Heeres entsprach). Drei Jahre danach ernannte ihn Hitler zum Befehlshaber im Wehrkreis VII (München). 1935 erhielt er den Befehl über die neugegründete Wehrmachtsakademie in Berlin.

Adams frühere Bindung an General von →*Schleicher* und seine geringe Begeisterung für Hitlers Pläne (ein-

schließlich der Errichtung des Westwalls) führten zu gewissen Spannungen mit dem Führer, obwohl er die Krise vom Frühjahr 1938 (Verabschiedung der prominenten Generäle von → *Blomberg* und von → *Fritsch*) überstand und noch Oberbefehlshaber des Gruppenkommandos 2 wurde. Allerdings entzog man ihm im November 1938 das Kommando an der westlichen Reichsgrenze, einen Monat später wurde er in den Ruhestand versetzt – auch dies ein Indiz dafür, daß die Wehrmacht immer stärker unter Hitlers unmittelbaren Einfluß geriet.
A. starb am 8. April 1949 in Garmisch-Partenkirchen.

Adenauer, Konrad (1876–1967)
Am 5. Januar 1876 als Sohn einer katholischen Familie in Köln geboren, wurde A. 1906 Beigeordneter der Kölner Stadtverwaltung und war von 1917 bis 1933 Oberbürgermeister von Köln. In der Weimarer Zeit gehörte A. zum republikanisch-demokratischen Flügel der katholischen Zentrumspartei. Als Präsident des preußischen Staatsrats und Mitglied des Reichswirtschaftsrats ein entschiedener Gegner Hitlers und der NSDAP, wurde er im März 1933 amtsenthoben und ein Jahr später wegen fortgesetzten Widerstands gegen das Regime von der Gestapo verhaftet. Bei seiner zweiten Verhaftung (1944) lieferte man ihn in das Gefängnis Brauweiler ein.
Nach dem Zusammenbruch des Dritten Reiches gehörte A. – 1945 kurzzeitig wieder Oberbürgermeister von Köln – zu den Begründern der CDU und wurde 1949 zum Bundeskanzler gewählt, ein Amt, aus dem er erst 1963 aus Altersgründen ausschied. Seine Amtszeit – die längste Amtsperiode eines deutschen Regierungschefs seit der Kanzlerschaft Bismarcks – war durch langanhaltenden Wohlstand (»Wirtschaftswunder«) und politische Stabilität gekennzeichnet. Westdeutschland stieg unter ihm wieder zu einem geachteten Mitglied der Völkergemeinschaft auf. Seine Politik begünstigte die Aussöhnung mit Frankreich, die wirtschaftliche Zusammenarbeit in Europa und die Versöhnung mit Israel. In einer am 27. September 1951 vor dem Deutschen Bundestag abgegebenen Erklärung erkannte A. die von Deutschen an Juden begangenen Verbrechen und die daraus erwachsene Verpflichtung zur »moralischen und materiellen Wiedergutmachung« an. Dennoch blieben unter seiner Regierung zahlreiche Richter, Beamte, Industrielle und Polizeibeamte mit belasteter Vergangenheit im Amt. A.s größte Leistung bestand darin, während seiner vierzehnjährigen Regierung den Deutschen ein Gefühl der Stabilität und Kontinuität vermittelt zu haben. Er starb, 91 Jahre alt, am 19. April 1967 in seiner Villa in Rhöndorf.

Albers, Hans (1892–1960)
Der blonde, wagemutige Abenteurer und unwiderstehliche Liebhaber des deutschen Films wurde am 22. September 1892 in Hamburg geboren und begann eine kaufmännische Lehre, bevor er in Zirkus und Varieté auftrat. Im Ersten Weltkrieg verwundet, setzte A. nach Kriegsende seine Karriere mit Auftritten in Operetten, später auch in Bühnenstücken fort. Zuerst spielte er komische Rollen, wechselte dann aber ins Charakterfach über. Außerordentlich erfolgreich, ging er zum Film und war einer der ersten Tonfilmhelden.
Ab 1928 begann er praktisch seine Kar-

riere als einer der prominentesten Schauspieler und Produzenten des deutschen Films. Während des Dritten Reiches war er eine der beliebtesten Leinwandgrößen und verkörperte häufig den Typ des mannhaften Draufgängers und sich selbst opfernden Idealisten, wie in Gustav Ucickys Film *Flüchtlinge* (1933, eine Gruppe Deutscher in Fernost versucht, bolschewistischen Verfolgern zu entgehen) oder in *Carl Peters* (1941, einer im Sinne des Nationalsozialismus idealisierten, antibritischen Darstellung des deutschen Kolonialpioniers in Ostafrika).

Außerdem spielte A. die Hauptrolle in Fritz Wendhausens Filmversion des *Peer Gynt* (1934), in *Gold* (1937) sowie in *Wasser für Canitoga* (1939), wo er einen dem Alkohol verfallenen Ingenieur verkörpert, der heldenhaft sein Leben einsetzt. Dieser im Norden Kanadas spielende Film ist eines der besseren Beispiele des kommerziellen Kinos im NS-Deutschland. Eine seiner reizvollsten Rollen spielte A. in dem Farbfilm *Münchhausen* (1943), für den Erich Kästner – wegen Schreibverbot unter Pseudonym – das Drehbuch geschrieben hatte.

Auch nach dem Zweiten Weltkrieg drehte A. bis zu seinem Tode im Jahre 1960 noch immer Filme. Zu seinen Nachkriegsfilmen gehören: *Und über uns der Himmel* (1947), *Der letzte Mann* (1955), *Große Freiheit Nr. 7* (1957) und *Kein Engel ist so rein* (1960).

Amann, Max (1891–1957)

A. wurde am 24. November 1891 in München geboren. Er besuchte eine Handelsschule und arbeitete als kaufmännischer Lehrling in einer Münchener Anwaltskanzlei, bevor er 1921 Geschäftsführer der NSDAP (bis 1923), ab 1921 Geschäftsleiter des *Völkischen Beobachters* und 1922 Direktor des Zentralverlages der NSDAP (des Franz-Eher-Verlages) wurde. Als Teilnehmer am Hitlerputsch vom 9. 11. 1923 genoß er das unerschütterliche Vertrauen Adolf Hitlers, der große Stücke auf ihn hielt und nicht müde wurde, lobend hervorzuheben, welche Rolle A. nach 1933 beim Ausbau des *Völkischen Beobachters* und des riesigen Zeitungskonzerns der Partei spielte.

Beider Beziehungen gingen auf den Ersten Weltkrieg zurück: A. war im 16. bayerischen Reserve-Infanterieregiment Vizefeldwebel, in dem auch Hitler diente. Nach dem Marsch auf die Feldherrnhalle wurde A. zusammen mit anderen Parteifunktionären für kurze Zeit verhaftet. 1924 wählte man ihn in den Münchener Stadtrat, 1933 hielt er als Abgeordneter für den Wahlkreis Oberbayern/Schwaben Einzug in den Reichstag.

Der gedrungene, untersetzte A. verkörperte den rücksichtslosen, brutalen Typ des Nationalsozialisten, der seinen Untergebenen gegenüber keinerlei Skrupel kannte. Auch persönlich war A. habgierig und mißbrauchte seine Ernennung zum Vorsitzenden des Vorstandes des Deutschen Zeitungs-Verlages (1933) und Präsidenten der Reichspressekammer dazu, nicht-nationalsozialistische Zeitungsketten regelrecht auszuplündern. Als treibende Kraft der Gleichschaltung der Presse war er Meister der Technik legalen »Aushungerns« und beherrschte hervorragend die Methoden, Verlagsverkäufe zu erzwingen. So verhalf er der Partei zur Kontrolle über den größten Teil des deutschen Zeitungswesens und beseitigte nach und nach die unabhängige Presse.

Hitler verdankte seinen persönlichen Reichtum größtenteils der Geschäftstüchtigkeit A.s. Der joviale Bayer war sein persönlicher Bankier, der nicht nur Hitlers Tantiemen für *Mein Kampf* verwaltete, sondern auch sicherstellte, daß der Führer für eigene Beiträge in der NS-Presse unvorstellbare Honorare erhielt. Doch auch A. ging für seine Dienste, die er Hitler und der Partei erwies (und die ihm die Ernennung zum Reichsleiter eintrugen), nicht leer aus. 1942 bezeichnete Hitler ihn als »größten Zeitungseigentümer der Welt... Heute gehören dem Zentralverlag 70 bis 80 Prozent der deutschen Presse.«
Durch seine Stellung an der Spitze des größten Presse- und Verlagsbundes der Welt bereicherte A. sich ungeheuer. Sein Einkommen stieg zwischen 1934 und 1944 von zunächst 108000 auf 3800000 Reichsmark. Neben seinen hohen Einnahmen aus dem Eher-Verlag und fünf Prozent der Nettogewinne besaß er beträchtliche Anteile an einer Druckerei und vermochte Millionen einzunehmen, ohne einen Pfennig Einkommensteuer zu zahlen. Als Parteifunktionär verfügte er jedoch nur über bescheidene Fähigkeiten. Er war weder ein Redner noch ein Debattierer und brachte nicht eine einzige satzreife Zeile zuwege. Alle mit seinem Namen unterzeichneten Artikel und sonstigen Verlautbarungen verfaßte Rolf → *Rienhardt*, seine rechte Hand.
Nach dem Fall des Dritten Reiches versuchte sich A. zunächst als Geschäftsmann auszugeben, den ideologisch nichts mit dem Nationalsozialismus verbunden hatte. Sein Entnazifizierungsverfahren zeigte jedoch: Keiner der Naziführer hatte es verstanden, aus seiner Beziehung zur Partei dermaßen viel Kapital zu schlagen. Am 8. September 1948 verurteilte ihn das Münchner Landgericht zu zweieinhalb Jahren Gefängnis. Im Spruchkammerverfahren bestätigte die Berufungskammer München die Höchststrafe der Erstinstanz, die A. als »Hauptschuldigen« eingestuft und zehn Jahre Arbeitslager verhängt hatte. A. verlor dadurch im Juli 1949 endgültig seinen Besitz, seine Firmenanteile und Pensionsrechte. Er starb am 30. März 1957 verarmt in München.

Axmann, Arthur (geb. 1913)
Reichsjugendführer. A. wurde am 18. Februar 1913 in Hagen (Westfalen) geboren. Er studierte Rechtswissenschaft und gründete schon 1928 die erste Hitlerjugendgruppe Westfalens. 1932 berief man ihn in die Reichsleitung der NSDAP, um die Jugend-Betriebszellen zu reorganisieren, und 1933 wurde er Leiter des Sozialamts der Reichsjugendführung. A. sicherte als Organisator der »Reichsberufswettkämpfe« der Hitlerjugend einen Platz in der Leitung des staatlichen Berufsbildungswerks, und es gelang ihm auch, für die landwirtschaftlichen Projekte der HJ Anerkennung zu finden.
Ab Kriegsausbruch bis Mai 1940 war er als Soldat an der Westfront und trat im August desselben Jahres die Nachfolge Baldur von → *Schirachs* als Reichsjugendführer der NSDAP an. 1941 wurde er an der Ostfront schwer verwundet und verlor einen Arm. Während der letzten Tage Hitlers befand er sich mit im Führerbunker, aus dem er jedoch Ende April 1945 entkam. Im Dezember 1945 wurde er verhaftet, als eine von ihm aufgebaute nazistische Untergrundorganisation aufflog. Eine Nürnberger Entnazifizierungskammer ver-

urteilte ihn im Mai 1949 als »Hauptschuldigen« zu einer Strafe von drei Jahren und drei Monaten, die durch die Untersuchungshaft verbüßt war.
In der Folge arbeitete A. als Handelsvertreter in Gelsenkirchen und Berlin. Am 19. August 1958 verurteilte eine Westberliner Entnazifizierungskammer den ehemaligen HJ-Chef zu einer Geldstrafe von 35000 Mark (etwa die Hälfte seines Besitzes in Berlin). Das Gericht fand ihn schuldig, die deutsche Jugend bis zum Ende des Dritten Reiches mit nationalsozialistischem Gedankengut indoktriniert zu haben, hielt ihm jedoch zugute, er habe dies eher aus innerer Überzeugung als aus niedrigen Beweggründen getan. Irgendwelcher persönlichen Beteiligung an Verbrechen, die während der NS-Zeit begangen wurden, befand man ihn nicht für schuldig.

B

Bach-Zelewski, Erich von dem (1899–1972)
Höherer SS- und Polizeiführer. Im Zweiten Weltkrieg verantwortlich für die Partisanenbekämpfung an der Ostfront. B., Nachkomme eines preußischen Junkergeschlechts, wurde am 1. März 1899 in Lauenburg (Pommern) geboren. Er war Berufssoldat im Ersten Weltkrieg, schloß sich dann den Freikorps an und war bis 1924 Reichswehroffizier, vorübergehend auch Taxifahrer, bis er einen Bauernhof erbte, der ihm eine Existenz bot. 1930 trat er in die NSDAP ein, 1931 in die SS, in der er einen raschen Aufstieg erlebte. Bis 1934 führte er den SS-Abschnitt XII in Frankfurt a. d. Oder, ab Februar 1934 bis Februar 1936 den SS-Oberabschnitt Nordost in Königsberg und anschließend den SS-Oberabschnitt Südost in Breslau.
Von 1932–1944 gehörte B. als Abgeordneter des Wahlkreises Breslau dem Reichstag an. Ab 22. Juni 1941 war er Höherer SS- und Polizeiführer im Osten (Rußland-Mitte), wurde im folgenden November SS-Obergruppenführer und General der Polizei, ein Jahr darauf Bevollmächtigter des Reichsführers-SS für die Bandenbekämpfung. B. war für zahlreiche Grausamkeiten verantwortlich, an denen er persönlich teilnahm. So schrieb er am 31. Oktober 1941 nach der Erschießung von 35000 Menschen in Riga voller Stolz, in Estland gebe es nicht einen einzigen Juden mehr. Außerdem beteiligte er sich persönlich an den Judenmorden in Minsk und Mogilev (Weißrußland).
Am 21. Juni 1943 wurde B. von → *Himmler* zum »Chef der Bandenkampfverbände« an der gesamten Ostfront ernannt. Später behauptete er, er habe damals versucht, Juden vor den Einsatzgruppen zu retten. B. kommandierte die Einheiten, die 1944 den Aufstand im Warschauer Ghetto niederschlugen. Für die betreffenden Operationen erhielt er das Ritterkreuz. Von Hitler wegen seines brutalen Durchgreifens und seiner Improvisationsgabe sehr geschätzt – er verstand es, aus nur wenig versprechendem »Menschen-Material« in kurzer Zeit ganze Verbände aus dem Boden zu stampfen –, war B. am Kriegsende bis zum kom-

mandierenden General eines Armeekorps emporgestiegen.
Daß B. in Nürnberg als Kronzeuge der Anklagebehörde auftrat und Himmler sowie seine Kollegen aus dem Polizei-Führungskorps schwer belastete, ersparte ihm die Auslieferung an die Sowjetunion. Im Mai 1951 verurteilte ihn eine Münchener Entnazifizierungs-Spruchkammer zu zehn Jahren Arbeitslager. Eine Berufungskammer rechnete ihm 5 Jahre Untersuchungshaft an, was in der Praxis Hausarrest in seinem eigenen Heim in Franken bedeutete. Als einziger der NS-Massenmörder, der öffentlich bekannte, was er während des Krieges getan hatte, wurde er niemals wegen seiner Beteiligung an der Ermordung unzähliger Juden belangt.
Statt dessen verhaftete man ihn im Dezember 1958 wegen seiner Teilnahme an der blutigen »Säuberung« nach dem sogenannten Röhmputsch (→ *Röhm*) und verurteilte ihn 1961 zu vier Jahren und zehn Monaten Haft. 1962 abermals angeklagt (diesmal wegen der Ermordung dreier Kommunisten im Jahre 1933), wurde ihm vor einem Nürnberger Gericht der Prozeß gemacht, das ihn zu lebenslänglichem Zuchthaus verurteilte. Keines dieser Urteile erwähnt auch nur die Rolle, die B. im Kriege gespielt hatte. B. starb am 8. März 1972 in einem Krankenhaus in München-Harlaching.

Backe, Herbert (1896–1947)
In der Endphase des Dritten Reiches Reichsminister für Ernährung und Landwirtschaft. B. wurde am 1. Mai 1896 als Sohn deutscher Auswanderer in Batum (heute Batumi) am Schwarzen Meer geboren und besuchte von 1905–1914 ein russisches Gymnasium, war aber während des Ersten Weltkrieges im Zarenreich interniert. Nach dem Kriege studierte er an der Universität Göttingen Landwirtschaft. Später war B. Assistent an der Technischen Hochschule Hannover (1923–1924) und pachtete danach einen Bauernhof in Pommern. Er schloß sich schon 1923 der NSDAP an und wurde 1931 Bauernführer in seinem Bezirk.
Seit Oktober 1933 war er Staatssekretär im Reichsministerium für Ernährung und Landwirtschaft. Ein Jahr später leitete er die sogenannte Erzeugungsschlacht ein, deren Zweck es war, durch maximale Erhöhung der einheimischen Produktion Nahrungsmittelimporte aus dem Ausland so niedrig wie möglich zu halten. 1936 wurde B. Leiter der Geschäftsgruppe Ernährung im Rahmen des Vierjahresplanes und war in dieser Eigenschaft für die Koordination der Landwirtschafts- und Industriepotentiale → *Göring* verantwortlich. B. galt nicht nur als Landwirtschafts-, sondern auch als Rußlandexperte, ab Mai 1942 leitete er anstelle → *Darrés* das Landwirtschaftsministerium.
Ihm oblag es nun in erster Linie, den Lebensmittelnachschub für den Krieg gegen die Sowjetunion zu organisieren. Ende 1943 ernannte ihn Hitler zum Reichsminister und Reichsbauernführer. Am 1. April 1944 wurde B., dessen hartnäckiger, am Erfolg orientierter Pragmatismus immer mehr Darrés »Blut-und-Boden«-Ideologie zurückdrängte, Reichsernährungsminister, ein Posten, den er auch im Kabinett Dönitz beibehielt. Er starb am 6. April 1947 durch Selbstmord (Erhängen) im Nürnberger Kriegsverbrechergefängnis.

Baeck, Leo (1873–1956)
Geistiges Oberhaupt des deutschen Judentums während der NS-Zeit, ein bedeutender rabbinischer Gelehrter, Lehrer und Gemeindeführer. B. wurde am 23. Mai 1873 in Lissa (Polen) geboren, erwarb 1897 seine Qualifikation zum Rabbinat am Berliner Institut, wirkte bis 1907 als Rabbi in Oppeln (Oberschlesien) und verfaßte hier 1905 sein Hauptwerk: *Das Wesen des Judentums*, eine Erwiderung auf die *Vorlesungen über das Wesen des Christentums* (1900) des protestantischen Theologen Adolf von Harnack.
1912 wurde B. an die bedeutendste jüdische Gemeinde, nach Berlin, berufen. Er sollte das dortige Rabbinat 30 Jahre lang innehaben, doch schon zur Zeit seiner Berufung genoß B., der akademisches Wissen mit rabbinischer Gelehrsamkeit verband, einen ausgezeichneten Ruf als Religionsphilosoph. 1913 wurde er zum Dozenten an der Hochschule für die Wissenschaft des Judentums ernannt, einem liberalen Rabbinerseminar in Berlin, doch wirkte er zunächst während des Ersten Weltkrieges in der deutschen Armee als Feldrabbiner. 1922 wählte man Rabbi B. zum Präsidenten des Allgemeinen Deutschen Rabbinerverbandes, dem sowohl progressive wie orthodoxe Juden angehörten. Ab 1926 war er zudem Vorsitzender der Zentralwohlfahrtsstelle der jüdischen Gemeinden in Deutschland.
B. erwies sich in all diesen Jahren immer wieder als nonkonformistischer, unabhängiger Denker, als rabbinischer Repräsentant der honorigen Bürgerlichkeit seiner Gemeinde, der gleichwohl der vorherrschenden Mentalität des Bürgertums keineswegs unkritisch gegenüberstand. Zwar kein Zionist, hegte er dennoch Sympathien für das Wiedererwachen des jüdischen Nationalbewußtseins. Als junger Mann von 24 Jahren war er – außer einem anderen Rabbinerkollegen – der einzige Rabbi, der eine Protestresolution der deutschen Rabbinerschaft gegen den Zionismus *nicht* unterzeichnete. Als Optimist, der an eine Renaissance des Judentums glaubte, trug B. seine schwerste Prüfung mit Würde und Seelengröße. Von Herbst 1933 bis zu seiner Verhaftung war er Präsident der Reichsvertretung (ab 1933: Reichsvereinigung) der Juden in Deutschland, des zentralen Gremiums der deutschen Judenschaft. Unmittelbar nach Hitlers Machtergreifung wurde ihm klar, daß die »tausendjährige Geschichte des deutschen Judentums beendet« war, und doch lehnte er alle auch noch so verlockenden Angebote aus dem Ausland ab, die es ihm ermöglicht hätten, sich in Sicherheit zu bringen. »Was dies für seine in Deutschland verbliebenen Brüder bedeutete, die – den sicheren Tod vor Augen – gleichsam in einer Falle saßen«, kann nach Albert Einsteins Worten »niemand wirklich begreifen, dessen äußere Verhältnisse es ihm erlaubten, in relativer Sicherheit zu leben. Er empfand es als seine unausweichliche Pflicht, in dem Lande der gnadenlosen Verfolgung zu bleiben und auszuharren, um seinen Brüdern bis zum Ende geistlichen Beistand zu geben.«
Seit Kriegsausbruch befand sich B. in ständiger Gefahr und wurde häufig von der Gestapo vorgeladen, wiederholt verhaftet und schließlich 1943 in das Konzentrationslager Theresienstadt gebracht. Hier wählte man ihn zum Oberhaupt des Rates der Lagerältesten. Er lehrte weiterhin Philosophie

und Theologie. Nach seiner geradezu als ein Wunder zu bezeichnenden Rettung (1945) ging B. nach Großbritannien, wo man ihm das Amt des Vorsitzenden des »Rates der Juden aus Deutschland« *(Council of Jews from Germany)* sowie den Vorsitz der *World Union for Progressive Judaism* (»Weltverband des Progressiven Judentums«) übertrug. Außerdem war er der erste Präsident des Leo-Baeck-Instituts, einer Körperschaft, die es sich zum Ziel gesetzt hat, künftigen Generationen die Botschaft des deutschen Judentums zu übermitteln. Mit Recht bezeichnete man B. als die »letzte repräsentative Gestalt des deutschen Judentums im Deutschland der Nazizeit«. Er starb am 2. November 1956 in London.

Baeumler, Alfred (1887–1968)
Begeisterter Nationalsozialist und »Alter Kämpfer«, einer der führenden akademischen Befürworter des Nationalsozialismus. B. wurde am 19. November 1887 in Neustadt (Österreich) geboren. Nach Studien an den Universitäten München, Berlin und Bonn erwarb er 1914 seinen Doktorgrad. 1914–1917 diente er im österreichischen Heer und erhielt hohe Auszeichnungen. Ab 1928 wirkte er als Professor der Philosophie an der Technischen Hochschule in Dresden. 1933 berief man ihn auf den Lehrstuhl für Politische Erziehung an der Berliner Universität, wo er zum gewichtigsten Vertreter der Dienststelle → *Rosenberg* an den deutschen Universitäten wurde. Seit 1942 war B. Leiter des Amtes Wissenschaft in Rosenbergs Dienststelle für die Überwachung der gesamten geistigen und weltanschaulichen Schulung und Erziehung der NSDAP.
B.s bedeutendster Beitrag bestand darin, durch einseitige Konzentration auf die Verneinung bürgerlicher Denkweisen, christlicher Moral und demokratischer Wertmaßstäbe Nietzsches Denken zu einem der nationalsozialistischen Weltanschauung dienenden Mythos umzudeuten. Für B. war Nietzsche der Philosoph des Heldentums, des Willens zur Macht und des Adels der Natur, dessen Aktivismus gleichbedeutend mit nordischen und soldatischen Werten war, wie sie in der NS-Ideologie hoch im Kurs standen. In seinen *Studien zur deutschen Geistesgeschichte* (1937) schrieb B.: »Wenn wir heute die deutsche Jugend unter dem Zeichen des Hakenkreuzes marschieren sehen, dann erinnern wir uns der ›Unzeitgemäßen Betrachtungen‹ Nietzsches, in denen diese Jugend zum erstenmal angerufen worden ist. Es ist unsere größte Hoffnung, daß dieser Jugend heute der Staat offen steht. Und wenn wir dieser Jugend zurufen: Heil Hitler! – so grüßen wir mit diesem Rufe zugleich Friedrich Nietzsche.«
Zu B.s zahlreichen Schriften über Philosophie und Politik gehören: *Nietzsche, der Philosoph und Politiker* (1931), *Männerbund und Wissenschaft* (1934), *Politik und Erziehung* sowie *Alfred Rosenberg und der Mythos des 20. Jahrhunderts* (1943).

Barkhorn, Gerhard (1919–1983)
Hervorragender Jagdflieger, dem man offiziell 301 Abschüsse auf 1200 Feindflügen (im Zweiten Weltkrieg) zuschrieb. B. wurde am 20. März 1919 in Königsberg geboren. Er hatte sein erstes Kommando in Ostende, wo er dem Jagdgeschwader 52 als Oberleutnant zugeteilt war. 1942 wurde er Staffelkapitän, 1943 Gruppenkommandeur, ab Januar 1945 führte er das Jagdgeschwa-

der 6. An der Ostfront schaffte er es nicht nur zu überleben, sondern erzielte nach offiziellen Luftwaffen-Statistiken sogar mehr Abschüsse als jeder andere deutsche Jagdflieger mit Ausnahme von Erich → *Hartmann*. Von 1956 bis 1975 gehörte er der Bundeswehr an, zuletzt als Generalmajor und Chef des Stabes der 2. Alliierten Taktischen Luftflotte. Er starb am 12. Januar 1983.

Bartels, Adolf (1862–1945)
Deutscher Literaturgeschichtler, der unbarmherzig für die Ausmerzung aller Juden und »Pseudojuden« aus der deutschen Literatur kämpfte. B. wurde am 15. November 1862 in Wesselburen (Dithmarschen) geboren. Selbst Autor betont völkischer Romane, gab er bis 1933 die ausgeprägt antisemitische Zeitschrift *Deutsches Schrifttum* heraus. B., zunächst Redakteur in Frankfurt a. M., ab 1905 Professor in Weimar, war Begründer einer neuen »Wissenschaft«, die vor allem im Dritten Reich blühte: der Literatur-Forschung unter rassistischen Gesichtspunkten. Bei seiner Suche nach jüdischen und kryptojüdischen Autoren (wozu nach B. auch Heinrich und Thomas Mann sowie Hermann Hesse gehörten) stützte B. sich auf Familienstammbäume, Fotos von Vorfahren der betreffenden Autoren sowie dieser Autoren selbst, auf Angaben über Geburtsorte und Wirkungsstätten, auf Sprache, Stil, Familie und gesellschaftliches Milieu.
Ein Name, der jüdisch klang, die Verwendung von Symbolen, die an Freimaurerei erinnerten, ja die bloße Tatsache, daß jemand für Zeitungen wie das *Berliner Tageblatt* oder den *Simplizissimus* gearbeitet bzw. liberale Ansichten geäußert hatte, galt als Beweis des semitischen Charakters der Werke eines Autors. In seinen frühen Büchern wie *Lessing und die Juden* (1918), *Die Berechtigung des Antisemitismus* (1921), *Der Nationalsozialismus – Deutschlands Rettung* (1924) – eine Lobeshymne auf die gerade erst im Entstehen begriffene nationalsozialistische Bewegung – sowie *Jüdische Herkunft und Literaturwissenschaft* (1925) ließ B. ganz unverhohlen seinem kompromißlosen Antisemitismus die Zügel schießen und gab seiner Entschlossenheit Ausdruck, die deutsche Literatur zu »entjuden«. Er starb am 7. März 1945 in Weimar.

Barth, Karl (1886–1968)
Einer der führenden evangelischen Theologen des 20. Jahrhunderts und ein kompromißloser Gegner des Nationalsozialismus, der wegen seiner unbeugsamen Haltung gezwungen wurde, NS-Deutschland zu verlassen. B. wurde am 10. Mai 1886 in Basel (Schweiz) geboren und war zunächst ein unbekannter Pfarrer in der Schweiz, bis sein 1919 veröffentlichtes Werk *Der Römerbrief* eine Revolution protestantischen Denkens hervorrief. B. eröffnete damit einen Generalangriff auf die liberale »wissenschaftliche« Theologie des Neuprotestantismus, die die Lücke zwischen Vernunft und Offenbarung zu überbrücken suchte.
Als Begründer einer neuen, »dialektischen« Theologie wollte B. den Protestantismus wieder zu Luther zurückführen, indem er lehrte, allein Gottes Gnade vermöge den Menschen zu erlösen. Allerdings verwarf er Luthers Unterwerfung unter die weltliche Obrigkeit. B.s religiöse Lehren waren ebenso jenseitsbezogen wie politisch – dies insbesondere vor dem Hintergrund der

Versuche des Nationalsozialismus, aus vagen metaphysischen Sehnsüchten und Erwartungen der Menschen Kapital zu schlagen. B. predigte die Rückkehr zu absolutem, durch nichts zu erschütterndem Glauben und verurteilte die Korruption der evangelischen Amtskirche, deren Deutschtümelei und ihre Konzessionen an weltliche Interessen.
In den Jahren 1923–1933 fanden in B.s Zeitschrift *Zwischen den Zeiten* namhafte Vertreter der protestantisch-theologischen Avantgarde ein Forum, ihre Ansichten zu äußern. B. selbst bekleidete nacheinander Professuren in Göttingen, Münster und Bonn. Im Juli 1933 begründete er die Schriftenreihe *Theologische Existenz heute*, die in starker Opposition gegen die Hitler unterstützenden »Deutschen Christen« stand. Knapp zwei Jahre nach Hitlers Machtergreifung verlor B. seine Professur an der Universität Bonn, weil er es ablehnte, den Eid auf Hitler abzulegen. Er kehrte nach Basel zurück, wo er seine akademische Laufbahn fortsetzte und sein vielbändiges Werk *Kirchliche Dogmatik* vollendete, eines der zentralen Werke des modernen Protestantismus. B. starb am 10. Dezember 1968 in Basel.

Baumann, Hans (geb. 1914)
Lyriker, Dramatiker und Hörspielautor. Der am 22. April 1914 in Amberg (Oberpfalz) geborene B., Sohn eines Berufssoldaten, wuchs praktisch in der Kaserne auf und trat früh in die Hitlerjugend ein. Den erlernten Lehrerberuf übte er nur kurz aus und ging statt dessen 1934 als Referent in die Reichsjugendführung nach Berlin. B. war wohl der geschickteste der jungen NS-Lyriker, der die Aufbruchstimmung und das mystische Gemeinschaftserlebnis der Jugendbewegung, mit der Militanz der Frontsoldaten versetzt, in die Hitlerjugend einbrachte. Mit 18 Jahren, also 1932, dichtete er sein bekanntestes Lied »Es zittern die morschen Knochen«, dessen Refrain schon ahnen ließ, zu welchem Ende Erziehung in der Hitlerjugend führen sollte und würde: »Wir werden weitermarschieren, / wenn alles in Scherben fällt, / denn heute gehört uns Deutschland / und morgen die ganze Welt.« Dabei war es gar nicht als Lied der Hitlerjugend entstanden. Es wurde erstmals 1933 in einem katholischen Münchner Verlag zusammen mit anderen Liedern B.s unter dem sinnigen Titel *Macht keinen Lärm* herausgegeben.
Andere Lieder B.s wie »Hohe Nacht der klaren Sterne«, »In den Ostwind hebt die Fahnen«, »Nun laßt die Fahnen fliegen«, »Gute Nacht, Kameraden« oder »Und die Morgenfrühe, das ist unsere Zeit« gehörten ebenfalls zum Standard-Liedgut der Hitlerjugend. Einen Teil ihrer Wirkung bezogen die Lieder B.s aus der eingängigen, volksliedhaften Melodie, die häufig vom Verfasser selbst stammte. B.s Lieder finden sich auch noch heute in über 200 Liederbüchern, u. a. der Bundeswehr, der Schulen und selbst der Gewerkschaft. Seit 1939 war B. als Offizier bei der Wehrmacht. 1942 verfaßte er eine zeitgemäße Einleitung zu einer unter dem Titel *Der Retter Europas* erschienenen Broschüre über Hitler.
Nach dem Kriege gehörte er zu den erfolgreichsten deutschen Jugendbuchautoren, der mit nationalen und internationalen Preisen ausgezeichnet wurde. Zu einem Skandal kam es jedoch 1962, nachdem B. für sein Drama *Im Zeichen der Fische*, das er unter

einem Pseudonym eingereicht hatte, den Gerhart-Hauptmann-Preis der Berliner Freien Volksbühne erhalten hatte. Als die Verfasserschaft B.s bekannt geworden war, mußte er den Preis zurückgeben, was wiederum von verschiedenen Seiten, u. a. auch von jüdischen Autoren wie Ludwig Marcuse, bemängelt wurde.

Baumbach, Werner (1916–1953)
General der Kampfflieger und einer der erfolgreichsten deutschen Bomberpiloten. Geboren am 27. Dezember 1916 in Cloppenburg (Oldenburg). B. kam schon als Schüler zur Segelfliegerei und trat 1936 als Offiziersanwärter in die im Aufbau begriffene Luftwaffe ein, wurde 1938 Leutnant und war vor dem Krieg noch als Blindfluglehrer tätig. Nach Kriegsausbruch wurde er zum erfolgreichsten Bomberpiloten der Luftwaffe, der – nach Einsätzen als Sturzkampfflieger über Scapa Flow, Narvik, Dünkirchen dann vor allem über dem Eismeer im Fernbombereinsatz – eine große Zahl von alliierten Schiffen versenkte. Als erster Kampfflieger erhielt er im August 1942 das seltene Eichenlaub mit Schwertern zum Ritterkreuz des Eisernen Kreuzes. Nach Einsätzen am Schwarzen Meer und im Mittelmeer wurde B. mit der Erprobung von Fernlenkbomben betraut, deren Produktion aber bald zugunsten der überall fehlenden Jagdflugzeuge eingestellt wurde. In der letzten Phase des Krieges wurde er als Oberst General der Kampfflieger.
Als er Anfang 1945 einsah, daß Hitler, Goebbels und auch sein Oberbefehlshaber Göring den Krieg nur noch auf Kosten des deutschen Volkes weiterführten, schrieb er Göring einen diese Situation klar umreißenden Brief, der mit den Worten schloß: »Da ich nicht als Marionettenfigur herumlaufen kann, muß ich hiermit meinen Dienstgrad und meine Orden, die ich vor dem Feind erworben habe, zur Verfügung stellen.« Görings Reaktion auf diesen Brief blieb aus. Baumbach gelang es, zusammen mit dem ihm befreundeten Albert → *Speer* die von Hitler befohlenen Zerstörungsmaßnahmen an Industrie- und Versorgungsanlagen zu sabotieren, in Hamburg konnte er den dortigen Gauleiter Karl → *Kaufmann* überreden, die Stadt nicht mehr zu verteidigen. Die Kapitulation erlebte er bei der letzten »Reichsregierung« → *Dönitz* in Flensburg-Mürwik.
Im Februar 1946 wurde B. aus alliierter Kriegsgefangenschaft entlassen und arbeitete mit dem Harvard-Historiker Bruce C. Hopper an Studien über den Zweiten Weltkrieg, durch die er die Anregung erhielt, seine eigenen Erlebnisse in dem Buch *Zu spät – Aufstieg und Untergang der deutschen Luftwaffe* darzustellen, das zunächst in Argentinien, 1952 auch in Deutschland erschien. Im Jahr darauf folgte als zweites Werk eine Untersuchung über künftige Großraumstrategie *Zu früh – Raumkrieg und Weltrevolution*.
B., der inzwischen als Luftwaffen-Berater in Argentinien lebte, aber sich mit dem Gedanken trug, wieder nach Deutschland zurückzukehren, stürzte am 20. Oktober 1953 mit einem Lancaster-Bomber der argentinischen Luftwaffe in den Rio de la Plata. Er wurde in Buenos Aires bestattet.

Becher, Kurt (geb. 1909)
Umstrittener »Retter der Budapester Juden« und SS-Standartenführer. B. wurde als Sohn eines Kaufmanns am 12. September 1909 in Hamburg gebo-

ren. Er wurde ebenfalls Kaufmann in der Futtermittelbranche, war 1931 bereits Prokurist bei einer Hamburger Firma und trat 1934 in seiner Vaterstadt in die Reiter-SS ein. 1937 wurde er Mitglied der NSDAP. Bei Kriegsausbruch kam er zur 1. SS-Reiterstandarte, deren Kommandeur der spätere Schwager Hitlers, Hermann Fegelein, war. B. diente, bald zum Zugführer befördert, in der 1. Schwadron, die in Warschau »in stärkstem Maße zu Exekutionen herangezogen« wurde. Gleich zu Beginn des Rußlandfeldzuges wurde die SS-Reitereinheit, die später zur Brigade ausgebaut wurde, dem Höheren SS- und Polizeiführer bei der Heeresgruppe Mitte, von dem → *Bach-Zelewski*, unterstellt und zur »Befriedung der Pripjetsümpfe« eingesetzt.

Die Partisanenbekämpfung stellte sich in einem der Regimentsbefehle des SS-Reiterregiments so dar: »Jeder Partisan ist zu erschießen. Juden sind grundsätzlich als Partisanen zu betrachten.« B. wurde bald 1. Ordonnanzoffizier seiner Einheit und zum SS-Obersturmführer befördert. Bei der »Entjudung« des Pripjet-Gebiets wurden von der SS-Reiterbrigade wenigstens 14000 Juden erschossen. Mitte März 1942 wurde B. unter Beförderung zum SS-Hauptsturmführer zur Inspektion Reit- und Fahrwesen im SS-Führungshauptamt versetzt. Nach zwei mehrmonatigen Fronteinsätzen im Osten erhielt B. 1944 das Deutsche Kreuz in Gold und wurde in schneller Folge zum SS-Sturmbannführer und am 30. Januar 1944 zum SS-Obersturmbannführer befördert.

Wenige Tage nach dem Einmarsch der deutschen Truppen in Ungarn im März 1944 kam B. im Auftrag des SS-Führungshauptamts nach Budapest, offiziell, um Pferde und andere Ausrüstungsgegenstände für die Waffen-SS zu erwerben. Beiläufig gelang es ihm dabei aber, hinter dem Rücken der ungarischen Regierung und des deutschen Auswärtigen Amtes die noch im Familienbesitz befindlichen Anteile des größten ungarischen Wirtschaftsbetriebes, des jüdischen Manfred Weiß-Konzerns, für die SS zu erwerben. Der Weg dazu war ziemlich einfach, da zu dieser Zeit nahezu alle ungarischen Juden verhaftet wurden, um in Auschwitz vergast zu werden. Gegen Überlassung ihrer 55 % Anteile durfte die Familie in die Schweiz und nach Portugal ausreisen, wobei sich die SS verpflichtete, den Emigranten Devisen im Wert von drei Millionen Reichsmark als Entschädigung zu zahlen. Allerdings mußte die Familie fünf Mitglieder als Geiseln stellen. Für diese Leistung wurde B. am 1. Januar 1945 zum SS-Standartenführer ernannt. Unmittelbar vor dem Abschluß der Übernahme des Weiß-Konzerns schaltete sich B. in die Verhandlungen Adolf → *Eichmanns* mit dem jüdischen Hilfskomitee in Budapest ein, das wiederum mit jüdischen Organisationen wie dem *American Joint Distribution Committee* in der Schweiz in Verbindung stand.

Himmler bot über Eichmann an, für die Lieferung von 100000 Lastwagen mit Winterausrüstung eine Million ungarischer Juden in das Ausland freizulassen. Als dieser Handel Menschen-gegen-Ware platzte, versuchte B. in Himmlers Auftrag weiter, mit jüdischen und alliierten Stellen in diesem Sinne im Gespräch zu bleiben. Gegen Schmuck im Werte von mehreren Millionen Schweizer Franken wurden 1684 Juden aus Bergen-Belsen freigekauft, im August 1944 kamen noch einmal

318 Juden aus Ungarn über die Schweizer Grenze. Der Anteil B.s an diesem Freikauf ist umstritten; schließlich war Himmler zu dieser Zeit schon interessiert, über die Judenfrage mit den Alliierten Verhandlungen aufzunehmen.
Am 9. April 1945 wurde B. von Himmler noch zum »Reichssonderkommissar für sämtliche Konzentrationslager« ernannt, eine Stellung, die er angesichts der chaotisch gewordenen Verhältnisse an allen Fronten vor allem dazu benutzte, sich für die Zeit der Gefangenschaft abzusichern. B. wurde schließlich Zeuge bei den Nürnberger Prozessen, mußte jedoch bis zum August 1947 damit rechnen, selbst unter Anklage gestellt zu werden. Davor bewahrte ihn die Aussage eines seiner jüdischen Verhandlungspartner in Budapest, Dr. Rudolf Kasztner, der deshalb in Israel der Begünstigung B.s bezichtigt wurde, seine Rehabilitierung durch das Oberste Jerusalemer Gericht aber nicht erlebte, weil er am 4. Mai 1957 vor seiner Wohnung in Tel Aviv erschossen wurde.
B. wurde von der Verteidigung Eichmanns für dessen Prozeß in Jerusalem als Zeuge benannt. Er machte seine Aussage jedoch vor einem deutschen Vernehmungsrichter, weil er in Israel als Kriegsverbrecher selbst vor Gericht gestellt worden wäre. Heute besitzt B. mehrere Handelsfirmen, u. a. ist er an dem ungarischen Monopolhandelsunternehmen Monimpex GmbH beteiligt, über das der ungarische Agrarhandel mit der Bundesrepublik abgewickelt wird.

Beck, Ludwig (1880–1944)
Zwischen 1935 und 1938 Generalstabschef des deutschen Heeres. B. wurde am 29. Juni 1880 in Biebrich a. Rhein geboren. Als Berufsoffizier trat er im Frühjahr 1912 in den Großen Generalstab ein und erhielt nach dem Ende des Ersten Weltkrieges verschiedene Kommandos in der Reichswehr. B. machte rasch Karriere und wurde am 1. Oktober 1933 als Chef des Truppenamtes (am 1. Juli 1935 unbenannt in Chef des Generalstabs des Heeres) ins Reichswehrministerium berufen. Während der nächsten drei Jahre geriet B., dem die gesamte Planung im Bereich des Heeres oblag, immer mehr in Konflikt mit Hitler. Er war gegen den Krieg, weil er Deutschland für nicht hinreichend gerüstet hielt, und er verwahrte sich gegen die Versuche der Partei, immer mehr Einfluß auf die Wehrmacht zu gewinnen.
B., ein glänzender Offizier preußischer Tradition, der an den auf sittliche Normen gegründeten begrenzten Krieg glaubte und nicht an den »revolutionären« Eroberungskrieg unkontrollierter Massenheere, war über Hitlers Absicht, 1938 in die Tschechoslowakei einzumarschieren, nicht weniger entsetzt als über Hitlers gesamte abenteuerliche Politik, die eher auf »Eingebungen« als auf solider Planung beruhte. Als einziger deutscher General, der alles nur Mögliche unternahm, um Hitlers Absichten zu vereiteln oder doch wenigstens ihre Verwirklichung hinauszuzögern, versuchte B., im Generalstab des Heeres den Widerstand gegen Hitler zu organisieren, hatte jedoch damit keinen Erfolg. Als er am 18. August 1938 von seinem Posten zurücktrat, schlossen sich die anderen Generäle diesem Schritt nicht an.
Mit B.s Rücktritt war das letzte ernsthafte Hindernis für Hitlers Kriegspolitik beseitigt und der Streit zwischen Heer und Partei zugunsten der letzte-

ren entschieden. Dennoch hielt B. an seiner Überzeugung fest, Hitlers Eroberungspolitik werde Deutschland in eine Katastrophe führen, und hinfort blieb er bis zum 20. Juli 1944 der unumstrittene Führer des militärisch-konservativen Widerstandes. Hätten die Verschwörer des 20. Juli Erfolg gehabt, wäre B. an Hitlers Stelle Staatsoberhaupt geworden. Nach dem Mißlingen des Anschlags beging B., wohl wissend, daß man ihn hinrichten werde, Selbstmord. Nach zwei fehlgeschlagenen Versuchen gelang es ihm, sich mit Unterstützung eines Feldwebels der Wehrmacht durch Kopfschuß zu töten.

Benn, Gottfried (1886–1956)
Deutschlands führender Dichter des Expressionismus und einer der wenigen Autoren von Format, die (allerdings nur vorübergehend) den Nationalsozialismus unterstützten. B. wurde am 2. Mai 1886 als Sohn eines lutherischen Pastors in Mansfeld (Westprignitz) geboren, studierte zunächst in Marburg Theologie, wandte sich dann aber an der Berliner Kaiser-Wilhelm-Universität der Medizin zu. Anfangs diente er als Militärarzt im Ersten Weltkrieg, anschließend spezialisierte er sich auf Haut- und Geschlechtskrankheiten. Während der zwanziger Jahre praktizierte er als Arzt in Berlin, und zweifellos war es seine medizinische Ausbildung, die sein Denken um das »Gesetz der Vitalität im Zeitalter der Züchtung« kreisen und ihn auf Mittel und Wege sinnen ließ, die »deutsche Rasse« vor Entartung durch Rassenmischung zu schützen.
Benns erster Gedichtband mit dem passenden Titel *Morgue* (»Leichenschauhaus«) wurde 1912 veröffentlicht und spiegelt seinen kompromißlosen Pessimismus sowie seine Enttäuschung über den Materialismus der wilhelminischen Zeit. Ihm folgten weitere Lyriksammlungen, Kurzgeschichten, Dramenexperimente und kritische, esssayistische Prosa: *Gehirne* (1916), *Das moderne Ich* (1920), *Gesammelte Prosa* (1927) und *Fazit der Perspektiven* (1930). Von Goethe, Nietzsche und → *Spengler* beeinflußt, lehnte sich B. mit Leidenschaft gegen die Dämonen einer mechanisierten Welt auf, revoltierte gegen den die moderne Zivilisation aushöhlenden Rationalismus und die aus ihm hergeleiteten politischen Doktrinen. Er predigte einen ästhetischen Nihilismus und huldigte einem Kult des Primitiv-Atavistischen, das ihn anfangs am Nationalsozialismus anzog. B.s Irrationalismus, der in Schriften wie *Nach dem Nihilismus* (1932), *Der neue Staat und die Intellektuellen* (1933) oder *Kunst und Macht* (1934) Ausdruck fand, ließ ihn im Nationalsozialismus eine echte Wiedergeburt der deutschen Nation erblicken. Doch bald wurde er, von den Resultaten enttäuscht, zu einem seinerseits von NS-Puristen angegriffenen Kritiker des Regimes.
1937 schloß man ihn aus der Reichsschrifttumskammer aus und verbot ihm, sich weiterhin schriftstellerisch zu betätigen. Er fand Zuflucht im Heer (die »aristokratische Form der Emigration«, wie er es nannte) und diente zwischen 1939 und 1945 als Sanitätsoffizier. Nach Kriegsende betrachtete man B. wegen seines Flirts mit dem Nationalsozialismus zunächst mit Mißtrauen, doch 1949 hatte sich die Ablehnung so weit gelegt, daß er die Ergebnisse seiner literarischen Grübeleien aus der Zeit des Dritten Reiches veröffentlichen konnte. Aus seinen während des Krieges verfaßten Schriften geht

klar hervor: Er hatte seinem vitalistischen Irrationalismus abgeschworen und hegte für die NS-Ideologie keinerlei Sympathie mehr. Nunmehr nahm B. in Fragen der Literatur und Dichtung einen halb asketischen, völlig apolitischen Standpunkt ein. 1951 erhielt er den Georg-Büchner-Preis. Am 7. Juli 1956 starb B. in Berlin.

Berger, Gottlob (1896–1975)
SS-General und einer der wichtigsten Mitarbeiter → *Himmlers* beim Aufbau der Waffen-SS und in der Ostpolitik. B. wurde am 16. Juli 1896 in Gorstetten geboren. Als Schwabe mit zahlreichen volksdeutschen Verwandten in Südosteuropa war er vermutlich Urheber des Gedankens, die Waffen-SS als internationale Armee aufzubauen, die gleichzeitig als Instrument dienen sollte, die weit verstreuten deutschen Volksgruppen des von den Achsenmächten beherrschten Europas zusammenzuschweißen.
In seinen jüngeren Jahren Turnlehrer und Sportler, wurde B. 1940 zum SS-Obergruppenführer befördert und war während der nächsten 5 Jahre einer der wichtigsten Mitarbeiter Himmlers als Chef des SS-Hauptamts und in anderen Funktionen. Als Leiter des SS-Hauptamts erwies sich B. als zäher, rücksichtsloser Organisator, und ab Juli 1942 war er Himmlers Mann in → *Rosenbergs* Reichsministerium für die besetzten Ostgebiete, das er als Staatssekretär zeitweise praktisch leitete. Im August 1943 zog B. für den Wahlkreis Düsseldorf-Ost in den Reichstag ein. Außerdem führte er den Vorsitz der Deutsch-Kroatischen Gesellschaft und der Deutsch-Flämischen-Studiengruppe – all dies verrät sein Interesse an einer Vereinigung Europas unter dem Nationalsozialismus. Am 31. August 1944 erhielt B. den Befehl über die militärischen Maßnahmen zur »Befriedung« der Slowakei, und es gelang ihm durch brutales Durchgreifen, die Überreste des von ihm mitbegründeten Marionettenstaates kurzzeitig zu retten. Am 1. Oktober desselben Jahres erhielt B. neben all seinen anderen Ämtern auch noch das eines Generalinspekteurs des Kriegsgefangenenwesens.
Nach dem Kriege kam B. wegen seiner Beteiligung an der Ausrottung des europäischen Judentums vor Gericht und wurde am 2. April 1949 von einem amerikanischen Tribunal in Nürnberg zu 25 Jahren Haft verurteilt. Am 31. Januar 1951 ermäßigte man das Urteil auf 10 Jahre, doch B. wurde noch vor dem Jahresende entlassen, nachdem er sechseinhalb Jahre in Haft verbracht hatte. Er starb am 5. Januar 1975.

Best, Werner (geb. 1903)
Ranghoher SS- und Polizeiführer der NS-Zeit, Reichsbevollmächtigter für das besetzte Dänemark, am 10. Juli 1903 in Darmstadt geboren. B.'s Eltern zogen 1912 nach Dortmund und dann nach Mainz, wo er seine Schulbildung abschloß. B.s Vater, ein höherer Postbeamter, fiel gleich zu Beginn des Ersten Weltkrieges in Frankreich. Unmittelbar nach Kriegsende gründete B. die erste Ortsgruppe des Deutschnationalen Jugendbundes und betätigte sich, noch keine 20 Jahre alt, in der Mainzer Gruppe der Deutschnationalen Volkspartei. 1921–1925 studierte er in Frankfurt/Main, Freiburg, Gießen und Heidelberg, wo er 1927 in Rechtswissenschaft promovierte.
Während all dieser Jahre stand er stark unter dem Einfluß der deutschen Jugendbewegung mit ihrem »Zurück zur

Natur«, ihrer Vorliebe für germanische Mythologie und ihrer »völkischen« Weltanschauung. Zwischen Ende 1923 und Frühjahr 1924 wurde er während der Ruhrkämpfe zweimal von den französischen Behörden inhaftiert. Ab 1929 war er Gerichtsassessor an verschiedenen hessischen Amtsgerichten, doch zwei Jahre später wurde er gezwungen, seinen Dienst wieder zu quittieren, weil man ihn beschuldigte, die sogenannten Boxheimer Dokumente verfaßt zu haben (der Name geht auf den »Boxheimer Hof« bei Bürstadt Krs. Bergstraße [östlich von Worms] zurück, wo Nationalsozialisten Pläne für die Machtübernahme nach einer angenommenen kommunistischen Revolution erörtert hatten). Diese Dokumente, die B.s Unterschrift trugen und den Entwurf einer nationalsozialistischen Erhebung mit anschließender Liquidierung politischer Gegner enthielten, kamen Hitler, der damals die Macht mit legalen Mitteln zu erreichen suchte, sehr ungelegen. Dennoch wurde B. im März 1933 Staatskommissar für das Polizeiwesen in Hessen und im Juli 1933 als »Landespolizeipräsident« Beamter.

In den folgenden sechs Jahren machte B. Karriere. Er wurde Amtschef unter → *Heydrich*, oberster Rechtsberater der Gestapo (als solcher trug er dazu bei, gewisse Reste von Rechtsstaatlichkeit aus der Weimarer Zeit zu beseitigen, und zeigte gleichzeitig, wie man ohne gerichtliche Untersuchung mit Vorbeuge-Haftbefehlen arbeiten konnte) und zugleich Chef des Amtes Verwaltung und Recht im Hauptamt Sicherheitspolizei im Reichsministerium des Inneren. Ehrgeizig wie er war, nützte B., ein kühler und skrupelloser Machttechniker, seine akademische Bildung und seine juristischen Kenntnisse, um die totalitäre Praxis des NS-»Führerstaates« zu rechtfertigen, die, wie er äußerte, dem weltanschaulichen Grundsatz der organisch unteilbaren Volksgemeinschaft entspräche. Aufgabe der politischen Polizei sei es, alle »Krankheitssymptome« im Volkskörper zu bekämpfen, Staatsfeinde zu ermitteln, zu observieren und im geeigneten Augenblick unschädlich zu machen. Als einer der führenden Verfassungstheoretiker und Juristen des Dritten Reiches trug B. in hohem Maße dazu bei, der politischen Polizei und den Konzentrationslagern einen Anstrich von Rechtmäßigkeit und Gesetzlichkeit zu geben. Solange die Gestapo ausführte, was ihre Führung von ihr verlangte, handelte sie – B.s Auffassung nach – »legal«.

1935 war B. bereits Standartenführer (im Zweiten Weltkrieg stieg er dann zum SS-Obergruppenführer auf) und Heydrichs engster Mitarbeiter beim Aufbau der Gestapo und des Sicherheitsdienstes (SD). Vom 27. September 1939 bis zum 12. Juni 1940 leitete B. das Amt I des Reichssicherheitshauptamtes (RSHA), weshalb man ihn 25 Jahre nach Kriegsende der Mittäterschaft bei der Ermordung Tausender von Juden und polnischen Intellektuellen im besetzten Polen beschuldigte. Nach dem Ausscheiden aus dem RSHA war B. während der nächsten zwei Jahre Abteilungsleiter im Verwaltungsstab des Militärbefehlshabers in Frankreich. Hier oblag ihm die Bekämpfung der französischen Widerstandsbewegung. Den Höhepunkt seiner Laufbahn erklomm er als Reichsbevollmächtigter in Dänemark (November 1942 bis 1945). Trotz seines Rufes als »Schreibtischtäter« gibt es Beweise dafür, daß

B. in Dänemark versuchte, Himmlers »Endlösungs«-Befehle zu sabotieren. Von mehr als 7000 dänischen Juden fielen nur 477 in die Hände der deutschen Besatzer, denen B. verboten hatte, in jüdische Wohnungen einzudringen.
Nach seiner Auslieferung wurde B. zunächst (1948) von einem dänischen Gericht zum Tode verurteilt, dann aber zu fünf Jahren Haft begnadigt und schließlich im August 1951 aus der Haft entlassen. Er kehrte in die Bundesrepublik zurück, wo er erst in einem Anwaltsbüro und dann als Rechtsberater des Stinneskonzerns tätig war. 1958 verurteilte ihn eine Berliner Entnazifizierungskammer für seine Aktivitäten als ehemaliger SS-Spitzenfunktionär zur Zahlung von 70000,– DM. Im März 1969 wurde B. wegen seiner Verantwortung für Massenmorde erneut in Untersuchungshaft genommen, im Februar 1972 endlich angeklagt, aber noch im selben Jahre aus gesundheitlichen Gründen aus der Haft entlassen, obwohl man die Anklage nicht fallen ließ.
Eine der profiliertesten Persönlichkeiten des Dritten Reiches und Autor des seinerzeit berühmten Buches *Die deutsche Polizei* (1941), war B. ein opportunistischer Intellektueller, dessen moralisches Empfinden schwer gestört war. Dennoch ist sein Bild nicht eindeutig, was seine Zeit in Dänemark angeht. Sein Ehrgeiz brachte ihn mit an die Spitze der NS-Hierarchie, wo er zum reibungslosen Funktionieren der Terrormaschinerie beitrug. Am Ende seiner Laufbahn scheint er zu jenem Respekt vor dem Recht zurückgefunden zu haben, zu dessen Abbau er in seinen früheren Jahren so viel beigetragen hatte.

Binding, Rudolf Georg (1867–1938)
Deutscher Erzähler und Lyriker. B. wurde am 13. August 1867 als Sohn wohlhabender Eltern (sein Vater, Karl B., war Strafrechtslehrer von internationalem Ruf) in Basel geboren. Er studierte in Leipzig und Berlin, erstrebte jedoch keine der üblichen Karrieren, sondern zog es vor, seinen Neigungen (insbesondere dem Pferderennen und der Schriftstellerei) nachzugehen. Reiteroffizier im Ersten Weltkrieg, veröffentlichte er 1925 sein auf Tagebüchern beruhendes *Aus dem Kriege* – ein realistisches, ja prophetisches Werk.
B. pflegte das kleine Genre der Legenden und Kurzgeschichten, Novellen und autobiographischen Erzählungen. Es ging ihm vor allem um Ritterlichkeit, Keuschheit, Opfer und »Manneszucht«. Literarischer Autodidakt, war B. während der Weimarer Zeit und im Dritten Reich in Deutschland sehr beliebt. In seiner *Antwort eines Deutschen an die Welt* (1933) verteidigte er das neue Deutschland gegen seine Kritiker. B., der einer kleinen Gruppe großbürgerlich elitärer Autoren angehörte, war für die Nationalsozialisten ein wertvolles Aushängeschild, im Grunde jedoch ein unpolitischer Autor. Zu seinen charakteristischen Werken gehören die hochpoetische Erzählung *Reitvorschrift für eine Geliebte* (1924), die autobiographische Erzählung *Erlebtes Leben* (1928) sowie die philosophischen Dialoge *Die Spiegelgespräche* (1932).

Blaskowitz, Johannes (1883–1948)
Wehrmachtgeneral, der den Angriffsplan gegen Polen ausarbeitete, dort die 8. Armee kommandierte und später den Befehl über die in Polen stationierten Besatzungsstreitkräfte erhielt. B.,

am 10. Juli 1883 in Peterswalde (Ostpreußen) geboren, war ein Berufsoffizier der alten Schule. Er diente im Ersten Weltkrieg und machte im Dritten Reich Karriere.
1933 beförderte man ihn zum Generalleutnant, 1935 zum Kommandierenden General im Wehrkreis II (Stettin). 1938 wurde er zum Oberbefehlshaber des Gruppenkommandos 3 (Dresden) ernannt. Im März 1939 zog er an der Spitze der 3. Armee in Böhmen und Mähren ein. Im September darauf befehligte er während des Polenfeldzuges die 8. Armee und war bei Posen einem schweren Flankenangriff ausgesetzt, so daß er Unterstützung durch die 10. Armee (von → *Reichenau*) benötigte, um sich der Polen zu erwehren. Am 27. September nahm B. die Kapitulation Warschaus entgegen, und am 20. Oktober 1939 machte man ihn zum Oberbefehlshaber der deutschen Besatzungsstreitkräfte in Polen.
Als Oberbefehlshaber Ost protestierte B. gegen die Grausamkeiten der SS und der Polizei in Polen. Diese Organisationen, so klagte er, stellten sich außerhalb von Recht und Gesetz, und er bedauerte, daß sie nicht ihm unterstellt waren. Zwischen November 1939 und Februar 1940 verfaßte er zwei detaillierte Denkschriften insbesondere über das Vorgehen der Einsatzkommandos gegen Juden und polnische Intellektuelle. Beide Dokumente waren an den Oberbefehlshaber des Heeres, Generaloberst von → *Brauchitsch*, gerichtet. Sie belegten zahlreiche Fälle von Vergewaltigung, Mißhandlung und Mord sowie Plünderung jüdischer wie polnischer Geschäfte und warnten, die SS könne sich möglicherweise später in ähnlicher Form gegen die eigenen Leute wenden. Hitler war, wie berichtet wird, über B.s »kindische Haltung« außer sich.
Im Verlauf des Frankreichfeldzuges wurde B. mehrfach seiner Posten enthoben. Dennoch übernahm er später wieder andere Kommandos und stellte Hitlers Politik nicht mehr in Frage. Im Mai 1944 erhielt er den Oberbefehl über die Heeresgruppe G. Kurzzeitig abgelöst, wurde er im Januar 1945 mit der Führung der Heeresgruppe H in Holland beauftragt, wo er am 5. Mai 1945 vor den Briten kapitulierte. Am 5. Februar 1948 beging er im Nürnberger Gefängnis durch einen Sprung aus dem Fenster Selbstmord, kurz bevor man ihm wegen geringfügiger Kriegsverbrechen den Prozeß machen wollte.

Blomberg, Werner von (1878–1946)
Reichswehrminister (ab 1933), 1935 bis 1938 Reichskriegsminister sowie Oberbefehlshaber der Wehrmacht, Generalfeldmarschall ab 1936. B. wurde am 2. September 1878 in Stargard (Pommern) geboren. Hochgewachsen, eine blendende Erscheinung, trat B., Berufssoldat aus einer Offiziersfamilie, 1919 in die Reichswehr ein, nachdem er bereits im Ersten Weltkrieg mehrere Posten in Truppen-Generalstäben bekleidet hatte. Als Chef des Truppenamtes (1927–1929) besuchte er öfter die Sowjetunion und legte während des damaligen Flirts zwischen Reichswehr und Roter Armee große Sympathie für die Sowjets an den Tag. 1930 übertrug man B. den Befehl über den Wehrkreis I in Ostpreußen, und als Inhaber dieses Kommandos traf er 1931 erstmals mit Hitler zusammen, der auf den zwar intelligenten, aber leicht zu beeinflussenden Offizier großen Eindruck machte.
Am 30. Januar 1933 wurde v. Blom-

berg, der inzwischen Chef der deutschen Delegation bei den Abrüstungsverhandlungen in Genf geworden war, bei gleichzeitiger Beförderung zum General der Infanterie zum Reichswehrminister ernannt. Während des sogenannten Röhmputsches (→ *Röhm*) sowie nach dem Tod des Reichspräsidenten von → *Hindenburg* trug B. entscheidend zur Festigung der Macht Hitlers bei. In einem im *Völkischen Beobachter* vom 29. Juni 1934 veröffentlichten Artikel versicherte er Hitler der Loyalität des Heeres, billigte bald darauf die Zerschlagung der SA und erklärte, die Armee hielte sich als einzige Waffenträgerin der Nation zwar aus innenpolitischen Konflikten heraus, werde jedoch durch hingebungsvolle Treue ihren Dank abstatten. Als Reichswehrminister begrüßte es B., daß Hitler Hindenburgs Nachfolge als Staatsoberhaupt antrat, schwor Hitler den Treueid und ließ die gesamte Truppe auf ihn vereidigen.

Im Mai 1935 erhielt B. den Oberbefehl über die nun in »Wehrmacht« umbenannte Reichswehr und plante in enger Zusammenarbeit mit Hitler die Besetzung des Rheinlandes. In Anerkennung seiner Ergebenheit ernannte ihn Hitler 1936 zum ersten Generalfeldmarschall der Wehrmacht. Für die konservativen Schichten der deutschen Bevölkerung war B.s aristokratische, stahlhelmbewehrte Gestalt gleichsam eine lebende Garantie ungebrochener Tradition, manche Generäle allerdings hielten B. Hitler gegenüber für allzu willfährig.

Ein Skandal beendete B.s Laufbahn. Anlaß war, daß B., ein Witwer mit erwachsenen Kindern, am 12. Januar 1938 die hübsche, junge Luise Margarethe Gruhn heiratete, die bei der Berliner Polizei bereits aktenkundig geworden war, weil sie für Sexfotos posiert hatte. Hitler und Göring waren Trauzeugen bei dieser im kleinen Kreis vorgenommenen Eheschließung. Fast unmittelbar danach machten Gerüchte über die Vergangenheit dieser Frau die Runde, und ein von der Berliner Polizei zusammengestelltes Dossier ging an Göring, der gemeinsam mit Himmler die Gelegenheit nutzte, um beider Gegenspieler zu Fall zu bringen. B. und seine Frau erhielten Order, ein Jahr im Exil zu verbringen. Sie reisten nach Capri, nachdem der Generalfeldmarschall am 4. Februar 1938 abgedankt hatte. Als B. sowie kurz darauf General von → *Fritsch* gestürzt waren, war Hitler in der Lage, jede Möglichkeit unabhängigen Handelns oder gar einer Opposition der Streitkräfte auszuschalten. B. starb, eine tragische Gestalt, am 14. März 1946 in amerikanischer Haft.

Blunck, Hans Friedrich (1888–1961)
Präsident der Reichsschrifttumskammer, Schriftsteller. B. wurde am 3. September 1888 in Altona bei Hamburg geboren, studierte in Kiel und Heidelberg, wurde Verwaltungsbeamter (1920: Regierungsrat) und 1925 Syndikus der Universität Hamburg (bis 1928). Sein literarisches Werk spiegelt seine Herkunft aus dem norddeutschen Bauerntum, dem er stets verbunden blieb, sowie seine Verwurzelung in den volkstümlichen Überlieferungen insbesondere der Ost- und Nordseeküstenbewohner. Märchen sowie Romane aus vorgeschichtlicher Zeit, die nordische Lichtbringermythen, Wikingersagen und Erdichtetes miteinander verbinden, bilden den Hauptteil seines Werkes, das einen spürbaren Anteil

»völkischer« und nationalsozialistischer Ideologie enthält.
Zu seinen frühen Dichtungen gehören eine Erzählung über die Götter von einst (*Streit mit den Göttern* [1925]), weiterhin *Kampf der Gestirne* (1926) und *Gewalt über das Feuer* (1928) – eine Sammlung von Märchen, Legenden und Geistergeschichten. Außer Märchen in niederdeutscher Mundart schrieb B. auch einen Roman über Brasilien (*Die Weibsmühle* [1927]) sowie einen weiteren über Mittelamerika (*Land der Vulkane* [1929]). Besonders bekannt jedoch waren seine sogenannten »Führerromane«: *Hein Hoyer* (1922), die Geschichte eines hanseatischen Söldnerführers aus dem fünfzehnten Jahrhundert, der Staatsmann wird, *Volkswende* (1930) und *König Geiserich* (1936), den der rechtsgerichtete Literaturgeschichtsprofessor Nadler als das »Buch von Führer und Reich« bezeichnete und als »Epos einer neuen Rasse und des germanischen Christentums« pries.
Andere sehr beliebte Bücher B.s aus der Zeit des Dritten Reiches waren: *Die Urvätersage* (1934), *Deutsche Heldensagen* (1938), *Die Jägerin* (1940) und *Sage vom Reich* (1941). B. stand voll und ganz auf der Seite der Nationalsozialisten und erklärte 1934, eine alte Welt sei zusammengebrochen; die Deutschen seien im Begriff, den Weg zu einer neuen Lebensform zu zeigen und trügen einen neuen Glauben an die Menschheit im Herzen. B. war Präsident der Reichsschrifttumskammer (1934–1935), Mitglied des Reichskultursenats sowie 2. Vorsitzender der Preußischen Akademie der Dichtung und Träger der Goethemedaille. Nach dem Zweiten Weltkrieg gab er sich ahnungslos. Seine 1952 erschienenen Lebenserinnerungen *Unwegsame Zeiten* sind vor allem ein Versuch, Hitlerdeutschland reinzuwaschen.

Bock, Fedor von (1880–1945)
Generalfeldmarschall mit monarchistischen Neigungen, Prototyp eines preußischen Offiziers. B. wurde am 3. Dezember 1880 in Küstrin (Prov. Brandenburg) als Sohn einer alten, adeligen Offiziersfamilie geboren (sein Vater war bereits Generalmajor). 1898 trat B. als Secondeleutnant ins Heer ein und diente von 1912–1919 als Generalstabsoffizier. Im Ersten Weltkrieg erwarb er als Bataillonskommandeur den begehrten Orden *Pour le Mérite*. 1916 zum Major befördert, verbrachte B. nach dem Krieg vier Jahre im Reichswehrministerium und stieg bis 1931 zum Generalleutnant auf.
1935–1938 befehligte er, nunmehr General der Infanterie, das Gruppenkommando 3 (Dresden). Im Frühjahr 1938 führte B. die 8. Armee nach Österreich. Im Polenfeldzug befehligte er die Heeresgruppe Nord. Anschließend übernahm er die Heeresgruppe B, die beim Angriff auf Frankreich an der Nordflanke (Holland, Belgien und Nordfrankreich) operierte. Nach Frankreichs Kapitulation stieg B. im Juli 1940 zum Generalfeldmarschall auf. Im Ostfeldzug kommandierte B. von April bis Dezember 1941 die Heeresgruppe Mitte. Als die Offensive vor Moskau zum Stehen kam, übertrug man ihm von Januar bis Juli 1942 die Heeresgruppe Süd; als die deutschen Operationen ins Stocken gerieten, wurde er am 15. Juli 1942 abgelöst. Bei Kriegsende stellte er sich der Regierung Dönitz zur Verfügung. Am 3. Mai 1945 fiel B. einem Tieffliegerangriff in Schleswig-Holstein zum Opfer.

Bohle, Ernst Wilhelm (1903–1960) Gauleiter und Führer der Auslandsorganisation der NSDAP. B. wurde am 28. Juli 1903 in Bradford (England) geboren. Sein Vater war als College-Lehrer nach England ausgewandert und ging in gleicher Eigenschaft von dort 1906 nach Kapstadt, wo er als Deutscher während des Ersten Weltkrieges entlassen und dadurch zu einem verbitterten Nationalisten und Antisemiten wurde. B. selbst erhielt in Kapstadt eine gediegene britische Schulausbildung – seine Schulkameraden nannten ihn »Kaiser Will« – und wurde vom Vater zum Studium nach Köln und Berlin geschickt, wo er Staats- und Wirtschaftswissenschaft studierte und 1923 als Diplomkaufmann abschloß. Seit 1931 war B. schon für die in Hamburg gegründete Auslandsabteilung der NSDAP tätig, erwarb sich nach seinem Eintritt in die NSDAP (1. März 1932) rasch das Vertrauen von Rudolf → *Heß* – wie er einer der nicht gerade seltenen Auslandsdeutschen in den Spitzenpositionen des Dritten Reichs – und wurde so bereits am 8. Mai 1933 zum Leiter der Auslandsorganisation (AO) der NSDAP im Range eines Gauleiters ernannt. Seit dem 12. November 1933 war er außerdem noch Abgeordneter im Deutschen Reichstag. Unter B.s Leitung stiegen die Mitgliedszahlen in der AO von etwa 2000 Anfang 1933 rasch auf rund 10000 Mitte 1934, und dieser Trend setzte sich fort.

B.s Vorteil im außenpolitischen Bereich der Parteiarbeit waren seine Kenntnisse des Auslands und die Rivalität zwischen Außenminister Joachim v. → *Ribbentrop* und dem glanzlosen Leiter des Hauptamts Außenpolitik der NSDAP, Alfred → *Rosenberg*. B. ging daran, die Organisation der einzelnen NSDAP-Landesgruppen im Ausland zu straffen und die Einflußnahme auf die Mitglieder der AO zu zentralisieren, um mit diesen »Sendboten des Deutschtums« die wirtschaftlichen Beziehungen zum Ausland, die Möglichkeiten der Propaganda für den Nationalsozialismus im Ausland und auch die Ausspähung der Gastländer zu verstärken. Als nach der Ermordung des AO-Landesgruppenleiters in der Schweiz, Wilhelm Gustloff (4. Februar 1936), der Unmut des Auslands über die militanten Nationalsozialisten unter den Auslandsdeutschen wuchs, kamen sich Hitlers und B.s Intentionen nach stärkerer Durchdringung von AO und Auswärtigem Amt entgegen, denn Hitler wollte die Landesgruppenleiter mit dem Einbau in die deutschen Auslandsmissionen in den Genuß des diplomatischen Schutzes bringen, und B. erstrebte eine leitende Funktion im deutschen Auswärtigen Dienst.

Schließlich erreichte er am 30. Januar 1937 die Ernennung zum Staatssekretär im Auswärtigen Amt unter dem damaligen Außenminister von → *Neurath*. B. konnte zwar im Verlauf des Spanischen Bürgerkriegs und auch beim »Anschluß« Österreichs bei Hitler und seinem Gönner Heß Sympathien gewinnen; mit der Ernennung Ribbentrops zum Außenminister im Februar 1938 war aber sein weiterer Aufstieg gebremst. B. erhielt im Auswärtigen Amt nur Kompetenzen in der Kulturabteilung. Die Förderung der Rückwanderung von Auslandsdeutschen in den Jahren 1936–1938 brachte ihm zwar das Wohlwollen des stetigen Aufsteigers Heinrich → *Himmler* ein, aber mit dem Verbot von immer mehr NSDAP-Landesgruppen im Ausland wurde B.s Stellung geschwächt. Ungünstig wirkte sich vor allem das Ausscheiden Österreichs aus B.s Machtbereich nach dem Aufgehen im Deutschen Reich aus, ferner die Rückschläge der Landesgruppenarbeit in Südamerika und den USA. Nach dem Juli 1939 blockierte Ribbentrop den Zugang zum Auswärtigen Amt für die AO-Leute B.s fast ganz. B. erhielt zwar von Himmler noch den Ehrenrang eines SS-Obergruppenführers, trat aber sonst völlig in den Hintergrund. Bei Kriegsende von den Alliierten verhaftet, wurde er im »Wilhelmstraßenprozeß« in Nürnberg von den Amerikanern angeklagt. B. bekannte sich als einziger Angeklagter in diesem Prozeß schuldig und wurde am 14. April 1949 zu fünf Jahren Gefängnis verurteilt, wobei ihm die Untersuchungshaft angerechnet wurde. Aufgrund des Gnadenerlasses des amerikanischen Hochkommissars McCloy erhielt B. am 21. Dezember 1949 die Freiheit. B. war dann in Hamburg als Kaufmann tätig und starb am 9. November 1960 in Düsseldorf im Alter von 57 Jahren.

Bonhoeffer, Dietrich (1906–1945)
Evangelischer Seelsorger und Theologe, eine der führenden Gestalten des deutschen Widerstandes. B. wurde am 4. Februar 1906 als Sohn eines bekannten Psychiatrie-Professors in Breslau geboren. Er studierte Theologie in Tübingen, Berlin sowie am *Union Theological Seminary* in New York und ging 1931 als Studentenpfarrer nach Berlin. Nach Hitlers Machtergreifung setzte er sich zunächst nach London ab, wo er zwischen 1933 und 1935 als Pfarrer wirkte. Darum gebeten, kehrte er nach Deutschland zurück, um das Predigerseminar der Bekennenden Kirche in Finkenwalde zu übernehmen, eines Teils der evangelischen Kirche, die Christentum und NS-Rassenlehre für unvereinbar erklärte. B. bestand nicht allein auf dem Recht freier Verkündigung des Evangeliums, sondern war auch bereit, als Christ sein Leben zu opfern, indem er sich Hitler widersetzte und Juden zur Flucht verhalf. Von ihm stammt das Wort, Kirche sei Kirche nur dann, wenn sie auch für die da sei, die ihr fernstünden, und er verkündete ihre bedingungslose Verpflichtung gegenüber den Opfern jedes Gesellschaftssystems, selbst wenn diese nicht der christlichen Gemeinde angehörten.
B. unterhielt ständige Kontakte zu Kirchen im Ausland. Im Frühjahr 1939 besuchte er England, wo er Gespräche mit Bischof Bell führte und im Auftrag deutscher Widerstandskreise verhandelte. Außerdem reiste er in die USA, wo man ihm eine Professur anbot. Bei einem Besuch Schwedens im Mai 1942 hatte B. konkrete Friedensvorschläge der von General Hans → *Oster*, dem Stabschef der Abwehr, und Generaloberst Ludwig → *Beck* angeführten Verschwörer im Reisegepäck, doch sie wurden vom britischen Außenministerium abgelehnt. B.s Kontakte und Aktivitäten machten ihn zum Hauptverdächtigen für Gestapo und Sicherheitsdienst. Nachdem 1940 sein Seminar zum zweiten Male geschlossen wurde, erhielt er von der Gestapo Lehr-, Predigt- und Publikationsverbot. Am 5. April 1943 verhaftete ihn die Gestapo unter der Beschuldigung der Wehrkraftzersetzung. Als das Attentat vom 20. Juli 1944 mißlungen war, verlegte man B. zunächst nach Buchenwald und dann in das KZ Flossenbürg, wo er am 9. April 1945 zusammen mit Admiral → *Canaris* und General *Oster*

hingerichtet wurde. B.s – durch seinen eigenen Märtyrertod bekräftigte – Lehre eines »Christentums ohne Religion« übte auf den Nachkriegsprotestantismus in Großbritannien und Amerika einen bedeutenden Einfluß aus.

Bonhoeffer, Klaus (1901–1945)
Bruder von Dietrich → *Bonhoeffer* und führender Anhänger des deutschen Widerstandes gegen Hitler. B. wurde am 5. Januar 1901 geboren. Er erhielt 1930 seine Zulassung als Anwalt und wurde 1936 Rechtsberater der Deutschen Lufthansa. Ebenso wie sein Bruder hatte auch Klaus B. erhebliche moralische Einwände gegen den Nationalsozialismus und versuchte in Verbindung mit verschiedenen Widerstandsgruppen, das Dritte Reich von innen her zu Fall zu bringen. Er wurde nach dem Mißlingen des Attentats vom 20. Juli 1944 verhaftet, am 2. Februar 1945 vom Volksgerichtshof zum Tode verurteilt und am 23. April in Berlin erschossen, als die Rote Armee bereits die Stadt angriff.

Bormann, Martin (1900–1945)
Leiter der Parteikanzlei und Hitlers Sekretär, gegen Ende des Zweiten Weltkriegs einer der mächtigsten Männer nach Hitler. B. wurde am 17. Juni 1900 als Sohn eines Postbeamten und ehemaligen Militärmusikers in Halberstadt geboren. Er ging vorzeitig von der Schule ab und arbeitete auf einem Gut in Mecklenburg. Nachdem B. Ende des Ersten Weltkrieges kurze Zeit als Kanonier in einem Feldartillerieregiment gedient hatte, schloß er sich dem Freikorps Roßbach in Mecklenburg an und stand mit den berüchtigten Fememorden in Verbindung. Im März 1924 verurteilte man ihn zu einem Jahr Haft. B. stand unter der Anklage, zusammen mit Rudolf → *Hoeß* an der brutalen Ermordung seines früheren Grundschullehrers Walter Kadow teilgenommen zu haben, der angeblich den von den Nationalsozialisten später als Märtyrer gefeierten Terroristen Albert Leo Schlageter an die französischen Besatzungsbehörden im Ruhrgebiet verraten hatte.
1927 trat B. der NSDAP bei, wurde Gaupressewart der Partei in Thüringen sowie anschließend Gaugeschäftsführer (1928). Von 1928 bis 1930 war er dem Stab der SA zugeteilt, und im Oktober 1933 wurde er Reichsleiter der NSDAP. Einen Monat später wählte man ihn als Abgeordneten der NSDAP in den Reichstag. Ab Juli 1933 (bis 1941) war B. Stabsleiter beim »Stellvertreter des Führers« Rudolf → *Heß*, dessen persönlicher Sekretär und rechte Hand er war. Damals begann der fleißige, anpassungsfähige und auf seine Weise tüchtige »Mustersekretär« ganz unvermerkt ins Zentrum des Machtapparates aufzusteigen. Immer besser lernte er mit dem bürokratischen Parteiapparat umzugehen und sich Hitlers Vertrauen zu erwerben.
B. begründete und verwaltete die Hilfskasse der NSDAP, einen riesigen Fonds aus freiwilligen Stiftungen erfolgreicher deutscher Unternehmer, die er z. T. auch Spitzenfunktionären der Partei zufließen ließ. Außerdem verwaltete er Hitlers persönliche Finanzen, kaufte und bewirtschaftete den »Berghof« sowie Hitlers gesamten Besitz auf dem Obersalzberg bei Berchtesgaden. Ihm oblag die Kontrolle über den Lebensstandard sämtlicher Gau- und Reichsleiter, ganz zu schweigen von Hitlers engerem Kreis. B.s Unge-

schliffenheit, sein Mangel an Kultur und seine scheinbare Unauffälligkeit ließen die Alten Kämpfer der Partei seine beharrliche, stille Wühlarbeit und seine Fähigkeit, sich unentbehrlich zu machen, unterschätzen.
Als Rudolf Heß nach England flog, war endlich für die »Braune Eminenz« der Weg frei. B. wurde am 12. Mai 1941 als Nachfolger von Heß Chef der Parteikanzlei. Nunmehr lagen die Zügel der Partei in seiner Hand, und er untergrub die Position all seiner Rivalen. Bis Kriegsende betätigte sich der gedrungene, untersetzte B. in der Anonymität seiner scheinbar wenig bedeutenden Dienststelle als Meister der Intrige, Manipulation und des politischen Ränkespiels. Stets der bescheidene Parteimann und ein geradezu fanatischer Wächter über die NS-Ideologie (besonders in Sachen Rassenpolitik, Antisemitismus und Kirchenkampf), festigte er die Position der Partei gegen Wehrmacht und SS und griff immer mehr in die Innenpolitik ein. Zunehmend brachte er alles unter Kontrolle, was mit Fragen der Sicherheit zu tun hatte, dazu die gesamte Legislative sowie sämtliche Ernennungen und Beförderungen.
1942 ließ er den Kampf gegen die christlichen Kirchen wiederaufleben. In einer vertraulichen Denkschrift an die Gauleiter erklärte er, die Macht der Kirchen sei »absolut und endgültig« zu brechen. Der auf wissenschaftlicher Weltanschauung beruhende Nationalsozialismus war für ihn mit dem Christentum völlig unvereinbar, dessen Einfluß B. als ernstes Hindernis für einen totalitären Staat betrachtete. Schärfster Antiklerikalist der NS-Führerschaft (er sammelte die Akten sämtlicher Prozesse gegen Kleriker, derer er habhaft werden konnte), war B. neben Rosenberg die treibende Kraft des Kirchenkampfes, den Hitler aus taktischen Gründen eigentlich hatte auf die Nachkriegszeit verschieben wollen.
B. trat stets für ungewöhnlich harte, radikale Maßnahmen ein, wenn es um die Behandlung der Juden, der Völker in den besetzten Ostgebieten oder der Kriegsgefangenen ging. So unterzeichnete er den Erlaß vom 9. Oktober 1942, wonach die endgültige Beseitigung der Juden aus den Gebieten Großdeutschlands nicht mehr auf dem Wege der Auswanderung zu erfolgen habe, sondern durch Anwendung rücksichtsloser Gewalt in den Sonderlagern des Ostens. Ein weiterer, am 1. Juli 1943 von B. unterzeichneter Erlaß gab die nun völlig schutzlos der Gestapo ausgelieferten Juden ganz in die Hände Adolf → *Eichmanns*.
B.s Aktenvermerke über die Slawen ließen keinen Zweifel, daß er diese als bolschewistische Masse von Untermenschen betrachtete, die keinerlei Anspruch auf nationale Selbständigkeit hätten. Eine seiner brutalsten Notizen (vom 19. August 1942) lautete denn auch: »Die Slawen haben für uns zu arbeiten. Soweit wir sie nicht brauchen, können sie sterben. Fruchtbarkeit bei Slawen ist nicht erwünscht.«
Ende 1942 besaß B. praktisch die Funktion eines Stellvertreters Hitlers und war dessen engster Mitarbeiter. Er hatte die geradezu unheimliche Fähigkeit, Hitlers Schwächen und persönliche Eigenheiten zu nutzen, um seine eigene Macht zu vergrößern. Stets in nächster Nähe des Führers, stets um die Erledigung ermüdender Verwaltungsdinge bemüht und Hitler so lenkend, daß er billigte, was B. für richtig hielt, erlangte B. eine solche Vorrangstel-

lung, daß er sogar gefürchtete Rivalen wie → *Göring*, → *Goebbels*, → *Speer*, ja selbst → *Himmler* verdrängte. B. nutzte seine Vorrangstellung, um Hitler wie durch eine Mauer völlig von der Außenwelt abzuschirmen, so daß Hitler seinen Phantasien nachhängen konnte, ohne daß ihn vernünftigere, wirklichkeitsbezogenere Ratschläge anderer Parteimitglieder erreichten.

B. brachte alles auf die einfachste verwaltungstechnische Formel, die Hitler die Last der Büroarbeit abnahm. Er zückte seinen Terminkalender und entschied, wer vorzulassen sei und wer nicht. Hitler vergalt diese und andere Dienste mit dem Vertrauen, das er in B. setzte, den er einmal als seinen treuesten Parteigenossen bezeichnete.

Als bei Kriegsende Göring und Himmler versuchten, Verhandlungen mit den Alliierten aufzunehmen, vermochte B. Hitler zu veranlassen, die beiden ihrer Ämter zu entheben und aus der Partei auszustoßen. Der »unvermeidliche« B., diese rätselhafteste und unheilvollste Erscheinung unter den Machthabern des Dritten Reiches, unterzeichnete Hitlers politisches Testament, das ihn zum Parteiminister bestellte, agierte als Trauzeuge bei Hitlers Heirat mit Eva → *Braun* und war bei Hitlers Selbstmord mit im Bunker der Reichskanzlei. Von Hitler angewiesen, »die Interessen der Nation über die eigenen Gefühle zu stellen« und sich zu retten, verließ B. den Führerbunker am 30. April 1945.

Die Berichte über das, was dann geschah, klaffen weit auseinander. Hitlers Chauffeur, Erich Kempka, zufolge kam B. bei dem Versuch ums Leben, die sowjetischen Linien zu durchbrechen. Eine Panzerabwehrgranate habe den Panzer, in dem B. zu entkommen versuchte, in Flammen aufgehen lassen. Kempka war damals vorübergehend erblindet, behauptete aber gleichwohl, B.s Leichnam gesehen zu haben. Reichsjugendführer Arthur → *Axmann* wiederum glaubte, B. habe Selbstmord begangen, und behauptete, er habe B.s Leiche am 2. Mai 1945 auf der im Zuge der Invalidenstraße liegenden Sandkrugbrücke (nördlich vom Humboldthafen) gesehen. Dennoch blieben Zweifel. Am 1. Oktober 1946 in Nürnberg in Abwesenheit zum Tode verurteilt, wurde er Ende Oktober 1954 vom Amtsgericht Berchtesgaden für tot erklärt. Nach einem Gutachten des Instituts für Gerichtsmedizin in Berlin wurde 1973 ein auf dem Gelände des Lehrter Bahnhofs exhumiertes Skelett mit absoluter Sicherheit als das Bormanns identifiziert.

Bouhler, Philipp (1899–1945)

B. wurde am 11. September 1899 als Sohn eines verabschiedeten Obersten in München geboren. Er stieg zum Chef der Kanzlei des Führers auf und leitete das berüchtigte Euthanasie-Programm. Nach fünf Jahren im Königlich-Bayerischen Kadettenkorps und Teilnahme am Ersten Weltkrieg, in dem B. schwer verwundet wurde, studierte er 1919–1920 vier Semester Philosophie. 1921 trat er in den Verlag des *Völkischen Beobachters* ein und wurde im Herbst 1922 zweiter Geschäftsführer der NSDAP. Bei der Neugründung der Partei im Februar 1925 wurde er Reichsgeschäftsführer der NSDAP, 1933 Reichsleiter und Reichstagsabgeordneter für Westfalen.

1934 ernannte man ihn zum Polizeipräsidenten von München, nach einem Monat kam er jedoch schon zu Hitler als dessen Kanzleichef, eine Stelle,

die am 17.11.1934 zur Bearbeitung von Parteiangelegenheiten eingerichtet worden war. In dieser Funktion hatte er Geheimerlasse vorzubereiten, die nie an die Öffentlichkeit drangen. Außerdem führte er den Vorsitz in der Parteiamtlichen Prüfungskommission zum Schutze des nationalsozialistischen Schrifttums.
1942 veröffentlichte er *Napoleon – Kometenpfad eines Genies*, das zu Hitlers bevorzugter Kopfkissenlektüre zählte. B., ein weichgesichtiger Brillenträger mit sanfter Stimme, war eine der undurchsichtigsten Gestalten der NS-Elite. Seine Dienststelle trug die Verantwortung für die Euthanasie-Anstalten, in denen man Geisteskranke auf verschiedene Weise, z. T. auch mit Gas, umbrachte, und stellte Personal und Einrichtung für die Todeslager in Polen, wo man Juden vergaste. Am 24. August 1941 gab Hitler unter dem Druck öffentlicher Proteste B. den Befehl, das Euthanasie-Programm einzustellen. Gegen Ende des Krieges lehnte sich B. mehr und mehr an → *Göring* an, und in Görings Gefolge beging er auf der Fahrt in das Internierungslager kurz vor Dachau am 19. Mai 1945 Selbstmord.

Brack, Viktor (1904–1948)
SS-Oberführer und einer der Spitzenbeamten der Reichskanzlei. Im Zweiten Weltkrieg an der Errichtung der Todeslager in Polen beteiligt. B. wurde am 9. November 1904 in Haazen geboren. Nach dem Studium der Wirtschaftswissenschaft in München betätigte sich B., der Sohn eines praktischen Arztes und Freund Heinrich → *Himmlers*, vorübergehend als Chauffeur des nachmaligen Reichsführers SS. 1936 wurde er Verbindungsmann zur Dienststelle von Philipp → *Bouhler*, obwohl er keinerlei medizinische Kenntnisse besaß. In der Folge stieg er zu Bouhlers Stellvertreter und Chef des Amtes II in der Kanzlei des Führers mit dem Range eines Oberdienstleiters auf. Zwischen Dezember 1939 und August 1941 war B.s Dienststelle (T 4 in der Reichskanzlei) während der Euthanasie-Aktion für die Beseitigung von mehr als 50 000 Deutschen verantwortlich – darunter Geisteskranke, chronisch Kranke, als arbeitsuntauglich oder politisch unerwünscht bezeichnete KZ-Häftlinge und Juden.
B. beteiligte sich persönlich an der Überprüfung und Auswahl des Personals für die Euthanasie-Anstalten, und im März 1941 bot er Himmler seine Anstalten an, um täglich 3000 bis 4000 Juden mit Röntgenstrahlen sterilisieren zu lassen. Später im Jahr bereitete er den Einsatz von Vergasungswagen vor, um in Riga und Minsk arbeitsuntaugliche Juden umzubringen. In der Folge hatte er großen Anteil an der Errichtung der Todeslager und Gaskammern in Polen. Ein Teil des Personals seiner Euthanasie-Anstalten wurde bei der Judenverfolgung eingesetzt. Am 20. August 1947 verurteilte ein amerikanisches Militärgericht B. nach Abschluß des Ärzteprozesses zum Tode, und am 2. Juni 1948 starb B. in Landsberg/Lech durch den Strang.

Brandt, Karl (1904–1948)
Medizinprofessor und einer der Leibärzte Hitlers, Generalkommissar für das Sanitäts- und Gesundheitswesen. B. wurde in Mülhausen (Elsaß) am 8. Januar 1904 als Sohn eines Offiziers geboren. Nach dem Abitur in Dresden studierte er seit 1922 in Jena, Frei-

burg/Br. und Berlin Medizin. Über den Hitler-Adjutanten Wilhelm → *Brückner*, der nach einem Autounfall im April 1933 behandelt werden mußte und zufällig von B. operiert wurde, kam er mit Hitler in Kontakt, dem er von dem zufriedenen Brückner offenbar wärmstens empfohlen worden war. Hitler veranlaßte, daß B. an die chirurgische Universitätsklinik nach Berlin berufen wurde, und machte ihn im Frühjahr 1934 zu seinem Begleitarzt.

B., der am 1. März 1932 in die NSDAP eingetreten war, wechselte nunmehr von der SA zur SS über und machte schnell Karriere: Im Juli 1934 noch SS-Untersturmführer, wurde er am 9. November 1937 schon zum Sturmbannführer befördert. B. war in Hitlers Augen zweifellos einer der jungen, fähigen, handwerklich perfekten Ärzte wie auch die beiden B.-Stellvertreter, Dr. Werner Haase und, ab 1936, Dr. Hanskarl v. Hasselbach oder der HNO-Arzt Dr. Erwin Giesing, die Hitler aber doch als »Steinschneider« abqualifizierte im Vergleich zu dem dicken, von den anderen Begleitärzten mit Argwohn behandelten Dr. Theo Morell.

An B., dessen Frau eine auch Hitler schon in den 20er Jahren bekannte deutsche Rekordschwimmerin war, schätzte Hitler die persönliche Gediegenheit und Zuverlässigkeit, sein ärztliches Können und sein Organisationstalent. Deshalb wohl betraute er ihn in einem formlosen Schreiben vom 1. September 1939 zusammen mit dem Chef seiner Kanzlei, Philipp → *Bouhler*, mit der Organisation und Durchführung der Euthanasie, im NS-Jargon auch »Vernichtung lebensunwerten Lebens« genannt. Auf dem einmal beschrittenen Weg ging es nach B.s Ernennung zum Generalkommissar für das Sanitäts- und Gesundheitswesen mit Führererlaß vom 17. August 1942 weiter. B. übernahm die zentrale Koordinierung aller in den Konzentrationslagern durchgeführten Menschenversuche und ließ sich auch selbst KZ-Häftlinge für eigene Experimente überstellen.

Seine Machtstellung gipfelte schließlich in dem Führererlaß vom 5. September 1943, der ihm die Stellung eines zentralen Leiters des gesamten medizinischen Vorrats- und Versorgungswesen und eines Koordinators der medizinischen Forschung sicherte, so daß sich Leonardo → *Conti*, der Staatssekretär für das Gesundheitswesen im Reichsinnenministerium, zu der Überlegung veranlaßt sah, Hitler seinen Rücktritt einzureichen. Äußeres Zeichen dieser zentralen Stellung B.s war schließlich die Erhebung seiner Behörde zu einer Hitler unmittelbar unterstellten Obersten Reichsbehörde des Reichsbeauftragten für das Sanitäts- und Gesundheitswesen. Dienstliche und persönliche Beziehungen zu → *Speer* trugen B. die Feindschaft → *Bormanns* ein, der schließlich bei Hitler leichtes Spiel hatte, als sich B. und von Hasselbach gegen den ungeliebten Morell verschworen und Hitler klarmachen wollten, daß ihm sein eigener Leibarzt in harmlos scheinenden Antigas-Pillen, mit denen Hitler von Morell seit Jahren behandelt wurde, nichts anderes als das hochgiftige Strychnin verabreichte.

B., der im März 1944 noch eine Dotation Hitlers über 50000 RM erhalten hatte und am 20. April desselben Jahres zum SS-Gruppenführer und Generalleutnant der Waffen-SS befördert worden war, wurde am 5. Oktober 1944 zusammen mit Dr. von Hasselbach und Dr. Giesing als Leibarzt entlassen. Bormann schaffte es schließlich noch, daß

B. im März 1945 verhaftet und im April zum Tode verurteilt wurde, weil er angeblich mit alliierten Truppen hatte Verbindungen aufnehmen oder gar zu ihnen überlaufen wollen. Himmler scheint verzögernd auf den Gang der Exekution eingewirkt zu haben. Schließlich retteten alliierte Truppen B. vor der Vollstreckung. Wegen seiner Beteiligung an Menschenversuchen wurde er aber von den Amerikanern im Nürnberger Ärzteprozeß am 20. August 1947 zum Tode verurteilt und am 2. Juni 1948 in Landsberg gehängt.

Brauchitsch, Walther von (1881–1948)
1939–1941 Oberbefehlshaber des Heeres. B. wurde am 4. Oktober 1881 als Sohn einer alten preußischen Offiziersfamilie geboren und war selbst Offizier des preußischen Heeres ab 1900. Er diente im Ersten Weltkrieg in verschiedenen Generalstabsstellungen an der Westfront und erhielt das Eiserne Kreuz Erster Klasse. Stabsoffizier der Reichswehr (1919–1928), wurde B. 1930 zum Generalmajor und 1932 zum Inspekteur der Artillerie ernannt. Im Februar 1933 erhielt er das Kommando über die 1. Division in Königsberg. 1935 wurde er Kommandierender General des I. Armeekorps, ein Jahr später General der Artillerie und 1937 Befehlshaber des Gruppenkommandos 4 (Leipzig). Am 4. Februar 1938 zum Generaloberst befördert, trat er die Nachfolge Werner von → *Fritschs* als Oberbefehlshaber des Heeres an. Diese Position bekleidete er bis Mitte Dezember 1941.

B. war Hitler persönlich verpflichtet, der nicht nur seine erste Frau zur Scheidung überredet, sondern darüber hinaus auch die Kosten des Scheidungsverfahrens getragen hatte. Wenige Monate später konnte B. seine zweite Frau, Charlotte, geb. Rüpper, heiraten – eine begeisterte Nationalsozialistin. Auf ihren Einfluß war es teilweise zurückzuführen, daß der nachgiebige B. sich Hitler gegenüber als so schwach und willfährig erwies und hochrangige Hitlergegner wie den General Ludwig → *Beck* im Stich ließ. Obwohl er von der Opposition gegen Hitler wußte und selbst Hitlers Angriffsplänen skeptisch gegenüberstand, fühlte sich B. durch seinen Eid gebunden und unterstützte den Führer selbst dann, wenn sein militärischer Instinkt ihm das Gegenteil gebot.

So war B. für den Anschluß Österreichs im März 1938, desgleichen für den Einmarsch in das Sudetenland (Oktober 1938) sowie für die militärische Besetzung der Rest-Tschechoslowakei (März 1939). Die sämtlich unter seinem Oberbefehl errungenen Siege in den Frühphasen des Zweiten Weltkrieges – insbesondere die »Blitzsiege« über Polen, Frankreich, Belgien und die Niederlande – erhöhten B.s Ansehen noch mehr, so daß er am 19. Juli 1940 zum Generalfeldmarschall ernannt wurde.

Andererseits banden gerade diese Erfolge, die sich zunächst während der Feldzüge in Jugoslawien, Griechenland und anfangs auch in Rußland wiederholten, B. noch stärker an Hitler. Nach den ersten Rückschlägen an der Ostfront begann B. auch den geringen Einfluß zu verlieren, den er noch besaß, und ein Herzleiden lieferte den Vorwand für seine Verabschiedung am 19. Dezember 1941. Nun übernahm Hitler selbst den Oberbefehl über das Heer. Nach Kriegsende wurde B. auf seinem Gut in Schleswig-Holstein verhaftet und nach England gebracht, wo man ihn eine Zeitlang gefangenhielt.

Später internierte man ihn zusammen mit von → *Rundstedt* und von → *Manstein* in einem britischen Lager bei Münster, wo er verbleiben sollte, bis ihm ein britisches Militärgericht den Prozeß machte, der für 1949 vorgesehen war. Doch der praktisch blinde, kränkelnde General starb am 18. Oktober 1948 im britischen Militärhospital zu Hamburg-Barmbek.

Braun, Eva (1912–1945)
Seit 1932 Hitlers Geliebte und während seiner letzten Lebensstunden seine Ehefrau. Als Tochter eines Lehrers am 6. Februar 1912 in München geboren, stammte E. B. aus der katholischen Mittelschicht. Hitler lernte sie 1929 im Atelier seines Freundes, des Fotografen Heinrich → *Hoffmann*, kennen, und sie schilderte ihn ihrer Schwester Ilse als Herrn »von gewissem Alter mit einem komischen Bart, ... einen großen Filzhut in der Hand«. Damals arbeitete E. B. noch bei Hoffmann als Bürokraft. Später wurde sie auch Laborantin und half, Hitlerbilder zu entwickeln. Die blonde, frisch aussehende, schlanke Fotolaborassistentin war eine sportliche Erscheinung und liebte Skilaufen, Bergsteigen und Gymnastik ebenso wie Tanzen.
Nach dem Tod von Hitlers Nichte Geli Raubal im September 1931 wurde sie Hitlers Geliebte und wohnte mit ihm in München zusammen, obwohl ihr Vater diese Beziehung aus politischen und persönlichen Gründen mißbilligte. Nach einem mißglückten Selbstmordversuch (1935), dem zweiten, ließ Hitler ihr in Münchens vornehmer Wasserburger Straße 12 (heute Delpstraße) eine Villa bauen und stellte ihr einen Mercedes mit Chauffeur zur Verfügung. In Hitlers Testament vom 2. Mai 1938 wurde sie als erste bedacht. Im Fall seines Todes sollte sie bis zum Ende ihres Lebens monatlich 1000,– RM erhalten.
Ab Herbst 1935 spielte sie auf Hitlers Berghof bei Berchtesgaden, wenn immer der Diktator anwesend war, die Rolle der Hausdame. Zurückgezogen, ohne politisches Interesse und mit den meisten engeren Vertrauten Hitlers auf Distanz, war E. B. auf dem Berghof sowie später in Berlin außerordentlich isoliert. Hitler zeigte sich mit ihr kaum in der Öffentlichkeit, und nur wenige wußten von ihrer Existenz. Selbst Personen aus Hitlers näherer Umgebung waren sich über den Charakter ihrer Beziehung zu Hitler nicht im klaren, zumal Hitler jede Andeutung irgendeiner Vertraulichkeit vermied und nie in ihrer Gegenwart gelöst wirkte.
E. B. verbrachte ihre gesamte Zeit mit Sport, mit Nichtstun, dem Lesen von Trivialromanen, und Anschauen von Kitschfilmen sowie mit Schönheitspflege. Ihre Treue zu Hitler schwankte nicht. Als Hitler das Attentat vom 20. Juli 1944 überlebt hatte, schrieb sie ihm einen gefühlvollen Brief, der mit den Worten endete: »Schon nach unseren ersten Begegnungen habe ich mir versprochen, Dir überall hin zu folgen, auch in den Tod. Du weißt, daß ich nur lebe, um Dich zu lieben. Deine Eva.«
Bevor im April 1945 die Rote Armee Berlin einschloß, folgte E. B. Adolf Hitler in den Führerbunker. Entgegen seinem Willen wich sie nicht, sondern erklärte gegenüber anderen, sie sei der einzige Mensch, der Hitler bis zum bitteren Ende treu sei. Immer wieder wiederholte sie vor Freunden, daß es besser sei, es stürben zehntausend andere, als daß Deutschland ihn verlöre. Am 29. April 1945 wurden Hitler und E. B.

schließlich getraut. Tags darauf beging sie Selbstmord durch Gift, und unmittelbar danach nahm sich auch Hitler das Leben.
Auf Hitlers Befehl verbrannte man beider Leichen im Garten der Reichskanzlei mit Hilfe von Benzin. Später fanden Rotarmisten ihren verkohlten Leichnam. E. B.s Angehörige überlebten den Krieg.

Braun, Wernher von (1912–1977)
Deutscher Raketenfachmann, der die V-2-Rakete (V = Vergeltungswaffe) entwickelte, die Ende des Zweiten Weltkrieges gegen England eingesetzt wurde. Geboren wurde er am 23. März 1912 in Wirsitz in Preußen. Sein Vater, Magnus von B., war Generaldirektor der Deutschen Raiffeisenbank AG und Landwirtschaftsminister unter von → *Papen*, seine Mutter eine musikalisch hochbegabte Frau. B. jedoch entwickelte als Student an der Technischen Hochschule in Berlin-Charlottenburg ausgeprägtes Interesse an Astronomie und Raumfahrt. Im Okber 1932 beim Heereswaffenamt eingestellt, wurde B. 5 Jahre später technischer Leiter des riesigen Raketenprojektes in Peenemünde (Ostseeküste). 1938 hatte er bereits den Prototyp der V 2 entwickelt: die Rakete A 4, einen Flugkörper mit eigenem Antrieb und Selbststeuerung, dessen Reichweite etwa 18 km betrug. B.s Forschungsvorhaben, bei denen es um Steuerungsprobleme, Fragen der Aerodynamik und Antriebsprobleme ging, wurden nach 1940 durch Hitlers Entschluß gebremst, Personal und Geldmittel, die bisher der Raketenforschung zur Verfügung standen, der Luftwaffe zukommen zu lassen. B.s Eintreten für bessere Forschungsbedingungen war umsonst, bis Hitler 1943 die Massenproduktion der 14 m langen V 2 anordnete. Weil er sich → *Himmlers* Versuch widersetzte, das Raketenprojekt unter seine Kontrolle zu bringen, wurden B. und zwei seiner wichtigsten Mitarbeiter am 14. März 1944 von der SS verhaftet und kurze Zeit festgesetzt. Man warf ihnen vor, mehr an der Raumfahrt als an der Herstellung von Kriegswaffen interessiert zu sein. Dank der Intervention von General Dornberger und Albert → *Speer* wurden sie wieder entlassen, und am 8. September 1944 startete die erste V 2 gegen England. Während der nächsten Monate wurden über 2500 Raketen auf englische Städte abgefeuert, bis alliierte Truppen die Abschußrampen eroberten.
Als im März 1945 sowjetische Streitkräfte im Anmarsch waren, räumte B. Peenemünde und ergab sich mit mehr als 100 Mitarbeitern den Amerikanern. Nach Verhören in London ließ man ihn frei und erlaubte ihm, seine Forschungen in den USA fortzusetzen, deren Staatsbürgerschaft er 1955 erwarb, und wo er einer der führenden Köpfe des Raumfahrtprogramms wurde. Ab 1960 war er Direktor des *George C. Marshall Space Flight Center* in Huntsville, Alabama, und spielte eine entscheidende Rolle bei der Entwicklung des amerikanischen Mondflugprogramms. Er entwarf die Jupiter-Rakete der US-Army, mit der die USA wieder in das Rennen um die Eroberung des Weltraums zurückkehrten, und sein Team leistete Pionierarbeit bei der Entwicklung der Redstone-Rakete, die 1961 den ersten amerikanischen Astronauten in den Weltraum beförderte.
Als Motor, Erfinder und Organisator hinter dem amerikanischen Raumfahrtprogramm stehend, entwarf und

entwickelte er die riesige Saturn-5-Rakete, die 1969 ein neues Zeitalter der Raumfahrt eröffnete, als sie die Apollo-Astronauten auf den Mond trug. 1970 ernannte man B. zum *Deputy Assistant Director* der Planungsabteilung der *NASA (National Aeronautics and Space Administration).* Am 16. Juni 1977 starb B., 65 Jahre alt, in Alexandria (Virginia/USA). Der Direktor der NASA bezeichnete ihn als einen »Kolumbus des zwanzigsten Jahrhunderts, der mit Leistungen, die seiner Wahlheimat den ersten Platz in der Raumforschung sicherten, die Grenzen des Raumes hinausverlegte«.

Brehm, Bruno (1892–1974)
Österreichischer Romanschriftsteller. B. wurde am 23. Juli 1892 in Laibach (Kärnten) als Sohn eines k.u.k. Offiziers geboren. Seine Schulzeit verbrachte er überwiegend im Sudetenland, aus dem die Familie ursprünglich stammte. Er studierte zunächst Germanistik, wurde dann aber Soldat und im Ersten Weltkrieg zum Offizier befördert. Zeitweise in russischer Kriegsgefangenschaft, wo er → *Dwinger* kennenlernte, wurde er nach dem Kriege als Hauptmann entlassen. Er studierte dann in Wien, Göteborg und Stockholm Kunst- und Frühgeschichte, versuchte sich nach der Promotion in Wien 1922 aber als Verlagsbuchhändler, war dann kurze Zeit als Assistent an der Wiener Universität tätig und betätigte sich ab 1928 als freier Schriftsteller. Nach dem »Anschluß« Österreichs wurde B. Ratherr der Stadt Wien und 1941 Präsident der Wiener Kulturvereinigung. Seit 1938 gab er die Monatsschrift *Der getreue Eckart* heraus. Während des Zweiten Weltkriegs diente er als Ordonnanzoffizier im Osten, auf dem Balkan und in Afrika. Seine frühen Romane, die ihn bekannt machten, behandeln in heiteren und traurigen Variationen das Thema der sterbenden Donaumonarchie. Für sein Hauptwerk dieser Schaffensperiode, die Trilogie *Apis und Este*, deren einzelne Bände unter den Titeln *So fing es an, Das war das Ende* und *Weder Kaiser noch König* von 1931 bis 1933 erschienen, erhielt er 1939 den Nationalen Buchpreis. Ähnlich wie die Hauptwerke des sieben Jahre jüngeren Werner Beumelburg *(Douaumont, Sperrfeuer um Deutschland)* setzt sich B. mit der Zeit des Ersten Weltkriegs auseinander; seine Sicht ist dabei historischer, weniger soldatisch-konservativ als bei Beumelburg. Aber wie dieser begrüßte er den Nationalsozialismus als Realisierung der großdeutschen Volksidee mit soldatischen Mitteln.
Nach dem Krieg versuchte er sich in der Trilogie *Das zwölfjährige Reich (Der Trommler, Der böhmische Gefreite, Wehe den Besiegten allen)* mit der Person Hitlers auseinanderzusetzen, wobei die formalen Schwächen des Werkes die wenig überzeugende Argumentation noch verstärken. B. starb am 5. Juni 1974 in Alt-Aussee, seinem letzten Wohnort.

Breitscheid, Rudolf (1874–1944)
Angesehener SPD-Parlamentarier der Weimarer Republik. B. wurde am 2. November 1874 in Köln als Sohn eines Buchhändlers geboren, studierte nach der Schulzeit in Köln von 1884 bis 1889 in München und Marburg Volkswirtschaft und promovierte 1898 zum Dr. rer. pol. Von 1895 an betätigte sich B. die nächsten zehn Jahre als Journalist bei verschiedenen linksliberalen Zeitungen in Hamburg und Hannover.

Zusammen mit dem liberalen Pazifisten Hellmut v. Gerlach gründete er die Demokratische Vereinigung, schloß sich aber 1912 der SPD an. Im Ersten Weltkrieg gab er für die links von der SPD stehende USPD die Zeitschrift *Der Sozialist* heraus (1915–1923) und war nach der Revolution von 1918 bis zum 4. Februar 1919 preußischer Innenminister. Als außenpolitischer Sprecher der SPD, der die Verständigungspolitik Stresemanns mit Frankreich unterstützte, mußte B., der seit 1920 Mitglied des Reichstages und seit 1922 einer der Fraktionsvorsitzenden der SPD war, Ende März 1933 in die Schweiz emigrieren, ging aber schon im August desselben Jahres nach Paris, wo er sich stark für die Volksfront-Idee der Linken gegen den Nationalsozialismus einsetzte. Als deutsche Truppen in Frankreich einmarschierten, konnte B. zusammen mit seinem Parteifreund Rudolf Hilferding zunächst nach Marseille fliehen, wurde aber am 11. Dezember 1941 von den Franzosen verhaftet und an die Deutschen ausgeliefert. Nachdem ein Hochverratsverfahren gegen ihn vor einem ordentlichen Gericht eingestellt worden war, kam B. mit seiner Frau in ein Konzentrationslager, zunächst nach Sachsenhausen, 1943 dann zusammen mit Hilferding und der italienischen Prinzessin Mafalda nach Buchenwald, wo er bei einem alliierten Luftangriff auf das Lager am 24. August 1944 tödlich verwundet wurde.

Breker, Arno (geb. 1900)
Einer der von Hitler am meisten geschätzten Bildhauer, dessen »klassischer Realismus« im Dritten Reich sehr bewundert wurde. Am 19. Juli 1900 in Elberfeld (Wuppertal) geboren, lebte er nach Studien an der Düsseldorfer Kunstakademie 1927–1933 in Paris, wo er stark unter dem Einfluß des französischen Bildhauers Maillol stand. Kennzeichnend für den von B. eingeführten neuen Stil waren klassizistische Monumentalfiguren mit pathetischem Gestus und idealisierte germanische Heldengestalten. Trotz seiner Vorliebe für an Vergangenem orientierte künstlerische Ausdrucksformen und trotz einer gewissen Affinität zum Kitsch ist B. zweifellos begabt. Zu Hitler bekannte er sich uneingeschränkt, und das Regime lohnte ihm seine Treue: Allein 1938 nahm er 100000 Reichsmark ein. Seine Skulptur *Die Partei* flankierte einen der Eingänge der Reichskanzlei. 1936 erhielt B. die Olympische Silbermedaille für Künstlerische Leistungen. Bis 1945 war er Mitglied der Preußischen Kunstakademie, 1938–1945 Professor an der Hochschule für Bildende Künste in Berlin-Charlottenburg. Nach dem Kriege schuf er vor allem Reliefs für die Bauten eines bekannten Konzerns. B.s Lebenserinnerungen erschienen 1972 unter dem Titel *Im Strahlungsfeld der Ereignisse*.

Bronnen, Arnolt (1895–1959)
Österreichischer Schriftsteller. B. wurde unter seinem eigentlichen Namen Arnold Bronner am 19. August 1895 als Sohn eines Schriftstellers und Gymnasialprofessors in Wien geboren. Er studierte vier Semester an der Wiener Universität und stand während des Ersten Weltkrieges als Kaiserjäger in Südtirol an der Front. Nach dem Krieg schlug er sich in verschiedenen Berufen durch, ging schließlich nach Berlin, wo er in seiner Freizeit anfing, Theaterstücke zu schreiben. Mit dem 1920 geschriebenen Drama *Vatermord* wurde

er über Nacht berühmt. Befreundet mit Zuckmayer und Brecht, vertrat er wie sie eine ideologisch linksgerichtete Literatur, die einen stark experimentellen, expressiven Charakter hatte und beim konservativen Publikum und ganz besonders bei der politischen Rechten jederzeit für einen Skandal gut war.

Um so überraschender kam seine Rechtswendung zum Nationalsozialismus mit dem Roman *O. S.* (Oberschlesien), woraufhin sich Brecht trotz der beträchtlichen literarischen Qualitäten des Werkes von ihm distanzierte. B. war schon seit 1928 Dramaturg der Funkstunde Berlin, 1933 wurde er Programmleiter der Reichsrundfunk GmbH und von 1936 bis 1940 Programmleiter beim Fernsehsender in Berlin. Wegen seiner linken Vergangenheit und seiner »nichtarischen« Abstammung stieß B. bald auf Ablehnung im offiziellen Literaturbetrieb des Dritten Reiches. Stücke wie *Gloriana* und ein Napoleon-Drama durften nicht aufgeführt werden. Schließlich landete er als Soldat bei der Wehrmacht.

Nach dem Zusammenbruch des Dritten Reiches vollzog B. wiederum eine Kehrtwendung, wurde kommunistischer Bürgermeister in einem oberösterreichischen Dorf und bezeichnete seine Zusammenarbeit mit → *Goebbels* als den größten Irrtum seines Lebens. An der Linzer marxistischen Zeitschrift *Neue Zeit* war er von 1945 bis 1950 als Kulturredakteur tätig, bevor er 1951 als stellvertretender Direktor an die Wiener »Scala« ging. Unter dem Titel *arnolt bronnen gibt zu protokoll* veröffentlichte er 1954 schließlich seine Lebenserinnerungen. Im Februar 1956 siedelte B. in die DDR über. Obwohl er alles tat, um seine Linientreue zum DDR-Staat unter Beweis zu stellen, blieb er auch in dieser Phase seines Lebens schließlich Außenseiter, der vereinsamt am 12. Oktober 1959 in Ost-Berlin starb.

Brückner, Wilhelm (1884–1954)
Chefadjutant Hitlers bis 1940 und SA-Obergruppenführer. B. wurde am 11. Dezember 1884 in Baden-Baden geboren. Nach dem in seiner Vaterstadt abgelegten Abitur ging er zum Studium der Rechtswissenschaft und der Volkswirtschaft nach Straßburg, Freiburg, Heidelberg und München. Während des Weltkrieges war er Offizier bei einem bayerischen Infanterieregiment und wurde als Oberleutnant verabschiedet. Nach dem Kriege trat er in das Freikorps → *Epp* ein und war im Schützenregiment 42 der Reichswehr an der Niederschlagung der Räterepublik in München beteiligt. Ende 1919 nahm er sein Studium wieder auf, war aber dann drei Jahre lang als Aufnahmetechniker beim Film beschäftigt. Schon 1922 hatte er Kontakt zur NSDAP und trat Ende dieses Jahres in die SA ein.

Am 1. Februar 1923 war er bereits Führer des SA-Regiments München, mit dem er am Hitlerputsch vom 9. November 1923 teilnahm. B. wurde deswegen zu eineinhalb Jahren Gefängnis verurteilt, doch bereits nach viereinhalb Monaten freigelassen, worauf er wieder sein altes SA-Regiment übernahm. Anschließend in der Funktion des dritten Generalsekretärs bis 1927 beim Verein für das Deutschtum im Ausland (VDA) tätig, verdiente er seinen Unterhalt als kaufmännischer Vertreter, bis er 1929 beim Deutschen Auslandsinstitut eine Anstellung fand. Ende 1930 kam er als SA-Adjutant zu Hitler,

bei dem er aber mehr die Funktion eines persönlichen Adjutanten und ständigen Begleiters ausübte und noch vor Schaub und → *Wiedemann* als Chefadjutant rangierte. Am 9. November 1934 ernannte ihn Hitler zum SA-Obergruppenführer. Ein Autounfall B.s im selben Jahr vermittelte Hitler seinen langjährigen Begleitarzt Karl → *Brandt*.
B., der wegen seiner Unkompliziertheit und Leutseligkeit bei den Bittstellern und Alltagsbesuchern der Reichskanzlei recht beliebt war, stand gegen Ausbruch des Krieges zunehmend im Schatten der forschen jungen Wehrmachts- und SS-Adjutanten Hitlers. Im Oktober 1940 wurde er wegen einer Auseinandersetzung mit Hitlers Hausintendanten Kannenberg überraschend entlassen. An seine Stelle als Chefadjutant trat der farblose Julius Schaub, wie B. ein Parteigenosse noch der ersten Stunde. B. ging 1941 zur Wehrmacht und war bei Kriegsende Oberst. Er starb im August 1954 in Herbstdorf (Chiemgau).

Brüning, Heinrich (1885–1970)
Reichskanzler (1930–1932) und führender Politiker der katholischen Zentrumspartei. Am 26. November 1885 in Münster (Westfalen) als Sohn eines Essigfabrikanten geboren. Nach seinem Studium – Philosophie, Geschichte, Politische Wissenschaften und Volkswirtschaft, 1915 Promotion in Bonn – meldete er sich als Kriegsfreiwilliger, kam an die Front und stieg zum Führer einer MG-Scharfschützen-Kompanie auf. Nach dem Ersten Weltkrieg sammelte er seine ersten politischen Erfahrungen als Protégé von Adam Stegerwald (einem christlichen Gewerkschaftsführer und Zentrumspolitiker) sowie als Geschäftsführer des Christlichen Deutschen Gewerkschaftsbundes (1921–1930). Mitglied der Zentrumspartei, deren konservativem bis monarchistischem rechtem Flügel er angehörte, wurde B. 1924 als Abgeordneter der Stadt Breslau in den Reichstag gewählt, dem er bis 1933 angehörte.
Als Politiker zurückhaltend und eher von akademischem Zuschnitt, ein strenger Katholik und ein Experte in Finanzfragen, wurde B. im Dezember 1929 Vorsitzender der Zentrumsfraktion. Ende Mai 1930, als die Weltwirtschaftskrise auch auf Deutschland überzugreifen begann, ernannte ihn Hindenburg zum Kanzler eines von der bürgerlichen Mitte beherrschten Kabinetts. Mit drastischen Maßnahmen zur Bekämpfung der Inflation suchte B. die Staatsfinanzen zu sanieren, indem er Ausgaben einschränkte, Gehälter und Löhne kürzte, Arbeitslosenunterstützung reduzierte und die Steuern erhöhte. Entschlossen, um jeden Preis die Inflation abzuwenden, hatte er den Mut zu äußerst unpopulären Maßnahmen, die sowohl große Teile der Wirtschaft lahmlegten als auch den Lebensstandard der Arbeiter herabsetzten. Ohne tragfähigen Rückhalt im Parlament, löste B. am 18. Juli 1930 den Reichstag auf, der sein Vorgehen nicht unterstützte.
In der Folge regierte er mit Notverordnungen gemäß Artikel 48 der Weimarer Verfassung, doch gab er sich damit ganz und gar in die Hände des Reichspräsidenten → *Hindenburg*. Obwohl inoffiziell von der Reichswehr und später auch wieder von den Sozialdemokraten gestützt, wurde B.s Stellung durch die Septemberwahlen geschwächt, die der NSDAP und den Kommunisten hohe Stimmengewinne

brachten. Für diese Parteien stand seine Politik für alle Übel des »Weimarer Systems«. Außenpolitisch war B., der seit 1931 auch als Außenminister amtierte, erfolgreicher. In Lausanne handelte er 1932 ein Ende der Reparationszahlungen aus, und sein Ansehen bei den ehemaligen Alliierten ermöglichte ihm Fortschritte in Richtung auf eine Revision des Versailler Vertrages. Durch seine Notverordnung vom 13. April 1932 wurden SA und SS offiziell verboten.
B.s Unvermögen, die Wirtschaftskrise zu meistern, führte im Sommer 1932, als die Arbeitslosenzahl die Sechsmillionengrenze überschritt, zu heftigen Angriffen von rechts und links. Die Opposition der adligen Großgrundbesitzer in Ostpreußen nahm zu, als seine Sanierungspläne für unwirtschaftliche Güter bekannt wurden. Dies führte zur Abkühlung zwischen ihm und Hindenburg, der B.s Vorhaben als Agrarbolschewismus mißbilligte. Außerdem bewirkten die Intrigen des Generals von → *Schleicher*, der B. durch eine beeinflußbarere, zu Zugeständnissen gegenüber den Nazis bereitere Persönlichkeit zu ersetzen wünschte, daß Hindenburg B. nicht länger unterstützte. Am 30. Mai 1932 forderte der Reichspräsident unvermittelt B.s Rücktritt, und schon Anfang Juni hatte Franz von → *Papen* B.s Stelle eingenommen.
Mit B. ging der letzte bedeutende Staatsmann der Weimarer Republik – ein schwerer Schlag gegen die ohnehin schon schwankende Fassade der bürgerlichen Demokratie in Deutschland. Im Mai 1933 übernahm B. die Führung des Zentrums, löste die Partei aber schon Juli 1933 auf. Im Sommer 1934 entzog er sich seiner drohenden Verhaftung durch Flucht in die Schweiz und in die USA. In Harvard erhielt er einen Lehrstuhl für Politische Wissenschaft und war von 1937 bis 1952 Fakultätsmitglied. 1951 kehrte B. nach Köln zurück, wo man ihm später den *Professor emeritus* (»Professor im Ruhestand«) verlieh. Schließlich begab er sich wieder in die USA, wo er am 30. März 1970 in Norwich (Vermont) starb. Im selben Jahre erschienen mit großem Erfolg posthum seine Memoiren.

Buch, Walter (1883–1949)
Vorsitzender des Obersten Parteigerichtes der NSDAP und als Reichsleiter Angehöriger der höchsten Funktionärsschicht der Partei. B. wurde am 24. Oktober 1883 in Bruchsal als Sohn eines Senatspräsidenten am badischen Oberlandesgericht geboren. Er diente im Ersten Weltkrieg als Berufsoffizier. 1918 als Major aus der Armee entlassen, war er im badischen Verband ehemaliger Kriegsteilnehmer tätig. Er trat 1922 der NSDAP bei und wurde im August 1923 Führer der SA in Franken mit Sitz in Nürnberg. 1927 ernannte man ihn zum Vorsitzenden der USCHLA (Untersuchungs- und Schlichtungs-Ausschüsse), einer außerordentlich gefürchteten geheimen Parteikommission in München, die man oft als »Tscheka im Braunen Haus« charakterisierte.
Eigentlich ein Disziplinarausschuß, dessen Zweck es war, unzuverlässige Parteimitglieder zu überwachen, Abweichler unter Druck zu setzen und Streitigkeiten zwischen Parteigenossen zu schlichten, wurde sie für die NSDAP das, was für die Deutschen insgesamt die Gestapo war. Das Parteigericht hatte nahezu uneingeschränkte Macht über die Parteiangehörigen, da es einen

Einspruch gegen seine Entscheidungen nicht gab. So gelang B. der Aufbau einer mächtigen, unabhängigen Überwachungsorganisation innerhalb der Partei im In- und Ausland. Nach Hitlers Machtergreifung wurde B. am 9. November 1934 offiziell zum obersten Parteirichter und SS-Gruppenführer ernannt. Kurz vorher hatte er sich bei der blutigen Säuberungsaktion im Zusammenhang mit dem sogenannten Röhmputsch hervorgetan. Er hatte Hitler nach Bad Wiessee begleitet, um → *Röhm* zu verhaften, und soll auch bei den Erschießungen im Hof des Gefängnisses von Stadelheim zugegen gewesen sein.
B. war ein Antisemit, der nicht zögerte zu erklären, vom NS-Standpunkt aus stünde der Jude außerhalb des Gesetzes. Er war auch für die Parteiverfahren verantwortlich, die abgeschottet von der Öffentlichkeit die Ausschreitungen der Reichskristallnacht vom 8./9. November 1938 untersuchten und zu dem Ergebnis gelangten, die »kleinen Parteigenossen«, die mehr als 100 Juden auf dem Gewissen hatten, seien unschuldig und hätten lediglich »Befehle von oben« befolgt. In einem Aufsatz in der Fachzeitschrift *Deutsche Justiz* vom 21. Oktober 1938 schrieb B.: »Der Jude ist kein Mensch. Er ist eine Fäulniserscheinung. Wie sich der Spaltpilz erst im faulenden Holz einnistet und sein Gewebe zerstört, so konnte sich der Jude erst im deutschen Volk einschleichen und Unheil anrichten, als es geschwächt... innerlich zu faulen begann.« Nach dem Kriege verurteilte man B. zu fünf Jahren Arbeitslager, und bei seinem zweiten Entnazifizierungsverfahren stufte man ihn im Juli 1949 als »Hauptschuldigen« ein. Nach Darstellung der Bayerischen Polizei beging er am 12. November 1949 Selbstmord, indem er sich die Pulsadern aufschnitt und in den Ammersee stürzte.

Bürckel, Josef (1894–1944)
NS-Statthalter in Österreich. B. wurde am 30. März 1894 in Lingenfeld in der Pfalz geboren. Nach vierjährigem Kriegsdienst im Ersten Weltkrieg wurde er Lehrer, gab aber seinen Beruf auf, nachdem er 1926 Gauleiter der NSDAP in der Rheinpfalz geworden war. 1930 in den Reichstag gewählt, vertrat er die NSDAP der zur »Saarpfalz« erweiterten Pfalz, und vier Jahre später wurde er Nachfolger von → *Papens* als Saarbevollmächtigter der Reichsregierung. Nach der Saarabstimmung (1935) wurde er Reichskommissar für das Saarland. Nach dem Anschluß Österreichs war B. Gauleiter von Wien, seit dem 22. April 1938 auch Reichskommissar für die Wiedervereinigung Österreichs mit dem Reich. Er erhielt den Befehl, Österreich (die »Ostmark«) innerhalb eines Jahres politisch, wirtschaftlich und kulturell völlig dem Reich einzugliedern.
Ein fähiger Organisator und als Politiker nicht ungeschickt, suchte B. die den Anschluß begleitenden Gewalt- und Plünderungsorgien gegen Juden dadurch zu beenden, daß er durch Erlasse alle Personen, die sich jüdische Betriebe angeeignet und unter ihre »kommissarische Kontrolle« gebracht hatten, aufforderte, über die betreffenden Vorgänge Bericht zu erstatten. In manchen Fällen strengte er sogar Strafprozesse gegen Personen an, die sich durch den Diebstahl von Wertsachen bereichert hatten. Dennoch war B. als oberster NS-Führer in Österreich für die systematische und rücksichtslose Un-

terdrückung verantwortlich, die 1939/40 in der Deportation der Wiener Juden gipfelte. Im August 1940 als Reichsstatthalter für die Westmark und Chef der Zivilverwaltung in Lothringen wieder im Westen, war B. (zusammen mit Gauleiter Robert → *Wagner*) auch für die am 22./23. Oktober 1940 erfolgte, völlig unerwartete Deportation von mehr als 6500 Juden aus Baden und Saarpfalz in das besetzte Frankreich verantwortlich. Am 28. September 1944 soll B. Selbstmord begangen haben.

Busch, Ernst (1885–1945)

Generalfeldmarschall, bekannt als Anhänger des Nationalsozialismus. B. wurde am 6. Juli 1885 in Essen-Steele (Ruhrgebiet) geboren, nahm aktiv am Ersten Weltkrieg teil und war 1925 nach verschiedenen Stabsstellungen zum Chef des Transportwesens der Reichswehr ernannt worden. Nach der Machtergreifung machte er rasch Karriere. 1937 war er Generalleutnant, ein Jahr später General der Infanterie und ab 1939 Kommandierender General des VIII. Armeekorps.

Nach der Teilnahme am Polenfeldzug erhielt B. den Befehl über die 16. Armee an der Westfront und wurde 1940 mit dem Ritterkreuz ausgezeichnet. Mit seiner Armee nahm er an den Kämpfen in der Sowjetunion teil, und obwohl er im Winter 1942/43 erhebliche Schwierigkeiten hatte, wurde er im Februar 1943 zum Generalfeldmarschall befördert. Vom 29. Oktober 1943 bis zum 28. Juni 1944 befehligte er an der Ostfront die Heeresgruppe Mitte. Man machte ihn zum Sündenbock für ihren Zusammenbruch, als die Sowjets mit ihrer Sommeroffensive Erfolg hatten. B. wurde seines Kommandos im Osten enthoben, doch belohnte man seine Loyalität, indem man ihn nach Schleswig-Holstein und Dänemark versetzte, wo er noch bis Kriegsende deutsche Truppen kommandierte.

B. war ein Berufssoldat alter Schule, der nie einen Führerbefehl in Frage stellte und der sich dazu hergab, Sitzungen des Volksgerichtshofs beizuwohnen. Zwar wuchs seine Enttäuschung über Hitlers Kriegführung, doch war er außerstande, sich dem starken Einfluß zu entziehen, den Hitler auf ihn ausübte. Er starb am 17. Juli 1945 in britischer Gefangenschaft.

Butenandt, Adolf (geb. 1903)

Hormonforscher und Nobelpreisträger. B. wurde am 24. März 1903 in Lehe (heute Teil von Bremerhaven) geboren. Sein Vater war Kaufmann. Er blieb bis zum Abitur in seiner Vaterstadt, begann dann 1921 in Marburg mit dem Chemiestudium, zu dem als weiteres Fach bald Biologie hinzukam. 1924 wechselte er nach Göttingen, wo er bei dem späteren Nobelpreisträger Adolf Windaus 1927 promovierte und assistierte. Nach der Habilitation 1931 leitete B. bis 1933 die organische und biochemische Abteilung des Universitätsinstituts für Chemie in Göttingen. Seit Oktober 1933 war B. Ordinarius für organische Chemie an der Technischen Hochschule in Danzig, wo die Dekanatssekretärin beim Antrittsbesuch des erst 30jährigen Professors ihn mit dem verständlichen Argument abwimmeln wollte, daß der Herr Dekan heute keine Sprechstunde für Studenten habe.

1935 lehnte B. einen Ruf an die Harvard-Universität ab und ging statt dessen als Leiter des Kaiser-Wilhelm-Instituts für Biochemie nach Berlin, an dessen Universität er gleichzeitig eine

Honorarprofessur erhielt. Wie die Professoren Domagk und Kuhn mußte er 1939 den ihm verliehenen Nobelpreis ablehnen (der ihm dann 1949 nachträglich ausgehändigt wurde). Schon während des Krieges nach Tübingen verlegt, bekam er 1946 an der dortigen Universität eine Professur für physiologische Chemie, die er zugunsten eines Lehrstuhls in München 1956 aufgab, wo er zugleich die Leitung des Max-Planck-Instituts für Biochemie erhielt und 1960 als Nachfolger von Otto → *Hahn* Präsident der Max-Planck-Gesellschaft bis zu seiner Emeritierung im Jahr 1972 wurde. B. ist heute Ehrenpräsident dieser Institution.

B.s wissenschaftliche Arbeit galt dem Gebiet der Hormone, vor allem den Sexualhormonen. Bereits 1929 stellte er das Östron als erstes weibliches und 1931 das Androsteron als erstes männliches Sexualhormon rein dar. Darstellungen der Sexualhormone Progesteron und Testosteron gelangen ihm 1935. Nach dem Krieg arbeitete er an der Aufklärung der Struktur verschiedener tierischer Sexualhormone, aber auch an grundsätzlichen Fragen nach der Natur der Viren und dem Wesen des Lebendigen. B. ist u. a. Mitglied des Ordens Pour le Mérite und Kommandeur der französischen Ehrenlegion.

C

Canaris, Wilhelm (1887–1945)
Deutscher Admiral und Chef der Abwehr (des militärischen Geheimdienstes im Oberkommando der Wehrmacht [OKW]). C. wurde am 1. Januar 1887 in Aplerbeck bei Dortmund als Sohn eines westfälischen Bergbauingenieurs mit italienischen Vorfahren geboren. 1905 trat er in die Reichsmarine ein, nahm an der Schlacht bei den Falklandinseln (1914) teil, war in Chile interniert und gelangte durch Flucht nach Deutschland zurück. 1916 führte C. in Spanien einen geheimdienstlichen Sonderauftrag aus, ab 1917 war er als U-Boot-Kommandant im Mittelmeer eingesetzt. Unmittelbar nach dem Kriege half C. beim Aufbau konterrevolutionärer Zellen und nahm am Kapp-Putsch (13. März 1920) teil. Nach 1920 war er im Stab der Ostseeflotte und stieg 1932 zum Kommandanten des Linienschiffes *Schlesien* auf.

Hitlers Kampf gegen den Versailler Vertrag sagte ihm zu, und in seiner ausgeprägten Angst vor den Russen und dem Kommunismus unterstützte er in der Weimarer Zeit alles, was reaktionär war. Andererseits war er kultiviert genug, um das Brutale am Nationalsozialismus zu verabscheuen, und dieser Zwiespalt verstärkte sich noch nach seiner Ernennung zum Chef der Abwehr – eine Position, die er von Januar 1935 bis Februar 1944 innehatte. Als Chef des militärischen Geheimdienstes erwies C. sich als schwacher Amtschef, der später den Überblick über die enorm gewachsene Organisation verlor. Seine Opposition gegen manche der Maßnahmen Hitlers und seine Kontakte mit Widerstandsgruppen hinderten ihn nicht daran, seine Arbeit als Leiter der militärischen Spionage zu tun oder während des Krieges beispielsweise die Kennzeichnung der Ju-

den in Berlin durch einen gelben »Judenstern« (den Davidsstern mit der Aufschrift »Jude«) vorzuschlagen.
C. war über die Verbrechen der Gestapo weitgehend informiert. Obwohl er sich anfangs gegen das Vorgehen der SS-Einsatzgruppen in Polen (besonders gegen die brutalen Maßnahmen gegen Intelligenz, Adel und Klerus) gewandt hatte, ließ er seine Untergebenen mit SD und Gestapo zusammenarbeiten. Zwischen ihm und seinem früheren Untergebenen Reinhard → *Heydrich*, den er von der Marine her kannte, bestand eine erbitterte Rivalität, obwohl beide privat miteinander verkehrten. C. schützte sich und seine Mitarbeiter lange Zeit vor den Schnüffeleien von SD und Gestapo. Doch bei Heydrichs Beerdigung feierte ihn C. als großen Mann und wahren Freund.
Wegen seiner Doppelrolle – gleichzeitig Abwehrchef und doch von dem Wunsch erfüllt, Hitler zu beseitigen, dabei voll patriotischer Furcht vor der Niederlage Deutschlands – läßt sich nur schwer erkennen, welche Stellung C. im deutschen Widerstand einnahm. Er spielte, obwohl persönlich gegen ein Attentat, zusammen mit seinem ehemaligen Stellvertreter Hans → *Oster* eine wichtige Rolle unter den Verschwörern, die schließlich Hitler durch einen Bombenanschlag beseitigen wollten. Durch Skandale im Bereich der Abwehr und Überläufer in Mißkredit gebracht, wurde er im Februar 1944 kaltgestellt, sein Amt geriet weitgehend unter die Kontrolle des SD. Nach dem Juliattentat wurde C. verhaftet und am 9. April 1945 zusammen mit Dietrich → *Bonhoeffer* und Hans → *Oster* im KZ Flossenbürg als Verräter hingerichtet, zu einem Zeitpunkt, zu dem man bereits den näherkommenden Kanonendonner der alliierten Truppen hören konnte.

Carossa, Hans (1878–1956)
Deutscher Lyriker und Erzähler, einer der beliebtesten und verbreitetsten Autoren der Weimarer Zeit. C. wurde am 15. Dezember 1878 als Sohn eines Arztes in Bad Tölz (Bayern) geboren, studierte in München, Würzburg und Leipzig Medizin, diente im Ersten Weltkrieg als Militärarzt und wurde an der Westfront verwundet. Bis 1929 praktizierte C. als Arzt in München und wertete die Erfahrungen, die er dabei machte, für sein literarisches Schaffen aus. Autobiographischer und weltanschaulicher Erzähler *par excellence*, verfaßte er u. a.: *Eine Kindheit* (1922), *Rumänisches Tagebuch* (1924), *Verwandlungen einer Jugend* (1928) sowie den Bestseller *Der Arzt Gion* (1931), der die zerstörerische Gewalt des Krieges schildert.
Auch nach 1933 verfaßte C. noch Romane, die eine breitgefächerte Leserschaft erreichten, und es gelang ihm, sich aus der Politik herauszuhalten und, soweit überhaupt möglich, den Umgang mit NS-Offiziellen zu vermeiden. Zu seinen bekanntesten Werken der damaligen Zeit gehören *Führung und Geleit, Lebensgedenkbuch* (1933), *Geheimnisse des reifen Lebens* (1936) und *Das Jahr der schönen Täuschungen* (1941). 1938 empfing er den Goethepreis, und 1941 drängte man ihn in das Amt des Präsidenten der Europäischen Schriftsteller-Vereinigung von → *Goebbels'* Gnaden, so daß er als Befürworter des NS-Regimes dastand. C.s warmer, schlichter, doch eleganter Stil, seine Urbanität und Klarheit, seine Themen (wie Liebe, Freundschaft, Lebenskunst) – dies alles

sicherte ihm außerordentliche Beliebtheit, so daß ihn auch das Regime tolerierte, dem daran lag, wenigstens nach außen hin die Fassade der Normalität und eines gewissen humanitären Idealismus aufrechtzuerhalten.
C. starb am 12. September 1956 in Rittsteig bei Passau.

Choltitz, Dietrich von (1894–1966)
Deutscher Wehrmachtsbefehlshaber von Groß-Paris, der – angeblich unter Mißachtung der Befehle Hitlers, die Stadt niederzubrennen – am 25. August 1944 die Kapitulation von Paris anordnete. Ch. wurde am 9. November 1894 auf Schloß Wiesegräflich geboren und trat 1914 in die Armee ein. Im Laufe seiner späteren Karriere wurde er 1942 Generalmajor, 1943 Generalleutnant und am 7. August 1944 Wehrmachtsbefehlshaber von Groß-Paris.
Die Franzosen verhafteten ihn, ließen ihn aber bald wieder frei. 1951 veröffentlichte Ch. unter dem Titel *Soldat unter Soldaten* seine Memoiren, in denen er scharf mit Hitlers »Verachtung der fundamentalen Gesetze der Moral und Menschenwürde in seinem Verhalten sowohl seinen Gegnern als auch seinem eigenen Volk gegenüber« ins Gericht ging.

Clauberg, Carl (1898–1957)
Berüchtigter Arzt, der während des Zweiten Weltkrieges Menschenversuche (er sterilisierte Jüdinnen) im Todeslager Auschwitz durchführte. C. wurde am 28. September 1898 in Wupperhof geboren. Nach Dienst bei der Infanterie im Ersten Weltkrieg studierte er in Kiel, Hamburg und Graz Medizin und erwarb 1925 seinen Doktorgrad. Chefarzt der Universitätsfrauenklinik in Kiel, trat C. 1933 der NSDAP bei und verschrieb sich ganz und gar der NS-Ideologie. Am 30. August zum Professor für Gynäkologie und Geburtshilfe an der Universität Königsberg ernannt, verfaßte C. eine Reihe einschlägiger Fachpublikationen. 1940 hatte er mehr als 50 wissenschaftliche Arbeiten geschrieben, darunter *Die weiblichen Sexualhormone* (1933) und *Innere Sekretion der Ovarien und der Placenta* (1937), die ins Spanische und Englische übersetzt wurden.
1940 wurde C. Direktor der Frauenklinik Königshütte in Oberschlesien. Er trat von sich aus an Heinrich → *Himmler* heran, dessen Interesse an negativer Bevölkerungspolitik (d. h.: Sterilisierung ohne Operation) er kannte, und bat um die Genehmigung, durch das Einspritzen ätzender Flüssigkeiten in die Gebärmutter Frauen zu sterilisieren. 1942 erhielt er Gelegenheit, seine teuflischen Versuche im Block 10 in Auschwitz I, dem Versuchsblock, weiterzuführen. Zu seiner Verfügung stand hier eine große Schar ihrerseits internierter Ärzte, darunter der polnische Lagerarzt Wladislas Dering (später durch einen berühmten Verleumdungsprozeß in England bekanntgeworden, bei dem es um die medizinischen Experimente in Auschwitz ging).
Von 1942 bis 1944 verabreichte C. seine Schnellschuß-Massensterilisations-Injektionen ohne Betäubung an Jüdinnen, auch Zigeunerinnen, und verursachte so bei seinen Opfern unsagbare Schmerzen, bisweilen auch den Tod. Am 7. Juni 1943 berichtete er Himmler voller Stolz, es sei nunmehr möglich, daß ein einziger Arzt mit zehn Assistenten 1000 Frauen an einem Tag sterilisiere.
Am Ende des Krieges wurde C. von

den Sowjets deportiert und 1948 unter der Anklage vor Gericht gestellt, sich »an der Massenausrottung sowjetischer Bürger« beteiligt zu haben. Zu 25 Jahren Haft verurteilt, wurde er zehn Jahre später von den Russen amnestiert. Infolge des Adenauer-Bulganin-Abkommens über die Repatriierung deutscher Gefangener kehrte er nach Kiel zurück, wo er jedoch keinerlei Reue wegen seiner Verbrechen zeigte, sondern sich mit seinen »wissenschaftlichen Leistungen« brüstete. Im Oktober 1955 erstattete der Zentralrat der Juden in Deutschland bei den westdeutschen Behörden Anzeige gegen ihn. Man bezichtigte ihn der »fortgesetzten schweren Körperverletzung« an weiblichen jüdischen Häftlingen in Auschwitz, an denen er seine Sterilisierungsexperimente durchgeführt hatte. Am 22. November 1955 verhaftete ihn die Kieler Polizei. Am 9. August 1957 starb er in einem Kieler Krankenhaus, kurz bevor sein Prozeß beginnen sollte.

Conti, Leonardo (1900–1945)
Reichsgesundheitsführer und Chef der Abteilung Gesundheitswesen im Reichsministerium des Inneren. C. wurde am 24. August 1900 in Lugano (Tessin) als Sohn italienisch-schweizerischer Eltern geboren. Seine Mutter wurde später Reichsführerin der Hebammen. C. studierte Medizin in Deutschland und war 1918 Mitbegründer des antisemitischen Kampfbundes für Deutsche Kultur sowie aktiver Führer der völkischen Studentenbewegung. Als Freikorps-Mitglied nahm er am 13. März 1920 am Kapp-Putsch teil und gehörte zu den »Alten Kämpfern« der NSDAP – schon 1923 hatte er sich der SA angeschlossen und wurde deren erster Arzt in Berlin. C. organisierte den gesamten Sanitätsdienst der SA und begründete auch die NS-Ärzteorganisation im Gau Berlin.
Ab 1927 als Arzt für Allgemeinmedizin in Berlin praktizierend (zu seinen Patienten zählte u. a. der NS-Märtyrer Horst → *Wessel*), schloß er sich 1933 der SS an. Zwei Jahre später saß er im Preußischen Landtag, und im April 1933 ernannte → *Göring* ihn zum Preußischen Staatsrat. Leiter der Abteilung für Volksgesundheit der Reichsführung ab 1934, stieg er zum Chef des Berliner Gesundheitswesens auf und war als solcher für die medizinischen Vorkehrungen im Zusammenhang mit den Olympischen Spielen von 1936 verantwortlich. Als Spezialist in Rassenfragen bemerkte C. in einem Interview nach der NS-Verordnung von 1938, wonach jüdische Ärzte nur noch jüdische Patienten behandeln durften, daß nur die Eliminierung des jüdischen Elements dem deutschen Arzt den ihm gebührenden Lebensraum verschaffe.
Am 20. April 1939 wurde C. zum Reichsgesundheitsführer und Staatssekretär für das Gesundheitswesen im Reichsministerium des Inneren sowie im Preußischen Innenministerium ernannt. Als Günstling von Martin → *Bormann* behielt er seine Stellung als Reichsgesundheitsführer bis August 1944. Im August 1941 auch noch in den Reichstag gewählt, wurde C. 1944 zum SS-Obergruppenführer befördert. Er erhängte sich am 6. Oktober 1945 in seiner Zelle in Nürnberg.

Courant, Richard (1888–1972)
Mathematikprofessor und 13 Jahre lang Direktor des weltberühmten Instituts der Universität Göttingen, dessen Wirkungsbereich er durch sein Organisationstalent und durch seine Fähig-

keit, Geldmittel flüssigzumachen, noch erweiterte. C. war eine der hervorragendsten Persönlichkeiten, die der 1933 eingeführten NS-Erziehungspolitik zum Opfer fielen. Am 8. Januar 1888 in Lublinitz (Oberschlesien) geboren, hatte er an den Universitäten Breslau, Zürich und Göttingen studiert, wo er 1910 promovierte. Als Mathematikprofessor in Münster (1919) und Göttingen (1920–1921) arbeitete er zusammen mit seinem großen Lehrer David Hilbert Methoden aus, die es ermöglichten, Erkenntnisse aus der Quantenmechanik auf Probleme der Physik anzuwenden. Seinerseits ein ausgezeichneter Forscher und Lehrer, leistete C. auch hervorragende eigene Beiträge zur Mathematik und verfaßte das grundlegende Werk *Methoden der mathematischen Physik* (1924). Obwohl ihm sogar nach NS-Gesetzen eine Ausnahme zugestanden hätte (C. hatte im Ersten Weltkrieg als Infanterieoffizier an der Front gedient und war schwer verwundet worden), entzog man ihm aufgrund des berüchtigten Arierparagraphen, der die Entfernung aller »nichtarischen« Beamten aus dem öffentlichen Dienst vorschrieb, die *venia legendi* (die akademische Lehrbefugnis). Die antisemitische Säuberungsaktion, die zur Entlassung zahlreicher hervorragender jüdischer Gelehrter führte, hatte praktisch die Zerschlagung des bedeutendsten mathematischen Forschungszentrums in Deutschland zur Folge. Als David Hilbert, der 40 Jahre lang Doyen der deutschen Mathematiker war, damals auf einem Bankett beim NS-Erziehungsminister gefragt wurde, wie es nun um die Mathematik in Deutschland stünde, seit sie »von jüdischen Einflüssen befreit« sei, erwiderte er: »Aber Herr Minister! Es gibt in Göttingen keine Mathematik mehr!«
C. selbst ging zunächst nach Cambridge, wo er 1933–1934 als Gastdozent tätig war, und emigrierte dann in die USA, wo er eine Professur erhielt und bis 1958 das *Mathematics Department* der New Yorker Universität leitete. Im Zweiten Weltkrieg stellte er ein Team von Naturwissenschaftlern zusammen, die an militärischen Projekten arbeiteten, wofür er von der US-Marine mit dem *Distinguished Public Service Award* ausgezeichnet wurde. Seit 1958 trägt das von ihm begründete mathematische Institut der Universität New York seinen Namen. C. starb am 27. Januar 1972.

Cramm, Gottfried Freiherr von (1909–1976)
Der populärste deutsche Tennisspieler, galt vor dem Zweiten Weltkrieg als der beste Spieler, der nie in Wimbledon das Einzel der Herren gewann. Geboren wurde C. am 7. Juli 1909 in Nettlingen (Hannover). Außergewöhnlich fit, unermüdlich im Training, verfügte er über einen harten Schlag und spielte einen klassischen Stil, wie man ihn auf deutschen Tennisplätzen pflegte. Der schlanke blonde Sportler war einer der besten Botschafter seines Landes. Seine Kleidung, sein Auftreten und sein hervorragendes Aussehen trugen ihm den Beinamen »Beau Brummel des Tennis« ein. Ein Aristokrat des Sports, stets in Flanell (er trug niemals Shorts) und mit tadellosen Manieren, trat er erstmals 1932 als Weltklassespieler in Erscheinung, als er Deutschland beim Spiel um den Davispokal vertrat. Zusammen mit seinem Landsmann, dem deutschen Spitzenspieler Daniel Prenn, verhalf C. Deutschland zu

einem Überraschungssieg über Großbritannien in der vierten Runde, und eine Woche später besiegte er die italienischen Spitzenspieler in einem 5:4-Spiel für Deutschland beim europäischen Zonenfinale.
Im Davis-Cup-Finale 1932 unterlag Deutschland 2:3 gegen Amerika, doch C. besiegte den schlagkräftigen Frank Shields, wobei er eine eindrucksvolle Vielfalt von Schlägen sowie eine bemerkenswert mobile Verteidigung zeigte. Nachdem Prenn wegen seiner jüdischen Herkunft nicht mehr für Deutschland spielen durfte, avancierte C. zum führenden Vertreter seines Landes, und 1934 gewann er mit einem hinreißenden Match als erster Deutscher das französische Herreneinzel in Paris. In Wimbledon an dritter Stelle gesetzt, verlor er die vierte Runde und befand sich auf der Verliererseite, obwohl er beide Einzelspiele gegen Frankreich um den Davispokal gewonnen hatte.
1935 wurde C.s dynamisches Spiel nur noch von dem Engländer Fred Perry übertroffen, der C. in vier Sätzen im französischen Finale sowie abermals im Finale in Wimbledon besiegte, wo C. an vierter Stelle gesetzt war. Fast mit einer Hand führte C. Deutschland noch im selben Jahr ins Interzonenfinale um den Davispokal. 1936 gewann C. das Revanchespiel gegen Perry im französischen Finale in fünf Sätzen, doch in Wimbledon zog er sich im zweiten Spiel des Herren-Einzelfinales eine Muskelzerrung am Oberschenkel zu und verlor gegen Perry Satz um Satz.
1937 kam der glänzende, doch glücklose deutsche Tennisstar zum drittenmal hintereinander ins Wimbledon-Finale, verlor jedoch gegen den hervorragenden Kalifornier Donald Budge, mit dem ihn eine enge Freundschaft verband. Im Interzonenfinale um den Davispokal steigerte sich C. zu wahren Leistungs-Superlativen, hatte aber das Pech, im fünften Satz der entscheidenden Begegnung 8:6 gegen Budge zu verlieren. Auch das amerikanische Finale gegen Budge verlor er in fünf Sätzen. Diese knappen Niederlagen besiegelten C.s Schicksal, der nie vorgegeben hatte, mit den Nazis zu sympathisieren. Hätte er den Davispokal nach Deutschland gebracht, hätte wohl nicht einmal Hitler gewagt, einen so populären Sportler verhaften zu lassen. Doch so wurde er von der Gestapo inhaftiert, als er 1938 aus Australien zurückkehrte. Hin und wieder sickerten Nachrichten über sein Schicksal durch. Gerüchte gingen um, er habe versucht, Selbstmord zu begehen, und seine betagte Mutter habe sich persönlich an Hitler gewandt. 1939 ließ man ihn wieder frei, doch wurde ihm die Teilnahme in Wimbledon verweigert. Im Zweiten Weltkrieg wurde er dreimal aus politischen Gründen verhört. Nach 1945 kehrte er in die Tennis-Spitzenklasse zurück und gewann 1948 im Alter von 39 Jahren den deutschen Titel im Herreneinzel. 1951 erschien er wieder in Wimbledon, und obwohl er zwölf Jahre lang dem Rasen hatte fernbleiben müssen, zeigte er ein brillantes Spiel, verlor aber gegen Jaroslav Drobny bereits in der ersten Runde.
C. war 20 Jahre lang deutscher Spitzenspieler. Er gewann sechsmal die Internationale Deutsche Meisterschaft in Hamburg und vertrat sein Land 37mal beim Davis-Cup. Nachdem er sich vom aktiven Sport zurückgezogen hatte, wurde er ein erfolgreicher Geschäftsmann, der weiterhin dem Tennis verbunden blieb. Man ernannte ihn zum

Präsidenten des Tennisclubs Rot-Weiß Berlin sowie zum Ehrenmitglied des Deutschen Tennisverbandes. C. wurde am 9.11.1976 bei einem Verkehrsunfall auf der Straße zwischen Alexandria und Kairo getötet.

Cranz-Borchers, Christl (geb. 1914)
Skisportlerin. Am 1. Juli 1914 wurde Christl C. in Brüssel als Tochter deutscher Eltern geboren. 1918 mußte sie mit ihren Eltern aus Brüssel fliehen und wuchs in einem Dorf bei Reutlingen auf, wo sie schon als Kind Gelegenheit hatte, das Skifahren zu lernen. Später lebte sie in Freiburg, wo sie Abitur machte, und bestand 1936, dem Jahr der Olympiade in Deutschland, das Sportlehrerexamen. In Freiburg arbeitete sie bis 1945 als Assistentin am Hochschulinstitut für Leibesübungen, studierte außerdem Philologie und war nach dem Staatsexamen kurze Zeit im Lehrfach tätig. Zwischenzeitlich war sie auch Frauenreferentin für Skilauf beim Reichsbund für Leibesübungen. 1943 heiratete sie den Jagdflieger und Ritterkreuzträger Adolf Borchers, mit dem sie nach dem Zweiten Weltkrieg eine Skischule in ihrem jetzigen Wohnort Steibis betrieb.
Ihre Popularität verdankte Christl C. ihren Siegen bei der Winterolympiade 1936 in Garmisch-Partenkirchen, wo sie, die bereits 1934 sämtliche deutschen Meisterschaften im Skilaufen gewonnen hatte, die Goldmedaille im Torlauf (Slalom) und in der Abfahrt erhielt. Bis 1941 gewann sie jedes Jahr die deutsche Meisterschaft in der alpinen Kombination und bis 1939 auch in ununterbrochener Folge die Meisterschaften in den Einzeldisziplinen. Frau C. gewann außerdem die Weltmeisterschaften in der alpinen Kombination 1934, 1935, 1937–1939, im Torlauf 1937–1939 und im Abfahrtslauf 1937 und 1939 und war weiterhin je einmal internationale Meisterin von Österreich (1937), der Schweiz (1938) und Frankreich (1939). Nachdem ihr als Skisportler ebenfalls erfolgreicher Bruder Rudi C. im Rußlandfeldzug gefallen war, trat sie vom Rennsport zurück. Frau C. verfaßte seit 1935 mehrere Bücher über das Skilaufen und den Band *Christl erzählt* (1949). Spätestens seit ihren Olympiasiegen gehörte Christl C. neben anderen deutschen Ski-Assen wie dem im Krieg gefallenen Franz Pfnür oder Guzzi Lantschner aus der berühmten Lantschner-Familie oder dem ebenfalls gefallenen Rudolf Harbig (400- und 800-Meter-Weltrekordler 1939) zu den Aushängeschildern des von den Nationalsozialisten mißbrauchten deutschen Sports. Sie, die von sich behauptete, ein völlig unpolitischer Mensch zu sein, war erstmals 1932 zu einer Veranstaltung Hitlers in Freiburg gegangen, weil deren Besuch von der Schulleitung untersagt worden war. Als sie nach ihren Erfolgen Gelegenheit hatte, die NS-Prominenz kennenzulernen, urteilte sie z. B. über Hitler, daß es schwer war, mit ihm Kontakt zu bekommen. »Außerdem verstand er überhaupt nichts vom Skifahren.«

D

Dagover, Lil (1897–1980)
Eigentlich Marie Antonia Sieglinde Martha Seubert, prominente deutsche Filmschauspielerin. Lil D. wurde am 30. September 1897 in Madiven (Java) als Tochter eines in holländischen Diensten stehenden Forstbeamten geboren. Mit zehn Jahren in eine Schule nach Baden-Baden geschickt, kam sie zum Film, nachdem sie 1917 den 25 Jahre älteren Schauspieler Friedrich Daghofer geheiratet hatte. Von Robert Wiene (einem bedeutenden Regisseur) entdeckt, spielte sie in dessen expressionistischem Klassiker *Das Kabinett des Dr. Caligari* sowie in einer Reihe anderer vielgerühmter deutscher Produktionen der frühen zwanziger Jahre, darunter Carl Froelichs *Kabale und Liebe* (1920), Fritz Langs *Der müde Tod* (1921) und Murnaus *Tartüff* (1925). Von drei Reisen – einer nach Schweden (1927), einer zweiten nach Frankreich (1928/29) und einer dritten nach Hollywood (1931) – abgesehen, waren Lil D.s Laufbahn und Lebensweg ganz mit dem deutschen Film verknüpft, wo sie in der Regel zarte, zerbrechliche Heldinnen mit »gequältem« Blick verkörperte.
Auch während der NS-Zeit war sie Star einer Reihe bedeutender Filme. Am besten war sie in *Der Kongreß tanzt* (1931), in Gerhard Lamprechts *Der höhere Befehl* (1935) sowie in *Die Kreutzersonate* (1936) von Veit → *Harlan*. Auch im Deutschen Theater in Berlin, bei den Salzburger Festspielen sowie bei der Truppenbetreuung bzw. in Fronttheatern trat sie auf. Eine Zeitlang hieß es, sie sei eng mit Hitler befreundet. 1944 erhielt sie das Kriegsverdienstkreuz. Im Nachkriegsdeutschland setzte L. D. ihre Laufbahn mit Filmen wie *Königliche Hoheit* (1953), *Die Barrings* (1955), *Die Buddenbrooks* (1959) fort. Noch in den siebziger Jahren spielte sie Nebenrollen in Filmen wie *Der Fußgänger* (1974), *Der Richter und sein Henker* (1957) und *Die Standarte* (1977). 1980 starb sie, 82 Jahre alt, in München-Geiselgasteig.

D'Alquen, Gunter (geb. 1910)
Herausgeber des SS-Wochenblattes *Das Schwarze Korps*. D. wurde am 24. Oktober 1910 als Sohn eines evangelischen Wollhändlers und Reserveoffiziers in Essen geboren. Nach Besuch der Oberschule in Essen und Eintritt in die Hitlerjugend (1925) schloß er sich im Alter von 17 Jahren der NSDAP an und war von 1927 bis 1931 SA-Mann und NS-Jugendführer. Aktiv im NS-Studentenbund, trat er am 10. April 1931 in die SS ein, in der er es schon nach drei Jahren zum Hauptsturmführer brachte. Seine akademische Ausbildung beendete D. nie. Statt dessen wurde er Journalist.
Er fing bei der *Bremer Nationalsozialistischen Zeitung* an und war 1933 im Innenpolitischen Ressort des *Völkischen Beobachters* tätig. Dort erregte er die Aufmerksamkeit Heinrich → *Himmlers*. Anfang März 1935 übertrug er D. als Hauptschriftleiter die Herausgabe des offiziellen SS-Blattes *Das Schwarze Korps*. Als Sprachrohr eines revolutionären Nationalsozialismus und als Vorhut der SS-Ideologie in der deutschen Presse strotzte D.s Blatt stets von Angriffen gegen Intellektuelle, Studenten, verdiente Naturwissenschaftler, Firmen, die sich querstellten, Schwarz-

händler, Geistliche und andere Gruppen bzw. Trends in der deutschen Gesellschaft, die sich Himmlers Zorn zugezogen hatten. Abgesehen von seinem berüchtigten Antisemitismus und der Zensorrolle, die *Das Schwarze Korps* inoffiziell spielte, betrachtete sein Herausgeber diese Zeitschrift auch noch als Bollwerk deutscher Kampfmoral im Zweiten Weltkrieg und stellte daher die deutschen Siege groß aufgemacht heraus.

Im September 1939 ging D. selbst als Star-Kriegsberichter an die Front, und gegen Kriegsende ernannte ihn Himmler zum Chef der Propagandaabteilung der Wehrmacht. Zu seinen Veröffentlichungen gehört eine offizielle Geschichte der SS: *Die SS, Geschichte, Aufgabe und Organisation der Schutzstaffeln der NSDAP* (1939). Außerdem gab er heraus: *Das ist der Sieg* (1940) sowie *Waffen-SS im Westen* (1941).

Im Juli 1955 verurteilte ihn eine Berliner Entnazifizierungskammer zu 60000 Mark Strafe, entzog ihm für drei Jahre die bürgerlichen Ehrenrechte und schloß ihn auch vom Genuß öffentlicher Pensions- oder Rentenzahlungen aus. Man befand ihn schuldig, im Dritten Reich eine wichtige Rolle als Kriegspropagandist gespielt, gegen Kirchen, Juden und auswärtige Staaten gehetzt sowie Anstiftung zum Mord betrieben zu haben. Er hatte den SS-Staat und Hitlers Unfehlbarkeit verherrlicht, die Staatsform der Demokratie verächtlich gemacht und Rassisten in ihrem Antisemitismus bestärkt. Nach einer weiteren Untersuchung seiner Einnahmen als Nazipropagandist verurteilte ihn die Berliner Spruchkammer am 7. Januar 1958 zur Zahlung einer weiteren Summe von 28000 Mark.

Daluege, Kurt (1897–1946)

Chef der Ordnungspolizei im Deutschen Reich, später (nach der Ermordung → *Heydrichs*) stellvertretender Reichsprotektor in Böhmen und Mähren und als solcher verantwortlich für die Zerstörung von Lidice. D. wurde am 15. September 1897 in Kreuzberg (Oberschlesien) geboren. Er meldete sich 1916 nach dem Notabitur als Kriegsfreiwilliger zum 7. Garde-Infanterie-Regiment. An der Technischen Hochschule Berlin zum Diplomingenieur ausgebildet, war der Fachmann für Hoch- und Tiefbau ab 1924 Angestellter der Stadt Berlin.

Zuvor hatte er das Kommando über eine Einheit des berüchtigten Freikorps Roßbach innegehabt. Ein rowdyhafter junger Flegel, trat er 1926 der NSDAP bei und gründete am 22. März dieses Jahres die SA für Berlin und Norddeutschland. D. war Führer der Berliner SA und stellvertretender Gauleiter (bis 1928), dann führte er die Berliner SS und organisierte spezielle Rollkommandos für Überraschungseinsätze gegen politische Gegner. Im Sommer 1931 wurde er Führer der SS-Gruppe Ost, ab der 9. Wahlperiode (1932) auch MdL in Preußen. 1933 trat der noch immer junge SS-Führer in enge Verbindung zu → *Göring* und erhielt als Kommissar z. b. V. den Auftrag, den Polizeiapparat von Regimegegnern zu säubern. Im Mai 1933 übernahm D. die Polizeiabteilung im preußischen Innenministerium und wurde vier Monate später Befehlshaber der Polizei in Preußen. Als Vertreter der SS in der preußischen Beamtenhierarchie verwandelte er die preußische Polizei in ein Instrument der NS-Machthaber sowie in einen wichtigen Faktor der Politik zur Konsolidierung des neuen Regimes.

Ein eiskalter Rechner und im Rufe, ein glänzender Organisator zu sein, nützte D. die Bindungen, die er zwischen der Schutzpolizei und der politischen Polizei geknüpft hatte, um die reguläre Polizei mit SS-Männern zu durchsetzen. 1933 erhielt er die Ernennung zum Ministerialdirektor im Reichs- und preußischen Ministerium des Innern und zum preußischen Staatsrat. Gleichzeitig zog er als Abgeordneter des Wahlkreises Berlin-Ost in den Reichstag ein. Ein Jahr später wurde er SS-Obergruppenführer und 1936 Chef der Ordnungspolizei (Schutzpolizei, kommunale Polizei, Verwaltungspolizei, Wasserpolizei, Feuerpolizei, sowie Katastrophenschutz usw.). D. rief auch den Kameradschaftsbund Deutscher Polizeibeamter ins Leben – eine nationalsozialistische Sammelorganisation für Polizeibeamte.

Verantwortlich für die Unterdrückung jeder Art inneren Widerstandes sowie für den persönlichen Schutz Hitlers und anderer Parteiführer, war D. nach seinem Rivalen → *Heydrich*, der die Sicherheitspolizei (Gestapo, Kriminalpolizei) kontrollierte, einer der mächtigsten Männer im Staate. Unter seiner Leitung wurde die Ordnungspolizei weitgehend mit Nationalsozialisten durchsetzt und militarisiert. Am 20. 4. 1942 erhielt er den Rang eines SS-Oberstgruppenführers. Nach Heydrichs Tod ernannte man D. am 31. 5. 1942 zum stellvertretenden Reichsprotektor von Böhmen und Mähren. Wegen der Zerstörung von Lidice und anderer Terrormaßnahmen gegen die tschechische Bevölkerung zog man ihn nach dem Krieg zur Verantwortung. Er wurde am 23. Oktober 1946 von den Tschechen hingerichtet.

Dannecker, Theodor (1913–1945)
Für die Deportation jüdischer Häftlinge aus Frankreich (1942), Bulgarien (1943) und Italien (1944) nach Auschwitz verantwortlicher SS-Hauptsturmführer. In seinen jungen Jahren war der am 27. März 1913 in Tübingen geborene D. Rechtsanwalt in München. Ab 1937 wurde er zunächst im SD-Hauptamt Mitarbeiter Adolf → *Eichmanns*. Von Eichmanns Büro IV B 4, dem mit jüdischen Angelegenheiten befaßten Referat im Gestapo-Amt des RSHA (Reichssicherheitshauptamtes) in Berlin, nach der Besetzung Frankreichs nach Paris gesandt, wurde D. Leiter des französischen Ablegers des Judenreferates, womit er Eichmann unmittelbar unterstand.

Als Judenfachmann der Gestapo und Eichmanns Bevollmächtigter beim Befehlshaber der Sicherheitspolizei und des SD (Sicherheitsdienstes) in Frankreich genießt D. den traurigen Ruhm, als erster ständige Judendeportationen aus Paris in die Ostgebiete vorgeschlagen zu haben. Immer stärker bedrängte er die Vichy-Regierung, mehr und durchgreifendere antijüdische Maßnahmen vorzunehmen. Xavier Vallat, der erste französische Beauftragte für Judenfragen, der mit ihm wegen der weitreichenden Konsequenzen der deutschen Judenpolitik in Frankreich aneinandergeriet, schilderte ihn als einen fanatischen Nazi, der jedesmal außer sich geriet, wenn nur das Wort Jude fiel.

Im Oktober 1942 berief man D. wegen Mißbrauchs seiner recht unabhängigen Stellung nach Berlin zurück, und im Januar 1943 wurde er Eichmanns Sonderkommando in Sofia (Bulgarien) überstellt, wo er weiterhin Judendeportationen leitete. Oktober 1942 in Verona sowie im Sommer 1944 in Ungarn stationiert, wurde D. im Oktober 1944 Judenkommissar für Italien und blieb bis Kriegsende beim Kommando Eichmann. Am 10. Dezember 1945 beging D. im amerikanischen Gefängnis in Bad Tölz Selbstmord.

Darré, Richard Walter (1895–1953)
Reichsbauernführer und Reichsminister für Ernährung und Landwirtschaft im Dritten Reich. D. wurde am 14. Juli 1895 in Belgrano (Argentinien) geboren. Nach Schulbesuch in Heidelberg und Bad Godesberg setzte er seine Ausbildung am Kings College in Wimbledon fort und kämpfte während des Ersten Weltkrieges als deutscher Soldat an der Westfront. Nach Kriegsende schloß er sich zunächst kurz einem Berliner Freikorps an, nahm aber dann sein Studium wieder auf und schloß es 1925 als Diplomlandwirt ab. Früh schon mit → *Himmler* befreundet, den D. bei den rechtsgerichteten bündischen Jugendgruppen der Artamanen kennengelernt hatte, die einen freiwilligen Arbeitsdienst und eine Zurück-aufs-Land-Bewegung propagierten, begann D. ab 1930 die Bauern in der NSDAP zu organisieren.
Zwar kein Alter Kämpfer, stieg er dennoch rasch in der Parteihierarchie auf und beeindruckte Hitler mit seiner Blut-und-Boden-Ideologie, die er in frühen Schriften wie *Das Bauerntum als Lebensquell der nordischen Rasse* (1928), *Um Blut und Boden* (1929) sowie *Neuadel aus Blut und Boden* (1930) verkündete. In diesen und anderen Veröffentlichungen behauptete D., im Gegensatz zum nomadischen Judentum sei die nordische Rasse der wahre Schöpfer der europäischen Kultur, der deutsche Bauer sei die wahre Triebfeder der Geschichte, er verkörpere das Wesen des Deutschtums und sei der einzige Hüter deutscher Einheit.
D. schlug die Schaffung eines germanischen Bodenadels vor – einer in der bäuerlichen Gemeinschaft wurzelnden neuen Herrenschicht, die den Ständestaat beherrschen sollte, von dessen Wiederbelebung er träumte. Als praktizierender Tierzüchter betrachtete er die Volkswirtschaft unter rassistisch-biologischen Gesichtspunkten und sah im Bauerntum den ewigen Lebensquell der germanischen Rasse. D. war die treibende Kraft hinter der Agrarpolitik der NSDAP in den Jahren 1930–1933, wobei er auf der Enttäuschung und Unzufriedenheit aufbaute, die in ländlichen Gebieten herrschte und die Bauern in die Arme des Nationalsozialismus trieb. Als dann die Agrarpolitik geändert wurde und man den Hauptakzent auf die Gewinnung der bodenbesitzenden Bauern und des städtischen Mittelstandes legte, kam D.s romantische, antiindustrielle Blut-und-Boden-Lehre erst recht in Mode, und sowohl Hitler als auch Himmler standen unter ihrem Einfluß.
Am 4. April 1933 wurde D. Reichsbauernführer und blieb es während der gesamten folgenden zwölf Jahre. Am 29. Juni 1933 ernannte ihn Hitler zum Reichsminister für Ernährung und Landwirtschaft. Ab November 1933 auch Mitglied des Reichstages, Reichsleiter und SS-Gruppenführer, Mitglied der Akademie für Deutsches Recht und Ehrenpräsident der Deutschen Landwirtschaftlichen Gesellschaft, empfing D. 1936 das Goldene Parteiabzeichen und viele andere Ehrungen. Außerdem leitete er seit 1931 das SS-Rasse- und Siedlungshauptamt und verfaßte zahlreiche Schriften rassistischen Inhalts, darunter: *Das Schwein als Kriterium*

für nordische Völker und Semiten (1933), *Der Schweinemord* (1937), *Im Kampf um die Seele des deutschen Bauern* (1943) – Veröffentlichungen, die sowohl seinen primitiven Rassismus, seinen Antisemitismus als auch seine völkische Verhimmelung des Bauerntums dokumentieren. Als Landwirtschaftsminister verkündete D. das Erbhofgesetz (1933), dessen Ziel es war, das Bauerntum als privilegierte Klasse und als Bollwerk gegen Industriegesellschaft und Kapitalismus zu stärken. Nach D.s Überzeugung konnte nur eine möglichst große Anzahl gegen das »Chaos des Marktes« abgesicherter Erbbesitztümer die »rassische Gesundheit« des deutschen Volkes sichern. Sein Eintreten für den ländlichen Mittelstand brachte ihn in Konflikt mit der Marktpolitik Hjalmar → *Schachts* und der Finanzpolitik der Reichsbank. Mehr noch: D.s ideologischer Politik gelang es nicht, die Geburtenziffer zu erhöhen oder die Umwandlung des Bauern in einen landwirtschaftlichen Unternehmer kapitalistischen Zuschnitts zu verhindern, und auch die Landflucht unterband er nicht. Seine Unfähigkeit in praktischen Dingen ließ seinen Einfluß sinken, um 1939 hatte er als Ernährungsstratege Hitlers Vertrauen verloren.
Im Zweiten Weltkrieg standen pragmatische und militärische Erwägungen im Vordergrund, und die Entscheidungsgewalt über landwirtschaftliche Siedlungen in den besetzten Gebieten erhielt Himmler. D.s Widerstand gegen das Konzept der »Wehrbauernhöfe«, seine immer deutlicher zutage tretende Isolierung als praxisfremder Theoretiker und vor allem sein Unvermögen, die Lebensmittelversorgung der Deutschen sicherzustellen, führten im Mai 1942 zu seiner Entlassung. 1945 gefangengenommen, verurteilte ihn ein amerikanisches Militärgericht am 14.4.1949 wegen der Beschlagnahme des Eigentums polnischer und jüdischer Bauern sowie wegen der Anordnung, deutschen Juden Grundnahrungsmittel zu verweigern (wodurch Zivilpersonen dem Hunger ausgeliefert wurden) zu fünf Jahren Haft. D. wurde 1950 entlassen und verbrachte seine letzten Jahre in Bad Harzburg (Harz). Er starb am 5. September 1953 in einer Münchener Privatklinik.

Delp, Alfred (1907–1945)
Jesuitenpater und Mitglied des Kreisauer Kreises, der das Hitlerregime stürzen und vor der Errichtung einer neuen Ordnung Deutschland zum Christentum zurückführen wollte. D. wurde am 15. September 1907 in Mannheim als Sohn eines protestantischen Kaufmanns geboren. Mit 18 Jahren trat er dem Jesuitenorden bei und wurde 1937 zum Priester geweiht. 1937–1941 war er Mitarbeiter des Jesuitenblattes *Stimmen der Zeit*.
Ein Jahr später schloß er sich der deutschen Widerstandsbewegung (dem Kreisauer Kreis) an und wurde nach dem mißglückten Attentat auf Hitler Ende Juli 1944 verhaftet. Vor dem Volksgerichtshof dem rüden Spott Roland → *Freislers* ausgesetzt und zum Tode verurteilt, starb er am 2. Februar 1945 durch den Strang.

Dibelius, Friedrich Karl Otto (1880–1967)
Evangelischer Bischof und eine der führenden Persönlichkeiten des kirchlichen Widerstandes gegen das NS-Regime. D. wurde am 15. Mai 1880 in Berlin geboren. Er wirkte von 1907 bis

1925 (ab 1915 in Berlin) als Pastor und wurde 1925 Generalsuperintendent der Kurmark, einer lutherischen Landeskirche in Preußen. Als die Nationalsozialisten an die Macht kamen, verlor er sein Amt, doch war er während der nächsten zwölf Jahre eine der profiliertesten Gestalten der von seinem Freunde Martin → *Niemöller* begründeten Bekennenden Kirche. Wie Niemöller widersetzte sich auch D. dem Anspruch des totalitären Staates, die christliche Lehre durch Neuheidentum oder dem Staatsinteresse gleichgeschaltetes »Deutsches Christentum« zu ersetzen. In einem offenen Brief an den NS-Reichsminister für kirchliche Angelegenheiten, Hans → *Kerrl*, betonte er im Februar 1937: »Sobald der Staat Kirche sein und die Macht über die Seele der Menschen ... an sich nehmen will, sind wir nach Luthers Worten gehalten, Widerstand zu leisten in Gottes Namen.«
Am Ende seines Schreibens zeichnet sich jedoch die gleiche Tendenz ab wie bei anderen Kirchenvertretern der damaligen Zeit: die ungeheuren Verbrechen des Regimes an Nichtchristen zu ignorieren, solange nur die eigenen Belange gewahrt bleiben. »Lassen Sie die Kirche ihre Angelegenheiten in wirklicher Freiheit und Selbständigkeit ordnen! Wenn das geschieht, dann kann der Kirchenkampf in drei Monaten zu Ende sein.«
Ein Sondergericht sprach D. von der Anklage des Hochverrates frei, und D. überstand den Krieg, obwohl er als Regimegegner bekannt war. Durch Kurt → *Gerstein* kannte er die entsetzlichen Einzelheiten der Judenausrottung in Belzec und anderen Vernichtungslagern in Polen, doch unterließ er öffentliche Proteste. Nach dem Kriege wurde er evangelischer Bischof von Berlin-Brandenburg (Ostzone [später DDR] und damals auch noch West-Berlin), später (1949–1961) Vorsitzender des Rates der Evangelischen Kirche Deutschlands.
Als ersten Deutschen ernannte man ihn 1954 zum Mitglied des Weltkirchenrates. 1960 machte er sich in der Deutschen Demokratischen Republik mißliebig, weil er der kommunistischen Regierung das Recht absprach, im theologischen Sinne für Christen Autorität zu sein. »In einer totalitären Staatsform«, erklärte D., »gibt es keine Gerechtigkeit, wie Christen sie verstehen ... ja überhaupt keine Gerechtigkeit.« D. starb am 31. Januar 1967 in Berlin.

Diels, Rudolf (1900–1957)
Gründer und erster Chef der Gestapo. Am 16. Dezember 1900 wurde D. als Sohn eines evangelischen Bauern in Berghausen im Taunus geboren. Er meldete sich gegen Ende des Ersten Weltkrieges freiwillig an die Front. Ab 1919 studierte er in Marburg die Rechte und erwarb sich den Ruf eines trinkfesten Frauenhelden. Als Beamter ehrgeizig und zielstrebig, trat er 1930 in das preußische Innenministerium ein und war unter dem sozialdemokratischen Minister Carl Severing Dezernent für die Bekämpfung der kommunistischen Bewegung.
Der ehemals liberale Demokrat D. erwies sich als opportunistischer Bürokrat, als er 1933 den Nationalsozialisten und Hermann → *Göring* sein ganzes Können auf dem Gebiete des politischen Polizeiwesens zur Verfügung stellte, so daß er alsbald zu dessen bevorzugtem Helfershelfer avancierte. D. redete Göring im Juni 1933 zu, eine

politische Geheimpolizei zu schaffen und wurde deren Chef als Leiter der Abteilung IA des Berliner Polizeipräsidiums, die bald eine besondere Abteilung zur Bekämpfung des Kommunismus bildete. Dies war die Geburtsstunde der Gestapo, und D. trug auf diese Weise dazu bei, Verfassung und Rechtsstaatlichkeit in Deutschland zu Grabe zu tragen.

Er versah Göring mit geheimen Dossiers, die dessen Position innerhalb der Partei festigen halfen und für seine politischen Gegner den Ruin bedeuteten. Obwohl er 1933 → *Himmler* versicherte, er sei bestrebt, was die politische Polizei in Preußen angehe, die von der SS entwickelten Prinzipien in die Tat umzusetzen, sah er sich doch bald in einen Machtkampf zwischen Göring und dem Reichsführer-SS verwickelt. Göring mußte seinen Vertrauten den Intrigen seines Gegenspielers opfern, ernannte ihn aber später zum Stellvertretenden Polizeipräsidenten von Berlin. D. hielt es für sicherer, nach Karlsbad in Böhmen zu fliehen und sich dort fünf Wochen lang aufzuhalten, bis Göring ihn auf seinen Posten als Gestapochef zurückrief. Am 1. April 1934 mußte D. dann endgültig gehen (Himmler selbst trat an seine Stelle), doch sein Förderer (Göring) schützte ihn wenigstens vor den Intrigen → *Heydrichs*.

Im Mai 1934 erhielt D. seine Ernennung zum Regierungspräsidenten in Köln. 1940 wurde er Regierungspräsident in Hannover, doch verlor er sein Amt, als er sich weigerte, auf Befehl eines Kreisleiters in der Stadt Juden verhaften zu lassen. Göring rettete D., der inzwischen die Witwe von Görings jüngerem Bruder geheiratet hatte, mehrmals vor der Verhaftung und befreite ihn nach dem fehlgeschlagenen Attentat vom 20. Juli 1944 auch aus dem Gestapogefängnis. Nach dem Sturz des Dritten Reiches war D. bis 1948 interniert und zog sich bis zu seiner Entnazifizierung auf seinen Hof Twenge bei Hannover zurück. Seine selbstgerechten Memoiren *Lucifer ante Portas – Zwischen Severing und Heydrich* (1950) beschönigen seine Rolle als Wegbereiter des dann von Himmler und Heydrich zur Perfektion entwikkelten totalitären Polizeisystems.

In seinem Buch *Der Fall Otto John* (1954) greift D. dann die Nürnberger Prozesse an, bei denen er allerdings selbst als Zeuge der Anklage aufgetreten war. Er kritisierte den Versuch, in Deutschland den Geist Preußens »auszumerzen« und warf Anklägern und Richtern vor, sie hätten der deutschen Widerstandsbewegung nicht genügend Gerechtigkeit widerfahren lassen und der Politik der Alliierten geschadet. D. erlag am 18. November 1957 den Verletzungen, die er auf einem Jagdausflug erlitten hatte, als er seinem Wagen eine Waffe entnahm und sich ein Schuß löste.

Dietl, Eduard (1890–1944)

Generaloberst und Oberbefehlshaber der deutschen Truppen in Lappland. Der in Bad Aibling (Oberbayern) am 21. Juli 1890 als Sohn eines Rentamtmannes geborene D. wuchs in Rosenheim auf. Er wurde Berufssoldat bei einem Bamberger Infanterie-Regiment und zog als Bataillonsadjutant 1914 in den Ersten Weltkrieg. Nach dem Krieg trat er 1918 in das Freikorps Epp ein und wurde 1920 als Kompaniechef in einem Münchner Infanterie-Regiment von der Reichswehr übernommen. Dabei lernte er auch Hitler kennen,

dessen Überzeugungskraft ihn zum Nationalsozialisten werden ließ. Diese Begeisterung für den Nationalsozialismus ging so weit, daß Soldaten aus Dietls Kompanie in Zivil zum Saalschutz bei NSDAP-Veranstaltungen abkommandiert wurden. Nach der Tätigkeit als Taktiklehrer an verschiedenen Infanterieschulen förderte er als Major und Bataillonskommandeur seit 1. Februar 1931 in Kempten den Aufbau einer speziell für den Gebirgskrieg geschulten Truppeneinheit.
Deshalb übertrug man ihm 1935 als Oberst das Kommando über das in Kempten und Füssen stationierte Gebirgsjägerregiment 99, das er beim Einmarsch in Österreich 1938 befehligte, bevor er anschließend mit der Aufstellung der 3. Gebirgsdivision in Graz beauftragt wurde. Bekannt wurde D. während des Norwegenfeldzuges durch die zähe Verteidigung von Narvik (9. April bis 10. Juni 1940), für die er am 19. Juli 1940 zum General der Gebirgstruppen befördert wurde.
D. war ein begeisternder Truppenführer, der die Entbehrungen des Gebirgskriegs mit seinen Soldaten teilte und bei ihnen entsprechend beliebt war. Wegen seiner Bindung zum Nationalsozialismus besonders von der NS-Propaganda herausgestellt und als erster mit dem Eichenlaub zum Ritterkreuz ausgezeichnet, war D. schon in den ersten Kriegsjahren einer der populärsten deutschen Generäle.
Nach Ausbruch des Rußlandfeldzugs führte er ein Gebirgskorps, das gegen Murmansk vorstieß. 1942 wurde er Oberbefehlshaber der 20. Gebirgsarmee in Lappland und am 1. Juni dieses Jahres zum Generaloberst befördert. Nach einem Besuch im Hauptquartier Hitlers stürzte D.s Flugzeug, das beim Rückflug in den österreichischen Alpen in ein Schlechtwettergebiet geraten war, am 23. Juni 1944 ab. D. und mit ihm mehrere hohe Offiziere fanden dabei den Tod.

Dietrich, Otto (1897–1952)
Reichspressechef der NSDAP von 1933 bis 1945 und Hitlers wichtigster Öffentlichkeitsarbeiter. Am 31. August 1897 in Essen geboren, meldete er sich im Ersten Weltkrieg freiwillig an die Westfront und wurde mit dem Eisernen Kreuz Erster Klasse ausgezeichnet. Nach Kriegsende studierte er in München, Frankfurt (Main) und Freiburg Politische Wissenschaft und promovierte 1921. Wissenschaftlicher Assistent der Essener Handelskammer und später Redakteur der *Essener Allgemeinen Zeitung*, war D. ab 1928 auch Leiter des Handelsteils der *München-Augsburger Abendzeitung*, eines deutschnationalen Abendblattes.
Durch seine Heirat wurde er Schwiegersohn von Dr. Reismann, dem einflußreichen Besitzer der *Rheinisch-Westfälischen Zeitung*. Dies ermöglichte es ihm, Beziehungen zu den Vertretern der rheinisch-westfälischen Schwerindustrie (wie z. B. zu Emil → *Kirdorf*) anzuknüpfen. So war D. u. a. Berater eines großen Stahlkonzerns. 1931 bekleidete er den Posten des stellvertretenden Chefredakteurs der *Essener National-Zeitung*. Am 1. August 1931 ernannte man ihn – einen überzeugten Nationalsozialisten – zum Pressechef der NSDAP, und ein Jahr später trat er in die SS ein, in der er es bis 1941 zum Obergruppenführer brachte.
Als Publizist und NS-Pressechef organisierte D. bei den Wahlen von 1932 die großen Propagandafeldzüge, und als Hitler damals unablässig kreuz und quer

durch Deutschland reiste, war D. sein ständiger Begleiter. Als Hitlers Wahlmanager in der Schwerindustrie-Region des Ruhrgebietes, wo er dazu beitrug, die Basis des radikalen Nationalsozialisten Gregor → *Strasser* zu unterminieren, brachte D. auch seine familiären Beziehungen ins Spiel, um Kontakte zu Industriellen wie Fritz → *Thyssen* herzustellen. Auch nach der Machtergreifung war D. als Publizist im Dienste der Partei aktiv, und sein dokumentarisches Werk *Mit Hitler an die Macht* (1933), das den »friedlichen Kampf« Hitlers »um die Seele des deutschen Volkes« schildert, brachte es auf über 250000 verkaufte Exemplare. Außerdem veröffentlichte D.: *Die philosophischen Grundlagen des Nationalsozialismus* (1935), *Das Wirtschaftsdenken im Dritten Reich* (1937) und *Auf den Straßen des Sieges – Mit dem Führer in Polen* (1939).

1937 bis 1945 war D. Staatssekretär in → *Goebbels'* Propagandaministerium sowie Pressechef der Reichsregierung, und er spielte eine maßgebliche Rolle bei der Gleichschaltung der Presse sowie in disziplinarischen Angelegenheiten. Als treibende Kraft stand er hinter dem neuen Pressegesetz, das die Freiheit sowohl der Zeitungsverleger als auch der Publizisten beschnitt. Damit brachte D. die Presse ganz auf die Linie der Vorstellungen Hitlers, dies ganz besonders nach Ausbruch des Zweiten Weltkrieges. Zum Zwecke der totalen Reglementierung von Verlegern und Journalisten gab D. täglich von Hitler gebilligte Sprachregelungen heraus, die vorschrieben, wie die neuesten Nachrichten von der Front wiederzugeben und zu kommentieren seien. Am 22. Februar 1942 brachte Hitler bei einem seiner weitschweifigen Tischgespräche seine Bewunderung für D. zum Ausdruck: »Körperlich so klein, ist Dr. Dietrich doch ein hervorragend geschickter Fachmann... Ich bin stolz darauf, daß es mit diesem Mann mir möglich ist, auch einmal – wie es am 22. Juni 1941 [dem Tag des deutschen Überfalls auf die Sowjetunion] geschah – das Steuer um 180 Grad herumzuwerfen. Das macht uns kein Land nach.«

D.s Begeisterung für Hitler verleitete ihn jedoch zu Fehlern und Fehleinschätzungen. So erklärte er am 9. Oktober 1941 vor in- und ausländischen Pressevertretern, daß der Feldzug im Osten entschieden sei und der weitere Verlauf so vor sich gehen werde, wie die Deutschen es wünschten. Nach den letzten furchtbaren Schlägen, die sie der Sowjetunion zugefügt hätten, sei diese militärisch erledigt und der englische Traum eines Zweifrontenkrieges endgültig ausgeträumt. Tatsächlich war aber Moskau keineswegs geschlagen, und Goebbels, über D.s Ruhmredigkeit außer sich, hatte alle Mühe, den Schaden wiedergutzumachen. Dennoch behielt D. seine Position ebenso wie Hitlers Vertrauen bis zum Ende des Dritten Reiches.

1945 gefangengenommen, wurde er im Nürnberger Wilhelmstraßen-Prozeß 1949 wegen Verbrechen gegen die Menschlichkeit zu sieben Jahren Haft verurteilt, doch schon am 16. August 1950 entließ man ihn wegen guter Führung aus der Haftanstalt Landsberg am Lech. Er starb 1952, fünfundfünfzig Jahre alt, in Düsseldorf. Seine politische Abrechnung mit Hitler, die *Zwölf Jahre mit Hitler* überschriebene Autobiographie eines Augenzeugen, die er unmittelbar nach dem Kriege in einem britischen Internierungslager verfaßt hatte, erschien posthum 1955.

Dietrich, Joseph, genannt Sepp (1892–1966)

Einer der ältesten Anhänger Hitlers, Kommandeur der SS-Leibstandarte Adolf Hitler und später im Zweiten Weltkrieg Oberbefehlshaber der 6. SS-Panzerarmee. Er wurde am 28. Mai 1892 als Sohn armer bayerischer Landleute in Hawangen geboren und arbeitete zunächst in Hotels und Gaststätten. Später Fleischerlehrling in München, trat D. 1911 in das bayrische Heer ein. Im 1. Weltkrieg erhielt er mehrere Auszeichnungen und schied 1919 als Wachtmeister aus dem Heer aus. Nach dem Kriege trat er im gleichen Rang in das Wehrregiment 1 in München ein, mit dem er in die Bayerische Landespolizei übernommen wurde, aus der er als Oberwachtmeister 1927 ausschied. Anschließend wechselte er mehrfach die Arbeitsstelle.

Er trat 1928 in die NSDAP ein und gehörte bald zu Hitlers engerer Begleitung bei dessen Wahlreisen und Versammlungen. 1930 wurde er für den Wahlbezirk Niederbayern in den Reichstag gewählt. 1931 rückte er zum SS-Brigadeführer auf und übernahm die Führung des SS-Oberabschnitts »Nord« (Hamburg). Nach der Machtergreifung wurde er SS-Gruppenführer, preußischer Staatsrat und Kommandeur des zu Hitlers Schutz im Februar 1933 aufgestellten SS-Wachbataillons Berlin, aus dem 1936 die SS-Leibstandarte »Adolf Hitler« hervorging. Am 4. Juli 1934 erhielt er wegen seiner Verdienste in der Röhm-Affäre den Rang eines SS-Obergruppenführers; er hatte das Mordkommando geleitet, das prominente SA-Führer umbrachte, darunter auch alte Kameraden und Freunde. Im Zweiten Weltkrieg war D. einer der wenigen alten Parteimitglieder, die sich an der Front einen Namen machten. In Polen, Frankreich, Griechenland, Rußland, Ungarn und Österreich eingesetzt, glich er seinen Mangel an militärischer Erfahrung und strategischem Können durch beachtliche Führungsqualitäten, persönliche Ausstrahlung und rücksichtsloses Durchgreifen aus. Er erhielt höchste Kriegsauszeichnungen, so das Ritterkreuz mit Eichenlaub und Schwertern (17. März 1943), desgleichen mit Schwertern und Brillanten (August 1944), und niemand bezweifelte seinen Mut oder seine Härte. Hitler beurteilte ihn im Januar 1942 wie folgt: »Sepp Dietrich hat eine besondere Rolle gespielt. Ich habe ihn immer dahin geschickt, wo es ganz kritisch war. Er ist eine Mischung von Schlauheit und von Rücksichtslosigkeit und Härte. Hinter der Maske des Burschikosen steckt ein ernster, sehr gewissenhafter, alles gründlichst überdenkender Mensch. Wie sorgt der Mann für seine Truppe! Er ist ... ein bayerischer Wrangel, gar nicht zu ersetzen, ein Begriff im deutschen Volk. Nun kommt bei mir noch das dazu, daß er einer meiner ältesten Mitkämpfer ist.«

Während des Krieges wob das Regime ganz bewußt an der Legende seiner militärischen Tüchtigkeit und ignorierte die Greuel, für die er verantwortlich war. Als Kommandierender General des I. SS-Panzerkorps in der Normandie hatte er die Aufgabe, den angloamerikanischen Brückenkopf einzukesseln, doch es gelang ihm nicht, die alliierten Streitkräfte zurückzuwerfen. Im Dezember 1944 kommandierte er, inzwischen zum SS-Oberstgruppenführer und Generaloberst der Waffen-SS befördert, die 6. SS-Panzerarmee, die

während der Ardennenoffensive, Hitlers letztem Schachzug, die Alliierten von ihren Nachschubbasen abschneiden und dadurch das Kriegsglück wenden sollte. D. tat, was er konnte, merkte jedoch bald, daß er vor einer unlösbaren Aufgabe stand, und gab sich über Hitlers Kriegführung keiner Illusion mehr hin. Während der damaligen Kämpfe wurden am 17. Dezember 1944 bei Malmedy kaltblütig etwa 100 amerikanische Kriegsgefangene durch deutsche Truppen unter D.s Oberbefehl niedergeschossen – ein Kriegsverbrechen, für das er sich später vor einem amerikanischen Militärgericht verantworten mußte.
Gegen Kriegsende kämpften D.s SS-Verbände in Ungarn und in Wien. Seine 6. Panzerarmee mußte sich zurückziehen und streckte schließlich vor der 7. US-Armee die Waffen. Ein Jahr später stand D. vor Gericht und wurde wegen des Blutbades von Malmedy zu lebenslanger Haft verurteilt; doch 1950 wurde die Strafe in 25 Jahre Haft umgewandelt, nachdem die Prozeßführung im Malmedy-Prozeß in der amerikanischen Öffentlichkeit ins Zwielicht geraten war. Am 22. Oktober 1955 entließ man D. auf Empfehlung eines gemischten deutsch-alliierten Gnadenausschusses heimlich aus dem amerikanischen Kriegsverbrechergefängnis in Landsberg/Lech. Im August 1956 wurde D. erneut verhaftet. Nunmehr beschuldigte man ihn der Anstiftung sowie der Beihilfe zum Mord an Röhm und sechs anderen führenden SA-Leuten – ein Verbrechen, das schon mehr als 20 Jahre zurücklag. Von einem Münchener Gericht zur Beihilfe zum Totschlag für schuldig befunden, wurde er zu 18 Monaten Haft verurteilt. Aus Gesundheitsgründen im Februar 1959 entlassen, starb er am 21. April 1966 an einer Herzattacke.

Dirksen, Herbert von (1882–1955)
Deutscher Karrierediplomat, der von 1928 bis 1939 Botschafter in Moskau, Tokio und London war. D. wurde am 2. April 1882 in Berlin geboren. Er stammte väterlicherseits aus einer alten Beamtenfamilie, mütterlicherseits aus einer Kölner Bankiersfamilie. Typisches Produkt einer Erziehung im Geiste der Wilhelminischen Ära, hob D. in seinen (1935 als Privatdruck verbreiteten) Memoiren ausdrücklich hervor, wie stolz er auf sein rein deutsches Blut sei – so stolz wie einst sein Vater, den man 1887 in den Adelsstand erhoben habe, noch bevor der liberale Kaiser Friedrich III. einem ganzen Schub mehr oder weniger jüdisch verseuchter Familien den Adelsbrief überreicht habe.
Der junge D., ein Schüler des König-Wilhelm-Gymnasiums zu Berlin, hatte ursprünglich die Rechte studiert und 1905 seine Zulassung als Anwalt erhalten. Nach einer Weltreise begann er 1910 in Danzig seine Laufbahn im preußischen Verwaltungsdienst. Im Ersten Weltkrieg diente er aktiv an der Front, erhielt das Eiserne Kreuz Zweiter Klasse und trat darauf in den diplomatischen Dienst ein. An mehreren Missionen in Osteuropa tätig – so war er in Kiew (1918–19), als *chargé d'affaires* (Geschäftsträger) in Warschau (1920 bis 1921) sowie als Generalkonsul in Danzig (1923–25) –, wurde D. Leiter der Osteuropa-Abteilung des Auswärtigen Amtes (1925–1928). Im November 1928 trat er die Nachfolge des Grafen von Brockdorff-Rantzau als Botschafter in Moskau an und setzte die Politik sowjetisch-deutscher Zusam-

menarbeit fort, deren Ziel es war, die Demütigung durch den Versailler Vertrag zu überwinden. Deutsche Techniker und Fachleute halfen bei der Modernisierung der sowjetischen Industrie, doch zu der erhofften wirtschaftlichen und politischen Verständigung kam es nicht.
Nach der NS-Machtergreifung wurde D. 1933 nach Tokio versetzt, wo er bis zum 6. Februar 1938 blieb und Hitler versicherte, Japan sei »ein verläßlicher Partner für den Antikominternpakt«, obwohl das Auswärtige Amt eher für ein Bündnis mit China war. Unterwegs nach Japan, verfaßte er seine *Zwischenbilanz*, private Erinnerungen, die ihn als egozentrischen, ehrgeizigen und verbitterten Menschen ausweisen, der sich von Hitler und von → *Ribbentrop*, den er verachtete, nicht hinreichend anerkannt fühlte. Diese Memoiren waren ausgesprochen antisemitisch – ein Element, das in ihrer später publizierten Fassung fehlt, in der im Gegenteil davon die Rede ist, D. habe über die judenfeindlichen Ausschreitungen vom November 1938 nichts als Scham empfunden. Am 7. April 1938 trat D. die Nachfolge von Ribbentrops als Botschafter in London an. Diese Stellung behielt er, bis er sich bei Ausbruch des Zweiten Weltkrieges aus dem Dienst des Auswärtigen Amtes zurückzog. Während des Krieges lebte er meist auf seinem Landgut Burg Gröditzburg in Niederschlesien.
Im Juni 1947 wurde er von einer Entnazifizierungskammer, die seine Mitgliedschaft in der NSDAP für eine bloße Formsache erklärte und in ihm keinen Förderer des Regimes sah, in die Gruppe der Entlasteten eingestuft. 1954 – kurz vor seinem Tode – kritisierte D. die Politik Konrad → *Adenauers* als zu einseitig westorientiert und plädierte für mehr Kontakte und Verhandlungen mit Ost-Berlin im Interesse der Wiedervereinigung Deutschlands. Als außenpolitischer Berater der heimatvertriebenen Schlesier trat er auch für eine aktivere Diplomatie gegenüber Polen ein, um eventuell Schlesien wiederzugewinnen. Seine Lebenserinnerungen erschienen 1949 unter dem Titel *Moskau–Tokio–London*.

Dirlewanger, Oskar (1895–1945)
SS-Oberführer und Anführer einer aus Wilderern und Vorbestraften bestehenden SS-Sondereinheit. D. wurde am 26. September 1895 in Würzburg geboren. Am Ende des Ersten Weltkrieges war er Leutnant. Zwischen 1919 und 1921 beteiligte er sich an der Niederschlagung kommunistischer Aufstände im Ruhrgebiet und Sachsen und kämpfte im Juni 1921 als Angehöriger eines Freikorps auch in Oberschlesien. Zwischen seinen militanten Einsätzen studierte er an der Handelshochschule in Mannheim Wirtschaftswissenschaften. 1921 wurde er wegen antisemitischer Hetze jedoch relegiert. Schließlich promovierte er 1922 in Frankfurt zum Dr. rer. pol. und leitete seit 1928 eine Strickwarenfabrik in Erfurt. Seit 1923 war er Mitglied der NSDAP, eine Mitgliedschaft, die in der Zeit seiner Tätigkeit in der Erfurter Fabrik ruhte, weil deren Inhaber Juden waren.
Nachdem er 1931 die Tätigkeit in Erfurt aufgegeben hatte, erhielt er im folgenden Jahr eine Stelle als hauptamtlicher SA-Führer in Eßlingen und 1933 als »Alter Kämpfer« eine Anstellung am Heilbronner Arbeitsamt. Wegen Verführung einer abhängigen Minderjährigen wurde er dort zu zwei Jahren

Gefängnis verurteilt. Nach der Entlassung kam er in das Schutzhaftlager Welzheim, das er aber nach Intervention seines Freundes, des späteren SS-Obergruppenführers und Chefs des SS-Hauptamts, Gottlob → *Berger*, bald wieder verlassen konnte. 1940 wurde er als Obersturmführer in die Waffen-SS übernommen und im KZ Oranienburg mit der Ausbildung einer SS-Sondereinheit, die überwiegend aus Wilddieben bestand, beauftragt. Bei der Bewachung eines jüdischen Arbeitslagers in Polen und später nach Beginn des Rußlandfeldzugs in Weißrußland beging D.s Einheit solche Grausamkeiten, daß es selbst das SS-genehme Maß überschritt und im August 1942 ein vom Hauptamt SS-Gericht geführtes Ermittlungsverfahren eingeleitet wurde, das aber schließlich im Januar 1945 auf Befehl Himmlers eingestellt wurde.

Um die Einheit D.s bis 1943 auf Brigadestärke zu bringen, wurde sie auch mit Berufsverbrechern aufgefüllt. Sie war wegen ihrer zahllosen Übergriffe und Verbrechen bald so berüchtigt wie die aus »landeseigenen« Kräften zusammengesetzte Brigade Kaminski, mit der D.s Brigade meist zur Partisanenbekämpfung eingesetzt wurde. 1943 erhielt D. das Deutsche Kreuz in Gold. Sein Verband war bei der Niederschlagung des Warschauer Aufstandes vom August 1944 und des slowakischen Aufstandes im Oktober desselben Jahres beteiligt. Bei Kriegsende war die Einheit D.s als 36. Waffen-Grenadier-Division der SS an der Oderfront eingesetzt und geriet in russische Gefangenschaft.

D. selbst, den → *Himmler* als tapferen Schwaben und als »Original« bezeichnet hatte, wurde im Juni 1945 auf der Flucht in Altshausen (Oberschwaben) festgenommen und soll im Arrest von Franzosen so schwer mißhandelt worden sein, daß er am 7. Juni 1945 starb. Wegen verschiedener Gerüchte, nach denen er noch am Leben sein sollte, wurde seine Leiche auf gerichtliche Anordnung im November 1960 exhumiert und identifiziert.

Dittmar, Kurt (1891–1959)

Generalleutnant und Rundfunkkommentator. D. wurde am 5. Januar 1891 in Magdeburg geboren. Sein Vater war Historiker. D. nahm als Offizier am 1. Weltkrieg teil und wurde nach dem Kriege zur Interalliierten Militärkommission kommandiert. 1928 kam er als Lehrer an die Infanterieschule in Dresden, später wurde er als Oberstleutnant Kommandeur eines Pionierbataillons in Königsberg. 1936 wurde er zum Oberst befördert und ein knappes Jahr später zum Kommandeur der Pionierschule I in Berlin-Karlshorst.

D., der zwischenzeitlich auch ins Reichswehrministerium kommandiert worden war, erlebte den Westfeldzug als Pionierführer einer Armee und übernahm 1941, inzwischen Generalmajor, die 169. Infanterie-Division in Lappland.

Erkrankt, kehrte er 1941 als Generalleutnant in die Heimat zurück und übernahm im Auftrag des Oberkommandos des Heeres die Stelle eines militärpolitischen Kommentators am Berliner Sender. Seine vielgehörten Kommentare waren teilweise von einer bemerkenswerten Offenheit in militärischen und politischen Dingen und machten ihn zu einem einflußreichen Faktor in der deutschen öffentlichen Meinung jener Jahre. D. starb am 26. April 1956.

Dix, Otto (1891–1969)
Deutscher Maler (Expressionist), der mit außerordentlichem Realismus die Schrecken des (Ersten Welt-)Krieges, des Hungers und der Nachkriegs-Elendsjahre (nach 1919) darzustellen wußte. D. wurde am 2. Dezember 1891 in Untermhaus bei Gera (Thüringen) als Sohn eines Eisenbahnarbeiters geboren. Neben George Grosz und Max Beckmann bedeutendster Vertreter der *Neuen Sachlichkeit*, schuf er Werke voll bitterer Sozialkritik und deckte ohne die geringste heroisierende Verklärung die grausige Wahrheit des Kriegsgeschehens auf. Er selbst hatte als einfacher Soldat am Ersten Weltkrieg teilgenommen, und seine Radierungsserie *Der Krieg* (1923/24) verrät sein ganzes Entsetzen über die Schlächterei in den Schützengräben.
Seine Gemälde zeigen die zwanziger Jahre weniger als Goldenes Zeitalter, sondern als alptraumhafte Welt voller Krüppel, Prostituierter, Außenseiter und von der Gesellschaft Gedemütigter. Seine satirischen Angriffe auf die Bourgeoisie, auf das Sich-Abfinden mit jeder Art von Korruption sowie auf die Apathie seiner Zeitgenossen, wenn es um soziale Belange ging, trugen ihm den Vergleich mit dem berühmten französischen Maler und Karikaturisten Honoré Daumier (1808–1879) ein.
Nach Schulabgang und Lehre als Dekorationsmaler hatte D. an der Dresdener Kunstgewerbeschule (1909–1914) sowie an den Kunstakademien in Dresden und Düsseldorf (1919–1925) studiert. 1926 erhielt er an der Dresdener Akademie einen Lehrauftrag, den er behielt, bis ihn die Nazis nach ihrer Machtergreifung 1933 seines Amtes enthoben. Von nun an wurde D. ständig von der Gestapo überwacht, und man verbannte schließlich seine Werke als »entartete Kunst« aus deutschen Galerien und Museen. 260 seiner Gemälde und Radierungen wurden 1937 von öffentlichen Ausstellungen ausgeschlossen, ja auf → *Goebbels'* Weisung hin verbrannte man sogar einen großen Teil von ihnen. Ein Jahr zuvor hatten sich D. und seine Familie auf einen abgelegenen Bauernhof nach Hemmenhofen am Bodensee zurückgezogen, wo D. bis Kriegsende lebte. 1945 zog man ihn noch zum Volkssturm ein. Er geriet in französische Gefangenschaft und wurde bei Colmar (Elsaß) interniert. Wieder in Deutschland, nahm er 1950 eine Professur an der Düsseldorfer Kunstakademie an. In seinen Spätwerken entfernte sich D. weit von der Neuen Sachlichkeit. Er bevorzugte nunmehr stille Landschaften und religiöse Szenen. Am 25. Juli 1969 starb er im Krankenhaus von Singen in der Nähe des Bodensees.

Dönitz, Karl (1891–1980)
Großadmiral, seit 1943 Oberbefehlshaber der deutschen Kriegsmarine und 1945 Hitlers Nachfolger. Am 16. September 1891 wurde D. als Sohn eines beruflich sehr erfolgreichen Ingenieurs in Grünau bei Berlin geboren. Er trat 1910 in die kaiserliche Marine ein und wurde drei Jahre später zum Offizier befördert. Zu Beginn des Ersten Weltkrieges tat er auf dem Kreuzer »Breslau« Dienst. 1917 bis 1918 diente er bei der U-Bootflotte und geriet in Gefangenschaft, nachdem sein U-Boot gegen Kriegsende vor Malta gesunken war. 1919 trat er in die kleine deutsche Reichskriegsmarine ein, wurde Chef einer Torpedoboot-Halbflottille, dann Kommandant des Kreuzers »Emden«, bis er am 27. September 1935 wieder

zur U-Bootwaffe zurückkehrte und ab 1936 als Führer der U-Boote den Auftrag erhielt, eine neue U-Bootwaffe aufzubauen. Denn Hitler hatte beschlossen, sich über die Einschränkungen, die der Versailler Vertrag gebot, hinwegzusetzen.
D., der ein überzeugter Nationalsozialist und Bewunderer Hitlers war, wurde 1940 zum Vizeadmiral befördert (im selben Jahre erhielt er auch das Ritterkreuz), 1942 wurde er Admiral und am 30. Januar 1943 Großadmiral und Nachfolger Erich → *Raeders* als Oberbefehlshaber der Kriegsmarine. Im April 1943 erhielt D. das Eichenlaub zum Ritterkreuz, und am 30. Januar 1944 wurde seine Treue zum Nationalsozialismus durch die Verleihung des Goldenen Parteiabzeichens belohnt.
Als Chef der U-Bootwaffe spielte D. im Zweiten Weltkrieg eine bedeutende Rolle, wobei er sich durch seine Kriegführung gegen alliierte Versorgungstransporte als geschickter Taktiker erwies. Von allen deutschen Waffengattungen ging wohl von der U-Bootwaffe die stärkste Bedrohung für die Alliierten aus. Sie versenkte 15 Millionen Tonnen alliierten Schiffsraums und drohte die Nachschubrouten für Großbritannien vollständig zu unterbrechen. D. war es, der die Rudeltechnik einführte, wobei er seine U-Boote in Gruppen (»Rudeln«) auf alliierte Geleitzüge lauern ließ.
Im Frühjahr 1943 standen ihm 212 in Rudeln operierende U-Boote zur Verfügung, 181 weitere befanden sich auf Übungsfahrt. Unablässig bedrängte D. Hitler und Raeder, keine Mühe zu scheuen, um die deutsche U-Bootflotte auszubauen, doch schließlich ermöglichte es die Erfindung des Mikrowellenradars den Alliierten, den U-Boot-Rudeln so schwere Verluste zuzufügen, daß die deutschen Werften keinen Ausgleich mehr schaffen konnten. In Hitlers Testament wurde D. als Hitlers Nachfolger in der Funktion des Reichspräsidenten und Oberbefehlshabers der Wehrmacht eingesetzt.
Der Großadmiral stellte in Flensburg-Mürwik (an der dänischen Grenze, im äußersten Norden von Schleswig-Holstein) eine »Amtierende Reichsregierung« zusammen und versuchte, mit den Alliierten im Westen eine Beendigung des Krieges ehrenvoll auszuhandeln. Am 1. Mai 1945 verkündete er über den Rundfunk: »Ich übernehme den Oberbefehl über alle Teile der Deutschen Wehrmacht mit dem Willen, den Kampf gegen die Bolschewisten fortzusetzen, bis die kämpfende Truppe und bis Hunderttausende von Familien des deutschen Ostraumes von der Versklavung und der Vernichtung gerettet sind. Gegen Engländer und Amerikaner muß ich den Kampf so weit und so lange fortsetzen, wie sie mich an der Durchführung des Kampfes hindern.«
D. wußte aber sehr wohl, daß jeder deutsche Widerstand, der noch irgend etwas hätte ändern können, zusammengebrochen war und daß seine Vorschläge, den Krieg im Westen zu beenden, im Osten aber weiterzuführen, auf allgemeine Ablehnung stoßen würden.
D.s Rumpfstaat fand sein Ende am 23. Mai 1945, als das neue Staatsoberhaupt von den Briten gefangengenommen wurde. Sehr zu seiner eigenen Überraschung wurde D. am 1. Oktober 1946 vom Nürnberger Internationalen Militärgerichtshof für begangene Kriegsverbrechen und Verbrechen gegen den Frieden zu zehn Jahren Haft verurteilt. Genau zehn Jahre nach der Urteilsverkündung entließ man ihn aus

dem Kriegsverbrechergefängnis in Berlin-Spandau. D. starb am 24. 12. 1980.

Dohnanyi, Hans von (1902–1945)
Rechtsanwalt, Mitglied der Abwehr. Er spielte eine maßgebliche Rolle unter den Verschwörern, die das Attentat vom 20. Juli 1944 planten. D. wurde am 1. Januar 1902 als Sohn eines ungarischen Komponisten und Pianisten in Wien geboren. 1929 bis 1938 befaßte er sich im Reichsjustizministerium mit Fragen der Strafrechtsreform. Teilweise jüdischer Abstammung, wurde er auf besondere Weisung Hitlers arisiert und konnte so, ohne je der NSDAP beizutreten, hohe Ämter bekleiden, u. a. als Reichsgerichtsrat am Reichsgericht in Leipzig (1938).
Ein Jahr später ging D. zur Abwehr, wo er Oberst Hans → *Oster* unterstand. D. war der Schwager von Dietrich → *Bonhoeffer*, und seine Beziehungen zum deutschen Widerstand gingen bis in die Vorkriegszeit zurück. Am 5. April 1943 wurde er unter dem Verdacht, an einer Verschwörung gegen Hitler beteiligt zu sein, von der Gestapo verhaftet. Kurz vor dem Anschlag vom 20. Juli 1944 brachte man D. in das KZ Sachsenhausen, wo man ihn mit besonderer Brutalität behandelte. Unmittelbar vor Kriegsende, am 8. April 1945, wurde er im Lager ermordet.

Dornier, Claude (1884–1969)
Flugzeugkonstrukteur und -fabrikant. Der Sohn eines französischen Vaters und einer deutschen Mutter wurde am 14. Mai 1884 in Kempten (Allgäu) geboren. Sein Maschinenbaustudium an der Technischen Hochschule München schloß er mit dem Diplom ab. Nach verschiedenen Beschäftigungen erhielt er 1910 von Graf Zeppelin eine Anstellung als Statiker in dessen Friedrichshafener Luftschiffbau-Firma. D. spezialisierte sich früh auf den Einsatz von Leichtmetallen im Flugzeugbau und gründete noch vor dem Ersten Weltkrieg die Dornier Metallbau GmbH in Friedrichshafen. 1914 konstruierte er das erste Ganzmetall-Flugzeug.
Berühmt wurde D. mit der Konstruktion des Dornier »Wal«, eines Flugbootes, mit dem zahlreiche Erstüberquerungen von Ozeanen, durch Amundsen auch des Nordpols, gelangen. Eine Weltsensation war der Bau der Dornier Do-X, eines Riesenflugbootes, mit dem die Überquerung des Südatlantiks in 13 Stunden gelang. Die Lufthansa setzte für den Atlantikverkehr die seinerzeit sehr modern wirkenden Flugboote Do-18 und Do-26 ein. Während des Krieges gehörte die von D. konstruierte Do-17 und deren Weiterentwicklung, die Do-217, zu den Standardbombern der Luftwaffe. Neben Ernst → *Heinkel* und Willi → *Messerschmitt* zählte D. zu den fähigsten deutschen Flugzeugkonstrukteuren. Er war im Dritten Reich Wehrwirtschaftsführer und Leiter der Fachabteilung Flugzeugbau der Wirtschaftsgruppe Luftfahrtindustrie.
Nach dem Kriege standen die Dornier-Werke zunächst auf der Demontageliste der Alliierten. D. war bei der Entnazifizierung als Parteimitglied seit 1940 in die Gruppe der Entlasteten eingestuft worden, verlegte seinen Wohnsitz aber in die Schweiz und, da bis 1955 in Deutschland keine Flugzeuge gebaut werden durften, seine Fabrikationsanlagen nach Spanien. Mit erfolgreichen Modellen wie Kurzstartflugzeugen (Do-27) und zukunftsweisenden Konstruktionen wie den Senkrechtstartern Do-29 und Do-31 konnte die Firma

Dornier an ihre früheren Erfolge anknüpfen. D. selbst hatte sich 1962 aus der Geschäftsführung seiner zahlreichen Firmen zurückgezogen, blieb aber noch einige Zeit Präsident des Bundesverbandes der Deutschen Luft- und Raumfahrtindustrie. Er starb am 5. Dezember 1969 im Alter von 85 Jahren in seinem Wohnort Zug in der Schweiz.

Dorpmüller, Julius (1869–1945)
Von 1937 bis 1945 Reichsverkehrsminister. D. wurde am 24. Juli 1869 in Elberfeld (heute: Wuppertal) geboren. Er studierte an der Technischen Hochschule in Aachen. Später trat er in den preußischen Eisenbahndienst und arbeitete von 1907 bis 1917 bei der kaiserlich chinesischen Staatsbahn. Am Ende des Ersten Weltkrieges floh er von China über Rußland nach Deutschland, und es glückte ihm, sich unversehrt bis in seine Heimat durchzuschlagen, wo er seine Tätigkeit bei der Eisenbahn fortsetzte. 1926 wurde er zum Generaldirektor der Deutschen Reichsbahn ernannt.
Nach der NS-Machtergreifung wurde er wiederholt ausgezeichnet. Hitler schätzte seine Erfahrungen als Verkehrstechniker hoch und ernannte ihn zum Beiratsvorsitzenden des sogenannten Unternehmens Reichsautobahnen. Ab 1937 bis zum Ende des Dritten Reiches war D. Reichsverkehrsminister. Er starb am 5. Juli 1945 in Malente-Gremsmühlen.

Drexler, Anton (1884–1942)
Geboren am 13. Juni 1884 in München, Mitbegründer der Deutschen Arbeiterpartei in seiner Heimatstadt und kurze Zeit auch Ehrenvorsitzender der NSDAP. Von Beruf Schlosser, verlor er in Berlin seinen Arbeitsplatz, weil er sich weigerte, die SPD als einzige Wortführerin der deutschen Arbeiterklasse anzuerkennen. Allerdings erhielt er ab 1902 neue Arbeit als Schlosser in einer Berliner Lokomotivenfabrik.
Körperlich für den Militärdienst nicht geeignet, fand der begeisterungsfähige D. ein Ventil für seinen Patriotismus, indem er sich während des Ersten Weltkrieges der Vaterlandspartei anschloß. D. beschwor die Arbeiter, für den Sieg Deutschlands zu kämpfen, forderte Aktionen gegen Profithaie und Spekulanten, übte jedoch gleichzeitig auch heftige Kritik am Marxismus und an der Sozialdemokratie. Im März 1918 gründete er den »Freien Arbeitsausschuß für einen guten Frieden«, der ausgesprochen fremdenfeindlich, ja rassistisch auftrat (Juden und Ausländer sollten in Staat und Gesellschaft keinerlei Rolle mehr spielen dürfen), andererseits aber die Befreiung der Arbeiter auf einer alle Klassengegensätze überbrückenden Grundlage proklamierte. Im Oktober 1918 tat sich D. mit dem Journalisten Karl Harrer zusammen und gründete mit ihm den Politischen Arbeiterzirkel. Daraus entstand am 5. Januar 1919 die Keimzelle der künftigen NSDAP, die »Deutsche Arbeiterpartei«. Halb Geheimbund, halb Stammtischrunde, umfaßte sie, als im September 1919 Adolf → *Hitler* zu ihr stieß, etwa 40 reguläre Mitglieder. Ihre Ziele waren der Zusammenschluß aller »Schaffenden« gegen Lohnabhängigkeit und Zinsknechtschaft, Gewinnbeteiligung sowie Beseitigung der Kluft zwischen »Arbeitern des Geistes und der Faust«. Überlagert wurde dieses quasi-sozialistische Programm von einem starken Nationalismus und einem antisemitisch gefärbten Rassismus, der seine Nahrung aus dem

Trauma des verlorenen Krieges bezog. Die deutsche Arbeiterklasse wurde als Opfer einer teuflischen Verschwörung des internationalen jüdischen Kapitals hingestellt – Ideen, die im nachrevolutionären München einen fruchtbaren Nährboden fanden und den jungen Hitler außerordentlich beeinflußten.
Dieser hatte D. s Pamphlet *Mein politisches Erwachen* (1919) gelesen und bezog die wesentlichen Elemente seiner später geäußerten Auffassungen aus diesen ersten Versuchen, eine klassenüberbrückende Volkspartei zu schaffen, die sowohl antikapitalistisch als auch antiliberal, antimarxistisch und antisemitisch orientiert war und gleichzeitig das Wiedererwachen Deutschlands anstrebte. Der ideenreiche, aber weltfremde D. war Mitverfasser der 25 Thesen, die am 24. Februar 1920 als Programm der Nationalsozialisten verkündet wurden. Adolf Hitler zeigte er sich jedoch nicht gewachsen. Vielmehr hatte ihm dieser schon im Sommer 1921 die Führung der Partei entwunden. D. blieb zunächst Ehrenvorsitzender und wurde nach dem Verbot der NSDAP 1924 als Kandidat des Völkischen Blocks in den Bayerischen Landtag gewählt; nach dem Hitlerputsch am 9. November 1923 zwar kurze Zeit in Haft, blieb D. der am 27. 2. 1925 neugegründeten NSDAP Hitlers jedoch fern und gründete den »Nationalsozialen Volksbund«, mit dem er 1928 von der Bildfläche verschwand. Als er am 24. Februar 1942 in München starb, nahm die Öffentlichkeit keinerlei Notiz davon.

Duesterberg, Theodor (1875–1950)
Zweiter Bundesführer des Stahlhelm (des deutschnationalen Frontkämpferbundes) und Kandidat der Deutschnationalen Volkspartei bei den Reichspräsidentenwahlen 1932. D. wurde am 19. Oktober 1875 in Darmstadt als Sohn eines Militärarztes geboren, diente als Major im Ersten Weltkrieg (1919 Verabschiedung im Range eines Oberstleutnants), war Geschäftsführer der DNVP im Wahlkreis Halle-Merseburg seit Oktober 1919 und 1923 Führer des Stahlhelmgaues Halle. Am 9. März 1924 wurde er neben Franz → *Seldte* zum 2. Bundesführer gewählt. Er rief seine ehemaligen Frontkameraden auf, »ohne Unterschied der Klasse« gegen »die Sklaverei des Versailler Diktats« zu kämpfen. Erklärtes Ziel des Stahlhelm war es, den »Geist der einstigen Frontkämpfer« gegen »die Irrlehren des Internationalismus, Pazifismus und Marxismus« zu mobilisieren. Außerdem forderte man »angemessenen Lebensraum« für Deutschland. 1931 bestand die Organisation aus 23 Landesverbänden mit nicht weniger als 14000 Ortsgruppen, die 500000 militärisch ausgebildeter Uniformierter auf die Beine bringen konnten.
Als größte der damaligen paramilitärischen Gruppierungen zählte der Stahlhelm Aristokraten mit Reichswehr-Verbindungen ebenso zu seinen Führern wie Angehörige der wirtschaftlichen und politischen Führungsschicht. Von allen nationalistischen Gruppierungen war der Stahlhelm die militaristischste. Mit den Deutschnationalen und der NSDAP schloß er sich am 11. Oktober 1931 zur Harzburger Front zusammen, um Kanzler → *Brüning* zu stürzen und eine »wahrhaft nationale Regierung« zu errichten. Allerdings erreichte die »Front« ihr Ziel nicht, und als sich D. im März 1932 als Präsidentschaftskandidat aufstellen ließ,

vereitelten die Nationalsozialisten seine ohnehin geringen Chancen, indem sie erklärten, er sei teilweise jüdischer Abstammung. D. zog nach dem Mißerfolg des ersten Wahlganges (6,8 Prozent hatten für ihn gestimmt) seine Kandidatur für den zweiten Wahlgang am 10. April 1932 zurück. Dies hinderte Hitler jedoch nicht, vor seiner Ernennung zum Kanzler (1933) D. einen Kabinettsposten anzubieten. D. lehnte ab – im Gegensatz zu Seldte, der Reichsarbeitsminister wurde. Daraufhin mußte D. unter dem Druck gleichschaltungswilliger Stahlhelmführer alle seine Ämter im Stahlhelm niederlegen.
Nach dem Blutbad des 30. Juni 1934 war D. wegen seiner Kritik an Hitlers Regime vorübergehend in Dachau inhaftiert. Er überlebte trotz seiner Verbindungen zum Goerdeler-Kreis das Dritte Reich und verfaßte nach dem Kriege ein Büchlein *Der Stahlhelm und Hitler* (1949). Hierin prangerte er den Judenhaß an, den Hitler gepredigt hatte, sowie die Indifferenz der gebildeten Schichten gegenüber einer Terrorherrschaft, die zur Zeit des Röhm-Putsches erstmals ihr wahres Gesicht gezeigt und schließlich Deutschland in die Katastrophe geführt habe. D. verschweigt dabei allerdings den Beitrag des Stahlhelm zur Unterhöhlung der Weimarer Republik sowie als Wegbereiter des NS-Regimes. Versuchen, den Stahlhelm als »Stahlhelmbund der Frontsoldaten« im Frühjahr 1950 neu zu gründen, stand er distanziert gegenüber. Er starb am 4. November 1950 in Hameln.

Dwinger, Edwin Erich (1898–1981)
Deutscher Erzähler. Seine Werke waren besonders bei bündischen Jugendgruppen der Weimarer Zeit außerordentlich beliebt, und in NS-Kreisen bewunderte man seine Art, Erlebnisse und Erfahrungen des Ersten Weltkrieges darzustellen. Geboren wurde D. am 23. April 1898 als Sohn eines technischen Offiziers der kaiserlichen Marine und einer Russin in Kiel. D. meldete sich freiwillig zur Kavallerie und kam 1915 an die Ostfront, wo er schwer verwundet in russische Kriegsgefangenschaft geriet. Nach Irkutsk und später nach Ostsibirien verschlagen, kämpfte er in Admiral Koltschaks Weißer Armee gegen die Bolschewiki und wurde auch Zeuge des katastrophalen Rückzugs der Weißen durch Sibirien. Schließlich entkam er über die Mongolei und kehrte 1921 nach Deutschland zurück.
D.s Trilogie *Die Armee hinter Stacheldraht* (1929), *Zwischen Weiß und Rot* (1930) und *Wir rufen Deutschland* (1932) erwies sich als überaus erfolgreich. Sie enthält unvergeßliche Schilderungen der Leiden Kriegsgefangener in Sibirien, der Kämpfe zwischen Weiß und Rot im russischen Bürgerkrieg, des Kameradschaftsgeistes und Gemeinschaftserlebnisses angesichts drohender Todesgefahr sowie des Mutes und des Idealismus, der sich im Kampfe zeigte. Allerdings leidet der dritte dieser drei Bände ein wenig unter der lehrhaften Art, in der D. seine Überzeugung verkündet, er habe dem deutschen Volk und der Welt eine Botschaft zu übermitteln – die Botschaft der Notwendigkeit, völkische Solidarität mit Pflichtgefühl zu verbinden und einen alle Klassenunterschiede überwindenden Sozialismus des Herzens zu üben, der sowohl über den Kapitalismus als auch über den Bolschewismus hinausweise.
D.s Antikommunismus machte ihn bei

den NS-Machthabern hoffähig. Sie erblickten in ihm einen Zeugen für sowjetische Massenmorde. 1935 erhielt er den Dietrich → *Eckart*-Preis, und noch im selben Jahre avancierte er zum Obersturmführer in einer SS-Reiterstandarte. Auch im Dritten Reich hörte D. nicht auf, Bestseller zu schreiben. Hierzu gehörten *Die letzten Reiter* (1935) über das Schicksal von Freikorps-Männern aus dem Baltikum, *Spanische Silhouetten* (1937), Eindrücke aus dem spanischen Bürgerkrieg aus falangistischer Sicht, *Auf halbem Wege* (1939) und *Der Tod in Polen – die volksdeutsche Passion* (1940).
Im Zweiten Weltkrieg war D. Kriegsberichterstatter bei einer Panzerdivision in der UdSSR, ausgestattet mit einer Sondervollmacht des Stabes des Reichsführers SS, über die Operationen der SS in den besetzten Gebieten zu recherchieren. D. dankte Heinrich → *Himmler* für dieses Entgegenkommen und erklärte seine Bereitschaft, an der Neuordnung der Verhältnisse in der Sowjetunion mitzuwirken. Seine Eindrücke verarbeitete er zu dem Buch *Wiedersehen mit Sowjetrußland. Tagebuch vom Ostfeldzug* (1942). Doch sein offener Widerspruch gegen die NS-Ostpolitik in der Sowjetunion (D. teilte die Ansicht der offiziellen Propaganda keineswegs, die Russen seien Untermenschen) sowie seine Kontakte zu dem russischen General Wlassow (Herbst 1943) führten dazu, daß man ihm Hausarrest erteilte.
Auch nach dem Zweiten Weltkrieg schrieb D. mit ungebrochenem Fleiß und fand in Deutschland sein Publikum. Zu seinen nun entstandenen Büchern zählen *Wenn die Dämme brechen – Untergang Ostpreußens* (1950), *General Wlassow – eine Tragödie unserer Zeit* (1951) sowie ein Kosakenroman: *Sie suchten die Freiheit – Schicksalsweg eines Reitervolkes* (1953). D.s utopischer Kriegsroman *Es geschah im Jahre 1965* (1957), der einen atomaren Weltkrieg schildert, rief seinerzeit Aufregung hervor und trug seinem Autor den Vorwurf ein, sich mit sadistischem Vergnügen an der Ausmalung der Schrekken eines nuklearen Weltbrandes zu weiden. D. verstarb am 17. Dezember 1981 im Alter von 83 Jahren in Gmund am Tegernsee.

E

Eckart, Dietrich (1868–1923)

Antisemitischer Schriftsteller aus Bayern, Hitlers erster Mentor und einer der geistigen Ziehväter des Nationalsozialismus. E. wurde am 23. März 1868 in Neumarkt (Oberpfalz) geboren; nach einem abgebrochenen Medizinstudium wurde er Journalist und Schriftsteller. Als Dichter und Dramatiker besaß er nur mittelmäßige Fähigkeiten. Seine Mißerfolge im wilhelminischen Vorkriegsdeutschland schürten seinen Haß auf Juden und Marxisten, denen er sein eigenes Versagen und schließlich auch Deutschlands Niederlage im Ersten Weltkrieg in die Schuhe schob. Nach längerem Bohemiendasein in Berlin kehrte er 1915 nach München zurück, wo er sich nach der mißlungenen Revolution von 1918 als Politiker versuchte.
Er erfand den NS-Schlachtruf *Deutsch-*

land erwache (es ist der Titel eines seiner Gedichte), und als erster Dichter der »Bewegung« wurde er Vorläufer einer ganzen Reihe nationalsozialistischer Lyriker. 1918 begann er mit der Veröffentlichung seiner nationalistischen Wochenschrift *Auf gut deutsch*, die den Versailler Vertrag, jüdische Kriegsgewinnler sowie den Bolschewismus und die Sozialdemokratie attakkierte. Zu ihren frühesten Mitarbeitern gehörten Gottfried → *Feder* und ein junger Emigrant aus dem Baltikum, Alfred → *Rosenberg*. E. half, die Gelder aufzutreiben, die Hitler den Erwerb des *Völkischen Beobachters* ermöglichten, der am 17. Dezember 1920 das offizielle Presseorgan der NSDAP wurde. E. war auch der erste Hauptschriftleiter des Blattes, bis schließlich Rosenberg an seine Stelle trat.

Als »visionärer Dichter« und »Seher« übte E. einen außergewöhnlich starken Einfluß auf den jungen Hitler aus, für den er eine Vaterfigur war und der zu ihm als seinem Lehrer aufblickte. Hitler erklärte E.s Verdienste um den Nationalsozialismus für unschätzbar. E. war es, der Hitler in die Münchener Gesellschaft einführte, der Hitler bessere Umgangsformen und besseres Deutsch beibrachte, ihn als eine Art Messias aufbaute und in seinen nationalistischen, antisemitischen Vorstellungen noch bestärkte. So überrascht es keineswegs, daß Hitlers *Mein Kampf* E. gewidmet war, dessen Name am Ende des ersten Bandes in Fettdruck erscheint.

Ein 1924 unter dem Titel *Der Bolschewismus von Moses bis Lenin. Zwiegespräche zwischen Hitler und mir* in München veröffentlichter Dialog zwischen Hitler und E. spiegelt die Zwangsvorstellung beider wider, das Judentum verkörpere in der Menschheitsgeschichte die finsteren Kräfte revolutionärer Umtriebe und sei dafür verantwortlich, daß der Mensch vom Pfade der Natur abgewichen sei. Dieses Machwerk läßt ebenso E.s primitiven Antisemitismus wie E.s starken Einfluß auf Hitler erkennen. Zur Zeit des Hitlerputsches (8./9. November 1923) war E. bereits ernsthaft krank. Alkoholmißbrauch hatte seine Gesundheit untergraben. Kurz in Stadelheim inhaftiert, starb er bald nach seiner Entlassung am 26. Dezember 1923. Begraben wurde er in Berchtesgaden.

Eichmann, Adolf (1906–1962)

SS-Obersturmbannführer, während des Zweiten Weltkrieges Leiter des Judenreferates im Amt V (Gestapo) des Reichssicherheitshauptamtes (RSHA). Verantwortlich für die Deportation der Juden im Rahmen der Endlösung, deren Ziel die vollständige Ausrottung des europäischen Judentums war. Geboren wurde E. am 19. 3. 1906 in Solingen. Er war Sohn einer evangelischen Mittelstandsfamilie, die ihren Wohnsitz nach Linz (Österreich) verlegt hatte, und brach sein Maschinenbaustudium ohne Abschluß ab. Vorübergehend war er einfacher Arbeiter in dem kleinen Bergwerksunternehmen seines Vaters, dann arbeitete er in der Verkaufsabteilung der »Oberösterreichischen Elektrobau-A.-G.« und war schließlich von 1927 bis 1933 Vertreter der »Vakuum Oil Company A.-G.« im nördlichen Österreich. Am 1. April 1932 trat er, von Ernst → *Kaltenbrunner* aufgefordert, der österreichischen NSDAP und der SS bei. Schließlich wieder auf Stellungssuche, sah er sich im Juli 1933 in Bayern nach einem neuen Betätigungsfeld um. Hier schloß er sich der Österreichischen Legion exilierter Nationalsozialisten an und unterzog sich in der SS-Verfügungstruppe einer vierzehnmonatigen militärischen Ausbildung. Im September 1934 fand er Zugang zu → *Himmlers* Sicherheitsdienst (SD), wo er im Juden-Referat II 112 des SD-Hauptamtes arbeitete. Er spezialisierte sich auf die zionistische Bewegung und erwarb sogar oberflächliche Kenntnisse des Hebräischen und Jiddischen, und 1937 stattete er schließlich Palästina einen kurzen Besuch ab, um die Möglichkeiten einer Judenauswanderung aus NS-Deutschland zu sondieren. Als Referent beim SD-Führer des SS-Oberabschnitts Donau bot sich ihm 1938 seine erste große Chance, als ihn der SD nach Wien sandte.

Im August 1938 organisierte er die »Zentralstelle für jüdische Auswanderung« in Wien, die einzige NS-Dienststelle, die ermächtigt war, Juden aus Österreich (später auch aus der Tschechoslowakei und schließlich aus dem gesamten Reichsgebiet) Ausreisegenehmigungen zu erteilen. Hier erwarb E. Erfahrungen auf dem Gebiet der zwangsweisen Auswanderung (in weniger als 18 Monaten verließen annähernd 150000 Juden Österreich) und der Judenvertreibung, die ihm später bei der Zwangsumsiedlung (das heißt der Erfassung, Bereitstellung und Deportation von Juden in die Vernichtungslager des Ostens) sehr zustatten kam. Schon im März 1939 befaßte er sich mit dem Plan, Juden nach Polen zu deportieren, und im Oktober desselben Jahres ernannte man ihn zum Geschäftsführer der »Reichszentrale für jüdische Auswanderung« in Berlin. Im Dezember 1939 wurde E. zum Amt IV (Gestapo) des Reichssicherheitshauptamtes versetzt, wo er bald darauf das Referat IV B 4 (Judenangelegenheiten, Räumungsangelegenheiten) übernahm. Während der nächsten sechs Jahre war E. s Büro die zentrale Leitstelle für die Durchführung der Endlösung. Allerdings begann sein Referat erst 1941 die Massentransporte zu organisieren, die die europäischen Juden zu ihren Todesstätten brachten.

1941 besuchte E. erstmals auch Auschwitz und wurde zum SS-Obersturmbannführer befördert. Getreu dem Führerbefehl, das Reich so rasch wie möglich »judenfrei« zu machen, hatte er bereits mit der Massendeportation von Juden aus Deutschland und Böhmen begonnen. Bei der Durchführung dieser makabren Aufgabe erwies sich E. als wahrer Musterbürokrat von eisiger Gefühllosigkeit, ohl er nie fanatischer Antisemit war und stets betonte, »persönlich« nichts gegen Juden zu haben. Von seinem Eifer zeugen seine beständigen Klagen über Schwierigkeiten bei der Erfüllung der Todeslager-Quoten, seine Verärgerung über noch immer vorhandene Schlupflöcher – wie das noch unbesetzte Vichy-Frankreich – oder über die mangelnde Kooperationsbereitschaft der Italiener und anderer Verbündeter bei der Auslieferung der dortigen Juden. Als sich gegen Kriegsende sogar Himmler milder gestimmt zeigte, ignorierte E. seinen Befehl, die Vergasungen einzustellen, solange unmittelbare Vorgesetzte wie Heinrich → *Müller* und sein alter Freund Ernst Kaltenbrunner ihn deckten.

Nur in Budapest, wo E. (ab März 1944) eine ausschlaggebende Rolle bei der Ausrottung des ungarischen Judentums spielte, trat der sonst im Hintergrund wirkende Schreibtischmörder E. öffentlich in Erscheinung. Im August

1944 erzählte E. einem ihm bekannten SD-Führer im privaten Gespräch, daß in den Vernichtungslagern 4 Millionen Juden umgebracht worden seien, weitere 2 Millionen durch Erschießungen seitens der Einsatzgruppen. Zwar geriet E. nach Kriegsende in alliierte Gefangenschaft, doch war sein Name kaum bekannt. So konnte er 1946 aus einem amerikanischen Lager fliehen und nach Argentinien entkommen. Schließlich spürten ihn dort am 2. Mai 1960 israelische Geheimagenten auf: Er wohnte unter falschem Namen in einem Vorort von Buenos Aires. Neun Tage später hatte man ihn nach Israel entführt, um ihn in Jerusalem vor Gericht zu stellen. Sein öffentlicher Prozeß (2. 4.–15. 12. 1961) erregte weltweites Aufsehen, rief aber auch Widerspruch hervor. Am 15. Dezember 1961 wurde E. für seine Verbrechen gegen das jüdische Volk und gegen die Menschlichkeit zum Tode verurteilt. Die Hinrichtung fand am 1. Juni 1962 im Gefängnis von Ramleh bei Tel Aviv statt.

Eicke, Theodor (1892–1943)

Inspekteur der Konzentrationslager und Leiter der SS-Wachverbände (Totenkopfverbände). E. wurde am 17. Oktober 1892 in Hampont (Elsaß-Lothringen) als Sohn eines Bahnhofsverstehers geboren. Im deutschen Heere brachte er es bis zum Zahlmeister und erhielt das Eiserne Kreuz II. Klasse. Nachdem er 1920 die Kommissarsprüfung abgelegt hatte, trat er in Thüringen in den Polizeidienst ein. Vorübergehend war er bei der Sicherheitspolizei, der Kriminalpolizei sowie im Polizeiverwaltungsdienst in Ludwigshafen tätig. Wegen seiner antirepublikanischen Aktivitäten verlor er immer wieder seine Stellung, doch fand er zwischen 1923 und 1932 ein Betätigungsfeld als Kaufmann und danach als Sicherheitsbeauftragter der IG-Farbwerke Ludwigshafen, wobei ihm gleichzeitig die Abwehr der Werkspionage oblag. Am 1. Dezember 1928 trat E. der NSDAP und der SA bei. Am 20. August 1930 wurde er von der SS übernommen, in der er rasch Karriere machte. Am 15. November 1931 wurde er zum SS-Standartenführer und Führer der SS in der Rheinpfalz ernannt.

Im Juli 1932 wegen politischer Bombenanschläge zu zwei Jahren Zuchthaus verurteilt, floh er auf → *Himmlers* Weisung nach Italien, kehrte aber Mitte Februar 1933 nach Deutschland zurück. Allerdings geriet der aggressive, von Unrast getriebene E. bald in Konflikt mit dem rheinpfälzischen Gauleiter → *Bürckel*, der ihn als einen »gefährlichen Irren« betrachtete und seine Einlieferung in eine Würzburger psychiatrische Universitätsklinik veranlaßte (21. März 1933). E. verlor seine SS-Ämter und Ränge, hatte aber schon am 26. Juni 1933 wieder seinen alten Rang, ja Himmler ernannte ihn wenige Tage später zum Kommandanten des Lagers Dachau.

Im Mai 1934 beauftragte ihn der Reichsführer SS, die Übernahme der schon vorhandenen Konzentrationslager durch die SS sowie ihre Neuordnung in die Hand zu nehmen. Am 4. Juli 1934 wurde E. Inspekteur der Konzentrationslager und SS-Wachverbände (SS-Totenkopfverbände), und eine Woche später hatte er es zum SS-Gruppenführer gebracht. Diese Beförderung verdankte er seiner Rolle bei der Niederschlagung des sogenannten Röhmputsches (→ *Röhm*) und der

Liquidierung des Stabschefs der SA im Gefängnis von Stadelheim (1. Juli 1934). In seiner neuen Rolle erwies sich E. als willfähriger Handlanger Himmlers.

Unter E. s Herrschaft gab es für Staatsfeinde keinerlei Erbarmen, man behandelte die Gefangenen mit äußerster, gefühllosester Härte. E. erteilte detaillierte Anweisungen über körperliche Züchtigungen, Prügel und Einzelhaft bis hin zum Erschießen von Häftlingen, die sich geweigert hatten, den Anordnungen des Wachpersonals Folge zu leisten (oder auch nur sie mit der befohlenen minutiösen Genauigkeit zu befolgen). So wurde Dachau mit seinem SS-Wahlspruch »Toleranz ist ein Zeichen der Schwäche« zum Modell für die nationalsozialistischen KZ insgesamt.

Rudolf → *Hoeß*, der Kommandant von Auschwitz, äußerte später über seine »Lehrzeit« in Dachau, daß es Zweck der ständigen Vorträge und Befehle E. s gewesen sei, die SS-Männer völlig gegen die Lagerinsassen einzunehmen und sie gefühlsmäßig gegen die Gefangenen aufzuputschen. E. s Briefpapier zierte ein Motto, das die totale Unterwerfung unter den Befehl verherrlichte, und er drohte den ihm unterstellten SS-Wachmannschaften für jeden Anflug von Nachsicht schwere Strafen an. E. betrachtete es als seine Aufgabe, in Einklang mit SS-Idealen wie Treue, Tapferkeit und Pflichterfüllung für eine denkbar strenge militärische Disziplin zu sorgen. Von seinen KZ-Kommandanten verlangte er 1939 die Bereitschaft, selbst die härtesten und schwersten Befehle ohne Zögern auszuführen.

Am 14. November 1939 erhielt E. das Kommando über die SS-Totenkopfdivision, die er in Dachau aufstellte und die zu den ersten Divisionen der Waffen-SS gehörte. 1943 zum SS-Obergruppenführer und General der Waffen-SS befördert, kam E. am 16. Februar desselben Jahres bei einem Aufklärungsflug an der Ostfront um.

Elser, Johann Georg (1903–1945)
Schwäbischer Möbeltischler und Mechaniker, der im November 1939 ein Attentat gegen Hitler organisierte. Als Sohn eines Holzhändlers in Hermaringen (Kreis Heidenheim [Württemberg]) am 4. Januar 1903 geboren, besuchte er die Grundschule in Königsbronn und erhielt mit 14 Jahren eine Lehrstelle als Dreherlehrling in einer örtlichen Eisenwarenfabrik. 1922 bestand er seine Gesellenprüfung als Möbeltischler und spezialisierte sich ebenso auf Tischlerei wie auf Metallarbeiten und Mechanik. Die nächsten zehn Jahre verbrachte er als wandernder Handwerksbursche.

Bald arbeitete er in Uhrenfabriken, dann wieder reparierte er Möbel. 1928/29 schloß er sich dem militanten kommunistischen Rotfrontkämpferbund an, war aber im Grunde kein politischer Kopf, auch verfügte er über keinerlei Beziehungen zu Widerstandsgruppen im Untergrund. Ein schüchterner, nicht sehr wortgewandter Einzelgänger, der seinen politischen Mord auf eigene Faust durchführen wollte, beunruhigten ihn das Münchener Abkommen und die drohende Kriegsgefahr. Er faßte seinen Entschluß im Herbst 1938 und plante sein Attentat mit aller Sorgfalt, versah sich mit Sprengstoff, entwarf ein Spezial-Uhrwerk und versteckte seine Zeitbombe in einer Holzsäule hinter dem Rednerpult des Münchener Bürgerbräukellers, wo Adolf Hitler am 8. November

1939 vor den Alten Kämpfern sprechen sollte.
E. s Sprengkörper detonierte 20 Minuten nach 9 Uhr und zerstörte einen großen Teil des Saales. Sieben Personen kamen um, 36 wurden verschüttet. Doch hatte Hitler das Gebäude schon zehn Minuten früher verlassen, unmittelbar nachdem er seine Gedenkrede zum Jahrestag des Hitlerputsches beendet hatte. Noch am selben Abend ergriff man E. bei dem Versuch, die Schweizer Grenze zu überschreiten, und brachte ihn nach Berlin, wo er in den berüchtigten Kellern der Gestapo in der Prinz-Albrecht-Straße verhört wurde. Schließlich gestand er, doch die Nazis zogen es vor, den britischen Geheimdienst und Otto → *Strassers* »Schwarze Front« für den Anschlag verantwortlich zu machen. E. brachte man als Hitlers »persönlichen Gefangenen« in das KZ Sachsenhausen, wo er zusammen mit anderen prominenten Häftlingen (wie Léon Blum, Pastor → *Niemöller* und dem ehemaligen österreichischen Bundeskanzler Kurt von → *Schuschnigg*) gefangengehalten wurde. Man ließ ihn zunächst am Leben – möglicherweise für einen großen Schauprozeß nach Kriegsende – und gab ihm eine Hobelbank, an der er arbeiten konnte. Um die Jahreswende 1944/45 wurde er in das KZ Dachau verlegt. Am 9. April 1945 wurde er auf Befehl Heinrich → *Himmlers* ermordet. Für seinen Tod machte man einen feindlichen Bombenangriff verantwortlich. Die Behauptung, E. sei ein NS-Agent gewesen, entbehrt jeglicher Grundlage. Seine Beweggründe waren eher die eines einzelgängerischen Widerstandskämpfers, der zu der Überzeugung gelangt war, Hitlers Beseitigung werde weiteres Blutvergießen verhüten.

Eltz-Rübenach, Paul Freiherr von (1875–1943)

Reichsverkehrsminister. E. stammte aus einem moselländischen Adelsgeschlecht und wurde am 9. Februar 1875 geboren. Nach einem Maschinenbaustudium in Aachen und an der Technischen Hochschule in Berlin war er bei der Eisenbahndirektion Münster und ab 1906 beim Eisenbahnzentralamt in Berlin tätig. Von 1911 bis zum Ausbruch des Ersten Weltkrieges war er als technischer Sachverständiger am deutschen Generalkonsulat in New York angestellt. Während des Krieges blieb er der Eisenbahn treu; nach Tätigkeiten auf dem westlichen Kriegsschauplatz und einem mehrmonatigen Aufenthalt in Bulgarien, der der Reorganisation des dortigen Eisenbahnwesens diente, wurde er 1917 als Hauptmann zum Chef des Feldeisenbahnwesens im Großen Hauptquartier kommandiert. Seit 1919 war E. in verschiedenen Ministerien, u. a. im Reichsverkehrsministerium, tätig, bis er 1924 als Präsident an die Eisenbahndirektion in Karlsruhe versetzt wurde.
Bei der Bildung der Regierung → *von Papen* holte Papen den streng katholischen Edelmann und Verkehrsfachmann, der damit alle Voraussetzungen Papens erfüllte, am 1. Juni 1932 als Verkehrsminister, dem erstmals auch die Reichspost unterstellt wurde, in sein Kabinett. In Hitlers Regierung vom 30. Januar 1933 blieb E., der auch von Papens Nachfolger, General → *von Schleicher*, übernommen worden war, als Post- und Verkehrsminister Mitglied der »Regierung der nationalen Konzentration«. Während des Röhmputsches vom Juni 1934 wurde auch der Leiter der Katholischen Aktion, der Ministerialdirektor in E. s Ministerium

Dr. Klausener, von SS-Leuten ermordet. E. gab sich damals mit der offiziellen Erklärung, Klausener habe Selbstmord begangen, zufrieden, nachdem er die von den Mördern allerdings entsprechend präparierte Leiche selbst als erster sehen durfte.
Wegen der ständigen Verstöße gegen das Konkordat trat E. jedoch in immer stärkeren Gegensatz zum Nationalsozialismus. Er intervenierte bei Hitler, als von der angeordneten Schließung der Privatschulen auch die katholisch geleiteten Schulen betroffen waren. Als Hitler in der Unterredung heftig wurde, erinnerte E. ihn an seinen auf die Verfassung geleisteten Eid und meinte, er selbst würde seine Eide halten. Hitler wurde daraufhin wieder ruhig und bedankte sich bei E. für dessen Offenheit. In der Sache änderte sich allerdings nichts. Offensichtlich dachte E. bereits an Rücktritt, als es in der aus Anlaß des Jahrestages der nationalsozialistischen Machtübernahme am 30. Januar 1937 anberaumten Kabinettssitzung zum Eklat kam. Alle noch nicht der NSDAP angehörenden Minister sollten in die Partei aufgenommen werden und an sie Goldene Parteiabzeichen verliehen werden. Als die Reihe an E. kam, knüpfte er an die Annahme die Bedingung, daß die Angriffe gegen die Kirche eingestellt würden.
Hitler war darüber so empört, daß er bei der Verabschiedung des Kabinetts E. die Hand verweigerte und E.s Demission forderte, die dieser sofort einreichte. E. zog sich daraufhin ins Privatleben zurück. Als während des Krieges E.s Frau das ihr verliehene Mutterkreuz nicht annahm und ihr Mann sich mit ihr solidarisch erklärte, wurden beide von der Gestapo überwacht. Auf persönliche Anordnung Hitlers sperrte man schließlich der Familie die Zahlungen aus der Pension E.s, bis es Freunden unter Einschaltung des Reichsfinanzministers → *Schwerin von Krosigk* gelang, nach Jahresfrist diese Anordnung wieder rückgängig zu machen. E. starb am 25. August 1943 in Linz am Rhein, seinem letzten Wohnort.

Epp, Franz Ritter von (1868–1946)
Konservativer General und einer der einflußreichsten Förderer der frühen NSDAP. E. wurde am 16. Oktober 1868 als Sohn eines Malers in München geboren. Berufssoldat, war er 1887 in das 9. Bayerische Infanterieregiment eingetreten und im Oktober 1896 zum Oberleutnant befördert worden. Das Jahr 1901/02 führte ihn mit dem deutschen Expeditionskorps nach China, und zwischen 1904 und 1906 nahm er als Kompaniechef an dem grausamen und unrühmlichen Kampf gegen die Hereros in Deutsch-Südwestafrika teil. Im Ersten Weltkrieg, in dem er das Bayerische Infanterie-Leibregiment kommandierte, erwarb E. glänzende Auszeichnungen: den *Pour le Mérite* sowie das Eiserne Kreuz I. und II. Klasse.
Am 8. Februar 1919 stellte der Oberst mit Reichsmitteln in Thüringen das Freikorps auf, das seinen Namen trug und in München mithalf, die Räterepublik zu zerschlagen. Die Freikorps waren alles andere als zimperlich. Sie waren für die Ermordung des anarchistischen Revolutionärs Gustav Landauer ebenso verantwortlich wie für das Massaker an den Kolping-Gesellen in Giesing, einem Münchner Arbeiterviertel. Nach der Räterepublik in München bekämpfte das Freikorps Epp im Ruhrgebiet und in Hamburg die dortigen kommunistischen Aufstände. Zu

E's Soldaten gehörte auch der während des Münchner Aufstandes in seiner Kaserne verbliebene Gefreite Adolf → *Hitler*, der die Aufmerksamkeit von E.s Mitarbeiter Hauptmann Ernst → *Röhm* auf sich zog.
Durch Röhm gelang es E. auch, 60000,– Mark aufzutreiben, um den *Völkischen Beobachter* 1920 in ein Sprachrohr der NSDAP umzuwandeln. Man verschaffte sich den Betrag aus Reichswehrmitteln sowie von bayerischen Industriellen. Epp, der Mitglied der Bayerischen Volkspartei geworden war, stand auch mit der SA in Verbindung, obwohl er starke Vorbehalte gegen Hitlers Partei hatte. Bei dem Hitlerputsch vom 9. November 1923 verhielt er sich dann auch abwartend und distanzierte sich sofort nach dem Fehlschlag. 1928 trat er trotz mancher Bedenken der NSDAP bei, weil ihm die Partei die Möglichkeit bot, Reichstagsabgeordneter für den Wahlkreis Oberbayern/Schwaben zu werden. Außerdem übernahm er das Wehrpolitische Amt der NSDAP und wurde nach der Machtergreifung Reichskommissar (9. März 1933) in Bayern. Am 10. April 1933, nach der Ausbootung der legalen bayerischen Regierung, wurde E. zum Reichsstatthalter ernannt, wobei auffiel, daß er sein Amt zum Ärger Hitlers nicht ohne Berücksichtigung des bayerischen Partikularismus verwaltete. Zusätzlich machte man den stockkonservativen Monarchisten am 5. Mai 1934 zum Leiter des Kolonialpolitischen Amtes der NSDAP, und vier Monate später ernannte ihn Hitler zum Bayerischen Landesjägermeister.
Im Juli 1935 wurde er zum General der Infanterie befördert, doch in Wirklichkeit war E.s Macht bereits erheblich geschrumpft. Seit Anfang 1934 war er mit → *Himmler* und → *Heydrich* wegen »der unangemessenen Anwendung der Schutzhaft« in Bayern, die »das Vertrauen in Recht und Gesetz« untergraben könne, zerstritten. Auch in der Endphase des Dritten Reiches gehörte er zu den parteiinternen Kritikern Hitlers; er war sogar in die mißlungene Revolte der NS-feindlichen »Freiheitsaktion Bayern« im April 1945 verwickelt. Bei Kriegsende fiel E. in die Hände der Amerikaner. Er starb am 31. Dezember 1946 in einem Münchner Krankenhaus als Internierter der amerikanischen Besatzungsmacht.

Esser, Hermann (1900–1981)
Einer der frühesten Waffengefährten Hitlers und Mitglied der NSDAP. E. wurde am 29. Juli 1900 in Röhrmoos (Oberbayern) als Sohn eines Reichsbahndirektors geboren. Noch keine 20 Jahre alt, meldete er sich freiwillig zum Militär und diente ein Jahr an der Front. Radikaler Sozialist, der vorübergehend bei einer sozialdemokratischen Zeitung *(Allgäuer Volkswacht)* arbeitete, schloß er sich Anfang 1920 Anton → *Drexlers* Deutscher Arbeiterpartei an, aus der später die NSDAP hervorging. Zur gleichen Zeit, als Referent in der Presseabteilung des Münchner Wehrkreiskommandos, lernte er Adolf Hitler kennen, und noch im selben Jahr wurde er zum ersten Schriftleiter des *Völkischen Beobachters*, 1923 zum Propagandaleiter der NSDAP ernannt.
Von Anfang an spezialisierte sich E. auf schlüpfrige Enthüllungen Juden in die Schuhe geschobener Skandale, wobei er an die niedrigsten Instinkte appellierte. Ebenso geschmacklos wie charakterlos, hatte E. in der Frühzeit des Nationalsozialismus großen Erfolg

als Redner, und gewiß trugen seine demagogischen Ausfälle nicht unwesentlich zum Erfolg seiner Partei in Bayern bei. Nach Hitlers glücklosem Putsch am 8./9. November 1923 floh E. nach Österreich, kam aber 1924 wieder nach Deutschland zurück und wurde von einem Münchener Gericht zu drei Monaten Haft verurteilt.
Die Skandale, in die E. verwickelt war, veranlaßten ganz besonders die Brüder Strasser und → *Goebbels*, seinen Ausschluß aus der Partei zu fordern. Gregor → *Strasser* nannte sein Verhalten »egoistisch und unvölkisch«, und Otto → *Strasser* verglich ihn mit Julius → *Streicher*. Beide seien »sexuell pervers« und »Demagogen der übelsten Sorte«. Sogar Alfred → *Rosenberg*, der die »revolutionären« Ideen der Strassers durchaus nicht teilte, hielt von E. nichts, doch mit einer Beleidigungsklage bedroht, zog er die gegen E. erhobenen Anschuldigungen wieder zurück, um der Partei nicht zu schaden. 1926 stritt E. sich mit Streicher, und nun brach auch Hitler, der bisher aus Nützlichkeitserwägungen stets zu ihm gehalten hatte, mit ihm und stellte sich auf die Seite Streichers, des Gauleiters von Franken. Dennoch setzte Hitler E. künftig bei bestimmten Parteitreffen noch als Redner ein und machte ihn zum Herausgeber der neuen Partei-Illustrierten (des *Illustrierten Beobachters*), eine Stellung, die E. von 1926 bis 1932 innehatte.
1928 wurde E. Mitglied des oberbayerischen Kreistages und zog 1929 als Fraktionsvorsitzender der NSDAP auch in den Münchener Stadtrat ein, 1932 in den bayerischen Landtag. 1933 wurde er als Abgeordneter des Wahlkreises Oberbayern/Schwaben in den Reichstag gewählt und war seit Dezember 1933 einer der Vizepräsidenten dieses Gremiums. Er veranlaßte im gleichen Jahr General Ritter von → *Epp*, ihn zum bayerischen Wirtschaftsminister und Chef der Staatskanzlei zu ernennen und blieb in diesen Ämtern, bis 1935 eine von ihm gesponnene Intrige gegen den bayerischen Innenminister Adolf → *Wagner* fehlschlug. Während seiner Amtszeit hatte er bayerischen Industriellen hohe Beträge abgepreßt, die diese in die Staatskasse zu zahlen hatten. Vor allem aber durch sein skandalöses Privatleben sah Hitler sich veranlaßt, gegen ihn einzuschreiten. Dennoch wagte es der Führer noch immer nicht, E. völlig fallenzulassen, da E. zu viele kompromittierende Parteiinterna kannte.
1935 erhielt er die Leitung der Fremdenverkehrsabteilung im Reichspropagandaministerium und wurde Vorsitzender der Reichsgruppe Fremdenverkehr. Während des Zweiten Weltkrieges trat E. ganz in den Hintergrund, abgesehen davon, daß er 1939 eine antisemitische Hetzschrift im Stile Julius Streichers veröffentlichte, die den Titel trug: *Die jüdische Weltpest.* Am 23. Jahrestag der Parteigründung, den die Alten Kämpfer am 24. Februar 1943 im Münchener Bürgerbräukeller begingen, hielt er die Festrede. Sonst stand E. nicht mehr im Rampenlicht. Daher hielt man ihn nach Kriegsende zunächst für einen unbedeutenden Mitläufer, und die Amerikaner, in deren Hände er gefallen war, ließen ihn 1947 nach zweijähriger Gefangenschaft frei. Anschließend hielt E. sich verborgen, bis er am 9. September 1949 – diesmal von der deutschen Polizei – erneut in Gewahrsam genommen wurde. Eine Münchener Entnazifizierungskammer stufte ihn nunmehr (als ältesten Nazipropagandisten und

Judenhetzer) als Hauptschuldigen ein. Die Berufungsinstanz bestätigte am 13. März 1950 das gegen ihn verhängte Urteil (fünf Jahre Arbeitslager). Doch unter Anrechnung der Jahre, die er bereits in Haft verbracht hatte, entließ man ihn bereits 1952. In der Folge verschwand E. von der Bildfläche und hielt sich im Hintergrund, bis er, 80 Jahre alt, am 7. Februar 1981 starb.

Euringer, Richard (1891–1953)
Deutscher Schriftsteller, geboren am 4. April 1891 in Augsburg. Den Ersten Weltkrieg erlebte er zunächst als Flugzeugführer, später leitete er eine Fliegerschule in Bayern. In der Weimarer Zeit erwarb er seinen Lebensunterhalt als Arbeiter in einer Sägemühle und als Schalterbeamter in einer Bank. Seine frühen Werke wie *Fliegerschule 4* (1929) stellen den Krieg als großes Abenteuer hin, 1930 folgte ein Roman *Die Arbeitslosen*. Ab 1931 freier Mitarbeiter des Parteiblattes *Völkischer Beobachter*, galt E. zusammen mit →*Johst*, →*Grimm* und →*Kolbenheyer* als einer der fruchtbarsten nationalsozialistischen Autoren und als Künder des kommenden Dritten Reiches. Sein Durchbruch war die *Deutsche Passion* (1933), ein Hörspiel, das Elemente mittelalterlicher Mysterienspiele verwendete und den ersten Staatspreis Hitlerdeutschlands erhielt. Im selben Jahr machte man E. zum Direktor der Städtischen Büchereien in Essen, obwohl ihm jede Qualifikation als Bibliothekar fehlte, und 1934 wurde er Mitglied des Verwaltungsbeirates der Reichsschrifttums- und der Reichsrundfunkkammer. Freier Schriftsteller ab 1936, war E. der führende Praktiker und Theoretiker des »Thingspiels« – einer Form des Freilichttheaters, die NS-Propaganda, Schlachtgetümmel, Zirkusdarbietungen, chorische Rezitationen und Fanfarenstöße miteinander verband. Beim »Thingspiel« ging es um Feuer, Wasser, Erde, Luft, Steine, Sterne, den Sonnenlauf, Meerjungfrauen, Elfen, Nymphen und Faune – nach E. war es das »Theater der Natur«, mittels dessen das Volk seine Blutzeugen ehrte und den Totenkult beging, dies unter unzähligen Eiden und Beschwörungen.
Zu E. s weiteren Werken gehören *Die Jobsiade* (1933), *Totentanz* (1934), *Chronik einer deutschen Wandlung* (1936) sowie eine Reihe erfolgreicher politischer Zeitromane. In seiner Schrift *Deutsche Dichter unserer Zeit* äußerte er, daß seine Bücher die Fortsetzung seiner soldatischen Berufung mit anderen Mitteln seien – sehr charakteristisch für die offizielle Ideologie, die der parteikonformen Dramen- und Prosadichtung der NS-Zeit zugrunde lag. E. starb am 29. August 1953 in Essen.

F

Falkenhausen, Alexander Freiherr von (1878–1966)
Deutscher General, 1940–1944 Militärbefehlshaber im besetzten Belgien und Nordfrankreich. F. wurde am 29. Oktober 1878 auf dem Rittergut Blumenthal (Kreis Neisse/Schlesien) geboren. Abkömmling eines alten

preußischen Junkergeschlechtes und Berufssoldat, war er 1912 Militärattaché an der deutschen Botschaft in Tokio und während des Ersten Weltkrieges Militärberater der türkischen Armee in Palästina. Für Tapferkeit vor dem Feind erhielt er den *Pour le Mérite*. 1927–1930 leitete F. die Dresdener Infanterieschule. Anfang 1930 schied er als Generalleutnant aus dem Heeresdienst aus. 1934 trat er die Nachfolge des Generals von Seeckt als Chef der deutschen Militärmission in China an. Dort half er beim Aufbau der Armee Tschiang Kai-scheks und einer modernen Rüstungsindustrie.
1939 rief ihn Hitler in den aktiven Dienst nach Deutschland zurück, und am 1. September 1940 wurde er zum General der Infanterie befördert. Während seiner vier Jahre als Chef der Militärverwaltung in Belgien und Nordfrankreich (ab Mai 1940) suchte er die einheimische Bevölkerung vor den schlimmsten Auswüchsen der Besatzung zu bewahren.
Ein korrekter, ritterlicher Offizier, der die nationalsozialistischen Auswüchse und SS-Methoden mißbilligte, ließ er gleichwohl zu, daß alle nicht einheimischen Juden deportiert wurden. Außerdem gab er Befehl zu Geiselerschießungen, und obwohl er sich anfänglich der Einführung des Judensternes in Belgien widersetzte, mußte er schließlich doch dem Druck des Reichssicherheitshauptamtes nachgeben. So verloren unter seiner Militärverwaltung belgische Juden ihre Arbeitsstätten, jüdische Firmen wurden entschädigungslos »arisiert« und Juden zur Zwangsarbeit gepreßt.
Dennoch verdächtigte man F. der Zusammenarbeit mit dem deutschen Widerstand und enthob ihn kurz vor dem Attentat des 20. Juli 1944 seines Kommandos. Nach dem Fehlschlag des Attentats lieferte man ihn in das KZ Dachau ein, wo er im Mai 1945 von den amerikanischen Truppen befreit wurde, als man ihn gerade hinrichten wollte. Später von den Amerikanern erneut verhaftet und Anfang 1948 den belgischen Behörden übergeben, wurde er am 7. März 1951 von einem belgischen Militärgericht in Brüssel wegen der Erschießung von Geiseln und der Deportation von 25000 belgischen Juden zu 12 Jahren Zwangsarbeit verurteilt. Allerdings ließ man ihn schon nach 3 Wochen frei – dies auf dem Gnadenwege unter besonderer Berücksichtigung der Tatsache, daß er belgische Bürger vor der SS gerettet hatte. F. starb am 31. Juli 1966 in Nassau.

Falkenhorst, Nikolaus von (1885–1968)

Zwischen 1940 und 1944 Oberbefehlshaber der deutschen Wehrmacht in Norwegen. Als Sohn einer alten Offiziersfamilie am 17. Januar 1885 in Breslau geboren, trat er 1903 in die preußische Armee ein und durchlief im Ersten Weltkrieg mehrere Ränge als Truppen- und Generalstabsoffizier. 1919 Freikorps-Mitglied, wurde er von der Reichswehr übernommen und war 1925–1927 in der Operationsabteilung des Reichswehrministeriums tätig.
Am 1. Oktober 1932 zum Oberst befördert, war F. zwischen 1933 und 1935 Militärattaché in Prag, Belgrad und Bukarest. Am 1. Juli 1935 erhielt der Generalstabschef des Gruppenkommandos 3 (Dresden) die Beförderung zum Generalmajor, 1937 wurde er Generalleutnant. Im Polenfeldzug war er Kommandierender General des XXI. Armeekorps und wurde anschließend

General der Infanterie. Ab dem 9. April 1940 rollte die Besetzung Dänemarks und Norwegens (Unternehmen »Weserübung«) unter seinem Kommando ab. Am 19. 7. 1940 wurde er zum Generaloberst befördert. Ab 1942 war er Wehrmachtsbefehlshaber in Norwegen, bis er am 18. Dezember 1944 wegen seines Widerstandes gegen die Politik des »Reichskommissars« Josef→ *Terboven* sein Kommando verlor. Gegen Kriegsgefangene ging F. allerdings mit außergewöhnlicher Härte vor. Beispielsweise ließ er die Erschießung gefangener Angehöriger britischer Kommandoeinheiten zu. Hierfür wurde er 1946 von einem britischen Militärgericht zum Tode verurteilt. Allerdings reduzierte man die Strafe später auf 20 Jahre Haft, und F. wurde schließlich am 13. Juli 1953 aus Gesundheitsgründen entlassen.
Er starb am 18. Juni 1968 in Holzminden.

Fallada, Hans (1893–1947)
Bekannter deutscher Erzähler, dessen Werke getreulich den Zeitgeist der Wirtschaftskrisenjahre und deren Auswirkungen auf die Bauern, den unteren Mittelstand und die kleinen Angestellten in Norddeutschland widerspiegeln. F. hieß eigentlich Rudolf Ditzen, und geboren wurde er am 21. Juli 1893 in Greifswald als Sohn eines Reichsgerichtsrats. Während seiner Gymnasialzeit erschoß er in einem Duell einen Schulkameraden und verletzte sich selbst schwer. Das Gericht ließ ihn für zwei Jahre in eine Heilanstalt einweisen. Später verdiente F. seinen Unterhalt in der Landwirtschaft und arbeitete auf mehreren norddeutschen Gütern als Inspektor, kam aber 1925 wegen seiner Alkohol- und Drogensucht für 2½ Jahre ins Gefängnis. Durch den Gefängnisaufenthalt und seine Heirat mit Anna Issel (Suse) 1928 gereift und gefestigt, wurde er freier Schriftsteller.
Er machte sich einen Namen durch sein außerordentliches Geschick, während des großen Börsenkraches von 1929 und in den Jahren unmittelbar darauf mit minutiöser Genauigkeit zu schildern, wie sich die Verhältnisse auf den einzelnen auswirkten. *Bauern, Bonzen und Bomben* (1931) handelt von der Bauernrevolte in Holstein, die F. als Lokalreporter miterlebt hatte, und brandmarkt nicht nur die Gewalttätigkeit rechtsstehender Kreise, sondern ironisiert auch das Verhalten der Sozialdemokratie. F.s hervorragendes Gespür für Dialoge und seine scharfe Beobachtung der kleinen Alltäglichkeiten zeigte sich auch in seinem Bestseller *Kleiner Mann – was nun?* (1932), einer der erfolgreichsten Schilderungen der Zustände während der Weltwirtschaftskrise. Dieser Roman, dessen Schutzumschlag eine Zeichnung von George Grosz trug, schildert die Nöte eines jungen Ladengehilfen und seiner Frau, einer Arbeiterin, im Deutschland des großen Börsenkraches. Durch ihn wurde F. berühmt. Sein Buch zeichnet sich durch jenen Realismus aus, der früher bereits Kurt Tucholsky veranlaßt hatte, F. als denkbar besten politischen Führer durch die *»fauna Germanica«* zu bezeichnen.
Während des Dritten Reiches schrieb F. fleißig weiter, und die Nazis ließen ihn gewähren, obwohl sie seinem Hang zur Dekadenz mißtrauten. Zu seinen späteren Werken gehören: *Wer einmal aus dem Blechnapf frißt* (1934), *Wir hatten mal ein Kind* (1934), *Wolf unter Wölfen* (1937), *Der eiserne Gustav*

(1938), *Damals bei uns daheim* (1941) und andere. Die sowjetischen Besatzungstruppen setzten ihn 1945 als Bürgermeister von Feldberg ein. J. R. Becher holte ihn nach Ost-Berlin, neue Bücher von ihm erschienen, so der Roman »Jeder stirbt für sich allein« (1947). F. starb, zerrüttet von Drogen und Alkohol, am 5. Februar 1947 in Berlin.

Faulhaber, Michael von (1869–1952)
Kardinalerzbischof von München-Freising und damit einer der prominentesten Vertreter der katholischen Kirche in Deutschland. F. wurde am 5. März 1869 in Klosterheidenfeld (Unterfranken) geboren. Sein Vater war Bäckermeister. Ab 1903 Professor für alttestamentliche Exegese in Straßburg, 1911 Bischof von Speyer und 1917 Erzbischof von München-Freising, wurde er 1921 zum Kardinal kreiert. Als bayerischer Monarchist hatte F. zur Weimarer Republik stets ein gespaltenes Verhältnis. Bisweilen bestritt er deren Legalität sogar, indem er ihren Beginn (den Umsturz von 1918) als Rechtsbruch und Hochverrat bezeichnete. Im Dritten Reich suchte er zwischen Ablehnung und Zustimmung einen Mittelweg zu finden. So legte er einerseits zwar Wert auf ein gutes »Klima« seiner Beziehungen zu den NS-Behörden, versuchte aber andererseits, so gut es ging, die vitalen Interessen der katholischen Kirche zu schützen.
Zwar unterband das 1933 zwischen dem Regime und der Kirche abgeschlossene Reichskonkordat offene Auflehnung, doch protestierte F., als es sich herausstellte, daß die Nationalsozialisten immer wieder das Abkommen verletzten. Kurz vor Weihnachten 1933 hielt der Kardinal in der Münchener St.-Michaels-Kirche eine Reihe von Predigten, die dem Neuheidentum des Nationalsozialismus die Wertvorstellungen des Alten Testamentes entgegenhielten. Nur wenig später unter dem Titel *Judentum, Christentum, Germanentum, Adventspredigten* veröffentlicht (1934), verteidigten diese Predigten die Prinzipien der rassischen Toleranz und Humanität gegenüber ungehemmtem Nationalismus und suchten so möglichen Angriffen gegen die jüdischen Ursprünge des Christentums zuvorzukommen.
Zweifellos erforderte der Appell des Kardinals, die jüdische Religion zu respektieren, damals bedeutenden Mut, doch F.s scharfe Unterscheidung zwischen Israel *vor* dem Kommen Jesu und dem modernen Judentum *nach* Jesus reflektiert die übliche Haltung der katholischen Kirche. Antagonismus gegenüber dem heutigen Judentum, so der Kardinal, müsse nicht auf die Schriften des vorchristlichen Judentums ausgedehnt werden. Dies verrät deutlich, daß es F. vor allem darum ging, Überlieferung und Autorität der katholischen Kirche zu verteidigen. Allerdings verurteilte Kardinal F. wiederholt Rassenhaß als »giftiges Unkraut« im Wesen des deutschen Volkes und warnte, Gott habe stets diejenigen bestraft, die sein auserwähltes Volk (die Juden) verfolgt hätten. Während des antisemitischen Pogroms vom 9. November 1938 (der Reichskristallnacht) stellte er dem Münchener Oberrabbiner einen Lastwagen zur Verfügung, um die Rettung synagogaler Kultgegenstände zu ermöglichen. Andererseits wiederum unterließ er – wie alle anderen deutschen Bischöfe auch – jeden öffentlichen Protest gegen die damals begangenen Greuel.

Zwei Jahre zuvor, am 4. November 1936, hatte der Kardinal Hitler in Berchtesgaden besucht. Er war damals sehr beeindruckt von Hitlers diplomatischem Fingerspitzengefühl und glaubte, der Führer werde weiterhin die Belange der katholischen Kirche respektieren. Dies erwies sich jedoch schon bald als Illusion, wie aus der päpstlichen Enzyklika *Mit brennender Sorge* (1937) hervorgeht. Diese stammte z. T. aus der Feder Kardinal F. s, der in den von ihm entworfenen Partien seinen Protest gegen Verletzungen des mit dem Heiligen Stuhl abgeschlossenen Konkordats zum Ausdruck brachte.
Dennoch unterstützte der Kardinal die NS-Außenpolitik zur Zeit des Anschlusses Österreichs und der Sudetenkrise 1938. Im November 1939 feierte er mit einem Dankgottesdienst Hitlers »wunderbare« Rettung vor dem Attentat Georg → *Elsers*. Obwohl mehrmals Widerstandskämpfer an ihn herantraten, ließ er sich nicht für eine Verschwörung gegen Hitler gewinnen, und schließlich verriet er sogar, was man ihm anvertraut hatte, als ihn 1944 die Gestapo verhörte. Trotz seines ohne Zweifel mutigen Eintretens für katholische Grundsätze sind daher Versuche, F. zum Helden des Kampfes gegen die Tyrannei des NS-Staates hochzustilisieren, zumindest übertrieben. F. starb am 12. Juni 1952 in München.

Feder, Gottfried (1883–1941)
Führender NS-Ideologe in der Frühzeit der Bewegung, eine der charakteristischen Gestalten in Hitlers Alter Garde. F. wurde am 27. Januar 1883 in Würzburg geboren, war zunächst Diplomingenieur, beschäftigte sich dann aber mehr und mehr mit Wirtschaftsfragen. F. gründete 1918 den »Deutschen Kampfbund zur Brechung der Zinsknechtschaft« und wurde unmittelbar nach dem Ersten Weltkrieg in Bayern als Hauptpropagandist für die Abschaffung des Zinses bekannt. F. war es, der die »Brechung der Zinsknechtschaft des internationalen Kapitals« zu einem der wirtschaftlichen Hauptpunkte des ursprünglichen NS-Parteiprogramms machte, das er zusammen mit Anton → *Drexler*, Dietrich → *Eckart* und Adolf Hitler entwarf.
F. machte die Hochfinanz für die Inflation und das wirtschaftliche Chaos im Nachkriegsdeutschland verantwortlich, das zum Sklaven des internationalen Börsenschiebertums geworden sei. Seine Reden waren voller Angriffe auf Industrielle und Bankiers, untermischt mit rhetorischen Seitenhieben antisemitischer Art sowie mit Anprangerungen des Versailler Vertrages, der Weimarer Republik und des Reichstags. F. war eines der führenden Mitglieder der Deutschen Arbeiterpartei von 1919, aus der die NSDAP hervorging, und sein eklektizistischer Sozialismus machte tiefen Eindruck auf Hitler, der F. als bedeutenden Kenner in Wirtschaftsfragen betrachtete und sich von ihm leiten ließ.
Als Herausgeber der *Nationalsozialistischen Bibliothek* und anderer NS-Publikationen war F. in den zwanziger Jahren einer der führenden NS-Ideologen und Wortführer des eher volksnahen, besonders rassistischen, anti-intellektuellen Flügels der Partei. 1924 wurde er als Abgeordneter Ostpreußens in den Reichstag gewählt und trat ebenso für die Enteignung jüdischen Besitzes und des unprofitablen Großgrundbesitzes wie auch für ein Einfrieren der Zinssätze ein. Seine quasi-so-

zialistischen Ideen verkündete F. in einer Reihe von Schriften, darunter: *Das Programm der NSDAP und seine weltanschaulichen Grundlagen* (1927), *Was will Adolf Hitler?* (1931), *Kampf gegen die Hochfinanz* (1933) und das antisemitische Machwerk: *Die Juden* (1933).
F. s Wirtschaftspolitik und sein Einfluß als Vorsitzender des Wirtschaftsrates der NSDAP (seit 1931) führten jedoch zum Rückgang der der NSDAP zufließenden Spenden. Sowohl Hjalmar → *Schacht* als auch Walther → *Funk* (beide später Wirtschaftsminister im Dritten Reich) warnten Hitler vor F. s Sozialkreditmodellen, die die gesamte Wirtschaft des Reiches ruinieren würden. Hitler begriff: Nur wenn er sich von F. s aggressivem Antikapitalismus lossagte, konnte er die für den Wahlkampf so wichtige Unterstützung der Hochfinanz gewinnen.
So ging F. s Einfluß während des Dritten Reiches drastisch zurück. Im Juli 1933 erhielt er den unbedeutenden Posten eines Staatssekretärs im Reichswirtschaftsministerium. Anfang 1934 Reichskommissar für das Siedlungswesen, wollte er das Bevölkerungsungleichgewicht zwischen Stadt und Land dadurch ins Lot bringen, daß er Arbeiter in halb ländlichen Dorfsiedlungen rings um dezentralisierte Industriebetriebe ansiedelte, doch eine einflußreiche Lobby aus Grundbesitzern, Generälen und Vertretern des offiziellen Bauernverbandes vereitelte dieses Vorhaben. Im Dezember 1934 als Honorarprofessor an die TH Berlin abgeschoben, spielte F. im Dritten Reich keine große Rolle mehr und zog sich ins Privatleben zurück. Er starb am 24. September 1941 in Murnau (Oberbayern).

Fischer, Eugen (1874–1967)
Professor der Anthropologie und erster NS-Rektor der Berliner Universität. F. wurde am 5. Juni 1874 als Sohn eines Kaufmanns in Karlsruhe geboren. Nach dem Studium der Medizin, Volkskunde, Vorgeschichte in Freiburg, München und Berlin promovierte er 1898 zum Dr. med. 1900 habilitierte er sich für das Fach Anthropologie. 1921 veröffentlichte er zusammen mit Erwin Baur und Fritz Lenz eines der Standardwerke der deutschen Rassenkunde: *Menschliche Erblichkeitslehre und Rassenhygiene.* Die Pseudowissenschaft der Rassenhygiene, ein Abkömmling der seriösen Genetik und Eugenik, übte eine ganz besondere Faszination auf die Nationalsozialisten aus, lieferte sie ihnen doch eine Art biologischer Legitimation für ihre Verbrechen an Nichtdeutschen.
Von 1927 bis zu seiner Emeritierung 1942 war F. Direktor des Kaiser-Wilhelm-Instituts für Anthropologie, menschliche Erblehre und Eugenik in Berlin, eines der Hauptverbreitungszentren rassenhygienischen Ungeistes. Ab 1937 auch Mitglied der Preußischen Akademie der Wissenschaften, war E. Autor ständiger Beiträge im *Archiv für Rassen- und Gesellschaftsbiologie*, dem Zentralorgan der Deutschen Gesellschaft für Rassenhygiene. 1959 verfaßte er ein Büchlein, das trotz seines Titels *Begegnungen mit Toten* selbst die geringste Erwähnung all derer vermeidet, die durch Anwendung jener nazistischen Rassentheorien, auf die er sich eingelassen hatte, ums Leben gekommen waren. Trotz seiner Aktivitäten während der NS-Zeit ernannte man Professor F. nach dem Kriege zum Ehrenmitglied der *Deutschen Anthropologischen Gesell-*

schaft. Er starb am 9. Juli 1967 in Freiburg (Breisgau).

Flick, Friedrich (1883–1972)
Großindustrieller, Förderer der NS-Bewegung und einer der prominentesten Unternehmer des Dritten Reiches.
F. wurde am 10. Juli 1883 in Ernsdorf (Westfalen) geboren. Er begann kurz vor dem Ersten Weltkrieg als gelernter Kaufmann seine Tätigkeit in der Eisenindustrie und machte rasch Karriere. Schon Anfang der dreißiger Jahre besaß er eine führende Beteiligung an den Vereinigten Stahlwerken, der größten stahlerzeugenden Firma Deutschlands. Nach dem Verkauf der Gelsenkirchener Bergwerke AG gründete er einen neuen Montankonzern, die »Mitteldeutschen Stahlwerke«. 1932 zahlte er der NS-Bewegung 50000,– Reichsmark als Absicherung für den Fall einer NS-Machtergreifung, allerdings gab er etwa das Zwanzigfache für die Kampagne zur Wiederwahl → *Hindenburgs* sowie für die Rechtsliberalen und für das Zentrum aus.
F. erhöhte 1933 seine Zuwendungen an die NSDAP, und während der folgenden zehn Jahre erreichten seine Spenden an Hitler und die NSDAP die Höhe von sieben Millionen Mark. Als Mitglied des »Freundeskreises RFSS« (→ *Himmler*) unterstützte er außerdem die SS mit 100000 Reichsmark pro Jahr. 1937 trat F. auch formell der NSDAP bei und war schon ein Jahr später Wehrwirtschaftsführer. Besonders geschickt in Börsengeschäften sowie im Schmieden von Konzernen, war F. im Dritten Reich Aufsichtsratsvorsitzender zahlloser Großbetriebe der Eisen-, Kohle- und Stahlindustrie. Im Zweiten Weltkrieg beschäftigten die Unternehmen des F.-Konzerns eine riesige Zahl von Zwangsarbeitern, unter ihnen auch KZ-Insassen.
Als man F. 1947 in Nürnberg vor Gericht stellte, weil er Hitler geholfen hatte, zur Macht zu kommen und seine Eroberungskriege zu führen, spielte F. die gekränkte Unschuld und erklärte, nichts könne ihn davon überzeugen, daß er ein Kriegsverbrecher sei. Bereits im Januar 1951 befanden sich durch einen Gnadenakt des damaligen amerikanischen Hochkommissars John J. McCloy sämtliche Großindustriellen der Hitlerzeit, darunter auch F., den man zu einer siebenjährigen Strafe verurteilt hatte, wieder auf freiem Fuß. Obwohl die F.-Gruppe viele Vermögenswerte verloren hatte, wurde sie rasch wieder aufgebaut. 1955 gehörten zu ihr mehr als 100 Firmen mit über 88 Millionen Mark eingetragenem Kapital und einem Jahresumsatz von mehr als 8 Milliarden Mark (darunter die Daimler Benz AG in Stuttgart-Untertürkheim). F. galt als der reichste Mann Nachkriegsdeutschlands und als der fünftreichste der Welt. Dennoch weigerte er sich hartnäckig, seinen ehemaligen Zwangsarbeitern, denen er zumindest einen nicht unbeträchtlichen Teil seines früheren Vermögens verdankte, auch nur die geringste Entschädigung zu zahlen.
1968 ließ die zu seiner Unternehmensgruppe gehörende Dynamit Nobel AG verlautbaren, sie habe weder eine gesetzliche noch eine moralische Verpflichtung, für den Einsatz von Zwangsarbeitern während des Zweiten Weltkrieges Entschädigungszahlungen zu leisten, und 1970 wiederholten F.s Anwälte – als Erwiderung auf einen Appell McCloys –, der Konzern weigere sich kategorisch, die von Juden erhobenen Ansprüche auf materielle

Entschädigung zu erfüllen. F. starb, 90 Jahre alt, am 20. Juli 1972 in Konstanz. Sein auf 5–6 Milliarden geschätztes Vermögen hinterließ er zur Hälfte seinem Sohn Friedrich Karl, ein Drittel seines Besitzes hatte er schon 1966 den Kindern seines ältesten Sohnes Otto Ernst übertragen.

Forster, Albert (1902–1954?)
Reichsstatthalter des Reichsgaues Danzig-Westpreußen. F. wurde am 26. Juli 1902 in Fürth (Mittelfranken) geboren. Er war von Beruf Bankbeamter und während der ausgehenden zwanziger Jahre in seiner fränkischen Heimat NS- und SA-Führer. Im Oktober 1930 wurde er zum NS-Gauleiter von Danzig ernannt, wo er die in Auflösung befindliche Partei reorganisierte. Im selben Jahre wurde er für seinen Heimat-Wahlkreis Franken (in dem er sich schon früher unter Gauleiter Julius → *Streicher* politisch betätigt hatte) in den Reichstag gewählt. 1933 wurde er preußischer Staatsrat und SS-Gruppenführer. Gleichzeitig leitete er die Fachschaft der Handlungsgehilfen in der Deutschen Arbeitsfront. Nach und nach ging die Verwaltung des Freistaates Danzig in F. s Hände über, der am 23. August 1939 vom Senat zum Staatsoberhaupt der Freien Stadt gewählt wurde, nachdem er heimlich und offen Vorbereitungen für Danzigs Wiedereingliederung ins Deutsche Reich getroffen hatte. Als SS-Obergruppenführer (seit 1943) hatte F. einen schlechten Ruf wegen der unter ihm begangenen Grausamkeiten gegen die Polen. Er wurde daher im August 1947 nach Polen ausgeliefert und am 29. April 1948 von einem Danziger Gericht zum Tode verurteilt. Das Urteil wurde allerdings nicht vollstreckt, sondern nachträglich in lebenslange Haft umgewandelt. Nach anderen Quellen soll er dagegen 1954 hingerichtet worden sein.

Frank, Hans (1900–1946)
Reichsrechtsführer und während des Zweiten Weltkrieges Generalgouverneur Polens. F. wurde am 23. Mai 1900 in Karlsruhe als Sohn eines Anwalts geboren. 1923 schloß er sich der Deutschen Arbeiterpartei an und trat in die SA ein. Im November des gleichen Jahres beteiligte er sich am Hitlerputsch im Münchner Bürgerbräukeller. F. hatte seit 1920 Jura studiert, 1924 promovierte er, bestand 1926 sein Staatsexamen und begann 1927 in München als Anwalt zu praktizieren. In den Jahren vor 1933 verteidigte er Hitler mehrere Male und stieg so zum obersten Rechtsberater der NSDAP und zum Leiter der rechtspolitischen Abteilung der NS-Reichsleitung (1929) auf.
Hitler belohnte, nachdem er 1933 an die Macht gekommen war, seinen persönlichen Anwalt durch die Verleihung hoher Ämter. So wurde F. bayerischer Justizminister, Leiter des Rechtsamts der NSDAP und Reichsführer des NS-Juristenbundes, Reichsminister ohne Geschäftsbereich sowie Präsident der Akademie für Deutsches Recht (1933) und der Internationalen Rechtskammer (1940). Trotz dieser imponierenden Titel gehörte F. (vielleicht wegen seines Berufes – Hitler verabscheute Rechtsanwälte) nie zum engeren Kreis der wirklich Mächtigen um Hitler. Daß er darüber hinaus auch noch formale Einwände bei der Ermordung Ernst → *Röhms* erhob, ließ seinen Einfluß noch weiter zurückgehen. F. s Träume vom Wiedererstehen germanischen Volksrechts, seine Ahnungslosigkeit, was das Mißverhältnis zwischen NS-

Praxis und Parteiprogramm anging, sowie sein Schwanken zwischen romantischem Idealismus und Bewunderung auftrumpfender Brutalität waren ihm hinderlich, wirklich eine Spitzenrolle zu spielen. Dennoch wurde F. nach der Eroberung Polens zum Generalgouverneur ernannt und übernahm die Zivilverwaltung des »Wandalengaus«, wie er Polen nannte. F. betrachtete die Polen als Sklaven des Großdeutschen Reiches, die gnadenlos zu unterwerfen, auszubeuten und als Volksgruppe auszurotten seien. Die Elite der polnischen Intelligenz wurde zerschlagen, die Kunstschätze des Landes wurden geplündert, und während im Lande Hunger herrschte, feierte F. in der alten Königsburg zu Krakau, wo er in schwelgerischem Luxus residierte, üppige Feste. Gegenüber dem Korrespondenten einer NS-Zeitschrift meinte er einmal: »In Prag waren z. B. große rote Plakate angeschlagen, auf denen zu lesen war, daß heute sieben Tschechen erschossen worden sind. Da sagte ich mir, wenn ich für je sieben erschossene Polen ein Plakat aufhängen lassen sollte, dann würden die Wälder Polens nicht ausreichen, das Papier herzustellen für solche Plakate.«

Gegen die Juden ging F. noch brutaler vor. In einer berüchtigten Rede erklärte er am 16. Dezember 1941: »Ich will von den Juden nichts, außer daß sie verschwinden. Sie haben zu gehen... Wir müssen die Juden vernichten, wo wir sie treffen und wann immer sich Gelegenheit ergibt, so daß wir hier die gesamte Struktur des Reiches aufrechterhalten können... Wir können diese 3,5 Millionen Juden nicht erschießen, und wir können sie nicht vergiften, aber wir können Schritte ergreifen, die auf die eine oder andere Weise zu ihrer Ausrottung führen, dies in Verbindung mit den Maßnahmen großen Stils, die im Reich zur Debatte stehen.«

In der Folgezeit beklagte F. allerdings, die Ausrottungspolitik, der er ja grundsätzlich zugestimmt hatte, beraube ihn wertvoller Arbeitskräfte, und er zerstritt sich mit den führenden SS- und Polizeiführern in Polen (allen voran mit SS-Obergruppenführer Krüger), die von allen Seiten seine Machtbefugnisse untergruben. Nach der Hinrichtung seines Freundes, des Galizien-Gouverneurs Dr. Karl Lasch (des ersten Präsidenten der Akademie für Deutsches Recht), den man der Unterschlagung bezichtigt hatte, forderte F. in einer Vortragsreihe an mehreren deutschen Universitäten (Juli 1942) die Rückkehr zum verfassungsmäßigen Recht. Daraufhin wurde er innerhalb eines Monats von Otto → *Thierack* als Leiter des Rechtsamts der NSDAP abgelöst. Generalgouverneur in Polen blieb er aber – Hitler hielt dies wohl für das unerfreulichste Amt, das er jemandem anbieten konnte.

Nach dem Sturz des Dritten Reiches stellte man F. vor den Nürnberger Internationalen Gerichtshof, wo unter der Last der Anklage ein völliger Gesinnungswandel in ihm stattfand. Er hielt den zu erwartenden Schuldspruch für richtig und gerecht; u. a. erklärte er: »Tausend Jahre werden vergehen und diese Schuld von Deutschland nicht wegnehmen.« F. hatte sich währenddessen in die katholische Kirche aufnehmen lassen. Hitler bezichtigte er nunmehr des Betruges an Millionen von Deutschen. Am 16. Oktober 1946 wurde er im Nürnberger Gefängnis als Kriegsverbrecher hingerichtet.

Frank, Karl Hermann (1898–1946)
Sudetendeutscher Freikorps-Führer, dann Staatssekretär beim Reichsprotektor von Böhmen und Mähren und praktisch unbegrenzter Machthaber in dem von den Deutschen errichteten Reichsprotektorat. F. wurde am 24. Januar 1898 in Karlsbad als Sohn eines Lehrers geboren. Nachdem er während der letzten Jahre des Ersten Weltkrieges in der österreichischen Armee gedient und in Karlsbad vergeblich sein Glück als Buchhändler versucht hatte, schloß er sich der sudetendeutschen Tochterorganisation der NSDAP an und wurde 1935 Mitglied des tschechoslowakischen Parlaments in Prag. Stellvertreter Konrad → *Henleins* in der Sudetendeutschen Partei seit 1937, wurde F. nach dem Münchner Abkommen am 30. Oktober 1938 stellvertretender Gauleiter der NSDAP.
Nach der Besetzung der Tschechoslowakei im März 1939 avancierte F. zum Polizeichef mit dem Titel eines Staatssekretärs beim Reichsprotektor und erhielt den Rang eines SS-Gruppenführers. Rechte Hand von → *Neuraths*, → *Heydrichs* und → *Dalueges*, dessen Amtsgeschäfte er ab August 1943 als Reichsminister für das Protektorat unter dem nominellen Protektor → *Frick* schließlich übernahm, wurde er sogar von Eichmann als Judenhasser in der Art Streichers charakterisiert und tat sich durch außergewöhnliche Härte in der Erfüllung seiner »Pflichten« hervor.
Nach seiner Auslieferung durch die Amerikaner wurde er von einem tschechischen Gericht zum Tode verurteilt und im Beisein von Tausenden von Zuschauern am 22. Mai 1946 öffentlich in Prag gehängt.

Frank, Walter (1905–1945)
Selbsternannter »Wächter der deutschen Geschichtsschreibung« während des Dritten Reiches. Am 12. Februar 1905 wurde F. in Fürth (Mittelfranken) als Sohn eines Heeresbeamten geboren, wuchs in einer von Protestantismus und Nationalismus geprägten Atmosphäre auf und wurde bereits in seiner Jugend zum begeisterten Anhänger der NS-Ideologie wie auch zum fanatischen Antisemiten. F. studierte an der Universität München bei Professor Karl Alexander von Müller, dem nationalistischen, gegenüber dem Nationalsozialismus freundlich eingestellten Syndikus der Bayerischen Akademie der Wissenschaften, und promovierte 1927 mit einer Dissertation über Adolf Stoecker, den Gründer der antisemitischen protestantischen Christlichsozialen Partei und einflußreichen Berliner Hofprediger. 1928 wurde seine Arbeit unter dem Titel *Hofprediger Adolf Stoecker und die christlichsoziale Bewegung* veröffentlicht. Sieben Jahre später erschien eine überarbeitete Zweitausgabe, die den Forderungen der NS-Machthaber noch besser entsprach.
1933 veröffentlichte F. seine Studie *Nationalismus und Demokratie im Frankreich der Dritten Republik*, an der besonders F.s Bemühungen auffallen, die angeblich unheilvolle Rolle eines »internationalen Judentums« in der französischen Republik zu entlarven. Obwohl selbst kein Parteimitglied, tat sich F. im Dritten Reich immer mehr dadurch hervor, daß er die antijüdischen Kreise der deutschen Gelehrtenschaft organisatorisch zusammenschloß. Dynamisch, ehrgeizig und außerordentlich redegewandt, wurde F. 1935 zum Leiter (ab April 1936 Präsident) des neugegründeten Reichsinstituts für

Geschichte des Neuen Deutschlands ernannt. In dieser Schlüsselposition konnte er auf die gesamte deutsche Geschichtswissenschaft im NS-Staate Einfluß nehmen. Im Frühjahr 1936 wurde innerhalb eines Reichsinstitutes die Forschungsabteilung Judenfrage eingerichtet, deren Ziel F., der sie leitete, wie folgt umriß: »In der deutschen Politik hat das Reich Israels im Frühjahr 1933 geendet. In den deutschen Wissenschaften dagegen hat Israel durch seine Statthalter länger regiert... Wir wollen nicht die Diktatur, aber wir wollen die Führung im wissenschaftlichen Leben unserer Nation... Das ›Reichsinstitut für Geschichte des neuen Deutschlands‹ ist in diesem Vorgang der Heeresbildung das erste Armeekorps.«
F. selbst gab das neunbändige Werk *Forschungen zur Judenfrage* (1937–1944) heraus – zu Recht wohl das berüchtigtste Produkt seines Hauses. Allerdings begann sein Einfluß im Frühjahr 1941 zu verblassen, als sein Förderer Rudolf → *Heß* nach England flog und unter Alfred → *Rosenbergs* Schirmherrschaft ein antijüdisches Konkurrenzinstitut eröffnet wurde, das bald F.s Reichsinstitut einflußmäßig überholte. Nach längeren Querelen zwischen Rosenberg und dem Reichsministerium für Wissenschaft und Erziehung wurde F. durch das Eingreifen → *Bormanns* zwangsbeurlaubt. F. beging am 9. Mai 1945 in Groß-Brunsrode Selbstmord.

Freisler, Roland (1893–1945)
Vorsitzender des Volksgerichtshofs in Berlin und wegen seiner rücksichtslosen Anwendung der NS-Gesetze als Blutrichter bekannt. F. wurde 1893 in Celle als Sohn eines aus Mähren stammenden Diplomingenieurs geboren. Er wuchs in Aachen und Kassel auf und studierte in Jena Jura. Im Ersten Weltkrieg an der Ostfront, geriet er im Oktober 1915 in russische Kriegsgefangenschaft und wurde mehrere Jahre in Sibirien festgehalten. Dort lernte er fließend Russisch, wurde bolschewistischer Kommissar und war damals auch überzeugter Kommunist (Hitler hat ihm später diesen Aspekt seiner Vergangenheit nie ganz verziehen), bis er 1920 die Sowjetunion wieder verließ und nach Deutschland zurückkehrte. Nach Abschluß des Rechtsstudiums in Jena und der Promotion (1921) ließ sich F. in Karlsbad, 1924 in Kassel als Anwalt nieder, wo er zunächst dem Völkischsozialen Block, 1925 dann der NSDAP beitrat. 1932 zog er als NS-Abgeordneter in den Preußischen Landtag ein. Ein Jahr später kam er als Abgeordneter des Wahlkreises Hessen-Nassau in den Reichstag.
Im März 1933 wurde er als Ministerialdirektor Leiter der Personalabteilung im preußischen Justizministerium. Von 1934–1942 war er dann Staatssekretär zunächst im preußischen, ab Mai 1935 im Reichsjustizministerium. Er war einer der führenden NS-Autoren, die sich zu Fragen einer Strafrechtsreform äußerten, nicht zuletzt als Leiter der Abteilung Strafrecht in der Akademie für Deutsches Recht. Außerdem war er Preußischer Staatsrat und SA-Brigadeführer. Als Staatssekretär im Reichsjustizministerium nahm er am 20. Januar 1942 an der berüchtigten Wannseekonferenz teil, bei der es um die »Endlösung der Judenfrage« ging. Im August 1942 trat F. die Nachfolge → *Thieracks* als Vorsitzender des Volksgerichtshofs an, dessen Bestimmung es war, in Fällen von Hoch- und Landesverrat, wor-

unter man praktisch jede Art von Opposition verstehen konnte, kurzen Prozeß zu machen.
In seiner Rolle als Volksrichter erwies sich F. als wahrer Sadist im Richtertalar, der die Angeklagten mit Schmähungen überhäufte, bevor er sie in den Tod schickte, und seinem Ruf als »brauner Wyschinskij« alle Ehre machte. Die außergewöhnliche Brutalität, der Sarkasmus, die Verhöhnungen, mit denen F. seine Opfer, darunter die Verschwörer des 20. Juli 1944, demütigte, wurden auf einem Tonfilm festgehalten, der vom ersten der Prozesse gegen die Hitler-Attentäter berichtet. Sie zeigen, daß F. die während der späten dreißiger Jahre in der Sowjetunion gegen Altbolschewiken angewandten Schauprozeßtechniken nun seinerseits anwandte. F. kam am 3. Februar 1945, als er bei einem anderen Verratsprozeß den Vorsitz führte, durch einen alliierten Bombenangriff ums Leben.

Frick, Wilhelm (1877–1946)
Reichsinnenminister und während der Kampfzeit einer der engsten Berater Hitlers. F. wurde am 12. März 1877 in Alsenz (Pfalz) als Sohn eines evangelischen Lehrers geboren. 1896–1901 studierte F. in Göttingen, München, Berlin und Heidelberg (wo er auch promovierte) die Rechte. 1904–1924 arbeitete er als Beamter im Münchener Polizeipräsidium und leitete ab 1919 die Abteilung politische Polizei. Mit der NSDAP sympathisierte er sehr früh. Anfang der zwanziger Jahre war er Hitlers Verbindungsmann im Münchener Polizeipräsidium. Zu den Freundschaftsdiensten, die er damals rechtsgerichteten Kreisen leistete, gehörte es, daß er Freikorps-Mitgliedern, die sogenannte Fememorde begangen hatten, die Möglichkeit zum Entkommen gab. Nach seiner Beteiligung am Münchener Hitlerputsch vom 9. November 1923 wurde F. verhaftet und zu 15 Monaten Festungshaft verurteilt. Er wurde jedoch wegen seiner Wahl in den Reichstag 1924 vorzeitig entlassen und durfte weiter bei der Münchener Polizei tätig sein, wo er die Leitung der Kriminalabteilung übernahm. F. war einer der ersten NS-Abgeordneten, die in den Reichstag gewählt wurden; 1928 wurde er zum Fraktionschef der NSDAP gewählt.
Am 23. Januar 1930 wurde F. als thüringischer Innenminister, der auch für das Erziehungswesen verantwortlich war, erster nationalsozialistischer Minister einer deutschen Landesregierung. Er behielt dieses Amt bis zum 1. April 1931 und gab einen Vorgeschmack dessen, was nach einer eventuellen NS-Machtergreifung in ganz Deutschland zu erwarten war. Er säuberte die Polizei von republikanisch gesinnten Beamten, bei Anstellungen bevorzugte man rechtswidrig NS-Kandidaten, und für den Doyen der NS-Rassenforschung, Hans → *Günther*, wurde an der Universität Jena eigens ein Lehrstuhl geschaffen. Verboten wurden Jazzmusik und der Antikriegsfilm »Im Westen nichts Neues«, während militaristische Propaganda und antisemitische Hetze gefördert wurden. Auf F. s Weisung hin hatte man an thüringischen Schulen bestimmte Gebete für die Freiheit Deutschlands zu sprechen, die das deutsche Volk, seine nationale Ehre und militärische Stärke verherrlichten, angebliche Verräter und Saboteure aber verächtlich machten.
Als die NSDAP im Januar 1933 an die Macht kam, wurde F. Reichsinnenmi-

nister – eine Schlüsselposition, die er bis August 1943 innehatte. In seiner Stellung war er für Maßnahmen verantwortlich, die gegen Juden, Kommunisten, Sozialdemokraten, oppositionelle Vertreter der Kirchen und andere Regimegegner getroffen wurden. Seine juristische Ausbildung ermöglichte es ihm, NS-Verbrechen den Schein von Legalität zu geben, indem er Gesetze entwarf und unterzeichnete, durch die nach Hitlers Machtergreifung nicht nur politische Parteien, unabhängige Gewerkschaften und sämtliche Länderparlamente abgeschafft, sondern auch über 100000 Regimegegner in Konzentrationslager gebracht wurden.
Auch für die Gesetzgebung, durch die Juden immer mehr vom öffentlichen und wirtschaftlichen Leben Deutschlands ausgeschlossen wurden (was in den Nürnberger Rassegesetzen gipfelte, die Juden vollends zu Menschen zweiter Klasse stempelten), war F. verantwortlich. F. schuf das Ausnahmegesetz, das Hitlers Vorgehen während der blutigen Säuberung der SA im Juni 1934 für rechtens erklärte. Es wurde vom damaligen Reichstag im Schnellverfahren durchgepaukt. Obwohl er nominell → *Himmler* übergeordnet war, gelang es F. nie, der Gestapo oder der SS irgendwelche Zügel anzulegen, ja er protestierte nicht einmal gegen deren Übergriffe auf seinen Zuständigkeitsbereich. Als Innenminister rührte er sich nicht, um das deutsche Judentum gegen die in der Reichskristallnacht vom 9. November 1938 begangenen Greuel zu schützen. Allerdings war F.s Einfluß damals bereits zurückgegangen. Mit der totalen Militarisierung Deutschlands im Zweiten Weltkrieg erlosch sein Einfluß vollends. Am 24. August 1943 wurde er zum Reichsprotektor von Böhmen und Mähren ernannt. Dieses Amt bekleidete er bis Kriegsende, obwohl die wirkliche Macht in den Händen des ihm nominell unterstellten Karl Hermann → *Frank* lag. Im Nürnberger Prozeß wurde F., der sich weigerte, Zeugenaussagen zu machen, schuldig befunden, Verbrechen gegen den Frieden, Kriegsverbrechen und, was die Konzentrationslager im Reichsprotektorat anging, auch Verbrechen gegen die Menschlichkeit verübt zu haben. Der Hitler ergebene Bürokrat und loyale Vollstrecker von Hitlers Plänen starb am 16. Oktober 1946 den Tod durch den Strang.

Friedeburg, Hans-Georg von (1895–1945)
Letzter Oberbefehlshaber der Kriegsmarine, der am 4. Mai 1945 in Lüneburg vor Montgomery die deutsche Teilkapitulation an der britischen Front, in Norwegen und Dänemark unterzeichnete. F. wurde am 15. Juli 1895 als Sohn eines Generals in Straßburg geboren. Er hatte den Ersten Weltkrieg zunächst als Kadett der Kaiserlichen Marine mitgemacht und war dann, 1917 zum Leutnant befördert, 1918 zur U-Bootwaffe versetzt worden. 1932 wurde er Referent bei General v. → *Schleicher*, auch 1933 blieb er, inzwischen Korvettenkapitän und Nationalsozialist, als Marine-Adjutant des Reichswehrministers v. → *Blomberg* im Reichswehrministerium und führte alsbald → *Himmler* in die Kreise der Wehrmachtsspitze sowie beim damaligen Chef des Ministeramtes, Walter von → *Reichenau*, ein. Ein Jahr darauf wurde der junge Marineoffizier – dank Himmlers Einfluß – selbst in das Oberkommando berufen.
1939 war er als Kapitän zur See Chef

der Organisationsabteilung beim Befehlshaber der U-Boote (→ *Dönitz*). 1943 wurde er kommandierender Admiral der U-Boote. Am Ende des Zweiten Weltkriegs erhielt F. nach der Ernennung zum Generaladmiral das Kommando über die gesamte deutsche Kriegsmarine. Allerdings übte er dieses Amt nur ganze neun Tage (vom 1. bis 9. Mai 1945) aus. Eine seiner letzten Handlungen war die Mitunterzeichnung der offiziellen deutschen Gesamtkapitulation in Reims (7. Mai) und in Berlin-Karlshorst gegenüber den Russen (9. Mai). Am 23. Mai 1945 beging er bei der Verhaftung der Regierung Dönitz durch britische Truppen in Flensburg-Mürwik Selbstmord.

Fritsch, Werner Freiherr von (1880–1939)

1934 bis 1938 Chef der Heeresleitung bzw. (ab 2.5.1935) Oberbefehlshaber des Heeres und Gegner der Hitlerschen Kriegspläne. F. wurde am 4. August 1880 in Benrath als Sohn eines preußischen Generalleutnants geboren. Er war ein Berufssoldat alter preußischer Schule: fähig, unbeugsam und von asketischer Lebensweise. 1898 trat er in die Armee ein, 1901 kam er auf die Militärakademie und wurde zehn Jahre später in den Generalstab berufen. Die weiteren Stufen seiner Laufbahn sind: Kriegsdienst im Ersten Weltkrieg, 1926 Abteilungsleiter im Reichswehrministerium, 1927 Beförderung zum Oberst, seit 1928 Leiter der Heeresabteilung im Truppenamt. 1930 zum Generalmajor befördert und ein Jahr danach mit dem Kommando über eine Kavalleriedivision betraut, war er wegen seiner Konzentration auf seinen Beruf im Generalstab sehr geschätzt.
1932 wurde er zum Befehlshaber des Wehrkreises III (Berlin) ernannt und erhielt den Rang eines Generalleutnants. Dem mit ihm befreundeten Reichspräsidenten von → *Hindenburg* verdankte der traditionsbewußte General seine Ernennung zum Chef der Heeresleitung (1. Februar 1934). Am 2. Mai 1935 erfolgte die Umbenennung in Oberbefehlshaber des Heeres. Am Neuaufbau des Heeres wirkte er tatkräftig mit. Zwar empfand F. weder für die NSDAP noch für die SS sonderliche Sympathie, erklärte aber im Mai 1937, daß er es sich zum Leitprinzip gemacht habe, sich auf den militärischen Bereich zu beschränken und sich jeder politischen Aktivität zu enthalten. Dennoch war F. alarmiert, als Hitler bei jener Besprechung am 5. November 1937, nach der die sog. → *Hoßbach*-Niederschrift angefertigt wurde, seinen Entschluß verkündete, mit Waffengewalt gegen Österreich und die Tschechoslowakei vorzugehen. F. begriff, daß dieses aggressive Programm Europa in einen Krieg stürzen werde, und er versuchte Hitler von seinen Plänen abzubringen, indem er erklärte, das Heer sei noch nicht hinreichend gerüstet.
Anfang 1938 wurde F. Opfer einer raffinierten Intrige, hinter der wohl → *Himmler* und → *Heydrich*, vielleicht auch → *Göring* gesteckt haben dürften. Mit Hilfe des von Heydrich geleiteten Sicherheitsdienstes (SD) trug man falsche Anschuldigungen gegen F. zusammen, der unverheiratet war und an Frauen desinteressiert schien. So wurde behauptet, er zahle seit 1935 Schweigegelder an einen ehemaligen Sträfling, um seine Homosexualität zu vertuschen – ein Vorwurf, den F. kategorisch zurückwies, als Hitler ihn am 24. Januar 1938 im Beisein von Göring

und Himmler in der Bibliothek der Reichskanzlei darauf ansprach. Die Gestapo hatte damals einen Strichjungen aufgeboten, dessen falsche Aussage Hitler überzeugte, daß die gegen F. erhobenen Anschuldigungen auf Wahrheit beruhten.
Am 4. Februar 1938 verkündete Hitler, F. und Werner von → *Blomberg* hätten »aus Gesundheitsrücksichten« ihre Ämter niedergelegt. Die Blomberg-F.-Krise bot Hitler die Gelegenheit, sich der letzten Kritiker in militärischen Spitzenpositionen zu entledigen und die Streitkräfte voll unter die Kontrolle des NS-Staates zu bringen.
Am 18. März 1938 sprach ein militärisches Ehrengericht F. von den gegen ihn erhobenen Vorwürfen frei. Merkwürdigerweise setzte sich der amtsenthobene Oberbefehlshaber kaum zur Wehr, abgesehen davon, daß er Himmler zum Duell fordern wollte. Er weigerte sich auch, von einigen Offzieren geplante Aktionen gegen Himmler und die SS zu unterstützen, sondern erklärte, daß dieser Mann (Hitler) Deutschlands Schicksal sei, und dieses Schicksal werde seinen Lauf nehmen bis zum Ende. Ein Brief, den F. am 2. Dezember 1938 an die mit ihm befreundete Baronin Margot von Milchling-Schutzbar schrieb, deutet allerdings auf eine unterschwellige Ambivalenz seines Verhältnisses zu Hitler hin. Es heißt hier, nach dem Ersten Weltkriege sei er zu der Überzeugung gelangt, Deutschland müsse, um wieder zu erstarken, drei Schlachten gewinnen: eine gegen die Arbeiter (diese sei bereits geschlagen), die zweite gegen die Katholiken und die dritte gegen die Juden – diese werde die schwierigste sein. Er wurde zwar von Hitler rehabilitiert, erhielt aber nur die Ehren-Stellung eines Chefs des 12. Artillerieregimentes.
F. fiel während des Polenfeldzuges, den er bei seinem Regiment mitmachte. Am 22. September 1939 lief er beim Kampf um die Warschauer Vorstadt Praga in die Garbe eines polnischen Maschinengewehrs. Manchem schien es, als habe er den Tod gesucht.

Fritzsche, Hans (1900–1953)
Leiter der Abteilung Funk im Reichspropagandaministerium unter Joseph → *Goebbels*. F. wurde am 21. April 1900 als Sohn eines Beamten in Bochum geboren und nahm als einfacher Soldat am Ersten Weltkrieg teil. Anschließend studierte er in Greifswald und Berlin neusprachliche Philologie, Geschichte und Philosophie, ohne jedoch in den genannten Fächern eine Abschlußprüfung abzulegen. 1923 trat er der Deutschnationalen Volkspartei bei und war ein Jahr später Schriftleiter bei der Telegraphen-Union, einem zum Konzern Alfred → *Hugenbergs* gehörenden internationalen Presse-Nachrichtendienst. 1932 wurde F. zum Leiter des drahtlosen Nachrichtendienstes beim Deutschen Rundfunk ernannt.
Eher konservativer Nationalist als Nationalsozialist, gab er dennoch seine Stellung auf, als Goebbels ihn am 1. Mai 1933 dazu auserkor, die Leitung des Nachrichtenwesens in der Presseabteilung des Reichspropagandaministeriums zu übernehmen. Am selben Tage trat F. auch der NSDAP bei. Als Chef der für die deutsche Presse zuständigen Abteilung war F. für die Gleichschaltung sämtlicher Nachrichtenkanäle in NS-Deutschland verantwortlich. So instruierte er regelmäßig die Schriftleiter der deutschen Blätter, was veröffentlicht werden durfte, kon-

trollierte den Informationsfluß ins Ausland und wachte darüber, daß die offizielle NS-Sprachregelung sorgfältig berücksichtigt wurde. Ab 1938 war F. Leiter der Abteilung Deutsche Presse in Goebbels' Ministerium. Einen entsprechenden Posten bekleidete er auch beim Presseamt der Reichsregierung.
Einen Monat nach der Ernennung zum Ministerialdirektor wechselte F. im November 1942 von der Abteilung Presse zur Abteilung Rundfunk im Propagandaministerium über, deren Leitung er übernahm. Bereits seit 1937 einer der führenden deutschen Rundfunkkommentatoren, sprach F. seine zahlreichen Hörer vor allem dadurch an, daß er einen maßvollen, argumentativen Ton den sonst üblichen demagogischen Phrasen vorzog. Dennoch enthielten auch seine damaligen Kommentare die offizielle NS-Propaganda und trugen um so wirksamer zu Hitlers Ruf bei, ein politisches und militärisches Genie zu sein, dem sich niemand widersetzen könne und der die deutsche Nation auf den höchsten Gipfel ihrer Macht und ihres Ruhmes geführt habe. Als Generalbevollmächtigter für die politische Organisation des Großdeutschen Rundfunks (ab November 1942) konzentrierte sich F. ebenso wie sein Herr und Meister Goebbels ganz darauf, angesichts immer schwererer militärischer Rückschläge den Durchhaltewillen der deutschen Bevölkerung zu stärken.
Bei seinem Prozeß vor dem Internationalen Militärgerichtshof in Nürnberg war F., so scheint es, außer Albert → *Speer* einer der wenigen unter den NS-Größen, die die Rolle bereuten, die sie während des Zweiten Weltkrieges gespielt hatten, und die auch ihre frühere Einstellung gegenüber Hitler und der Partei revidierten. Am 1. Oktober 1946 sprach ihn das Nürnberger Gericht von der Anklage frei, an Kriegsverbrechen beteiligt gewesen zu sein. 1947 untersuchte eine deutsche Entnazifizierungskammer noch einmal seine Rolle bei der Anstiftung des deutschen Volkes zum Antisemitismus und bei der Täuschung der deutschen Bevölkerung über die wahre Kriegslage in der zweiten Kriegshälfte. Am 29. 9. 1950 wurde er aus der Haft entlassen.
In seinen Lebenserinnerungen, die 1948 unter dem Titel *Hier spricht Hans Fritzsche* in Zürich erschienen, verwahrt sich der ehemalige NS-Chefkommentator mit großem Eifer gegen alle Anschuldigungen, die gegen ihn erhoben wurden. Er starb am 27. September 1953 in Köln.

Fromm, Fritz (1888–1945)
Chef der Heeresrüstung und Befehlshaber des Ersatzheeres im Zweiten Weltkrieg. F. wurde am 8. Oktober 1888 in Berlin geboren. Er wurde Berufssoldat und stieg im Ersten Weltkrieg bis zum Oberleutnant auf (1918). Nach Kriegsende trat er der Reichswehr bei. Hier durchlief er die übliche Stabsoffizierslaufbahn und wurde am 1. Februar 1933 zum Obersten und 1934 zum Chef des Allgemeinen Heeresamtes im Reichswehrministerium befördert. 1939 wurde er Chef der Heeresrüstung und Befehlshaber des Ersatzheeres, Ämter, die er – seit 1940 Generaloberst – bis zum Attentat auf Hitler vom 20. Juli 1944 innehatte.
Bei der Verschwörung gegen Hitler spielte F. eine zwielichtige Rolle. Von den Verschwörern eingeweiht und zum Mitmachen aufgefordert, wollte er ganz sichergehen und schlug sich auf die Seite des Stärkeren. Als die Bombe, die Hitler töten sollte, im Führerhauptquartier

(»Wolfsschanze«) in Rastenburg (Ostpreußen) detonierte, befand F. sich mit dem Kern der militärischen Verschwörer in Berlin im Oberkommando des Heeres (Bendlerstraße). Als er telefonisch von Generalfeldmarschall →*Keitel* erfuhr, Hitler sei noch am Leben, wollte er die Verschwörer sofort verhaften lassen, darunter seinen eigenen Stabschef, Oberst Claus Schenk Graf von →*Stauffenberg*, der soeben aus Rastenburg eingetroffen war. Die Verschwörer waren jedoch schneller und setzten F. fest, der alsbald von hitlerhörigen Offizieren befreit wurde. Nach einem summarischen Standgericht ließ er die Verschwörer, darunter von Stauffenberg und General Friedrich →*Olbricht*, im Hof des Oberkommandos des Heeres erschießen. Zuvor hatte Generaloberst →*Beck*, nominelles Haupt der Verschwörer, F. gebeten, ihm seine Pistole »zum privaten Gebrauch« zu belassen, was er gestattete. Beck versuchte zweimal vergeblich, seinem Leben durch Kopfschuß ein Ende zu setzen, es gelang ihm erst mit Hilfe einer Ordonnanz.
Doch F.s Opportunismus nützte nichts. Am nächsten Tage wurde er auf Befehl Heinrich →*Himmlers* wegen Feigheit verhaftet; Himmler hatte ihn als Chef des Ersatzheeres abgelöst und war entschlossen, F. auf keinen Fall ungeschoren davonkommen zu lassen. Vom Volksgerichtshof zum Tode verurteilt, wurde F. am 12. März 1945 erschossen.

Funk, Walther (1890–1960)
Reichswirtschaftsminister von 1937 bis 1945. F. wurde am 18. August 1890 als Sohn eines Bauunternehmers in Trakehnen (Ostpreußen) geboren. Nach dem Studium der Rechte, Wirtschaftswissenschaften und Philosophie an den Universitäten Berlin und Leipzig wurde er Wirtschaftsjournalist und war seit 1916 Mitglied des Redaktionsstabes der konservativen *Berliner Börsenzeitung*. Ab 1920 Leiter ihres Handelsteils, avancierte er 1922 zum Hauptschriftleiter des Blattes. Er blieb dies während der nächsten zehn Jahre. Überzeugter Nationalist und Antimarxist, schloß F. sich im Sommer 1931 der NSDAP an und wurde Hitlers persönlicher Wirtschaftsberater. Da er das Vertrauen der Hochfinanz genoß, empfahl er sich als führender Kontaktmann zwischen der NSDAP und rheinisch-westfälischen Großindustriellen wie Emil →*Kirdorf*, Fritz →*Thyssen*, Albert →*Vögler* und Friedrich →*Flick*, die in ihm einen »liberalen« NSDAP-Mann sahen.
Nicht nur die Kohlen- und Stahl-Konzerne, auch die Großbanken, Versicherungsgesellschaften und die Direktoren des riesigen Chemiekonzerns I.G.Farben ließen der NSDAP durch F. Gelder zufließen. Als Gegenleistung unterstrich F. vor Hitler die Bedeutung der Privatinitiative und des freien Unternehmertums und garantierte als Leiter des Amtes für Wirtschaftspolitik in der Reichsleitung der Partei, daß die Stimme der Schwerindustrie nicht ungehört blieb. Im Januar 1933 wurde F. Pressechef der Reichsregierung, ab 11. März auch Staatssekretär in →*Goebbels'* Propagandaministerium sowie gleichzeitig Vorsitzender des Ausschusses der Leiter der deutschen Reichssender. In der Folge war F. auch noch Vizepräsident der Reichskulturkammer, an deren Gründung er neben Goebbels bedeutenden Anteil hatte, und im November 1938 trat er die Nachfolge Hjalmar →*Schachts* als

Reichswirtschaftsminister und als Generalbevollmächtigter für die Kriegswirtschaft an, den er im Jahr 1939 auch als Präsident der Deutschen Reichsbank ablöste.
Der äußerlich wenig einnehmende, kleinwüchsige Wirtschaftsminister hatte trotz seiner Vielseitigkeit und seiner Bedeutung für die Finanzpolitik der Anfangsjahre des Dritten Reiches ab 1938 in der Parteiführungsspitze nur wenig Einfluß. Obwohl Mitglied des Ministerrates für die Reichsverteidigung und ab September 1943 auch der Zentralen Planung, hatte F. kein eigenes Programm, und 1944 wurden die meisten kriegswichtigen Kompetenzen seines Ministeriums dem effektiver arbeitenden Albert → *Speer* übertragen.
Als F. 1945 in Nürnberg angeklagt wurde, betonte er mit allem Nachdruck seine Unschuld und stellte sich als Beamter hin, der lediglich die Pläne der Parteispitze, insbesondere Hermann → *Görings*, in die Tat umgesetzt habe. Doch stellte man fest: F. hatte als Reichsbankpräsident mit → *Himmler* 1942 ein Geheimabkommen getroffen, Gold (darunter Zahngold), Juwelen und andere Wertsachen aus dem Besitz ermordeter Juden auf einem unter dem Namen »Max Heiliger« geführten Konto zu verbuchen und der SS gutzuschreiben. F. wußte, daß die enormen Mengen von Bargeld und Wertobjekten, um die es dabei ging, aus den Vernichtungslagern stammten. Wegen Kriegsverbrechen sowie wegen Verbrechen gegen die Menschlichkeit wurde er am 1. Oktober 1946 vom Nürnberger Gerichtshof zu lebenslänglicher Haft verurteilt. Aus Gesundheitsgründen entließ man ihn 1958 aus dem Spandauer Kriegsverbrechergefängnis. F. starb am 31. Mai 1960 in Düsseldorf.

Furtwängler, Wilhelm (1886–1954)
Einer der bedeutendsten Dirigenten des zwanzigsten Jahrhunderts. Am 25. Januar 1886 wurde F. als Sohn eines bekannten Archäologen in Berlin geboren. Nach dem Musikstudium in München wirkte er als Kapellmeister in Straßburg, Lübeck, Mannheim, Wien und Frankfurt am Main, bis er schließlich Arthur Nikischs Nachfolge als Dirigent der Berliner Philharmoniker antrat – eine Position, die er ab 1922 bis zum Ende des Zweiten Weltkrieges innehatte. Von 1922 bis 1928 leitete er auch das Leipziger Gewandhausorchester und 1927 bis 1930 sowie 1939 bis 1940 gleichzeitig die Wiener Philharmoniker. Traditionsgebunden bis konservativ, der romantischen Musik verhaftet, entschloß er sich – wie die meisten anderen bedeutenden deutschen Musiker der damaligen Zeit – in Deutschland zu bleiben. Als leitender Kapellmeister der Berliner Staatsoper vom Herbst 1933 bis Dezember 1934 war F. eine Zeitlang bei Hitler in Ungnade gefallen, weil er sich leidenschaftlich für den Komponisten Paul → *Hindemith* einsetzte, den die offizielle Propaganda als entartet diffamierte.
Dennoch kam es zu einem für beide Teile vorteilhaften Übereinkommen mit den NS-Machthabern, die F.s internationalen Ruf als Aushängeschild ihrer Kulturpolitik benutzten. Die glanzvollen Symphoniekonzerte und Opernaufführungen des Berliner Philharmonischen Orchesters und der Berliner Staatsoper unter seiner Leitung trugen viel dazu bei, den Rückgang der anderen Künste im Dritten Reich zu verschleiern. Zum preußischen Staatsrat und 1936 zum musikalischen Leiter der Bayreuther Festspiele er-

nannt, zog F. sich durch sein Verhalten in den letzten Jahren des Dritten Reiches viel Kritik im Ausland zu.
1945 wurde F. von einer deutschen Entnazifizierungskammer freigesprochen und vier Jahre später abermals zum Direktor der Berliner Philharmoniker ernannt. Er blieb ihr Leiter, bis er am 30.11.1954 in Baden-Baden starb.

G

Galen, Clemens August Graf von (1878–1946)
Bischof (später Kardinal) von Münster und einer der entschiedensten Gegner Hitlers. G. wurde am 16. März 1878 in Dinklage (Münsterland) geboren. Er studierte zunächst Philosophie in Freiburg in der Schweiz, dann wechselte er zur Theologie über und ging nach Innsbruck. 1903 ging er ans Priesterseminar nach Münster, wo er am 28. Mai 1904 zum Priester geweiht wurde. Als Domvikar wurde er dort zunächst Sekretär bei seinem Onkel, dem Weihbischof Max v. Galen. Nachdem er ab 1906 zuerst als Kaplan und später (1919–1929) als Pfarrer an der Pfarrkirche St. Matthias in Berlin-Schöneberg tätig war, wurde er 1929 Pfarrer von St. Lamberti in Münster und am 28. Oktober 1933 Bischof von Münster. Er schwor im September 1933 den Treueid auf die Verfassung des Reiches gegenüber einer Regierung, die mit dem Ermächtigungsgesetz vom März 1933 die Diktatur in Deutschland bereits fest installiert hatte, und sprach sich gegen eine Einmischung der Kirche in politische Belange aus.
Erbittert über den Versailler Vertrag, dankte er Hitler und beglückwünschte ihn, als deutsche Truppen 1936 in das entmilitarisierte Rheinland einmarschierten. Auch zu Beginn des Zweiten Weltkrieges gab G. sich nationalistisch und forderte seine Diözesanen zur »Verteidigung des Vaterlandes« auf, warnte allerdings gleichzeitig vor Rachegefühlen sowie vor Geisel- und Kriegsgefangenenmord.
Tatsächlich hatte G. seit 1933 zunehmend stärkere Einwände gegen das Regime, und er machte aus seiner Verachtung und Mißbilligung der gegen die katholische Kirche gerichteten NS-Propaganda kein Hehl. Standhaft widersprach er der nationalsozialistischen Rassenlehre und übte offene Kritik an gewissen Maßnahmen der Regierung, die er als unvereinbar mit christlichen Grundsätzen empfand. 1934 veröffentlichte er eine von dem Bonner Theologen, Kirchengeschichtler und Kunsthistoriker Professor Wilhelm Neuß verfaßte Widerlegung der in Alfred → *Rosenbergs: Der Mythus des zwanzigsten Jahrhunderts* enthaltenen Verleumdungen des Christentums. Diese Erwiderung erschien als Beilage zum Münsteraner Bistumsblatt und erreichte so Tausende von Katholiken.
1941 hielt G. eine Reihe von Predigten gegen den Polizeistaat und die gesetzwidrige »Vernichtung unwerten Lebens« (Euthanasie), die ihm, wegen des Mutes, den er dabei bewies, den Beinamen »Löwe von Münster« einbrachten. In einer besonders scharfen Predigt am 3. August 1941 in seiner ehemaligen Pfarrkirche St. Lamberti

nannte er das Euthanasieprogramm »glatten Mord« und erklärte, er werde die für dieses Verbrechen Verantwortlichen wegen Verstoßes gegen den § 211 (den Mordparagraphen) des deutschen Strafgesetzbuches zur Anzeige bringen.
G.s Predigt war zwar der einzige einschlägige öffentliche Protest eines deutschen Bischofs, doch war er außerordentlich wirksam und traf die NS-Führung dermaßen, daß Hitler, der Rückwirkungen auf die Soldaten an der Front fürchtete, das Euthanasieprogramm vorläufig einstellen ließ, nachdem auch von evangelischer Seite beim Reichsinnenminister → *Frick* und bei Hitler selbst Protest erhoben worden war. Obwohl → *Himmler* G.s Verhaftung forderte und → *Bormann* gar seine Hinrichtung verlangte, riet Joseph → *Goebbels* dringend zur Mäßigung und warnte, die Verhaftung des Bischofs könne dazu führen, daß man für die Dauer des Krieges das Münsterland, ja ganz Westfalen abzuschreiben habe. Hitler selbst, der eine offene Konfrontation mit der katholischen Kirche zunächst noch zu meiden suchte, schwor, er werde es G. heimzahlen, aber erst nach Kriegsende.
G. konnte zwar seine bischöflichen Funktionen weiter ausüben, wurde aber von der Gestapo überwacht. Er selbst blieb unbehelligt, nur sein Bruder Franz, ein Zentrumspolitiker, kam 1944 ins KZ Sachsenhausen. Nach dem Krieg trat G. 1945 ebenso gegen Willkürakte der Besatzungsmächte auf wie früher gegen die Willkür der NS-Machthaber. Weihnachten 1945 zum Kardinal ernannt, wurde er im Februar 1946 kreiert, starb allerdings schon kurz darauf am 22. März 1946 in Münster.

Galland, Adolf (geb. 1912)
Einer der berühmtesten deutschen Jagdflieger des Zweiten Weltkrieges und 1941 bis 1945 Inspekteur der deutschen Jagdflieger.
G. wurde 1912 in Westerholt (Westfalen) als Sohn eines Rentmeisters französischer Abstammung geboren und trieb schon vor seinem 20. Lebensjahr Segelflugsport. 1932 trat er in den Dienst der Lufthansa, zwei Jahre später in die Reichswehr ein und war seit 1935 beim »Jagdgeschwader Richthofen«. 1937 und 1938 nahm er mit der Legion Condor am spanischen Bürgerkrieg teil. In Spanien flog er 300 Einsätze und entwickelte neue Techniken der Infanterieunterstützung aus der Luft.
Während des Polenfeldzuges war G. beim Stab, doch ernannte man ihn April 1940 zum Kommodore des Jagdgeschwaders 26, mit dem er in Frankreich und danach – während der »Schlacht um England« – auch über Großbritannien eingesetzt wurde. Im britischen Luftraum sah er sich erstmals radargeleiteten Jagdflugzeugen der *RAF (Royal Air Force)* gegenüber, was er als »sehr bittere« Überraschung empfand. G. überlebte, da er nie in den Fehler verfiel, seine Gegner zu unterschätzen, und man schrieb ihm mehr als 100 Abschüsse zu. Er war der zweite Luftwaffenpilot, der das Ritterkreuz mit Eichenlaub, Schwertern und Brillanten erhielt.
Nachdem im November 1941 Werner Mölders abgestürzt war, trat G. dessen Nachfolge als »General der Jagdflieger«, später »Inspekteur der Jagdflieger« an. Ein Jahr später wurde er zum Generalmajor befördert und war somit, erst 30 Jahre alt, der jüngste General der deutschen Wehrmacht. In

den nächsten zwei Jahren ergriff G., obwohl in jeder Hinsicht durch kriegsbedingten Mangel gehindert, jede Gelegenheit, verbesserte Techniken und Taktiken einzuführen, und es gelang ihm, den ihm untergebenen Piloten seine eigene Begeisterung für ihre militärischen Aufgaben einzuflößen. Dennoch machte man ihn dafür verantwortlich, daß die deutsche Jagdfliegerei unter den massierten Schlägen der Alliierten immer mehr Schwierigkeiten hatte.
Er überwarf sich sowohl mit Hitler als auch mit → *Göring*, die sich beide weigerten, den Tatsachen ins Gesicht zu sehen. Im Januar 1945 seines Kommandos enthoben, wurde er dennoch von Hitler zu den Einsatzverbänden zurückberufen. Man machte ihn zum Chef des neuen Jagdverbandes 44, der den hochentwickelten Düsenjäger *Me 262* flog und dem auch andere ihres Kommandos enthobene Offiziere angehörten. Allerdings kamen die neuen Düsenjäger viel zu spät und in viel zu geringer Stückzahl vom Fließband, um den Ausgang des Krieges noch beeinflussen zu können.
Nach dem Kriege lebte G. als technischer Berater der Luftwaffe sechs Jahre in Argentinien. In seinen Lebenserinnerungen *Die Ersten und die Letzten – Jagdflieger im Zweiten Weltkrieg* (1953) stellt er die These auf, infolge der fehlerhaften Strategie der deutschen Luftwaffe seien während der Schlacht um England völlig sinnlos zahlreiche angehende Luftwaffenkommandeure geopfert worden. 1954 aus dem Argentinien Perons zurückgekehrt, war G. in Düsseldorf als Industrieberater tätig. Zeitweilig war er sogar als Kandidat für das Amt des Inspekteurs der neuen Bundesluftwaffe im Gespräch.

George, Heinrich (1893–1946)
Einer der größten Film- und Bühnenstars der Weimarer Zeit, der später ganz auf der Seite der NS-Machthaber stand. G. wurde als Sohn eines Kapitäns am 9. Oktober 1893 in Stettin geboren und begann schon vor dem Ersten Weltkrieg seine Schauspielerlaufbahn in Kolberg. Sein Filmdebüt gab er 1913 in Wienes *Der Andere*, doch zum wirklichen Bühnen- und Leinwandstar wurde er erst ab 1925. So spielte er 1926 in Fritz Langs *Metropolis*, 1929 in Richard Oswalds *Dreyfus*, und 1931 erhielt er die männliche Hauptrolle in *Berlin Alexanderplatz* (nach dem 1929 erschienenen gleichnamigen Roman von Alfred Döblin). Schauspieler und Intendant von hohen Graden, war G. für seine kommunistischen Neigungen bekannt, und dies erklärt vielleicht, warum er nach seiner »Bekehrung« 1933 so ganz und gar auf die offizielle NS-Linie einschwenkte.
Mit Produktionen wie *Der Hitlerjunge Quex* (1933), Ucickys *Das Mädchen Johanna* (1935), Carl Froelichs *Heimat* (1938) und Herbert Maischs *Friedrich Schiller* (1940) produzierte und gestaltete G. zahlreiche Filme, durch die er einen hervorragenden internationalen Ruf erwarb. Noch bedeutender war möglicherweise seine Bühnenkarriere im Dritten Reich. 1936 zum Intendanten des Berliner Schillertheaters ernannt, glänzte er durch Klassikeraufführungen wie Goethes *Götz von Berlichingen*, aber auch in Dramen von Schiller, Kleist, Shakespeare und Calderon. Außerdem spielte er die Hauptrolle in Hans → *Steinhoffs* Verfilmung des Ibsen-Stückes *Der Volksfeind* (1937). G. nahm nicht nur bereitwillig Ehren und Titel an, die der Hitlerstaat ihm verlieh, sondern trieb auch aktiv

Propaganda, indem er in dem antisemitischen Hetzfilm von Veit → *Harlan: Jud Süß* (1940) die Rolle des Herzogs von Württemberg übernahm.
Sein letztes Kinostück, der gleichfalls von Harlan inszenierte Durchhaltefilm *Kolberg*, verherrlichte den Kampf der Stadt im Jahre 1807 gegen Napoleons Truppen – jener Stadt, in der G. vor dem Ersten Weltkrieg seine Schauspielerkarriere begonnen hatte. Ebenfalls in Kolberg war es, wo er 1945 von sowjetischen Soldaten gefangengenommen wurde. Er starb am 26. September 1946 im sowjetischen Konzentrationslager (dem ehemaligen NS-Konzentrationslager) Sachsenhausen in der Nähe von Oranienburg bei Berlin.

Gerlich, Fritz (1883–1934)
Archivar und gegen den Nationalsozialismus opponierender katholischer Journalist. G. wurde am 15. Februar 1883 als Sohn eines kalvinistischen Kaufmanns in Stettin geboren. Er studierte in München Geschichte und trat anschließend in den bayerischen Archivdienst ein. G., der zunächst Friedrich Naumann und der Nationalsozialen Partei nahegestanden hatte und als Sekretär des Liberalen Arbeitervereins in München tätig gewesen war, wandte sich 1917 den nationalistischen Alldeutschen zu, in deren Sinne er auch eine politische Zeitschrift *Die Wirklichkeit* herausgab, in der seine glänzenden journalistischen Fähigkeiten bereits deutlich zu erkennen waren. Während der Rätezeit in München streng antikommunistisch eingestellt, verfaßte er ein Buch mit dem Titel *Der Kommunismus als Lehre vom Tausendjährigen Reich*. 1920 wurde er mit 37 Jahren Chefredakteur der *Münchner Neuesten Nachrichten*, damals bedeutendste Zeitung Bayerns. Unter dem Eindruck der stigmatisierten Therese von Konnersreuth wandte er sich dem Katholizismus zu, verließ die *Münchner Neuesten Nachrichten* und trat 1931 zum katholischen Glauben über.
Mit Freunden erwarb er 1930 ein Boulevardblatt, den Münchner *Illustrierten Sonntag*, das er systematisch zu einer katholisch geprägten, kompromißlos nach seinen Anschauungen ausgerichteten Zeitung umfunktionierte. Besonders scharf ließ sich G. über den Nationalsozialismus aus, den er als »zersetzten Liberalismus«, als Bruder des Kommunismus und als Ersatzreligion für eine säkularisierte Welt kennzeichnete. G. predigte daher eine Rückkehr der Moral auch in die Politik und verfocht eine naturrechtlich geprägte katholische Soziallehre. Seit dem 3. Januar 1932 erschien die Zeitung unter dem Titel *Der gerade Weg*. G. setzte sich im März 1932 für die Wiederwahl Hindenburgs zum Reichspräsidenten ein, forderte aber nach der Entlassung Brünings den Rücktritt des Reichspräsidenten und griff → *Papen* als »Ofenschirm der Reaktion« an.
Besonders heftig wandte er sich gegen die christlichen Förderer Hitlers und gegen jegliche Kompromißbereitschaft gegenüber dem Nationalsozialismus. Mit der Machtübernahme Hitlers war G. praktisch ein toter Mann. Am 9. März 1933 wurden die Redaktionsräume des *Geraden Weg* von SA-Horden gestürmt, G. wurde mißhandelt (u. a. von Max → *Amann*) und schließlich in das KZ Dachau gebracht. Dort ist er in der Nacht vom 30. Juni auf den 1. Juli 1934 während der Morde im Zusammenhang mit dem sog. Röhm-Putsch umgebracht worden. Seine Leiche wurde eingeäschert, damit seine

Angehörigen die ihm zugefügten Mißhandlungen nicht feststellen konnten.

Gerstein, Kurt (1905–1945)
SS-Obersturmführer und Angehöriger des Hygiene-Institutes der Waffen-SS in Berlin. G. wurde am 11. August 1905 in Münster (Westfalen) als Sohn eines Landgerichtspräsidenten geboren. Er war von Beruf Ingenieur und Bergassessor. Ab 1925 gehörte er einer evangelischen Jugendgruppe an. Der NSDAP trat er im Mai 1933 bei, blieb aber dennoch aktives Mitglied der »Bekennenden Kirche« und unterhielt enge Kontakte zur christlichen Widerstandsbewegung.
1936 wurde G. von der Gestapo verhaftet und aus dem Staatsdienst entlassen, weil er religiöse Schriften verteilt hatte. G. begann nunmehr mit dem Studium der Medizin. Nach einer zweiten 6wöchigen Haft in einem Konzentrationslager (1938) wurde G. aus der Partei ausgeschlossen. Mit einer Art Unterwerfung betrieb er auf Wunsch seines Vaters seine Rehabilitierung. 1939 fand er eine Anstellung im Kalibergbau in Thüringen. Um die Wiederaufnahme in die NSDAP zu ermöglichen, meldete er sich freiwillig zur Waffen-SS. Im November 1941 wurde G. als Entseuchungsspezialist zum Sanitätsamt im SS-Führungshauptamt versetzt, zu dem auch das Hygiene-Institut der Waffen-SS gehörte. Er war hier verantwortlich für den Umgang mit desinfizierenden Giftgasen. Im Spätsommer 1942 schickte ihn das Sanitätsamt zu Odilo → *Globocnik* und Christian → *Wirth*, die er überreden sollte, statt der bisher zur Vergasung von Menschen benutzten Auspuffgase von Verbrennungsmotoren *Zyklon B* (Blausäure) zu verwenden.
So kam er im August 1942 in das Vernichtungslager Belzec (Bezirk Lublin) und wurde Zeuge des Ausfalls jenes Dieselmotors, der das Gas zur Massentötung von Juden und anderen »unerwünschten Elementen« lieferte. Gersteins Augenzeugenbericht, den er im April 1945 als Gefangener der Franzosen abfaßte, enthält die Schilderung eines Vernichtungslagers aus der Sicht eines deutschen Zeugen, wie sie in dieser (wenn auch in manchen Einzelheiten umstrittenen) Detailtreue sonst nicht anzutreffen ist. Nach seiner eigenen Darstellung ließ sich G. nur deshalb als Zyklon-B-Vorführer einsetzen, weil er sich selbst dabei ganz als Agent der Bekennenden Kirche fühlte. Er habe »nur einen Wunsch« gehabt, nämlich »Einblick in diese ganze Maschinerie zu gewinnen, und dann alles in die Welt hinauszuschreien«.
Als er Ende August 1942 aus Belzec zurückkehrte, traf er im D-Zug Warschau–Berlin zufällig einen schwedischen Diplomaten, Baron von Otter. Diesem erzählte G. alles, was er gesehen hatte, und er drängte ihn, unverzüglich alles seiner Regierung und den Alliierten zu berichten, denn jeder Tag, der vergehe, werde Tausenden, ja Zehntausenden das Leben kosten. Aber die schwedische Regierung gab G.s Bericht nicht weiter, obwohl sie vollauf über die angewandten Mordtechniken und andere Details informiert war. Auch Freunde in der niederländischen Untergrundbewegung beschwor G., seine Informationen per Funk nach Großbritannien weiterzuleiten. Doch die Briten wiesen seine Meldung als Greuelpropaganda zurück, obwohl das Foreign Office wußte, daß sie zutraf.
Schließlich suchte G. den päpstlichen

Nuntius in Berlin auf. Auch dort war man nicht geneigt, es zum offenen Bruch mit den NS-Machthabern kommen zu lassen, und schickte ihn, weil er Soldat war, wieder weg. Sämtliche Bemühungen G.s, seine kirchlichen Freunde und die öffentliche Meinung im Ausland zu mobilisieren, erwiesen sich als erfolglos, und auch seine Annahme traf nicht zu, daß das Morden aufhören werde, sobald Einzelheiten darüber an die Öffentlichkeit drangen. Selbst der evangelische Bischof von Berlin-Brandenburg, Otto → *Dibelius*, der dem kirchlichen Widerstand angehörte, fühlte sich nicht imstande, etwas zu unternehmen. Die Franzosen überführten G. nach seiner Verhaftung in ein Pariser Gefängnis, wo man ihn am 25. Juli 1945 erhängt in seiner Zelle auffand. Es ist bis heute ungeklärt, ob die vom französischen Gefängnisarzt festgestellte Todesursache Selbstmord der Wahrheit entspricht.

Gisevius, Hans Bernd (1904–1974)

Während des Zweiten Weltkrieges deutscher Agent in Zürich sowie Verbindungsmann zwischen dem US-Nachrichtendienst *(US Office of Strategic Services [OSS])* und Widerständlern in der deutschen Abwehr. G. wurde am 14. Juli 1904 geboren und studierte wie sein Vater Jura. Der deutschnationale Jugendführer, bei der NS-Machtübernahme rasch in die NSDAP übergewechselt, trat im August 1933 in den preußischen Verwaltungsdienst ein und wurde zur politischen Abteilung des Polizeipräsidiums Berlin versetzt, wo er den Aufbau der Gestapo an zentraler Stelle miterlebte. Während seiner ersten Monate als Gestapo-Beamter trug G. erheblich dazu bei, den ersten Gestapo-Chef, Rudolf → *Diels*, zu Fall zu bringen. Anschließend ins Reichsinnenministerium versetzt, dann kurze Zeit im Reichskriminalpolizeiamt und schließlich in die Privatwirtschaft abgewandert, schloß sich G. dem Widerstand gegen Hitler an.

Während des Krieges kam er zur Abwehr, die ihn im Rahmen der Gegenspionage in der Tarnung eines Vizekonsuls im deutschen Generalkonsulat in Zürich beschäftigte. G. war damals häufiger Besucher bei Allen Dulles, der den amerikanischen Nachrichtendienst *OSS* von Bern aus leitete, und überbrachte ihm Botschaften von General → *Beck* sowie von → *Goerdeler* und hielt ihn über die Aktivitäten des deutschen Widerstandes auf dem laufenden. Nach dem mißglückten Attentat auf Hitler vom 20. Juli 1944 konnte sich G., der kurz zuvor nach Deutschland gereist war, in die Schweiz absetzen. 1945 kehrte er als Zeuge der Anklage bei den Nürnberger Prozessen nach Deutschland zurück, wo er gegen → *Göring*, aber zugunsten von → *Schacht* und → *Frick* aussagte.

1946 erschien sein Bericht *Bis zum bitteren Ende*. Er gibt nicht nur eine erregende Detailschilderung der Aktivitäten des deutschen Widerstandes, sondern enthält auch sozusagen Nahaufnahmen führender Persönlichkeiten des Dritten Reiches. G. verschweigt die stumme Zustimmung von Millionen Deutschen nicht, die »mit sich selbst Verstecken spielten«, die so taten, als ob es keinen Polizeistaat gebe, und sich nicht die Mühe machten, sich um das Schicksal der Opfer zu kümmern. Nach dem Kriege verbrachte G. einige Jahre in den USA und West-Berlin, bis er sich schließlich in der Schweiz niederließ. Er starb am 23. Februar 1974 in Müllheim/Baden.

Globke, Hans (1898–1973)
Verwaltungsjurist im Reichsinnenministerium, Mitverfasser eines offiziellen Kommentars zu den Nürnberger Rassegesetzen von 1935. G. wurde am 10. September 1898 in Düsseldorf als Sohn eines Textilkaufmanns geboren. Teilnehmer des 1. Weltkriegs, studierte er danach Rechts- und Staatswissenschaft. G. war während der Weimarer Republik ein loyaler Beamter. 1929 wurde er Ministerialrat im preußischen Innenministerium, 1932 im Reichsinnenministerium, wo er Referent für Staatsangehörigkeitsfragen war. Nie Mitglied der NSDAP, wie er selbst stets behauptete, allerdings nur, weil sein Aufnahmeantrag in die NSDAP vom 24. Oktober 1940 nach Einspruch Martin → *Bormanns* vom Obersten Parteigericht im Februar 1943 schließlich abgelehnt wurde, stellte er immerhin seine juristischen Kenntnisse in den Dienst des NS-Staates.
Er war u. a. an der Formulierung des Gesetzes vom 10. Juli 1933 über die Auflösung des preußischen Staatsrates sowie weiterer Gesetze über die Gleichschaltung der parlamentarischen Gremien in Preußen beteiligt. Zusammen mit Wilhelm → *Stuckart* verfaßte er 1936 einen Kommentar zu den 1935 erlassenen »Nürnberger Gesetzen« (unter ihnen das »Gesetz zum Schutz des deutschen Blutes und der deutschen Ehre« vom 15. September 1935), die von einem Zusammengehörigkeitsgefühl »des rassisch homogenen, durch gemeinsames Blut verbundenen« deutschen Volkes ausgingen. Die Ausübung von Bürgerrechten beruhte nunmehr auf der Vorstellung von der biologischen und kulturellen Verschiedenheit und Ungleichwertigkeit der Rassen, Völker und einzelnen Individuen. Da alle Rechte auf politische und gesellschaftliche Betätigung von der Zugehörigkeit zum Volk abhingen, seien – so der Kommentar – alle Personen fremden Blutes – darunter insbesondere Juden – automatisch vom Erwerb der deutschen Staatsbürgerschaft ausgeschlossen und dürften infolgedessen kein öffentliches Amt bekleiden. Auf G. soll es auch zurückzuführen sein, daß deutsche Juden gezwungen wurden, ihren Vornamen die Zusätze »Israel« (bei Männern) und »Sara« (bei Frauen) hinzuzufügen. Im Laufe des Krieges arbeitete G. an der Formulierung von Bestimmungen mit, die die juristische Grundlage der Judenverfolgung sowie die Richtschnur der Germanisierung unterworfener Völker in den besetzten Ostgebieten bildeten.
All dies hinderte G. nicht, nach dem Kriege in der Bundesrepublik Deutschland Karriere zu machen, wo er im Oktober 1949 als Ministerialdirigent ins Bundeskanzleramt berufen wurde. Juli 1950 übernahm er als Ministerialdirektor die Leitung der Hauptabteilung für innere Angelegenheiten, am 27. Oktober 1953 ernannte ihn → *Adenauer* zu seinem Staatssekretär. Seine frühere Tätigkeit im Dritten Reich machte ihn zu einem der Hauptziele ostdeutscher Propaganda (in der DDR hatte man ihn 1963 in Abwesenheit zu lebenslanger Haft verurteilt), und mehrmals bot er seinen Rücktritt an. Er fand jedoch stets einen Fürsprecher im damaligen Bundeskanzler Konrad Adenauer, der – obwohl selbst als Gegner des NS-Regimes über jeden Zweifel erhaben – G.s Beteuerungen Glauben schenkte, er habe seinerzeit die von Hitler geforderten Maßnahmen zu mildern versucht. 1963 mit Adenauers Rücktritt aus dem Staatsdienst ausgeschieden,

wollte er seinen Wohnsitz in die Schweiz verlegen, erhielt aber dort keine Aufenthaltsgenehmigung. Er starb, 75 Jahre alt, am 13. Februar 1973 in Bad Godesberg.

Globocnik, Odilo (1904–1945)
SS-Gruppenführer, während des Zweiten Weltkrieges mit der Durchführung der Aktion Reinhard (der Ausrottung des polnischen Judentums) beauftragt. G. wurde am 21. April 1904 in Triest als Sohn eines kleinen Beamten kroatischer Herkunft geboren. Von Beruf war er Bauleiter. 1922 trat er in Kärnten der NSDAP bei und wurde Gaubetriebszellen-Propagandaleiter, dann Gaupropagandaleiter in der österreichischen Provinz. 1932 wurde er Mitglied der SS und 1933 stellvertretender Gauleiter der NSDAP in Kärnten.
Ein Jahr lang war er wegen politischer Delikte in Haft, erschien aber bald wieder als einer der wichtigsten Verbindungsleute zwischen Hitler und den österreichischen Nationalsozialisten auf der Bildfläche. 1936 wurde G. Stabsleiter der österreichischen NS-Landesleitung, am 24. Mai 1938 erhielt er seine Ernennung zum Gauleiter von Wien. Am 30. Januar 1939 wegen Devisenschiebung amtsenthoben und durch Josef → *Bürckel* ersetzt, gab ihm Heinrich → *Himmler* eine neue Chance, der ihn am 9. November desselben Jahres zum SS- und Polizeiführer im Distrikt Lublin (Polen) ernannte. Himmler erkor ihn auch zur Schlüsselfigur der »Reinhardaktion« (so benannt nach Reinhard → *Heydrich*), wobei ohne Zweifel G. s skandalöse Vergangenheit und sein Antisemitismus den Ausschlag gaben.
Nur Himmler allein verantwortlich, entstanden unter G. s Kommando in Polen vier Vernichtungslager: Belzec, Sobibor, Majdanek und Treblinka. Hier erntete er reichen Lohn für die Ermordung von nahezu drei Millionen Juden, deren Eigentum – bis hin zu Brillen und Goldzähnen – in die Hände der SS fiel. Wie seine Lageberichte zeigen, führte G. Himmlers Befehle mit brutalster Konsequenz aus. Im November 1943 war die Reinhardaktion beendet und die unter seinem Befehl stehenden Vernichtungslager wurden liquidiert. Das Unternehmen hatte vier voneinander unabhängige Ziele: die Beseitigung des polnischen Judentums, die Ausbeutung der Häftlinge als Arbeitskräfte, die Verwertung der beschlagnahmten Sachwerte der Ermordeten sowie die Beschlagnahme verborgener Werte und Immobilien.
Nach G. s Schlußbericht an Himmler belief sich der Gesamtwert des auf diese Weise zwischen dem 1. April und 15. Dezember 1943 dem Reich zugefallenen Bargeldes und anderer Wertobjekte auf 178,7 Millionen Reichsmark. Da G. und seine Schergen sich dabei zu großzügig bedient hatten, wurden er und sein SS-Kommando nach Triest versetzt, er selbst im Herbst 1943 zum Höheren SS- und Polizeiführer für das Adriatische Küstenland ernannt.
Am Ende des Krieges gelang es G., sich in die Heimat seiner Vorfahren nach Kärnten durchzuschlagen. Dort wurde er schließlich aufgespürt und am 31. Mai 1945 von einer britischen Patrouille bei Weißensee (Kärnten) verhaftet. Doch entzog er sich der Gefangenschaft, indem er eine Kapsel mit Zyankali schluckte.

Glücks, Richard (1889–1945)
SS-Gruppenführer und Inspekteur der Konzentrationslager. G. wurde am

22. April 1889 geboren und nahm am Ersten Weltkrieg als Artillerieoffizier teil. Nach dem Krieg wurde er Geschäftsmann in Düsseldorf. Als NSDAP-Neuling war er nach 1936 Theodor → *Eicke*, dem ersten Inspekteur der Konzentrationslager, unterstellt. Zum Range eines SS-Brigadeführers avanciert und Stabsführer Eickes in Oranienburg bei Berlin (dem Sitz des Inspekteurs der KZ), trat G. unmittelbar nach Beginn des Zweiten Weltkrieges die Nachfolge seines früheren Chefs an. Nach dem März 1942 wurde G. als Leiter der Amtsgruppe D im SS-Wirtschafts- und Verwaltungshauptamt Mitarbeiter von SS-Obergruppenführer Oswald → *Pohl*. Glücks war eine der dunkelsten Gestalten im Zusammenhang mit der Endlösung.

Als Verwaltungsspitze für die Konzentrationslager war G. unmittelbarer Vorgesetzter von Rudolf → *Hoeß* und anderen Lagerkommandanten im besetzten Polen. Alle schriftlichen und mündlichen Vernichtungsbefehle → *Himmlers* wurden durch Pohl und G. an die einzelnen KZ-Lagerkommandanten weitergegeben. G. war nicht nur für die medizinische Versorgung in den Lagern verantwortlich und damit unmittelbar auch für jene KZ-Ärzte, die die Auswahl für die Gaskammern vornahmen, er entschied zusammen mit Himmler und Pohl, wie viele deportierte Juden zu liquidieren seien und wie viele am Leben bleiben sollten, um Schwerstarbeit zu leisten. Im November 1943 wurde er zum SS-Gruppenführer und Generalleutnant der Waffen-SS befördert.

Als der Krieg vorüber war, schien G. von der Bildfläche verschwunden. Später wurde behauptet, er habe am 10. Mai 1945 im Marinelazarett in Flensburg Selbstmord begangen, wo man ihn wegen eines Schocks behandelte, den er bei einem alliierten Bombenangriff erlitten hatte.

Goebbels, Joseph (1897–1945)
Chefpropagandist des NS-Regimes und zwölf Jahre lang Kulturdiktator in Deutschland. G. wurde am 29. Oktober 1897 als Sohn eines streng katholischen Buchhalters in Rheydt geboren und besuchte eine katholische Schule. Er studierte Philosophie, Literaturgeschichte sowie Germanistik in Bonn, Freiburg, Würzburg und an der Universität Heidelberg – u. a. bei Professor Friedrich Gundolf, einem als hervorragender Goethekenner berühmten jüdischen Literaturgeschichtler, der ein begeisterter Anhänger von Stefan George war. Im Ersten Weltkrieg befand man G. wegen eines verkrüppelten Fußes (vermutlich Folge einer im Kindesalter überstandenen Kinderlähmung) als nicht militärdiensttauglich. G. war sich seiner Körperbehinderung schmerzlich bewußt und voller Furcht, für einen bürgerlichen Intellektuellen gehalten zu werden. Seit er 1924 der NSDAP beigetreten war, kompensierte er die Tatsache, daß er so ganz und gar nicht dem gern gesehenen starken, gesunden, blonden, nordischen Idealtyp entsprach, durch besondere ideologische Linientreue und Radikalismus. Die antiintellektuelle Haltung des »kleinen Doktors«, seine Verachtung für die Menschen im allgemeinen und für die Juden im besonderen sowie schließlich sein hemmungsloser Zynismus entsprangen wohl seinem Selbsthaß und seinem Minderwertigkeitskomplex, der ihn dazu trieb, geradezu zwanghaft alles, was anderen heilig war, zu zerschlagen und in seinen Zuhörern die

gleichen Wut-, Verzweiflungs- und Haßgefühle auszulösen, die ihn selbst ständig peinigten.
Zunächst fand G., der vier Jahre mit einer Halbjüdin verlobt war, für seine innere Unruhe ein Ventil in schriftstellerischer Tätigkeit und einem bohemienhaften Lebensstil. Ausdruck erhielten diese Spannungen in dem expressionistischen Roman *Michael. Ein deutsches Schicksal in Tagebuchblättern* (etwa 1924). Erst in der NSDAP, der er sich 1924 anschloß, fanden G. scharfer Intellekt, seine Rednergabe, sein Hang zu theatralischen Effekten und sein ideologischer Radikalismus im Dienst seines unersättlichen Willens zur Macht das ihnen gemäße Betätigungsfeld. 1925 wurde er Geschäftsführer der Partei im Gau Rheinland-Nord, und Ende desselben Jahres war er bereits ein wichtiger Mitarbeiter Gregor → *Strassers*, der den sozialrevolutionären Flügel der NSDAP anführte. G. war Schriftleiter der *Nationalsozialistischen Briefe* und anderer Publikationen der Brüder Strasser, teilte deren proletarische, antikapitalistische Weltanschauung und forderte wie sie die Umwertung aller Werte. Seine nationalbolschewistischen Neigungen sprachen aus seiner Einschätzung Sowjetrußlands (das er sowohl für nationalistisch als auch sozialistisch hielt) als Deutschlands natürlichem Verbündeten gegen die teuflischen Versuchungen und die Korruption des Westens.
Damals forderte G., der den von der NSDAP-Linken 1926 auf der Hannoveraner Parteikonferenz vorgelegten Programmentwurf mitverfaßt hatte, den Ausschluß des »kleinen Bourgeois Adolf Hitler« aus der nationalsozialistischen Partei. Doch sein wacher politischer Instinkt ließ ihn noch im selben Jahre zu Hitler umschwenken – ein Kurswechsel, der schon im November 1926 durch G. Ernennung zum Gauleiter von Berlin-Brandenburg belohnt wurde. An der Spitze eines kleinen, an inneren Konflikten reichen Zweiges der NS-Bewegung gelang es ihm rasch, die Zügel fest in die Hand zu nehmen und die Vormachtstellung der Brüder Strasser zu untergraben. Auch deren Parteipressemonopol brach G. und gründete 1927 sein eigenes NS-Wochenblatt: *Der Angriff*. Er entwarf Plakate, veranstaltete imponierende Parademärsche, organisierte seine Leibwächter als Kampftruppe für Straßenschlachten, Kneipenschlägereien und Schießereien – für ihn die Fortsetzung politischer Agitation mit anderen Mitteln.
1927 war dieser »Marat des roten Berlin«, bereits der gefürchtetste Demagoge der Reichshauptstadt, der seine volltönende, sonore Stimme, seinen rhetorischen Schwung einsetzte und skrupellos an die primitivsten Instinkte appellierte. Ein unermüdlicher, beharrlicher Agitator mit der Gabe, Gegner mit einer heimtückischen Mischung aus Bosheit, Verleumdung und Unterstellung zu entnerven, verstand G. es meisterhaft, die Ängste der arbeitslosen Massen im Deutschland der Weltwirtschaftskrise zu schüren. Er wußte als eiskalter Rechner, welche Saiten der deutschen Volksseele er zum Klingen bringen mußte. Mit außerordentlichem propagandistischen Geschick machte er aus dem Berliner Studenten und Zuhälter Horst → *Wessel* einen NS-Märtyrer und sorgte immer wieder für neue Schlagworte, Mythen und Symbole – Kürzel, die erheblich dazu beitrugen, daß sich die Doktrin des Nationalsozialismus überall mit Windeseile verbreitete.

Hitler war zutiefst beeindruckt, daß es G. gelungen war, aus dem zuvor unbedeutenden Berliner Partei-Ableger einen Zweig der NS-Bewegung zu machen, der sich sehen lassen konnte. 1929 ernannte er G. zum Reichspropagandaleiter der Partei. Sehr viel später (am 24. Juni 1942) bemerkte Hitler rückblickend, Dr. Goebbels verfüge über die beiden Dinge, ohne die man die Berliner Verhältnisse nicht habe meistern können: Redegewandtheit und Intellekt... Denn Dr. Goebbels, der nichts Gescheites an politischer Organisation vorfand, als er anfing, habe im wahrsten Sinne des Wortes Berlin erobert. Tatsächlich hatte Hitler allen Grund, seinem Reichspropagandaleiter dankbar zu sein, hatte dieser doch erst jenen Führermythos geschaffen und ausgeschmückt, der aus Hitler die Idealgestalt eines messiasähnlichen Retters machte. Er kam damit dem theatralischen Element in der Persönlichkeit Hitlers entgegen, während er gleichzeitig die Masse der deutschen Bevölkerung durch geschickte Inszenierungen und Manipulationen zum Schweigen brachte.

G. sah seine Hauptaufgabe darin, Hitler der deutschen Öffentlichkeit als Retter zu verkaufen und sich selbst als Hitlers getreuen Schildträger. Dafür zog er sämtliche Register eines pseudoreligiösen Führerkultes, der Hitler als Befreier Deutschlands von Juden, Profitmachern und Marxisten verherrlichte. Als Reichstagsabgeordneter (ab 1928) zeigte er – nicht weniger zynisch – in aller Offenheit seine Verachtung für die Republik, als er erklärte, er betrete den Reichstag, um sich aus seinem Arsenal mit den Waffen der Demokratie zu wappnen. Er und seine NS-Kampfgenossen würden Reichstagsabgeordnete, damit der Geist von Weimar selbst helfe, ihn zu vernichten.

G. Meisterschaft der Massensuggestion entfaltete sich voll in den Wahlkämpfen des Jahres 1932, als er entscheidend dazu beitrug, Hitler ins Rampenlicht der politischen Bühne zu heben. Er wurde am 13. März 1933 dafür belohnt, indem man ihn zum Reichsminister für Volksaufklärung und Propaganda ernannte (das Ministerium wurde eigens für ihn geschaffen). Damit hatte er sämtliche Kommunikationsmedien – Rundfunk, Presse, Buchwesen, Film und alle anderen Kunstzweige – unter Kontrolle. Mit einer raffinierten Mischung aus Propaganda, Bestechung und Terror brachte er die Gleichschaltung des kulturellen Lebens zustande und säuberte die Kunst im Namen des völkischen Ideals, unterwarf Redakteure und Journalisten staatlicher Kontrolle und entfernte alle Juden und politischen Gegner aus einflußreichen Positionen. Am 10. Mai 1933 war seine Rede der Höhepunkt der rituellen Bücherverbrennung in Berlin, bei der in aller Öffentlichkeit Werke jüdischer, marxistischer und anderer »volksgefährdender« Autoren auf den Scheiterhaufen wanderten.

G. entwickelte sich zum gnadenlosen Judenhasser, der die Juden dämonisierte und die stereotype Gestalt des »internationalen Finanzjuden« aus London und Washington schuf, der sich mit den »jüdischen Bolschewiken« in Moskau – den Hauptfeinden des Reiches – verbündet habe. Auf dem »Parteitag des Sieges« 1933 hetzte G. gegen die »jüdische Durchdringung der Berufsgruppen« (wie z. B. Rechtswesen, Medizin, Immobilien, Theater usw.) und behauptete, der jüdische Boykott Deutschlands im Ausland habe nationalsozialistische Gegenmaßnahmen provoziert. G. Judenhaß entsprang – ebenso wie sein Haß auf alle Privilegierten und Erfolgreichen – seinem tiefverwurzelten Unterlegenheitsgefühl. Andererseits war auch Taktik im Spiel, eignete sich ein gemeinsamer äußerer Feind doch ausgezeichnet, öffentliche Vorurteile zu nähren und die Massen zu mobilisieren.

Fünf Jahre lang, solange das NS-Regime sich zu konsolidieren und internationale Anerkennung zu gewinnen suchte, wartete G. auf seine Gelegenheit. Seine Chance bot sich beim Reichskristallnacht-Pogrom vom 9./10. November 1938, das er inszenierte, nachdem er mit einer demagogischen Rede vor den im Münchener Alten Rathaus versammelten Parteiführern – die dort zusammengekommen waren, um den Jahrestag des Hitlerputsches zu feiern – die Stimmung angeheizt hatte. Ohne daß die Öffentlichkeit dies wußte, war G. auch einer der Helfershelfer bei der Endlösung, indem er 1942 die Deportation der Berliner Juden anordnete und den Vorschlag machte, Juden und Zigeuner seien »unbedingt auszurotten« und entsprechend zu klassifizieren. Hitler schätzte G. politische Lagebeurteilungen ebenso hoch wie seine Fähigkeiten als Organisator und Propagandist. G. Frau Magda und ihre sechs Kinder waren gern gesehene Gäste in Hitlers Alpenrefugium, dem Berghof bei Berchtesgaden. Als Magda G. sich 1938 wegen der nicht endenden Liebesaffären scheiden lassen wollte, die G. mit Schauspielerinnen hatte, war es Hitler, der Druck auf G. ausübte und so die Ehe rettete.

Im Zweiten Weltkrieg kamen sich Hitler und G. immer näher, besonders als sich die Frontlage verschlechterte und der Propagandaminister die Deutschen zu ständig größeren Anstrengungen anfeuern mußte. Da die Alliierten auf bedingungsloser Kapitulation bestanden, schlug G. selbst daraus noch Profit und suggerierte seinem Publikum, es gebe keine andere Wahl mehr als Sieg oder Untergang. In seiner berühmten Sportpalastrede vom 18. Februar 1943 erzeugte G. eine Atmosphäre wild entschlossener Begeisterung und putschte seine Zuhörer dermaßen auf, daß sie seiner Forderung nach totalem Krieg vorbehaltlos zustimmten.

Geschickt operierte G. mit in Deutschland tiefverwurzelten Ängsten vor »asiatischen Horden«, setzte er seine alles durchdringende Kontrolle des Presse-, Film- und Rundfunkwesens ein, um die Kampfmoral aufrechtzuerhalten, und raunte bald von sagenhaften Geheimwaffen, bald von einer uneinnehmbaren Alpenfestung, bei der die letzte Schlacht geschlagen werde. G. verlor niemals die Nerven, sein Kampfwille verließ ihn nie. Sein rascher Entschluß und dessen ebenso rasche Umsetzung in die Tat führten am Nachmittag des 20. Juli 1944 dazu, daß die Verschwörer gegen Hitler durch eine Abteilung Hitler ergebener Soldaten im Oberkommando der Wehrmacht isoliert wurden, so daß das NS-Regime noch einmal überlebte. Im Juli 1944 zum Generalbevollmächtigten für den totalen Krieg ernannt, hatte G. sein Traumziel erreicht: Kriegsherr der Heimatfront zu werden.

Mit weitestgehenden Vollmachten im zivilen und militärischen Bereich ausgestattet, suchte G. ein Notprogramm durchzuführen und drängte die Zivilbevölkerung zu immer größeren Opfern. Doch da Deutschland ohnehin dem Zusammenbruch nahe war, verschlimmerten seine Maßnahmen das bereits bestehende Chaos nur noch. Als das Kriegsende in Sicht war, erwies sich G. als Hitlers getreuester Paladin. Seine letzten Tage verbrachte er zusammen mit seiner Familie in Hitlers Führerbunker unter der Reichskanzlei. Er gab sich keiner Täuschung darüber hin, daß er sämtliche Schiffe hinter sich verbrannt hatte, und war mehr und mehr von der apokalyptischen Vorstellung einer NS-Götterdämmerung fasziniert. Nach Hitlers Selbstmord ignorierte G. das politische Testament des Diktators, das ihn zum Reichskanzler machte, denn er beschloß, Hitler in den Tod zu folgen. Am 1. Mai 1945 ließ er seine sechs Kinder von einem Arzt vergiften und beging mit seiner Frau Selbstmord. Mit für ihn typischem Pathos und charakteristischer Selbstüberschätzung hatte er einmal erklärt: »Entweder gehen wir als die größten Staatsmänner oder die größten Verbrecher aller Zeiten in die Geschichte ein.«

Goebbels, Magda (1901–1945)
Frau des Ministers für Volksaufklärung und Propaganda, Dr. Joseph Goebbels. Magda Ritschel, wie sie mit ihrem Mädchennamen hieß, wurde am 11. November 1901 als Tochter eines wohlhabenden Fabrikanten in Berlin geboren. Die Mutter ließ sich entgegen den damaligen bürgerlichen Normen von ihrem Mann scheiden und heiratete später den jüdischen Kaufmann Friedländer. Da sich beide Väter nach wie vor sehr um das einzige Kind der Eltern kümmerten, wuchs M. G. in einer gediegenen bürgerlichen und behüteten Atmosphäre auf. Die Schule, Sacré Coeur in Brüssel, entsprach ganz diesem Milieu. Durch den Ausbruch des Ersten Weltkrieges aus Belgien vertrieben, gingen die Eltern wieder nach Berlin, wo M. G. aus Sympathie zum Stiefvater dessen Namen annahm. Dieses Ereignis fiel nahezu mit der erneuten Scheidung der Mutter zusammen. Dank der Unterstützung durch den Vater konnte M. G. weiterhin ein renommiertes Mädchenpensionat besuchen. Dort lernte die 17jährige 1921 den Großindustriellen Günther Quandt kennen und wurde die Frau des 18 Jahre älteren Mannes. Das kluge, gebildete und sehr damenhafte Mädchen erwarb sich schnell die Sympathien der beiden Stiefsöhne, fand aber in der Ehe mit dem spröden und extrem sparsamen Manne, der fast ausschließlich seinen Geschäften lebte, schon wenige Jahre nach der Geburt ihres Sohnes Harald keine Erfüllung mehr. 1929 erfolgte die Scheidung. Dank der überraschenden Großzügigkeit ihres Mannes konnte sich aber Magda Friedländer, geschiedene Quandt, geborene Ritschel, weiterhin ein großbürgerliches Leben leisten.
Ohne besonderes politisches Interesse besuchte sie Anfang 1930 eine NSDAP-Versammlung im Berliner Sportpalast, bei der der Berliner Gauleiter Joseph Goebbels selbst am Rednerpult stand. Begeistert von seiner Rede, trat sie spontan in die NSDAP ein und arbeitete als Frauenschaftsleiterin der Ortsgruppe Berlin-Westend. Als der Berliner Gauleiter Goebbels die gepflegte, sichtbar der besseren Gesellschaft angehörende junge Frau, die inzwischen einen Sekretärinnenposten bei seinem Stellvertreter angenommen hatte, kennenlernte, beförderte er sie sehr schnell zur Archivarin seines umfangreichen Privatarchivs. Die buntgemischte Gesellschaft, in der Goebbels sich bewegte, sein persönlicher

Charme und seine intellektuelle Faszination übten auf sie einen so starken Reiz aus, daß sie gegen den Widerstand beider Eltern Goebbels im Dezember 1931 heiratete. Trauzeugen waren Hitler und Ritter von → *Epp*. Magdas Mutter hatte auf Wunsch des zukünftigen Schwiegersohns den jüdischen Namen Friedländer ablegen und wieder ihren Mädchennamen annehmen müssen. Hitler, der die gewandte und ihre Bewunderung nicht versteckende junge Frau sehr schätzte, fand im Hause Goebbels nunmehr den gehoben-bürgerlichen Anschluß, den er bisher entbehrt hatte. Häufig kam er mit seiner engsten Umgebung zum Essen und diskutierte mit der inzwischen auch theoretisch beschlagenen Parteigenossin.

1932 wurde das erste Kind, die Tochter Helga, geboren (dem bis 1940 noch fünf weitere folgten). Als Goebbels am 23. März 1933 zum Minister ernannt wurde, richtete Magda den neuen Wohnsitz, ein heruntergekommenes Palais, mit Geschmack ein. Der gesellschaftliche Umgang mit den Familien der anderen Satrapen des Dritten Reichs war nicht immer unproblematisch. Am liebsten verkehrte man im Hause Goebbels mit Philipp → *Bouhler* und seiner jungen Frau, die wegen ihrer musischen Interessen und ihres unambitionierten Wesens von beiden Goebbels geschätzt wurden. Bouhler hatte außerdem die für Goebbels sehr beruhigende Eigenschaft, politisch kein Konkurrent zu sein.

Seitdem Goebbels Minister geworden war, änderte sich sein Verhalten gegenüber seiner Frau. Er begann sie zu betrügen und die zwar kluge, aber nicht besonders schlagfertige oder gar witzige Magda gelegentlich spöttisch und herablassend zu behandeln. Auch ihr Verhältnis zu dem so verehrten Hitler trübte sich wegen einer abfälligen Bemerkung Magdas über das »Tschapperl« (die von Hitler so genannte Eva → *Braun*). Plötzlich sah sie in ihm wieder den Gefreiten, der er immer war und bleiben würde.

Wenn auch ihre Verbitterung über ihr »Engelchen«, wie sie den hinkenden Goebbels ohne jeden Hintersinn nannte, wegen seiner zahlreichen Frauenaffären wuchs, war sie ihm auf eine an Hörigkeit grenzende Weise verfallen. Erst während Goebbels' Affäre mit der tschechischen Schauspielerin Lida Baarova wurde ihr klar, mit wem sie sich eingelassen hatte. Sie ging zu Hitler und verlangte die Scheidung, auf die Hitler aus außen- und innenpolitischen Gründen nicht eingehen konnte. Die Baarova mußte deshalb Deutschland innerhalb von 24 Stunden verlassen, und Goebbels fiel in Ungnade. Das Ehepaar mußte sich äußerlich versöhnen, Magda soll aber von Hitler die Möglichkeit eingeräumt worden sein, sich nach einem Jahr zu entscheiden, ob sie bei ihrem Mann bleiben wolle. Sie blieb, dafür wurde Karl → *Hanke*, bisher Staatssekretär und einer der ältesten Mitarbeiter von Goebbels im Propagandaministerium, als Gauleiter nach Schlesien versetzt. Er hatte der betrogenen Frau seines Ministers mit Beweismaterial geholfen, das auch Hitler beeindruckt haben muß. Im Oktober 1940 wurde das letzte Kind der Goebbels, »Versöhnungskind« genannt, geboren. Der Krieg machte alle persönlichen Nöte Magdas unwichtig. Hitler hatte nun andere Sorgen, als sich um die Eheprobleme seiner Paladine zu kümmern. Goebbels nützte das zu neuen Affären, und Magda resignierte.

Goebbels war zudem als Motor der Kriegspropaganda für Hitler immer unentbehrlicher geworden. Magdas Leben als bevorzugte Funktionärsgattin, der nach wie vor Lebensmittel, Auto, komfortabler Luftschutzbunker und andere Annehmlichkeiten zur Verfügung standen, wurden zunächst lediglich durch die Sorge um ihren Sohn Harald getrübt, der als Soldat an der Front stand (er überlebte als einziges ihrer Kinder). Bald kam jedoch die Sorge um den Kriegsausgang hinzu. Wie ihr Mann zu klug, um die Katastrophe nicht vorhersehen zu können, flüchtete sie sich vor dem unentrinnbaren Ende in eine irrationale Gläubigkeit, die sich immer mehr in Hitler personifizierte.
In dem Maße, wie sich die Kriegslage verschlechterte, verbesserte sich das Verhältnis zwischen Goebbels und M. G. Im März 1945 scheinen beide den Entschluß gefaßt zu haben, sich der Gefangennahme durch gemeinsamen Selbstmord zu entziehen. Damit stand für beide auch fest, daß sie in Berlin bleiben würden, wenn Hitler dort blieb. Magda, die mit ihren Kindern den ganzen Krieg über auf den weitläufigen Besitztümern des Ministers am Rande Berlins geblieben war, zog vor den herannahenden Russen schließlich in ihr altes Haus im Regierungsviertel und am 22. April, nach Hitlers Geburtstag, in dessen Bunker unter der Reichskanzlei. Als sich Hitler wenige Tage später von ihr verabschiedete, überreichte er ihr in einer bezeichnenden Geste sein Goldenes Parteiabzeichen.
In einem Abschiedsbrief an ihren Sohn Harald, den sie am 28. April Hanna →*Reitsch* zur Bestellung mitgegeben hatte, schrieb sie, vermutlich nicht ganz wahrheitsgemäß: »Du sollst wissen, daß ich gegen den Willen Papas bei ihm geblieben bin, daß noch vorigen Sonntag der Führer mir helfen wollte, hier herauszukommen. Du kennst Deine Mutter – wir haben dasselbe Blut, es gab für mich keine Überlegung. Unsere herrliche Idee geht zu Grunde – mit ihr alles, was ich Schönes, Bewundernswertes, Edles und Gutes in meinem Leben gekannt habe. Die Welt, die nach dem Führer und dem Nationalsozialismus kommt, ist nicht mehr wert, darin zu leben, und deshalb habe ich auch die Kinder hierher mitgenommen.« Man meint, Joseph Goebbels aus diesen Worten zu hören, den Mann, der sie zu dieser totalen Resignation veranlaßt hat. Und man darf annehmen, daß Magda, anders als der Zyniker Goebbels, glaubte, was sie da schrieb. Als Goebbels sich am Abend des 1. Mai 1945 neben seiner Frau im Hof der Reichskanzlei erschoß, nahm sie Zyankali. Die Leichen wurden anschließend mit Benzin übergossen, verbrannten aber nicht gänzlich. Am 8. Mai obduzierte ein sowjetisches Ärzteteam beide Leichen. Was mit ihnen weiter geschah, ist nicht bekannt. Unbekannt blieb auch das Grab der Kinder.

Goerdeler, Carl Friedrich (1884–1945)

In den Jahren 1930 bis 1937 Oberbürgermeister von Leipzig und danach einer der führenden Männer des bürgerlich-konservativen Widerstandes gegen Hitler. G. wurde am 31. Juli 1884 in Schneidemühl (Westpreußen) geboren. Sein Vater war Regierungsrat und Landschaftssyndikus sowie Mitglied des preußischen Abgeordnetenhauses. Nach dem Jurastudium wurde G. 1911 Verwaltungsbeamter in Solingen und von 1920 bis 1930 Zweiter Bürgermeister von Königsberg (Ostpreußen). G. war gläubiger Protestant und überzeugter Monarchist. 1930 wurde er Oberbürgermeister von Leipzig. 1931 bis 1932 war er unter → *Brüning* gleichzeitig Reichskommissar für Preisüberwachung. Während der ersten NS-Jahre behielt er die Funktion eines Wirtschaftsberaters der Reichsregierung und wurde im November 1934 erneut in das Amt des Reichskommissars für Preisüberwachung berufen, wobei ihm die Verantwortung für die Preisaufsicht in Bereichen oblag, die früher von verschiedenen Ministerien kontrolliert wurden.

Schon 1935 trat er aus Protest gegen das Regime, das seine liberale Wirtschaftsauffassung und seine Vorschläge für lokale Verwaltungsreformen zurückwies, von diesem Posten zurück. G. verwarf das überhastete Wiederaufrüstungsprogramm ebenso wie den Antisemitismus der Nationalsozialisten und trat auch als Oberbürgermeister von Leipzig zurück, als 1937 eine Büste des jüdischen Komponisten Felix Mendelssohn-Bartholdy entfernt wurde, die vor dem Leipziger Rathaus gestanden hatte. Noch im selben Jahre sammelte er die Kräfte des konservativen, bürgerlich-nationalistischen Widerstandes gegen Hitler um sich und nutzte seine Funktion als Auslandskontaktmann der Stuttgarter Firma Bosch, um einflußreiche Persönlichkeiten in Großbritannien, Frankreich und Amerika vor der Bedrohung durch Hitlerdeutschland zu warnen.

Nach dem Ausbruch des Zweiten Weltkrieges wurde der verbissen sein Ziel anstrebende G. zur zentralen Figur des nichtmilitärischen bürgerlichen Widerstandes. Er unternahm ausgedehnte Auslandsreisen und machte Gebrauch von seinen Verbindungen zu deutschen Beamten, Diplomaten und führenden Persönlichkeiten der Wirtschaft. Außerdem tat er alles, um auch die Wehrmacht gegen Hitler aufzuwiegeln. So verfaßte er 1940 eine für das deutsche Offizierkorps bestimmte Denkschrift, in der er schilderte, in welch verzweifelter Lage sich Europa befände, wenn es von den NS-Machthabern regiert würde. G. arbeitete dabei eng mit Generaloberst Ludwig → *Beck* zusammen.

Doch trotz G. s hervorragender Kenntnis der Verhältnisse im In- und Ausland beweist sein 1943 entworfener Friedensplan einen überraschenden Mangel an Realitätssinn, sieht er doch ein von Hitler befreites Großdeutschland vor, dem – außer dem Reichsgebiet in den Grenzen von 1937 – noch immer Österreich, das Sudetenland, Westpreußen, die Provinz Posen und sogar Südtirol angehören sollten. Nicht bereit, die Hauptmasse der von Hitler eroberten Gebiete aufzugeben, hoffte G. auf einen starken deutschen Nationalstaat, der als Bollwerk gegen den kommunistischen Osten dienen sollte. Er war überzeugt, die Briten und Amerikaner durch das Angebot deutscher Waffenhilfe zu Verhandlungen über einen Separatfrieden zu bewegen. Über die von den Alliierten erhobene Forderung nach bedingungsloser Kapitulation war G. zutiefst enttäuscht.

Auch G.s innenpolitische Auffassungen hatten etwas Anachronistisches. Er wollte eine starke Exekutive und eine wohlhabende Elite, jedoch eingebunden in demokratische Gesetze, wobei er darauf vertraute, die deutsche Bevölkerung werde sich sofort auf seine Seite stellen, sobald er nur der Öffentlichkeit die Beweise für die von den Nazis begangenen Verbrechen vorlegt. Hinsichtlich der Judenfrage scheint G. einige der Voraussetzungen, von denen die Nürnberger Gesetze ausgingen, akzeptiert zu haben, allerdings hätte er die eigentlichen Rassegesetze abzuschaffen versucht. In einem Brief an Feldmarschall von → *Kluge*, den er im Sommer 1943 noch immer für den Widerstand zu gewinnen hoffte, erklärte er, es sei ein offen auf der Hand liegendes Verbrechen, den Krieg ohne Siegeschance weiterzuführen. Und sowohl → *Goebbels* als auch (mit größerer Berechtigung) → *Himmler* betrachtete er als mögliche Verbündete, da, wie er meinte, beide begriffen hätten, daß sie an Hitlers Seite verloren seien.

G.s Hang, für ein Deutschland nach Hitlers Beseitigung Denkschriften und Personallisten zu entwerfen, erwies sich nach dem Scheitern des Attentats vom 20. Juli 1944 als verhängnisvoll. Bei ihm, der Deutschlands Kanzler geworden wäre, falls der Anschlag auf Hitler Erfolg gehabt hätte, fand die Gestapo eine Vielzahl belastender Dokumente einschließlich der Liste seiner zukünftigen Kabinettsmitglieder. Somit trug G.s Unvorsichtigkeit erheblich dazu bei, andere Mitglieder des Widerstandes zu belasten, deren Namen auf seinen Listen auftauchten. Verhaftet und am 8. September 1944 zusammen mit Ulrich v. Hassell, Wilhelm Leuschner und Josef Wirmer vom Volksgerichtshof zum Tode verurteilt, wurde G. 5 Monate lang nicht hingerichtet, während Himmler selbst Friedensfühler nach dem Ausland ausstreckte.

Schließlich wurde das Urteil am 2. Februar 1945 im Gefängnis Plötzensee vollstreckt.

Göring, Emmy geb. Sonnemann (1893–1973)

Zweite Ehefrau des designierten Hitler-Nachfolgers Hermann → *Göring* und somit »erste Dame« NS-Deutschlands. Sie wurde am 24. März 1893 in Hamburg geboren und war später als Schauspielerin eine stattliche Erscheinung von walkürenhafter Statur. Sie spielte am Nationaltheater in Weimar, 1934 erhielt sie, zur preußischen Staatsschauspielerin ernannt, ein Engagement am Berliner Staatstheater. Ihre Eheschließung mit Göring (20. April 1935) wurde fast wie eine Fürstenhochzeit gefeiert, und auch die Geburt ihrer einzigen Tochter Edda, drei Jahre später, stilisierte man zu einem Ereignis von nationaler Bedeutung hoch.

Da Hitler unverheiratet war, spielte E. G. als Frau der zweithöchsten Persönlichkeit im Dritten Reich eine führende Rolle im gesellschaftlichen Leben. Sowohl sie als auch Göring selbst waren Zielscheibe zahlreicher doppeldeutiger Witze, die man sich hinter vorgehaltener Hand erzählte und auf deren Verbreitung hohe Strafen standen. Vordergründig häufig sexuell gefärbt, waren sie doch insofern politisch, als sie bestimmte Eigenheiten des NS-Regimes karikierten.

1945 wurde E. G. von den Amerikanern in Tirol festgesetzt. 1945 bis 1947 wiederholt verhaftet, wurde E. G. im Juni 1948 von der Lagerspruchkammer Garmisch-Partenkirchen für schuldig befunden, aktive Nationalsozialistin gewesen zu sein. Deshalb erhielt sie ein Jahr Arbeitslager und fünf Jahre Auftrittsverbot. 30 % ihres Vermögens wurden eingezogen. Als Zeuge hatte u. a. Gustaf Gründgens zu ihren Gunsten ausgesagt. Erinnerungen aus ihrer Feder veröffentlichte die Illustrierte

Quick 1966 unter dem Titel *Mein Leben mit Hermann Göring*. Sie starb am 8. Juni 1973 in München.

Göring, Hermann (1893–1946)
Oberbefehlshaber der Luftwaffe, Reichstagspräsident, preußischer Ministerpräsident und Hitlers designierter Nachfolger, der zweite Mann im Dritten Reich. G. wurde am 12. Januar 1893 in Rosenheim (Bayern) als Sohn eines Juristen geboren, der von Bismarck als erster Reichskommissar für Deutsch-Südwestafrika (heute Namibia) bestimmt worden war. Nach Absolvierung der Kadettenanstalt in Karlsruhe begann G. seine militärische Laufbahn 1912 zunächst als Infanterieleutnant, bevor er zur damaligen Fliegertruppe abkommandiert wurde. Als letzter Chef des Jagdgeschwaders Richthofen (1918) zeichnete sich G. als Jagdflieger aus. Ihm wurden 22 Abschüsse zugeschrieben, und er erhielt sowohl das Eiserne Kreuz (Erster Klasse) als auch den *Pour le Mérite*, so daß ihn bei Kriegsende die romantische Aura eines hochdekorierten Piloten und Kriegshelden umgab.
Nach dem Kriege betätigte er sich in Dänemark und Schweden als Kunst- und Verkehrsflieger. In Schweden lernte er auch seine erste Frau, Karin Freiin von Kantzow, geb. Fock, kennen, die er im Februar 1922 in München heiratete. G.s Verbindungen zur Aristokratie und sein Ruhm als Kriegsheld machten ihn zum geradezu idealen Anwärter für die noch in den Kinderschuhen steckende NSDAP, und Hitler ernannte G. im Dezember 1922 zum Kommandeur der SA (Sturmabteilung). Die NSDAP verhieß dem renommiersüchtigen G. Betätigung, Abenteuer, Kameraderie und die Befriedigung seines elementaren, völlig unreflektierten Machthungers.
Am 9. November 1923 nahm er am Münchener Hitlerputsch teil. Dabei wurde er schwer verwundet und floh für vier Jahre ins Ausland, bis eine Generalamnestie ihm die Rückkehr ermöglichte. Er entkam über Österreich nach Italien, wo er Mussolini kennenlernte und ging schließlich in die Heimat seiner Frau nach Schweden. Dort wurde er in eine psychiatrische Klinik sowie (im September 1925) in eine geschlossene Anstalt eingeliefert, weil er wegen seiner nur langsam heilenden Verwundung morphiumsüchtig geworden war. Im Herbst 1927 kehrte er nach Deutschland zurück und trat erneut der NSDAP bei. Ein Jahr später wurde G. einer ihrer ersten Abgeordneten im Reichstag. In den nächsten fünf Jahren trug G. wesentlich dazu bei, Hitler den Weg zur Macht zu ebnen. Er bediente sich seiner Verbindungen zu konservativen Kreisen, zur Hochfinanz und zur Reichswehr, um Sympathiewerbung für die NSDAP zu treiben, und schuf die Voraussetzungen für den Wahlsieg vom 31. Juli 1932, der ihn zum Präsidenten des Reichstages machte.
Nach Hitlers Machtergreifung am 30. Januar 1933 wurde G. als preußischer Innenminister auch Chef der Polizei (als der er das preußische Geheime Staatspolizeiamt schuf, aus dem später das Reichssicherheitshauptamt hervorging) sowie Reichskommissar für Luftfahrt und Reichsminister ohne Geschäftsbereich. Als eigentlicher Schöpfer der geheimen Staatspolizei errichtete G. zusammen mit → *Himmler* und → *Heydrich* die ersten Konzentrationslager für politische Gegner und setzte alles daran, jede Art von Opposition einzuschüchtern und im Keim zu

ersticken. Wegen angeblicher kommunistischer Bedrohung wurde Preußen gesäubert. Hunderte von Zivil- sowie Tausende von Polizeibeamten fielen dieser Säuberung zum Opfer und wurden durch Personal aus der SA und SS ersetzt, die damit die Polizeigewalt in Berlin übernahmen. G. schlachtete den Reichstagsbrand, von dem viele glaubten, er selbst habe ihn legen lassen, nach Kräften aus und erließ eine Reihe von Verordnungen, die die letzten Reste bürgerlicher Rechtsstaatlichkeit in Deutschland zerschlugen, Kommunisten und Sozialdemokraten in die Konzentrationslager brachten und die linksgerichtete Presse mundtot machten.

Im April 1933 war Göring zum preußischen Ministerpräsidenten ernannt worden. Bei dem Blutbad vom 30. Juni 1934 trug er Verantwortung für Maßnahmen, die zur Beseitigung seines Rivalen Ernst → *Röhm* und anderer SA-Führer führten. Am 1. Mai 1935 wurde er zum Oberbefehlshaber der Luftwaffe ernannt. Zusammen mit Ernst → *Udet* und Erhard → *Milch* forcierte er deren Ausbau auch auf dem Gebiet der Personalausbildung. 1936 erhielt er als Beauftragter für den Vierjahresplan praktisch diktatorische Kontrollvollmacht über die deutsche Industrie. Die Gründung der staatseigenen Hermann-Göring-Werke (1937), eines Mammutkonzerns mit 700000 Arbeitskräften und 400 Millionen Reichsmark Kapital, verhalf ihm dazu, ein ungeheures Vermögen anzuhäufen.

G. nutzte seine Position, um ein Luxusleben zu führen, das er gern zur Schau stellte. Er wohnte in einer pompösen Villa in Berlin und erbaute sich in der Schorfheide unweit von Berlin einen Jagdsitz, den er zum Andenken an seine 1931 an Tuberkulose gestorbene erste Frau »Karinhall« nannte. Hier organisierte er Feste und Staatsjagden, stellte während des Krieges gestohlene und zusammengekaufte Kunstschätze aus ganz Europa aus und pflegte seine Eitelkeit und seinen Uniformtick. Gern gab er sich »altgermanisch« in grünen Lederjacken mit mittelalterlichen Kopfbedeckungen und Saupießen. Durch seinen Hang zu Orden, Medaillen und Juwelen machte er sich geradezu zum Gespött. Seine Freude am äußeren Glanz der Macht, sein üppiger Lebensstil und seine Gewöhnung an Bestechlichkeit trübten allmählich sein Urteilsvermögen. Der »letzte Renaissancemensch«, wie er sich in seiner Selbstüberschätzung zu stilisieren pflegte, verwechselte mehr und mehr Theaterdonner mit wirklicher Macht. Dennoch blieb er bei der Masse der deutschen Bevölkerung beliebt, denn er galt als ein Mensch mit dem »Herz auf dem rechten Fleck«, als vertrauenswürdig, und man hielt ihn für zugänglicher als den »Führer«. Zu welcher Durchtriebenheit und Brutalität auch G. fähig war, um seinen Ehrgeiz zu befriedigen, verraten die Intrigen, die er gegen die Generäle von → *Fritsch* und von → *Blomberg* spann, zu deren Sturz (im Februar 1938) er in der Hoffnung beitrug, selbst ihre Rolle zu spielen.

Nach dem Pogrom der Reichskristallnacht (9. November 1938) hatte G. die Idee, den Juden die Zahlung von einer Milliarde Reichsmark aufzuerlegen. Auf Grund seiner Wirtschaftsvollmachten war er auch an den Verordnungen beteiligt, durch die die Juden aus dem deutschen Geschäftsleben zu entfernen und jüdischer Besitz und jüdische Geschäfte zu arisieren waren.

Am 12. November 1938 drohte er für den Fall, daß es zu einem Konflikt mit einer fremden Macht käme, eine »große Abrechnung an den Juden« an. Und G. war es schließlich, der Heydrich am 31. Juli 1941 anwies, »alle erforderlichen Vorbereitungen ... zu treffen für eine Gesamtlösung der Judenfrage im deutschen Einflußgebiet in Europa«. Hinsichtlich der Territorialansprüche des Dritten Reiches war G. völlig der Ansicht Hitlers. Er spielte eine Schlüsselrolle bei der Vorbereitung für den Anschluß Österreichs (1938) sowie bei der Einschüchterung der Tschechoslowakei. Sicher hätte er es vorgezogen, Europa eine Neuordnung mit Mitteln zu diktieren, die er für diplomatisch hielt, ohne es zum Kriege kommen zu lassen. Tatsächlich streckte er auch entsprechende Fühler aus. Doch nachdem er am 30. August 1939 zum Vorsitzenden des Reichsverteidigungsrates ernannt und am 1. September 1939 offiziell zu Hitlers Nachfolger bestimmt wurde, leitete G. den Luftkrieg gegen Polen und Frankreich und wurde am 19. Juni 1940 zum Reichsmarschall ernannt.

Im August 1940 begann er siegesgewiß die Operation *Adler* (die Luftoffensive gegen England), überzeugt, er werde die *Royal Air Force (RAF)* vom Himmel fegen und Großbritannien allein aus der Luft zur Kapitulation zwingen. Schließlich verlor G. in der »Schlacht um England« den Überblick und beging einen schicksalsschweren taktischen Fehler, als er am 7. September 1940 zu schweren Nachtangriffen auf London überging, während die britische Jagdfliegerei infolge schwerer Verluste in der Luft und am Boden stark angeschlagen war. G. s geänderte Taktik bewahrte die RAF-Luftüberwachung vor der Zerstörung und verschaffte den britischen Jagdgeschwadern wertvolle Zeit, sich von ihren Verlusten zu erholen. Dieses Versagen der Luftwaffe, das Hitler nie verzieh, führte zur Aufgabe der Operation *Seelöwe* (der ursprünglich geplanten Landung deutscher Truppen in England) und zu G. s politischem Abstieg. Weitere Rückschläge der Luftwaffe an der Ostfront sowie die Unfähigkeit der deutschen Jagdflieger, Deutschland vor den Bombenangriffen der Alliierten zu schützen, stellten zusätzlich G. s mangelnde Eignung zum Oberbefehlshaber unter Beweis. Auch die flugtechnische Forschung wurde unter ihm nicht vorangetrieben.

So versank G. immer tiefer in Lethargie und flüchtete sich in eine Scheinwelt. General → *Galland* verbot er 1943 ausdrücklich, ihm zu melden, daß feindliche Jageverbände Seite an Seite mit den Bombengeschwadern immer tiefer in den deutschen Luftraum eindrängen. Damals war G. nur noch ein Schatten seiner selbst. Er wurde von Hitler geschnitten, der ihn für Deutschlands Niederlagen verantwortlich machte, und verlor durch → *Bormanns* Wühlarbeit immer mehr an Boden. An Einfluß bald hinter → *Himmler*, → *Goebbels* und → *Speer* zurückstehend, dennoch aber bis zur Unterwürfigkeit von Hitler abhängig, litt er zunehmend an psychischer Zerrüttung. Als Hitler im April 1945 erklärte, er wollte bis zum Ende im Berliner Führerbunker bleiben, deutete G., der sich nach Berchtesgaden abgesetzt hatte, dies als Abdankung und wollte unverzüglich die Nachfolge antreten. Statt dessen wurde er aller seiner Ämter enthoben, mit Schimpf und Schande aus der Partei ausgestoßen und verhaftet.

Kurz darauf (am 8. Mai 1945) fiel er in die Hände von Streitkräften der 7. US-Armee und wurde, sehr zu seiner Überraschung, 1946 in Nürnberg vor Gericht gestellt. Bei seinem Prozeß verteidigte sich G., der schlanker geworden war und eine Entziehungskur hinter sich hatte, mit aggressiver Vitalität und durchaus geschickt, wobei er nicht selten die eine oder andere Runde gegen den Vertreter der Anklage gewann. Nachdem Hitler tot war, war er der ranghöchste NS-Machthaber unter den Angeklagten, und so beeinflußte er das Verhalten anderer Gefangener auf der Anklagebank und warf sich in eine Pose selbstbewußten Heldentums, wobei er sich schon als Märtyrer fühlte, dem unsterblicher Ruhm sicher sei.
Die Richter freilich vermochte er nicht zu beeindrucken. Sie befanden ihn in allen vier Anklagepunkten für schuldig: Schuldig der Verschwörung zum Zwecke der Kriegsvorbereitung sowie schuldig, Verbrechen gegen den Frieden, Kriegsverbrechen und Verbrechen gegen die Menschlichkeit begangen zu haben. Mildernde Umstände fand man nicht, und so wurde G. zum Tode durch den Strang verurteilt. Am 15. Oktober 1946, zwei Stunden, bevor die Hinrichtung stattfinden sollte, beging G. in seiner Nürnberger Gefängniszelle Selbstmord. Er zerbiß eine Giftkapsel, die er während seiner ganzen Gefangenschaft vor seinen Wächtern hatte verbergen können.

Gottschalk, Joachim (1904–1941)
Einer der beliebtesten jungen deutschen Schauspieler während des Dritten Reiches. G. wurde am 10. April 1904 als Sohn eines Arztes geboren. Nach Anfangserfolgen in Leipzig und Frankfurt am Main war er ab 1938 in Berlin engagiert und wirkte in einer Reihe außerordentlich erfolgreicher Filme mit. Hierzu gehörten Gustav Ucickys *Aufruhr in Damaskus* (1939), *Ein Leben lang* (1940) sowie Liebeneiners *Du und ich* (1939). Nach Kriegsausbruch sah sich G. immer mehr von offizieller Seite unter Druck gesetzt, weil er mit einer Jüdin verheiratet war, von der er sich nicht scheiden lassen wollte.
1941 bezichtigte die Gestapo seine Frau der Rassenschande und gab ihr sowie ihrem acht Jahre alten Sohn nur einen Tag, um ihre Koffer zu packen und das Land zu verlassen. Unter dieser unerträglich gewordenen Belastung töteten G. und seine Frau am 6. November 1941 ihr Kind und begingen gemeinsam Selbstmord, bevor Gestapo-Beamte in ihre Wohnung eindrangen. Die Nachricht vom tragischen Tod des beliebten Schauspielers und seiner Frau verbreitete sich in Berliner Künstlerkreisen mit Windeseile und löste heftige Erregung in den Filmstudios aus.

Greim, Robert Ritter von (1892–1945)
Generalfeldmarschall mit ausgezeichnetem Ruf als Kampfflieger. G. wurde am 22. Juni 1892 als Sohn eines bayerischen Polizeioffiziers in Bayreuth geboren und nahm als Flugzeugführer am Ersten Weltkrieg teil. Ihm gelang es als erstem Flieger, einen Panzer aus der Luft zu vernichten. Nach Kriegsende studierte er drei Jahre in München die Rechte. 1924–1927 baute er in der Militärakademie von Whampoa bei Kanton eine chinesische Fliegertruppe auf und wurde anschließend Geschäftsführer kommerzieller Pilotenausbildungszentren in Würzburg, Nürnberg und München. 1934 trat er als Major der Reichswehr bei. 1935 ernannte → *Gö-*

ring ihn als Kommandeur des Jagdgeschwaders Richthofen zum ersten Geschwaderkommandeur der neugegründeten Luftwaffe, deren Personalchef im Range eines Generalmajors er drei Jahre später wurde.
1940 führte G. als Kommandierender General das V. Fliegerkorps im Süden der Westfront und erhielt dafür im Juni 1940 das Ritterkreuz (im April 1943 dazu das Eichenlaub sowie 1944 das Ritterkreuz mit Eichenlaub und Schwertern). Mit Beginn des Rußlandfeldzuges stand er an der Ostfront. Ab 1942 Kommandierender General eines Fliegerkorps sowie ab Februar 1943 bis 1945 Oberbefehlshaber der 6. Luftflotte an der Ostfront, wurde G. am 27. April 1945 von Hitler zum Nachfolger Görings als neuer Oberbefehlshaber der Luftwaffe ernannt. Zusammen mit der berühmten Testpilotin Hanna → *Reitsch* wurde G. eigens von München nach Berlin in Hitlers unterirdisches Hauptquartier, den Führerbunker, beordert, um seine Ernennung und gleichzeitig seine Beförderung zum Generalfeldmarschall entgegenzunehmen.
Bei dem Flug in die brennende Stadt wurde G. verwundet, als eine sowjetische Flak-Granate seine Maschine traf, doch Hanna Reitsch schaffte es, das Flugzeug in der Nähe der Reichskanzlei zu landen. Obwohl beide baten, mit Hitler im Bunker bleiben zu dürfen, erhielten G. und Hanna Reitsch den Befehl, Berlin wieder zu verlassen. Tatsächlich gelang es ihnen, der Flammenhölle zu entkommen, zu der die in Trümmer gesunkene Hauptstadt des Dritten Reiches geworden war. Sie flogen nach Plön zum Hauptquartier des Großadmirals Karl → *Dönitz*, den Hitler als seinen politischen Nachfolger eingesetzt hatte. Am 24. Mai 1945 beging G., der mit Hanna Reitsch noch nach Tirol geflogen worden war, in alliierter Gefangenschaft in Salzburg Selbstmord.

Greiser, Arthur (1897–1946)
Präsident des Danziger Senats und während des Zweiten Weltkrieges Reichsstatthalter des Gaues Wartheland. G. wurde am 22. Januar 1897 als Sohn eines Beamten in Schroda (Provinz Posen) geboren und war im Ersten Weltkrieg Marineoffizier. Später vorübergehend in einem Freikorps, versuchte er sich anschließend mit wenig Glück als Geschäftsmann. 1924 gehörte er zu den Gründern des Frontkämpferbundes *Der Stahlhelm* in Danzig. 1928 trat er der NSDAP und der SA bei, und im Jahre 1930 schloß er sich der SS an. Ab November 1930 war G. Gaugeschäftsführer der NSDAP in Danzig sowie Fraktionsführer seiner Partei im Danziger Stadtparlament.
Am 20. Juni 1933 wurde er Vizepräsident und Innensenator des Danziger Senats und am 28. November 1934 folgte er schließlich Hermann → *Rauschning* im Amt des Präsidenten nach, das er bis zum 1. September 1939 innehatte. Danach ernannte man ihn zum Chef der Zivilverwaltung in der Provinz Posen, und am 21. Oktober 1939 wurde er Gauleiter und Reichsstatthalter im Reichsgau Wartheland, einem damals unmittelbar dem Reich zugeschlagenen Teil Westpolens, der auch das Gebiet von Lodz (damals: Litzmannstadt) umfaßte. Ab Juli 1940 war G. Mitglied des Reichstages für den Warthegau, und 1942 erhielt er den Rang eines SS-Obergruppenführers. Als Gauleiter des Warthegaus trug er die Verantwortung für die Massendeportation und Ausrottung von Juden

und Polen, deren Ziel es war, Raum für deutsche Zuwanderer aus den baltischen Staaten, Wolhynien, dem Balkan sowie aus dem Reichsgebiet selbst zu schaffen.
Infolge seiner Maßnahmen wuchs die deutsche Bevölkerung in seinem Zuständigkeitsbereich von 325000 Personen im Jahre 1939 bis Ende 1943 auf nahezu 950000 Personen an. G.s Einstellung zur polnischen Bevölkerung war durch ausgesprochene Grausamkeit gekennzeichnet. So sprach er sich in einem am 1. Mai 1942 an Himmler gerichteten Brief dafür aus, an Tuberkulose erkrankte Polen zur Sonderbehandlung (= Ermordung) ins Vernichtungslager Chelmno zu schicken. Außerdem stand G. hinter den Terrormaßnahmen gegen die Juden, die dazu führten, daß jüdische Synagogen in Flammen aufgingen und daß man Tausende von Juden entweder zur Zwangsarbeit preßte, nach Deutschland und ins Generalgouvernement (die nicht unmittelbar dem Reich angegliederten, sondern als besetzt geltenden Teile Polens) deportierte oder gar in die Vernichtungslager der SS einlieferte.
Gegen Kriegsende setzte sich G. in die bayerischen Alpen ab, wo er sich schließlich den Amerikanern stellte. An Polen ausgeliefert, wurde er von einem polnischen Gericht zum Tode verurteilt und am 14. Juli 1946 vor seiner ehemaligen Residenz in Posen gehängt, nachdem man ihn in einem Käfig durch die Stadt getragen hatte.

Grimm, Hans (1875–1959)
Deutscher Schriftsteller, dem die nationalsozialistische Propaganda eines ihrer zündendsten Schlagwörter verdankte: *Volk ohne Raum*. Es war der Titel seines 1926 veröffentlichten zweibändigen Romans, der, kaum erschienen, sofort Aufsehen erregte und es auf nahezu 700000 verkaufte Exemplare brachte. G. wurde am 22. März 1875 als Sohn eines ehemaligen Universitätsprofessors, der zu den Begründern des Deutschen Kolonialvereins gehörte, in Wiesbaden geboren. Im Alter von 20 Jahren versuchte er sein Glück als Geschäftsmann in Übersee und ging nach England, um den Beruf des Exportkaufmannes zu erlernen. 1896 verließ er London, reiste in die Kapkolonie und verbrachte die nächsten 14 Jahre meist als selbständiger Geschäftsmann in Südafrika und im heutigen Namibia (damals Deutsch-Südwestafrika).
Diese Auslandserfahrung wurde bestimmend für sein politisches Weltbild, seine Gefühle und seine Voreingenommenheit für die kolonialistischen Bestrebungen in Deutschland. Für G. war Lebensraum unauflösbar mit Kolonien in Übersee verbunden, Lebensraum aber war für ihn gleichzeitig Allheilmittel für alle sozialen und politischen Probleme der Deutschen. In *Volk ohne Raum*, einem politischen Roman, der später in den Schulen NS-Deutschlands zur Pflichtlektüre wurde, findet sich die Meinung, daß das sauberste, anständigste, ehrlichste, tüchtigste und fleißigste Volk auf Erden in zu engen Grenzen lebe. G., der sich selbst als deutschen Rudyard Kipling betrachtete, erschloß sich mit seiner weitgehend autobiographischen und betont antibritischen Darstellung eines deutschen Siedlerlebens im britischen Südafrika der Jahrhundertwende eine literarische Goldmine. In diesem Klassiker des Blut-und-Boden-Schrifttums, der von den NS-Machthabern ausersehen wurde, auf der Chikagoer Weltaus-

stellung von 1936 als einziges Werk eines deutschen Autors deutsche Literatur zu repräsentieren, läßt G. seinen Vorstellungen von der Notwendigkeit eines Kolonialreiches und von des »weißen Mannes Bürde« freien Lauf.
Obwohl G. nie der NSDAP beitrat, verriet seine Weltanschauung, so wie sie sich in seinem Werk darstellte, die gleichen Denkmuster wie die offizielle Ideologie. G. hegte die gleichen Elitevorstellungen wie Hitler, mit dem er auch in der Forderung nach Reinrassigkeit der Deutschen übereinstimmte, und betrachtete den Nationalsozialismus als »zweite deutsche Reformation«, als »grandiosen« Versuch, Luthers Werk durch Rückkehr zum wahren nordischen Wesen zu vollenden. Auch über Deutschlands Grenzen hinaus suchte G. diese Botschaft zu verbreiten. In zwei Schriften (*Amerikanische Rede* [1936] und *Englische Rede* [1938]) stellte er Deutschland, England und die USA als künftiges Dreigestirn von weltweiter Bedeutung hin, in dem die nordische Rasse ihre Vollendung finden und den Herausforderungen der Vermassung und des Bolschewismus entgegentreten werde. G. mißtraute allerdings dem revolutionären Radikalismus innerhalb der NS-Bewegung, und → *Goebbels* drohte ihm einmal sogar mit Verhaftung und Einweisung in ein KZ (eine Drohung, die freilich niemals wahrgemacht wurde).
Doch hinderte dies G. nicht daran, nach dem Kriege Adolf Hitler und den Nationalsozialismus nach Kräften reinzuwaschen. Als Antwort auf eine Botschaft, die der Erzbischof von Canterbury am 29. November 1945 an das deutsche Volk richtete, verfaßte G. seine nationalistische *Erzbischofsschrift* mit dem Untertitel: *Antwort eines Deutschen*. Hierin griff er den »Seelenmord« an, der von den siegreichen Alliierten an den Deutschen begangen werde, und eiferte gegen die Nürnberger Prozesse, gegen die Entnazifizierung und gegen den Begriff der Kollektivschuld. Vom Nationalsozialismus behauptete er, er habe in seinen Anfangsjahren Europa viel Segen gebracht, denn er habe das »deutsche Volk und mit ihm die so zusammengedrängte mitteleuropäische Masse vor dem großen Überlaufen zum Kommunismus, und das bedeutet, vor der völligen Vermassung« bewahrt. Darüber hinaus fand G. an den Nationalsozialisten vor 1939 nichts auszusetzen »außer der Röhm-Revolte« und der »angeblich spontanen Volkserhebung gegen die Juden«, ja – er schob sogar Großbritannien, das Kriegshetze betrieben habe, die Schuld am Zweiten Weltkrieg zu.
G. zufolge war der britische »Deutschenhaß« moralisch nicht minder verwerflich als der Antisemitismus der Deutschen, und seiner Darstellung nach ließ sich die britische Politik seit 1895 auf die Formel bringen: *Germania est delenda* (»Deutschland muß vernichtet werden«). Daß die Engländer den Nationalsozialismus nicht verstanden hätten, sei für Europa eine furchtbare Katastrophe. Statt dessen habe abergläubische Deutschenangst England dazu gebracht, Präventivkriege zu führen und sich Adolf Hitler in den Weg zu stellen, der doch ein guter Europäer gewesen sei und lediglich den Kontinent habe vor der Bedrohung aus dem Osten schützen wollen.
In seinem Buch *Warum – woher, aber wohin?* (1954) führt G. all diese Gedankengänge noch weiter aus. Nun ist Hitler für ihn eine Persönlichkeit mit visio-

närer Begabung, ein deutscher Märtyrer, ein schlafwandlerischer Seher, ja der größte Staatsmann, den Europa je sah, und dessen Hinterlassenschaft das Schicksal ganzer Generationen künftiger Europäer bestimmen werde. Auch in einer Reihe von Vorträgen, die G. Anfang der fünfziger Jahre in verschiedenen Städten Schleswig-Holsteins hielt, bekannte er sich unentwegt voller Begeisterung weiterhin zu nationalsozialistischen Wertvorstellungen, bis ihm die Behörden der Bundesrepublik schließlich verboten, bei öffentlichen Versammlungen als Redner aufzutreten. Ohne sein Engagement für den NS-Staat zu bereuen, starb er am 27. September 1959 in seinem alten Klosterhof in Lippoldsberg an der Weser.

Groener, Wilhelm (1867–1939)
General des Ersten Weltkrieges und Reichsverkehrs-, Reichswehr- sowie Innenminister während der Weimarer Republik. G. wurde am 22. November 1867 in Ludwigsburg (Württemberg) geboren und gehörte als Berufsoffizier ab 1899 zum Großen Generalstab der kaiserlichen Armee. 1914 war er Chef der Eisenbahnabteilung. 1916 zum Generalleutnant befördert, wurde er zusätzlich Leiter des Kriegsernährungsamtes bzw. des Kriegsamtes und damit Beauftragter für Rüstungsproduktion und Kriegswirtschaft. Sein Eintreten für Arbeiterschutzbestimmungen und die Begrenzung der Kriegsgewinne brachte ihm im August 1917 die Entlassung. Er führte darauf eine Division, dann ein Armeekorps, hatte noch weitere Stabsstellen inne, zuletzt als Stabschef der Heeresgruppe Eichhorn. Am 26. Oktober 1918 trat er General → *Ludendorffs* Nachfolge als Erster Generalquartiermeister an. Er war es, der am 9. November 1918 Kaiser Wilhelm II. meldete, er sei der Loyalität der Truppen nicht mehr sicher und solle abdanken. Die deutsche Offizierskaste vergaß ihm das nie. Im Namen des Oberkommandos des Heeres übte G. auf die neue deutsche Regierung Druck aus, trotz des Widerstandes mancher Truppenkommandeure, den Versailler Vertrag zu akzeptieren.
Schon während des Krieges hatte G. mit Friedrich Ebert, dem Führer der Sozialdemokraten, zusammengearbeitet und sicherte ihm nun im November 1918 die Unterstützung der Truppe bei der Konsolidierung des neuen Staates zu, sobald Rätesystem und Anarchismus niedergeworfen seien. Zu diesem Zweck genehmigte G. die Bildung von Verbänden aus loyalen, antirevolutionären Freiwilligen. Zwischen 1920 und 1932 war G. mehrmals Reichsverkehrsminister, und im Januar 1928 wurde er zum Reichswehrminister ernannt, ein Amt, das er bis Mai 1932 innehatte. 1931/1932 war er außerdem Reichsinnenminister und eine der stärksten Stützen des Kabinetts → *Brüning*.
G. s Loyalität gegenüber der Weimarer Republik war für einen General auch der Reichswehr etwas ganz Außergewöhnliches, gleiches gilt für seinen entschlossenen Widerstand gegen die Infiltration der Streitkräfte durch Nationalsozialisten. Am 22. Januar 1930 erließ G. einen Tagesbefehl, in dem er vor Versuchen der NSDAP warnte, die Reichswehr für ihre politischen Ziele zu mißbrauchen. Angehörige der Streitkräfte hätten über der Politik zu stehen und dem Staate zu dienen. G. s verhängnisvoller Fehler bestand darin, General von → *Schleicher* zu seiner rechten Hand zu machen und ihm die

Kontaktpflege zwischen der Reichswehr und zivilen Ressorts sowie zur politischen Führung zu überlassen. Als G. im April 1932 die SA und SS verbot, begann von Schleicher zusammen mit der NS-Führung gegen G. zu intrigieren und gegen ihn eine Verleumdungskampagne zu inszenieren. U. a. beschuldigte er seinen Vorgesetzten, unter den Einfluß von Marxisten und Pazifisten geraten zu sein. Zuckerkrank und durch den Verrat seines Schützlings tief betroffen, rechtfertigte G. dennoch sein Verbot der NS-Verbände am 10. Mai 1932. Er war dafür von seiten der NSDAP-Abgeordneten unter der Führung → *Görings* einer Flut von Beschimpfungen ausgesetzt. Verbittert trat G. drei Tage später als Reichswehrminister zurück – ein schwerer Schlag für die zerfallende Republik. Als Reichsinnenminister war sein Schicksal schließlich mit dem des gesamten Kabinetts Brüning am 30. Mai 1932 besiegelt. G. starb am 3. Mai 1939 in Potsdam-Bornstedt.

Gross, Nikolaus (1898–1945)
Gewerkschaftsfunktionär und Mitglied der Widerstandsbewegung gegen Hitler. G. wurde am 30. September 1898 in Niederwenigern (Ruhr) geboren. Von Beruf Bergmann, stieg er zum Gewerkschaftsfunktionär und (1930) zum Redakteur der *Westdeutschen Arbeiterzeitung* auf. G. widersetzte sich dem Nationalsozialismus von Anfang an und versuchte später (in Vorbereitung des Attentats vom 20. Juli 1944) den Widerstand innerhalb der katholischen Arbeiterschaft zu organisieren. Am 12. August 1944 wurde er verhaftet und vom Volksgericht zum Tode verurteilt. Am 23. Januar 1945 wurde G. hingerichtet.

Gross, Walter (1904–1945)
Leiter des Rassenpolitischen Amtes der NSDAP. G. wurde am 21. Oktober 1904 in Kassel geboren. Von Beruf Arzt, war er 1932 Mitglied der Reichsleitung des Nationalsozialistischen Deutschen Ärztebundes (Sitz München), nachdem er 1925 der NSDAP beigetreten war. 1933 begründete G. das Aufklärungsamt für Bevölkerungspolitik und Rassenpflege, das er auch selbst leitete und das 1934 in das Rassenpolitische Amt der NSDAP integriert wurde. 1942 avancierte G. zum Leiter dieser Abteilung und wurde gleichzeitig Chef der Abteilung Naturwissenschaft im Amt Rosenberg. Ab 1936 Reichstagsabgeordneter der Stadt Oppeln (Oberschlesien), war G. einer der fanatischsten und zugleich einflußreichsten Befürworter der NS-Rassendoktrin, die er für wesentlich ansah, um die deutsche Volkskultur vor den »imperialistischen Absichten der Juden auf deutschem Boden« zu bewahren. In einem Vortrag am Institut für das Studium der Judenfrage äußerte er, daß nach seiner Meinung unwiderruflich die Todesstunde des europäischen Judentums gekommen sei. G.s Antisemitismus fand typischen Ausdruck in seinem pseudowissenschaftlichen Werk *Die rassenpolitischen Voraussetzungen zur Lösung der Judenfrage* (1943), das geschrieben wurde, als die sogenannte »Endlösung« in vollem Gange war.

Grüber, Heinrich (1891–1975)
Evangelischer Theologe und Seelsorger, nach dem Ende des Zweiten Weltkrieges Propst der (Ost-)Berliner Marienkirche. G. wurde am 24. Juni 1891 in Stolberg (Rheinland) geboren und war Nachkomme einer Hugenot-

tenfamilie. Er studierte in Bonn, Berlin und Utrecht Theologie und leitete später ein Heim für geistig behinderte Knaben. Unerbittlicher Gegner Hitlers, kam er mit Pastor →*Niemöller* und der Bekennenden Kirche in Kontakt, die ihn beauftragte, in seiner Pfarrei in Kaulsdorf bei Berlin das sogenannte Büro Grüber einzurichten, um Christen jüdischer Abstammung zu retten. Es ermöglichte die Emigration, sorgte im Ausland für Arbeit, kümmerte sich um alte Menschen, die der Fürsorge bedurften, und sorgte für die Erziehung jüdischer Kinder. Als Mittelsmann jüdischer Organisationen stand G. in ständigen Verhandlungen mit den NS-Behörden, darunter auch mit →*Eichmanns* Gestapo-Dienststelle, und bisweilen fand er anonyme Helfer in der Wehrmacht sowie in verschiedenen Reichsministerien.

Nach Kriegsausbruch war G. häufigen Belästigungen durch die Gestapo ausgesetzt, im Dezember 1940 verhaftete man ihn, lieferte ihn in das KZ Sachsenhausen ein und verlegte ihn 1941 nach Dachau. G. litt damals schon an einem Herzleiden, NS-Schergen hatten ihm seine Zähne ausgeschlagen, und die meisten seiner Helfer waren von den Nationalsozialisten ermordet worden. Dennoch nahm er, 1943 freigelassen, erneut mit im Exil lebenden evangelischen Geistlichen Kontakte auf.

1945 wurde er Propst der Marienkirche in Ost-Berlin und gründete die Evangelische Hilfsstelle für ehemals rassisch Verfolgte. 1949 bis 1958 war G. Bevollmächtigter der Evangelischen Kirche in Deutschland bei der Regierung der DDR, trat schließlich jedoch aus Protest gegen antichristliche Vorwürfe, die in der DDR laut wurden, von diesem Amt zurück. In der Bundesrepublik trat er kompromißlos für atomare Abrüstung ein und tadelte die Bundesregierung wegen des Aufbaus der Bundeswehr sowie wegen ihrer Deutschlandpolitik. Er blieb von der Kollektivschuld aller Deutschen an den Naziverbrechen überzeugt und hielt jeden Deutschen, der die Fehler der Vergangenheit zu beschönigen suchte, für einen »potentiellen Verbrecher von morgen«. Als einziger deutscher Zeuge kam er 1961 nach Jerusalem, um beim Eichmannprozeß auszusagen und vor aller Welt zu demonstrieren, daß es ein »anderes Deutschland« gab. Unermüdlich auf die moralische Verpflichtung der Deutschen gegenüber den Juden hinweisend, warnte er die westdeutschen Behörden davor, die Wühlarbeit neonazistischer Gruppierungen in der Bundesrepublik, die immer wieder in periodischen Abständen von sich reden machen, zu unterschätzen. Seine Memoiren (*Erinnerungen aus sieben Jahrzehnten*) wurden 1968 veröffentlicht. Sieben Jahre später am 29.11.1975 erlag Propst G. im Alter von 84 Jahren in West-Berlin einer Herzattacke.

Gründgens, Gustaf (1899–1963)
Einer der beliebtesten und bedeutendsten Bühnen- und Filmschauspieler, Regisseure und Theaterleiter im Hitlerdeutschland und in der Nachkriegszeit. G. wurde am 22. Dezember 1899 in Düsseldorf als Sproß einer alten rheinischen Industriellenfamilie geboren. Nach ersten Engagements in der Provinz (Halberstadt und Kiel) begann seine Karriere 1923 an den Hamburger Kammerspielen, und schon Ende des Jahrzehntes hatte er am Deutschen Theater in Berlin enormen Erfolg. Als Sensation galt seine Darstellung des Mephisto in Goethes *Faust* (1932).

1934 wurde G. Intendant des Staatlichen Schauspielhauses am Gendarmenmarkt.
Seinen Ruf als Filmschauspieler begründete er mit der Rolle des Obergangsters in Fritz Langs erstem Tonfilm *M*. Zu seinen weiteren frühen Filmen zählten: *Luise, Königin von Preußen* (1931), *York* (1931) sowie ein Monumentalfilm über Jeanne d'Arc, *Das Mädchen Johanna* (1935), in dem G. die Rolle König Karls VII. spielte. Bemerkenswert waren auch G.s Darstellung des Professors Higgins in Erich Engels' Film *Pygmalion* (1935 [nach G. B. Shaw]) und sein dandyhafter, mit Monokel und Knopfblume ausgestatteter Joseph Chamberlain in dem antibritischen Film *Ohm Krüger*.
G.s frühere Sympathie für den Kommunismus tat seiner Karriere im Hitlerdeutschland keinerlei Abbruch, er genoß die Förderung Hermann → *Görings*, der ihn 1936 zum Preußischen Staatsrat ernannte. Das Amt des Generalintendanten der Preußischen Staatstheater hatte er bis 1945 inne. G. war in erster Ehe mit Erika Mann, der Tochter des Schriftstellers und Hitlergegners Thomas Mann, in zweiter Ehe mit der Schauspielerin Marianne Hoppe verheiratet. G.s Wirken als Schauspieler, Regisseur und Theaterleiter beschränkte sich nicht auf die Jahre des Dritten Reiches, auch in der Nachkriegszeit setzte er noch Maßstäbe, dies insbesondere mit einer eigenen *Faust*-Inszenierung, in der er abermals den Mephisto spielte (1957/58 [Film 1960]), sowie mit der postumen Uraufführung von Bertolt Brechts Schauspiel *Die heilige Johanna der Schlachthöfe* (1959).
G. starb während einer Weltreise am 7. Oktober 1963 in Manila (Philippinen). Nach offizieller Darstellung soll er sich mit einer Überdosis Tabletten selbst das Leben genommen haben. Dagegen steht die wahrscheinlichere Version, daß G. ermordet wurde.
G. blieb wegen der Rolle, die er im Dritten Reich gespielt hatte, nicht unumstritten. Er befand sich nach der Eroberung Berlins durch die Rote Armee neun Monate lang in sowjetischen Internierungslagern, bevor er 1947 als Leiter des Düsseldorfer Schauspielhauses seine Nachkriegskarriere begann. Um die Frage, ob und wie weit sein Verhalten während der Hitlerzeit als Komplizenschaft mit den Nationalsozialisten zu deuten ist, geht es in dem erfolgreichen, wenn auch seinerseits nicht unumstrittenen Film *Mephisto* (1981), der auf einem aus privatrechtlichen Gründen lange Zeit in der Bundesrepublik Deutschland unveröffentlichten Roman des ehemaligen Gründgens-Schwagers und Gründgens-Freundes Klaus Mann beruht.

Grynszpan, Herschel (geb. 1921)
G. wurde am 28. 3. 1921 in Hannover als Nachkomme polnischer Juden geboren. Am 7. November 1938 ermordete er den Legationssekretär der deutschen Botschaft in Paris, Ernst vom Rath – eine Tat, die den Nazis als willkommener Vorwand des berüchtigten Reichskristallnacht-Pogroms vom 9. November 1938 diente. G.s Vater, Sendel G., war 1911 aus Polen nach Deutschland gekommen, um, wie die makabre Ironie der Geschichte es wollte, antisemitischen Ausschreitungen zu entgehen. Sein Sohn Herschel, eines von acht Kindern, hatte 1936 ohne Schulabschluß seine Geburtsstadt Hannover verlassen und lebte kurze Zeit in Brüssel, dann bei Verwandten

in Paris, wo er sich um eine Aufenthaltserlaubnis für Frankreich bemühte, die jedoch am 8. Juli 1938 abgelehnt wurde. Offensichtlich gemütskrank und verhaltensgestört, wollte er anscheinend den deutschen Botschafter töten, aus Rache für die Vertreibung von 15000 polnischen Juden (einschließlich der eigenen Familie), die Ende Oktober 1938 ohne viel Umstände bei Zbąszyń über die polnisch-schlesische Grenze abgeschoben wurden.
Das Vorgehen der Deutschen stürzte die Familie G. völlig ins Elend. So kaufte G. am 7. November 1938 einen Revolver, ging zur deutschen Botschaft und erschoß den ersten Diplomaten, der ihn empfing. Zufällig war dies der Botschaftssekretär Ernst vom Rath, der selbst als Nazigegner bekannt war und bereits von der Gestapo beschattet wurde. Zwei Tage später wurde in Deutschland die Reichskristallnacht inszeniert – eine raffiniert von Goebbels veranlaßte und durch Hetzreden angeheizte Gewaltorgie des entfesselten Pöbels gegen das deutsche Judentum. Glasscherben eingeschlagener Schaufenster jüdischer Geschäfte bedeckten die Straßen deutscher Städte, durch die der Qualm in Brand gesteckter Synagogen zog. Auch Wohnungen und Häuser jüdischer Familien wurden zerstört. Der Schlag war sorgfältig vorbereitet, denn man enteignete und verjagte Juden ganz systematisch. Man schätzt, daß rund 20000 Personen in Konzentrationslager gebracht wurden. Den jüdischen Gemeinden, denen man die Schuld an den Ausschreitungen in die Schuhe schob, erlegte man eine Schadensersatzzahlung von einer Milliarde Reichsmark auf.
G. selbst wurde zwar des Mordes an Ernst vom Rath angeklagt, aber nicht vor Gericht gestellt. Nach Frankreichs Zusammenbruch (1940) lieferten ihn die Vichy-Behörden an die Nazis aus. Goebbels plante für Mai 1942 einen Schauprozeß, der G. und dem Weltjudentum die Schuld am Kriege zwischen Frankreich und Deutschland anlasten sollte. Doch gab man den Plan wieder auf, weil das Reichsjustizministerium den Fehler begangen hatte, die Anklage um den Vorwurf der Homosexualität zu erweitern und nun zu befürchten war, daß Grynszpan homosexuelle Beziehungen zu vom Rath als Tatmotiv angeben wollte. Offensichtlich führten die bloße Möglichkeit eines Skandals sowie die Verschlechterung in den Beziehungen zwischen Deutschland und Vichy-Frankreich zu einem unbegrenzten Prozeßaufschub. Doch die Tatsache, daß G. eines Tages vor Gericht gestellt werden sollte, rettete ihm womöglich das Leben, denn man schickte ihn nicht nach Auschwitz, sondern hielt ihn zunächst im KZ Sachsenhausen und dann im Untersuchungsgefängnis Berlin-Moabit in Haft. 1957 stellte sich heraus, daß G. unter falschem Namen in Paris lebte. Auch sein Vater überlebte die Hitlerzeit und trat 1961 in Jerusalem beim Prozeß gegen → *Eichmann* als Zeuge auf.

Guderian, Heinz (1888–1954)
Deutscher Panzergeneral und während des Zweiten Weltkrieges wesentlich am Gelingen der Blitzkrieg-Operationen in Polen, Frankreich und der Sowjetunion beteiligt. G. wurde als Sohn eines Generalleutnants am 17. Juni 1888 in Kulm (Chelmno) an der Weichsel geboren. Nach seiner Ausbildung auf Kadettenanstalten in Karlsruhe und Groß-Lichterfelde bei Berlin und

Kriegsdienst im Ersten Weltkrieg trat er 1919 der Reichswehr bei, wobei er bald als Truppen-, bald als Stabsoffizier Dienst tat. Zum dritten Telegraphenbataillon in Koblenz abkommandiert und mit dem Funkwesen vertraut, erwarb G. schon früh Kenntnisse moderner Kommunikationstechniken, die es ihm im Zweiten Weltkrieg ermöglichen sollten, als erster Korpsführer von einem mobilen Gefechtsstand aus Schlachten zu leiten.

1933 zum Obersten und ein Jahr danach zum Chef des Stabes beim Inspekteur der motorisierten Truppen ernannt, spezialisierte sich G. auf den Aufbau größerer Panzerverbände innerhalb der Panzertruppe. Sein Eintreten für den Einsatz von Panzern, der die moderne Kriegführung revolutionieren sollte, seine Erkenntnis, daß Panzer künftig als Kern einer starken, kombinierten Angriffstruppe die entscheidende Rolle spielen würden und andere Waffengattungen sich dem anzupassen hätten, wurde auch von Hitler vertreten. 1936 wurde G. zum Generalmajor und zwei Jahre später, inzwischen Generalleutnant, zum Chef der schnellen Truppen ernannt. Bei Kriegsausbruch übernahm der General der Panzertruppen das XIX. Armeekorps.

Im Polenfeldzug bewährte sich G.s Konzeption des Panzerkrieges, die er in seinem 1937 veröffentlichten Buch *Achtung Panzer* dargelegt hatte. Als Speerspitze der deutschen Wehrmacht warf sein Panzerkorps die polnischen Infanteriedivisionen nieder, die den Danziger Korridor verteidigten. Im Oktober 1939 für den Erfolg seiner Blitzkriegführung mit dem Ritterkreuz belohnt, wiederholte G. sein Bravourstück, als seine der Panzergruppe des Generals Ewald von → *Kleist* unterstellten Panzer am 10. Mai 1940 durch die Ardennen rollten und drei Tage später zusammen mit den Divisionen des von G. geführten XIX. Armeekorps Sedan erreichten. Am 20. Mai 1940 waren sie bereits bis Abbeville an der Küste vorgedrungen, und drei Tage später standen sie in Boulogne und Calais. Nur Hitlers Befehl, der ihnen hier Halt gebot, hielt sie davon ab, die bei Dünkirchen zusammengedrängte britische Expeditionsarmee am Entkommen über See zu hindern. Anschließend stieß G. in südöstlicher Richtung bis zur Schweizer Grenze vor und überraschte die deutsche Führung abermals durch seinen rasanten Vorstoß.

Im Juli 1941 mit dem Eichenlaub zum Ritterkreuz ausgezeichnet und zum Generaloberst befördert, stellte G. auch beim Einmarsch in die Sowjetunion seine Meisterschaft der Blitzkriegführung unter Beweis, als seine Panzergruppe (ab Oktober 2. Panzerarmee) bis über Tula südlich von Moskau vorstieß. G. wurde nach Süden beordert, um sich mit den Panzern der Heeresgruppe Süd zu vereinen, wodurch seine Streitkräfte im September 1941 zur Umzingelung und Niederwerfung von vier Sowjetarmeen beitrugen. Durch das Zögern der Führungsspitze und G.s Schwenk nach Süden zog sich der Feldzug jedoch in den Herbst und Winter hin, so daß der motorisierte Vorstoß der Deutschen zum Erliegen kam und die Sowjets Zeit gewannen, neue Armeen aufzustellen. Nun überwarf sich G. mit Feldmarschall von → *Kluge* und Hitler, die seine Ansicht mißbilligten, daß die vorgeschobenen Positionen unter winterlichen Wetterbedingungen nicht zu halten seien. So wurde er im Dezember 1941 entlassen und blieb inaktiv, bis man ihn im Fe-

bruar 1943 auf den Posten des Generalinspekteurs der Panzertruppen berief. Nach den erzwungenen Rückzugsbewegungen im Herbst und Winter 1943 wurde G. die Hoffnungslosigkeit der Lage klar, und er faßte die Möglichkeit ins Auge, Hitler den Befehl über die Streitkräfte zu entreißen. Zu einer Zusammenarbeit mit militärischen Widerstandskreisen kam es jedoch nicht. Nach dem mißlungenen Attentat vom 20. Juli 1944 wurde G. an Stelle von General Zeitzler Chef des Generalstabes des Heeres. Außerdem berief man ihn in den Ehrenhof des Heeres, der die am Juliattentat beteiligten Offiziere im Falle ihrer Schuld aus dem Heer auszustoßen hatte. Zusammen mit → *Keitel,* von → *Rundstedt* und anderen machte G. sich so der Auslieferung Hunderter von Kameraden an den Volksgerichtshof schuldig, der diese nach ihrer Ausstoßung aus der Wehrmacht zum Tode verurteilte. Darüber hinaus erließ er Befehle, die den Mitgliedern seines Stabes dringend nahelegten, sich künftig als gute Nationalsozialisten zu verhalten.
Dennoch schwelte die zwischen ihm und Hitler herrschende Verstimmung weiter, zumal er vergeblich versuchte, Truppen an die Ostfront zu verlegen, um deren totalen Zusammenbruch zu verhindern, falls es zu der großen Sowjetoffensive kommen sollte, die er voraussah. Schon Anfang des Jahres 1945 trat er energisch für einen gesonderten Waffenstillstand mit den Westmächten ein. Dies führte zu seiner endgültigen Entlassung am 28. März. Am 10. Mai 1945 fiel er in die Hände der Amerikaner. Sechs Jahre später veröffentlichte er seine Memoiren (*Erinnerungen eines Soldaten* [1951]), die rücksichtslos den Dilettantismus der deutschen Wehrmachtführung im Rußlandfeldzug bloßlegen.
G. war einer der erfolgreichsten deutschen Panzerkommandeure des Zweiten Weltkrieges. Er verfügte ebenso über Intuition wie über die Fähigkeit, rasche Entschlüsse rasch in die Tat umzusetzen. Er verstand es, für Überraschungen zu sorgen, und besaß sowohl strategischen als auch taktischen Verstand, vor allem aber vermochte er seine Leute zu begeistern. So spielte er eine entscheidende Rolle in der für die Wehrmacht besonders erfolgreichen Anfangsphase des Krieges. Erst die Theorien und das taktische Können dieses Pioniers der Panzerwaffe machten die Blitzkriege möglich. Obwohl loyal gegenüber Hitler und von diesem gegen stärker traditionsgebundene Generäle in Schutz genommen, wurde G. schließlich doch Opfer der immer bornierteren militärischen Entscheidungen des Führers. Er starb am 14. Mai 1954 in Schwangau bei Füssen (Allgäu).

Günther, Hans Friedrich Karl (1891–1968)

Sozialanthropologe und führender Ideologe des NS-Rassismus. G. wurde am 16. Februar 1891 in Freiburg (Breisgau) geboren. Seine Bücher – angefangen mit der *Kleinen Rassenkunde des deutschen Volkes* (1922) –, die an die Werke älterer Rassentheoretiker wie Joseph Arthur de Gobineau oder Houston Stewart Chamberlain anknüpften, waren im Dritten Reich in zahlreichen Auflagen verbreitet (von der *Kleinen Rassenkunde* beispielsweise wurden zwischen 1929 und 1943 mehr als 270000 Exemplare verkauft) und stellten neue Kriterien für die Bestimmung des rassischen Idealtyps des

nordischen Ariers auf, die auf der äußeren Erscheinung, anthropologischer Schädelvermessung und kultureller Kreativität beruhten.
Daß G. 1930 auf den (eigens für ihn geschaffenen) Lehrstuhl für Rassenkunde der Universität Jena berufen wurde, war eine der ersten Amtshandlungen des damaligen thüringischen NS-Innenministers Wilhelm → *Frick*. 1934 wurde G. Professor für Rassenkunde in Berlin und 1939 in Freiburg (Breisgau). An seinem 50. Geburtstag (1941) erhielt er die Goethe-Medaille, und Alfred → *Rosenberg* feierte sein Werk als von äußerster Bedeutung für die Erhaltung und Entwicklung der nationalsozialistischen Weltanschauung. G. erkannte, daß es keine reinen Rassen gibt und nicht alle Arier nordisch sind. Auch die Juden betrachtete er nicht als Rasse, sondern als Rassengemisch, in dem die natürlichen und geistigen Erbanlagen nichteuropäischer Völker vorherrschend sind. Nach G.s Anthropologie war das Verhältnis, in dem die Rassen gemischt sind, der ausschlaggebende Faktor.
Seine Theorien dienten dazu, die NS-Gesetzgebung zu rechtfertigen, die auf die Stärkung der germanischen Rasse abzielte. Für G. war die nordische Rasse die große, schöpferische Triebkraft der Menschheitsgeschichte, deren drohende Vermischung mit anderen Rassen eine Gefahr für die Zukunft der Menschheitskultur bedeutete, wenn sie nicht eugenisch von allen zersetzenden Einflüssen gereinigt würde. An der Spitze dieser zersetzenden Fermente standen die nicht-europiden Juden – eine Mischung asiatischer und orientalischer Herkunft und verantwortlich für so zerstörerische Ideen wie Liberalismus, Demokratie und Sozialismus. G.s pseudowissenschaftliche Rassentheorien dienten als willkommene Rechtfertigung für Hitlers Idee, die arisch-germanische Rasse müsse sich in einem apokalyptischen Kampf um die europäische Zivilisation einigen, wozu es erforderlich sei, die Juden aus Europa zu entfernen.
Nach dem Zweiten Weltkrieg verbreitete G. als politischer Publizist und Ethnologe seine Ideen weiter, als ob es nie ein Drittes Reich und eine Endlösung gegeben hätte. Nach und nach kamen auch seine Frühwerke wieder heraus, darunter seine Studien über Griechen und Römer, und 1963 erfuhr seine (erstmals 1934 erschienene) *Frömmigkeit nordischer Artung* eine Neuauflage. G. aktualisierte seine frühere, auf dem Mythos des Nordischen fußende Philosophie des Organischen, um die amerikanische Massengesellschaft und den totalitären Sowjetstaat anzugreifen. Nach Ansicht dieses von keinerlei Reuegefühlen geplagten Wegbereiters des NS-Rassismus täte die Menschheit gut, zum Nationalsozialismus zurückzukehren, um von all ihren Übeln zu genesen. G. starb am 25. September 1968 in Freiburg.

Gürtner, Franz (1881–1941)
Von 1932 an bis zu seinem Tode Reichsjustizminister. G. wurde am 26. August 1881 als Sohn eines Lokomotivführers in Regensburg geboren. Nach dem Besuch des Gymnasiums in Regensburg studierte er in München Rechtswissenschaft; seit 1909 war er im bayerischen Justizministerium tätig. Im Ersten Weltkrieg kämpfte er an der Westfront und in Palästina und erhielt das Eiserne Kreuz I. und II. Klasse. Nach dem Kriege schlug er eine erfolgreiche Juristenlaufbahn ein und war ab 4. August

1922 bayerischer Justizminister, bis Reichskanzler Franz von → *Papen* ihn am 2. Juni 1932 zum Reichsjustizminister ernannte.
Als Mitglied der deutschnationalen Bayerischen Mittelpartei empfand G. Sympathien für Rechtsextremisten wie Hitler und achtete während des Münchner Volksgerichtsprozesses von 1924 darauf, daß die Justiz für eine Hitler-freundliche Atmosphäre sorgte. Während des Prozesses wurde es Hitler gestattet, so oft er wollte einzugreifen, nach Belieben Zeugen ins Kreuzverhör zu nehmen und praktisch ohne Zeitbegrenzung für sich zu sprechen. G. setzte auch Hitlers frühe Haftentlassung aus Landsberg durch und erreichte später bei der bayerischen Regierung, daß die verbotene NSDAP wieder erlaubt wurde und Hitler als Versammlungsredner auftreten durfte. Nachdem er in den Kabinetten von Papens und von → *Schleichers* das Amt des Justizministers innegehabt hatte, behielt ihn auch Hitler im selben Amt und übertrug ihm die Gleichschaltung des Justizwesens im gesamten Reich. Selbst kein Parteimitglied, verschmolz G. dennoch den Deutschen Richterbund mit dem Verband nationalsozialistischer Anwälte und sorgte dafür, dem NS-Staat den Mantel verfassungskonformer Legalität umzuhängen.
Zunächst freilich suchte G. die Unabhängigkeit der Rechtspflege und ein gewisses Minimum an Rechtsstaatlichkeit aufrechtzuerhalten, dies ganz besonders angesichts der anmaßenden und brutalen Willkürmethoden der SA, die im Sommer 1933 mit der Polizei und der staatlichen Exekutive in Konflikt geriet. Daß in den von SA-Leuten geleiteten Konzentrationslagern Wuppertal, Bredow und Hohnstein (Sachsen) Gefangene mißhandelt worden waren, löste einen geharnischten Protest des Justizministers aus. G. stellte fest, daß man Gefangene mit Peitschen und stumpfen Gegenständen bis zur Bewußtlosigkeit geschlagen habe. Er kommentierte dies wie folgt: Eine derartige Behandlung enthülle eine Brutalität, wie sie deutschem Empfinden völlig fremd sei. Eine solche Grausamkeit, die an orientalischen Sadismus erinnere, sei durch keinerlei Erbitterung, so groß sie auch sei, erklär- oder entschuldbar.
Doch erwies sich dieser Protest als vergeblich, denn Hitler begnadigte sämtliche SA-Führer und KZ-Wächter, die im sogenannten Hohnstein-Prozeß verurteilt worden waren. G. beschwerte sich auch darüber, daß die Gestapo Gefangenen durch die Folter Geständnisse abpreßte. Aber nach Hitlers Willen blieb es bei dieser Praxis. Schon Ende 1935 zeigte es sich, daß weder G. noch Reichsinnenminister → *Frick* imstande waren, die Allmacht der Gestapo einzuschränken oder Kontrolle über die SS-Lager auszuüben, wo sich Tausende Unschuldiger ohne Prozeß und Urteil in Haft befanden. Im Zweiten Weltkrieg wurde der ohnehin schwache Widerstand des Justizministers immer unwirksamer, da Gestapo und SD bei der Verfolgung angeblicher Verbrecher völlig selbstherrlich verfuhren, ohne sich um Recht, Gesetz und Gerichtsbeschlüsse zu kümmern. G., der über die summarische Gewaltjustiz der Gestapo, die einfach KZ-Insassen erschießen ließ, entsetzt war, mußte abermals erleben, wie Hitler seine Einwände einfach beiseite wischte.
Doch anstatt zurückzutreten, blieb er in der vagen Hoffnung im Amt, »das Schlimmste verhindern zu können« –

dies aber nur, um der systematischen Perversion des Rechtswesens im NS-Staat, der mit G.s gutem Namen Mißbrauch trieb, als bürgerlich-konservatives Aushängeschild zu dienen. So kam er schließlich in die Situation, eine Reihe krimineller Akte offiziell gutheißen und »rechtlich untermauern« zu müssen – angefangen mit Standgerichten, die mit Polen und Juden in den besetzten Ostgebieten kurzen Prozeß machten, bis hin zu Verordnungen, die den Weg für die Endlösung bahnten.
G. starb am 29. Januar 1941 in Berlin, noch bevor die NS-Verbrechen in ihrem vollem Umfange bekannt waren. Doch kann man ihn nicht von dem Vorwurf freisprechen, einer ihrer Wegbereiter gewesen zu sein.

Gütt, Arthur (1891–1949)
NS-Bevölkerungsexperte und Leiter der Abteilung für Volksgesundheit im Reichsministerium des Innern. G. wurde am 17. August 1891 in Michelau (Oberfranken) geboren. Nach Abschluß seines Medizinstudiums wurde er 1923 Kreisleiter der NSDAP im Kreis Labiau (Ostpreußen). Als einer der Hauptbefürworter der neuen Wissenschaft der Erbgesundheitslehre betonte er stets die Notwendigkeit, Familien zu Kinderreichtum zu ermutigen, um die gesunde und reine deutsche Rasse vor biologischer Entartung zu bewahren. Nach der NS-Machtergreifung 1933 leitete G. als Ministerialrat die Abteilung Volksgesundheit im Innenministerium. Ein Jahr später wurde er Ministerialdirektor und verfaßte zusammen mit Ernst →*Rudin* und Falk Rüttke einen offiziellen Kommentar zu dem Gesetz zur Verhütung erbkranken Nachwuchses vom 14. Juli 1933.
Im Juni 1935 wurde G. Leiter des Amtes für Bevölkerungspolitik und Erbgesundheitslehre im Stab des Reichsführers SS sowie Präsident der Staatsakademie des öffentlichen Gesundheitsdienstes. G. war am Gesetz 24. November 1936, das Gewohnheits- und Sittlichkeitverbrechern Sterilisation androhte, beteiligt. Außerdem schrieb er eine Reihe von Büchern über Rassenhygiene, darunter *Die Bedeutung von Blut und Boden für das deutsche Volk* (1933), *Dienst an der Rasse als Aufgabe der Staatspolitik* (1934), *Blutschutz und Ehegesundheitsgesetz* (1936), *Handbuch der Erbkrankheiten* (1940) sowie *Die Rassenpflege im Dritten Reich* (1940). Im September 1939 trat G. auf eigenen Wunsch von seinem Amt im Reichsinnenministerium zurück. Dennoch wurde er ein Jahr später zum SS-Gruppenführer befördert.
Als er 1949 starb, hatte man weitgehend vergessen, welche Rolle er bei der Schaffung der Gesetzesgrundlagen für die Gesundheitsorganisation des Dritten Reiches gespielt hatte.

H

Hadamovsky, Eugen (1904–1944)
Reichssendeleiter und Direktor der Reichsrundfunkgesellschaft, Reichskultursenator und NSKK-Brigadeführer. Der am 14. Dezember 1904 in Berlin geborene H. war bereits als Oberrealschüler Mitglied der illegalen Schwarzen Reichswehr, in der er es bis zum

Ausbildungsleiter brachte. Nach der Auflösung der Freikorps war er in Österreich, Italien, Nordafrika und Spanien jeweils nur kurzfristig als Schlosser und Automechaniker tätig und kehrte 1928 nach Berlin zurück. Nach längerem Schwanken entschied er sich im Dezember 1930, der NSDAP beizutreten, und wurde von → *Goebbels* 1931 zum Berliner Gau-Funkwart ernannt. 1932 war er bereits Mitarbeiter der Reichspropagandaleitung in München. Der Durchbruch kam für ihn nach einer der zahlreichen von ihm organisierten Rundfunkübertragungen Hitlerscher Kundgebungen im März 1933, durch deren Erfolg bei Hitler sich Goebbels veranlaßt sah, ihn 1933 erst zum Sendeleiter des Deutschlandsenders, im Juli desselben Jahres dann zum Reichssendeleiter und Direktor der Reichsrundfunkgesellschaft zu ernennen. Als Mitbegründer der NS-Rundfunkkammer, der späteren Reichsrundfunkkammer, wurde er im November 1933 auch deren Vizepräsident, im Mai 1935 schließlich noch Vorsitzender der Fernsehgemeinschaft in der Reichsrundfunkkammer.

H. war einer der typischen Karrieristen im Gefüge der Goebbelsschen Propagandamaschinerie, der mit dem Machtwechsel des Jahres 1933 nach oben geschwemmt worden war. In dieser Zeit bewährte er sich vor allem als Gleichschalter des Reichsrundfunks, aus dem alle politisch und natürlich auch rassisch unerwünschten Mitarbeiter rücksichtslos entfernt wurden. Er war zwar 1933 endlich zu einer gesicherten bürgerlichen Existenz gekommen, konnte aber weder den Parvenü ganz unterdrücken noch die Anforderungen erfüllen, die aufgrund seiner Stellung an ihn gestellt wurden. Von seiner Umgebung wenig geschätzt, von seinem Vorgesetzten Goebbels, dessen Verhalten Frauen gegenüber er gerne kopierte, immer wieder bloßgestellt, überflügelten ihn bald andere. Hitler hielt zwar große Stücke von ihm (»Wenn H. da ist, bin ich beruhigt – dann kann nichts passieren«), was insofern nicht verwunderlich war, als H. die Devise ausgegeben hatte, daß »die Stimme des Führers das wichtigste am ganzen Rundfunk sei«.

1942 wurde er wegen Unfähigkeit seines Postens als Leiter des Goebbelsschen Ministeramts enthoben. Vorher hatte er noch kurzfristig (Februar bis August 1940) die Rundfunkabteilung des Propagandaministeriums leiten dürfen. Im April 1942 kam er als Stabsleiter der Reichspropagandaleitung, einer Dienststelle der NSDAP, endgültig auf das Abstellgleis. Ende 1943 meldete er sich zur Wehrmacht und fiel 1944 als Panzeroffizier an der Ostfront. H. verfaßte mehrere Schriften zu Themen der Propaganda, zum Teil im Reportagestil, darunter Titel wie *Der Rundfunk im Dienst der Volksführung* (1934), *Hitler erobert die Wirtschaft* (1935), *Hitler kämpft um den Frieden Europas* (1936). Bereits in der 1933 erschienenen Programmschrift *Propaganda und nationale Macht* hatte er ohne Umschweife dargelegt, wie er sich Propaganda vorstellte; u. a. bezeichnete er darin Sachlichkeit als eine Gefahr für schwache Charaktere.

Hahn, Otto (1879–1968)

Chemiker und Nobelpreisträger. Der Sohn eines Frankfurter Kaufmanns wurde am 8. März 1879 geboren. Nach der Schulzeit in Frankfurt studierte er in München und Marburg Chemie und promovierte 1901 in Marburg. Nach dreijähriger Assistentenzeit ging H. 1904 nach England, ein Jahr später nach Kanada, um bei Rutherford zu lernen, der ihn überredete, sich auf Radiochemie zu spezialisieren und in der Hochschulforschung weiterzuarbeiten. 1905 entdeckte H. ein neues radioaktives Element, das Radiothor, dem weitere folgten. 1909 entdeckte er den »radioaktiven Rückstoß« bestimmter Thorium- und Radium-Isotope; ein Jahr später konstruierte er zusammen mit Otto von Baeyer das erste Betastrahlen-Spektrometer. Nach der Rückkehr aus Kanada im Jahre 1906 arbeitete H. bei Emil Fischer am Chemischen Institut der Berliner Universität. 1910 wurde er dort selbst Professor. 1911, im Jahr der Gründung der Kaiser-Wilhelm-Gesellschaft zur Förderung der Wissenschaften in Berlin, in die er im darauffolgenden Jahr als Mitglied aufgenommen wurde, bestieg H., der ein leidenschaftlicher Bergsteiger war, das Matterhorn in den Walliser Alpen.

Während des Ersten Weltkrieges diente er nach kurzem Fronteinsatz und Beförderung zum Offizier als Mitarbeiter von Fritz Haber in einer Gaskampftruppe. In dieser Zeit entstand seine Freundschaft mit James Franck und Gustav → *Hertz*. 1916 konnte er seine Arbeiten an der Berliner Universität wiederaufnehmen. Zusammen mit Lise Meitner entdeckte er 1917 das Element 91 (Protactinium) und entwikkelte daraus die Erklärung für die Zerfallserscheinungen an radioaktiven Elementen. 1928 wurde H. Direktor des Kaiser-Wilhelm-Instituts für Chemie und Senator der Kaiser-Wilhelm-Gesellschaft. Als Fritz Haber als Jude vom NS-Staat gezwungen wurde, Deutschland zu verlassen, übernahm H. zwar die kommissarische Leitung seines Instituts für Physikalische Chemie und Elektrochemie, schied aber aus der Berliner Universität aus und weigerte sich auch, der NSDAP beizutreten. Am 29. Januar 1935 hielt er im Berliner Harnack-Haus die von der Partei und dem Ministerium verbotene Gedenkfeier für Haber. Seit etwa 1934 beschäftigte sich H. zusammen mit seiner jüdischen Mitarbeiterin Lise Meitner verstärkt mit den Versuchen des Ehepaares Joliot-Curie und des Italieners Fermi an den Transuranen. Als nach Erlaß der Nürnberger Rassegesetze das Arbeiten für Lise Meitner immer unerträglicher wurde, verschaffte ihr H. im Juli 1938 die Gelegenheit, illegal ins Ausland zu entkommen. Nachdem H. Ende desselben Jahres gemeinsam mit Fritz Straßmann die Kernspaltung an den Elementen Uran und Thorium gelungen war, wurde Lise Meitner noch vor der Veröffentlichung dieser Entdeckung von H. darüber in Kenntnis gesetzt. Eine der wesentlichen experimentellen Voraussetzungen für den Bau einer Atombombe war damit geschaffen.

Während des Krieges beschäftigte H. sich überwiegend mit der Erforschung der Spaltprodukte aus der Urankernzertrümmerung. Im Februar 1944 mußte sein Institut nach der Ausbombung der alten Institutsgebäude nach Tailfingen in Württemberg verlagert werden. Nach Kriegsende internierten ihn die Alliierten zusammen mit seinen Freunden Max → *von Laue* und Gerlach sowie mit → *Heisenberg* und Carl Friedrich von Weizsäcker in England. In der Zeit der Internierung und angesichts der deutschen Niederlage auf der einen und dem Atombombenabwurf auf Hiroshima und Nagasaki im August

1945 auf der anderen Seite quälten H. grundlegende Zweifel an der moralischen Berechtigung seiner naturwissenschaftlichen Forschungen. Am 15. November 1945 erfuhr er, daß ihm der Nobelpreis für Chemie für 1944 verliehen worden war. Zwei Monate später durfte H. wieder nach Deutschland zurückkehren.
Nachdem er im April 1946 als Nachfolger → *Plancks* Präsident der Kaiser-Wilhelm-Gesellschaft geworden war, widmete er sich vor allem deren Wiederaufbau. Am 6. Januar 1947 richtet H. einen Appell an die Alliierten mit der Bitte um Hilfe für die unterernährten und heimatvertriebenen Deutschen. Im August 1947 hatte er eine Unterredung mit General Clay, dem amerikanischen Militärgouverneur in Deutschland, über die Zukunft der Kaiser-Wilhelm-Gesellschaft, die im Jahr darauf aufgelöst wurde. Als Nachfolgeorganisation wurde die Max-Planck-Gesellschaft gegründet, zu deren erstem Präsidenten man den 69jährigen H. wählte. H. entfaltete wie schon während des Krieges eine rege Vortragstätigkeit im Ausland, wo ihm zahllose Ehrungen zuteil wurden. 1952 nahm ihn der Orden Pour le mérite als Mitglied auf. Seit Mitte der 50er Jahre widmete H. sich zunehmend den Gefahren, die aus der falschen Anwendung der Atomkraft für die gesamte Menschheit entstehen. So regte er im Juli 1955 die von 52 Nobelpreisträgern unterschriebene »Mainauer Kundgebung« gegen den Mißbrauch der Kernenergie an, und am 12. April 1957 kam es wegen der von ihm mitinitiierten und unterschriebenen »Göttinger Erklärung« von 18 führenden deutschen Atomwissenschaftlern zu einer heftigen Kontroverse mit der Bundesregierung. Nachdem bereits 1956 sein ehemaliges Institut in Berlin-Dahlem seinen Namen erhalten hatte, benannte man 1959 auch das Max-Planck-Institut für Chemie in Mainz und das Berliner Hahn-Meitner-Institut für Kernforschung nach H. Auf eine stattliche Reihe von Arbeiten folgte 1962 eine wissenschaftliche Autobiographie unter dem Titel *Vom Radiothor zur Uranspaltung*. Im August 1966 widerfuhr ihm eine der letzten großen Ehrungen, die Verleihung des Enrico-Fermi-Preises des amerikanischen Präsidenten und der amerikanischen Atomenergie-Kommission, die ihm zusammen mit Lise Meitner und Fritz Straßmann zuerkannt wurde. Nach zunehmender Kreislaufschwäche starb H. am 28. Juli 1968 in Göttingen. Postum erschien im August 1968 H.s zweite Autobiographie *Mein Leben*. Im November 1970 erhielt das künstlich erzeugte chemische Element Nr. 105 den Namen »Hahnium« (Ha).

Halder, Franz (1884–1972)
Von 1938 bis 1942 Generalstabschef des Heeres. H. wurde am 30. Juni 1884 als Sohn einer katholischen Offiziersfamilie in Würzburg geboren und gehörte während des Ersten Weltkrieges dem Truppen-Generalstab an. 1919 trat er ins Reichswehrministerium ein, war dann Taktiklehrer im Wehrkreis VII, Batteriechef in einem Artillerie-Regiment und Generalstabsoffizier in einer Division. 1929 wurde er in die Organisationsabteilung des Truppenamtes versetzt und wurde 1936 zum Generalleutnant und Oberquartiermeister II, im März 1938 als General der Artillerie zum Oberquartiermeister I und am 27. August 1938 zum Generalstabschef des Heeres befördert. Damit trat er an

die Stelle des Generals → *Beck*, der aus Opposition gegen Hitler zurückgetreten war.
Auch H. teilte die Anti-Hitler-Auffassungen in deutschen Offizierskreisen und ging sogar so weit, 1938 Hitlergegnern zu erklären, er werde einen Putsch unterstützen, um einen Krieg in Europa zu vermeiden. H. und der Oberbefehlshaber des Heeres, Walther von → *Brauchitsch*, beide voll Abneigung gegen Hitler, sich jedoch durch ihren Treueid an Hitler gebunden fühlend, spielten immerhin mit dem Gedanken, mit Hilfe des Heeres Hitler zu verhaften, falls er Frankreich und England den Krieg erklären sollte. Nach dem Münchener Abkommen vom 29. September 1938 war dieser Plan nicht mehr durchführbar, und H. folgte immer mehr der Linie Hitlers, dessen erste Schlachten im Zweiten Weltkrieg er zu einem erheblichen Teil mit planen half, so sehr er ursprünglich gegen den Krieg und gegen Hitlers Strategie opponiert hatte.
Obwohl das Oberkommando des Heeres mehr und mehr unter Hitlers bestimmenden Einfluß geriet (nach dem Kriege erklärte H., diese Einmischung Hitlers habe sich verhängnisvoll ausgewirkt und das Heer gelähmt), unterstützte H. als Generalstabschef durch sein Mitwirken diese Politik, solange sie erfolgreich war. Er trug selbst erheblich zu Hitlers ersten Siegen an der Ostfront bei. Seine Entlassung am 24. September 1942 war die Folge seiner ablehnenden Haltung gegenüber Hitlers Entschluß, der übrigen Front Truppen für die Eroberung Stalingrads zu entziehen. Nach dem Attentat vom 20. Juli 1944 wurde auch H. verhaftet und entging der Hinrichtung nur knapp. Er überlebte den Krieg in einem Konzentrationslager, aus dem ihn die Amerikaner befreiten.
Der stille, wortkarge H., als Berufssoldat und Autor gleichermaßen fähig, schildert in dem 1949 erschienenen Buch *Hitler als Feldherr*, das sich außerordentlich gut verkaufte, den Führer als Fanatiker mit katastrophalen Vorstellungen von Strategie. Auch habe er keinerlei Kontakt zur Truppe gehabt, und wie es den Soldaten erging, sei ihm völlig gleichgültig gewesen. Sinnlos habe er an Menschen und Material Raubbau betrieben, um militärisch völlig überflüssige Siege zu erringen. Willenskraft sei für ihn wichtiger gewesen als militärisches Können, und indem er den Generälen die Kontrolle über das Heer entzog, habe er Deutschlands Untergang heraufbeschworen. H. konnte allerdings nicht plausibel machen, warum er sich, ohne gegen die Grundprinzipien eines deutschen Generalstäblers zu verstoßen, Hitler so lange verpflichtet gefühlt hatte.
Er starb am 2. April 1972 in Aschau (Oberbayern).

Hammerstein-Equord, Kurt Freiherr von (1878–1943)

Chef der Heeresleitung zwischen 1930 und 1934. H. wurde am 26. September 1878 in Hinrichshagen (Mecklenburg) als Sohn eines Forstmeisters geboren. Er war Generalstabsoffizier im Ersten Weltkrieg und ein patriotischer Berufssoldat alter Schule, der mit Hitler und der NS-Bewegung nichts zu tun haben wollte und voller Verachtung auf sie herabblickte. H. wurde 1925 Chef des Stabes beim Wehrkreiskommando III und 1929 als Generalleutnant Chef des Truppenamts (Generalstabschef). Im Oktober 1930 zum Chef der Heeresleitung und General der Infanterie ernannt, zögerte er keinen Augenblick, 1933 Reichspräsident von → *Hindenburg* die Bedenken der Heeresleitung gegen Hitlers Eignung zum Reichskanzler vorzutragen. Seine Abneigung gegen eine Unterwerfung unter die NS-Machthaber führte am 1. Februar 1934 unter Ernennung zum Generaloberstsen zu seinem Rücktritt. Fünf Jahre später rief ihn Hitler in das Heer zurück und ernannte ihn im September 1939 zum Oberbefehlshaber der Armeeabteilung A an der Westfront. Später erhielt er ein Kommando in Schlesien, bevor er wegen seiner Gegnerschaft zum Nationalsozialismus endgültig seiner Stellung enthoben wurde. Er starb am 25. April 1943 in Berlin.

Hanfstaengl, Ernst, gen. Putzi (1887–1975)

Am Anfang des Dritten Reiches Leiter des Auslandspresseamtes der NSDAP und persönlicher Freund Hitlers.

H. wurde am 11. Februar 1887 als Sohn eines wohlhabenden Münchener Kunstverlegers geboren. Seine Mutter war Amerikanerin und stammte von zwei Generälen ab, die sich im amerikanischen Bürgerkrieg einen Namen gemacht hatten. H. sollte den New Yorker Zweig des Familienunternehmens leiten. Daher sandte man ihn nach Harvard, wo er 1909 sein Studium beendete.

Nach mehr als zehnjährigem Aufenthalt in den USA kehrte er 1921 wieder nach München zurück, studierte an der Universität München Geschichte und promovierte 1930 bei Karl Alexander v. Müller mit einer Arbeit über französische Geschichte. Von Hitler hörte er erstmals durch Captain Smith, dem stellvertretenden Militärattaché der USA in Berlin, der von den Reden dieses damals noch kaum bekannten Agitators beeindruckt war. H. besuchte daraufhin eine Versammlung, auf der Hitler sprach, und war sofort für den Nationalsozialismus gewonnen (1922). Seine Freundschaft war für Hitler damals enorm wichtig, öffnete sie ihm doch die Türen in die angesehene Münchener Gesellschaft. Zudem gewährte er der Partei ein Darlehen von 1000 Dollar (während der Inflation eine ungeheure Summe), um den von den Nationalsozialisten aufgekauften *Völkischen Beobachter* zu unterstützen. Außerdem nahm H. am Hitlerputsch vom 9. November 1923 teil. Hitler floh, nachdem das Unternehmen fehlgeschlagen war, in H.s Landhaus in Uffing am Staffelsee. Zwei Tage später wurde Hitler verhaftet, aber auch während seiner Haft machte sich H. für ihn und die Partei nützlich.

Der exzentrische, gesellige Bayer, ein Mann von sarkastischem Witz und stets zu Scherzen aufgelegt, war in Hitlers Freundeskreis sehr beliebt. Es hieß, sein schwungvolles Klavierspiel und seine Clownerien hätten Hitler manches Mal beruhigt, entspannt, ja sogar erheitert. 1931 wurde H. Auslandspressechef der NSDAP, wobei er seinen Einfluß und seine Auslandsbeziehungen nutzte, um das Ansehen der Bewegung sowie später das des Regimes im Ausland zu heben. Um die Mitte der dreißiger Jahre hatte er sich mit seinen gemäßigten politischen Ansichten und seinen freimütigen Äußerungen bei manchen NS-Spitzenfunktionären unbeliebt gemacht. Besonders → *Goebbels* verargte ihm seine guten persönlichen Beziehungen zum Führer und schwärzte ihn unablässig an.

Auch Hitler sah in ihm mehr und mehr einen Geschäftemacher als einen Politiker, beklagte sich später, er sei unerträglich in seiner Habgier, und Erfolg messe er nur am Geld. Deshalb floh H., der um sein Leben zu fürchten begann, im März 1937 nach England, wo er bei Kriegsbeginn interniert wurde. Schließlich kam er in die USA, wo er während des Zweiten Weltkrieges zeitweise den Präsidenten Roosevelt und die amerikanische Regierung beriet und in der psychologischen Kriegführung verwendet wurde (Hearst-Presse). Nach Kriegsende wieder kurzzeitig interniert, kehrte er im September 1946 nach Deutschland zurück, wo er 1957 seine Lebenserinnerungen unter dem Titel *Hitler: The Missing Years* veröffentlichte. Eine deutsche Fassung erschien 1970 als *Erinnerungen eines politischen Außenseiters* unter dem Titel *Zwischen Weißem und Braunem Haus*. Er starb am 6. November 1975 in München.

Hanke, Karl (1903–1945)

Staatssekretär im Reichsministerium für Volksaufklärung und Propaganda, anschließend Gauleiter und Oberpräsident von Niederschlesien. H. wurde am 24. August 1903 in Lauban (Schlesien) geboren. Als gelernter Müller beschäftigte er sich mit Maschinenbau, besuchte ein Mühlenbautechnikum und ein berufspädagogisches Institut und wurde 1928 Gewerbelehrer in Berlin. H., der bereits vorher als Zeitfreiwilliger gedient und verschiedenen nationalen Verbänden angehört hatte, trat im selben Jahr in die NSDAP ein und wurde deshalb 1931 aus dem Schuldienst entlassen. Im April 1932 wurde er als Abgeordneter in den preußischen Landtag gewählt, im gleichen Jahr gelang ihm noch der Einzug in den Reichstag, außerdem war er im Range eines Hauptamtsleiters in der Reichspropagandaleitung der NSDAP beschäftigt.

Als → *Goebbels* im März 1933 das neugeschaffene Reichsministerium für Volksaufklärung und Propaganda erhielt, wurde H. sein persönlicher Referent und Sekretär. H., der sich bereits in der Berliner NSDAP von der Pike auf hochgearbeitet hatte, kletterte auch im Ministerium Stufe um Stufe nach oben, wurde im April 1937 Ministerialdirektor und im Februar 1938 von Goebbels in das Amt des Staatssekretärs eingeführt. Im Januar 1937 war er von Goebbels bereits unter gleichzeitiger Berufung in den Reichskultursenat zum zweiten Vizepräsidenten der Reichskulturkammer berufen worden. Bei Ausbruch des Krieges meldete sich H. als Freiwilliger zum Panzerlehrregiment, nahm als Panzerschütze am Polenfeldzug und als Leutnant am Westfeldzug teil, den er als Kompanieführer beendete. In der Zeit der Ehekrise seines Ministers spielte H. eine nicht ganz unwesentliche Rolle als Informant von Magda → *Goebbels*, was naturgemäß zu einer Abkühlung der Beziehungen der beiden Männer führte und die Stellung H.s unter Goebbels untragbar machte. H. wurde deshalb als geborener Schlesier im Februar 1941 auf den Posten des Gauleiters und Oberpräsidenten von Niederschlesien abgeschoben, nachdem der bisherige Gauleiter Josef → *Wagner* in Ungnade gefallen war. Beim Herannahen der Ostfront an die alte Reichsgrenze leitete H. den Kampf in der seit 15. Februar 1945 eingeschlossenen »Festung Breslau«, seiner Gau- und Provinzhauptstadt. H. unterband alle Versuche einer vorzeitigen Kapitulation auch von seiten des Festungskommandanten.

Als die letzten Reste der nicht mehr verteidigungsfähigen deutschen Truppen und des Volkssturms dann endlich am 6. Mai nach totaler Zerstörung der Innenstadt und unsäglichen Leiden der mit eingeschlossenen Zivilbevölkerung kapitulierten, war H., den Hitler in seinem Testament noch zum Nachfolger Himmlers als Reichsführer-SS und Chef der Deutschen Polizei ernannt hatte, nicht mehr aufzufinden. Es existieren mehrere Versionen über sein Ende. Am glaubwürdigsten ist der Bericht eines Überlebenden, der berichtete, daß H. nach einem Zusammentreffen mit Generalfeldmarschall → *Schörner* am 2. Mai 1945, zu dem er aus dem eingeschlossenen Breslau mit einem Fieseler Storch gekommen sein soll, von sowjetischen Truppen überrascht wurde und mit Einheiten der SS-Division »Horst Wessel« in das Sudetenland abgedrängt wurde. Am 5. Mai wurde er in der Uniform eines SS-Offiziers ohne Rangabzeichen zusammen mit einigen anderen SS-Angehörigen in der Nähe von Komotau von tschechischen Partisanen überwältigt und in dem kleinen Städtchen Goerkau mehrere Wochen unerkannt eingesperrt.
Nach der Einnahme des ganzen Gebietes durch sowjetische Truppen versuchte H., noch immer unerkannt, im Juni 1945 in der Nähe des Dorfes Neudorf aus einem Transport von etwa 65 deutschen Gefangenen zu entkommen, wurde dabei aber angeschossen und von den tschechischen Wachmannschaften erschlagen.

Harlan, Veit (1899–1963)
Deutscher Schauspieler, Regisseur und Filmproduzent. H. wurde am 22. September 1899 als Sohn des Schriftstellers und Dramatikers Walter Harland in Berlin geboren. Er stand erstmals im Alter von 16 Jahren auf der Bühne und spielte von 1924–1934 am Staatlichen Schauspielhaus in Berlin, bis er 1927 auch eine Karriere als Filmschauspieler begann.
1934 gab er mit dem Volksstück *Krach im Hinterhaus* sein Debüt als Filmregisseur. Es folgten *Kater Lampe* (1935) und die außerordentlich erfolgreiche *Kreutzersonate* (1937). H.s Film über die deutsche Jugend – *Jugend* (1938) –, der gegen Prüderie und für Liebesbeziehungen zwischen Jugendlichen eintrat, war gleichzeitig das Deutschland-Debüt der jungen schwedischen Filmschauspielerin Kristina Söderbaum, die H.s dritte Frau wurde und künftig in fast all seinen Filmen auftrat. Das Paar H. / Söderbaum trieb intensive NS-Propaganda mit Filmen wie *Verwehte Spuren* (1938), *Das unsterbliche Herz* (1939) und vor allem *Jud Süß* (1940) – jener bösartig antisemitische Film, der teilweise in den Ostgebieten vorgeführt wurde, wenn Deportationen von Juden geplant waren.
Nach dem Zweiten Weltkrieg behauptete H., er sei gar kein Antisemit und nur »wider Willen« zum Komplizen der Nazis geworden. Für die judenfeindlichen Szenen in *Jud Süß* trage allein → *Goebbels* die Verantwortung. H.s Filme waren technisch hervorragend, litten jedoch an einem gewissen Schwulst, außerdem war die Propaganda oft zu dick aufgetragen. Filme wie *Der große König* (1941) über Friedrich den Großen und *Kolberg* (1944) über den Widerstand der kleinen Ostsee-Hafenstadt Kolberg gegen Napoleon glorifizierten solche Tugenden wie Mut, Patriotismus, Opferbereitschaft und Pflichterfüllung. *Kolberg*, der teuerste Streifen der damaligen deutschen

Filmgeschichte (er kostete 8,5 Millionen Reichsmark, und H. genoß jede Unterstützung durch Wehrmacht, Staat und Partei), zugleich einer der letzten Filme, der im Dritten Reich gedreht wurde, enthielt einen verzweifelten Appell, bis zum bitteren Ende zu kämpfen.
Nach 1945 wurde H. wiederholt verhaftet und stand schließlich in zweiter Instanz vor einem Hamburger Schwurgericht, das ihn am 29. April 1950 wieder von der Anklage freisprach, Verbrechen gegen die Menschlichkeit begangen zu haben. Er zog sich anschließend aus der Öffentlichkeit zurück, bis ihm 1951 mit *Unsterbliche Geliebte* (Hauptrolle wieder Kristina Söderbaum) sein filmisches Comeback gelang. Obwohl man den einstigen Propagandisten Hitlers zu boykottieren versuchte, drehte H. auch nach 1951 noch ein Dutzend Filme – fast alle mit Kristina Söderbaum. Hierzu gehören *Hanna Amon* (1951), *Die blaue Stunde* (1952), *Sterne über Colombo* (1953), *Verrat an Deutschland* (1954), *Das dritte Geschlecht* (1957), *Liebe kann wie Gift sein* (1958) und *Die blonde Frau des Maharadscha* (1962). H. starb am 13. April 1964 auf Capri. Seine Autobiographie (*Im Schatten meiner Filme*) erschien 1966.

Harnack, Ernst von (1888–1945)
Sozialdemokrat und Mitglied der Widerstandsbewegung gegen Hitler. H. wurde am 15. Juli 1888 in Marburg als Sohn des bekannten Theologen und Kirchengeschichtlers Adolf von Harnack geboren. Nach dem Ersten Weltkrieg trat er in die SPD ein und bekleidete mehrere Ämter im Öffentlichen Dienst, darunter das eines Regierungspräsidenten in Merseburg. Nach dem »Preußenschlag« der Regierung → *Papen* wurde er 1932 in den einstweiligen Ruhestand versetzt. Mit dem nationalsozialistischen Beamtengesetz von 1933 verlor er seinen Posten endgültig. Er verdiente in der Zeit bis zum Krieg seinen Unterhalt als Textilvertreter, während des Krieges legte er ein Gräberverzeichnis berühmter Männer in Berlin an. Nach dem Juliattentat bemühte er sich um die Kinder seines bereits verhafteten Freundes Julius → *Leber*, wurde aber als Widerständler aus dem Umfeld der SPD selbst verhaftet und am 1. Februar 1945 vom Volksgerichtshof zum Tode verurteilt. Das Urteil wurde am 3. März 1945 vollstreckt.

Hartmann, Erich (geb. 1922)
Jagdflieger der deutschen Luftwaffe im Zweiten Weltkrieg, der mit offiziell 352 Abschüssen als der erfolgreichste Jagdflieger der Welt galt. Geboren am 19. April 1922 in Weissach in Württemberg, trat er 1940 in die Luftwaffe ein und wurde im Oktober 1942 zum Jagdgeschwader 52 an die Ostfront versetzt, wo der gegnerische Widerstand in der Luft weniger stark war. 1944 wurde er, seit dem 25. August Träger der Brillanten, zum Major befördert und 1945 zum Gruppenkommodore ernannt. Noch im selben Jahr geriet er in sowjetische Kriegsgefangenschaft, aus der er erst 1955 wieder entlassen wurde. Ein Jahr später ging er zur Bundeswehr und übernahm das neue Jagdgeschwader »Richthofen«. Er schied 1970 auf eigenen Wunsch aus.

Hassell, Ulrich von (1881–1944)
Karrierediplomat und »Außenminister« der Widerstandsbewegung. H. wurde am 12. November 1881 als Sohn einer norddeutschen Aristokratenfa-

milie in Anklam (Pommern) geboren, studierte die Rechte, trat 1908 in den Auswärtigen Dienst ein und bekleidete zahlreiche wichtige Auslandsposten. Zunächst war er Vizekonsul in Genua. Nach dem Ersten Weltkrieg setzte er seine Karriere als Botschaftsrat in Rom fort (1919) und war dann Generalkonsul in Barcelona (1921–1926), Gesandter in Kopenhagen (1926–1930) und Belgrad (1930–1932), schließlich Botschafter in Rom von 1932 und bis zu seiner Abberufung 1938.

Ein Edelmann alter Schule, mit der Tochter des Schöpfers der kaiserlich-deutschen Kriegsflotte, Großadmiral von Tirpitz, verheiratet, war H. ein typischer Vertreter des deutschen Adels, dessen tiefverwurzelter preußischer Patriotismus und Militarismus durch christliche Überzeugungen und ein gewisses gesamteuropäisches Solidaritätsgefühl gemildert wurden. Anfangs der NS-Bewegung gegenüber von nachsichtiger Toleranz, ja durchaus nicht ohne Sympathie, fühlte H. sich zunehmend durch Hitlers Außenpolitik sowie durch den Verfall für ein gedeihliches Zusammenleben unerläßlichen Gepflogenheiten in Deutschland abgestoßen und beunruhigt. Als Botschafter in Italien war er mehr und mehr davon überzeugt, daß die italienisch-deutsche Annäherung sowie ein Krieg gegen England und Frankreich für Deutschland katastrophale Folgen hätten. Die Verachtung, die er als gebildete Person für die Vulgarität der NS-Größen an den Tag legte, führte schließlich dazu, daß man ihn bei der »Neuordnung« am 4. Februar 1938, als von → *Ribbentrop* Reichsaußenminister wurde, aus dem diplomatischen Dienst entfernte.

Durch seine Erfahrungen jeglicher Illusion beraubt, verband sich H. nun mit Generaloberst → *Beck* und → *Goerdeler*, deren außenpolitischer Experte er wurde. Nach seiner Amtsenthebung unternahm er ausgedehnte Reisen, knüpfte Kontakte und führte im Auftrage der Widerstandsbewegung zahllose Verhandlungen. Nach Beginn des Zweiten Weltkrieges tat er, was in seinen Kräften stand, um besonders einflußreiche Generäle wie → *Halder*, von → *Brauchitsch*, → *Rommel* und → *Fromm* für den Gedanken eines Verhandlungsfriedens zu gewinnen. Als es ihm nicht gelang, sie zu einem Staatsstreich zu bewegen, bei dem Hitler verhaftet und vor Gericht gestellt worden wäre, wuchs seine Enttäuschung über ihren Mangel an Rückgrat und Entschlußkraft. Auch über das Ausbleiben einer britischen Reaktion auf seine Pläne für ein Deutschland nach Hitler (das Österreich, das Sudetenland sowie Teile Polens bis zur Grenze von 1914 umfassen sollte) war er enttäuscht.

Anachronistisch waren sein Gedanke an eine Wiederherstellung der Hohenzollern-Monarchie sowie seine Vorstellung, die Westalliierten würden ein Deutschland ohne Hitler gegen die, wie er meinte, Hauptgefahr, die Bolschewisierung Europas, militärisch unterstützen. Am 27. April 1942 wurde H. von seinem ehemaligen Kollegen Ernst von → *Weizsäcker* informiert, er werde von der Gestapo lückenlos beschattet. Im Frühjahr 1943 standen auch andere Angehörige seines Kreises unter Überwachung. Nunmehr verlagerte sich der Schwerpunkt des Widerstandes an die Ostfront, und alles konzentrierte sich auf die Attentatspläne des Generals Henning von → *Tresckow* und später des Obersten Claus Schenk von → *Stauffenberg*. Als das Attentat vom

20. Juli 1944 fehlgeschlagen war, wußte H.: in Kürze würde die Gestapo bei ihm erscheinen, um ihn zu verhaften. Als am 28. Juli Geheimpolizisten zu ihm kamen, empfing er sie, an seinem Schreibtisch arbeitend, ruhig und gefaßt. Das Volksgericht verurteilte ihn zum Tode durch den Strang. Man vollstreckte das Urteil am 8. September 1944 in der Haftanstalt Plötzensee. Nach Kriegsende wurden unter dem Titel *Vom anderen Deutschland. Aus den nachgelassenen Tagebüchern 1938 bis 1944* seine Tagebuchaufzeichnungen veröffentlicht, die im Garten seiner Villa in Bayern vergraben gewesen waren. Sie bilden eine einmalig detaillierte Informationsquelle über den Alltag der Widerstandskämpfer zur Zeit des Dritten Reiches.

Haubach, Theodor (1896–1945)
Widerständler aus dem Kreisauer Kreis. H. wurde am 15. September 1896 in Frankfurt/M. geboren. Nach dem Abitur in Darmstadt, wo er aufgewachsen war, meldete er sich zum Kriegsdienst und wurde, bald zum Offizier befördert, achtmal verwundet. 1919–1923 studierte er in Heidelberg, wo er sich mit Carl Zuckmayer und Carlo Mierendorff anfreundete, Philosophie und ging nach der Promotion zum Hamburger Institut für Außenpolitik. 1924 nahm er eine Stelle als Redakteur bei der SPD-Zeitung *Hamburger Echo* an und erhielt eine leitende Stellung in der Hamburger Organisation des Reichsbanners »Schwarz-Rot-Gold«. 1930 wurde er Pressereferent im preußischen Innenministerium und anschließend Pressechef des Berliner Polizeipräsidenten. Nach der Machtübernahme der Nationalsozialisten war er bis zum Kriegsausbruch wiederholt verhaftet worden und verbrachte zwei Jahre im KZ Esterwegen.
In den Monaten der Freiheit verdiente er seinen Lebensunterhalt als Versicherungsvertreter. Einem Freund gelang es schließlich, ihn als Mitarbeiter in seiner als kriegswichtig eingestuften Fabrik unterzubringen. H., ein Mensch von äußerst klarem Verstand und einer beachtlichen philosophischen Begabung, dessen Schriften leider im Krieg verlorengingen, schloß sich 1943 dem Kreisauer Kreis um den Grafen Helmut von → *Moltke* an, den er bereits 1927 im Hause Zuckmayers kennengelernt hatte, und hielt außerdem enge Verbindung zu seinen alten politischen Freunden → *Leuschner*, → *Leber* und Mierendorff, die alle dem Widerstand angehörten. Am 9. August 1944 wurde H. von der Gestapo verhaftet, vom Volksgerichtshof zum Tode verurteilt und am 23. Januar 1945 hingerichtet. Schon Jahre vorher hatte er über ein solches Opfer geschrieben: »Die Grenze der Gewalt liegt nun darin, daß sie zwar die Person des Widerstands, aber nicht die Gesinnung des Widerstands vernichten kann ... Nicht aber kann bei einer solchen Ausrottung die Erinnerung an das Geschehene selbst vernichtet werden.«

Hauptmann, Gerhart (1862–1946)
Deutschlands bedeutendster Bühnendichter der Wilhelminischen Ära sowie der Weimarer Zeit, gleichzeitig einer der wenigen wirklich bedeutenden Vertreter der deutschen Literatur, die Hitlerdeutschland nicht verließen. H. wurde am 15. November 1862 als Sohn eines Gastwirts in Obersalzbrunn (Schlesien) geboren. Nach Studien in Breslau (Bildhauerei) und Jena (Naturwissenschaft und Philosophie bei

Ernst Haeckel und Rudolf Eucken [1882–1883]) unternahm H. mehrere Reisen (Schweiz, Spanien, Italien) und lebte eine Weile als Bildhauer in Rom. 1885 nach Deutschland zurückgekehrt, wohnte er zunächst in Dresden, dann in Erkner bei Berlin, später in Oberschreiberhau (Riesengebirge), Berlin und Kloster (Hiddensee). Sein literarisches Werk zeigt seine enge Verbundenheit mit der Landschaft, den Menschen, dem Dialekt und der Kultur seiner schlesischen Heimat.

Hinzu kamen in den neunziger Jahren des vorigen Jahrhunderts soziale Themen, insbesondere die literarische Auseinandersetzung mit den Lebensbedingungen der Arbeiterklasse. H., der einzige naturalistische Dichter Deutschlands von Format, wirkte mit seinen frühen Werken und deren sozialer Thematik – so *Vor Sonnenaufgang* (1889) oder (zugleich seinem berühmtesten Drama) *Die Weber* (1892), das den erfolglosen Aufstand der schlesischen Weber im Jahre 1844 zum Gegenstand hat – auf das pathosgewohnte Theaterpublikum wie ein Schock. Zum Sozialisten und Vorkämpfer des »kleinen Mannes« abgestempelt, war H. in Wahrheit jedoch ein ideenreicher Schriftsteller von großer Vielseitigkeit und weitgespannten Interessen, dessen Vorliebe durchaus nicht nur einer bestimmten Bevölkerungsgruppe oder irgendeiner politischen Ideologie galt.

In Werken wie der poetischen Diebeskomödie *Der Biberpelz* (1893), *Hanneles Himmelfahrt* (1896), *Die versunkene Glocke* (1897) und *Rose Bernd* (1903) nähert er sich bereits dem Neuromantizismus seiner späten Schaffensperiode, in der er Märchen- und Sagenelemente mit poetischem Mystizismus und mythischem Symbolismus mischt. In seinem Roman *Der Narr in Christo Emanuel Quint* (1910), der Erzählung vom Leben eines in religiöse Ekstase verfallenen schlesischen Zimmermannssohnes, ist das Zentralmotiv die Wiederkunft Christi im Proletariermilieu. Sein reiches und bedeutendes dichterisches Oeuvre fand 1912 Anerkennung in der Verleihung des Nobelpreises für Literatur.

H.s überlegene, heitere Gelassenheit, sein Über-den-Dingen-Stehen verlieh ihm in der Weimarer Epoche den Nimbus eines »Goethe der Neuzeit«. Man feierte ihn als den großen Charismatiker seiner Zeit, der in fast allen literarischen Gattungen – vom Märchen mit kunstvoll verflochtener Handlung über Komödien und Tragödien bis hin zum psychologischen Roman und poetisch-philosophischen Epos – zu Hause war. Seine Verserzählung *Till Eulenspiegel* (1928), ein Epos in Hexametern ein Kaleidoskop aus Realität und Phantasie, Politik, Mythologie und Geschichte, ist eines der faszinierendsten Verwirrspiele dichterischer Eingebung in der Neuzeit. H. gelang es, sich seine schon legendäre Gelassenheit auch während des Dritten Reiches zu bewahren, obwohl er einst einem Freund bekannte, daß seine Zeit mit dem Reichstagsbrand geendet habe.

Daß Deutschlands bekanntester Dramatiker, das lebende Nationaldenkmal der Weimarer Zeit und ihrer Kultur, in Hitlerdeutschland blieb, wo man weiterhin seine Stücke aufführte, wurde vom NS-Regime weidlich ausgeschlachtet. Besonders → *Goebbels* erinnerte bei jeder Gelegenheit daran, daß der einst so überzeugte Sozialist seinen Frieden mit dem NS-Staat gemacht habe – dies ohne zu fragen, wie H. selbst darüber dachte.

Kennzeichnend für die Endphase von H.s Schriften ist die *Atriden-Tetralogie* (ab 1941) – ein Zyklus von vier Dramen, in denen H., auf den griechischen Mythos zurückgreifend, seiner Erschütterung über die Schrecken seiner eigenen Zeit Ausdruck gibt. Zu anderen Werken, die während des Dritten Reiches entstanden, zählen die autobiographische Schrift *Das Abenteuer meiner Jugend* (1937), das Epos *Der große Traum* (1942) und das Romanfragment *Der neue Christophorus* (1943), in dem H. in symbolreicher Sprache seine religiösen und philosophischen Ideen darlegt. Obwohl sich H. nie politisch für die NSDAP engagiert hatte, verboten die amerikanischen Besatzungsbehörden nach Kriegsende in ihrem Sektor in West-Berlin die Aufführung seiner Stücke, weil er den Nationalsozialisten gegenüber zu nachgiebig gewesen sei.
Eine seiner letzten Aufzeichnungen ist eine Totenklage auf Dresden, die H. unter dem Eindruck des alliierten Bombenangriffs auf Dresden (Februar 1945) schrieb; er war zu dieser Zeit in Dresden in einem Sanatorium und erlitt während des Angriffs einen Schlaganfall. H. starb am 6. Juni 1946 in Agnetendorf (Riesengebirge), ist aber in Kloster auf Hiddensee begraben.

Haushofer, Albrecht (1903–1945)
Professor für politische Geographie in Berlin, Verfasser von Tragödien in Blankversen nach klassischem Muster (und vorwiegend mit antiker Thematik) sowie Mitglied der Widerstandsbewegung. H. wurde am 7. Januar 1903 in München geboren als Sohn des bayerischen Generalmajors und Professors Karl → *Haushofer*, des wichtigsten deutschen Theoretikers der Geopolitik. Er studierte Geschichte und Erdkunde in München. 1928 bis 1938 war er Generalsekretär und ständiger Mitarbeiter der Gesellschaft für Erdkunde, und 1939 erhielt er den Lehrstuhl für Politische Geographie an der Universität Berlin.
Möglicherweise ging von ihm die Anregung zu dem England-Flug von Rudolf → *Heß* im Mai 1941 aus, der die Briten für ein gemeinsames Vorgehen gegen die Sowjetunion gewinnen wollte. Heß war einst Schüler von H.s Vater gewesen, und H. selbst hatte Heß lange Jahre beraten, bis Anwürfe wegen H.s nichtarischer Abstammung ihre Beziehungen belasteten. Dennoch standen H. und der Stellvertreter des Führers weiterhin eng miteinander in Verbindung, und als man H. gezwungen hatte, im März 1938 eine vorübergehende Stellung im Außenministerium aufzugeben, erreichte Heß seine Wiedereinsetzung. H.s genaue Kenntnis Großbritanniens beeinflußte Heß zutiefst, der H.s Familie auch gegen Parteifanatiker in Schutz nahm, die sich über H.s halbjüdische Mutter ereiferten.
Im Sinne der Widerstandsbewegung bestärkte H. wohl Heß in seiner fixen Idee, zwischen Großbritannien und Hitlerdeutschland Frieden zu stiften, und beteiligte sich an den Plänen, die zu Heß' erfolglosem Fluge nach Schottland führten. Nach Heß' Unternehmen wurde H. von der Gestapo beschattet, allerdings erst im Dezember 1944 verhaftet. Als Gegner des Nazismus und Befürworter einer Wiederherstellung der Monarchie hatte H. mit der Gruppe um von → *Hassell*, → *Goerdeler* und → *Popitz*, mit dem Kreisauer Kreis und sogar mit einigen Mitgliedern der sogenannten »Roten Kapelle« Kontakte aufgenommen. Er wurde als Komplize

von Adam von → *Trott zu Solz* verhaftet und im Gefängnis an der Lehrter Straße in Berlin-Moabit festgehalten. Hier verfaßte er die *Moabiter Sonette*, die erst nach seinem Tode in seinem Nachlaß gefunden und veröffentlicht wurden. In der Nacht zum 23. April 1945 wurde er, ohne verurteilt worden zu sein, von einem SS-Kommando zusammen mit sechs anderen Häftlingen auf dem Transport erschossen, als die Schlacht um Berlin in vollem Gange war und die Russen sich bereits in der brennenden Stadt befanden.
Sein Grab befindet sich hinter der Schinkelschen Johanniskirche in unmittelbarer Nähe des Kriminalgerichts Berlin-Moabit.
Zu seinen einst auf Berliner Bühnen aufgeführten Dramen gehört die Trilogie *Scipio, Sulla* und *Augustus* (zwischen 1934 und 1939), desgleichen *die Makedonen* (1941) und *Chinesische Legende* (1943).

Haushofer, Karl (1869–1946)
Führender deutscher *Geopolitiker*, dessen Theorien sich hervorragend als ideologische Brücke zwischen traditionellem deutschen Imperialismus und den Lehren des Nationalsozialismus eigneten. H. wurde am 27. August 1869 in München geboren, wo sein Vater Professor der Staatswissenschaft war. Er absolvierte nacheinander Kadettenschule, Universität und Militärakademie, war zunächst Offizier des bayerischen Heeres und wurde dann vorübergehend zur japanischen Armee abkommandiert. Im Ersten Weltkrieg diente er bei der Artillerie, zuletzt als Generalmajor.
Ausgedehnte Reisen hatten ihn in jungen Jahren nach Indien, China, Rußland, Korea und in verschiedene Länder Europas geführt, und die dabei gesammelten vielfältigen Erfahrungen kamen ihm zugute, als er 1921 an der Universität München eine Professur für Erdkunde erhielt, die er bis 1939 innehatte. Im selben Jahre (1921) begegnete er Hitler und begann beträchtlichen Einfluß auf die NS-Bewegung auszuüben, dies vor allem durch seinen Schüler Rudolf → *Heß*. Als Vorsitzender der Gesellschaft für Geopolitik sowie in seinen Vorlesungen und Schriften verband H. Gedanken zu einem System, die zuvor nicht nur der amerikanische Admiral Alfred Thayer Mahan und der Schwede Rudolf Kjellén (der den Begriff »Geopolitik« prägte) geäußert hatten, sondern die sich im Ansatz bei zahlreichen Historikern von Herodot bis Ranke fanden.
Es geht dabei – ganz allgemein gesprochen – um die Wechselbeziehungen zwischen Geographie und Politik. NS-Ideologen wie Heß, → *Rosenberg*, → *Darré*, aber auch der damals noch junge Hitler selbst übernahmen von H. den Begriff des Lebensraums, mißbrauchten ihn allerdings in ganz und gar unwissenschaftlicher Weise. Damit kam zur biologischen Rassendoktrin eine expansionistische Raumauffassung hinzu, verbunden mit der Überzeugung, Deutschlands Schicksal werde sich im Osten entscheiden. In seiner *Zeitschrift für Geopolitik* sowie in Schriften wie *Der nationalsozialistische Gedanke in der Welt* (1934), *Wehrwille als Volksziel* (1934) und *Deutsche Kulturpolitik* (1940) lieferte H. den NS-Machthabern immer wieder Argumente für den von ihnen vertretenen Expansionismus, obwohl er 1938 bereits vom Nationalsozialismus enttäuscht war.

Ein überzeugter Nationalsozialist war H. schon wegen seiner halbjüdischen Frau nicht, und er gab im Krieg den Gedanken nicht auf, daß ein Friedensschluß mit England für die deutsche Politik von entscheidender Bedeutung wäre – die gleiche Idee, die Rudolf Heß veranlaßte, seinen Flug zum Duke of Hamilton zu unternehmen. Da H.s Sohn Albrecht in das Attentat vom 20. Juli 1944 verwickelt war, wurde auch H. verhaftet. Den Tod seines Sohnes konnte er nicht verwinden. Er beging am 13. März 1946 Selbstmord.

Heidegger, Martin (1889–1976)
Philosoph, von vielen als einer der bedeutendsten Denker des 20. Jahrhunderts angesehen. H. wurde am 26. September 1889 in Meßkirch (Baden) als Sohn einer alten schwäbischen Bauernfamilie geboren. Nach Besuch des Gymnasiums in Konstanz und Freiburg (Breisgau) studierte er 1909 bis 1913 in Freiburg Theologie, Mathematik und Philosophie. 1916 habilitierte er sich und erhielt 1923 eine außerordentliche Professur für Philosophie an der Universität Marburg. 1928 trat H. in Freiburg die Nachfolge seines Lehrers Edmund Husserl an. 1933 wurde er zum Rektor der Universität ernannt und zog in seiner Antrittsrede Parallelen zwischen dem Dienst am Wissen, den der Gelehrte leiste, und dem Dienst des Soldaten im Heer bzw. des Arbeiters an seiner Produktionsstätte.

H. war der bedeutendste deutsche Philosoph, der sich mit dem Nationalsozialismus einließ. Doch währte sein offizielles Eintreten für die NS-Machthaber kaum ein Jahr. Die auf sein philosophisches Hauptwerk *Sein und Zeit* (1927) vorbereitende Fundamentalontologie mit der Suche nach »wahren« Werten für eine neue Selbstbestätigung des deutschen Geistes gegen den Kosmopolitismus der modernen Welt, seine Beschäftigung mit den Phänomenen Angst und Entmenschlichung deuten bereits auf seine späteren Berührungen mit dem Nationalsozialismus hin. Die Betonung H.s auf Verwurzeltsein, auf die Freiheit im Tod, auf Blut-und-Boden-Mystik, sein Leugnen der Entscheidungsfreiheit sowie seine abfällige Beurteilung des urbanen Intellektualismus fügten sich ausgezeichnet in die Denkmuster der NS-Ideologie.

In einer Reihe von Reden, die H. 1933/34 als Rektor der Freiburger Universität gehalten hatte, ging er weit über seine Pflicht hinaus, indem er Hitlers Genius pries, der ihn das deutsche Volk aus der Verkommenheit wurzellosen und ohnmächtigen Denkens herausführen habe lassen und erklärte, daß es der akademischen Gemeinschaft höchstes Privileg sei, wieder dem deutschen Volke eingegliedert und Vollzieherin seines Willens zu sein. H. erblickte im Nationalsozialismus die Verheißung eines gänzlichen Neubeginns des deutschen Schicksals und in Hitler in Gegenwart und Zukunft die einzige Verkörperung deutschen Handelns und seines Gesetzes (3. November 1933).

In einer Reihe von Vorlesungen im Jahre 1935 (1953 in seiner *Einführung in die Metaphysik* abgedruckt) sprach H. tatsächlich von der inhärenten Wahrheit und Größe dieser [d. h. der NS-]Bewegung und bezog dies auf das Aufeinandertreffen der die Welt beherrschenden Technik mit dem Menschen von heute, das, wie er meinte, in ihrem Denken Ausdruck gefunden habe. Andererseits legte er keineswegs den damals geforderten Antisemitis-

mus an den Tag und unterband als Rektor die geplante Verbrennung »dekadenter« Werke jüdischer und kommunistischer Autoren vor der Universität. Außerdem weigerte er sich, die Entlassung zweier regimefeindlicher Kollegen zu unterschreiben und trat schließlich 1934 als Rektor zurück. Auch philosophisch begab sich H. fortan auf ungefährlicheres Terrain und veröffentlichte – wobei er seine Vorlesungstätigkeit fortsetzte – Werke wie *Hölderlin und das Wesen der Dichtung* (1936), *Platons Lehre von der Wahrheit* (1942) und *Vom Wesen der Wahrheit* (1943).
1944 wurde er zu einer Arbeitsbrigade zwangsrekrutiert, die am Rheinufer Schützengräben ausheben mußte. Im Februar 1947 war H. wegen seiner Tätigkeit als NS-Rektor in Freiburg die Lehrerlaubnis entzogen worden. Das Verbot wurde im Juli 1950 aufgehoben, so daß H. ab 1951 seine Lehrtätigkeit in Freiburg wieder aufnehmen konnte. Er hielt bis 1967 Seminare ab.
In der Nachkriegszeit war H.s Einfluß besonders auf den französischen Existentialismus enorm (so ist Sartres Philosophie ohne H. kaum verständlich), und auch seine Thesen über das Wesen der Sprache und Dichtung fanden weithin Beachtung. Was allerdings die Massenvernichtung menschlichen Lebens, die Politik des Dritten Reiches und seine eigene Rolle in der Hitlerzeit betrifft, so bewahrte er bis zu seinem Tod (er starb am 26. Mai 1976 in Meßkirch) Stillschweigen. Erst einen Monat nach seinem Tode erschien im SPIEGEL ein langes Interview. Es war bereits zehn Jahre früher aufgezeichnet worden, durfte jedoch erst nach H.s Tode veröffentlicht werden. In diesem Interview behauptete H., er habe seinerzeit für Deutschland keine andere Überlebenschance gesehen als den Nationalsozialismus. Allerdings sagte er sich von diesem noch immer nicht ausdrücklich los und verlor vor allem kein Wort darüber, wie man die bestialischen Grausamkeiten, die während des Dritten Reiches begangen wurden, philosophisch einzuschätzen habe.

Heinkel, Ernst (1888–1958)
Deutscher Flugzeugkonstrukteur und -hersteller. H. wurde am 24. Januar 1888 als Sohn eines Flaschnermeisters in Grunbach im Remstal (Württemberg) geboren. Nach der Schulzeit in Cannstatt begann er mit dem Maschinenbaustudium an der Technischen Hochschule in Stuttgart. Das Zeppelinunglück am 5. August 1908 in Echterdingen wurde für ihn zum Schlüsselerlebnis, das ihn veranlaßte, das Flugzeug als das Fahrzeug der Zukunft zu betrachten. Noch während seines Ingenieurstudiums konstruierte er ein Motorflugzeug, mit dem er jedoch 1911 abstürzte; dabei trug er schwere Verletzungen davon. Da er beim Flugzeugbau bleiben wollte, gab er sein Studium auf und kam als Konstrukteur schließlich Ende 1912 zu den Berliner Albatroswerken. Dort war er nach wenigen Monaten bereits Chefkonstrukteur und Direktor. Während des Ersten Weltkrieges wurde H. auch Direktor einer österreichischen und einer ungarischen Flugzeugfabrik, deren Produkte in der k. u. k. Armee und bei der deutschen Marine mit Erfolg geflogen wurden. Sensationell war der Bau eines zerlegbaren Flugzeugs für U-Boote, dessen Konstruktion ihm nach dem Kriege die Wiederaufnahme des Flugzeugbaus, der Deutschland durch den Versailler Vertrag verboten war, ermöglichte.

H. reparierte und verkaufte für einige Jahre Autos, bis er 1922 mit der Gründung der Ernst-Heinkel-Flugzeugwerke, zuerst mit Sitz in Travemünde, dann in Warnemünde, in die alte Branche zurückkehren konnte. Seine technisch fortschrittlichen Fluggeräte fanden bald in allen Sparten der Luftfahrt Eingang, er entwickelte u. a. Langstrecken- und Postflugzeuge, Maschinen für Katapultstart und für Schulzwecke, Luftbildvermessung und Spezialflugzeuge für gleichzeitige Verwendung auf dem Lande und als Seeflugzeug. Ein Welterfolg wurde die schnelle Heinkel He 70, der Prototyp des stromlinienförmigen Flugzeugs. Mit der He 111 schaffte H. wieder den Sprung in die Luftrüstung, die für seine Firma 1935 mit dem Aufbau der Deutschen Luftwaffe begann. Dieser Mittelstreckenbomber war bis weit in den Krieg hinein die Standardmaschine der deutschen Bomberverbände. Damit war der Sprung von den bloßen Entwicklungswerkstätten zu Produktionsbetrieben gelungen, der sich 1935 im Neubau neuer Fabrikanlagen in Rostock und ein Jahr später, nunmehr vom Göringschen Luftfahrtministerium finanziert, in Oranienburg bei Berlin auch äußerlich erkennen ließ.

1938 wurde H. zum Wehrwirtschaftsführer ernannt. Im Wettbewerb um die schnellste Jagdmaschine der Luftwaffe unterlag H. ganz knapp seinem schärfsten Konkurrenten Willy → *Messerschmitt*. Nachdem bereits 1937 eine umgebaute Heinkel-Maschine mit einem Raketenantrieb geflogen war, gelang am 20. Juni 1939 dem als Raketenflugzeug entwickelten Modell He 176 der Jungfernflug mit einer weit über dem Weltrekord für Propellermaschinen liegenden Geschwindigkeit von über 800 km/h. Am 27. August 1939 wurde das andere bahnbrechende Modell, die Heinkel He 178, als erstes Düsenflugzeug der Welt erfolgreich getestet. Obwohl der Generalluftzeugmeister Ernst → *Udet* die Weiterverfolgung der Arbeiten an diesem Typ anordnete, wurde auch dieses Modell schließlich von der Messerschmittschen Konkurrenzmaschine, der Me 262, ausgestochen.

Andere erfolgversprechende Maschinen wurden von der Luftwaffe nicht angenommen, und als großer Mißerfolg stellte sich der schwere Bomber He 177 heraus, dessen vier Motoren in zwei Gondeln auf einer Doppelantriebswelle gebündelt waren. Gegen Ende des Krieges konstruierte H. im Rahmen des Jägernotprogramms noch einen leichten Düsenjäger, eine Art Billigflugzeug, unter der vieldeutigen Bezeichnung »Volksjäger« in Auftrag gegeben, der 83 Tage nach Auftragserteilung bereits flog. Als die ersten Modelle ausgeliefert wurden, war der Krieg zu Ende. H. hatte seine Erfolge vor allem auf dem Gebiet der Schnellproduktion nicht nur mit deutschen Arbeitskräften erzielen können. Am 31. Dezember 1944 waren von den 55 123 bei der Ernst Heinkel AG Beschäftigten 30 455 ausländische Arbeitskräfte.

Nach dem Kriege wurde Heinkel in zwei Spruchkammerverfahren durch Urteil vom 18. 1. 1949 als Mitläufer eingestuft, u. a. weil er eine schlechte Behandlung ausländischer Arbeiter untersagt hatte. Er begann mit den an ihn zurückgegebenen Teilen seiner alten Firma ab 1950 wieder zu produzieren, zunächst Motoren und Schädlingsbekämpfungsgeräte, später Motorroller. Seit 1957 wurde im Zuffenhausener

Werk wieder mit dem Flugzeugmotorenbau begonnen. Die Firma H. mußte aber, um überleben zu können, in engere organisatorische Verbindung mit den Messerschmitt-Werken treten und ging in der späteren Unternehmensgruppe Messerschmitt-Bölkow-Blohm (MBB) auf. H., der 1953 seine Memoiren unter dem Titel *Stürmisches Leben* herausgegeben hatte, starb am 30.1.1958.

Heisenberg, Werner (1901–1976)
1932 mit dem Nobelpreis für Physik ausgezeichnet. H. war der glänzendste Vertreter einer Reihe jüngerer theoretischer Physiker, die es vorzogen, nicht auszuwandern, sondern in Deutschland zu bleiben, nachdem Hitler 1933 an die Macht gekommen war. H. wurde am 5. Dezember 1901 in Würzburg als Sohn eines bekannten Byzantinisten geboren und studierte in München Physik bei Arnold Sommerfeld. 1924 bis 1927 war er Privatdozent in Göttingen und Kopenhagen, wo er mit Nils Bohr zusammenarbeitete – beide sollten in der Folgezeit die Entwicklung der Atomphysik wesentlich beeinflussen. 1927 bis 1941 war H. Professor für Physik an der Universität Leipzig und 1941 bis 1945 Direktor des Kaiser-Wilhelm-Instituts für Physik in Berlin-Dahlem sowie Professor für Theoretische Physik an der Universität Berlin.
In den ausgehenden zwanziger Jahren trugen H.s Unschärferelation und seine Arbeiten über die Quantenmechanik neben den einschlägigen Arbeiten von Schrödinger, de Broglie, Bohr, Einstein und Max Born zur Revolutionierung des modernen naturwissenschaftlichen Denkens bei. Nach dem von ihm vertretenen Prinzip des Indeterminismus gibt es im Bereich der Mikrophysik nur Wahrscheinlichkeitsgesetze und keine determinierende Kausalität. Determinierende Gesetze ergeben sich vielmehr erst aus dem statistischen Durchschnittsverhalten der Einzelpartikel im Massengeschehen des makrophysikalischen Bereichs. Die arischen Physiker in Hitlerdeutschland freilich, allen voran Johannes → *Stark*, verwarfen H.s Quantentheorie in Bausch und Bogen und beschuldigten H., ein theoretischer Formalist sowie »Geist von Einsteins Geist« zu sein und sich die Grundbetrachtungsweisen der »jüdischen Physik« zu eigen gemacht zu haben. Ein *Weiße Juden in der Wissenschaft* überschriebener Hetzartikel im *Schwarzen Korps* vom 15. Juli 1937 verstieg sich sogar zu der Forderung, H. (»der Ossietzky der Physik«) und andere sogenannte »Charakterjuden« sollten von der Bildfläche verschwinden.
Im Jahr darauf lag das Schicksal H.s in den Händen von SS-Funktionären, bis → *Himmler* ihn persönlich rehabilitierte – teils infolge einer Intervention seiner Familie (die Mutter des Physikers hatte sich an die des Reichsführers SS gewandt, mit der sie oberflächlich bekannt war), teils wegen der Unterstützung, die H. von seiten einiger Kollegen, einiger deutscher Diplomaten und sogar aus hohen SS-Kreisen zuteil wurde. Dennoch berief man H. nicht als Nachfolger Arnold Sommerfelds nach München, als dessen dortiger Lehrstuhl für theoretische Physik vakant wurde. Später schrieb H., die Jahre vor dem Zweiten Weltkrieg seien ihm, soweit er sich damals in Deutschland aufhielt, wie eine nicht enden wollende Zeit der Einsamkeit vorgekommen.
H., der die Erklärung nicht unter-

schrieben hatte, mit der sich 1934 deutsche Physiker hinter Hitler stellten, litt unter dem Mangel an für eine gedeihliche Arbeit unerläßlichen internationalen Kontakten und unter den Verwaltungsmaßnahmen, die damals deutschen Physikern das Leben so erschwerten. Er versuchte, die Freiheit naturwissenschaftlicher Forschung und Lehre gegen Übergriffe nationalsozialistischer Politiker und Ideologen zu verteidigen, und aufrechtzuerhalten, was sich vom üblichen naturwissenschaftlichen Lehr- und Forschungsbetrieb überhaupt noch aufrechterhalten ließ. Als dann während des Krieges der Rückstand der deutschen Atomphysik immer augenfälliger wurde und immer mehr militärische Überlegungen den Ausschlag gaben, erfuhren H. und sein Arbeitsteam eine gewisse Aufwertung.
Doch dem deutschen Atomforschungsprogramm fehlte es an Mitteln, Menschen und Material, und so weit, um ein Kernwaffenprojekt anlaufen zu lassen, brachte man es nie. H.s starkes Engagement für sein Programm spiegelte seine Naivität wider in bezug auf die politische Situation wie auf die Wechselbeziehungen zwischen Naturwissenschaft, Wirtschaft und Kriegslage. Es fehlt jeder Anhaltspunkt dafür, daß er die Notwendigkeit erkannte, seine Wertvorstellungen auch außerhalb des Labors anzuwenden. Nach 1946 wurde H. (bis 1958) Direktor des Max-Planck-Instituts für Physik in Göttingen. Im April 1957 gehörte H. zu den 18 deutschen Kernphysikern, die sich öffentlich gegen die Ausrüstung der Bundeswehr mit Atomwaffen aussprachen. Ab 1958 war er Professor an der Universität München und Direktor des Max-Planck-Instituts für Physik und Astrophysik, das dorthin verlegt worden war und das er bis 1970 leitete. Er verfaßte zahlreiche Bücher und Aufsätze über Quantentheorie, Atomphysik und kosmische Strahlung. Zu seinen bedeutendsten Werken gehören: *Die physikalischen Prinzipien der Quantentheorie* (3. Aufl. 1944), *Die Physik der Atomkerne* (3. Aufl. 1949), *Das Naturbild der heutigen Physik* (1955) und *Schritte über Grenzen* (1971). H. starb am 1. Februar 1976 in München.

Helldorf, Wolf Heinrich Graf von (1896–1944)
Polizeipräsident von Berlin und später Mitglied des Widerstandes gegen Hitler. H. wurde am 14. Oktober 1896 in Merseburg geboren und nahm als Offizier am Ersten Weltkrieg teil. Er erhielt das Eiserne Kreuz Erster und Zweiter Klasse. Nach Kriegsende schloß er sich dem Freikorps Roßbach an und war in den Kapp-Putsch (13. März 1920) verwickelt, weshalb er Deutschland verlassen mußte und vier Jahre in Italien lebte. Seit 1925 war er Landtagsabgeordneter für die NSDAP in Preußen und wurde 1931 Führer der SA-Gruppe Berlin-Brandenburg. Am 12. November 1933 zog er als NSDAP-Abgeordneter auch in den Reichstag ein. Im März 1933 war H. bereits Polizeipräsident von Potsdam geworden.
Ab Juli 1935 amtierte H. als Berliner Polizeipräsident. Er nutzte sein Amt zu mancherlei dunklen Geschäften. Beispielsweise zog er die Pässe wohlhabender Juden ein und verkaufte sie zum Durchschnittspreis von 250000 Reichsmark an ihre Besitzer zurück. Mehr Abenteurer als überzeugter Nationalsozialist, war er eine der Hauptfiguren der Verschwörung gegen Hitler, die das Attentat vom 20. Juli 1944 planten.

Dies führte zu seiner Verhaftung und Folterung. Er starb am 15. August 1944 durch den Strang.

Henlein, Konrad (1898–1945)
Reichsstatthalter und Gauleiter des von den Deutschen besetzten Sudetenlandes. H. wurde am 6. Mai 1898 in Maffersdorf bei Reichenberg als Sohn eines deutschen Vaters und einer tschechischen Mutter geboren. Nach Besuch der Gablonzer Handelsakademie und Teilnahme am Ersten Weltkrieg (bis 1919 befand er sich in italienischer Kriegsgefangenschaft) wurde er Bankbeamter. 1925 Turnlehrer des Sudetendeutschen Turnverbandes in Asch, avancierte er 1931 zum Verbandsturnwart des Sudetendeutschen Turnverbandes in der Tschechoslowakei. Im Oktober 1933 gründete er die Sudetendeutsche Heimatfront anstelle der in der Tschechoslowakei verbotenen NSDAP. Zwei Jahre später änderte diese ihren Namen in Sudetendeutsche Partei (SDP). Sie forderte Autonomie für die sudetendeutsche Minderheit im Rahmen des tschechoslowakischen Staates.
Bei den Parlamentswahlen von 1935 gewann die SDP 44 Sitze im Parlament und vertrat etwa zwei Drittel der deutschsprachigen Bevölkerung in der Tschechoslowakei. Nur Kommunisten und Sozialdemokraten schlossen sich ihren Forderungen nach voller kultureller Autonomie und Umwandlung der Tschechoslowakei in einen Bundesstaat nach Schweizer Vorbild nicht an. Ab 1935 erhielt die SDP insgeheim Unterstützung vom Dritten Reich, dies über die von Werner →*Lorenz* geleitete Volksdeutsche Mittelstelle sowie über die deutsche Botschaft in Prag. Außerdem stellte ihr Wilhelm →*Bohles* Auslandsorganisation der NSDAP monatlich 15000 Reichsmark zur Verfügung. Als fünfte Kolonne spielte die SDP eine Schlüsselrolle beim Sturz des tschechoslowakischen Staates, ermöglichte sie es Hitler doch, die Auseinandersetzung zwischen der sudetendeutschen Minderheit und der tschechoslowakischen Regierung von innen her zu beeinflussen. Nach und nach wurden alle regionalen und örtlichen Organisationen der Sudetendeutschen wie Sportverbände, Kulturgruppen, Chöre, Musikvereinigungen und dergleichen nationalsozialistisch infiltriert und in NS-Zellen umgewandelt.
Obwohl H. den Briten wiederholt vorlog, er habe mit dem Nationalsozialismus und dem Dritten Reich nichts zu tun, trat seine Partei 1937 ganz offen pronazistisch und antisemitisch auf. Bei einem Geheimtreffen mit Hitler am 28. März 1938 (also kurz nach dem Anschluß Österreichs) einigten sich H. und der Führer auf eine gemeinsame Strategie, die auf dem Prinzip beruhte, stets mehr zu fordern, als von der anderen Seite gewährt werden könne.
H. kehrte nicht mehr in die Tschechoslowakei zurück, bis gemäß dem Münchener Abkommen vom 29. September 1938 deutsche Truppen in die Tschechoslowakei eingerückt waren. 1938 bereits zum SS-Gruppenführer, Gauleiter und Reichstagsmitglied avanciert, wurde H. am 1. Mai 1939 zum Reichsstatthalter im Reichsgau Sudetenland ernannt. Dies blieb er bis zum Ende des Zweiten Weltkrieges. Im Juni 1943 wurde der Reichsstatthalter des Sudetenlandes zum SS-Obergruppenführer befördert. Nach Kriegsende wurde H. von den Amerikanern gefangengenommen und beging am 10. Mai 1945 in einem amerikanischen Kriegs-

gefangenenlager in der ehemaligen Flakkaserne in Pilsen Selbstmord.

Hertz, Gustav (1887–1975)
Physiker und Nobelpreisträger. H. war ein Neffe von Heinrich H., dem Entdecker der elektromagnetischen Wellen. Am 22. Juli 1887 wurde er als Sohn eines jüdischen Rechtsanwalts in Hamburg geboren. Er studierte Mathematik und Physik in München, Göttingen und Berlin. 1911 promovierte er und wurde anschließend Assistent am Physikalischen Institut der Berliner Universität. Nach Verwundung im Kriege und Habilitation kehrte er 1917 als Privatdozent an seine alte Universität zurück. Von 1920 bis 1925 war er dann in Holland bei Philips tätig, wo er weiter an der Erforschung der Vorgänge im Atom arbeitete. Für die Erkenntnisse, die er z. T. in Zusammenarbeit mit James Franck über die Ionisierungsenergie von Atomen nach Manipulationen an ihren Elektronen gewann, erhielt er zusammen mit Franck 1925 den Nobelpreis. Im gleichen Jahr folgte er einem Ruf an die Universität Halle, 1928 ging er an die Technische Hochschule nach Berlin.
Ebenfalls 1928 entwickelte er eine der Trennmethoden für Uran, die zum Bau der Atombombe verwendet wurde. Da er sich 1934 weigerte, als Leiter des Physikalischen Instituts eine Loyalitätserklärung für Hitler zu unterschreiben, verließ er die Hochschule und erhielt eine Anstellung als Leiter eines der Forschungslabors der Firma Siemens in Berlin, wo er sich während des Krieges weiter mit Fragen der Atomforschung beschäftigen konnte. Nach Kriegsende wurde H. von den Sowjets nach Sotschi am Schwarzen Meer gebracht, wo er mit Hunderten anderer deutscher Forscher an wissenschaftlichen Problemen, die die Russen interessierten, arbeiten mußte. Seit September 1954 war H. wieder als Professor an der Leipziger Universität tätig, wo er bis 1961 auch deren Physikalisches Institut leitete. H. erhielt zahlreiche nationale und internationale Auszeichnungen und war Mitglied west- und ostdeutscher wissenschaftlicher Einrichtungen, außerdem bei den Lindauer Nobelpreisträger-Tagungen häufig einziger Gast aus der DDR. Er starb am 30. Oktober 1975 im Alter von 88 Jahren.

Heß, Rudolf (geb. 1894)
»Stellvertreter des Führers« der NSDAP und nach Hitler und → *Göring* dritthöchster Würdenträger in der NS-Parteihierarchie. H. wurde am 26. April 1894 in Alexandria (Ägypten) geboren. Er meldete sich 1914 freiwillig zum Dienst in der Armee, um der Unterdrückung durch seinen Vater und der verhaßten Aussicht auf eine Kaufmannslaufbahn zu entgehen. Am Ersten Weltkrieg nahm er als Stoßtruppführer und später als Flieger teil. 1919 schloß er sich dem Freikorps unter General Ritter von → *Epp* und der Thule-Gesellschaft an und trat im Januar 1920 als 16. Mitglied der NSDAP bei, nachdem er Hitler reden gehört hatte. Als Student der politischen Wissenschaften an der Universität München zeigte H. sich stark von den geopolitischen Thesen Karl → *Haushofers* beeindruckt, die er vereinfacht übernahm.
Nach seiner Teilnahme am Hitlerputsch vom 9. November 1923 war H. sieben Monate in Festungshaft (in Landsberg am Lech) und half Hitler bei der Schlußredaktion von *Mein Kampf*. Zwischen 1925 und 1932 hatte H. kei-

nen besonderen Rang in der Partei. Er war einfach Hitlers Privatsekretär, Vertrauter und ergebenster Anhänger. Introvertiert, scheu, zutiefst unsicher und auf eine Vaterfigur fixiert, kompensierte H. seinen Mangel an Intelligenz, Rednertalent und Fähigkeit zum Intrigieren durch besondere Unterwürfigkeit und Verehrung für Hitler, die ebenso naiv wie aufrichtig war.

Im Dezember 1932 ernannte ihn Hitler zum Vorsitzenden der Politischen Zentralkommission der NSDAP, und kurz darauf erhielt er auch einen Führerrang in der SS. Am 21. April 1933 wurde H., von der Öffentlichkeit fast unbemerkt, »Stellvertreter des Führers« als Parteiführer. In dieser Eigenschaft hatte er untergeordnete Repräsentationspflichten zu erfüllen und bei karitativen Pflichtübungen anwesend zu sein – ganz des Führers Schatten, weder fähig noch gewillt, selbst je in irgendeiner Form die Initiative zu ergreifen. Sein wichtigstes Vorrecht bestand darin, bei Massenveranstaltungen mit begeistertem Blick und der Ekstase des echt Gläubigen den Auftritt Hitlers anzukündigen. H. huldigte einem Führerkult, der keinerlei Maß kannte. So machte H. im Juni 1934, kurz vor der blutigen → *Röhm*-Affäre, deutlich, wie sehr er in seiner Verehrung für Hitler bis zur völligen Persönlichkeitsaufgabe zu gehen bereit war, indem er erklärte: »Unser aller Nationalsozialismus ist verankert in kritikloser Gefolgschaft, in der Hingabe an den Führer, die im Einzelfalle nicht nach dem Warum fragt, und in der schweigenden Ausführung dessen, was er befiehlt.«

Für H. war Hitler die Verkörperung der reinen Vernunft, eine verehrungswürdige, gottähnliche Gestalt, ohne die seine eigene neurotische Persönlichkeit nicht zu existieren vermochte. Noch 1946 in Nürnberg klammerte er sich an dieses Idealbild, indem er erklärte, es sei ihm viele Jahre lang vergönnt gewesen, unter dem größten Sohn zu leben und zu wirken, den die deutsche Nation im Laufe ihrer tausendjährigen Geschichte hervorgebracht habe. Während des Dritten Reiches wurde diese Ergebenheit durch hohe Ämter belohnt. So war H. seit dem 2. Dezember 1933 Reichsminister ohne Geschäftsbereich, ab 4. Februar 1938 Mitglied des Geheimen Kabinettsrates und ab 30. August 1939 Mitglied des Ministerrates für die Reichsverteidigung. Ihren Höhepunkt erreichte seine Karriere, als er am 1.9.1939 zu Hitlers zweitem Nachfolger (nach → *Göring*) ernannt wurde.

Eine rätselhafte Tat – sein Auftritt als selbsternannter Friedensbote – beendete nicht nur seine Parteikarriere, sondern machte aus dem hochdekorierten NS-Führer einen der bekanntesten psychiatrischen Fälle des Jahrhunderts. Am 10. Mai 1941 flog H. allein in einem Jagdflugzeug des Typs Me 110 (Messerschmitt) nach Schottland, wo er keine 20 Kilometer vom Wohnsitz des Duke of Hamilton entfernt mit dem Fallschirm absprang. Er hoffte, durch Vermittlung des Herzogs, den er 1936 während den Berliner Olympischen Spielen flüchtig kennengelernt hatte, die britische Regierung zu überzeugen, Hitler habe nicht die Absicht, eine gleichfalls nordische Nation zu vernichten, und verlange nur freie Hand für seine Lebensraum-Politik in Osteuropa. Offensichtlich glaubte H., dies sei ganz und gar in Großbritanniens Interesse, weil auf diese Weise das britische Imperium in Frieden gelassen werde. Wenn sich allerdings Großbritannien nicht der

Regierung Churchill entledige und zu einer Verständigung bereit wäre, sei völlige Vernichtung die Folge.
Sehr zu seiner Überraschung wurde H. jedoch einfach gefangengenommen und als Kriegsgefangener behandelt. In Deutschland erklärte Hitler ihn für wahnsinnig, und die NS-Presse stellte ihn als geistig zerrütteten Idealisten hin, der infolge von Verletzungen aus dem [Ersten] Weltkrieg Wahnvorstellungen anheimgefallen sei.
In der Gefangenschaft schien H. tatsächlich völlig zusammenzubrechen. Er flüchtete sich in Neurosen und entwickelte eine an Verfolgungswahn grenzende Angst, sein Essen könnte vergiftet sein. Als er 1946 zum Prozeß nach Nürnberg gebracht wurde, schien er an völligem Gedächtnisschwund zu leiden (von dem er nachträglich allerdings behauptete, er sei nur gespielt gewesen). Er blickte starr ins Leere und benahm sich wie jemand, der völlig zerbrochen ist. Trotz gewisser Zweifel an seiner Zurechnungsfähigkeit wurde er zu lebenslanger Haft verurteilt, nachdem man ihn für schuldig befunden hatte, Verbrechen gegen die Menschlichkeit begangen und sich an einer Verschwörung beteiligt zu haben, um andere Verbrechen zu begehen, die in der Anklageschrift aufgelistet waren.
Seit 35 Jahren sitzt er im Kriegsverbrechergefängnis Berlin-Spandau (in West-Berlin) ein. Da sich die Sowjets jeder Begnadigung widersetzen, wurde H. im Westen durch neofaschistische Gruppierungen zum Märtyrer hochstilisiert und Objekt humanitärer Bemühungen um seine Freilassung wie auch Gegenstand nicht enden wollender Spekulationen über seinen Geisteszustand bei Historikern, Psychologen und anderen, die an der Psychopathologie des Nationalsozialismus interessiert sind.

Heusinger, Adolf (1897–1982)
Im Zweiten Weltkrieg Chef der Operationsabteilung im Generalstab des Heeres. Er wurde am 4. August 1897 als Sohn eines Professors in Holzminden (Weser) geboren. 1915 als Fahnenjunker in die Armee eingetreten, erlebte er den Ersten Weltkrieg an der Westfront. Später trat er der Reichswehr bei, gehörte ab 1931 zum Reichswehrministerium und kam 1937 als Major in die Operationsabteilung des Generalstabs des Heeres.
Am 1. Oktober 1940 avancierte er zum Oberst und übernahm zwei Monate später die Leitung der Operationsabteilung. 1941 folgte die Beförderung zum Generalmajor und 1943 wurde H. Generalleutnant. Nach der Abberufung von Kurt → *Zeitzler* und bevor Generaloberst → *Guderian* dessen Nachfolge als Generalstabschef des Heeres antrat, lag die Verantwortung für die Operationen des deutschen Heeres praktisch in H.s Händen. Er befand sich am 20. Juli 1944 in der »Wolfsschanze« (Hitlers Führerhauptquartier) bei Rastenburg (Ostpreußen) und erstattete gerade seinen Lagebericht über den Durchbruch der Sowjets an der Ostfront, als eine furchtbare Explosion den Raum erschütterte, den Mitteltisch zerschmetterte, an dem die Besprechung stattfand, und die Decke des Raumes zerstörte. Es war die Detonation der Bombe, die Oberst Claus von → *Stauffenberg* gelegt hatte, um Hitler zu töten.
H., nur leicht verwundet, wurde zwei Tage später verhaftet und unter der Anklage vor den Volksgerichtshof gestellt, von der Verschwörung gewußt zu

haben. Zwar sprach man ihn im Oktober 1944 frei, doch wurde er von all seinen Ämtern und Pflichten als aktiver Offizier entbunden. Nach dem Kriege sagte H., der kein Nationalsozialist war, bei den Nürnberger Prozessen als Zeuge aus und befand sich bis 1948 selbst im Gewahrsam der Alliierten. Ein Jahr später berief ihn Konrad → *Adenauer* als militärischen Berater zu sich, und 1951 nahm er als Militärexperte an Debatten über die neu zu schaffende europäische Verteidigungsgemeinschaft teil. Ab 1952 spielte H. eine führende Rolle bei der Planung der Bundeswehr, deren Generalinspekteur er vom Juli 1957 bis zum März 1961 werden sollte. Zuvor schon hatte er die Nachfolge General → *Speidels* als Chef der Abteilung Streitkräfte im Bundesverteidigungsministerium angetreten. Von April 1961 bis Februar 1964 war H. Vorsitzender des Ständigen Militärausschusses der NATO in Washington. Er starb am 30. November 1982 in Köln.

Hewel, Walther (1904–1945)
Botschafter und Verbindungsmann Ribbentrops bei Hitler. H. wurde am 25. März 1904 in Köln geboren. Als Student an der Münchner Technischen Hochschule gehörte er als Fahnenträger des »Stoßtrupps Hitler« zu den Teilnehmern an Hitlers Putschversuch vom 9. November 1923 und wurde deshalb zu eineinviertel Jahren Festungshaft in Landsberg verurteilt. Nach seiner Entlassung ging er als Kaufmann nach Niederländisch-Ostindien (Java) und kehrte erst 1936 nach Deutschland zurück. Bereits 1933 war H. in die NSDAP-Auslandsorganisation (→ *Bohle*) eingetreten. Nach seiner Rückkehr war er zunächst als Gauhauptstellenleiter bei der AO in Berlin angestellt, wurde im Februar 1937 dann zum Hauptreferenten für die deutsch-englischen Beziehungen in der Dienststelle Ribbentrop ernannt und kam mit → *Ribbentrop* im Juni 1938 als Legationsrat I. Klasse und Leiter des Persönlichen Stabes des Reichsaußenministers in das Auswärtige Amt.
H. machte rasch Karriere, erhielt 1938 den Rang eines SS-Standartenführers, wurde im Jahr darauf zum Vortragenden Legationsrat und im September 1940 als Ministerialdirigent zum Gesandten I. Klasse und »Ständigen Beauftragten des Reichsaußenministers beim Führer« ernannt. H., der bereits 1942 zum SS-Brigadeführer befördert wurde, erhielt am 31. März 1943 den Rang eines Botschafters z. b. V. verliehen. Seit seiner Beauftragung zum Verbindungsmann des Auswärtigen Amtes im Führerhauptquartier gehörte H. zum innersten Kreis um Hitler, den er von nun an bis zum Zusammenbruch des Dritten Reiches fast täglich sah und sprach. H. führte darüber ein Tagebuch, für dessen Einträge er ein indonesisches Idiom verwendete.
Zusammen mit Martin → *Bormann* verließ er am 2. Mai 1945 die Reichskanzlei und war seitdem vermißt. Vermutlich hat er zusammen mit Bormann am 3. Mai 1945 Selbstmord begangen.

Heyde, Werner (1902–1964)
Mit 37 Jahren Professor für Neurologie und Psychiatrie an der Universität Würzburg und von 1939 bis 1942 Leiter des Euthanasieprogramms, bei dem es um den sogenannten Gnadentod für körperlich und geistig Behinderte in Deutschland und Österreich ging. H. wurde am 25. April 1902 als Sohn eines Fabrikanten in Forst (Lausitz) gebo-

ren. SS-Arzt (H. hatte zum Schluß den Rang eines SS-Standartenführers), war H. 1933 der NSDAP beigetreten und hatte es rasch zum Experten für »Gnadentod« im Dritten Reich gebracht. 1939 wurde er ausersehen, die Organisation T4 (so benannt nach dem Haus in der Tiergartenstraße 4, wo sich das Verwaltungszentrum des gesamten Euthanasieprogramms, die Reichsarbeitsgemeinschaft Heil- und Pflegeanstalten, befand) zu leiten, die ihre Aufgabe darin sah, Hitlers Befehle über die »Vernichtung unwerten Lebens« auszuführen.

Aufgrund seiner Anweisungen als Leiter des Reichsverbandes deutscher Krankenhäuser und Sanatorien wurden von Spezialärzten mehr als 100000 deutsche Patienten – Männer, Frauen und Kinder – durch Todesspritzen, Unterernährung, Kohlenmonoxid und Zyklon-B-Gas umgebracht. H. stand auch einem mobilen Kommando von Psychiatern vor, die den Geisteszustand von KZ-Insassen in Dachau, Buchenwald und anderen Lagern untersuchten und sowohl Juden als auch »Arier« selektierten, um sie umbringen zu lassen.

1946 von einem deutschen Gericht in Abwesenheit zum Tode verurteilt, entkam er in die britische Besatzungszone, indem er von einem Lkw der amerikanischen Armee sprang, der ihn zum Verhör nach Nürnberg bringen sollte. Anschließend praktizierte er unter dem falschen Namen Dr. Fritz Sawade in Flensburg (Schleswig-Holstein). Medizinischer Obergutachter beim Landessozialgericht Schleswig und Vertragsarzt der Landesversicherungsanstalt von Schleswig-Holstein, wurde er wissentlich von hochgestellten Beamten gedeckt, die seine wahre Identität kannten, aber über seine Vergangenheit schwiegen.

Am 12. November 1959 stellte er sich einem Frankfurter Gericht. Er war als Hauptangeklagter im größten Euthanasieprozeß der Nachkriegszeit vorgesehen, der vor dem Landgericht Limburg stattfinden sollte, erhängte sich jedoch am 13. Februar 1964 – fünf Tage vor Prozeßbeginn – in seiner Zelle in Butzbach mit seinem Gürtel an einem Heizungsrohr, einen Tag, nachdem sein Mitangeklagter Friedrich Tillmann sich in Köln aus dem Fenster gestürzt hatte.

Heydrich, Reinhard (1904–1942)

Chef der Sicherheitspolizei und des SD und führender Organisator der Endlösung. H. wurde in Halle (Provinz Sachsen) am 7. März 1904 als Sohn eines aus Dresden stammenden Musiklehrers geboren, der in Halle das erste Konservatorium für Musik, Theater und musische Erziehung gegründet hatte. 1919 schloß sich der 15jährige Schüler wahrscheinlich einem Freikorps an und stand stark unter dem Einfluß des Rassenfanatismus von völkischen Kreisen (Deutsch völkischer Schutz- und Trutzbund). Am 30. März 1922 trat er in Kiel der Reichsmarine bei und diente eine Zeit unter Wilhelm → *Canaris*. 1931 zwang Admiral → *Raeder* aufgrund der Entscheidung eines Ehrenrats H., die Marine wegen »ehrenwidrigen Verhaltens« zu verlassen (H. hatte mit der Tochter eines Marineoberbaurats ein Verhältnis gehabt).

Im Juli desselben Jahres trat H. in die NSDAP und die SS ein, zog die Aufmerksamkeit → *Himmlers* auf sich und stieg rasch in der SS auf. Am 25. Dezember 1931 war er bereits SS-Obersturmbannführer und wurde im Juli 1932 SS-Standartenführer und Chef des

Sicherheitsdienstes (SD). Am 21. März 1933 wurde er Leiter der Politischen Abteilung der Polizeidirektion München und avancierte zum SS-Oberführer, am 1. April 1933 war er dann unter dem Politischen Polizeikommandeur Himmler zum Leiter der bayerischen politischen Polizei ernannt worden. Zur Belohnung für seinen wesentlichen Anteil an der Ausschaltung der SA-Führung beim sog. Röhm-Putsch erhielt er am 1. Juli 1934 den Titel eines SS-Gruppenführers.

Hochgewachsen, schlank, blond, mit leicht schräggestellten, tiefliegenden blauen Augen, schien der schneidig auftretende, eiskalt wirkende H. Inbegriff alles dessen zu sein, was man seinerzeit unter einem Arier verstand. Seine Sportlichkeit – er war ein erstklassiger Fechter, ausgezeichneter Reiter und tüchtiger Pilot –, dazu seine Begabung als Violinspieler und sein gepflegtes Äußeres beeindruckten Himmler, der ihn zu seiner rechten Hand machte. Himmlers Helfershelfer bei der Integration zunächst der Münchener und sodann der bayerischen politischen Polizei in den NS-Machtapparat, sicherte H. 1933/34 auch die Gleichschaltung der politischen Polizei in den anderen deutschen Ländern. 1936 wurde er Chef der Sicherheitspolizei und des SD im gesamten Reich.

Ein fähiger Techniker der Macht, rücksichtslos, kalt und berechnend, selbst bei unmenschlichsten Maßnahmen ohne die geringsten Skrupel, machte H. sich der obersten Führungsspitze des Dritten Reiches unentbehrlich. Doch hinter seiner arroganten Fassade verbarg sich eine tief gespaltene Persönlichkeit, von grenzenloser Machtgier und Mißtrauen beherrscht, süchtig, sich ins richtige Licht zu rücken. Als Chef der SIPO, der geeinten, zentralisierten, militärisch aufgebauten und mit zuverlässigen Nationalsozialisten durchsetzten Sicherheitspolizei (die sich aus der politischen Polizei und der Kriminalpolizei zusammensetzte) reagierte H. auf sogenannte Staatsfeinde mit erbarmungsloser Härte.

Zynisch und menschenverachtend schuf er sein Netz polizeilicher Überwachung im Dritten Reich, wobei er die niedrigsten Instinkte mobilisierte. Er legte umfangreiche Dossiers an, nicht nur über Regimegegner, sondern auch über Rivalen innerhalb der Partei. Er bediente sich seines Polizeiapparates, um seine Gegner gegeneinander auszuspielen. Die Erstellung wissenschaftlicher Studien über die Tätigkeit möglicher Staatsfeinde wie Marxisten, Juden, Freimaurer, liberale Republikaner sowie Angehörige religiöser oder kultureller Gruppierungen waren die eine, Verhaftungen, Folterungen, ja die Ermordung unbequemer Personen die andere Seite der Arbeit dieses totalitären Polizeiapparates.

Die »blonde Bestie«, die seit dem Jahre 1934 den einzigen Nachrichtendienst der NSDAP beherrschte, bediente sich neben Terror und Verfolgung auch heimtückischer Erpressermethoden. Die Verwendung übler Tricks zeigt der von ihm aus dem Hintergrund inszenierte angebliche Überfall auf den Sender Gleiwitz, der Hitler den Vorwand zum Einmarsch in Polen lieferte. 1939 übernahm H. die Leitung des neuen Reichssicherheitshauptamtes (RSHA), dem sowohl die Gestapo als auch die Kriminalpolizei und der Sicherheitsdienst (SD) unterstanden. Diese riesige Maschinerie zur Zentralisierung und Übermittlung von Informationen in alle und aus allen

Ecken des NS-Machtbereiches gab H. Gelegenheit, die Techniken geheimpolizeilicher Machtausübung zu vervollkommnen. Die teuflischsten Konsequenzen einer solchen Machtballung zeigten sich bei der Durchführung des Befehls zur Ausrottung des Judentums. Schon vor dem Kriege hatte H. alles, was auf polizeilichem Gebiet mit der Lösung der Judenfrage zu tun hatte, in seiner Hand konzentriert. 1938 lag der Akzent noch auf einer Politik der Zwangsaussiedlung. H. hatte → *Eichmann* nach Wien entsandt, um dort die »Zentralstelle für jüdische Auswanderung« aufzubauen. Von dessen Erfolg beeindruckt, hatte er auch in Berlin die entsprechende »Reichszentrale« ins Leben gerufen.

Nach der Eroberung Polens befahl H. die Konzentration polnischer Juden in Ghettos sowie die Bildung von Judenräten – eine für ihn charakteristische Art und Weise, die Judengemeinden zu zwingen, zu ihrem eigenen Verderben mit den Nationalsozialisten zusammenzuarbeiten. Mit Eichmanns Hilfe organisierte er Massendeportationen von Juden aus den dem Reich angegliederten Teilen Polens sowie aus Deutschland und Österreich in das Gebiet des Generalgouvernements. In seiner Weisung vom 21. September 1939 unterschied H. zwischen einem Endziel, dessen Erreichung längere Zeit erfordere (und das selbstverständlich strengster Geheimhaltung unterlag) und den erforderlichen Schritten auf dem Wege dorthin. Ghettos waren lediglich eine Zwischenstufe – ebenso wie zuvor die Beschlagnahme jüdischen Eigentums durch die Gestapo und die Deportation von Juden aus Deutschland in den Jahren 1939/40.

Am 31. Juli 1941, nach dem Überfall auf die Sowjetunion (während der ersten sechs Wochen dieses Feldzuges hatte H. mit für ihn typischer, zur Schau getragener Schneidigkeit als Luftwaffenpilot an den Kämpfen teilgenommen), beauftragte ihn Göring, »alle erforderlichen Vorbereitungen... für eine Gesamtlösung der Judenfrage im deutschen Einflußgebiet in Europa...« zu treffen. Das fragliche Dokument enthielt sowohl die Bezeichnung Gesamtlösung als auch bereits den Begriff Endlösung, und H. bekam die Verantwortung für alle erforderlichen organisatorischen, verwaltungs- und finanzierungstechnischen Maßnahmen übertragen. Seine Einsatzgruppen, die unter Mithilfe der Wehrmacht bereits Zehntausende von Polen und Juden gemordet hatten, ermordeten insgesamt etwa eine Million Russen und Polen, die meisten von ihnen Juden oder politische Funktionäre.

Um die Aktivitäten der verschiedenen Regierungs- und Parteistellen zu koordinieren, berief H. am 20. Januar 1942 in Berlin die sogenannte »Wannseekonferenz« ein, um Mittel und Wege zur »Endlösung der europäischen Judenfrage« zu erörtern. In seiner den offenen Massenmord zynisch verschleiernden Sprache äußerte H. damals: »... im Zuge der Endlösung [sollen] die Juden... im Osten zum Arbeitseinsatz kommen. In großen Arbeitskolonnen, unter Trennung der Geschlechter, werden die arbeitsfähigen Juden straßenbauend in diese Gebiete geführt, wobei zweifellos ein Großteil durch natürliche Verminderung ausfallen wird.« Dies bedeutete, daß die Betreffenden in den Tod geschickt werden sollten – in den Tod durch Hunger, Erschöpfung oder Krankheit und, sofern nötig, durch Mordkommandos. Der überle-

bende Rest solle einer »entsprechenden Behandlung« zugeführt werden, denn er stelle eine »natürliche Auslese« dar und sei »bei Freilassung als Keimzelle eines neuen jüdischen Aufbaues anzusprechen«.
Nachdem er so das Fundament für die Endlösung gelegt hatte (nach seinem Vornamen war die »Aktion Reinhard« das Kodewort für die Vernichtung des polnischen Judentums), verließ H. sein Berliner Hauptquartier, um am 27. September 1941 das Amt des Stellvertretenden Reichsprotektors von Böhmen und Mähren anzutreten. Seine neue Residenz war Prag. Hier wendete er die Politik von Zuckerbrot und Peitsche an, indem er die Unterdrückungsmaschinerie auf volle Touren brachte und Massenhinrichtungen anordnete, gleichzeitig durch Verbesserung der sozialen Verhältnisse die Arbeiter- und Bauernschaft zu gewinnen suchte.
Doch schätzte er seinen Befriedungserfolg zu hoch ein, unterließ die üblichen Sicherheitsvorkehrungen und fuhr in Prag ohne bewaffnete Eskorte im offenen Wagen. So wurde er am 27. Mai 1942 von exiltschechischen Agenten schwer verletzt, die für das Attentat in England ausgebildet und mit dem Fallschirm in ihrer tschechischen Heimat abgesetzt worden waren. Sie beschossen H.s Fahrzeug und warfen eine Bombe in seinen Wagen. Daraufhin belagerte die SS die Kirche (St. Karl Borromäus), in der die kleine Gruppe der Attentäter Unterschlupf gefunden hatten, und tötete alle. H. starb am Morgen des 4. Juni 1942 an seinen Wunden und erhielt Grabreden von Hitler, Himmler und seinem alten Rivalen Admiral Canaris.
Die NS-Machthaber übten furchtbare Rache: Eine SS-Einheit zerstörte das Dorf Lidice und brachte alle männlichen Einwohner über 16 Jahre um. Die Frauen kamen, soweit sie nicht gleichfalls der SS-Vergeltungsaktion zum Opfer gefallen waren, in das deutsche Konzentrationslager nach Ravensbrück. Auch die Kinder kamen zunächst überwiegend in ein KZ, später aber zu deutschen Familien, um unter deutschen Namen als Deutsche aufzuwachsen. In Prag wurden unverzüglich 1331 Tschechen hingerichtet, darunter 201 Frauen; eine kleinere Anzahl Menschen wurde auch in Brünn getötet. Am Tage des Attentats ließ Goebbels von den noch in Berlin lebenden wenigen Juden 500 verhaften, von denen an H.s Todestag 152 hingerichtet wurden. Über 3000 Insassen des als bevorzugt geltenden KZs Theresienstadt wurden in die Vernichtungslager im Osten deportiert. Im Tode ebenso wie im Leben schien H.s Name untrennbar mit Terror und Unterdrückung verknüpft.

Hierl, Konstantin (1875–1955)
Reichsarbeitsführer. H. wurde am 24. Februar 1875 als Sohn eines Amtsrichters in Parsberg (Oberpfalz) geboren, trat 1893 in die bayerische Armee ein und wurde zwei Jahre später zum Offizier befördert. Er beendete den Krieg als Oberstleutnant und Chef des Stabes einer Armee. Nach dem Krieg beteiligte er sich mit einem eigenen Verband, dem Freikorps H., an der Niederschlagung des Spartakistenaufstands in Augsburg, trat 1919 in die Reichswehr ein, die er 1924 als Anhänger General Ludendorffs nach dem Hitlerputsch in München verlassen mußte. Seit 1927 war H. Mitglied der NSDAP. 1929 wurde er zum Organisationsleiter II in der NSDAP-Reichslei-

tung ernannt, im Jahr darauf zog er in den Reichstag ein. Im März 1933 erhielt H. den Posten eines Staatssekretärs im Reichsarbeitsministerium und war für die Aufstellung eines zunächst freiwilligen Arbeitsdienstes verantwortlich, den er als Beauftragter des Führers für den Reichsarbeitsdienst seit 2. Januar 1933 auch leitete (seit 3. Juli 1934 unter der Bezeichnung »Reichskommissar für den freiwilligen Arbeitsdienst«); nach der Einführung der Arbeitsdienstpflicht am 26. Juni 1935 erhielt er am 1. Oktober 1935 den Titel »Reichsarbeitsführer«). H. war nach der Einführung der 6monatigen Arbeitsdienstpflicht Chef des Reichsarbeitsdienstes, einer vormilitärisch ausgebildeten, zur Arbeit an Straßen, Deichen, Befestigungen und im Siedlungswesen eingesetzten Gruppe von jungen Menschen, die, altersmäßig zwischen Hitlerjugend und Wehrpflichtigen stehend, im September 1939 auch für die weibliche Jugend geöffnet wurde. H. erhielt am 10. September 1936 den NSDAP-Rang eines Reichsleiters, am 25. August 1943 wurde er zum Reichsminister ernannt.
Nach dem Kriege wurde H. verhaftet und interniert. Eine Spruchkammer reihte ihn im August 1948 in die Gruppe der Hauptschuldigen ein und verurteilte ihn zu drei Jahren Arbeitslager unter Anrechnung der Haftzeit. Im Berufungsverfahren wurde schließlich die Strafe auf fünf Jahre Arbeitslager ausgedehnt und die Hälfte seines Vermögens eingezogen. Dabei wurde gegen ihn geltend gemacht, daß er trotz persönlicher Integrität führend an der Durchsetzung des Nationalsozialismus beteiligt war. H. hatte mehrere Bücher über den Arbeitsdienst veröffentlicht. 1955 erschienen seine Erinnerungen *Im Dienst für Deutschland 1918–1945*. H. starb am 23. September 1955 in einer Heidelberger Klinik.

Himmler, Heinrich (1900–1945)
Reichsführer-SS und Chef der Deutschen Polizei, Reichsinnenminister von 1943 bis 1945. H. wurde am 7. Oktober 1900 als Sohn eines frommen und strengen katholischen Gymnasialdirektors geboren, der am bayerischen Hof Prinzenerzieher gewesen war. H. selbst besuchte das Gymnasium in Landshut. Im Ersten Weltkrieg wurde er noch ganz zum Schluß als Offiziersanwärter zum 11. bayerischen Infanterieregiment eingezogen, kam aber nicht mehr an die Front. Später erwarb er an der Technischen Hochschule in München (wo er 1918 bis 1922 studierte) sein Diplom als Landwirt. Vorübergehend war er Verkäufer in einer Düngemittelfirma.
H. schloß sich einer bündischen Organisation (den »Artamanen«) an und nahm an der Seite von Ernst → *Röhm* als Fahnenträger am Hitler-Putsch in München teil. Er wurde Sekretär Gregor → *Strassers* und stellvertretender Gauleiter in Niederbayern. Von 1926 bis 1930 war er stellvertretender Propagandaleiter der NSDAP. Nachdem er 1928 geheiratet hatte, zog er sich für eine Weile zurück, um sich der Geflügelzucht zu widmen, doch dieses Vorhaben erwies sich als Fehlschlag. Im Januar 1929 wurde er zum Leiter der Schutzstaffel (SS) ernannt, die damals nur eine kleine, der SA-Führung unterstellte Eliteeinheit von 280 Mann war, sich unter H.s Führung jedoch zum allumfassenden »Staat innerhalb des NS-Staates« entwickelte.
1930 wurde H. als NS-Abgeordneter für den Bereich Weser-Ems in den Reichstag gewählt. Er konzentrierte

sich darauf, die Mitgliederzahl der SS (1933 bereits 52000 Mann) weiter zu erhöhen und die SS von Ernst Röhms SA zu lösen. Er gründete zusammen mit Reinhard → *Heydrich* den Sicherheitsdienst (SD), der ursprünglich der Überwachung der Parteimitglieder diente, und beide zusammen festigten 1933 die NS-Macht in Bayern. Im März 1933 wurde H. Polizeipräsident von München, und kurz darauf war er bereits Kommandeur der politischen Polizei in Bayern. Bis zum Januar 1934 befehligte er die gesamte politische Polizei außerhalb Preußens, und im April 1934 wurde H. als Inspekteur auch Chef der preußischen Gestapo, obwohl er in dieser Eigenschaft formell → *Göring* unterstand.

Den Wendepunkt in H.s Karriere brachte die Säuberung vom 30. Juni 1934, die die Macht der SA brach und den Weg für eine eigenständige Entwicklung der SS bereitete, welche »die Verwirklichung nationalsozialistischen Denkens« garantierte und den Rassismus des Regimes in die Tat umsetzte.

Am 17. Juni 1936 hatte H. sein Ziel erreicht. Er übte die Kontrolle über die politische und Kriminalpolizei im gesamten Reichsgebiet aus, war Chef der Deutschen Polizei und gleichzeitig Reichsführer-SS. Ein außerordentlich fähiger Organisator und Administrator, sorgfältig und effizient, legte H. eine erstaunliche Arbeitsleistung und unbändiges Machtstreben an den Tag. Beides zeigte sich in der Häufung seiner Ämter und in seiner Perfektionierung des Terrors gegen politische und andere Gegner des Regimes. 1933 ließ er das erste Konzentrationslager bei Dachau errichten, danach kamen weitere hinzu. Bei all dem hatte er stets Hitlers Unterstützung.

H.s Mystizismus und sein marottenhafter Glaube an Außenseiterlehren, Geheimwissenschaften, Kräuterkuren und Homöopathie gingen Hand in Hand mit engstirnigem Rassenfanatismus und blindem Glauben an den Arier-Mythos. So erklärte er in einer Rede im Januar 1937, es gebe keinen lebendigeren Beweis für die Richtigkeit der Vererbungs- und Rassendoktrin als ein KZ, denn dort fände man »Wasserköpfe, Schielende, Verwachsene, Halbjuden – eine Unmenge minderwertigen Zeugs«. In den kommenden Jahrzehnten vollziehe sich der »Vernichtungskampf der ... untermenschlichen Gegner in der gesamten Welt gegen Deutschland als das Kernvolk der nordischen Rasse, gegen Deutschland als das Kernvolk des germanischen Volkes, gegen Deutschland als Kulturträger der Menschheit, sie [die Jahrzehnte] bedeuten das Sein oder Nichtsein des weißen Menschen, dessen führendes Volk wir sind«. H.s entscheidende Neuerung war, daß er die Rassenfrage, wie er es nannte, aus einer bloßen ablehnenden Haltung, die auf »selbstverständlichen antisemitischen Empfindungen« beruhte, in eine »organisatorische« Aufgabe – den Aufbau der SS – umwandelte.

Bestätigung der Richtigkeit des Rassismus war für ihn die Tatsache einer rassistischen Gesellschaft ebenso wie die KZ, in denen seine Totenkopfverbände ihr Schreckensregiment führten. Auch in der systematischen Ausrottung von Juden und Slawen im Zweiten Weltkrieg in Polen und in der Sowjetunion sah er eine Bestätigung der These arischer Überlegenheit. H.s Traum von blauäugigen, blonden Helden sollte durch systematische Aufzucht einer Elite nach »Gesetzen der Auslese« ver-

wirklicht werden, wobei Merkmale der Physiognomie ebenso eine Rolle spielten wie geistige und körperliche Leistungstests, Charakter und seelische Eigenschaften.
Seine Vorstellungen von Aristokratie und Führertum liefen auf die bewußte Züchtung eines auf rassischen Gesichtspunkten gegründeten Ordens hinaus, dem charismatische Autorität ebensowenig fremd war wie Bürokratie und militärische Disziplin. Der SS-Mann sollte einen neuen Menschentyp verkörpern, Krieger, Verwaltungsmann, Gelehrter und Führer zugleich, dessen messianische Aufgabe die Kolonisierung der weiten Räume des Ostens war. Diese Aristokratie, geschult in einer nicht jedem zugänglichen Organisation und dem gesamten NS-System übergeordnet, sollte den Wert ihres Blutes durch schöpferisches Handeln und Leistung beweisen.
Seit Beginn seiner Laufbahn als Reichsführer-SS hatte H. bei seiner Truppe das Prinzip der rassischen Auslese eingeführt, das in besonderen Ehevorschriften Ausdruck fand, die die Verbindung von Menschen mit »hochwertigem Erbgut« gewährleisten sollten. Sie zeugen von den gleichen Ideen wie H.s Fortpflanzungsbefehl, den er am 28. Oktober 1939 an die gesamte SS richtete. Er erklärte es für die höchste Pflicht deutscher Frauen und Mädchen »guten Blutes«, nicht aus frivoler Leidenschaft, sondern aus tiefer moralischer Verantwortung heraus von Soldaten Kinder zu empfangen, bevor diese hinaus in die Schlacht zögen.
Der kleine, schüchterne Mann, der eher wie ein untergeordneter Bankbeamter und keineswegs wie Deutschlands oberster Polizeichef aussah, ja dessen Pedanterie und »ausgesuchte Höflichkeit« einen englischen Beobachter so täuschten, daß er erklärte, niemand in Deutschland sei normaler als er, zeigte eine seltsame Mischung aus verstiegenem Idealismus und kaltem Nützlichkeitsdenken. Als »Mann von ruhigen, beherrschten Gesten« und »Mann ohne Nerven« beschrieben, litt er andererseits an psychosomatischen Krankheiten, quälenden Kopfschmerzen und Darmkrämpfen. Einmal fiel er fast in Ohnmacht, als ihn Erich von dem → *Bach-Zelewski*, Höherer SS- und Polizeiführer bei der Heeresgruppe Mitte, im August 1941 zur Exekution von etwa hundert »Untermenschen«, meist Juden, einlud, die in der Nähe von Minsk stattfinden sollte. Himmler stand nach dem Bericht von Karl → *Wolff* am Rande der Exekutionsgrube, so daß Hirnteile der Erschossenen seinen Mantel bespritzten. Hinterher hatte er jedoch Nerven genug, dem Erschießungskommando zu erklären, daß der schwere Kampf, den das deutsche Volk führen müsse, harte Maßnahmen wie diese erforderlich mache. Dieses Erlebnis mag dazu beigetragen haben, die Juden auf »humanere« Art in eigens dafür geschaffenen, aber als Duschräume getarnten Gaskammern durch Giftgas umzubringen.
H. trat für die »Rückkehr zu Grund und Boden« ein und träumte von den germanischen Wehrbauernhöfen im Osten, während er sich gleichzeitig als Organisator technisch gesehen »moderner« Massenvernichtungsmethoden erwies. Der oberste Praktiker totalitärer Polizeimacht betrachtete sich selbst als Reinkarnation König Heinrichs I., des »Voglers«, der einst gegen die Slawen zu Felde gezogen war – H. richtete 1936 die Feiern zum tausendsten Jah-

restag des Todes König Heinrichs aus. So verkörperte H. in sich die gesamte Widersprüchlichkeit des nationalsozialistischen Systems. Für ihn war die SS Wiedergeburt des alten Deutschritterordens mit ihm selbst als Großmeister, Brut- und Zuchtstätte einer neuen Herrenvolk-Aristokratie, die auf den überkommenen Werten Ehre, Gehorsam, Tapferkeit und Treue aufbaute, gleichzeitig aber auch Instrument eines ungeheueren Experiments moderner Erbgut-Manipulation war.

Aus seiner neuen Kaste, die überall in Europa den harten Kern der deutschen Besatzungsmacht bildete, sollte ein ganz neuer Staatsapparat hervorgehen, dessen Einfluß alle Bereiche des Lebens im inzwischen riesigen »Dritten Reich« durchdrang. Indem er »Arier« unterschiedlicher Nationalität zur Waffen-SS rief, suchte H. ein »Germanisches Reich Deutscher Nation« zu schaffen, das auf quasi feudalistischer Bindung seiner Bestandteile an den Führer als Schutz- und Schirmherrn beruhte und als Kernstück ein Deutschland umschloß, das innerhalb des Ganzen eine politische Einheit höherer Ordnung darstellte.

Ende der dreißiger Jahre war die Schaffung dieses »Großdeutschen Reiches der Zukunft« in greifbare Nähe gerückt, als H. den Gipfel seiner Macht erreichte. Im Oktober 1939 ernannte Hitler ihn zum Reichskommissar für die Festigung des deutschen Volkstums. Verantwortlich für die Heimführung von deutschstämmigen Bevölkerungsminoritäten aus nicht zum Reich gehörenden Gebieten, begann er Polen und Juden durch Volksdeutsche aus dem Baltikum und verschiedenen abgelegenen Teilen Polens zu ersetzen. Innerhalb eines Jahres hatte er so mehr als eine Million Polen und 300000 Juden aus ihren Wohnsitzen verjagt und nach Osten abgeschoben. Mit typischem Selbstmitleid und gespielter Selbstverleugnung (auch Selbstverleugnung gehörte ja zu den Tugenden, die er der SS einzuimpfen suchte) erklärte H. einmal der Leibstandarte Adolf Hitler, daß es oftmals leichter sei, mit einer Kompanie in den Krieg zu ziehen, als eine widerspenstige Bevölkerung von niedrigem kulturellem Niveau in Schach zu halten, Hinrichtungen durchzuführen, Leute aus dem Bett zu holen oder schreiende, hysterische Frauen vor die Tür zu setzen.

H.s Meisterstück war, daß es ihm gelang, die SS mit einem apokalyptischen Idealismus jenseits von Gut und Böse zu erfüllen, der den Massenmörder den von ihm verübten Massenmord noch als schwere Bürde und lästige Pflicht empfinden ließ. Nirgendwo kam dies deutlicher zum Ausdruck als in der berüchtigten Rede, die H. am 4. Oktober 1943 in Posen vor SS-Gruppenführern hielt. H. erklärte damals u. a.:

»Wie es den Russen geht, wie es den Tschechen geht, ist mir total gleichgültig«, und fuhr fort: »Das, was in den Völkern an gutem Blut unserer Art vorhanden ist, werden wir uns holen, indem wir ihnen, wenn notwendig, die Kinder rauben und sie bei uns großziehen. Ob die anderen Völker in Wohlstand leben oder ob sie verrecken vor Hunger, das interessiert mich nur soweit, als wir sie als Sklaven für unsere Kultur brauchen, anders interessiert mich das nicht. Ob bei dem Bau eines Panzergrabens 10000 russische Weiber vor Entkräftung umfallen oder nicht, interessiert mich nur soweit, als der Panzergraben für Deutschland fertig ist... Ich will hier vor Ihnen in aller Offenheit auch ein ganz schweres Kapitel erwähnen. Unter uns soll es einmal ganz offen ausgesprochen sein, und trotzdem werden wir in der Öffentlichkeit nie darüber reden ... Ich meine jetzt ... die Ausrottung des jüdischen Volkes ... Von Euch werden die meisten wissen, was es heißt, wenn 100 Leichen zusammenliegen, wenn 500 Leichen daliegen oder wenn 1000 daliegen. Dies durchgehalten zu haben und dabei, abgesehen von Ausnahmen menschlicher Schwächen, anständig geblieben zu sein, das hat uns hart gemacht. Dies ist ein niemals geschriebenes und niemals zu schreibendes Ruhmesblatt unserer Geschichte.«

Als oberster Verantwortlicher für die Endlösung zeigte sich H. als fanatischer Anhänger der nazistischen Rassenlehre, erfüllt von dem unerschütterlichen Entschluß, sie konsequent in die Tat umzusetzen. Zur Zeit des Angriffs auf die Sowjetunion befanden sich sämtliche Machthebel in seiner Hand. Mit Hilfe Heydrichs (später → *Kaltenbrunners*) kontrollierte er das Reichssicherheitshauptamt und dessen Untergliederungen wie den SD, die Kriminalpolizei, den Auslandsnachrichtendienst und die Gestapo. Durch die SS war er oberster Herrscher über alle KZ einschließlich der Todeslager in Polen. In der Waffen-SS verfügte er über eine Privatarmee, deren ursprüngliche Stärke von drei Divisionen er ständig erweiterte (ab 1943 über 500000 Mann in über 35 Divisionen), so daß sie der Wehrmacht regelrecht Konkurrenz machte. Zu dieser ungeheuren Machtballung kam hinzu, daß H. auch noch die Zivilverwaltung in den besetzten Gebieten kontrollierte.

Im August 1943 wurde er zusätzlich zum Reichsinnenminister ernannt, so daß ihm auch noch die Verwaltung und der öffentliche Dienst unterstanden. H. nutzte diese Macht erbarmungslos, um Angehörige »minderwertiger« Ostvölker als Sklaven auszubeuten, auf Hitlers Befehl Millionen von Juden zu vergasen sowie Massenabtreibungen und die Sterilisation ganzer ethnischer Gruppen zu planen. Unter seiner Schirmherrschaft etablierte sich eine eigene SS-Pseudowissenschaft, die unschuldigen Menschen unsagbare Leiden zufügte. Mit großem Eifer stellte er asoziale Elemente, straffällig Gewordene, Zigeuner, Juden und russische Kriegsgefangene für sogenannte »Unterkühlungsversuche« oder »Höhentests« in Eiswasser und Unterdruckkammern zur Verfügung. Von den Resultaten dieser mörderischen Experimente an menschlichen Versuchskaninchen sprach er, als ob es sich um Versuche mit Bakterienkolonien handelte. H. verabscheute Grausamkeiten an Tieren und benutzte seine Macht nie, um sich persönlich zu bereichern. Doch gegenüber den nach Millionen zählenden Opfern der von ihm kontrollierten Mordmaschinerie war er absolut gefühllos.

Nach dem Attentat vom 20. Juli 1944 festigte sich H.s Position noch mehr, und die Wehrmacht sah sich gezwungen, ihn als Oberbefehlshaber des Ersatzheeres und Chef der Heeresrüstung hinzunehmen. Obwohl ihm jegliche militärische Erfahrung fehlte, unterstellte man ihm 1945 auch noch die Heeresgruppe »Weichsel«. Erst als die sowjetischen Truppen fast vor Berlin standen, kam er allmählich zur Überzeugung, daß sich Deutschland am Rande des Zusammenbruchs befinde. Er versuchte, durch den Chef des schwedischen Roten Kreuzes, Graf

Folke Bernadotte, Kontakt mit den Westmächten aufzunehmen, um Verhandlungen über einen Separatfrieden im Westen anzubieten. Aus eigener Verantwortung befahl er, der Vernichtung der Juden ein Ende zu bereiten, und in einem Brief schlug er General Eisenhower vor, die deutschen Armeen im Westen (einschließlich Dänemarks und Norwegens) sollten sich ergeben, nur der Kampf im Osten solle weitergehen.
H., der inzwischen offenbar jeglichen Realitätssinn verloren hatte, glaubte, die Westalliierten würden ihn als Staatsoberhaupt eines Deutschlands ohne Hitler akzeptieren. Noch im Mai 1945 sprach er von einer NS-Regierung in Schleswig-Holstein, die als gleichberechtigter Partner mit den Alliierten verhandeln könne. Als Hitler von diesem Verrat seines bisher getreuesten Anhängers hörte, bekam er einen seiner gefürchteten Wutanfälle, stieß H. aus der Partei aus und enthob ihn am 28. April 1945 sämtlicher Ämter. Selbst Admiral → *Dönitz*, der in den letzten Kriegstagen Hitlers Nachfolge angetreten hatte, lehnte die Zusammenarbeit mit H. ab.
Nach der deutschen Kapitulation versuchte H., unter falschem Namen unterzutauchen, geriet jedoch in britische Gefangenschaft. Er wurde nach Lüneburg gebracht und setzte am 23. Mai 1945 seinem Leben ein Ende. Er schluckte eine in seinem Mund versteckte Giftkapsel, bevor man ihn vor Gericht stellen konnte.

Hindemith, Paul (1895–1963)
Einer der bedeutendsten Komponisten der ersten Hälfte des zwanzigsten Jahrhunderts und prominenter Flüchtling aus dem Dritten Reich. H. wurde am 16. November 1895 in Hanau geboren und studierte am Konservatorium in Frankfurt am Main. Seine Laufbahn begann er als Bratschist, und es waren nicht zuletzt seine Streichquartette, durch die er sich als eine der wegweisenden Gestalten der damals jungen deutschen Komponistengeneration auswies. In ihnen verschmelzen Experimentelles, Tradition und hervorragendes kompositionstechnisches Können zu einem modernen Stil eigener Art.
Als vielseitiger Komponist versuchte sich H. in den unterschiedlichsten musikalischen Genres vom traditionellen Lied über Ragtime, Jazz und Oper bis hin zu konzertanter Musik (u. a. schrieb er ein Orgelkonzert), zum Oratorium und zu Gesangszyklen nach Rilke (»Marienleben«) und Trakl. Seine frühen atonalen Kompositionen weisen Berührungen mit Arnold Schönberg und Igor Strawinsky auf, doch stand er später dem von Schönberg und seiner Schule eingeführten Zwölftonsystem ablehnend gegenüber. Seine erfolgreichsten frühen Opern waren *Cardillac* (1926) und *Mathis der Maler* (1934), ein Bekenntniswerk über den Maler Matthias Grünewald. Außerdem komponierte H. Sing- und Spielmusiken wie die Kinderoper *Wir bauen eine Stadt* (1931), zahlreiche Sonaten und Kammermusikwerke sowie das Bratschenkonzert *Der Schwanendreher* (1935), das auf deutschen Volksweisen des Mittelalters beruht.
Besonders erbost waren die Nationalsozialisten über H.s kabarettistische Zeitoper *Neues vom Tage* nach Texten des Revueautors Marcellus Schiffer, die rhythmisches Schreibmaschinengehämmer sowie Arien über Warmwasserversorgung enthält und → *Goebbels*

veranlaßte, sich über »atonale Musiker« zu ereifern, die aus schierer Sensationsmache Szenen auf die Bühnen brächten, darunter nackte Frauen in der Badewanne in geschmacklosesten und obszönen Posen, und diese Szenen dann noch mit den scheußlichsten Mißklängen besudelten, die Unmusikalität nur hervorbringen könne. Von 1927 bis 1937 war H. Professor für Komposition an der Berliner Hochschule für Musik. Trotz eines so einflußreichen Fürsprechers wie → *Furtwängler* durften seine Werke jedoch ab 1934 nicht mehr aufgeführt werden. Die NS-Machthaber boykottierten sie wegen ihrer angeblichen Mißklänge und »artfremden Rhythmen«. Mehr noch, man suchte H.s Kompositionen in der Öffentlichkeit lächerlich zu machen und spielte sie im Rahmen von Darbietungen »entarteter Musik« zusammen mit Werken von Schönberg, Mahler, Strawinsky, Weill und anderen »Kulturjuden« bzw. »musikalischen Bolschewisten«, wie die damals gängigen Ausdrücke lauteten.

1937 verließ H. Deutschland und ließ sich schließlich in den USA nieder, wo er von 1940 bis 1953 an der Yale- und der Harvard-Universität lehrte. 1946 wurde er amerikanischer Staatsbürger. Dennoch kehrte er nach dem Kriege nach Europa zurück, zunächst nach Wien und Berlin, schließlich (1951 bis 1953 noch immer mit Amerika alternierend) nach Zürich. H. wirkte z. T. durch Anlehnung an die sogenannte Gebrauchsmusik (Tanz- und Unterhaltungsmusik) auf das pathosgewohnte Publikum als Bürgerschreck, schrieb aber auch selbst Gebrauchsmusik – Sing- und Spielmusik für Amateurgruppen (Schulorchester, Kammermusikvereinigungen, Spielgruppen usw.), die nicht zur »Aufführung« gedacht war, sondern die Freude am Musizieren wecken sollte, wie denn H. überhaupt als besonders »musikantischer« Musiker galt. Er starb am 28. Dezember 1963 in Frankfurt am Main, nahe seiner Heimatstadt Hanau.

Hindenburg, Paul von Beneckendorff und von (1847–1934)
Generalfeldmarschall und einer der beim Volk beliebtesten deutschen Heerführer des Ersten Weltkrieges, von 1925 bis 1934 Reichspräsident. H. wurde am 2. Oktober 1847 in Posen geboren. Nach Teilnahme am Preußisch-Österreichischen Krieg (1866) und am Deutsch-Französischen Krieg (1870/71) wurde H. (acht Jahre später) in den Generalstab berufen und brachte es (1903) bis zum Kommandierenden General des IV. Armeekorps in Magdeburg. 1911 nahm er den Abschied. Zu Beginn des Ersten Weltkrieges wurde er reaktiviert und zum Oberbefehlshaber der 8. Armee in Ostpreußen ernannt.

Als Sieger über weit überlegene russische Streitkräfte in der Schlacht von Tannenberg (26.–30. August 1914) gefeiert, wurde er im November 1914 Generalfeldmarschall und Oberbefehlshaber Ost. Am 29. August 1916 trat er die Nachfolge des Generals von Falkenhayn als Chef der Obersten Heeresleitung an. Zusammen mit seinem Ersten Generalquartiermeister Erich → *Ludendorff* war H. damit bis zum Kriegsende praktisch Militärdiktator im kaiserlichen Deutschland, der (wenn auch wegen des Widerstandes im Reichstag nur eingeschränkt) zivile Kräfte zum Einsatz in der Rüstungsproduktion und der Ernährungswirtschaft bzw. zu diversen Hilfsdiensten heranziehen konnte. H. und Ludendorff gelang es, den Vormarsch der Alliierten im Westen aufzuhalten. Die Offensiven, die H. vom März bis zum Juli 1918 an der Westfront unternahm, führten zu alliierten Gegenangriffen, und mit Hilfe frisch an die Front geworfener amerikanischer Truppen wurden die deutschen Streitkräfte geschlagen und Deutschland zur Kapitulation gezwungen. Nach der Abdankung Kaiser Wilhelms II. zog H. sich nach Hannover zurück.

Als Friedrich Ebert, der erste Präsident der Weimarer Republik, 1925 gestorben war, ließ H. sich dazu bewegen, sich für die vereinigten Rechtsparteien um die Präsidentschaft zu bewerben. Seine Kampagne hatte Erfolg, und H. trat am 12. Mai 1925 das Präsidentenamt an. Während der nächsten fünf Jahre hielt er sich strikt an die Verfassung, geriet aber zunehmend unter den Einfluß der Reichswehr und rechtsgerichteter Kreise. Am 28. März 1930 berief er den katholischen Zentrumspolitiker Heinrich → *Brüning* zum Reichskanzler mit der Zusicherung, die verfassungsmäßigen Möglichkeiten des Reichspräsidenten auszunutzen und Brünings Minderheitsregierung mit dem Notstandsparagraphen 48 der Weimarer Verfassung zu decken. Mit Brünings Unterstützung wurde H. am 10. April 1932 erneut zum Präsidenten gewählt. Er gewann über 19 Millionen Stimmen und schlug damit Hitler (13,4 Millionen) ebenso wie den kommunistischen Kandidaten Ernst → *Thälmann* (3,7 Millionen).

In dem Maße freilich, in dem H. immer mehr unter den Einfluß des Generals von → *Schleicher* kam, kühlte seine Beziehung zu Brüning ab. Ihm ging es nun nicht mehr darum, einen »Damm gegen die Naziflut« zu bilden, sondern er hoffte, diese Flut »kanalisieren« zu können. Am 30. Mai 1930 forderte er Brüning zum Rücktritt auf und berief an seiner Stelle am nächsten Tag Franz von → *Papen* zum Reichskanzler, dessen Nachfolge am 3. Dezember 1932 General von Schleicher antrat. Doch keine der beiden Lösungen konnte das Vordringen der Nationalsozialisten unterbinden, die am 31. Juli 1932 ungeheuere Stimmengewinne erzielten, allerdings am 6. November 1932 bereits wieder Stimmenverluste erlitten. Unter dem Einfluß seines Sohnes Oskar und des Chefs der Reichskanzlei, Otto → *Meißner*, änderte der greise Reichspräsident seine anfangs durchaus nicht schmeichelhafte Meinung über den »böhmischen Gefreiten« (Hitler).

Beide bewogen ihn – zusammen mit Franz von Papen –, nach langem Zögern General von Schleichers Rücktritt anzunehmen und an seiner Statt Hitler zum Reichskanzler (zunächst an der Spitze einer Rechtskoalition) zu ernennen. Aus taktischen Gründen hatte Hitler, der noch im August 1932 erklärt hatte, er erstrebe nichts Geringeres als »unumstrittene Führung der Reichsregierung«, diese Haltung des Alles oder Nichts vorübergehend aufgegeben. So wie die Dinge standen, wäre die Alternative zu einer Rechtskoalition unter Hitler nur die Duldung einer befristeten Diktatur von Papens oder von Schleichers gewesen, und eine solche Lösung scheute H. als Verfassungsbruch. Die Ernennung Hitlers zum Kanzler einer Rechtskoalition (den H. durch den Kreis um von Papen im Zaum halten zu können glaubte) war dagegen zumindest dem Buchstaben nach verfassungskonformer und schien H. das kleinere Übel zu sein.

Hitler lohnte es ihm und ließ es, solange er noch nicht fest im Sattel saß, nicht an Lippenbekenntnissen seiner Loyalität gegenüber H. fehlen, aus dessen Volkshelden-Nimbus die neuen NS-Machthaber für sich Kapital schlugen. Als H. am 2. August 1934 in Schloß Neudeck starb, war die Macht Hitlers so weit gefestigt, daß sofort ein Gesetz erlassen werden konnte, wodurch die Befugnisse des Reichspräsidenten auf den »Führer und Reichskanzler Adolf Hitler« übergingen.

Hitler, Adolf (1889–1945)
Vorsitzender, Neugründer und Führer der NSDAP, Reichskanzler, ab 1934 als »Führer und Reichskanzler« Deutschlands Regierungs- und Staatschef und Oberster Befehlshaber der Wehrmacht. H. wurde am 20. April 1889 als Sohn des 51 Jahre alten österreichischen Zollamtsoberoffizials Alois Hitler (vorher Schicklgruber) und seiner dritten, noch jungen Ehefrau Klara, geb. Pölzl, einer Bauerntochter, in Braunau am Inn geboren. Beide stammten aus dem niederösterreichischen Waldviertel. H.s Kindheit scheint von Auflehnung gegen seinen (wie er später selbst äußerte) »herrischen« Vater (er starb 1903), dafür aber von um so stärkerer Zuneigung zu seiner nachgiebigen, schwer arbeitenden Mutter bestimmt gewesen zu sein, deren Tod (sie starb im Dezember 1907 an Brustkrebs) für den heranwachsenden H. ein schwerer Schlag war.
Nach einigen Jahren an der Linzer Staatsrealschule (die er wegen mangelhaften Betragens verlassen mußte) und einem Jahr an der Staatsoberrealschule in Steyr ging er, erst 16 Jahre alt, ohne Mittlere Reife ab und wollte Maler werden. Im Februar 1908 siedelte der junge Mann aus der Provinz nach Wien über, wo er bis 1913 ein Bohemiendasein führte. Verbittert über seine Zurückweisung durch die Wiener Akademie der Bildenden Künste (1907 und 1908) verbrachte er in Wien »fünf Jahre [voller] Elend und Jammer«. Damals eignete er sich eine Lebensauffassung an, die vom Haß auf Juden, Marxisten, Liberale sowie auf die habsburgische Monarchie geprägt war. In den ersten Wiener Jahren besaß er vom Erbe der Eltern und einer Waisenrente genügend Geld, um sich ein Müßiggängerleben leisten zu können. Erst 1909 schien das elterliche Erbe aufgezehrt. Nun begann er, von der Hand in den Mund lebend, sich mit Gelegenheitsarbeiten und vor allem dem Verkauf meist nach Postkarten gezeichneter Bildchen über Wasser zu halten. Außer in den finanziellen Verhältnissen dürfte der Grund für die vielen Umzüge von einem billigen Zimmer zum nächsten, darunter auch Asyle und Männerheime, die Flucht vor der österreichischen Armee gewesen sein, denn mittlerweile war H. ins wehrpflichtige Alter gekommen.
In Wien erhielt H. seine erste politische Schulung durch das Studium der demagogischen Methoden des beliebten christlichsozialen Bürgermeisters Karl Lueger, dessen Antisemitismus und Sorge um die Reinheit des Blutes er sich zu eigen machte. Von Rassenfanatikern wie dem Hochstapler und ehemaligen Mönch Adolf Josef Lanz, der sich »Jörg Lanz von Liebenfels« nannte, und dem österreichischen Deutschnationalen Georg von Schönerer lernte der junge H., im »ewigen Juden« den Inbegriff und die Ursache alles Chaotischen, Korrupten und Destruktiven in Kultur, Politik und Wirt-

schaft zu sehen. Presse, Prostitution, Syphilis, Kapitalismus, Marxismus, Demokratie und Pazifismus – all dies und noch viel mehr wandte »der Jude« an, um die deutsche Nation zu unterwühlen und die Reinheit der schöpferischen »arischen« Rasse zu besudeln.
Im Mai 1913 verließ H. plötzlich Wien, um sich den Nachforschungen der österreichischen Militärbehörden zu entziehen, und wechselte nach München über, wo er sich fälschlicherweise als Staatenloser ausgab, was aber nicht verhinderte, daß die bayerische Polizei ihn im Januar 1914 dem österreichischen Konsul vorführte. Mit fadenscheinigen Gründen konnte er sich entschuldigen, dabei schon an der in *Mein Kampf* ausgebauten Legende strickend, daß er bisher ein Leben in bitterster Not geführt und nur geschuftet habe, um sich seinen Traum, »Architektur-Maler« zu werden, leisten zu können: »Ich habe das schöne Wort Jugend nie kennengelernt«, heißt es in dem Brief an den Linzer Magistrat. Die Salzburger Musterungskommission schickte ihn zwei Wochen später als »zu schwach« und »waffenunfähig« wieder nach München zurück. Als jedoch 1914 der Erste Weltkrieg ausbrach, meldete er sich zum 2. bayerischen Reserve-Infanterieregiment Nr. 16, dem später nach seinem gefallenen Kommandeur genannten »Regiment List«, das an der Westfront kämpfte und in dem er die meiste Zeit Meldegänger war.
H. erwies sich als tapferer Soldat, der mit dem Eisernen Kreuz Erster und Zweiter Klasse ausgezeichnet wurde, brachte es aber nur bis zum Gefreiten. Zweimal verwundet, erlebte er, durch einen Gasangriff vorübergehend erblindet, das Kriegsende in einem Lazarett in Pasewalk (Neubrandenburg). Deutschlands militärische Niederlage und die Revolution von 1918 versetzten ihn in ohnmächtige Wut. Nach seiner Gesundung kam er zu der Überzeugung, das Schicksal habe ihn dazu ausersehen, das gedemütigte deutsche Volk von den Fesseln des Versailler Vertrages, von Bolschewisten und von Juden zu befreien.
Im Sommer 1919 wurde er von der Reichswehr als V-Mann zur politischen »Aufklärung« heimgekehrter Kriegsgefangener eingesetzt. Seine Aufgabe bestand nicht zuletzt darin, im turbulenten München der Nachkriegszeit politische Parteien zu beobachten. So erhielt er eines Tages den Auftrag, eine kleine Gruppe nationalistischer Weltverbesserer auszukundschaften, die sich Deutsche Arbeiterpartei nannte. Am 18. September 1919 trat er dieser Partei bei, die bald ihren Namen in Nationalsozialistische Deutsche Arbeiterpartei (abgekürzt NSDAP) änderte. Im Juli 1921 war er bereits ihr Vorsitzender. H. entdeckte hier sein Rednertalent. Seine rauhe, überschnappende Stimme war durch den sich mitunter bis zum Kreischen steigernden Brustton leidenschaftlicher Überzeugung saalfüllend, und H. verstand es meisterhaft, sich dramatisch in Szene zu setzen.
1921 war er zum Führer einer Bewegung avanciert, die nun inzwischen 3000 Parteimitglieder umfaßte. Seiner persönlichen Überzeugungskraft als Versammlungsredner verschaffte er durch Anwesenheit einer Saalschutz-Schlägertruppe Nachdruck, die bei seinen Versammlungen für Ordnung sorgte, umgekehrt aber Versammlungen politischer Gegner sprengte. Aus diesem Saalschutz ging die von ehemaligen Offizieren organisierte braununi-

formierte Sturmabteilung (SA) hervor, während sich H. eine in Schwarzhemden gekleidete Leibwache schuf, aus der später die Schutzstaffel (SS) entstand, die anfangs der SA unterstellt war. Hauptangriffsziele der Propaganda H.s waren der Versailler Vertrag, die Marxisten, vor allem aber der innere Feind Nummer eins, der Jude, den H. für alle außen- und innenpolitischen Probleme Deutschlands verantwortlich machte.

Unter Hitlers Mitwirkung entstand das 25-Punkte-Programm der NSDAP, das am 24. Februar 1920 bei der ersten Großveranstaltung der DAP im Münchner Hofbräuhaus verkündet wurde. Es verband Forderungen wie den Ausschluß der Juden aus der »Volksgemeinschaft«, den Mythos von der Überlegenheit der »arischen Rasse« und extremen Nationalismus mit »sozialistischen« Ideen wie Gewinnbeteiligung und Verstaatlichung von Industriebetrieben, die auf Ideologen wie Gottfried → *Feder* zurückgingen. H.s erste schriftliche Äußerung politischer Ansichten, die aus der gleichen Zeit stammt, betont bereits, der von ihm so genannte »Antisemitismus der Vernunft« müsse »zur systematischen Bekämpfung und Beseitigung jüdischer Vorrechte« führen, und »sein letztes Ziel« müsse »die totale Beseitigung der Juden« sein.

Im November 1923 war H. überzeugt, die Weimarer Republik befände sich am Rande des Zusammenbruchs und sei reif für ihren Sturz. Auch die Partei drängte nach Aktionen. Deshalb unternahm er zusammen mit General → *Ludendorff* und anderen bayerischen Rechtsgruppen einen Putsch, nachdem er vergeblich versucht hatte, den ohnehin im Gegensatz zu Berlin stehenden bayerischen Generalstaatskommissar, Gustav Ritter von Kahr, und den Befehlshaber der Reichswehr in Bayern, Generalleutnant Otto Hermann von Lossow (die zusammen mit dem bayerischen Landespolizeichef Oberst Hans Ritter von Seißer in München ein diktatorisches Regime errichtet hatten) zum Marsch auf Berlin zu bewegen. Am Abend des 8. November 1923 wollte Kahr auf Ersuchen Münchener Wirtschaftskreise vor einer Versammlung im Münchener Bürgerbräukeller das Programm seiner Regierung erläutern. Auch andere politische Prominenz (darunter Kahrs Mitregenten von Lossow und von Seißer) war anwesend. Kahr hatte etwa eine halbe Stunde gesprochen, als SA das Lokal umstellte und H. in den Versammlungsraum eindrang, mit einem Revolver in die Decke schoß und schrie, die bayerische Regierung und die Reichsregierung seien gestürzt, eine »provisorische nationale Regierung« sei gebildet, und man werde gegen das »Sündenbabel Berlin« marschieren, um »das deutsche Volk zu retten«.

Am 9. November 1923 marschierten H. und Ludendorff an der Spitze von 3000 Mann durch München, freilich nur, um mitansehen zu müssen, wie ihr Putsch vor der Münchener Feldherrnhalle im Gewehrfeuer bayerischer Polizisten zusammenbrach. Neben drei Passanten starben 16 Putschisten, die H. später (1935) in der zur »nationalen Gedenkstätte« werdenden Feldherrnhalle beisetzen ließ. Zunächst freilich wurde H. verhaftet und am 26. Februar 1924 vor Gericht gestellt, wo er es allerdings verstand, seine Niederlage in einen Triumph zu verwandeln. Seine berühmte, vier Stunden dauernde einleitende Erklärung vor Gericht endete mit den Worten: »Mögen Sie uns tausendmal schuldig sprechen, die Göttin des ewigen Gerichts der Geschichte wird lächelnd den Antrag des Staatsanwaltes und das Urteil des Gerichtes zerreißen, denn sie spricht uns frei.« H. wurde zu fünf Jahren Haft in der Festung Landsberg am Lech verurteilt, doch schon nach neun Monaten wieder entlassen. In dieser Zeit hatte er seinem getreuen Gefolgsmann Rudolf → *Heß* sein Buch *Mein Kampf* diktiert. Diese »Bibel der NS-Bewegung« brachte es bis 1939 auf mehr als fünf Millionen verkaufte Exemplare sowie auf Übersetzungen in nicht weniger als elf Sprachen.

Das Mißlingen des Bürgerbräuputsches und seine Festungshaft in Landsberg machten aus H., der bisher eher ein Hasardeur gewesen war, einen gewieften Politiker, der den Beschluß gefaßt hatte, nie mehr vor die Gewehrläufe irgendwelcher Militär- oder Polizeieinheiten zu treten, es sei denn, sie stünden unter seinem Kommando. Er gelangte zu der Überzeugung, Macht sei nicht allein durch zahlenmäßige Stärke und forsches Auftreten zu erringen, sondern durch Untergrabung der Weimarer Verfassung von innen her, durch Unterwanderung des Weimarer Staates unter Benutzung legaler Mittel, durch den Aufbau einer Massenbewegung sowie durch Verbindung einer starken Fraktion im Parlament mit außerparlamentarischem Straßenterror und Einschüchterungspraktiken. So begann er seine Anhänger erneut um sich zu scharen und die während seiner Haft zerfallene Partei erneut aufzubauen.

Im Januar 1925 wurde das Verbot der NSDAP aufgehoben, und H. durfte wieder als Versammlungsredner auftreten. Den sozialistischen norddeutschen Parteiflügel unter den Brüdern Otto und Gregor → *Strasser* allmählich zurückdrängend, etablierte sich H. 1926 erneut als derjenige, der in der ideologisch und sozial so uneinigen »Bewegung« die letzten Entscheidungen zu fällen hatte und der von allen Fraktionen als Autorität respektiert wurde. Dabei vermied er klare programmatische Definitionen des Nationalsozialismus, die seiner charismatischen Sendung und seinem Anspruch auf absolute Führerschaft nur geschadet hätten. So gelang es ihm, Anhänger aus allen Schichten der Gesellschaft über Bayerns Grenzen hinaus zu finden und sowohl Rechte als auch Linke für seine Partei zu gewinnen. Zwar errang die NSDAP bei den Reichstagswahlen von 1928 nur ganze 12 Mandate, doch der Ausbruch der Weltwirtschaftskrise mit ihren verheerenden Auswirkungen auf den deutschen Mittelstand half H., alle jene Bevölkerungsschichten an sich zu ziehen, die ihre wirtschaftliche Existenz bedroht sahen.

Außer Bauern, Arbeitern, Handwerkern, kleinen Geschäftsleuten, ehemaligen Offizieren, Studenten und verkrachten Intellektuellen gewannen die Nationalsozialisten ab 1929 auch Großindustrielle, konservative Nationalisten und aktive Angehörige der Reichswehr. Und gerade im rechten Augenblick, als überall in Deutschland die Weltwirtschaftskrise zu Massenarbeitslosigkeit, zur Auflösung gesellschaftlicher Bindungen, zu Existenzangst und Unzufriedenheit führte, machten die nationalistischen Blätter des Pressezaren Alfred → *Hugenberg* Werbung für H., wenn auch nicht aus uneigennützigen Gründen, sondern weil Hugenberg hoffte, H. vor den Karren eigener

deutschnationaler Machtpläne spannen zu können. Mit demagogischer Meisterschaft nützte H. nationalistische Vorurteile, Wünsche nach einer Wende und Sehnsüchte nach einem »starken Mann« aus und bediente sich aller modernen Mittel der Massenbeeinflussung, um sich den Deutschen als Retter aus nationaler Schmach und Misere zu verkaufen.
Bei den Wahlen von 1930 erlebte die NSDAP eine sensationelle Zunahme von 810000 auf 6409000 (d.h.: auf 18,3% aller abgegebenen) Stimmen, und die Zahl ihrer Reichstagsmandate stieg von 12 auf 107. Einen Monat danach erwarb H. offiziell die deutsche Staatsbürgerschaft und kandidierte bei den Wahlen vom 13. März und 10. April 1932 für das Amt des Reichspräsidenten. Am 10. April gewann er dabei 13418011 Stimmen. Damit hatte er zwar gegen →*Hindenburg* verloren, der 19359650 Stimmen erhielt, aber viermal mehr Stimmen erhalten als der kommunistische Präsidentschaftskandidat Ernst →*Thälmann*. Aus den Reichstagswahlen vom 31. Juli 1932 ging die NSDAP als stärkste Partei hervor: Sie gewann beinahe 14 Millionen (d.h.: 37,3%) aller Stimmen (somit 230 von 608 Mandaten). Obwohl sie am 6. November 1932 auf 11 Millionen Stimmen (196 von 584 Mandaten) zurückfiel, wurde H. nun von einer Kamarilla konservativer Politiker, allen voran Franz von →*Papen*, an die Macht gebracht, die in der durch die Mehrheitsverhältnisse im Parlament äußerst kritisch gewordenen Situation den zögernden Hindenburg veranlaßte, H. am 30. Januar 1933 zum Reichskanzler (wenn auch vorerst nur an der Spitze einer Rechtskoalition) zu ernennen.
Doch erst einmal im Sattel, verlor H. keine Zeit, seine Rivalen auszumanövrieren, und im Juli 1933 hatten sich unter dem Druck der NSDAP alle anderen Parteien aufgelöst, die freien Gewerkschaften waren verboten worden (es gab nur noch die Deutsche Arbeitsfront), Juden von jedem öffentlichen Amt ausgeschlossen und die aktivsten der politischen Gegner in Konzentrationslager abgeschoben.
Der Reichstagsbrand vom 27. Februar 1933 hatte H. den idealen Vorwand geliefert, die Grundlagen eines totalitären Einparteienstaates zu schaffen, zu denen einen Monat später (24. März 1933) auch das Ermächtigungsgesetz gehörte, das praktisch den Reichstag und weitgehend auch den Reichspräsidenten ausschaltete. Mit Unterstützung der rechtskonservativen »Kampffront Schwarz-Weiß-Rot« erreichten die Nationalsozialisten bei den letzten annähernd freien Reichstagswahlen am 5. März 1933 eine knappe Mehrheit von 52%. Mit Geschick wie Zynismus zog H. sämtliche Register der Überredungskunst, Propaganda, Einschüchterung und des Terrors, um seine Machtposition zu behaupten. Zündende Schlagworte wie »Nationales Erwachen« und »Legale Machtübernahme« trugen dazu bei, möglichem Widerstand von vornherein den Wind aus den Segeln zu nehmen. Man verschleierte die Wirklichkeit des Totalitarismus hinter einer Fassade scheinbaren Festhaltens an liebgewordenen Traditionen.
Durch Zerschlagung der SA-Führung unter Ernst →*Röhm*, dem man einen Putsch unterschob (Ende Juni 1934), perfektionierte H. seine Alleinherrschaft um einen weiteren Schritt, und nach Hindenburgs Tod (am 2. August

1934) offiziell zum »Führer und Reichskanzler« ernannt, war H. nicht mehr nur Regierungschef, sondern gleichzeitig auch Staatsoberhaupt und damit Inhaber der beiden Schlüsselpositionen. Obwohl ihm niemand an Machtbefugnis gleichkam, gestattete er doch NS-Führern wie → *Himmler,* → *Göring* und → *Goebbels* den Ausbau eigener Machtbereiche, dies z. T. mit einer Ämterhäufung größten Ausmaßes.
Die nächsten vier Jahre waren gekennzeichnet durch eine beeindruckende Serie innen- und außenpolitischer Erfolge. 1935 brach er den Versailler Vertrag und begann unter Wiedereinführung der allgemeinen Wehrpflicht die Wehrmacht aufzubauen, deren zahlenmäßige Stärke das Hunderttausend-Mann-Heer der Weimarer Republik übertraf. Von Großbritannien erreichte H. die Zustimmung zu einem Ausbau der deutschen Kriegsmarine (Flottenabkommen vom 18. Juni 1935), und am 7. März 1936 besetzten deutsche Truppen die entmilitarisierte Zone des Rheinlands. Außerdem begann H. mit dem Aufbau einer deutschen Luftwaffe und leistete den Franco-Truppen im am 18. Juli 1936 ausgebrochenen spanischen Bürgerkrieg Waffenhilfe (Legion Condor), die schließlich zum Sieg der spanischen Rechten und zur Diktatur Francos (28. März 1939) führte.
Die deutsche Wiederaufrüstung bewirkte Vollbeschäftigung. Dies und außenpolitische Erfolge – 1936 der Achsenpakt mit Rom (25. Oktober) und der Antikominternpakt mit Italien und Japan (25. November), 1938 der Anschluß Österreichs (11./13. März) und die »Befreiung« des Sudetenlandes (1. Oktober) – bewirkten, daß H. damals den Gipfel seiner Beliebtheit erreichte. Im Februar 1938 konnte er, teils unter nichtigen oder fingierten Vorwänden, 16 führende Generäle der Wehrmacht entlassen, darunter den Reichskriegsminister von → *Blomberg* sowie den Oberbefehlshaber des Heeres, Generaloberst von → *Fritsch.* Er selbst übernahm das an Stelle des Kriegsministeriums geschaffene Oberkommando der Wehrmacht (OKW), dessen formale Leitung er dem ihm bedingungslos ergebenen General → *Keitel* übertrug – ein Schachzug, der ihn der Verwirklichung seiner Kriegspläne sehr viel näher brachte.
H.s Säbelrasseln zwang Briten und Franzosen zu dem demütigenden Münchener Abkommen vom 29. September 1938 und schließlich zur Hinnahme der Zerschlagung der Tschechoslowakei im März 1939. Viele Deutsche vergaßen damals in der nationalen Hochstimmung über H.s unblutige Siege die Konzentrationslager, die antijüdischen Nürnberger Rassegesetze sowie die Verfolgung der Kirchen und politisch Andersdenkender. H.s nächstes Ziel war Polen, dessen Unabhängigkeit England und Frankreich garantiert hatten. Um einen Zweifrontenkrieg zu vermeiden, schloß er am 23. August 1939 einen Nichtangriffspakt mit der Sowjetunion ab. Am 1. September 1939 marschierte die Wehrmacht in Polen ein, und fortan galt H.s Hauptenergie der Führung des Krieges, den er entfesselt hatte, um Europa zu unterwerfen und Deutschland »Lebensraum« zu sichern.
Charakteristisch für die Anfangsphase des Zweiten Weltkrieges waren deutsche Blitzkrieg-Unternehmungen: unerwartete Vorstöße motorisierter Infanterie- und Panzerverbände gegen Flugplätze, Verkehrswege, militärische

Anlagen nach vorbereitendem Bombardement durch die deutsche Luftwaffe. Polen wurde in 19 Tagen überrannt, Dänemark und Norwegen in zwei Wochen, Holland, Belgien und Frankreich in sechs Wochen. Nach dem Waffenstillstand mit Frankreich (22. Juni 1940) hielt nur noch England stand. Die »Schlacht um England«, bei der die Royal Air Force verhinderte, daß die Luftwaffe den Luftraum über dem Kanal eroberte, brachte H.s ersten Rückschlag, der ihn veranlaßte, die geplante Landung in England zu verschieben. Statt dessen wandte er sich dem Balkan und Nordafrika zu, wo seine italienischen Bundesgenossen Niederlagen erlitten hatten. Die deutschen Armeen überrannten nun Griechenland, Jugoslawien, die Insel Kreta und vertrieben die Engländer aus der Cyrenaika.

H.s verhängnisvollster Entschluß, der Angriff auf die Sowjetunion (am 22. Juni 1941), wurde damit begründet, daß nach der Niederwerfung Rußlands Großbritannien keine Chancen für eine erfolgreiche Weiterführung des Krieges mehr hätte. Wie H. →*Jodl* erklärte, war er überzeugt, daß das gesamte morsche Gebäude der sowjetischen Herrschaft zusammenbrechen werde, sobald er nur die Tür einträte. H. schätzte die Dauer des Rußlandfeldzuges auf sechs Wochen. In Wahrheit lief der Kampf gegen die Sowjetunion auf einen antibolschewistischen Kreuzzug hinaus, auf einen Vernichtungskrieg, der überdies das Schicksal des europäischen Judentums endgültig besiegeln sollte. H. hatte am 30. Januar 1939 erklärt: »Wenn es dem internationalen Finanzjudentum ... gelingen sollte, die Völker noch einmal in einen Weltkrieg zu stürzen, dann wird das Ergebnis ... die Vernichtung der jüdischen Rasse in Europa« sein.

Als der Krieg sich ausweitete – seit Ende 1941 beteiligten sich auch die USA am Kampf gegen die Achsenmächte –, setzte H. Deutschlands Kriegsgegner immer mehr mit dem »internationalen Judentum« gleich, das für ihn ganz ohne Zweifel hinter der britisch-amerikanisch-sowjetischen Allianz stand. Die bisher geübte Politik der Judenvertreibung hatte nicht vermocht, die Juden aus Deutschlands erweitertem Lebensraum zu entfernen. Im Gegenteil – je weiter die Wehrmacht nach Osten vordrang, desto mehr Juden gab es. Hinzu kam die (von H. gleichfalls »jüdischem Einfluß« zugeschriebene) Weigerung der Briten, H.s Hegemonialanspruch auf Kontinentaleuropa zu akzeptieren und mit Deutschland einen (von H. noch immer erhofften) Verständigungsfrieden zu schließen. Dies alles veranlaßte H., nun mit der Endlösung der Judenfrage zu beginnen, die bereits seit 1939 im Gespräch war.

Die in den dem Reich angegliederten Teilen Polens gegen Juden (und Polen) ergriffenen Maßnahmen deuteten darauf hin, daß Germanisierungspolitik mit Völkermord gleichzusetzen war. Der Einmarsch in die Sowjetunion war gleichsam der Schlußpunkt in Hitlers Vorstellungen von territorialen Eroberungen im Osten, die unauflöslich mit dem Ziel verknüpft waren, die »biologischen Wurzeln des Bolschewismus« auszurotten – was nichts anderes bedeutete, als alle Juden im deutschen Machtbereich zu liquidieren. Zuerst trieb die deutsche Wehrmacht die Russen vor sich her, legte in kürzester Zeit ungeheure Strecken zurück, warf die Rote Armee nieder, kreiste Leningrad ein und rückte fast bis auf Reichweite an Moskau heran. Binnen weniger Monate hatten H.s Armeen den deutschen Machtbereich vom Atlantik bis in die Ukraine und von der Ostsee bis zum Schwarzen Meer ausgeweitet. Doch die Sowjetunion brach keineswegs zusammen, wie H. es erwartet hatte. Zaudernd und sprunghaft in seinen Entschlüssen, befahl H. eine Zangenbewegung rings um Kiew, um die Ukraine einzunehmen, anstatt alle Kräfte auf die Eroberung Moskaus zu konzentrieren.

Da er das Ausmaß der militärischen Reserven, die die Sowjets aufzuweisen hatten, ebenso unterschätzte wie das Können sowjetischer Heerführer und den Kampfgeist der Russen (die er als ein rückständiges Bauernvolk verachtete), verkündete er im Oktober 1941 voreilig, die Sowjetunion sei niedergeworfen und werde sich nie wieder erheben. Er hatte aber nicht mit dem gnadenlosen russischen Winter gerechnet, dem seine eigenen Truppen jetzt ausgesetzt waren und der die Wehrmacht zwang, ihre zuvor so mobile Kriegführung aufzugeben, der sie ihre früheren Erfolge verdankte. Die Katastrophe vor Moskau (Dezember 1941) veranlaßte ihn, den Oberbefehlshaber des Heeres von → *Brauchitsch* seines Kommandos zu entheben, mit ihm eine Reihe weiterer Heerführer (wie → *Guderian*, von → *Bock*, → *Hoepner*), die wie von Brauchitsch H. um Erlaubnis gebeten hatten, aus taktischen Gründen die Front zurückzuverlegen.

H. nahm die militärische Operationsführung selbst in die Hand, weigerte sich, Ratschläge entgegenzunehmen, ließ Unangenehmes nicht an sich herankommen und wies alles von sich, was nicht in sein vorgefaßtes Bild von der Wirklichkeit paßte. Seine Vernachlässigung des Kriegsschauplatzes im Mittelmeerraum, sein Ignorieren der Rückschläge, die Italien erlitt, seine völlige Unbekümmertheit über den Kriegseintritt der USA, vor allem aber seine Unterschätzung der hartnäckigen Kampfbereitschaft der Russen drängten ihn schließlich in die Defensive. Seit dem Winter 1941 waren die Vorzeichen dafür erkennbar, doch H. weigerte sich, sie zur Kenntnis zu nehmen, und glaubte, unnachgiebiger Wille und starres Verharren auf einmal eingenommenen Positionen seien hinreichender Ersatz für den Mangel an Versorgung und das Fehlen einer sinnvollen Gesamtstrategie.

Überzeugt, sein eigener Generalstab sei zu schwach und unentschlossen, wenn nicht sogar zum Hoch- und Landesverrat bereit, neigte er gegenüber seinen Generälen immer mehr zu Ausbrüchen blinder Wut, die mit Phasen depressiven Vor-sich-hin-Brütens abwechselten. Auch sein körperlicher Gesundheitszustand verschlechterte sich unter der Wirkung der Aufputschmittel, die sein Leibarzt Dr. Theodor Morell ihm bedenkenlos verschrieb. H.s Verfall, der sich auch darin ausdrückte, daß er sich immer seltener in der Öffentlichkeit blicken ließ und sich in sein Führerhauptquartier »Wolfsschanze« tief in den ostpreußischen Wäldern vergrub, lief zeitlich mit der sich seit Mitte 1942 immer deutlicher abzeichnenden deutschen Niederlage parallel.

Die Schlappe → *Rommels* bei El Alamein und der Verlust Nordafrikas wurden noch von der Katastrophe von Stalingrad übertroffen, wo die 6. Armee des Generalfeldmarschalls → *Paulus* eingekesselt und unter furchtbaren

Verlusten gezwungen wurde, sich im Januar 1943 der Roten Armee zu ergeben. Im Jahre 1943 eroberten die Alliierten Sizilien, und in Italien brach Mussolinis Regime zusammen. Im September unterzeichneten die Italiener einen Waffenstillstand, die Alliierten landeten in Salerno, erreichten am 1. Oktober Neapel (nahmen Rom aber erst am 4. Juni 1944 ein). Am 6. Juni 1944 folgte die alliierte Landung in der Normandie, und bald trieb eine Million alliierter Soldaten die Deutschen an der Westfront immer weiter nach Osten, während an der Ostfront die Sowjets unaufhaltsam nach Westen vorrückten.

Auch die totale Mobilisierung der deutschen Kriegswirtschaft durch Albert → *Speer* sowie die propagandistischen Bemühungen Joseph → *Goebbels'*, den Kampfgeist der deutschen Bevölkerung zu stärken, konnten nichts an der Tatsache ändern, daß es dem Dritten Reich an Vorratsquellen fehlte, derer es für diesen von H. verschuldeten Kampf gegen die ganze Welt vor allem bedurft hätte. Alliierte Bombenangriffe begannen sich auf die deutsche Rüstungsproduktion und auf den deutschen Durchhaltewillen auszuwirken. Enttäuscht über H.s absolutes Mißtrauen in ihre Fähigkeiten und sich keiner Illusion über den Ernst der Lage hingebend, plante eine Gruppe von Offizieren zusammen mit vorwiegend bürgerlich-konservativen Widerständlern, den Führer zu beseitigen, um so den Weg für einen Verhandlungsfrieden mit den Alliierten (vorwiegend den Westmächten) zu ebnen und Deutschland vor völliger Vernichtung zu bewahren.

Der Anschlag mißlang, und H. nahm an den Verschwörern blutige Rache. Es ist bekannt, daß er mit Genugtuung einen Film betrachtete, der die Hinrichtung der Attentäter zeigte. Als die Katastrophe immer näher kam, zog H. sich in die unwirkliche Welt seines unterirdischen Führerbunkers im Hof der Reichskanzlei in Berlin zurück und klammerte sich an die jeder realen Grundlage entbehrende Hoffnung, daß Geheimwaffen (Düsenjäger, vor allem aber die V1 und die von Wernher von → *Braun* konstruierte V2) das Kriegsgeschick noch wenden könnten. Er fuhr mit wilden Handbewegungen auf Landkarten herum, plante und führte Angriffe mit nicht vorhandenen Armeen und erging sich in endlosen, nächtelangen Monologen, die seine zunehmende Vergreisung ebenso spiegelten wie seine Menschenfeindlichkeit und seine Verachtung für das »feige Versagen« der deutschen Bevölkerung.

Als sich die Rote Armee immer mehr näherte und die Angloamerikaner im März 1945 in breiter Front den Rhein überschritten, befahl H. die Zerstörung alles dessen, was von der Industrie, von Nachrichtenverbindungen und Transportwegen Deutschlands noch übriggeblieben war. Er war entschlossen: Wenn er sterben müsse, sollte auch Deutschland untergehen. Der gleiche rücksichtslose Nihilismus und die gleiche Zerstörungswut, die in der Vernichtung von sechs Millionen Juden in Todeslagern sowie in der »biologischen Säuberung« des Ostens von slawischen »Untermenschen« sichtbar geworden waren – sie kehrten sich nun gegen das eigene Volk. Am 29. April heiratete er seine langjährige Geliebte, Eva → *Braun*, und diktierte sein politisches Testament, das die gleichen Ziele erkennen ließ, die ihn seit Beginn sei-

ner politischen Laufbahn nicht losgelassen hatten: »Vor allem verpflichte ich«, so heißt es hier, »die Führung der Nation und die Gefolgschaft zur peinlichen Einhaltung der Rassegesetze und zum unbarmherzigen Widerstand gegen den Weltvergifter aller Völker, das internationale Judentum.«
Einen Tag später beging H. Selbstmord. Er schoß sich neben Eva Braun, die Gift genommen hatte, auf einem Sofa sitzend mit einer Pistole in den Mund. Mitarbeiter trugen seinen Leichnam und den Eva Brauns in den Hof der Reichskanzlei, übergossen sie mit Benzin und verbrannten sie. Selbst dieser makabere Akt der Selbstzerstörung ist noch symbolhaft für die Laufbahn eines Politikers, der in Europa nichts als Trümmer hinterließ.

Höhn, Reinhard (geb. 1904)
Staats- und Verwaltungsrechtler. H. wurde am 29. Juli 1904 in Graefenthal (Thüringen) geboren. Mit 19 Jahren trat er in den Jungdeutschen Orden ein, der ursprünglich der Deutschnationalen Volkspartei und dem Stahlhelm (→ *Seldte*, → *Duesterberg*) nahegestanden, sich gegen Ende der Weimarer Republik aber der liberalen Demokratischen Partei angenähert hatte. Über den Gründer und Führer des Ordens, Arthur Mahraun, als dessen engster Mitarbeiter er als »Großkomtur« der Ordensballei »Südmark« gelten konnte, veröffentlichte H. 1929 die Schrift »Arthur Mahraun, der Wegweiser der Nation«. Anfang 1932 trat H. aus dem Orden aus. Er hatte in Hitler einen neuen Wegweiser gefunden und trat daher am 1. Mai 1933 in die NSDAP, 1934 in die SS ein, wo er wie die anderen jüngeren Akademiker und Technokraten vom Schlage der → *Best*, Six, → *Ohlendorf* und → *Schellenberg* eine rasche Karriere, auch beruflich, erwarten konnte.
H. erhielt 1934 in Heidelberg eine Dozentur, der ein Jahr darauf die außerplanmäßige Professur folgte. Im gleichen Jahr 1935 ging er nach Berlin, wo er im SD-Hauptamt Reinhard → *Heydrichs* Hauptabteilungsleiter und 1939 als Ordinarius an der dortigen Universität Direktor des Instituts für Staatsforschung wurde (bis 1945). Bereits zum 30. Januar 1939 beförderte ihn Himmler zum SS-Standartenführer, am 9. November 1944 wurde er noch SS-Oberführer.
Wiederholt versuchte H. in den Schriften, die er während der Zeit des Dritten Reiches publizierte, den Begriff der juristischen Staatsperson als typisch für das liberale, dem individualistischen demokratischen Staatsrecht verhaftete Bürgertum von dem neuen nationalsozialistischen Staatsrechtsdenken abzuheben, das auf die Gemeinschaft gegründet ist und statt vom Begriff des Staates von dem des Volkes ausgeht.
Die Rechtsbeziehungen zwischen dem Staat und dem einzelnen sind bei H. nicht ein rational begründbares, gesichertes System von Normen, die das gegenseitige Verhältnis von Staat und Bürger regeln. An ihre Stelle tritt vielmehr die mythische Unterwerfung des einzelnen unter den Willen der Gemeinschaft, die gewissermaßen immer recht hat. Die nationalsozialistische »Volksgemeinschaft als Artgemeinschaft des Volkes« entwickelte nach H. ein »politisches Weltbild, aufbauend auf den Grundgesetzen des Lebens, der Rasse, dem Boden und einer artgemäßen Führung und Gefolgschaft«. Damit die Gemeinschaft aber nicht in eine demokratische Volksherrschaft ausartet,

setzte ihr H. den Begriff der Führung entgegen und meinte, damit auch den Begriff der Staatsgewalt ersetzen zu können. Denn »Führung« ist mehr. H. okkupierte das Verständnis seines Reichsführers von Germanentum, der »Führer« geriet ihm zum »herezog«, der freilich mit der Wirklichkeit des Zweiten Weltkriegs, mit der Bunkerexistenz des »Führers« und der von ihm in einen irrationalen Krieg manövrierten »Volksgemeinschaft« wenig mehr gemein hatte: »Der Führer tritt nicht mit einer Gewalt der Volksgemeinschaft gegenüber, sondern er ruft sie auf, er überzeugt und geht in der Durchführung selbst voran. Das zeigt besonders der militärische Ernstfall.«

Die Opportunität des H.schen Denkens verrät sich im Aussparen der wechselseitigen Beziehungen zwischen Gemeinschaft und Führung. Er stellte zwar das Gesetz als »Akt der Führung« hin, ließ aber die Frage der Verantwortung des Führers gegenüber seinem Volk im unverbindlich Allgemeinen: »Der Kern seiner Stellung liegt... in Volk und Bewegung.« Man muß H. recht geben und kann das Folgende auf die Kernbegriffe seiner politisch-historischen Gedankenwelt ausdehnen, wenn er formuliert: »Dieses Reich der Volksgemeinschaft ist nur aus sich heraus zu verstehen.« Konkreter wurden H.s Darlegungen in seinen Vorlesungen während des Krieges, etwa zum Thema des besonderen, verschärften Strafrechtes, das gegen die Polen angewendet wurde. Hier meinte er: »Kein Angehöriger einer anderen Volksgruppe darf sich gegen unsere Gebote auflehnen oder sich auch nur die geringste Straftat – wie Stehlen von Brot, d. h. Mundraub – herausnehmen. Wir müssen radikal vorgehen, und Todesurteile sind das beste Mittel, jede Art von Auflehnung zu vereiteln. Hinzu kommt, daß wir durch solche Maßnahmen das Volksgut auf der anderen Seite dezimieren.«

Die Ablehnung des liberalen, demokratischen Staates, die H. auch in seinen umfangreichen heeresgeschichtlichen Studien deutlich zum Ausdruck brachte, wich nach dem Kriege einer der demokratischen Grundordnung angepaßten Einstellung. Diese Wendigkeit war erstaunlich, hatte H. in der repräsentativen nationalsozialistischen Wochenzeitung *Das Reich* doch am 1. Oktober 1944 geschrieben, daß der Eid auf den »Führer« auch nach dessen Tod noch Gültigkeit besitze. Auf dem Deutschen Juristentag 1936 hatte er gegenüber den Teilnehmern der Reichsgruppe Rechtswahrer in der Verwaltung über den Begriff des Eides behauptet, die liberale Rechtslehre habe keinen Eidbruch gekannt, aber im NS-Staat sei der Eidbruch der schlimmste Rechtsbruch, den es für die Gemeinschaft überhaupt gebe, und er ziehe deshalb die Ächtung nach sich.

Nach dem Kriege war H. einige Zeit untergetaucht und soll die Besatzungszeit als Heilgymnast unbeschadet überstanden haben. Er leitete seit 1956 die Akademie für Führungskräfte der Wirtschaft, eine der größten europäischen Managerschulen, an der auch sein ehemaliger Kollege im SD-Hauptamt, Dr. Six, als Dozent fungierte. Als der sozialdemokratische *Vorwärts* im Dezember 1971 auf diese Tatsache und einiges mehr hinwies, stellte sich heraus, daß H. wegen seiner Verdienste um den demokratischen Rechtsstaat eine auch von führenden SPD-Funktionären, von Gewerkschaftern und dem Offiziers- und Unteroffizierskorps der

Bundeswehr gerne besuchte Einrichtung betrieb.

Hoepner, Erich (1886–1944)
Generaloberst der deutschen Wehrmacht und führendes Mitglied der Widerstandsbewegung gegen Hitler. H. wurde am 14. September 1886 geboren und diente als Offizier im Ersten Weltkrieg. 1938 war er Kommandeur der 1. Leichten Division in Wuppertal. H. nahm aktiv an den Feldzügen gegen Polen, Frankreich und die Sowjetunion teil. Neben → *Guderian* galt er als der bedeutendste Experte für den Panzerkrieg.
1941 erhielt er den Befehl über die Panzergruppe 4, mit der er im Winter 1941 vor Moskau erschien. Zur 4. Panzerarmee ausgebaut, kam die Truppe jedoch beim Gegenangriff der Sowjets in Bedrängnis, und H. nahm die Front zur Schonung der ihm unterstellten Truppen gegen ausdrücklichen Befehl Hitlers zurück. Er wurde deshalb im Januar 1942 seines Postens enthoben und in einem Tagesbefehl öffentlich gedemütigt. Ja man stieß ihn sogar aus dem Heer aus. Die Worte, mit denen sich Hoepner am 9.1.1942 von seinem Armeestab verabschiedete, verdienen überliefert zu werden, weil sie eine Art von Soldatentum zeigen, das unter Hitler in der deutschen Armee selten geworden war: »Ich bin meines Postens als Oberbefehlshaber der 4. Panzerarmee enthoben worden, weil ich einen Führerbefehl nicht befolgt habe. Seit meiner Jugend der Armee verbunden und dadurch dem deutschen Soldaten verpflichtet, fühle ich mich in meinen Entschlüssen stets einem Höheren verantwortlich. Jederzeit würde ich wieder so handeln, wie ich gehandelt habe. Ich weiß, daß dies das Ende meiner militärischen Laufbahn bedeutet, aber ich gehe in dem Bewußtsein meiner Armee und meinem Volke gegenüber erfüllter Pflicht. Möge das jeder von Ihnen am Ende seiner Laufbahn auch sagen können.«
H. wohnte in den folgenden Jahren in Berlin-Dahlem in der Nähe von General Friedrich → *Olbricht*, der ihn mit den Plänen der Verschwörung gegen Hitler vertraut machte. Er erhielt die Aufgabe zugewiesen, den Befehl über das Ersatzheer zu übernehmen, falls Generaloberst → *Fromm* sich nach dem Attentat als unzuverlässig erweisen sollte. Nach dem Mißlingen des Attentats vom 20. Juli 1944 wurde H. verhaftet und vor das Volksgericht gestellt.
H., der lieber die Gerichtsverhandlung über sich ergehen ließ, als von dem Angebot Gebrauch zu machen, sich nach alter Offizierstradition selbst das Leben zu nehmen, war im Prozeß vor dem Volksgerichtshof dem schreienden, ihn ständig unterbrechenden Freisler nicht gewachsen. Die tagelangen Dauerverhöre zeigten ihre Wirkungen. Am 8. August 1944 wurde er vom Volksgerichtshof zum Tode verurteilt und am gleichen Tag im Gefängnis Berlin-Plötzensee mit einer Drahtschlinge an einem Fleischerhaken erhängt.

Hoeß, Rudolf (1900–1947)
Kommandant des Vernichtungslagers Auschwitz (1940–1943). Am 25. November 1900 wurde H. als Sohn frommer katholischer Eltern in Baden-Baden geboren. Sein Vater, ein Kaufmann, dessen Wunsch es war, daß sein Sohn Priester würde, erdrückte ihn in seiner Jugendzeit durch seinen Dogmatismus. Nach des Vaters Tode meldete sich H., gerade 15 Jahre alt, heimlich

zur Armee, wurde auf dem türkischen Kriegsschauplatz eingesetzt, brachte es mit 17 Jahren zum Unteroffizier und erhielt für seine Tapferkeit das Eiserne Kreuz I. und II. Klasse.
1919 schloß H. sich dem ostpreußischen Freiwilligenkorps zum Schutz der Grenze an und trat dann dem Freikorps Roßbach bei, mit dem er an Kämpfen im Baltikum, im Ruhrgebiet und in Oberschlesien teilnahm. 1923 war er in einen politischen Mord (Parchimer Fememord) verwickelt – einer seiner Komplizen war sein späterer Gönner und Förderer Martin → *Bormann* – und erhielt für seine Mittäterschaft zehn Jahre Zuchthaus, fiel jedoch unter das Amnestiegesetz vom 14. Juli 1928, nachdem er noch nicht einmal die Hälfte seiner Strafe abgesessen hatte. Während der nächsten Jahre gehörte er verschiedenen Bünden, so dem »Bund der Artamanen« in Brandenburg und Pommern an. 1934 forderte → *Himmler* ihn auf, der SS beizutreten, und im Juni desselben Jahres wurde er im »Schutzhaftlager« Dachau als Blockführer eingesetzt. 1938 nach Sachsenhausen versetzt und zum SS-Hauptsturmführer befördert, wurde H. schließlich am 1. Mai 1940 Kommandant von Auschwitz, das unter seiner Leitung aufgebaut wurde. Diese Position hatte er bis zum 9. November 1943 inne.
Während seiner dreieinhalb Jahre in Auschwitz erwies H. sich als absolut gefühlloser Massenmörder, als innerlich völlig unberührter Schreibtischtäter, der nie persönlich an Selektionen für die Gaskammern oder für Massenhinrichtungen teilnahm. Dem äußeren Anschein nach ein freundlicher, selbstloser, scheuer, seine Familie und Tiere liebender Mensch, war H. noch stolz auf seine perfekte Arbeit und rühmt in seinen Memoiren, daß nach dem Willen des Reichsführers SS Auschwitz das größte Menschenvernichtungszentrum aller Zeiten geworden sei. H. war das Urbild des selbstdisziplinierten, kleinbürgerlichen Befehlsempfängers, dessen goldene Regel lautete: »Nur eines zählt: Befehle.« So sorgte er für das reibungslose Funktionieren des Vernichtungsapparates in Auschwitz und betrachtete den Massenmord unter rein verwaltungstechnischen Gesichtspunkten. Nicht die unvorstellbaren Qualen seiner Opfer bereiteten ihm schlaflose Nächte, sondern wie er die ihm zugedachte Aufgabe mit größtmöglicher Effizienz erledigte.
So bewegte sich sein Denken um praktische Dinge wie das Einhalten von Zeitplänen, die Größe der Häftlingstransporte, die Typen der Verbrennungsöfen und die Methoden der Vergasung. Er rühmte sich, als erster erfolgreich *Zyklon B* angewandt zu haben, denn Schüsse und Blutvergießen gingen ihm auf die Nerven, während Gas, das einen unblutigen Tod verursachte, ihm »vernünftiger« und »hygienischer« erschien. H.s Pflichtbewußtsein, seine absolute Unterwerfung unter seine Vorgesetzten machten ihn unempfindlich für jede Art von Gefühl – abgesehen vom Selbstmitleid.
In seinen in der polnischen Haft entstandenen autobiographischen Aufzeichnungen *Kommandant in Auschwitz* (die erst 1958 in Deutschland erschienen) betont H., daß er seit frühester Jugend mit einem starken Pflichtbewußtsein aufgewachsen sei. Im Hause seiner Eltern habe man darauf bestanden, »daß alle Aufträge genau und gewissenhaft ausgeführt wurden. Jedes [Familienmitglied] hatte

immer einen gewissen Pflichtenkreis.« Diesen anerzogenen Zwang, Befehlen automatisch zu gehorchen, betrachtete H. als Kennzeichen hoher Moral und bürgerlicher Anständigkeit. Er sei völlig normal, äußerte er in seinem Buch, sogar als er in Auschwitz die Aufgabe der Ausrottung zu erfüllen hatte, habe er ein ganz normales Leben geführt.
So perfekt erfüllte H. in Auschwitz seine Pflicht, daß dort weit mehr als eine Million Häftlinge liquidiert wurden, und 1944 feierten ihn seine Vorgesetzten als wahren Pionier auf diesem Gebiet, der neue Ideen gehabt und neue Schulungsmethoden angewendet habe. H. empfand es als schwierig, sich von seiner Arbeit in Auschwitz loszureißen, doch im November 1943 beförderte man ihn zum Leiter der Abteilung I der Amtsgruppe D des SS-Wirtschafts- und Verwaltungs-Hauptamtes (WVHA). Später rückte er zum Stellvertreter des Amtschefs, SS-Obergruppenführers Richard → *Glücks*, auf, dem die Aufsicht über die KZ oblag.
Am 11. März 1946 wurde H. von britischer Militärpolizei verhaftet, bei den Nürnberger Prozessen sagte er als Zeuge für Kaltenbrunner im Pohl- und im I. G. Farbenprozeß aus, und am 25. Mai 1946 lieferte man ihn an die polnischen Behörden aus. Erst am 2. April 1947 wurde er vom polnischen Obersten Volksgericht zum Tode durch den Strang verurteilt. Die Hinrichtung fand am 16. April 1947 innerhalb des Lagergeländes von Auschwitz vor dem Hause statt, in dem H. mit seiner Frau und seinen fünf Kindern gewohnt und wo er jene Anweisungen erteilt hatte, die für Millionen unschuldiger Männer, Frauen und Kinder den Tod bedeuteten.

Hofacker, Cäsar von (1896–1944)
Oberstleutnant im Verwaltungsstab des Militärbefehlshabers Frankreich, des Generals Karl-Heinrich von → *Stülpnagel*, und in die Offiziersverschwörung gegen Hitler verwickelt. H. wurde am 2. März 1896 geboren. Er war der Verbindungsmann zwischen Stülpnagel und seinem Vetter, dem Obersten Claus Schenk von → *Stauffenberg* in Berlin. Auch an Bemühungen, Erwin → *Rommel* für die Verschwörung zu gewinnen, als sich die endgültige Niederlage der deutschen Wehrmacht immer deutlicher abzeichnete, war H. beteiligt. Nach dem mißlungenen Attentat vom 20. Juli 1944 wurde er verhaftet und von der Gestapo gefoltert; er gab Rommels Namen preis, womit Rommels Schicksal besiegelt war. Vor den Volksgerichtshof gestellt, wurde H. am 30. August 1944 des Hochverrats für schuldig befunden und starb nach schwerem Todeskampf am 20. Dezember 1944 den Tod am Strang in der Haftanstalt Berlin-Plötzensee.

Hoffmann, Heinrich (1885–1957)
Hitlers Fotograf und enger Vertrauter. H. wurde am 12. September 1885 in Fürth geboren. Seinen Beruf erlernte H., nachdem er die Schule besucht hatte, im Fotogeschäft seines Vaters. Während des Ersten Weltkrieges war er als Bildberichterstatter in der bayerischen Armee tätig, und 1919 veröffentlichte er seinen ersten Fotoband. Im selben Jahr begegnete er Hitler zum erstenmal, mit dem ihn bald eine enge persönliche Beziehung verband. Oft war Hitler bei ihm in München zu Gast, um ein wenig Entspannung zu finden. Durch H. lernte Hitler Eva → *Braun* kennen, die bei H. arbeitete. H. fuhr

ihn auch oft zu Winifred → *Wagner* nach Bayreuth.
Als einziger, der den Führer fotografieren durfte, begleitete er Hitler auf allen Stationen seines Weges zur Macht und später – im Zweiten Weltkrieg – bei sämtlichen Frontbesuchen. H.s zweieinhalb Millionen Aufnahmen bilden in ihrer Gesamtheit ein einzigartiges Zeitdokument für 25 Jahre deutscher Geschichte. Sie brachten ihm enormen Reichtum ein, verhalfen aber auch Hitler zu einträglichen Einnahmen und trugen auf jeden Fall erheblich zu Hitlers Popularität bei. In den dreißiger Jahren veröffentlichte H. Bildhefte von jedem bedeutenderen Parteitag. Vielleicht sein größter Bucherfolg war *Hitler, wie ihn keiner kennt* (1933), das einen entspannten, heiteren, freundlichen und umgänglichen Führer zeigt. In der vier Jahre später erschienenen Neuausgabe fehlten allerdings Aufnahmen, auf denen man auch den inzwischen ermordeten SA-Führer Ernst → *Röhm* erblickt. Andere Bücher H.s (sehr erfolgreiche Bild- und Porträtbände mit erläuternden Texten) waren: *Jugend um Hitler* (1934), *Hitler in seiner Heimat* (1938), *Hitler in Italien* (1938), *Hitler befreit das Sudetenland* (1938 [mit einer Einleitung von Konrad → *Henlein*]) und *Das Antlitz des Führers* (1939).
1938 wurde H. von Hitler zum Professor ernannt, und im Januar 1940 erhielt Hitlers »Hofphotograph« sogar einen Reichstagssitz für den Wahlkreis Düsseldorf-Ost. Dennoch beruhte sein Ansehen in der Partei, das noch zugenommen hatte, als seine Tochter Henriette den Reichsjugendführer Baldur von → *Schirach* heiratete, nicht so sehr auf politischen Aktivitäten als auf künstlerischen und geschäftlichen Beziehungen zwischen ihm und Hitler. Hitler teilte H.s Geschmack, was Malerei anging, und übertrug ihm die Aufgabe, die für die jährlichen Ausstellungen im Münchener Haus der Deutschen Kunst eingereichten Gemälde zu sichten. 1947 kam H. als Nutznießer des NS-Regimes vor eine Münchner Spruchkammer und wurde dann zu zehn Jahren Arbeitslager verurteilt (die später auf drei Jahre reduziert, doch 1950 nach vom Kassationshof aufgehobenem Urteil von der Münchner Hauptspruchkammer wieder auf fünf Jahre verlängert wurden, durch die Haft inzwischen aber als verbüßt galten). Fast sein gesamtes persönliches Vermögen wurde eingezogen. Weitere Spruchkammerverfahren in München und Berlin zogen sich bis 1950 bzw. 1957 hin. H. starb am 16. Dezember 1957 in München.

Hoßbach, Friedrich (1894–1980)
General und Wehrmachtsadjutant bei Hitler. Geboren am 21. November 1894 als Sohn eines Gymnasiallehrers im westfälischen Unna, trat er 1913 in das preußische Heer ein und erlebte den Ersten Weltkrieg in verschiedenen Adjutantenstellungen. Kurzzeitig führte H. nach dem Kriege eine Freikorpskompanie und wurde 1920 Offizier in der Reichswehr. Als Hauptmann kam er 1927 in die Heeresstatistische Abteilung des Reichswehrministeriums. Seit dem 1. September 1934 war er Abteilungsleiter im Personalamt des Heeres und in Personalunion Adjutant des Heeres bei Hitler. In dieser Stellung fertigte er die unter der Bezeichnung »Hoßbach-Protokoll« nach dem Kriege bekanntgewordene Niederschrift einer Besprechung Hitlers mit → *von Neurath,* → *Göring,* → *Raeder,* → *von Fritsch* und → *von Blomberg* an, bei der

Hitler erstmals vor den Führern der Wehrmacht und dem Außenminister seine aggressiven, einen Krieg einplanenden Absichten gegen die Tschechoslowakei und den Gewinn von »Lebensraum« im Osten offen zum Ausdruck brachte. Gegen den ausdrücklichen Wunsch Hitlers informierte er seinen Oberbefehlshaber, General von Fritsch, im Februar 1938 über die gegen diesen erhobenen Anschuldigungen. H. fiel deshalb bei Hitler in Ungnade und wurde versetzt. Als Oberst führte er im Westfeldzug ein Regiment. Im Rußlandfeldzug stand H. seit 1942 an der Spitze einer Infanteriedivision und wurde Mitte 1942 zum Generalleutnant befördert. Gegen Ende 1943 übernahm er das VI. Panzerkorps und im Juli 1944 die 4. Armee, mit der er im Oktober 1944 im Verteidigungskampf um Ostpreußen eingesetzt war. Als er sich nach vergeblichen Kämpfen im Einvernehmen mit dem Oberbefehlshaber der Heeresgruppe Mitte mit seiner Armee zurückziehen mußte, um den Ostseehafen Elbing noch offenhalten zu können, wurden beide Generäle entlassen.
H. verfaßte mehrere zeitgeschichtlich wichtige Werke, u. a. *Zwischen Wehrmacht und Hitler 1934–1938* (1949) und *Die Schlacht um Ostpreußen* (1953). Er starb am 10. September 1980 in Göttingen.

Huber, Kurt (1892–1943)
Universitätsprofessor und Kristallisationspunkt der Widerstandsgruppe »Weiße Rose«. H. wurde am 25. Oktober 1892 in Chur (Kanton Graubünden/ Schweiz) geboren. Nach der Kindheit in Stuttgart, die von einer Erkrankung mit bleibender Lähmung überschattet war, studierte er in München Musikwissenschaft, worin er 1917 promovierte. 1920 habilitierte er sich in München und erhielt sechs Jahre später eine außerordentliche Professur. H. war von Anfang an gegen den Nationalsozialismus eingestellt und gewann auch einige seiner Schüler für seine oppositionellen Vorstellungen. Im Jahre 1942 stießen die Geschwister → *Scholl* zu dem Kreis um H., der sich seit Herbst 1942 an der Herstellung von Flugblättern der »Weißen Rose« beteiligte.
Als Hans und Sophie Scholl beim Verteilen von Flugblättern ertappt und festgenommen wurden, war H. klar, daß die Gestapo auf seine Spur kommen würde. Zwei Tage nach der Hinrichtung der Geschwister Scholl, die standhaft seinen Namen verschwiegen hatten, wurde H. verhaftet. Der nach München angereiste Volksgerichtshof unter seines Präsidenten → *Freislers* persönlichem Vorsitz verurteilte ihn am 27. Februar zum Tode. H. starb unter dem Fallbeil am 13. Juli 1943.

Huch, Ricarda (1864–1947)
Schriftstellerin und prominente Vertreterin der neuromantischen Schule, nicht zuletzt durch historische Romane und Erzählungen bekannt. H. wurde am 18. Juli 1864 in Braunschweig geboren. Sie studierte und promovierte 1892 in Zürich, wo sie anschließend vorübergehend an der Stadtbibliothek tätig war. Später unterrichtete sie an einer höheren Töchterschule in Bremen. In der Folgezeit lebte sie u. a. in Wien, München und Heidelberg. Zu ihren bekanntesten Werken gehören *Die Geschichte von Garibaldi* (1906/7), *Der Sinn der Heiligen Schrift* (1919) und ihre Erinnerungen *Frühling in der Schweiz* (1938). 1931 erhielt sie den Goethepreis, trat aber 1933 aus Protest

gegen die nationalsozialistische Gleichschaltungspolitik und das Vorgehen der NS-Machthaber gegen die Juden aus der Preußischen Akademie der Künste aus.
Nach dem Sturz des Dritten Reiches, dessen Methoden sie ganz und gar verabscheute, beschwor sie, nun schon über 80 Jahre alt, als Ehrenpräsidentin des ersten (gesamtdeutschen) Schriftstellerkongresses nach dem Kriege in (Ost-)Berlin ihre deutschen Leser, die Frauen und Männer des deutschen Widerstandes als Helden zu ehren, die gegen ein menschenverachtendes Terrorsystem gekämpft hatten, dem Deutschland nichts als Schande und Trümmer zu verdanken hatte. Ende 1947 siedelte sie aus der sowjetischen Besatzungszone zu ihrer Tochter nach Hessen über, wo sie, 83 Jahre alt, am 17. November 1947 in Schönberg im Taunus starb.

Hugenberg, Alfred (1865–1951)
Deutscher Presse- und Filmzar, der durch seine Zusammenarbeit mit Hitler die nationalsozialistische Machtergreifung ermöglichte. H. wurde am 19. Juni 1865 in Hannover geboren. Er war 1890 Gründer des Alldeutschen Verbandes, dessen aggressiver und nationalistischer Schlachtruf »Deutschland wach' auf!« das »Deutschland erwache« der NSDAP vorwegnahm. H. war bereits ein erfolgreicher Wirtschaftsführer (unter anderem war er 1909 bis 1918 Vorsitzender des Vorstandes der Firma Fried. Krupp AG. gewesen), bevor er seinen eigenen Pressekonzern aufbaute.
Während der Inflation Anfang der zwanziger Jahre machte H. riesige Profite und kaufte dutzendweise Provinzblätter auf. Allmählich verfügte er über eine beinahe lückenlose Kette von Zeitschriften und Nachrichtenagenturen, erwarb die Universum Film AG (UFA) – Deutschlands größte Spielfilm- und Wochenschau-Fabrik – und benutzte seine nahezu monopolistische Position im Nachrichtenwesen, um beim Mittelstand gegen die Weimarer Republik Stimmung zu machen. Unter anderem gehörte H. die August Scherl GmbH, eines der größten Verlagshäuser in Berlin, das Zeitungen, Zeitschriften und Bücher herausbrachte, er übernahm die VERA Verlagsanstalt, die 14 Provinzblätter besaß und managte, er kaufte die ALA Anzeigen AG., die ihm eine beherrschende Position auf dem Werbungssektor sicherte, und gliederte eine weitere Agentur, die Telegraphen-Union, in seinen Konzern ein.
Dies war die größte Machtkonzentration, die je die öffentliche Meinung in Deutschland beeinflußte. Sie wurde eingesetzt, um der Bevölkerung nationalistische Ideen schmackhaft zu machen, wobei gleichzeitig Pazifismus, Internationalismus, Demokratie und Sozialismus bekämpft wurden. Mit seiner Propaganda für konservative, ja reaktionäre Ideen machte H. ein Vermögen, und um seines eigenen ökonomischen (und, wie er hoffte, auch politischen) Vorteils willen verhalf er der NSDAP an die Macht. Reichstagsabgeordneter der Deutschnationalen Volkspartei seit 1919, übernahm er am 21. Oktober 1928 deren Vorsitz und behielt ihn, bis sich die Partei (unter NS-Druck) am 28. Juni 1933 auflösen mußte. 1929 zog H. gemeinsam mit den Nationalsozialisten massiv gegen den Young-Plan mit seinen geänderten Reparationszahlungen zu Felde und stellte erstmals Hitler seine riesige Pro-

pagandamaschinerie zur Verfügung. Damit war – wegen der Kurzsichtigkeit eines erzkonservativen Wirtschafts- und Parteiführers, der sich der Illusion hingab, Hitler und dessen Anhänger für seine Zwecke einsetzen zu können – zu Beginn der Weltwirtschaftskrise Hitlers Name in aller Munde. Doch die Industriellen, die zuvor H.s Partei mitgetragen hatten, wanderten infolge seiner starren politischen Haltung ab. So beschränkte sich H.s Partei schließlich auf die Lobby der Großgrundbesitzer im Reichstag und zeigte sich zwischen 1929 und 1933 dem Taktieren des nationalsozialistischen Partners nicht gewachsen.
Im Frühjahr 1933 benötigte Hitler H.s Deutschnationale noch. H. wurde daher auch in Hitlers erstem Kabinett (vom 30. Januar 1933) Reichswirtschafts- und Reichsernährungsminister. Bei den Wahlen vom 5. März 1933 erreichten die Nationalsozialisten (44%) nur mit Hilfe der deutschnationalen »Kampffront Schwarz-Weiß-Rot« eine knappe Mehrheit von 52%, doch erhielten damit die Deutschnationalen von der Gesamtzahl der abgegebenen Wählerstimmen nur ganze 8%, und H.s Hoffnungen, Hitler unter Kontrolle zu bekommen, schwanden. Mit Hilfe der SA wurden nun H.s Parteigänger unter Druck gesetzt, H.s wirtschaftliche Ideen wurden in der NS-Presse als rückständig verschrien, und seine Deutschnationale Volkspartei wurde von innen her ausgehöhlt.
Am 27. Juni 1933 wurde H. zum Rücktritt gezwungen, und einen Tag später war seine Partei aufgelöst. In der Folge hielt sich H., bis zu seinem Tode mit 86 Jahren, von der Politik völlig fern (er schaffte es, Hitler und das Dritte Reich zu überleben, ja er behielt sogar bis 1945 seinen Sitz im Reichstag, der ihm allerdings keinerlei politischen Einfluß brachte). Zwar verlor er im Dritten Reich unter politischem und wirtschaftlichem Druck Teile seines riesigen Medien-Imperiums an die NSDAP und den Staat, doch beließ man ihm bis 1943 die Kontrolle über seine Zeitungen und Verlagshäuser. Selbst als sein Scherl-Verlag an NSDAP-eigene Verlage (insbesondere den Franz Eher Verlag) überging, verhandelte H. so hart, daß dieser Verkauf ihm beträchtliche Anteile an der rheinisch-westfälischen Schwerindustrie einbrachte.
Nach dem Kriege beließ man H. sein Vermögen. Er kam straflos davon. H. starb am 12. März 1951 auf seinem Gut Rohbrake bei Rinteln an der Weser.

J

Jannings, Emil (1884–1950)

Prominenter Bühnen- und Filmschauspieler, schon in der Weimarer Zeit ein großer Star und im Dritten Reich ein Filmidol. J. wurde am 23. Juli 1884 in Rorschach (Schweiz) als Sohn eines amerikanischen Vaters und einer deutschen Mutter geboren. J. wuchs in mittelständischem Luxus auf, lief jedoch mit 16 Jahren seinen Eltern davon, um Seemann zu werden. Zwei Jahre später entschloß er sich zum Schauspielerberuf, und 1906 begann dann seine Bühnenkarriere. Königsberg, Nürnberg und Leipzig waren die ersten Stationen seiner Laufbahn. Schließlich holte ihn

der berühmte Theaterdirektor Max Reinhardt 1915 an das Deutsche Theater in Berlin.
1916 spielte er zum erstenmal unter Ernst Lubitsch in einem Film, ein Metier, das von nun an bis zum Ende des Dritten Reiches sein eigentliches Betätigungsfeld wurde. Neben Heinrich → *George*, Gustaf → *Gründgens* und Werner → *Krauß* war J. einer jener bedeutenden (Film-)Schauspieler, deren Karriere durch den Zusammenbruch des demokratisch-republikanischen Deutschlands der Weimarer Zeit keinerlei Beeinträchtigung erfuhr. In den zwanziger Jahren wirkte J. in einer Reihe bedeutender und Maßstäbe setzender Filme mit, etwa in Murnaus *Der letzte Mann* (1924). Außerdem spielte J. den Artisten in Duponts *Varieté* (1925), der in Hollywood so tiefen Eindruck machte, daß Paramount J., seinem Produzenten und seinem Kameramann einen Vertrag anbot.
So kam J. nach Amerika. 1928 gewann er den Oscar als bester Darsteller mit seinen beiden ersten amerikanischen Filmen *Way of all Flesh* (1927) und Joseph von Sternbergs *The Last Command* (1928). Als die Tonfilmära anbrach, bereitete sein starker deutscher Akzent seiner Hollywoodkarriere ein Ende. J. kehrte nach Deutschland zurück, wo er in *Der blaue Engel* (1930) ein subtiles Porträt des unglücklichen Professors Rath lieferte – eines pathetischen, grundsoliden Bürgers, den die Leidenschaft für eine (von Marlene Dietrich verkörperte) Barsängerin völlig aus der Bahn wirft. Obwohl nie Parteimitglied, bekannte sich J. nach 1933 enthusiastisch zur NS-Ideologie und gehörte zu jenen bedeutenden Filmschaffenden im Dritten Reich, die bereitwillig Rollen in antibritischen und anderen Propagandafilmen annahmen. Man ernannte ihn zum Reichskultursenator. J. war einer der beliebtesten Filmstars Hitlers, und an Arbeit fehlte es ihm nie. 1938 zeichnete → *Goebbels* ihn mit dem Adlerschild aus, und er avancierte zum Chef der Tobis, jener Filmgesellschaft, die seine zahlreichen Filme produzierte. 1941 ehrte man ihn durch die Ernennung zum Staatsschauspieler.
Im darauffolgenden Jahr spielte er in Wolfgang Liebeneiners *Die Entlassung* die Rolle Bismarcks. Zu seinen Glanzstücken gehören die Titelrollen in Hans Steinhoffs *Robert Koch* (1939) und *Ohm Krüger* (1941), einem antibritischen Burenkriegsepos ausgesprochen politisch-tendenziösen Charakters. J. starb am 2. Januar 1950 in Strobl am Wolfgangsee (Salzkammergut/Österreich) in Einsamkeit und Verbitterung, denn die alliierten Besatzungsbehörden hatten ihn 1945 auf eine Schwarze Liste gesetzt und ihm Berufsverbot erteilt.

Jaspers, Karl (1883–1969)
Deutscher Philosoph (ursprünglich Psychiater), der sich dem Nationalsozialismus widersetzte. J. wurde am 23. Februar 1883 in Oldenburg geboren. 1909 erwarb er seinen medizinischen Doktorgrad und wirkte zunächst als Psychiater an der Universität Heidelberg. 1916 erhielt er eine Professur für Psychologie, 1922 einen Lehrstuhl für Philosophie. Als philosophischer Denker vertrat er eine Existenzphilosophie eigener Prägung. Von der konkreten Existenz des Individuums als der Grundlage jeglichen Philosophierens ausgehend, an Mündigkeit und Selbstbestimmung glaubend, trat J. abstrakten soziologischen und

psychologischen Thesen entgegen, die dem einzelnen den Blick auf seine Entscheidungsfreiheit und Verantwortung verstellen. In *Die geistige Situation der Zeit* (1931) wies J. auf die Gefahren einer von »anonymen Kräften« beherrschten Massengesellschaft hin, ohne freilich ausdrücklich auf den Nationalsozialismus und die von ihm ausgehende Bedrohung Bezug zu nehmen. Dennoch brachte ihn seine Philosophie mit ihrer Sensibilität für eine allumfassende, transzendente Wirklichkeit, sein Bemühen um mitteilbare Wahrheit und sein Appellieren an die Vernunft mit den Nationalsozialisten in Konflikt, deren verschwommenen Mystizismus und deren Rassendoktrin er verwarf. Von 1937 bis 1945 hatte J. in Deutschland Lehrverbot, doch unternahm er nicht den geringsten Versuch, sich mit dem Regime zu arrangieren und einen Kompromiß zu schließen. Die Kritik an der Neigung der Deutschen, unangenehme Erinnerungen an die Vergangenheit zu verdrängen und NS-Verbrechen zu vertuschen, die er in seinem 1946 veröffentlichten Buch *Die Schuldfrage* äußerte, nahm man mit Gleichgültigkeit hin. Einige seiner wichtigsten Titel sind: *Psychologie der Weltanschauungen* (1919 [5. Auflage 1960]), *Existenzphilosophie* (1938), *Die großen Philosophen* (1957 [2. Aufl. 1959]), *Die Atombombe* (1958 [4. Aufl. 1960]) und *Wohin treibt die Bundesrepublik?* (1966, 1967). Die beiden zuletzt erwähnten Publikationen befaßten sich mit aktuellen politischen Fragen. Über J.s Haltung im Dritten Reich schrieb seine Schülerin, die Politologin und Historikerin Hannah Arendt: »Was Jaspers damals verkörperte, als er so gänzlich allein war, war nicht Deutschland, sondern was in Deutschland noch von *humanitas* übrig war.« J. starb am 26. Februar 1969 in Basel.

Jeschonnek, Hans (1899–1943)
Chef des Generalstabes der Luftwaffe im Zweiten Weltkrieg. J. wurde am 9. April 1899 in Hohensalza geboren. Er nahm als Offizier beim Heer und bei der Fliegertruppe am Ersten Weltkrieg teil, befaßte sich aber schon zur Zeit der Reichswehr mit dem geheimen Aufbau einer (durch den Versailler Vertrag verbotenen) Luftwaffe, zu der er 1932 versetzt worden war. Im November 1938 zum Oberst und im August 1939 zum Generalmajor befördert, war J. ab Februar 1939 bis zu seinem Selbstmord (August 1943) Generalstabschef der Luftwaffe und hatte als solcher einen bedeutenden Anteil an der allgemeinen Operationsplanung sowie den Vorbereitungen aller größeren kriegerischen Unternehmungen.

Im Juli 1940 – nach dem Fall Frankreichs – wurde J. zum General der Flieger befördert und avancierte am 1. April 1942, erst 43jährig, zum Generalobersten und Chef des Luftwaffen-Führungsstabes. 1943 konnte es niemandem mehr verborgen bleiben, daß die Luftwaffe außerstande war, die Operationen im Westen wirkungsvoll zu unterstützen. Auch im Osten hatte sie keinen durchschlagenden Erfolg mehr. In die Defensive gedrängt, sah sie sich gezwungen, alle Kräfte auf den Schutz des zunehmend von alliierten Flugzeugen beherrschten Luftraums über der Heimat zu konzentrieren. Durch diese Entwicklung und durch → *Görings* Unfähigkeit enttäuscht, nahm sich J. am 19. August 1943 im Hauptquartier der Luftwaffe bei Goldap (Ostpreußen) das Leben. Gegen seinen ausdrücklichen Wunsch nahm Göring an seiner Beerdigung teil und legte auch einen Kranz Hitlers nieder.

Jodl, Alfred (1890–1946)
Chef des Wehrmachtführungsstabes und einer von Hitlers engsten militärischen Ratgebern. Am 10. Mai 1890 als Sohn eines Generalleutnants in Würzburg geboren, erlebte J. den Ersten Weltkrieg als Frontoffizier und kam 1919 zum Generalstab. Seit 1923 mit Hitler bekannt, war J. einer jener Soldaten, die den Führer vergötterten. Ab 1935 arbeitete er im Wehrmachtsamt des Reichskriegsministeriums.
Nach der Errichtung des Oberkommandos der Wehrmacht (OKW) wurde er dort Leiter der Abteilung Landesverteidigung. Im April 1939 zum Generalmajor befördert, war er als Chef des Wehrmachtführungsamtes (ab 1940 Wehrmachtführungsstabes) Hitlers »persönlicher Stabschef« und beriet Hitler in strategischen und taktischen Fragen, wobei er ihm einige Male offen widersprach – ein seltener Brauch im deutschen Heer. Seinem fanatischen Glauben an die »Genialität« des »Führers« tat dies jedoch keinen Abbruch. In den letzten Phasen des Zweiten Weltkrieges erließ J. sogar Befehle an Truppenkommandeure, ohne vorher Hitlers Zustimmung einzuholen. Dennoch gelang es ihm, sich während des gesamten Krieges das Vertrauen des Führers zu bewahren und auch seine Stellung zu behalten, was durchaus nicht allen Inhabern von Spitzenpositionen des Dritten Reiches glückte. Keitel intellektuell überlegen und weniger unterwürfig als er, konzentrierte sich J. mehr als jeder andere Wehrmachtführer auf seine rein militärischen Aufgaben und war daher auch weit weniger durch Verwicklung in politische Affären gefährdet.
Am 30. Januar 1943 erhielt er das begehrte Goldene Parteiabzeichen, und ein Jahr später avancierte er zum Generaloberst. Eine Woche nach Hitlers Selbstmord unterzeichnete J. als Bevollmächtigter des Großadmirals → *Dönitz* am 7. Mai 1945 in Reims die Teilkapitulation der Wehrmacht vor den Westmächten. Als Kriegsverbrecher wurde J. vor das internationale Militärtribunal in Nürnberg gestellt. Dort verteidigte er sich präzise und sachlich und vertrat die Ansicht, es sei nicht Aufgabe eines Soldaten, über seinen Oberbefehlshaber zu richten. Wegen Teilnahme an verbrecherischen Handlungen Hitlers fand man ihn in allen Anklagepunkten – darunter Kriegsverbrechen und Verbrechen gegen die Menschlichkeit – schuldig. Am 16. Oktober 1946 wurde er durch den Strang hingerichtet. Später befand eine deutsche Spruchkammer, J. habe sich auf rein operative Fragen beschränkt und sich keines Verstoßes gegen das Völkerrecht schuldig gemacht. Sie sprach ihn daher am 28. Februar 1953 posthum von den Verbrechen frei, für die er hingerichtet worden war.

Johst, Hanns (1890–1978)
Bühnenautor und Erzähler, NS-»Hofpoet« und Präsident der Reichsschrifttumskammer. J. wurde am 8. Juli 1890 in Seehausen bei Riesa (Sachsen) geboren. Ursprünglich wollte er Missionar werden, dann studierte er an den Universitäten Leipzig, München und Wien Medizin und ließ sich als Krankenpfleger ausbilden. Nach Ableistung des Militärdienstes im Ersten Weltkrieg wandte er sich der Schriftstellerei zu und verfaßte expressionistische Dra-

men wie *Der König* (1920) und *Thomas Paine* (1927). 1929 wurde J. Präsident der NS-Kulturorganisation Kampfbund für deutsche Kultur. Drei Jahre später schrieb er sein berühmtes patriotisches Drama *Schlageter*, das den nationalsozialistischen »Märtyrer« Albert Leo Schlageter verherrlichte, den während der Ruhrbesetzung (1923) ein französisches Militärgericht zum Tode verurteilt hatte (er hatte Anschläge auf militärische Verkehrsverbindungen verübt).

J.s kriecherische Widmung – »Für Adolf Hitler in liebender Verehrung und unwandelbarer Treue« – beeindruckte Hitler ebenso wie der Inhalt des Stückes. Es wurde im Dritten Reich immer wieder aufgeführt, und eine Zeile daraus: »Wenn ich das Wort ›Kultur‹ höre, entsichere ich meinen Revolver«, faßt gleichsam das Ethos der gesamten NS-Kunst zusammen. Im Februar 1933 wurde J. zum Dramaturgen der Preußischen Staatstheater in Berlin und zum Präsidenten der Akademie für Deutsche Dichtung ernannt. Er avancierte im Januar 1934 zum Preußischen Staatsrat und ein Jahr später zum Präsidenten der Reichsschrifttumskammer. Gemeinsam mit → *Goebbels* befand sich J. nunmehr in einer einzigartigen Machtposition. Sie ermöglichte es ihm, die Künste – insbesondere Literatur und Theater – zu manipulieren und im Sinne der NS-Ideologie »gleichzuschalten«, um, wie er sich ausdrückte, das deutsche Volk vor dem Materialismus einer rein realitätsbezogenen Welt zu retten. Selbst ein emsig schaffender, wenn auch mittelmäßiger Erzähler, Dichter und Bühnenautor, schrieb J. unter anderem: *Der Kreuzweg* (1921), *Lieder der Sehnsucht* (1924), *So gehen sie hin* (1930), *Mutter ohne Tod* (1933), *Maske und Gesicht* (1935) sowie *Ruf des Reiches* (1940).

Für seine Aktivitäten während des Dritten Reiches stufte ihn eine Münchener Entnazifizierungskammer am 7. Juli 1949 als Mitläufer ein und verurteilte ihn lediglich zu 500 Mark Geldstrafe. Eine von J. angerufene Berufungsinstanz fällte jedoch einen sehr viel härteren Spruch. Nunmehr als Hauptschuldiger eingestuft, wurde J. zu dreieinhalb Jahren Arbeitslager verurteilt, die Hälfte seines Vermögens wurde konfisziert, und er erhielt zehn Jahre Publikationsverbot. J. starb am 23. November 1978 in Ruhpolding.

Jordan, Pascual (1902–1980)

J. wurde am 18. Oktober 1902 in Hannover geboren. Er studierte Physik, Mathematik und Zoologie in Göttingen, wo er 1926 Privatdozent wurde. Zusammen mit Werner → *Heisenberg* und seinem Lehrer Max Born, mit dem er auch zusammenarbeitete, war J. einer der Begründer und Hauptverfechter der Quantentheorie. Autor zahlreicher Aufsätze und Bücher über Theoretische Physik, Biophysik und Astrophysik, suchte er seine Erkenntnisse breiteren Kreisen in allgemein verständlicher Form zugänglich zu machen. Zu seinen Werken gehören u. a.: *Elementare Quantenmechanik* (1928 zusammen mit M. Born) und *Anschauliche Quantentheorie* (1936). Sein 1936 veröffentlichtes Buch *Die Physik des 20. Jahrhunderts* zeichnet sich dadurch aus, daß es die Leistungen Einsteins, Bohrs, Hertz', James Francks und anderer jüdischer Naturwissenschaftler in vollem Umfang würdigt.

Im übrigen gehörte J. zu einer Gruppe junger konservativer Physiker, die irrtümlich der Ansicht waren, durch Mitarbeit den Radikalismus der Nationalsozialisten dämpfen zu können. 1929 wurde er Professor für Theoretische Physik in Rostock, wechselte 1944/45 nach Berlin über und ging anschließend nach Hamburg, wo er von 1947 bis 1970 lehrte. 1942 erhielt er die Max-Planck-Medaille. 1957 bis 1961 war J. CDU-Abgeordneter im Bonner Bundestag und rief wiederholt auf, zum wahren »Frontgeist« zurückzukehren. 1957 protestierte er gegen das »Göttinger Manifest« (→ Heisenberg), 1965 gegen die Anerkennung der Oder-Neiße-Linie als Westgrenze Polens. Er starb am 31. Juli 1980 in Hamburg.

Jünger, Ernst (geb. 1895)
Bedeutender Schriftsteller und Essayist, der vermutlich mehr dazu beitrug, die Weimarer Republik zu untergraben, als jeder andere Autor, indem er ein geistiges Klima schaffen half, das erst das Umsichgreifen des Nationalsozialismus ermöglichte. J. wurde am 29. 3. 1895 in Heidelberg geboren, verließ 1913 sein Elternhaus, ging zur Fremdenlegion und verbrachte ein paar Wochen in Afrika. Von seinen damaligen Erlebnissen berichtete er später in *Afrikanische Spiele* (1936). Schließlich holte ihn sein Vater, ein wohlhabender Apotheker, der später eine pharmazeutische Fabrik betrieb, wieder zurück.
1914 meldete J. sich freiwillig zum kaiserlichen Heer und erwarb den begehrten Orden *Pour le mérite* – die höchste Tapferkeitsauszeichnung, die das Kaiserreich zu vergeben hatte. Sein Buch *In Stahlgewittern* (1920) mit seiner Verherrlichung des Krieges, der Durchsetzungskraft des Lebens, der Todesnähe und archetypischer Heldengestalten war J.s erster Roman, durch den er sich als bedeutendster literarischer Vertreter der Frontgeneration mit ihrer verinnerlichten Schützengrabenerfahrung auswies.
Nach Zoologie- und Philosophiestudium in Leipzig und in Neapel (1923–1925), wobei J. sich auch für Geologie und Botanik sehr aufgeschlossen zeigte, kehrte J. zur Schriftstellerei zurück und entwickelte einen gekonnt unpersönlichen Stil »ohne Herz, ohne Liebe, ohne Mitleid«, der Menschen gleichsam verdinglichte und jenseits des Chaos der menschlichen Existenz eine starre Ordnung aufrichtete.
Werke wie *Das abenteuerliche Herz* (1929) sowie *Blätter und Steine* (1934) mit ihrem Abstand wahrenden, den Menschen versachlichenden Duktus wiesen J. als Existentialisten mit einem gleichsam dreidimensionalen Ansatz (das Wesen der Dinge, das Reich der abstrakten Ideen und der Bereich der greifbaren Schicksalssymbole) aus. J. war viel zu sehr Nonkonformist, um sich in eine totalitäre Massenbewegung zu fügen, obwohl der halb romantische, halb technokratische Nationalismus, dem er während der zwanziger Jahre huldigte, ihn wie einen Protagonisten und intellektuellen Wegbereiter des Nationalsozialismus erscheinen ließ. Eine Zeitlang eng mit → *Goebbels* verbunden, wies er dennoch dessen Aufforderungen zurück, der NSDAP beizutreten, und weigerte sich auch, sich 1928 auf die Reichstagsliste der NSDAP setzen zu lassen. Ende der zwanziger Jahre trug er sich mit nationalbolschewistischen Ideen und stand damals dem Kreis um Ernst → *Niekisch* nahe, der in der Sowjetunion einen verheißungsvollen Ausdruck des Willens zur Macht verbunden mit totaler Mobi-

lisierung menschlicher Schöpferkräfte sah.
J.s Versuch einer Synthese von Faschismus und Kommunismus zielte auf eine Bewegung ab, in der idealisierte Arbeitersoldaten eine disziplinierte Elite bildeten, die mit Gewalt und technischer Überlegenheit alles Instinkthafte unterdrückte. *Der Arbeiter* (1932) erschien auf dem Höhepunkt seiner nationalbolschewistischen Phase, und Niekisch begrüßte dieses Buch als vollkommene Synthese sowjetisch-revolutionärer Schwungkraft mit deutscher, nationalistischer Mentalität. Nach der NS-Machtergreifung bot man J. abermals einen Sitz im Reichstag und in der Preußischen Akademie für Dichtung an, doch J. lehnte beides ab. Er erzielte hohe Einkünfte aus offiziell geförderten Nachdrucken seiner Werke, war er doch neben Gottfried →*Benn* und Gerhart →*Hauptmann* der prominenteste Autor, der in Hitlerdeutschland geblieben war. Mit den Nationalsozialisten verbanden ihn die gemeinsame Betonung des kollektiven Fronterlebnisses und ein Hang zum Totalitarismus, obwohl J. viel zu gebildet und viel zu sehr Individualist war, um die NSDAP als seine geistige Heimat betrachten zu können.
In *Der Arbeiter* hatte er die Vernichtung der Werte des frei dahintreibenden Geistes und die Zerstörung bürgerlicher Maßstäbe vorausgesagt und behauptet, die »beste Antwort auf den Hochverrat des Geistes am Leben« sei »der Hochverrat des Geistes am Geist«, und »an diesem alles sprengenden Geschehen teilzuhaben«, sei »eines der großen und grausamen Vergnügen unserer Zeit«. Wenn J. mit seiner Einstellung auch mithalf, den Weg zu bahnen, der schließlich zu den Greueln des Dritten Reiches führte, so enthalten seine späteren Werke doch auch mehr oder weniger verkappte Zurückweisungen der NS-Methoden, wenn nicht gar der NS-Ideologie. Vor allem sein Roman *Auf den Marmorklippen* (1939) ist voll von Anspielungen, die seine Ablehnung der NS-Tyrannei deutlich machen, und 1940 durfte das Buch nicht mehr gedruckt werden (nachdem bereits 35000 Exemplare verkauft waren). J. ging wieder zur Armee (eine beliebte »aristokratische« Form »innerer Emigration«), gehörte 1940 bis 1944 dem Stab des deutschen Militärbefehlshabers in Paris an, war dazwischen drei Monate in der Sowjetunion, bevor er nach Paris zurückkehrte. Im Oktober 1944 stieß man ihn wegen Wehrunwürdigkeit aus der Wehrmacht aus, und im Monat darauf wurde sein Sohn umgebracht. Damals vollendete J. seine heimlich zirkulierende Abrechnung mit dem NS-System (*Der Friede* [1940]) – eine mutige Anklage gegen die Tyrannei des totalitären Staates und gleichzeitig eine Absage an seinen eigenen früheren Nationalismus. Auch die 1949 unter dem Titel *Strahlungen* veröffentlichten Kriegstagebücher J.s zeugen nicht weniger von Verachtung und Abscheu gegenüber dem Ungeist des NS-Regimes. Nach dem Zweiten Weltkrieg verfaßte J. noch eine Reihe weiterer Werke, die ihm weithin Anerkennung brachten. Sicherlich mit Recht wird er als einer der bedeutendsten und fesselndsten Autoren geschätzt, die auch zur Zeit des Dritten Reiches in Deutschland schriftstellerisch tätig waren.

K

Kaltenbrunner, Ernst (1903–1946)
Österreichischer Nationalsozialist und Chef des Reichssicherheitshauptamtes (RSHA). K. wurde am 4. Oktober 1903 in Ried im Innkreis (unweit von Braunau) als Abkömmling ländlicher Handwerker geboren (Großvater und Vater waren allerdings Rechtsanwälte). Er erhielt seine Schulbildung in Linz, wo er als Knabe mit Adolf → *Eichmann* befreundet war. Später studierte er an der Universität Graz. 1926 promovierte er zum Doktor der Rechte und ließ sich danach in Linz als Anwalt nieder. Aktiv in einer der ersten nationalsozialistischen Studentengruppen Österreichs, schloß sich K. 1932 endgültig der NSDAP und der SS an. Als Wortführer der Partei in Oberösterreich übernahm er für Mitglieder und Sympathisanten Rechtsberatungen.
1934 wurde K. von der Dollfuß-Regierung verhaftet und im Mai 1935 zu einer sechsmonatigen Haftstrafe verurteilt. Die Anklage lautete auf Verschwörung. Wegen seiner politischen Aktivitäten verlor er seine Zulassung als Anwalt. Kurz vor seiner zweiten Haft hatte man ihn zum Führer der SS in Österreich ernannt. Nach seiner Haftentlassung arbeitete er zusammen mit → *Seyß-Inquart* unermüdlich auf Österreichs Anschluß an Deutschland hin, was dazu beitrug, daß er am 12. März 1938 zum Staatssekretär für öffentliche Sicherheit und zum SS-Gruppenführer ernannt wurde. Gleichzeitig wurde er Mitglied des Reichstages. Im April 1941 wurde er Generalleutnant der Polizei. Er schuf ein eindrucksvolles Geheimdienstnetz, das über Österreich hinaus bis in den Balkan reichte und die Aufmerksamkeit → *Himmlers* auf sich zog, der K. zur allgemeinen Überraschung im Januar 1943 als Nachfolger → *Heydrichs* mit der Führung des Reichssicherheitshauptamtes (RSHA) in Berlin betraute. Als Chef der Sicherheitspolizei und des SD kontrollierte K. nicht nur die Gestapo, sondern auch den für die »Endlösung der Judenfrage« zuständigen Verwaltungsapparat. Ein wahrer Riese, gut zwei Meter groß mit breiten, massigen Schultern, kräftigen Armen, grobem, viereckigem Kinn und tiefen Säbelnarben von den Mensuren seiner Studentenzeit, tat sich K. durch besonders brutale Unterdrückungsmaßnahmen hervor und versorgte die Konzentrationslager mit immer neuem Nachschub an Häftlingen. Leicht erregbar und verschlagen, zeigte K. außerordentliches Interesse an den verschiedenen Tötungsmethoden, die unter seiner Aufsicht in den Lagern angewandt wurden, ganz besonders aber an den Gaskammern. Erbarmungslos von ihm angestachelt, organisierte das RSHA die Jagd auf mehrere Millionen Juden und deren Vernichtung. Darüber hinaus trug K. auch die Verantwortung für die Erschießung abgesprungener alliierter Piloten sowie von anderen Kriegsgefangenen.
Außerdem hatte K. eine Leidenschaft für Spionage und Spionageabwehr, und im Februar 1944 glückte es ihm, das Gros des bis dahin Admiral → *Canaris* unterstehenden militärischen Nachrichten- und Abwehrdienstes zu übernehmen, das er auf die Ämter IV (Gestapo) und VI (Auslands-SD) des RSHA verteilte. Gegen Ende 1944 versuchte K. erfolglos, über Allen Dulles, den Chef des US-Geheimdienstes in

Europa, Verbindung mit den Alliierten aufzunehmen.
Am Ende des Krieges verlegte K. sein Hauptquartier nach Altaussee in der Steiermark. Dort fiel er einer amerikanischen Militärpatrouille in die Hände. Man stellte ihn vor das internationale Militärgericht in Nürnberg, das ihn anklagte, Kriegsverbrechen und Verbrechen gegen die Menschlichkeit begangen zu haben. Er wurde am 16. Oktober 1946 im Nürnberger Kriegsverbrechergefängnis durch den Strang hingerichtet.

Käutner, Helmut (1908–1980)
Filmregisseur, Schauspieler und Autor. K. wurde am 25. März 1908 in Düsseldorf als Sohn eines Kaufmanns geboren. Er studierte zunächst an der Kunstgewerbeschule in Düsseldorf, hörte dann an der Universität München 10 Semester Germanistik, Kunstgeschichte, Theaterwissenschaft und Philosophie, schrieb daneben in der Hochschulzeitung und trat im Münchner Kabarett »Simpl« auf. Für das Studenten-Kabarett »Die vier Nachrichter« schrieb er seit 1932 Texte und führte Regie, bis sich das Kabarett im Jahre 1935 wegen sich anbahnender Schwierigkeiten mit den NS-Behörden auflöste. 1936–1938 spielte K. am Schauspielhaus Leipzig, wo er sich auch als Regisseur betätigte; später arbeitete er in der gleichen Tätigkeit an den Münchner Kammerspielen, am Theater am Schiffbauerdamm, am Kabarett der Komiker u. a. 1942–1944 trat er am Berliner Schauspielhaus als Schauspieler auf.
K. schrieb außerdem Drehbücher bekannter Filme wie *Romanze in Moll.* Seit 1939 drehte er selbst Filme; gleich sein erster, *Kitty und die Weltkonferenz,* wurde bereits kurze Zeit nach der Premiere vom Propagandaministerium verboten. Auch seine nächsten Filme waren wegen ihrer nicht im parteipolitischen Fahrwasser schwimmenden Inhalte und ihrer als dekadent eingestuften Aussage bei den NS-Filmgewaltigen nicht gerne gesehen, kamen aber beim Publikum meist sehr gut an. Zu ihnen gehörten *Kleider machen Leute* (1940) mit Heinz Rühmann, *Auf Wiedersehen, Franziska* (1941), *Wir machen Musik* (1942) und die bereits erwähnte *Romanze in Moll* (1943). Nicht mehr erscheinen durften *Große Freiheit Nr. 7* (1944) mit Hans Albers und *Unter den Brücken,* der erst nach dem Krieg fertiggestellt werden konnte.
Nach Kriegsende schlug sich K. als Schauspieler in Berlin und Hamburg durch und machte Tourneen durch Deutschland, Schweiz und Österreich. Mit Filmen wie der Satire *Der Apfel ist ab* (1948) oder *In jenen Tagen* (1947) brachte er das Lebensgefühl der unmittelbaren Nachkriegsjahre überzeugend auf die Leinwand. Einer seiner bekanntesten Filme wurde *Die letzte Brücke* (1954) mit Maria Schell, mit dem er zum gefeiertsten Filmregisseur der Bundesrepublik aufrückte. K. drehte bis 1970 noch zahlreiche Kinofilme, war seit Mitte der 60er Jahre auch erfolgreich beim Fernsehen tätig und schrieb und inszenierte Stücke bis Ende der 70er Jahre. Eindrucksvoll blieben auch seine darstellerischen Leistungen, etwa sein »Karl May« in Hans-Jürgen Syberbergs gleichnamigem Fernsehfilm. K. starb am 20. April 1980 in seinem Haus in Castellina (Italien).

Karajan, Herbert von (geb. 1908)
Bedeutender österreichischer Dirigent, geboren am 5. April 1908 in Salz-

burg. Dort studierte er am Mozarteum mit dem ursprünglichen Studienziel, Pianist zu werden. Er erregte erstmals 1927 Aufmerksamkeit, als er in Ulm kurzfristig bei einer Aufführung der Mozartoper *Die Hochzeit des Figaro* als Dirigent einspringen mußte. Die nächsten sieben Jahre blieb er daraufhin in Ulm und wurde musikalischer Leiter des Ulmer Opernhauses. 1935 bis 1941 wirkte K. dann als Generalmusikdirektor und Dirigent in Aachen. Ab 1938 dirigierte er auch das Orchester der Berliner Staatsoper und die Berliner Philharmoniker. Eine imponierende Erscheinung, nicht nur am Dirigentenpult, gehörte der selbstherrliche, einfallsreiche und außerordentlich wortgewandte K. (der übrigens seit 1933 Mitglied der NSDAP war) schon damals zu den führenden Dirigenten der Musikwelt.
Nach dem Kriege wurde er 1949 Leiter der Gesellschaft der Musikfreunde in Wien und ging mit den Wiener Philharmonikern wie auch mit dem neuen Londoner Philharmonischen Orchester auf Konzertreisen. Seine Hauptenergie galt den Berliner Philharmonikern, deren musikalische Leitung er übernahm, nachdem 1954 Wilhelm → *Furtwängler* gestorben war, sowie den Salzburger Festspielen. 1956 bis 1964 war er auch Direktor der Wiener Staatsoper, und in den folgenden Jahren festigte er seinen Ruf als einer der größten Dirigenten unseres Jahrhunderts. Zu seinen Wirkungsstätten gehören auch die Mailänder Scala und die Festspiele in Luzern.

Kaufmann, Karl (1900–1969)
Gauleiter in Hamburg und Reichskommissar für die deutsche Seefahrt. K. wurde am 10. Oktober 1900 als Sohn katholischer Eltern in Krefeld geboren. Nach Militärdienst im Ersten Weltkrieg trat er 1920 dem Freikorps Erhardt bei, das sich Oberschlesien und das Ruhrgebiet zum Betätigungsfeld ausersehen hatte. Einer der Mitbegründer der NSDAP im Ruhrgebiet (1921), wurde er drei Jahre später zum Gauleiter des Rheinlandes ernannt. Diese Position hatte er bis 1928 inne. Von 1928 bis 1930 war er Mitglied der NSDAP-Fraktion im preußischen Landtag, seit 1929 Gauleiter in Hamburg. 1930 wurde er als Abgeordneter in den Reichstag gewählt. Doch verlor er im selben Jahre vorübergehend sämtliche Parteiämter – dies aufgrund länger zurückliegender Beschuldigungen, er habe Parteigelder unterschlagen, politische Gegner erpreßt und ein Eisernes Kreuz getragen, das ihm nie verliehen wurde.
1933 erhielt er zu seinem alten Amt als Gauleiter noch das des Reichsstatthalters in Hamburg. Dieses Amt behielt er bis zum Ende des Krieges. 1942 wurde er zum SS-Obergruppenführer befördert und zum Reichskommissar für die deutsche Seefahrt ernannt. Nach dem Kriege lebte K., der als Zeuge auf der Fahrt zum Nürnberger Gerichtshof einen Autounfall und eine schwere Kopfverletzung erlitten hatte und bald darauf Haftverschonung erhielt, als Geschäftsmann in Hamburg, bis ihm eine 1948 durchgeführte gerichtliche Untersuchung eine Haftstrafe von einem Jahr und zwei Monaten einbrachte. Am 22. April 1949 wurde er von den britischen Behörden aus Gesundheitsgründen entlassen. Am 3. August 1950 nochmals von den Hamburger Behörden verhaftet, wurde er schon bald wieder auf freien Fuß gesetzt. Eine erneute Festnahme erfolgte am 5. Januar 1953. Diesmal waren seine Beziehungen zu anderen NS-Füh-

rern der Verhaftungsgrund. Allerdings ließ man K. abermals schon nach kurzer Zeit – am 29. März 1953 – wieder frei.
K. starb am 4. Dezember 1969 in Hamburg.

Keitel, Wilhelm (1882–1946)
Generalfeldmarschall und 1938 bis 1945 Chef des Oberkommandos der Wehrmacht (OKW). K. wurde am 22. September 1882 in Helmscherode (Braunschweig) als Sohn eines Gutsbesitzers geboren und wurde Berufsoffizier. Den Ersten Weltkrieg erlebte er als Artillerieoffizier, zuletzt war er Hauptmann im Generalstab des Marinekorps in Flandern. Er wurde schwer verwundet. 1919 war er Angehöriger der Reichswehrbrigade Hannover, und während der Folgejahre erhielt er mehrere Kommandos z. T. schon im Reichswehrministerum. Ab 1930 leitete er die Heeresorganisationsabteilung im Truppenamt, dies bis zu seiner Beförderung zum Generalmajor im Jahre 1934. 1935 bis 1938 war K. Chef des Wehrmachtamtes im Reichskriegsministerium, 1936 beförderte man ihn zum Generalleutnant und 1937 zum General der Artillerie.
Nach dem Sturz Werner von → *Blombergs,* mit dem er eng befreundet war und zusammengearbeitet hatte, wurde K. am 4. Februar 1938 zum Chef des Oberkommandos der Wehrmacht ernannt und avancierte im November desselben Jahres zum Generalobersten. Im April 1939 erhielt er das Goldene Parteiabzeichen und wurde schließlich im Juli 1940, nachdem Frankreich gefallen war und er die Waffenstillstandsverhandlungen in Compiègne geleitet hatte, zum Generalfeldmarschall befördert.
Ursprünglich war K. gegen den Einmarsch in die Sowjetunion und reichte sogar ein Rücktrittsgesuch ein, blieb aber dann im Amt und bewunderte Hitlers Unnachgiebigkeit im Ostfeldzug. Hitlers vertrautester militärischer Berater, war K. an allen bedeutenderen strategischen Entscheidungen beteiligt, wurde jedoch von seinen Standesgenossen wegen seiner servilen Beflissenheit und seiner Unfähigkeit, Hitler gegenüber eine abweichende Meinung zu vertreten, nicht sonderlich geschätzt. Seine Unterwürfigkeit und Lobhudelei – nach dem Sieg im Westen bezeichnete er Hitler beispielsweise als »größten Feldherrn aller Zeiten« – trugen ihm im Offizierskorps der Wehrmacht den Spottnamen »Lakaitel« ein. K. war nur Hitler unterstellt und machte sich durch seine absolute Willfährigkeit bei ihm außerordentlich beliebt. Doch gerade seine Dienstbeflissenheit hatte katastrophale Folgen, denn sie machte auch andere Generäle mundtot, die sonst manchen Befehl nicht fraglos hingenommen hätten.
Seit dem Ausbruch des Kriegs mit Polen gab K. unwidersprochen selbst solche Führer-Befehle weiter, die Massenmord anordneten – angefangen mit der Ausrottung der polnischen Intelligenz, Aristokratie und Geistlichkeit. In den Richtlinien des OKW zur Führerweisung Nr. 21 vom 13. März 1941 erläuterte K., der Reichsführer-SS handle unabhängig von der Wehrmacht und in eigener Verantwortung. Am 27. Juli 1941 unterzeichnete er einen Befehl, der → *Himmler* die Vollmacht gab, in Gebieten, die zur Zeit des Erlasses sich noch in sowjetischer Hand befanden, nach ihrer Besetzung durch die Wehrmacht sein Schreckensregiment zu errichten. K. enthüllte den Truppenkom-

mandeuren, daß sie entweder selbst die Hinrichtung sowjetischer Polit-Kommissare zu veranlassen oder gefangene Kommissare der Gestapo auszuliefern hätten, und begründete dies damit, es handle sich »um einen Kampf zweier Weltanschauungen«. Am 16. Dezember 1942 verteidigte K. die Maßnahmen, die von den auf sowjetischem Boden operierenden Einsatzgruppen durchgeführt wurden. Er schrieb in einem Befehl, die Truppe sei »berechtigt und verpflichtet, in diesem Kampf ohne Einschränkung auch gegen Frauen und Kinder jedes Mittel anzuwenden, wenn es zum Erfolg führt. Rücksichten seien ein Verbrechen gegen das deutsche Volk«.
Zu den von K. weitergeleiteten Befehlen gehört auch der berüchtigte Nacht-und-Nebel-Erlaß vom 7. Dezember 1941, der es erlaubte, Personen, die die deutsche Sicherheit gefährdeten, kurzerhand aufzugreifen und spurlos verschwinden zu lassen. Dieser und andere Befehle führten dazu, daß K. vor das Nürnberger Kriegsverbrechergericht gestellt wurde, nachdem er am 9. Mai 1945 in Berlin die bedingungslose Kapitulation der deutschen Streitkräfte unterzeichnet hatte. Er wurde für schuldig befunden, Kriegsverbrechen und Verbrechen gegen die Menschheit begangen zu haben, und am 16. Oktober 1946 im Nürnberger Kriegsverbrechergefängnis hingerichtet.

Keppler, Wilhelm (1882–1960)
Hitlers persönlicher Berater in Wirtschaftsfragen sowie Hauptverbindungsmann zwischen der NSDAP und der Wirtschaft. K. wurde am 14. Dezember 1882 in Heidelberg geboren. Industrieller, Ingenieur und Altmitglied der NSDAP, wurde K. von Heinrich → *Himmler* Hitler vorgestellt, und Hitler bediente sich seiner, um sich bei seinem Aufstieg zur Macht der finanziellen Unterstützung wirtschaftlicher Kreise zu versichern. K. war Mittelsmann bei den Kontakten mit dem Kölner Bankier Freiherr Kurt von → *Schröder* und mit konservativen Kreisen, denen daran lag, General von → *Schleicher* zu stürzen.
Am 5. März 1933 zog K. als Abgeordneter des Wahlkreises Baden in den Reichstag ein, und im selben Jahre ernannte man ihn zum Kommissar für Wirtschaftsfragen in der Reichskanzlei. 1936 wurde K. persönlicher Berater → *Görings* für die Durchführung des Vierjahresplanes, wobei ihm besonders die Sicherstellung von Rohstoffen für die Industrie oblag. Während der Vorbereitungen für den Anschluß Österreichs war K. Sekretär an der Botschaft in Wien, und vom März bis Juni 1938 amtierte er als Reichskommissar in Österreich. Auch in die Slowakei und nach Danzig wurde er gesandt, um die Engliederung ins Reich vorzubereiten. K., der am 21.3.1935 der SS beigetreten war, begründete den »Freundeskreis Reichsführer-SS«. Von dieser Seite flossen der SS – besonders während des Zweiten Weltkrieges – enorme Spenden der Privatwirtschaft zu. Als Gegenleistung wurde K. – Vorsitzender zahlreicher vom Staat kontrollierter Firmen – von Himmler eingesetzt, um von der SS konfiszierte Betriebe in den besetzten Gebieten Polens und der Sowjetunion zu verwalten.
Von 1938 an war K. Staatssekretär zur besonderen Verwendung im Auswärtigen Amt, und am 30. Januar 1942 erhielt er seine Ernennung zum SS-Ober-

gruppenführer. Bei Kriegsende wurde K. interniert und im sogenannten Wilhelmstraßenprozeß am 14. April 1949 zu zehn Jahren Gefängnis verurteilt, doch am 1. Februar 1951 setzte man ihn infolge eines Gnadenaktes des amerikanischen Hochkommissars wieder in Freiheit. Er starb am 13. Juni 1960 in Friedrichshafen.

Kerrl, Hanns (1887–1941)
Von 1935 bis zu seinem Tode Reichsminister für kirchliche Angelegenheiten. K. wurde am 11. Dezember 1887 in Fallersleben als Sohn eines evangelischen Rektors geboren. Im Ersten Weltkrieg diente er als Leutnant und erhielt das Eiserne Kreuz I. und II. Klasse. K. war Justizbeamter (Justizoberrentmeister), seit 1923 in der NSDAP, von 1928 bis 1933 Mitglied des preußischen Landtags. Vom 23. März bis 20. April 1933 war er preußischer Justizminister. In dieser Zeit erließ er Berufsverbote gegen jüdische Notare, die keine Amtshandlungen mehr ausführen, und Rechtsanwälte, die in Preußen nicht mehr praktizieren durften. Am 12. November 1933 wurde K. als Abgeordneter für Südhannover-Braunschweig in den Reichstag gewählt, am 17. Juni 1934 zum Reichsminister ohne Geschäftsbereich ernannt.
Als Sympathisant der »Deutschen Christen« erhielt der SA-Obergruppenführer am 16. Juli 1935 das Amt eines Reichskirchenministers, wobei es ihm oblag, die allgemeine Gleichschaltung auch im kirchlichen Bereich einzuführen. Seine Politik zielte darauf ab, die geistliche und seelsorgerische Tätigkeit ganz und gar unter NS-Kontrolle zu bringen, was den Widerstand zahlreicher evangelischer Pastoren und Universitätstheologen hervorrief. Andererseits suchte sich K. dem rigorosen Kirchenhaß etwa eines → *Bormann* und → *Himmler,* wenn auch ohne Erfolg, zu widersetzen. K. starb am 15. Dezember 1941 in Berlin.

Kesselring, Albert (1885–1960)
Generalfeldmarschall der Luftwaffe und später Oberbefehlshaber der deutschen Truppen in Italien. K. wurde am 30. November 1885 in Marktsteft in Franken als Sohn eines Schulrates geboren. 1904 trat er als Kadett in die Armee ein und wurde Offizier der bayerischen Artillerie. Im Ersten Weltkrieg war er Adjutant und Generalstabsoffizier, nach Kriegsende trat er der Reichswehr bei, wo er zunächst in der Heeresausbildungsabteilung des Ministeriums, dann, inzwischen Oberstleutnant, im Stab der Heeresleitung eingesetzt war. 1935 als Chef des Luftwaffenverwaltungsamtes zu den Fliegern versetzt, brachte K. es ein Jahr später zum Generalleutnant und Generalstabschef der Luftwaffe. 1937 erhielt er die Ernennung zum General der Flieger und ein Jahr später den Oberbefehl über die 1. Luftflotte (Berlin).
Nach Ausbruch des Zweiten Weltkrieges (1939) kommandierte K. im Polenfeldzug die Luftflotte 1 und beim Angriff auf Belgien (1940) die Luftflotte 2. Nach der Kapitulation Frankreichs am 19. Juli 1940 wurde K. zum Generalfeldmarschall befördert. K. befahl nicht nur die Luftangriffe auf Rotterdam, sondern auch die schwere Bombardierung der sich in Dünkirchen einschiffenden britischen Expeditionsarmee. Im weiteren Verlauf des Jahres 1940 erteilte K. während der »Schlacht um England« den Befehl zu den verheerenden deutschen Bombenan-

griffen auf britische Luftstützpunkte in Südostengland. Nur → *Görings* taktischer Fehler, die Luftwaffe auf Ziele in London umzudirigieren, ermöglichte es der britischen Jagdwaffe, sich von diesen Schlägen zu erholen.
Von Dezember 1941 bis März 1945 war K. als Oberbefehlshaber Süd (ab November 1943 Südwest) zuständig für Italien und den Mittelmeerraum. Er hatte Anteil an der Führung des üblicherweise nur mit dem Namen → *Rommels* in Verbindung gebrachten Afrikafeldzuges. Als Rommels Vorgesetzter hatte er einige Schwierigkeiten mit dem populären und eigenwilligen »Wüstenfuchs«.
Von 1943 bis 1945 kommandierte der außergewöhnlich fähige K. die deutschen Streitkräfte in Italien, das er sehr gut kannte und wo er es fertigbrachte, trotz denkbar schlechter Chancen den Vormarsch der Alliierten nach Norden zu bremsen. Seine geschickte Verteidigungs- und Rückzugstaktik hielt die Alliierten trotz ihrer Luftüberlegenheit mehr als ein Jahr auf. Mit seinem Namen verbinden sich die Vergeltungsmaßnahmen nach einem Bombenanschlag italienischer Partisanen auf deutsche Soldaten, dem 33 Deutsche zum Opfer gefallen waren: Bei dem entsetzlichen Massaker in den Ardeantinischen Höhlen verhinderte er nicht die von Hitler angeordnete Geiselerschießung, die zur Tötung von 335 italienischen Zivilisten führte.
Im März 1945 wurde K. als Nachfolger v. → *Rundstedts* Oberbefehlshaber West, wo er gleichfalls den alliierten Vormarsch aufhalten sollte. Doch die Situation war hier bereits so verfahren, daß nicht einmal K.s militärische Tüchtigkeit etwas ausrichten konnte. Dennoch verhielt sich K. dem Führer gegenüber bis zum Ende loyal, obwohl Hitlers Gegner K. auf ihre Seite zu ziehen versuchten. Im Mai 1947 wurde K. wegen der unter seiner Verantwortung erfolgten Erschießung italienischer Geiseln von einem britischen Militärgericht in Venedig zum Tode verurteilt. Später wandelte man dieses Urteil in lebenslängliche Haft um, und im Oktober 1952 entließ man K. wegen seines schlechten Gesundheitszustandes aus der Haft.
K. wurde von den Alliierten als einer der fähigsten deutschen Generäle des Zweiten Weltkrieges hoch geschätzt. Er starb am 16. Juli 1960 in Bad Nauheim. K. hat zwei Bücher verfaßt: *Soldat bis zum letzten Tag* (1953) und *Gedanken zum Zweiten Weltkrieg* (1955).

Kirdorf, Emil (1847–1938)
Unternehmer im Ruhrgebiet und einer der ersten namhaften Vertreter der deutschen Wirtschaft, der sich der NSDAP anschloß. K. wurde am 8. April 1847 in Mettmann (bei Wuppertal) als Sohn eines Webereibesitzers geboren. Er begann seine Laufbahn in den siebziger Jahren des vorigen Jahrhunderts als Mitbegründer der Gelsenkirchener Bergwerks-AG. 1893 hatte er auch Anteil am Zustandekommen des Rheinisch-Westfälischen Kohlen Syndikats, in dem er bis April 1925 eine ebenso aktive Rolle spielte wie bei der Vereinigten Stahlwerke AG.
K. galt als rücksichtsloser Ausbeuter und war als Gewerkschafts-Hasser gefürchtet. Er organisierte und kontrollierte einen von den Großindustriellen an Rhein und Ruhr zum Schutz ihrer Bergwerksinteressen geschaffenen Fonds (Ruhr-Lade). 1927 trat der achtzigjährige Veteran aus der Frühphase des deutschen Kapitalismus der

NSDAP bei. Ein Jahr später verließ er die Partei wieder (eine Tatsache, die die Nationalsozialisten lange geheimhielten), weil der Radikalismus des linken Parteiflügels in gesellschaftlichen und wirtschaftlichen Fragen seinen Argwohn erregte. Seine herzlichen Beziehungen zu Adolf Hitler blieben jedoch bestehen. K. war es, der Hitler überredete, eine vertrauliche Schrift zu verfassen, in der er die Großunternehmer beschwichtigte, der Sozialismus seiner Partei-Linken sei nicht ernstzunehmen und werde ihre Interessen niemals gefährden.

K. fühlte sich von Hitlers Nationalismus und Antimarxismus angezogen, jedoch unterstützte er zwischen 1929 und 1933 die Deutschnationale Volkspartei stärker als die NSDAP. Da er damals bereits aus dem aktiven Geschäftsleben ausgeschieden war und keinerlei Zugang zu Geldern von Körperschaften oder Verbänden hatte, gibt es keinen stichhaltigen Beweis für die oft gehörte Behauptung, K. habe die NSDAP mit erheblichen Summen unterstützt. Andererseits trifft es zu, daß er ein Mitläufer war, der die nationalistischen Züge der NS-Bewegung begrüßte und sich von der charismatischen Macht Hitlers über die Massen beeindrucken ließ.

1934 trat er der NSDAP wieder bei und wurde vom Regime enthusiastisch als Förderer vereinnahmt, dessen Ansehen in der Industrie auch die Reputation der Partei erhöhte. K. starb am 13. Juli 1938 in Mülheim (Ruhr).

Klehr, Josef (geb. 1904)

SS-Oberscharführer und Angehöriger der Wachmannschaften des Konzentrationslagers Auschwitz. K. wurde am 17. Oktober 1904 in Langenau (Oberschlesien) geboren. Sein Vater war Erzieher an der Erziehungsanstalt in Wehlau, wo K. aufwuchs. 1921 legte er die Gesellenprüfung als Schreiner ab. 1932 ließ er sich in die NSDAP und in die SS aufnehmen. 1934 wurde er Pfleger an der Heil- und Pflegeanstalt in Leubus, 1938 bekam er eine Anstellung als Hilfswachtmeister im Zuchthaus Wehlau. Vor dem Krieg ließ sich K. als Sanitäter ausbilden und kam dann zur Wachmannschaft des Konzentrationslagers Buchenwald bei Weimar. 1940 wurde er als Sanitätsdienstgrad zum KZ Dachau versetzt und im Januar 1941 zum SS-Rottenführer befördert. Ab Oktober 1941 gehörte er zum Personal des Lagers Auschwitz.

Im Februar 1942 zum SS-Oberscharführer befördert, ging er vom Nebenlager Gleiwitz, wo er einige Zeit Dienst tat, nach der Evakuierung des Lagers mit einem Häftlingstransport ins KZ Groß-Rosen. Dort wurde er einer SS-Einheit zugeteilt, die in der Tschechoslowakei noch zum Fronteinsatz kam. In Österreich geriet er 1945 in amerikanische Gefangenschaft und wurde wegen seiner Zugehörigkeit zur Waffen-SS zu drei Jahren Arbeitslager verurteilt.

Im September 1960 kam K. wegen seiner Verbrechen, die er sich in den verschiedenen Lagern der SS hatte zuschulden kommen lassen, in Untersuchungshaft und wurde im sogenannten großen Auschwitz-Prozeß vom Schwurgericht Frankfurt/M. am 20. August 1965 zu lebenslangem Zuchthaus verurteilt. Das Gericht sah es nach 20monatigen Verhandlungen als erwiesen an, daß sich K., der mit 19 weiteren Angehörigen des Lagers Auschwitz angeklagt war, des Mordes an mindestens 475 Häftlingen und der Beihilfe zum gemeinschaftlichen Mord an mindestens 2730 Häftlingen schuldig gemacht hatte. Als Sanitätsdienstgrad im Lager Auschwitz gehörte es zu K.s Aufgaben, die vom SS-Lagerarzt Dr. Entress zur Tötung mit Phenolspritzen ausgesonderten krankgemeldeten jüdischen Häftlinge »sonderzubehandeln«. Wenn der Lagerarzt seine Tätigkeit nicht ausüben konnte, übernahm K. die »Selektion« der kranken Häftlinge in eigener Verantwortung. In Fällen, in denen der Arzt eine ungerade Zahl von Häftlingen für die Tötung ausgewählt hatte, rundete K. von sich aus die Zahl der Opfer auf und wählte die dazu nötigen Häftlinge aus. Eine große Zahl der von K. ausgesonderten kranken Häftlinge wurde im Vernichtungslager Birkenau, einem Teil des Gesamtlagerkomplexes Auschwitz, durch Hunger und Appellstehen, seit Einbau der Vergasungsanlagen auch durch Zyklon-B ums Leben gebracht. Die genaue Zahl der von K. getöteten Menschen ließ sich nicht mehr ermitteln. Das Gericht mußte sich in seinem Urteil auf die Fälle beschränken, für die noch Zeugen am Leben waren.

Kleist, Ewald von (1881–1954)
Generalfeldmarschall und erfolgreicher Panzerführer im Zweiten Weltkrieg. K. wurde am 8. August 1881 in Braunfels (Hessen) als Sohn eines Gymnasialdirektors und Sproß eines ursprünglich pommerschen Adelsgeschlechtes geboren, das auch die Dichter Ewald und Heinrich von K. hervorgebracht hatte. Nach Frontdienst im Ersten Weltkrieg trat K. der Reichswehr bei und bekleidete zwischen 1919 und 1929 mehrere Stellungen im Stabsdienst, bis er 1929 zum Oberst befördert wurde.
Von 1932 bis 1935 war K. Kommandeur einer Kavalleriedivision und zum Generalleutnant aufgerückt. Im Mai 1935 wurde er Kommandierender General des VIII. Armeekorps in Breslau und ein Jahr später General der Kavallerie. Während der Fritschkrise (Februar 1938) verabschiedet, reaktivierte man ihn bei Kriegsausbruch. Im Polenfeldzug kommandierte K. das XXII. Armeekorps. Im Frankreichfeldzug (1940) befehligte er das Panzerkorps, das in den Ardennen durchbrach, bei den Franzosen wilde Panik auslöste und mit einem Tempo bis zur Kanalküste vorstieß, das sowohl die alliierten Generäle als auch das deutsche Oberkommando in Erstaunen versetzte. Im Juli 1940 wurde K. zum Generaloberst befördert.
Im April 1941 kommandierte er im Jugoslawien-Feldzug die Truppen, die Belgrad einnahmen. Beim Angriff auf die Sowjetunion eroberte K.s Panzergruppe 1 am 19. September 1941 Kiew und stieß während der Sommeroffensive 1942 (K. war inzwischen Oberbefehlshaber der Heeresgruppe A) zum Kaukasus vor. Anfangs kamen seine Verbände, deren Ziel die reichen Erdölfelder von Grosnyj waren, rasch voran, doch dann wendete sich das Kriegsglück, als den Panzern der Treibstoff ausging und im Herbst 1942 Einheiten für den Angriff auf Stalingrad abgezogen wurden. Obwohl K. zu einem langen Rückzug aus dem Gebiet um Rostow gezwungen war, wurde er Anfang 1943 für seine Verdienst zum Generalfeldmarschall ernannt und im März 1944 mit den Schwertern zum Eichenlaub des Ritterkreuzes ausgezeichnet. Kurz darauf enthob ihn Hitler seines Kommandos. 1945 wurde er von alliierten Truppen gefangengenommen

und in Jugoslawien unter Anklage, Kriegsverbrechen begangen zu haben, vor Gericht gestellt. 1948 wurde er freigelassen und an die Sowjetunion ausgeliefert, wo er 1954 in Gefangenschaft starb.

Kluge, Hans Günther von (1882–1944) Generalfeldmarschall und Oberbefehlshaber von Heeresgruppen in der Sowjetunion und in Frankreich. K. wurde am 30. Oktober 1882 in Posen als Sohn eines geadelten Generals geboren. Seit 1901 war er Offizier der preußischen Artillerie und nahm als Generalstabsoffizier am Ersten Weltkrieg teil. Er machte rasch Karriere, vor allem nachdem 1933 die Nationalsozialisten die Macht ergriffen hatten. Im September 1933 Generalmajor und Inspekteur der Nachrichtentruppe, wurde er im April 1934 zum Generalleutnant befördert und im September desselben Jahres zum Befehlshaber im Wehrkreis VI (Münster) ernannt.
Während der Feldzüge in Polen und Frankreich (zu Beginn des Zweiten Weltkrieges) kommandierte K. die 4. Armee und erhielt nach dem Sieg über Frankreich am 19. Juli 1940 die Ernennung zum Generalfeldmarschall. Auch beim Einmarsch in die Sowjetunion hatte er den Befehl über die 4. Armee, die bis zu den Randgebieten Moskaus vordrang, dann aber von einem sowjetischen Gegenstoß zurückgeschlagen wurde. Trotz dieses Rückschlages wurde K. am 18. Dezember 1941 berufen, um die Nachfolge des von Hitler entlassenen Generalfeldmarschalls von → *Bock* als Oberbefehlshaber der Heeresgruppe Mitte anzutreten. In den Jahren 1942/43 erzielten K.s Truppen keine nennenswerten Erfolge, doch dem nachgiebigen, dienstbeflissenen K. gelang es, sich Hitlers Vertrauen zu erhalten. An seinem 60. Geburtstage (30. Oktober 1942) erhielt er von Hitler einen Scheck über 250000,– Reichsmark, z. T. für den Ausbau von K.s Gut bestimmt.
Danach kam K. erstmals mit Mitgliedern der deutschen Widerstandsbewegung in Berührung, die ihn – zunächst erfolglos – beschworen, sich am Komplott gegen Hitler zu beteiligen. Am 3. Juli 1944 wurde K. von Hitler beauftragt, an der Westfront die Nachfolge des bisherigen Oberbefehlshabers von → *Rundstedt* anzutreten, aber es glückte ihm nicht, die alliierten Armeen aufzuhalten. Sein schwankender Charakter und sein Opportunismus zeigten sich am deutlichsten in seinem Verhalten gegenüber der mißglückten Verschwörung vom 20. Juli 1944. Falls ihr Attentat Erfolg habe, soll K. den Widerstandskämpfern seine Hilfe zugesagt haben. Doch schreckte er zurück, sobald er erfuhr, daß Hitler lediglich verwundet war. Er wurde dennoch am 17. August 1944 seines Kommandos enthoben, weil er die Verschwörung nicht rechtzeitig aufgedeckt und außerdem militärische Fehler begangen habe.
Aus Angst, man werde ihn in Deutschland vor Gericht stellen und zum Tode durch den Strang verurteilen, beging er am 19. August 1944 unterwegs zwischen Paris und Metz Selbstmord, indem er eine Kapsel mit Blausäure schluckte. In einem Abschiedsbrief brachte er ein letztes Mal seine Bewunderung für Hitlers Größe und Genie zum Ausdruck und versicherte den Führer seiner »Treue bis zum Tode«, beschwor ihn aber gleichzeitig, diesem »Schrecken ein Ende zu bereiten«.

Knochen, Helmut (geb. 1910)
SS-Standartenführer und Befehlshaber der Sicherheitspolizei und des SD im besetzten Frankreich 1942 bis 1944. K. wurde am 14. März 1910 in Magdeburg als Sohn eines Lehrers geboren. Sein Studium der deutschen und englischen Philologie absolvierte er an den Universitäten Leipzig, Halle und Göttingen und promovierte 1934 mit einer Arbeit über einen englischen Bühnenautor zum Doktor der Philosophie. 1932 in die NSDAP und die SA eingetreten, arbeitete er eine Zeitlang als einer der Schriftleiter des offiziellen Parteipressedienstes, bevor er 1936 als SS-Untersturmführer hauptamtlicher Mitarbeiter des Sicherheitsdienstes (SD) wurde. Die nächsten drei Jahre war er im SD-Hauptamt tätig und studierte die Emigrantenpresse in Frankreich, Belgien und Holland.
Er leitete, inzwischen zum RSHA übergewechselt, die Aktion, durch die in Venlo zwei britische Geheimdienstagenten entführt wurden, wofür man K. mit dem Eisernen Kreuz I. Klasse auszeichnete. Ein halbes Jahr später wurde der junge SS-Sturmbannführer dazu ausersehen, ein Sonderkommando von 20 Mann zu führen, das im Juni 1940 nach Frankreich beordert wurde. Aufgabe dieser unmittelbar → *Heydrich* unterstellten kleinen Einheit war es, in Frankreich lebende Gegner des NS-Regimes zu überwachen, insbesondere Juden, Kommunisten, Freimaurer, als Antifaschisten bekannte Personen und Emigranten aus Deutschland. K. sah sich jedoch durch die deutsche Militärverwaltung unter General Otto von → *Stülpnagel* behindert, der sich erbittert gegen jeden Übergriff auf seinen Zuständigkeitsbereich wehrte. Erst im März 1942 erhielt K.s Sicherheitspolizei ihre verwaltungsmäßige Unabhängigkeit.
Als Befehlshaber der Sicherheitspolizei und des SD nur dem SS- und Polizeiführer → *Oberg* unterstellt, leitete K. die Gestapo und den SD in Frankreich. Er vermochte seinen Polizeiapparat zu reorganisieren und auszuweiten, obwohl zuweilen Berlin intervenierte, wo dem Gestapochef Heinrich → *Müller* das eigenwillige Vorgehen K.s mißfiel. K. blieb im Amt, bis er am 18. August 1944 von Ernst → *Kaltenbrunner* nach Berlin zitiert, seines Postens enthoben und zu den SS-Panzergrenadieren versetzt wurde.
Nach dem Kriege hielt sich K. verborgen, wurde aber im Juni 1946 als Verantwortlicher für die Exekution kriegsgefangener britischer Flieger von einem britischen Gericht zu lebenslanger Haft verurteilt. Am 10. Oktober 1946 übergab man ihn den französischen Behörden, und nach langer Untersuchungshaft stand er schließlich vor einem Pariser Militärgericht, das ihn am 9. Oktober 1954 zum Tode verurteilte. Ein Gnadenerlaß des Präsidenten wandelte dieses Urteil am 10. April 1958 in lebenslängliche Zwangsarbeit um. Ein weiterer Gnadenerlaß vom 31. Dezember 1959 reduzierte die Strafe auf 20 Jahre Zwangsarbeit, vom Tage der Urteilsverkündung an gerechnet. Doch im Dezember 1962 kehrte K., von General de Gaulle endgültig begnadigt, nach Deutschland zurück und lebt seither als Versicherungsmakler in Offenbach.

Koch, Erich (1896–1986)
Gauleiter Ostpreußens und Reichskommissar der Ukraine von 1941 bis 1944. K. wurde am 19. Juni 1896 in Elberfeld (heute: Wuppertal) geboren.

Nach Ableistung des Militärdienstes im Ersten Weltkrieg war K. Reichsbahnbeamter, man entließ ihn jedoch 1926 wegen republikfeindlicher Betätigung. 1922 trat er der NSDAP bei, beteiligte sich an den Unruhen gegen die französische Besatzung des Ruhrgebietes und wurde wiederholt von den französischen Besatzungsbehörden verhaftet. Zwischen 1922 und 1926 war er NS-Parteiführer im Ruhrgebiet, wobei er dem radikalen Flügel der NSDAP unter Gregor → *Strasser* angehörte.

Ab 1928 war K. Gauleiter der NSDAP in Ostpreußen. Seit 1930 Abgeordneter im Reichstag und seit Juli 1933 Mitglied des preußischen Staatsrates, wurde K. noch im September desselben Jahres Oberpräsident der Provinz Ostpreußen. Bei seinem selbstherrlichen Regierungsstil kamen SA und SS niemals so zum Zugee wie in den anderen Gauen. K.s Eintreten für die Kollektivierung der Landwirtschaft machte ihn bei der Landbevölkerung unbeliebt, und er kannte auch keinerlei Rücksicht, wenn es darum ging, Kritiker verhaften zu lassen oder aus der Partei auszustoßen. Im Zweiten Weltkrieg erwies sich K. in den eroberten Ostgebieten als einer von Hitlers grausamsten Gefolgsleuten. Seine Befehle bedeuteten für Tausende unschuldiger Männer, Frauen und Kinder Tod, Deportation in Konzentrationslager und Einebnung ihrer Dörfer bis auf die Grundmauern. Neben seiner Tätigkeit in Ostpreußen wurde K. 1941 noch Chef der Zivilverwaltung im Bezirk Bialystok, und von 1941 bis 1944 amtierte er als Reichskommissar in der Ukraine, unter ständigen Reibereien mit dem Höheren SS- und Polizeiführer Hans Prützmann. Seine erste Amtshandlung in der Ukraine bestand darin, sämtliche Schulen zu schließen, wobei er erklärte, daß Kinder in der Ukraine keine Schulen brauchten. Was sie später zu lernen hätten, würden ihnen ihre deutschen Herren schon beibringen. In einer Rede, die er am 5. März 1943 in Kiew hielt, äußerte er sich ausführlich über die Methoden, die er anzuwenden gedachte, um in der Ukraine einen Slawenstaat zu bilden. Gleichzeitig gab er unverhüllt seiner abgrundtiefen Verachtung für die slawischen »Untermenschen« Ausdruck: »Wir sind ein Herrenvolk«, betonte K., »das bedenken muß, daß der geringste deutsche Arbeiter rassisch und biologisch tausendmal wertvoller ist als die hiesige Bevölkerung.«

Infolge seiner Politik brutaler Eindeutschung und der Unterdrückung, Ermordung und Ausbeutung von Polen, Ukrainern und Juden wimmelte K.s Herrschaftsgebiet schon nach kurzer Zeit von Partisanen. Nach dem Verlust der Ukraine kehrte K. nach Königsberg zurück, wo er den Volkssturm organisierte. Nach dem Fall Ostpreußens tauchte er mit gefälschten Papieren in Westdeutschland unter, bis er Ende Mai 1949 von britischen Sicherheitsbeamten als Landarbeiter in der Nähe Hamburgs aufgegriffen wurde. Die polnische und die sowjetische Regierung forderten seine Auslieferung, war er doch unmittelbar für die Ausrottung polnischer Intellektueller, sowjetischer Partisanen sowie hunderttausender Juden in Bialystok und in der Ukraine verantwortlich. Am 14. Februar 1950 lieferten die Briten K. in ein polnisches Gefängnis in Warschau ein.

Sein Prozeß begann erst am 19. Oktober 1958. K. wurde angeklagt, den Tod von 400 000 Polen verschuldet zu haben

– seine Verbrechen in der Ukraine blieben dabei unberücksichtigt. Am 9. März 1959 verurteilte ihn das Warschauer Bezirksgericht für die Planung, Vorbereitung und Organisation von Massenmorden an der Zivilbevölkerung zum Tode. In Anbetracht seiner angegriffenen Gesundheit wurde die Strafe in lebenslängliche Haft umgewandelt. Während des gesamten Prozesses war K. mehr oder weniger geistesabwesend und raffte sich nur dann und wann zu Protesten auf: Er sei ein »Christ«, ein guter »Sozialist« und ein Freund der Arbeiter. K. profitierte von einem Paragraphen des polnischen Strafrechts, der die Hinrichtung Unzurechnungsfähiger verbietet.
K. starb am 12. 11. 1986 im Gefängnis von Barczewo.

Koch, Ilse (1906–1967)
Wegen der sadistischen Züge ihres Charakters berüchtigt und von den Gefangenen in Buchenwald übel beleumundet. Seit 1936 war sie mit Karl Koch verheiratet, den sie 1939 in das von ihm kommandierte KZ Buchenwald begleitete. Sie stand in dem Rufe, eine Nymphomanin zu sein; sie liebte ganz besonders Reitübungen zu den Klängen der SS-Kapelle von Buchenwald. Eigens für sie mußte auf dem Lagergelände eine Reithalle errichtet werden, deren Bau eine Viertelmillion Reichsmark und nicht wenige Menschenleben verschlang. Außerdem ritt sie gern durchs Lager und peitschte jeden Gefangenen, der ihre Aufmerksamkeit auf sich zog.
Ihr Ehemann, der durch skrupellose Schiebungen und durch die Ausbeutung jüdischer Arbeitskräfte für private Zwecke Millionär geworden war, wurde noch 1944 vor ein SS-Gericht gestellt. Sein Fall war seinerzeit eine besonders aufsehenerregende Korruptionsaffäre. Zum Tode verurteilt, erhielt er Strafaufschub, wurde dann aber auf Befehl des für Buchenwald zuständigen Gerichtsherren, des Höheren SS- und Polizeiführers Prinz von → *Waldeck-Pyrmont,* kurz vor Kriegsende exekutiert. Ilse K. hatte mehr Glück. Obwohl im Buchenwaldprozeß von 1947 zu lebenslänglicher Haft verurteilt, wurde ihre Strafe auf vier Jahre reduziert, und bald darauf ließ man sie frei. 1949 verhaftete man sie erneut und machte ihr vor dem Schwurgericht Augsburg wegen der Ermordung deutscher Staatsbürger den Prozeß. Die enorme Publizität in der deutschen Presse machte ihren Namen zum Inbegriff nationalsozialistischer Schrekkensherrschaft. Am 15. Januar 1951 wurde sie wegen Mordes zu lebenslänglicher Haft verurteilt. Am 1. September 1967 beging sie in einem bayerischen Gefängnis Selbstmord.

Kolbe, Georg (1877–1947)
Bedeutender deutscher Bildhauer, der sich mit dem NS-Regime arrangierte. K. wurde am 13. April 1877 in Waldheim geboren. Er studierte in Dresden, München und 1898 an der Académie Julien in Paris. Ursprünglich als Maler ausgebildet, entschloß sich K., nachdem er in Rom Rodin kennengelernt hatte, sich der Bildhauerei zuzuwenden. 1903 ließ er sich in Berlin nieder und blieb dort bis zu seinem Tode, von Reisen nach Griechenland, Italien und Ägypten abgesehen. K. arbeitete hauptsächlich in Bronze und schuf klassisch proportionierte Akte, seltener Porträtköpfe. Rodin und – später auch – Maillol übten die entscheidenden Einflüsse auf ihn aus.

Vor allem K.s frühe Skulpturen waren außerordentlich ausdrucksstark, dies gilt insbesondere für die *Tänzerin* (1912). Nach 1933 verfiel K. in eine aggressivere, dem NS-Kunstideal nähere Darstellungsweise. Jetzt schuf er Monumentalplastiken jener Art, deren Pathos weitgehend auf die NS-Mythologie der »nordisch-germanischen Herrenrasse« zugeschnitten war. In der Absicht, »die Kunst dem Volke« näherzubringen, wurde sein Atelier ein beliebtes Ziel von Führungen im Rahmen des Programms der Organisation »Kraft durch Freude«. 1936 erhielt er den Goethepreis der Stadt Frankfurt. K. starb am 15. November 1947 in Berlin.

Kolbenheyer, Erwin Guido (1878–1962)
Im Dritten Reich vielgelesener Schriftsteller und Befürworter des NS-Regimes. K. wurde am 30. Dezember 1878 als Sohn eines karpatendeutschen Architekten in Budapest geboren. Er besuchte dort auch die Grundschule. Nach einem vorübergehenden Aufenthalt in Karlsbad verlegte er seinen Wohnsitz nach Wien, wo er 1900 bis 1904 Philosophie, Naturwissenschaften und Psychologie studierte. Anschließend etablierte er sich als freier Schriftsteller und spezialisierte sich auf historische Romane, deren frühester, *Amor Dei, ein Spinozaroman,* 1908 erschien. Seine *Paracelsus*-Trilogie brachte ihm trotz ihrer Deutschtümelei, ihres gestelzten Posierens und ihres gelegentlichen Predigertons in den zwanziger Jahren viel Beifall ein.
Diese Trilogie – *Die Kindheit des Paracelsus* (1918), Das *Gestirn des Paracelsus* (1921) sowie *Das Dritte Reich des Paracelsus* (1926) – ist in einer archaisierenden Sprache abgefaßt, um den Geist der Zeit, die sie schildert, heraufzubeschwören. Die Hervorhebung des Deutschtums in K.s Werken und die Tatsache, daß die Helden seiner Romane fast ausnahmslos typische Germanen sind, die mit einer Welt von Feinden ringen, oder Mystiker, die gegen die Scholastik des Mittelalters und den Internationalismus der Kirche kämpfen, spiegeln den Nationalismus der sudetendeutschen Minderheit, unter der K. lebte. Nicht nur in seinen historischen Romanen, auch in seinen theoretischen Schriften wie *Die Bauhütte* (1925) nahm K. zahlreiche Aspekte und Elemente des Nationalsozialismus vorweg. Er prophezeite, es sei der deutschen Nation vom Schicksal vorgezeichnet, sich vom artfremden Glauben des aus jüdischen Wurzeln stammenden Christentums abzuwenden. Die von den Nationalsozialisten veranstaltete Bücherverbrennung hieß er als »notwendige Reinigung« gut und verfaßte ein Gedicht auf Hitler, in dem er ihn als den Mann pries, der für sein Volk einen Weg zum Licht gewann.
1937 empfing K. den Goethepreis der Stadt Frankfurt. Er schrieb so bekannte Bücher wie *Karlsbader Novellen 1786* (1935) und den Roman *Das gottgelobte Herz* (1938). Sein Werk stellt ein typisches Beispiel der NS-Literatur dar, indem es die nackte Gewalt und die politische Realität durch einen verschwommenen Mystizismus verschleiert. K., der der NSDAP seit 1940 angehörte, war schon in den Jahren seit 1933 ein wichtiger Kulturfunktionär in der Preußischen Akademie der Künste, deren Abteilung für Dichtung er angehörte. Er starb am 12. April 1962 in München.

Kollwitz, Käthe (1867–1945)
Die große sozialistische Malerin des deutschen Proletariats und bedeutendste Graphikerin der spätwilhelminischen Zeit. Ihr Mädchenname lautete Schmidt, geboren wurde sie am 8. Juli 1867 in Königsberg. Ihre Kohlezeichnungen, Lithographien und Radierungen richteten sich gegen das Elend der Arbeiterklasse und gegen die Barbarei des Krieges. Die Triebkräfte ihrer bei aller Sachlichkeit überaus empfindsamen Arbeiten waren Menschenliebe und ein tiefes Gefühl der Solidarität mit allen Unterdrückten.
1919 bis 1933 hatte sie eine Professur an der Akademie der Künste in Berlin, das auch bis 1943 ihr Wohnort war. 1929 wurde sie in den Orden Pour le mérite aufgenommen. Obwohl man ihr im Dritten Reich noch eine Weile gestattete, ihre Werke auszustellen, schwiegen die NS-Machthaber sie tot. Sie starb kurz vor Kriegsende am 22. April 1945 in Moritzburg in unmittelbarer Nähe des von Bomben verwüsteten Dresden.

Kramer, Josef (1907–1945)
Kommandant von Konzentrationslagern. Bekanntgeworden als »Bestie von Belsen« – eine Bezeichnung, die 1945 von der internationalen Presse geprägt wurde, nachdem britische Truppen, die in das KZ Bergen-Belsen eingedrungen waren, dort Berge von Leichen und riesige Massengräber gefunden hatten. K. war 1940 Rudolf → *Hoeß'* Adjutant in Auschwitz und während der Massenschlächtereien von 1944 Kommandant von Auschwitz II (Birkenau) gewesen. Davor war er in Dachau, Esterwegen, Sachsenhausen und Natzweiler, wo er 1943 Kommandant wurde. Dort nahm K. persönlich an der Tötung von mehr als 80 Personen, darunter auch Frauen, teil, die umgebracht wurden, um die berüchtigte anatomische Sammlung des Professors Hirt von der Universität Straßburg zu bereichern.
In seinen Vernehmungen, die später beim Nürnberger Ärzteprozeß herangezogen wurden, beschrieb K. in allen Einzelheiten, wie er Gift in eine Gaskammer eingeführt hatte, um seine Opfer zu töten, ohne dabei irgendwelche Gewissensbisse zu empfinden, weil er den Befehl erhalten habe, diese 80 Insassen auf diese Weise zu töten. Er sei eben zum Gehorsam erzogen worden. K. wurde am 1. Dezember 1944 von Birkenau nach Bergen-Belsen versetzt und brachte es in kurzer Zeit fertig, aus diesem bisherigen Lager für »Privilegierte« ein zweites Auschwitz zu machen, obwohl es keine Gaskammern dort gab. Unter seiner ebenso schlampigen wie brutalen Führung griff in diesem, durch Evakuierungen anderer Lager total überbelegten Lager das Chaos um sich. Lagerinsassen kamen in Folge von Unterernährung und Krankheit um und Leichenberge türmten sich vor den Baracken. K. wurde von den britischen Truppen gefangengenommen und von einem Militärgericht in Lüneburg am 17. 11. 1945 zum Tode verurteilt.

Krauß, Werner (1884–1959)
Bereits in der Weimarer Zeit Bühnen- und Filmstar und zusammen mit Emil → *Jannings,* Heinrich → *George* und Gustaf → *Gründgens* zweifellos einer der bedeutendsten Schauspieler des Dritten Reiches. K. wurde am 23. Juni 1884 in Gestungshausen (Oberfranken) geboren. Zwischen seinem Filmdebüt (1919) und dem Aufkommen des

Tonfilms wirkte K. in nicht weniger als 104 Filmen mit und erwies sich als einer der herausragendsten Darsteller der expressionistischen Ära. Er war der bösartige Dr. Caligari in Robert Wienes berühmtem *Das Kabinett des Dr. Caligari* (1919), spielte die Titelrolle in Murnaus *Tartüff* (1925), in Froelichs *Kabale und Liebe* (1921), in Picks *Scherben* (1920), desgleichen in *Danton* (1921), *Das Wachsfigurenkabinett,* trat in Jean Renoirs *Nana* (1927) auf und spielte in Ucickys *Mensch ohne Namen* (1923) sowie in verfilmten Klassikern der Literatur bzw. in historischen Filmen wie *Die Brüder Karamasow* (1921) nach Dostojewkij, Shakespeares *Othello* (1922) und einem Film über das Leben Napoleons.
Auf der Bühne glänzte er unter anderen in der Rolle des Agamemnon in der Orestie des Aischylos, als der alte Hilse in → *Hauptmanns Die Weber* sowie als Hauptmann von Köpenick in Zuckmayers berühmtem Stück. Im Dritten Reich wurde K. Mitglied des Präsidialrates der Reichstheaterkammer (1933–1936) sowie im April 1934 Preußischer Staatsschauspieler. Eitel, ehrgeizig und anpassungsfähig wie er war, festigte K. in → *Goebbels'* Traumfabrik seine Stellung als Filmidol. Zu seinen bekanntesten Rollen der damaligen Zeit zählten der Napoleon in Franz Wenzlers *Hundert Tage* (1934), der Arzt und Anthropologe Rudolf Virchow in *Robert Koch, der Bekämpfer des Todes* (1939), sowie der Titelpart in Pabsts Film über den berühmten Arzt und Alchimisten *Paracelsus* (1942).
Am bekanntesten freilich wurde K. durch sein virtuoses Mitwirken in dem antisemitischen Film *Jud Süß* (1940) – dem raffiniertesten aller rassistischen Filme des Dritten Reiches, mit dem man gegen die Juden Stimmung machte. K.s Aufgehen in seinen Rollen, seine Meisterschaft im pedantischen Setzen grotesk-semitischer Akzente bei den in diesem Film von ihm verkörperten Charakteren zeugen auf fragwürdige Weise von seinem schauspielerischen Können. Wegen seiner Mitwirkung an diesem Film hatte K. von 1945 bis 1948 Auftrittsverbot. Seit 1948 spielte er wieder am Wiener Burgtheater, wurde österreichischer Staatsbürger und filmte auch wieder (*Sohn ohne Heimat* [1955]), ja 1954 erhielt er den begehrten Ifflandring als »größter deutscher Schauspieler«. Er starb am 20. Oktober 1959 in Wien.

Kreutzberg, Harald (1902–1968)
Österreichischer Tänzer und Choreograph. K. wurde als Sohn eines Deutsch-Amerikaners am 11. Dezember 1902 in Reichenberg (Böhmen) geboren. Obwohl er schon als Junge Ballett-Unterricht bekommen hatte, wurde er zunächst Modezeichner und Graphiker in Dresden. Nach einem Laienkurs bei Mary Wigman ließ er sich zum Tänzer ausbilden, wobei ihm die Wigman und Ballett-Reformer Rudolf von Laban zu Vorbildern seines eigenen Stils wurden. Nach einer Anstellung als Solotänzer und Ballettmeister in Hannover kam K. nach Berlin, wo Max Reinhardt auf ihn aufmerksam wurde und ihn auch für Salzburg engagierte, wo er seinen ersten Welterfolg erzielte.
Reinhardt förderte auch die Tournee K.s mit Yvonne Georgi, mit der K. schon in Hannover zusammengearbeitet hatte, die beide durch die USA führte und K.s internationalen Ruhm als Vertreter des deutschen Tanzstils festigte. Während der NS-Zeit ließ sich

K. weitgehend vor den Wagen der offiziellen Kulturpropaganda spannen, wurde über das Medium des Films (*Paracelsus, Walpurgisnacht* u. a.) auch einem breiteren Publikum bekannt und gehörte – obwohl selbst völlig unpolitisch eingestellt – neben Künstlern wie Werner →*Krauß,* Emil →*Jannings,* Leni →*Riefenstahl* oder Heinrich →*George* zu den anerkannten Repräsentanten der NS-Kunst. K., der mit Gastspielen und Lehrveranstaltungen an amerikanischen Universitäten auch nachhaltig den Tanzstil in den USA beeinflußt hatte, war schon in Salzburg als Lehrer tätig gewesen.
Seit 1941 wirkte er in dieser Eigenschaft an der Staatlichen Akademie für Tanzkunst in Wien und leitete seit 1955 eine eigene Tanzschule in Bern, wo er seinen Stil des stark pantomimisch angelegten Solotanzes weitergab. Seine Tanzschöpfungen sind Legion. Einen Querschnitt durch sein Werk zeigte er bei seinem Abschiedsgastspiel 1959 im Hamburger Thalia-Theater. K. starb am 25. April 1968 in einer Klinik in der Nähe von Bern.

Krupp von Bohlen und Halbach, Alfried (1907–1967)
Sohn von Gustav →*Krupp von Bohlen und Halbach.* Er erlangte 1943 die alleinige Kontrolle über die längst sprichwörtlich gewordene Firma und war eine Schlüsselfigur der NS-Wirtschaft. Geboren wurde er am 13. August 1907 in Essen. Er studierte technische Wissenschaften in München und schloß das Studium mit der Prüfung zum Diplomingenieur ab. 1936 bis 1943 war er Vorstandsmitglied des Essener Unternehmens, dem die Verantwortung für zwei wesentliche Zweige des Konzerns, den Montanbereich und die Rüstungswerke, oblag, wobei die Rüstungswerke wesentlich zur militärischen Wiederaufrüstung Deutschlands beitrugen. Seit Beginn des Krieges 1939 sorgte K. dafür, daß ein unaufhörlicher Strom von Panzern, Munition und Waffen zu den Truppen an die Front ging.
K. war für die Verlagerung von Betrieben aus den besetzten Gebieten verantwortlich, die man demontierte, nach Deutschland transportierte und hier wieder aufbaute. 1942 beaufsichtigte er die Übernahme der ukrainischen Eisen- und Stahlindustrie. Beim Wiederaufbau der Elektrostahlwerke von Mariupol in den Berthewerken (Breslau) setzte er Häftlinge eines benachbarten KZs ein, das er von einer seiner Inspektionsreisen her kannte. Im Juni 1943 erhielt der Konzern die Erlaubnis, Juden aus Auschwitz in Essen als Arbeiter zu verwenden, wo die Lebensbedingungen besser waren als in den polnischen Todeslagern. Nach einem Übereinkommen mit dem Minister für Rüstung und Kriegsproduktion Albert →*Speer* beschäftigte K. 45000 russische Zivilisten als Zwangsarbeiter in seinen Stahlwerken, desgleichen 120000 Kriegsgefangene und 6000 weitere Zivilisten in seinen Kohlebergwerken – alle unter Arbeits- und Wohnbedingungen, die weit unter dem aus gesundheitlichen Gründen zulässigen Minimum lagen. Sogar in Auschwitz richtete er eine Munitionsfabrik ein, und leitende Angestellte seiner Firma reisten oft in die besetzten Gebiete, um die Aushebung neuer Zwangsarbeiter für das Unternehmen vorzubereiten.
1943 wurde K. alleiniger Leiter und Eigentümer des Krupp-Imperiums, das durch die sogenannte *Lex Krupp* (ein Ausnahmegesetz, wonach die 175 deutschen Betriebe der Familie und ihre 60

ausländischen Filialen eine Steuereinheit bildeten) von der Erbschaftsteuer befreit war. Außerdem wurde er zum Wehrwirtschaftsführer ernannt. Als solcher hatte er die Aufgabe, sämtliche Hilfsquellen der deutschen Rüstungsindustrie zu mobilisieren. Ab März 1943 erlitten die Werke in Essen sowie andere Teile des Wirtschaftsimperiums der Familie durch alliierte Bombenangriffe schwere Schäden, und je unausweichlicher die deutsche Niederlage wurde, desto mehr drängte der bis dahin den NS-Machthabern unerschütterlich ergebene K. auf Entschädigung und Schuldenrückzahlung.

Kurz vor Kriegsende wurde K. zusammen mit Direktoren seiner Firma von kanadischen Truppen gefangengenommen und stellvertretend für seinen nicht haftfähigen Vater vor das Nürnberger Militärgericht gestellt. Am 31. Juli 1948 verurteilte man ihn als Hauptkriegsverbrecher zu zwölf Jahren Haft und Einziehung seines gesamten Vermögens. Die barbarische Behandlung der Kriegsgefangenen und anderer Insassen der Kruppschen Arbeitslager und die Demontagen ausländischer Industrieanlagen waren die Begründung für diesen Schuldspruch. Doch K. saß nur drei Jahre seiner Haftstrafe ab und wurde am 4. Februar 1951 dank einer Generalamnestie des amerikanischen Hochkommissars John McCloy (der von Beruf selbst Bankier war) für verurteilte Industrielle vorzeitig aus dem Gefängnis in Landsberg entlassen. Auch sein unermeßliches Vermögen – man schätzte es auf 45 bis 50 Millionen Pfund Sterling – sowie das konfiszierte Eigentum seiner Gesellschaft wurden ihm zurückerstattet.

1953 durfte er seine alte Position als Chef des Familienunternehmens einnehmen, und trotz einer Auflage der Alliierten Hohen Kommission, die Kohlen- und Stahlbeteiligungen abzustoßen, gewannen die Kruppwerke rasch ihre frühere Position als führender Stahlproduzent in Europa zurück. Als K. am 30. Juli 1967, unheilbar krank, an Herzversagen starb, befand sich sein überdimensionierter Firmengigant am Rande des Zusammenbruchs. Als seine letzte Maßnahme mußte K. sein Familienunternehmen den deutschen Großbanken überantworten, deren finanzielle Unterstützung allein die Firma rettete. Nach seinem Tode und nach erfolgreicher Neuordnung erholte sich das Unternehmen wieder, doch seine bewegte Geschichte als Familienbetrieb war zu Ende.

Krupp von Bohlen und Halbach, Gustav (1870–1950)

Deutscher Rüstungsmagnat. K. wurde als Sohn des damaligen badischen Ministerpräsidenten Halbach am 7. August 1870 in Den Haag (Holland) geboren. Nach dem Jurastudium in Heidelberg war er an mehreren deutschen Botschaften im Ausland tätig und heiratete 1906 Bertha Krupp. K. übernahm nach und nach die Friedrich-Krupp-Werke in Essen, Kiel, Magdeburg und Berlin. Chef des führenden Rüstungsunternehmens in Deutschland und Europa (das im Ersten Weltkrieg eine führende Rolle spielte) und ab 1931 Vorsitzender des Reichsverbandes der deutschen Industrie, war der »König der Munitionsfabrikanten« Fritz → *Thyssen* zufolge anfangs ein heftiger Gegner Hitlers. Ja am 29. Januar 1933, einen Tag vor Hitlers Ernennung zum Reichskanzler, warnte K. sogar den Reichspräsidenten von → *Hindenburg* davor, eine so törichte

Entscheidung zu fällen. Doch schon nach einem von Hjalmar → *Schacht* arrangierten Treffen in → *Görings* Reichstagspräsidentenpalais am 20. Februar 1933 entwickelte K. sich, so abermals Thyssen, zum »Supernazi«. Bei diesem Treffen, bei dem von führenden deutschen Industriellen drei Millionen Mark für die NSDAP gesammelt wurden, versprach Hitler, die Marxisten zu beseitigen und die Wehrmacht wieder herzustellen – ein Punkt, der für K. als größten deutschen Hersteller von Geschützen, Panzern und Munition von besonderem Interesse war. Göring bekräftigte seinerseits, das Dritte Reich werde der Abrüstung und den lästigen demokratischen Kontrollen ein Ende bereiten, die bevorstehenden Wahlen seien die letzten in Deutschland für mindestens zehn, ja wahrscheinlich sogar für die nächsten hundert Jahre.
Hitler hielt sein Versprechen, verlieh K. und anderen Magnaten leitende Posten in Wirtschaftsverbänden und stieß linke Radikale, die eigene Wirtschaftsprogramme durchzusetzen suchten, aus seiner Partei aus. Im Mai 1933 ernannte er K. zum Vorsitzenden der Adolf-Hitler-Spende der deutschen Wirtschaft in Berlin, einen von Martin → *Bormann* verwalteten Fonds aus Spenden der Industrie, der als Gegenleistung für gewisse Vorteile, die die Spender genossen, der NSDAP zufloß. Nach 1933 spendete die Familie K. Hitler und der Partei mehr als zehn Millionen Reichsmark jährlich, ganz zu schweigen von weiteren Summen für den Freundeskreis Reichsführer SS, der Sonderaufgaben der SS finanzierte.
Im Zweiten Weltkrieg hatte das riesige Krupp-Unternehmen enorme Vorteile durch die deutschen Eroberungen im Osten, beschäftigten die Kruppwerke doch 100000 »Fremdarbeiter«, darunter russische Kriegsgefangene, die rings um Essen in 50 Arbeitslagern hinter Stacheldraht mit SS-Bewachung untergebracht waren.
Entsetzliche hygienische Verhältnisse (keine medizinische Versorgung, Wassermangel, Überbelegung, die die Verbreitung von Krankheiten förderte), unzureichende Kleidung und unzureichende Ernährung zeichneten diese Krupp-Arbeitslager aus. Schätzungsweise 70000 bis 80000 dieser Arbeitssklaven starben an den Folgen der in den Kruppwerken angewandten unmenschlichen Methoden. Krupp errichtete ebenfalls eine ausgedehnte Munitionsfabrik in Auschwitz.
Nach dem Kriege betrachteten die Alliierten den jüngeren Träger des Namens K., Alfried, als Hauptkriegsverbrecher und verurteilten ihn in Nürnberg. K. der Ältere, der im Nürnberger Gefängnis einen Schlaganfall erlitten hatte, brauchte wegen seiner körperlichen und geistigen Verfassung nicht vor Gericht zu erscheinen. Eine vom amerikanischen Militärtribunal ausgewählte Ärztekommission, die ihn untersuchte, befand, er litte nach dem Schlaganfall an Vergreisung und sei unfähig, den Verhandlungen zu folgen. K. starb am 16. Januar 1950 in Blühnbach (Salzburger Land).

Kube, Wilhelm (1887–1943)
Gauleiter und Generalkommissar für Weißruthenien. K. wurde am 13. November 1887 in Glogau (Schlesien) als Sohn eines Berufssoldaten geboren. Nach der Gymnasialzeit in Berlin studierte K. dort von 1908–1912 Geschichte und Staatswissenschaft. 1909 gründete er an der Berliner Universität den Deutsch-Völkischen Studenten-

bund und wurde 1912 Vorsitzender des Völkischen Akademikerverbandes. Beruflich betätigte sich K. als Journalist an verschiedenen konservativen Blättern. In Schlesien wurde er schließlich Generalsekretär der dortigen Konservativen Partei. Wegen seiner Parteiarbeit wurde er 1917 nach wenigen Wochen Kasernendienst vom Kriegsdienst zurückgestellt. Zwischen 1920 und 1923 war er Generalsekretär der Deutschnationalen Volkspartei und Leiter des Reichsverbands der Bismarck-Jugend der DNVP, außerdem seit 1922 Stadtverordneter der DNVP in Berlin.
Als ihn die DNVP 1923 aus nicht-politischen Gründen ausschloß, ging er unter Spaltung der Bismarck-Jugend zur Deutschvölkischen Partei und gründete den Deutschen Bismarck-Orden, dessen 1. Hochmeister er wurde. 1924 wurde er Reichstagsabgeordneter der Deutschnationalen Freiheitspartei, gehörte dann verschiedenen anderen völkischen Parteien an, u. a. der Nationalsozialistischen Freiheitspartei in Berlin, später war er Mitglied der Reichsleitung der Deutschvölkischen Freiheitspartei und schließlich Vorsitzender des Gaues Berlin der Deutschvölkischen Freiheitsbewegung. Unter dem Namen *Märkischer Adler* gab er 1926 ein eigenes Mitteilungsblatt heraus. Als Reichstagsabgeordneter und Reichsgeschäftsführer der Deutschvölkischen Freiheitsbewegung wurde er Anfang 1927 vom Ehrenhof seiner Partei ausgeschlossen.
Nach vorübergehender Anlehnung an Kunzes Deutsch-soziale Partei gründete er die Völkisch-soziale Arbeitsgemeinschaft Groß-Berlin, schloß sich aber Anfang 1928 der NSDAP an, für die er gleichzeitig in den Reichstag und in den preußischen Landtag gewählt wurde. K. nahm das Landtagsmandat an und wurde Fraktionsführer der NSDAP im preußischen Landtag. Seit September 1928 leitete er den Gau Ostmark der NSDAP, seit Mai 1933 den aus den Gauen Ostmark und Brandenburg zusammengelegten Gau Kurmark. Als Fraktionsführer der NSDAP hatte K. bereits für die Konfrontation mit der Altpreußischen Union gesorgt, die 1932 Anlaß zur Bildung einer nationalsozialistischen Kirchenpartei in Preußen wurde, aus der wiederum die Reichsorganisation der Deutschen Christen hervorging. Nach der Machtergreifung ernannte Göring K. zum Oberpräsidenten der Provinz Brandenburg, und im November 1933 zog er für den Wahlkreis Frankfurt/Oder in den Reichstag ein.
Wegen einer Frauengeschichte hatte K. mit dem Leiter des Obersten Parteigerichts, Reichsleiter Walter → *Buch,* Schwierigkeiten bekommen, die er dadurch zu lösen versuchte, daß er in einem anonymen Schreiben Buch, dessen Tochter mit Martin → *Bormann* verheiratet war, bezichtigte, mit einer Halbjüdin verheiratet zu sein. Als die Gestapo K.s Urheberschaft herausgefunden hatte, wurde er im September 1936 durch Beschluß des Obersten Parteigerichts seiner Ämter für verlustig erklärt und verwarnt. Hitler mochte den alten Kampfgefährten nicht gänzlich fallen lassen und beließ es bei der Verwarnung. K. durfte den Titel eines Gauleiters weiter führen, seinen Gau und das Oberpräsidium mußte er allerdings abgeben. Bereits zwei Jahre später fiel er schon wieder unangenehm auf, als er 44 Briefe prominenter Nationalsozialisten, darunter auch einen Kartengruß Hitlers, zusammen mit Briefen der von den Nationalsozia-

listen ermordeten Gregor → *Strasser* und Kurt von → *Schleicher* zum Verkauf anbot, um damit eine Italienreise zu finanzieren. Bormann ließ den Handel unterbinden. Vermutlich durch Himmlers Fürsprache kam K. 1940 wieder ins Gespräch. Am 17. Juli 1941 wurde K. unter dem Reichsminister für die besetzten Ostgebiete, Alfred → *Rosenberg,* zum Generalkommissar für Weißruthenien bestellt. Als verantwortlicher Leiter der gesamten Zivilverwaltung in diesem Gebiet arbeitete er mit der für die Vernichtung des jüdischen Bevölkerungsteils verantwortlichen SS eng zusammen, wie sein Bericht vom 31. Juli 1942 an den vorgesetzten Reichskommissar Ostland, Hinrich → *Lohse,* ausweist, in dem es heißt, daß »... wir in Weißruthenien in den letzten zehn Wochen rund 55000 Juden liquidiert (haben). Im Gebiet Minsk-Land ist das Judentum völlig ausgemerzt.«

K. war in den Jahren vor dem Kriege ein an Hemdsärmeligkeit kaum zu übertreffender Antisemit gewesen, wie in mehreren Veröffentlichungen nachzulesen ist. 1935 schrieb er im *Westdeutschen Beobachter:* »... die Bekämpfung des Judentums mit dem Ziele seiner endgültigen Vernichtung als geistiger und wirtschaftlicher Faktor, als politische Macht ist ein lebenswichtiger Teil des nationalsozialistischen Gesamtprogramms.« Offensichtlich unter dem Eindruck der entsetzlichen Brutalität, mit der die SS ihre Opfer zu Tode brachte – K. erwähnte in einem Strafantrag gegen das gesamte Offizierskorps des Polizeibataillons 11 die »bodenlose Schweinerei«, daß bei einer »Judenaktion« verwundete Juden lebendig begraben wurden –, führte er einen sich verschärfenden Kampf gegen die örtlichen SS-Gewaltigen. Bei der Liquidierung der polnischen und russischen Juden hatte K. den Untermenschenbegriff der SS noch akzeptiert. Als aber seit Oktober 1941 in K.s Generalkommissariat immer neue Transporte mit Juden aus dem Altreich gelangten, die der »Endlösung zugeführt« werden sollten, schien sich in K.s Denken einiges verändert zu haben. Nachdem er die Situation der deportierten deutschen Juden bei einer Besichtigung im Minsker Getto im November 1941 kennengelernt hatte, wandte er sich beschwerdeführend an Heydrich, der von solchen weltanschaulichen Differenzierungen nicht geplagt war und K. ungnädig abfahren ließ. K. schrieb daraufhin seinem Freund und Reichskommissar Lohse: »Ich bin gewiß hart und bereit, die Judenfrage mitlösen zu helfen, aber Menschen, die aus unserem Kulturkreis kommen, sind doch etwas anderes als die bodenständigen vertierten Horden.« K. stellte nunmehr Juden in seiner Dienststelle als Arbeiter ein und gründete eine Panjewagenfabrik, in der er 4000 jüdische Arbeitskräfte beschäftigen wollte. Zu den bis Mitte 1943 reichenden ständigen Auseinandersetzungen K.s mit den SS-Vertretern äußerte er sich schließlich in einer Art und Weise, die ihn für die SS untragbar erscheinen ließ. U. a. beschimpfte er einen Polizeiwachtmeister, der einen Juden erschossen hatte, als »Schwein«, und als die SS die in der Dienststelle des Generalkommissariats beschäftigten Juden hinter dem Rükken K.s abholte und erschoß, äußerte er gegenüber dem verantwortlichen SS-Obersturmbannführer, auch Himmler habe ihm nicht in sein Generalkommissariat hineinzuregieren. Den Brauch der SS, die Goldplomben der Opfer vor der Exekution herausbrechen zu las-

sen, nannte er »eines deutschen Menschen und eines Deutschlands Kants und Goethes unwürdig«.
Bevor der »Fall« K., dem die SS in ihren Gegenbeschwerden »Judenhörigkeit« vorwarf, auf höherer Ebene gelöst werden konnte, fiel K. am 22. September 1943 einem Attentat seines mit den sowjetischen Partisanen zusammenarbeitenden russischen Dienstmädchens zum Opfer. Hitler ordnete für K. ein Staatsbegräbnis an.

L

Lammers, Hans Heinrich (1879–1962)
Chef der Reichskanzlei (1933–1945) und Hitlers engster juristischer Berater. L. wurde am 27. Mai 1879 in Lublinitz (Oberschlesien) als Sohn eines Tierarztes geboren, studierte in Breslau und Heidelberg die Rechte und wurde 1912 Richter am Amtsgericht Beuthen. Nach Ableistung des Militärdienstes im Ersten Weltkrieg trat er in den Dienst des Reichsinnenministeriums (1922 Ministerialrat), und nach Hitlers Machtergreifung (1933) wurde er zum Staatssekretär und Chef der Reichskanzlei ernannt. L. wurde von Hitler als Rechtsberater außerordentlich geschätzt. Manchmal führten L. und seine Mitarbeiter monatelang ihre Arbeit in Hitlers persönlichem Refugium auf dem Obersalzberg aus. L. war Mitglied der Akademie für Deutsches Recht und Preußischer Staatsrat, 1937 wurde er Reichsminister ohne Geschäftsbereich, und zwei Jahre später, am 30. November 1939, avancierte er zum Mitglied des Ministerrates für die Reichsverteidigung. Das Jahr 1940 brachte L. Beförderung zum SS-Obergruppenführer. Ab Januar 1943 führte L. in Hitlers Abwesenheit bei Kabinettssitzungen den Vorsitz, und ebenso wie Martin → *Bormann* verschaffte er sich dadurch erhebliche Macht, daß der Zugang zu Hitler teilweise über ihn lief. Ab 1943 mußten sämtliche Befehle, die Hitler zur Unterzeichnung vorgelegt wurden, von einem Triumvirat für unbedenklich erklärt werden, das neben L. aus Bormann und Generalfeldmarschall → *Keitel* bestand. Doch Bormanns Intrigen gegen L. und die Tatsache, daß auch → *Göring* ihn konsultiert hatte, bevor er Hitler jenes Telegramm vom 23. April 1945 sandte, in dem er erklärte, er wolle die Nachfolge Hitlers übernehmen, führten dazu, daß Hitler befahl, L. zu verhaften.
Nach dem Krieg geriet L. in alliierte Gefangenschaft und wurde 1949 im sogenannten »Wilhelmstraßenprozeß« angeklagt, Verbrechen gegen den Frieden begangen und antijüdische Maßnahmen der obersten NS-Führung, die schließlich in der Endlösung gipfelten, durch von ihm formulierte Verordnungen mit dem Schein von Recht und Gesetzlichkeit gedeckt zu haben. Er wurde am 14. April 1949 zu 20 Jahren Gefängnis verurteilt, jedoch 1952 vorzeitig entlassen. L. starb am 4. Januar 1962 in Düsseldorf.

Laue, Max von (1879–1960)
Deutscher Physiker, Schüler von Max → *Planck*. L. wurde am 9. Oktober 1879 in Pfaffendorf bei Koblenz als Sohn eines Militär-Intendanten geboren. Professor für theoretische Physik

in Zürich (1912–1914), Frankfurt am Main (1914–1919) und Direktor des Institutes für Theoretische Physik der Universität Berlin (1919–1943), erhielt L. für seine Pionierarbeit auf dem Gebiete der Röntgenstrahlen-Kristallographie den Nobelpreis für Physik. Seine Untersuchungen über die Brechung von Röntgenstrahlen in Kristallen waren Ausgangspunkt zahlreicher späterer Forschungsarbeiten in diesem Bereich. Als stellvertretender Direktor des Kaiser-Wilhelm-Instituts, später Max-Planck-Instituts für Physik (1921–1951) nutzte er, wo er nur konnte, seinen Einfluß, um der nach 1933 von den Nationalsozialisten betriebenen Entlassungspolitik entgegenzuwirken, da er es als einen bedauerlichen Verlust für Deutschland betrachtete, daß so viele jüdische Naturwissenschaftler das Land verlassen mußten.

Im Januar 1934 feierte er den Nobelpreisträger Fritz Haber, auch ein Opfer dieser Säuberungsaktion, in zwei weitverbreiteten naturwissenschaftlichen Fachzeitschriften – damals eine mutige Tat, die ihm einen Verweis des Kultusministeriums einbrachte. L. war einer der aktivsten Gegner von Johannes → *Stark,* dem Wortführer der »deutschen Physik«, die moderne naturwissenschaftliche Erkenntnisse der NS-Ideologie dienstbar zu machen suchte. Überzeugt, daß eine derartige Verquickung von Politik und Wissenschaft dem Forschungsniveau und der Leistungsfähigkeit der deutschen Naturwissenschaft nur schädlich sein könnte, widersetzte sich L. erfolgreich der Wahl Starks in die Akademie der Wissenschaften. L.s hervorragender Ruf als Gelehrter, sein Alter und sein Patriotismus boten ihm im Dritten Reich Schutz, obwohl er sich kompromißlos seine Unabhängigkeit bewahrte und sich weigerte, mit den Nationalsozialisten zusammenzuarbeiten.

Albert Einstein bemerkte 1944 in einem Brief an Max Born, was L. von anderen im Dritten Reich verbliebenen Naturwissenschaftlern unterscheide, sei sein menschliches Format. Nach dem Zusammenbruch Hitlerdeutschlands trat L. in mehreren Entnazifizierungsprozessen als Zeuge auf. Die Wiedererrichtung des alten Institutes für Physik und Technik in Göttingen, nunmehr im Rahmen der Max-Planck-Gesellschaft, war sein Werk. Er beteiligte sich auch aktiv an der Wiedererweckung des deutschen Kulturlebens. Von 1951 bis 1959 war L. Direktor des Fritz-Haber-Instituts der Max-Planck-Gesellschaft in Berlin-Dahlem, unterstützte nachhaltig die Errichtung des Max-Planck-Instituts für Kernforschung (Otto-Hahn- und Lise-Meitner-Institut) und wurde kurz nach dem Kriege bereits zum Ehrenpräsidenten der Internationalen Kristallographischen Union ernannt. Im April 1957 gehörte L. zu den 18 deutschen Wissenschaftlern, die die Gefahren der Atomwaffen beschworen und deshalb die Ausrüstung der Bundeswehr mit solchen Waffen ablehnten. L. war mehrfacher Ehrendoktor und Träger vieler Auszeichungen, darunter der Max-Planck-Medaille und des Offizierskreuzes der Ehrenlegion. Seit 1952 war er Mitglied der Friedensklasse des Ordens *Pour le mérite.* Er starb am 24. April 1960 in Berlin an den Folgen eines Autounfalls.

Leander, Zarah (1907–1981)
Rothaarige, schwedische Schauspielerin und Sängerin, »das Fleisch und Blut

gewordene Denkmal weiblicher Verlockung im NS-Film«. Am 15. März 1907 wurde L. in Karlstad (Schweden) als Tochter eines Pastors geboren. Sie heiratete mit 16 Jahren den Schauspieler Nils Leander, einen Trinker, den sie bald wieder verließ (1932). Bevor sie 1935 nach Wien ging, war sie in Skandinavien als Bühnenschauspielerin bereits recht erfolgreich. Nach ihrem dortigen Erfolg in einer musikalischen Komödie und ihrer Starrolle in Geza von Bolvarys *Premiere* (1937) erhielt die Schauspielerin von der UFA einen langfristigen Vertrag angeboten.

Während der nächsten acht Jahre wurde sie als schönste Filmdiva der NS-Zeit gefeiert. Ihre Filme führte man in allen von der Wehrmacht besetzten Ländern vor. Größtenteils handelte es sich um Musikfilme und romantische Liebegeschichten, die in vergangenen Zeiten oder in exotischer Umgebung spielten. Sie spielte die Hauptrollen in *Zu neuen Ufern* (1937), in Carl Froelichs *Heimat* (1938), desgleichen in *Der Blaufuchs* (1938), *Es war eine rauschende Ballnacht* (1939), *Das Lied der Wüste* (1939) sowie in *Herz einer Königin* (1940), weiterhin in Rolf Hansens Filmen *Der Weg ins Freie* (1941) – ein Bombenerfolg – und *Damals* (1943), durch die sie berühmt wurde wie keine andere deutsche Schauspielerin der damaligen Zeit.

Obwohl selbst keine Anhängerin des Nationalsozialismus, konnte sie es nicht immer vermeiden, in politischen und Propagandafilmen eingesetzt zu werden *(Heimat)*. Um so mehr liebte sie das Künstler- und Bohemienmilieu in Berlin, veranstaltete üppige, turbulente Feste und gab sich exzentrisch, was ihr → *Goebbels* und andere NS-Größen verübelten. 1943 geriet bei einem Bombenangriff ihre Berliner Villa in Brand, und Zarah L. warf ihre gesamte Garderobe zum Fenster hinaus, wo Passanten, die sich trotz des Angriffs auf der Straße befanden, sie begierig auffingen. Wenige Stunden später flog sie nach Stockholm.

Nach dem Kriege hatte sie in Schweden und im Ausland längere Zeit gegen Strömungen in der öffentlichen Meinung anzukämpfen, die ihr ihre Bedeutung im NS-Film vorwarfen. Nach ein paar Jahren Zurückgezogenheit auf dem Lande in Schweden kehrte sie nach Wien, der Stätte ihrer ersten Triumphe, zurück, um ihre Filmkarriere fortzusetzen. Nun spielte sie in *Cuba Cubana* (1952), *Ave Maria* (1953), *Bei dir war es immer so schön* (1954) und *Der blaue Nachtfalter* (1959). 1965 trat sie in West-Berlin in einer musikalischen Komödie auf, zwei Jahre später in der deutsch-italienischen Produktion *Come imparai ad amare le donne* (»Wie ich die Frauen lieben lernte«). Eine Art Abschiedstournee führte sie 1973 noch einmal durch halb Europa und Amerika. 1978 gab sie ihre letzte Vorstellung. Ihre letzten Jahre verbrachte sie zurückgezogen in Schweden, wo sie am 23. Juni 1981 in Stockholm starb.

Leber, Julius (1891–1945)

Ehemaliger SPD-Abgeordneter und eine der führenden Persönlichkeiten des deutschen Widerstandes. L. wurde am 16. November 1891 in Bliesheim (Oberelsaß) geboren. Aus bescheidenen Verhältnissen stammend – sein Vater war Landwirt –, arbeitete er eine Zeitlang in einer Teppichweberei und trat dann in die SPD ein. Später studierte er in Straßburg und Freiburg Staatswissenschaften. Im Ersten Welt-

krieg diente er als Offizier im Heer und wurde für seine Tapferkeit vor dem Feinde ausgezeichnet.
Da er nach dem Kriege für Deutschland votierte, mußte er seine Heimat verlassen. 1920 promovierte er in Freiburg zum Doktor der Staatswissenschaften und beteiligte sich in Pommern aktiv an der Niederwerfung des von rechten Gruppierungen inszenierten Kapp-Putsches (13. März 1920). 1921 wurde L. Redakteur (später Chefredakteur) des *Lübecker Volksboten,* und schon drei Jahre danach zog er als Mitglied der SPD-Fraktion in den Reichstag ein.
Als entschiedener Gegner Hitlers und des Nationalsozialismus stand L. nach dem 30. Januar 1933 auf der schwarzen Liste und entging einen Tag nach der NS-Machtergreifung nur knapp einem Anschlag auf sein Leben. 1933 bis 1937 war er in Haft und wurde, weil staatsgefährdend, in den KZs Esterwegen und Oranienburg festgehalten. Nach seiner Freilassung schloß er sich eng dem Widerstand gegen Hitler an und nahm Kontakte mit dem Kreisauer Kreis auf, einer kleinen Gruppe von Offizieren und Politikern, die das Hitlerregime als eine Katastrophe für Deutschland betrachteten. Als einer der führenden Sozialdemokraten im Kreis um → *Goerdeler* sah sich L. mit seinen linken Auffassungen eng mit Claus Schenk von → *Stauffenberg* verbunden, der nach 1943 die Seele des Widerstandes war.
L. war Stauffenbergs Kandidat für das Amt des Reichskanzlers, falls die Verschwörung gegen Hitler Erfolg gehabt hätte. Von anderen Verschwörern war er als künftiger Reichsinnenminister vorgesehen. Doch er und sein Parteigenosse Adolf → *Reichwein* wurden schon vor dem Attentat vom 20. Juli 1944 verhaftet. Sie hatten Kontakt mit kommunistischen Widerstandskämpfern aufgenommen, von denen sich einer als Gestapospitzel erwies. Am 20. Oktober 1944 verurteilte der Volksgerichtshof L. wegen Hochverrates zum Tode durch den Strang. Das Urteil wurde am 5. Januar 1945 in der Haftanstalt Berlin-Plötzensee vollstreckt.

Leeb, Wilhelm Ritter von (1876–1956)

Generalfeldmarschall, der in der Anfangsphase des Rußlandfeldzuges die Heeresgruppe Nord kommandierte.
L. wurde am 5. September 1876 als Sohn einer alten bayerischen Offiziersfamilie in Landsberg am Lech geboren. Berufsoffizier, trat er 1895 als Fahnenjunker in die bayerische Armee ein und durchlief während des Ersten Weltkrieges mehrere Dienstränge im Generalstab. Er erwarb dabei mit dem Max-Josephs-Orden den persönlichen Adel. 1919 Freikorps-Mitglied, setzte L. in der Folge seine Laufbahn in der Reichswehr fort und wurde 1930 zum Generalleutnant befördert.
1930 bis 1933 war er Befehlshaber im Wehrkreis VII in München. 1934 avancierte er zum General der Artillerie. Seit 1933 war er Oberbefehlshaber des Gruppenkommandos 2. Im März 1938 als Generaloberst verabschiedet, wurde er während der Sudetenkrise reaktiviert und führte eine Armee der in das Sudetenland einmarschierenden Wehrmacht. 1939 kommandierte er die Heeresgruppe C, die den Franzosen am Oberrhein längs der Maginotlinie gegenüberlag. Persönlich mißbilligte er die geplante Offensive der Wehrmacht gegen das neutrale Belgien, die, wie er glaubte, die gesamte Weltöffentlichkeit gegen die Deutschen aufbringen

werde. Außerdem zweifelte er an den Chancen eines Sieges im Westen.
Dennoch beteiligte er sich aktiv am Westfeldzug und wurde von Hitler dafür zum Generalfeldmarschall befördert. Am 22. Juni 1941 wurde L. Oberbefehlshaber der in Ostpreußen stationierten Heeresgruppe Nord, die durch die baltischen Staaten nach Leningrad vorstoßen sollte. Anfangs waren L.s Infanterie- und Panzerdivisionen erfolgreich, doch als der Winter hereinbrach, beantragte er die Genehmigung zum Rückzug aus dem Gebiet um Leningrad. Da Hitler und der Heeresgeneralstab ihm bedingungsloses Halten der eingenommenen Stellungen befahlen und ihm sogar vorschrieben, wie er die einzelnen Regimenter einzusetzen habe, bat er am 12. Januar 1942 Hitler um seinen Abschied. In der Folgezeit nahm L. nicht mehr aktiv am Kriege teil. Nach dem Kriege wurde L. in Nürnberg vor Gericht gestellt und wegen Weitergabe des Kommissar-Befehls u. a. zu 3 Jahren Gefängnis verurteilt, die bei der Verurteilung am 22. Oktober 1948 als verbüßt galten. Er starb am 29. April 1956 in Füssen, in der Nähe seines Wohnorts Hohenschwangau.

Leers, Johann von (1902–1965)
Einer der »fruchtbarsten« und gehässigsten Judenhetzer Hitlerdeutschlands. L. wurde am 25. Januar 1902 in Vietlübbe (Mecklenburg) geboren. Er trat 1929 der NSDAP bei, nachdem er in Berlin, Kiel und Rostock Jura studiert hatte und eine Zeitlang als Attaché im Auswärtigen Amt tätig war. Gauredner und Bundesschulungsleiter des NS-Studentenbundes, zog L. die Aufmerksamkeit → *Goebbels'* auf sich und wurde dazu ausersehen, für die Partei Propagandaschriften zu verfassen. L. wurde Hauptschriftleiter der NS-Zeitschrift *Wille und Weg*. Das Ergebnis war eine Flut von 27 Büchern zwischen 1933 und 1945, deren Ziel es war, die NS-Ideologie breitesten Kreisen nahezubringen. Als Experte für die Judenfrage, für Blut-und-Boden-Thesen und die Doktrin von der Überlegenheit der deutschen Herrenrasse erlangte L. bald zweifelhaften Ruhm durch sein berüchtigtes Buch *Juden sehen dich an* (o. J.).
Später forderte er ganz offen die Ausrottung der Juden, denn sie sei notwendig. 1945 floh L. nach Italien, dann nach Argentinien, wo er 1950 bis 1955 in einer Kolonie deutscher Exilanten wohnte und seine NS-Propaganda fortsetzte. Vom ehemaligen Großmufti von Jerusalem, Mohammed Amin al-Hussaini, hochgelobt, weil er »stets für die gerechte Sache der Araber gegen die durch das Weltjudentum verkörperten Mächte der Finsternis sowie für die deutsch-arabische Freundschaft eingetreten« sei, ging L. Mitte der fünfziger Jahre nach Kairo, trat zum Islam über und nannte sich nunmehr Omar Amin von Leers. Oberst Gamal Abd el-Nasser setzte ihn in seinem Auslandspropagandadienst ein. L. starb Anfang März 1965 in Kairo.

Lenard, Philipp (1862–1947)
Nobelpreisträger, Professor für theoretische Physik in Breslau, Aachen, Kiel und Heidelberg, später von den Nationalsozialisten gefeiert, weil er die Naturwissenschaft in den politischen Kampf einbezog. L. wurde am 7. Juni 1862 als Sohn eines Weinhändlers in Preßburg (Bratislava) geboren. Er wuchs in einer alldeutsch-nationalistischen Atmosphäre auf und ging nach

Deutschland, um Physik zu studieren. 1886 erwarb er in Heidelberg den Doktorgrad. Als Assistent des aus einer jüdischen Familie stammenden Heinrich Hertz begann L. in den neunziger Jahren des 19. Jahrhunderts mit Kathodenstrahlen zu experimentieren. Dabei gelangte er zu wichtigen, für die spätere Forschung grundlegenden Erkenntnissen, für die er 1905 den Nobelpreis erhielt. Ab 1898 war er Professor in Kiel und später Inhaber des Lehrstuhls für Theoretische Physik in Heidelberg.

L. war ein sehr geschätzter akademischer Lehrer, verlor jedoch immer mehr den Kontakt zum modernen physikalischen Denken, wie es etwa durch Planck, Einstein und → *Heisenberg* vertreten wurde. Erbittert durch den Verdacht, der britische Physiker J. J. Thomson habe seine Experimente plagiiert, beklagte L. sich über den englischen Materialismus und Egoismus, der dem Geist deutscher Physiker fremd sei. Während des Ersten Weltkrieges liebäugelte er mit nationalistischen Theorien, wonach dieser Krieg den Kampf zwischen deutscher Kultur und westlicher Zivilisation darstellte. Die Niederlage von 1918, die Weimarer Verfassung, die kurzlebige Münchener Räterepublik und der Versailler Vertrag verschärften seinen Nationalismus und trieben L. in die Arme eines völkischen Rassismus. Einsteins Relativitätstheorie lehnte er aus weltanschaulichen wie auch aus physiktheoretischen Gründen ab. Nicht nur, daß sie den »Äther« (eine Lieblingsvorstellung L.s) abschaffte und L.s intuitives Weltbild zerstörte, L. verübelte Einstein auch seinen internationalen Erfolg.

1922 begann sich L.s Antisemitismus in seiner wissenschaftlichen Arbeit niederzuschlagen, und L. entfernte sich immer weiter vom Hauptstrom der physikalischen Forschung in Deutschland. Nach der Ermordung des jüdischen Reichsaußenministers Walther Rathenau (24. Januar 1922) weigerte er sich, den angeordneten nationalen Trauertag mitzubegehen, was zu Drohungen Heidelberger Gewerkschaftsmitglieder und zu einem Disziplinarverfahren gegen ihn führte. Von rechtsgerichteten Studenten unterstützt, begann sich L. im Mai 1924 ganz offen auf die Seite von → *Hitler* und → *Ludendorff* zu schlagen und rückte NS-Gruppen und völkischen Kreisen immer näher. Sein Buch *Große Naturforscher* (1929) zeigte seine Verehrung für die Erforscher der Natur, die seiner Darstellung nach durchweg arisch-germanischen Ursprungs waren. L.s Abneigung gegen die Richtung, die die moderne Physik eingeschlagen hatte, gründete sich auf seinen Glauben an ein organisches Universum, auf eine tiefverwurzelte Abneigung gegen mechanistische und abstrakte Theorien.

Schließlich wurde L. der führende Propagandist der technikfeindlichen Fraktion »arischer Physiker«, der nicht nur die »geistige Dimension« hervorhob, sondern auch die »zentrale Stellung von Volk und Rasse« betonte und den übernationalen Charakter der Naturwissenschaft als »jüdischen Trug« abtat. Auf gutem Fuß mit Alfred → *Rosenberg,* Rudolf → *Heß* und dem völkisch-ideologischen Flügel der NSDAP, betonte L. immer wieder: In Wirklichkeit sei Wissenschaft, wie alles, was Menschen hervorbrächten, durch Rasse und Blut bedingt. Bereits im Ruhestand, als Hitler an die Macht kam, war L. zu alt, um im Dritten Reich noch eine aktive Rolle zu spielen, doch die Nationalsozialisten stell-

ten seine Laufbahn als Musterbeispiel wahrhaft deutschen Verhaltens hin.
1936 erhielt L. als erster den von der Partei gestifteten Wissenschaftspreis. Rosenberg feierte in seiner Laudatio seinen langen »Kampf« um eine »arische Physik«. L.s im selben Jahre erschienenes Buch *Deutsche Physik* fand durch die Nationalsozialisten weite Verbreitung und wurde in Parteikreisen außerordentlich gerühmt, weil es die Naturwissenschaft zu einem integralen Bestandteil der völkischen Weltanschauung mache. Doch schätzte L. wie sein Kollege Johannes → *Stark* die Machtverhältnisse im Dritten Reich nicht richtig ein. Infolgedessen klammerte er sich an NS-Größen der zweiten Kategorie wie Rosenberg, Heß und → *Frick*. Während der letzten Jahre des Dritten Reiches zog er sich ganz und gar ins Privatleben zurück und ließ sich in einem Dorf bei Heidelberg nieder. Nach dem Kriege erwog man, ihn vor eine Entnazifizierungskammer zu stellen, doch der damals amtierende Rektor der Universität Heidelberg überzeugte die zuständigen Stellen, daß die Demütigung dieses hochbetagten Physikers niemandem zur Ehre gereiche. L. starb am 20. Mai 1947 in Messelhausen bei Bad Mergentheim.

Letterhaus, Bernhard (1894–1944)
Katholischer Arbeiterführer und Mitglied der deutschen Widerstandsbewegung. L. wurde am 10. Juli 1894 in Barmen (heute: Wuppertal) geboren. Nach der Teilnahme am Ersten Weltkrieg, in dem er schwer verwundet und mit dem Eisernen Kreuz I. Klasse ausgezeichnet wurde, war er für die katholischen Gewerkschaften tätig. 1928 wurde er Verbandssekretär der westdeutschen katholischen Arbeitervereine, und noch im selben Jahr zog er als Zentrumsabgeordneter in den preußischen Landtag ein. Nach 1933 warb er heimlich in katholischen Kreisen für den Widerstand gegen das Hitler-Regime.
1939 wurde L. zur Wehrmacht eingezogen und Hauptmann in der Abwehr. Hier verstärkte er seine Kontakte mit anderen Widerstandskämpfern. In der Verhaftungswelle nach dem mißglückten Attentat vom 20. Juli 1944 wurde er festgenommen und am 13. November 1944 wegen seiner Teilnahme an der Verschwörung gegen Hitler vom Volksgerichtshof zum Tode durch den Strang verurteilt. Schon einen Tag später wurde das Urteil vollstreckt.

Leuschner, Wilhelm (1888–1944)
Gewerkschafter und Widerstandskämpfer. L. wurde am 15. Juni 1888 in Bayreuth geboren. Von Beruf war er Holzbildhauer. Bereits in seiner Jugend trat er der SPD bei und wurde ein aktives Mitglied der Gewerkschaftsbewegung. Seit 1924 war er Landtagsabgeordneter in Hessen. Von 1929 bis 1933 war er SPD-Innenminister in Hessen. 1932 wurde er außerdem zum stellvertretenden Vorsitzenden des Allgemeinen Deutschen Gewerkschaftsbundes ernannt, ein Amt, das er bis zur Machtergreifung Hitlers innehatte. Am 2. Mai 1933 wurde L. verhaftet und in ein KZ eingeliefert, wo SA-Wachen ihn folterten.
Nach seiner Entlassung begann er aus dem Untergrund den gewerkschaftlichen Widerstand gegen das NS-Regime zu organisieren. Auf Befehl des Leiters der Deutschen Arbeitsfront, Robert → *Ley*, mußte L. mit Ley zusammen als deutscher Delegierter zur Internationalen Arbeitskonferenz nach Genf fahren, wo er Deutschland durch

sein Eintreten für den Nationalsozialismus Sitz und Stimme erhalten sollte. Sein Verhalten auf der Konferenz brachte ihm bei der Rückkehr nach Deutschland zwei Jahre Haft im KZ Lichtenburg ein. Als Repräsentant der verbotenen Gewerkschaften arbeitete er während des Zweiten Weltkrieges eng mit dem Kreis um Generaloberst → *Beck* und Carl → *Goerdeler* zusammen. Politisch Claus von → *Stauffenberg* eng verbunden, hätte er das Amt des Vizekanzlers erhalten, wenn der Anschlag auf Hitler Erfolg gehabt hätte. Am 20. Juli 1944 wegen seiner Tätigkeit im Widerstand verhaftet, wurde er vom Volksgerichtshof am 8. September 1944 zum Tode verurteilt und am 29. September 1944 gehängt.

Ley, Robert (1890–1945)

Von 1933 bis 1945 Leiter der Deutschen Arbeitsfront. L. wurde am 15. Februar 1890 in Niederbreidenbach (Rheinland) als Sohn eines wohlhabenden Bauern geboren. Nach dem Studium der Chemie an den Universitäten Jena, Bonn und Münster schloß er das Studium mit der Promotion ab. Er nahm als Flieger am Ersten Weltkrieg teil, bis er 1917 abgeschossen wurde und in französische Kriegsgefangenschaft geriet. 1920 kehrte L. nach Münster zurück und erhielt eine Anstellung als Chemiker bei den I. G. Farbwerken in Leverkusen, die er aber 1928 nach eigenen Angaben aus politischen Gründen, nach anderen Quellen wegen seiner starken Neigung zum Alkohol wieder verlor. Der NSDAP trat L. 1924 bei, und schon im Juni 1925 wurde er von Hitler mit der Führung des Gaues Rheinland-Süd beauftragt. Ein durch und durch überzeugter Nationalsozialist und enger Mitarbeiter Hitlers, wurde er 1928 Mitglied des preußischen Landtages und hauptamtlicher (bezahlter) Organisationsleiter im Gau Köln-Aachen. 1930 zog er als NSDAP-Abgeordneter für denselben Bereich in den Reichstag ein.

In der Frühzeit der »Bewegung« war L. in Straßenschlachten und andere Tumulte verwickelt. Der grobschlächtige und exzentrische L. war ein erbitterter Antisemit, der das von ihm herausgegebene Parteiblatt, den *Westdeutschen Beobachter,* für eine gehässige Kampagne gegen jüdische Warenhäuser und jüdische Finanzmacht benutzte. Seine Spezialität waren erpresserische Artikel, mit denen er hauptsächlich auf Juden zielte. Im November 1932 als Nachfolger Gregor → *Strassers* zum Reichsorganisationsleiter ernannt, erfuhr L. einen enormen Machtzuwachs, nachdem Hitler 1933 ans Ruder gekommen war. L. war der Prototyp eines pöbelhaften, radikalen Nationalsozialisten, der stets gegen bürgerliche Sitten und »blaublütige Schweine« wetterte. Er war eine unausgeglichene Persönlichkeit und ein unberechenbarer, unfähiger Administrator, dessen verstiegene Theorien und bisweilen lächerliche Auftritte weder seinen Einnahmen abträglich waren, die er sich unter dem Deckmantel unermüdlichen Einsatzes zum Wohle der Partei zu verschaffen wußte, noch seiner nicht unbeträchtlichen Beliebtheit bei den Massen im Wege stand.

Am 2. Mai 1933 begann L. ein Kesseltreiben, das binnen weniger Tage zur Gleichschaltung aller bisher freien und unabhängigen Gewerkschaften in der Deutschen Arbeitsfront (DAF) führte. Während der nächsten zwölf Jahre kontrollierte damit ein Abstinenz predigender Alkoholiker diese Arbeiterorganisation, die schließlich 25 Millionen Mitglieder hatte. Als größte Massenorganisation im Dritten Reich entwickelte sich die DAF zu einem Mammutimperium mit aufgeblähter Administration, dessen Verwaltungskräfte sich hauptsächlich aus der Betriebszellenorganisation, der »Gewerkschafts«-Organisation der NSDAP, rekrutierten. Ziel der DAF war »sozialer Friede« auf der Basis der Volksgemeinschaft. Ihr patriarchalischer »Sozialismus«, der Wettbewerb im Interesse der Volksgemeinschaft guthieß, zielte darauf ab, die Arbeiterschaft für den NS-Staat zu gewinnen, indem man auf ihr Auskommen achtete und für die politisch richtige kulturelle Atmosphäre sorgte.

Die DAF kontrollierte die Einstellung und Entlassung von Arbeitskräften, ihre Entlohnung und Sozialversicherung, desgleichen die Versorgung von Alten und Schwerbeschädigten. Mit ihrem Kapital finanzierte man Ausbildungsstätten für Arbeiter und Bauvorhaben, ferner benutzte man es, um die Löhne stabil zu halten. Alle trugen die gleiche einfache blaue Uniform – dies in Übereinstimmung mit der NS-Ideologie der klassenlosen Gesellschaft und dem Selbstverständnis der DAF als »Organisation aller schaffenden Deutschen der Stirn und der Faust«, die für sich beanspruchte, den Arbeiter »zum gleichberechtigten und geachteten Mitglied der Nation gemacht« zu haben. Die militante Ausdrucksweise der DAF, die unverhohlen die Schützengrabenmentalität des Ersten Weltkrieges ansprach, sollte die Arbeiter zu einem Maximum an Produktivität anspornen. Hatte sich doch nach L.s eigenen Worten – an die Arbeiter der Berliner Siemenswerke im Oktober 1933 – jeder Arbeiter als »Soldat der Wirtschaft« zu betrachten.

Um davon abzulenken, daß es keine Lohnverhandlungen mehr gab und daß Streik sowie alle unabhängigen Gewerkschaften verboten waren, wurde als Sonderdienststelle der DAF die »nationalsozialistische Gemeinschaft Kraft durch Freude (KdF)« geschaffen, an deren Spitze gleichfalls L. stand. Nach 1934 wuchs sich diese Einrichtung für Massentourismus, Sport und Arbeitskraft fördernde Maßnahmen, die die Freizeit von Millionen deutscher Arbeiter organisierte, zu einem bedeutenden Instrument der Massenbeeinflussung aus. KdF erschloß Arbeitern den Zugang zu kulturellen Ereignissen (Theater, Oper, Vorträge und dergleichen), an denen zuvor ausschließlich oder zumindest überwiegend Angehörige gehobener Bevölkerungsschichten Anteil genommen hatten, und sie ermöglichte Arbeitern Auslandsreisen zu Billigpreisen. Abgesehen von den hochseetüchtigen Passagierschiffen der KdF-Flotte gehörten der DAF ausgedehnte Liegenschaften, Bauunternehmen, Banken (z. B. die »Bank deutscher Arbeit«), Versicherungsgesellschaften, Verlage und das Volkswagenwerk, die allesamt L. unbegrenzte Möglichkeiten boten, sich persönlich zu bereichern. Ein Beispiel dafür, wie hinter solcher Fassade die Arbeiter betrogen wurden, war das Volkswagen-(ursprünglich KdF-Wagen-)Projekt, das die DAF 1938 ankurbelte. Deutsche Arbeiter waren (allerdings auf »freiwilliger« Basis) gezwungen, derartige Wagen zu bestellen und durch Sparraten vorzufinanzieren. Doch nicht ein einziger »KdF-Wagen«-Sparer erhielt im Dritten Reich sein Auto, für das er die Sparraten bezahlt hatte.

Das Geld wurde den Arbeitern, von deren Lohn man es abgezogen hatte, auch niemals zurückerstattet. Den Profit strich L. ein.
Nicht weniger illusorisch war die Utopie der klassenlosen Volksgemeinschaft, die die Rechte der Arbeiter wahrte, wobei L. Organisationen wie »Schönheit der Arbeit« ins Leben rief, um die Arbeitsbedingungen in den Fabriken zu verbessern. Tatsächlich wurde in den Betrieben das alte Prinzip der Gefolgschaft wieder zur Richtschnur erhoben, so daß die Unternehmer fast uneingeschränkt schalten und walten konnten, während die Arbeiter immer weniger Lohn heimbrachten. Durch staatliche Kontrollen eingeengt, hatten sie es immer schwerer, den Arbeitsplatz zu wechseln. Löhne und Gehälter waren eingefroren, und die Arbeitnehmer hatten für wohltätige und alle möglichen anderen Zwecke immer höhere freiwillige Beträge zu entrichten, von deren Zahlung sich praktisch niemand ausschließen konnte (und die zum Teil einfach vom Lohn oder Gehalt abgezogen wurden). So diente die von L. geführte DAF in erster Linie als ungeheuere Propagandaorganisation unter der Schirmherrschaft der NSDAP. Ihr Zweck bestand darin, ein Höchstmaß an Produktivität zu erzielen, indem sie das politische Bewußtsein der Arbeiter einschläferte.
Neben dieser Rolle als Arbeitsfront-Führer kontrollierte L. während des Zweiten Weltkrieges auch das staatliche Wohnungsbauprogramm, außerdem oblag ihm die Aufgabe, die Schulen für den Parteiführer-Nachwuchs zu errichten und zu organisieren. Nur die robustesten, linientreuesten und bestbenoteten Absolventen von Adolf-Hitler-Schulen und Nationalpolitischen Erziehungsanstalten sollten zu diesen nach dem Vorbild der Burgen des Deutschen Ritterordens gestalteten »Schulungsburgen« Zugang haben. Dort ließ man ihnen eine Ausbildung angedeihen, die L. als »vier Jahre der härtesten Ansprüche an Körper und Geist, die überhaupt möglich sind«, charakterisierte. Die Charakterbildung, die man dort trieb, basierte auf Sport, Mutproben, Erziehung zu sicherem Auftreten und dergleichen mehr. Zweck dieser Burgen war es, eine neue Führungsschicht heranzuziehen. Durch diese Eliteschulen sollte jedermann der Zugang zur politischen Führungsschicht eröffnet werden. Doch verrät die Mystik mittelalterlicher Ritterorden, wie rückständig die Vorstellungen des NS-Regimes von Menschenführung waren. Auch L.s Vergötterung Hitlers zeigte, wie das Führerprinzip sein Denken prägte.
Selbstverständlich war die Rhetorik des NS-Arbeiterführers von fanatischem Antisemitismus durchdrungen. Beispielsweise erklärte er in einer Rede, die er im Mai 1942 in Karlsruhe hielt, es reiche nicht, den jüdischen Feind der Menschheit zu isolieren. Man müsse die Juden ausrotten. L. wurde von amerikanischen Truppen gefangengenommen, als er versuchte, bei Berchtesgaden in die Berge zu fliehen. Er entzog sich am 25. Oktober 1945 in seiner Nürnberger Gefängniszelle durch Selbstmord seinen Richtern, noch bevor man ihm den Prozeß gemacht hatte.

Lichtenberg, Bernhard (1875–1943)
Katholischer Märtyrer im Dritten Reich, der sterben mußte, weil er furchtlos gegen Euthanasie und Judenverfolgung vorgegangen war. L. wurde

am 3. Dezember 1875 in Ohlau (Niederschlesien) geboren. Er war 1899 zum Priester geweiht worden und seit 1900 in Berlin als Seelsorger tätig. Am Ersten Weltkrieg nahm er als Feldgeistlicher teil. Nach dem Kriege wurde er in Berlin Stadtverordneter der Zentrumspartei. 1932 als Dompfarrer an die Berliner St.-Hedwigs-Kirche berufen, avancierte er sechs Jahre später zum Propst.

Am 28. August 1941 sandte er einen geharnischten Protestbrief an Reichsgesundheitsführer Leonardo→ *Conti,* beschwerte sich über das Euthanasieprogramm und unterstützte die Haltung, die auch der Bischof von Münster, Graf von→ *Galen,* einnahm. L. forderte, der oberste Verantwortliche des Reiches solle sich für das Verbrechen des Mordes an geistig Behinderten verantworten – ein Verbrechen, das die Strafe des Herrn auf die Häupter der deutschen Nation herabbeschwören werde. In der Tat wurde wenig später die Euthanasie-Aktion gestoppt, doch am 23. Oktober 1941 verhaftete man L. wegen des noch viel gefährlicheren Verbrechens, öffentlich für die Juden gebetet und sogar gefordert zu haben, man solle ihm erlauben, sie auf ihrem Leidensweg in den Osten zu begleiten.

Damit war der Berliner Propst einer der ganz wenigen Priester, die öffentlich die Judenverfolgung verurteilten. Dafür wurde er zu zwei Jahren Gefängnis (im Berliner Zuchthaus Tegel) verurteilt. Er starb am 3. November 1943 auf dem Transport ins Konzentrationslager Dachau unter nicht geklärten Umständen.

Liebermann, Max (1847–1935)

In seinen späteren Lebensjahren bis zu seinem 1933 erzwungenen Rücktritt Präsident der Berliner Akademie der Künste. Einer der bedeutendsten Neuerer in der deutschen Kunst um die Jahrhundertwende. L. wurde am 20. Juli 1847 als Sohn einer wohlsituierten, angesehenen jüdischen Kaufmannsfamilie in Berlin geboren. Er gab sein anfängliches Philosophiestudium auf, um Maler zu werden. In seinen Lehrjahren unternahm er zahlreiche Reisen und wechselte öfter den Wohnsitz, bis er sich 1884 endgültig in seiner Vaterstadt Berlin niederließ. In seiner Jugend wurde er stark von Munkáczsy, Courbet und der Schule von Barbizon (hier insbesondere von Millet) beeinflußt. L. war ein führender Vertreter des Impressionismus in Deutschland. Er gelangte durch seine Landschaften, Genrebilder und Porträts zu hohem Ruhm. Nur gelegentlich wandte er sich jüdischen Themen zu, obwohl er auf seine Herkunft stolz war und sie trotz aller deutsch-patriotischen Einstellung nie verleugnete. In der Atmosphäre des wilhelminischen Deutschland der neunziger Jahre wirkte es fast wie eine Kulturrevolution, als er für die französische Malerei des Impressionismus eintrat. Im selben Jahr (1898), als er Mitglied der Akademie wurde, gründete er die Berliner Sezession, die in Deutschland den Weg für die moderne Kunst bahnen half.

Einst selbst ein Rebell, hielt L. wenig von neueren Schulen wie Expressionismus, Kubismus und Fauvismus, weil diese sich für seinen Geschmack zu weit von der Natur entfernten. So wurde er als Präsident der Berliner Akademie in den zwanziger Jahren zur Zielscheibe der jüngeren Malergeneration, darunter so radikaler Expressionisten wie Emil →*Nolde.* Doch so konservativ und patriotisch er war, die bloße Tatsache seiner jüdischen Abstammung setzte ihn in den Augen der Nationalsozialisten herab, die ihrerseits sein Schaffen als »entartet« anprangerten und während des Dritten Reiches Gemälde von ihm in Ausstellungen »entarteter Kunst« zeigten. L. wurde von den Nationalsozialisten seines Amtes als Präsident der Berliner Akademie enthoben und erhielt gleichzeitig Malverbot. L. starb am 8. Februar 1935 im Alter von 88 Jahren. Dies ersparte ihm die Erniedrigung, sein Heimatland verlassen zu müssen. Seine Witwe beging 1943 Selbstmord, um der Einlieferung in ein Vernichtungslager zu entgehen.

Lilje, Hanns (1899–1977)
Generalsekretär des Lutherischen Weltkonvents 1935, Evangelischer Landesbischof. L. wurde am 20. August 1899 in Hannover geboren. Sein Vater war Diakon. Nach der Schulzeit in seiner Geburtsstadt kam er 1917–1918 als Soldat an die Front. Nach dem Ersten Weltkrieg studierte er von 1919 bis 1922 Theologie und Kunstgeschichte in Göttingen und Leipzig und besuchte anschließend bis 1924 das Predigerseminar Kloster Loccum. Nach zweijähriger Tätigkeit als Studentenpfarrer an der Technischen Hochschule in Hannover wurde er 1927 Generalsekretär der Deutschen Christlichen Studentenvereinigung und 1932, im Jahre seiner theologischen Promotion in Zürich, Vizepräsident des Christlichen Studentenweltbundes. Beide Ämter hatte er bis 1935 inne. In Zusammenhang mit der christlichen Studentenbewegung stand ferner die Herausgeberschaft L.s bei der angesehenen, von christlicher Kultur geprägten Zeitschrift *Die Furche*. Von 1935 bis 1945 bekleidete er das Amt des Generalsekretärs des Lutherischen Weltkonvents.

Seit 1933 war L. als Pfarrer in Berlin tätig, wo er zusammen mit Martin → *Niemöller* die Jungreformatorische Bewegung gründete, aus der die Bekennende Kirche, ein Zusammenschluß innerhalb der evangelischen Kirchen gegen die »Deutschen Christen« und den Nationalsozialismus, hervorging. Von 1933–1936 gab er die Zeitschrift der Bekennenden Kirche, die *Junge Kirche,* heraus. Wegen verschiedener, nicht der offiziellen nationalsozialistischen Meinung entsprechender Äußerungen und Veröffentlichungen erhielt L. wiederholt Redeverbot. Einen Monat nach dem Juliattentat auf Hitler vom Jahre 1944 wurde L. verhaftet und in das Gestapogefängnis in der Lehrter Straße in Berlin eingeliefert, in dem die Mitverschworenen des Attentats verhört wurden. Vor dem Freislerschen Volksgerichtshof wurde L. schließlich wegen Landesverrat angeklagt und zu längerer Haft verurteilt.

Nach dem Kriege war L. von 1947 bis 1971 Landesbischof der Evangelisch-lutherischen Landeskirche Hannover und von 1952 bis 1957 Präsident des Lutherischen Weltbundes, ferner von 1955 bis 1969 Leitender Bischof der Vereinigten Evangelisch-Lutherischen Kirche Deutschlands.

L. veröffentlichte 1947 einen Bericht über die Zeit seiner Gestapohaft unter dem Titel *Im finstern Tal* und ausgewählte Memoiren *Memorabilia. Schwerpunkte eines Lebens* (1973), die gleichermaßen auf die Zeit des Dritten Reichs wie die Nachkriegszeit Bezug nehmen. Außerdem war L. langjähriger Herausgeber der führenden evangelischen Kirchenzeitung für die Bundesrepublik, des *Deutschen Allge-*

meinen Sonntagsblatts, die von dem Initiator des ehemaligen »Tat«-Kreises, Hans Zehrer, gegründet und geleitet wurde. Unter den zahlreichen theologischen Veröffentlichungen L.s befinden sich mehrere Werke über die Person Luthers. L. starb am 6. Januar 1977 in Hannover.

Lischka, Kurt (geb. 1909)
Stellvertreter des Befehlshabers der Sicherheitspolizei und des SD im besetzten Frankreich und Kommandeur der deutschen Sicherheitspolizei in Paris.
L. wurde am 16. August 1909 als Sohn eines Bankbeamten in Breslau geboren. Nach Jura- und Politologiestudium in Breslau und Berlin war L. an mehreren Amtsgerichten, dann als Rechtsanwalt und Notariatsvertreter tätig. Am 1. Juni 1933 trat er der SS bei und war fünf Jahre später SS-Untersturmführer, am 20. April 1942 wurde er zum SS-Obersturmbannführer befördert. Am 2. September 1935 trat L. in das Geheime Staatspolizeiamt ein und wurde im Januar 1940 Leiter der Gestapostelle in Köln.
Nach Frankreich versetzt, wurde L. im November 1940 der Stellvertreter von Helmut → *Knochen* als Befehlshaber der Sicherheitspolizei und des SD in Frankreich. Zeitweilig (Januar bis September 1943) war er auch noch Kommandeur der Sicherheitspolizei und des SD in Paris. Ihm unterstanden gleichzeitig die Internierungslager, wo auch Exekutionen von Häftlingen durchgeführt wurden. Im Oktober 1943 abberufen, wurde L. in das RSHA nach Berlin versetzt.
Er spezialisierte sich auf die Judenfrage, seit er 1938 das Referat II B 4 (Jüdische Angelegenheiten) des Gestapa übernommen hatte. Ende 1938 wurde er zur Reichszentrale für die jüdische Auswanderung in Berlin abkommandiert, und während des Krieges machte er sich in Frankreich an der Planung sowie Überwachung der Deportation und damit an der Ermordung von mehr als 80000 Juden und anderen »Reichsfeinden« mitschuldig.
L. wurde am 10. Dezember 1945 verhaftet, nachdem er in Schleswig-Holstein untergetaucht war. Anschließend befand er sich in britischer und französischer Haft, bevor man ihn am 2. Mai 1947 an die Tschechen auslieferte, weil er gegen Kriegsende Leiter des für das Reichsprotektorat Böhmen und Mähren zuständigen Referats im Reichssicherheitshauptamt war. Am 22. August 1950 wurde L. nach Westdeutschland entlassen. Er lebte völlig unbehelligt in der Bundesrepublik, obwohl ihn am 18. September 1950 ein französisches Gericht wegen seiner Beteiligung an der Endlösung in Frankreich in Abwesenheit zu lebenslänglicher Zwangsarbeit verurteilt hatte. Eine Zeitlang arbeitete L. als kaufmännischer Angestellter.
Dank der Bemühungen des französisch-jüdischen Rechtsanwaltes Serge Klarsfeld, der die Vernichtungsmaßnahmen der Nationalsozialisten überlebt hatte, wurde L. Ende der siebziger Jahre in Köln vor Gericht gestellt. Angeklagt waren er und sein ehemaliger Helfershelfer Ernst Heinrichsohn (Bürgermeister von Burgstadt in Bayern) sowie Herbert-Martin Hagen, ein ehemaliger Mitarbeiter des SD im besetzten Frankreich, der, dort gleichfalls in Abwesenheit zu lebenslanger Haft verurteilt, dessen unbeschadet in Westdeutschland nach dem Kriege ein gutbürgerliches Leben führen konnte. Am 2. Februar 1980 befand das Kölner

Landgericht L. für schuldig, Kriegsverbrechen begangen zu haben, und verurteilte ihn zu zehn Jahren Haft.

List, Wilhelm (1880–1971)
Generalfeldmarschall, im September 1942 wegen seiner Mißerfolge im Kaukasus entlassen. L. wurde am 10. Mai 1880 in Oberkirchberg (Württemberg) als Sohn eines Arztes geboren. Den Ersten Weltkrieg machte er als Generalstabsoffizier mit. 1919 Freikorps-Mitglied, hatte er 1923–1926 verschiedene Truppen- und Stabskommandos in der Reichswehr. 1927 wurde er als Oberst zum Leiter der Heeresausbildungsabteilung im Reichswehrministerium ernannt. 1930 zum Generalmajor befördert, erhielt er den Befehl über die Infanterieschule in Dresden, und 1932 avancierte er zum Generalleutnant. 1933 erhielt er das Kommando über das IV. Armeekorps (Dresden), nach dem Anschluß Österreichs 1938 wurde er nach Wien versetzt, wo er das neue Gruppenkommando 5 befehligte.
1939 erhielt L. die Beförderung zum Generaloberst. Er führte beim Angriff auf Polen die 14. und später beim Einmarsch in Nordfrankreich (1940) die 12. Armee, wofür er nach dem atemberaubenden Sieg im Juli 1940 zum Generalfeldmarschall befördert wurde. Im Februar 1941 handelte er mit der bulgarischen Regierung das Abkommen aus, das es der deutschen Wehrmacht erlaubte, durch Bulgarien zu marschieren, um Griechenland anzugreifen. Von Juni bis Oktober 1941 war er Oberbefehlshaber der deutschen Streitkräfte auf dem Balkan. Beim Angriff auf die Sowjetunion kommandierte er die Heeresgruppe A, die bis zum Kaukasus vorstieß. Hier hielt er seine Stellung vom 7. Juli bis zum 10. September 1942, doch dann entzog Hitler ihm das Kommando, weil nach dem Abzug von Truppen seiner Heeresgruppe für die Schlacht um Stalingrad seine Kräfte nicht ausreichten, bis in den Transkaukasus vorzustoßen, wie Hitler geplant hatte.
Nach dem Kriege wurde L. von einem amerikanischen Militärgericht in Nürnberg am 21. Februar 1948 wegen der deutschen Vergeltungsmaßnahmen bei der Bekämpfung von Partisanen zu lebenslanger Haft verurteilt. Von dem US-Hochkommissar McCloy nicht begnadigt, wurde L. krankheitshalber 1952 freigelassen. Er starb am 18. Juni 1971 in Garmisch-Partenkirchen.

Lohse, Hinrich (1896–1964)
Im Zweiten Weltkrieg Reichskommissar für die eroberten baltischen Staaten und Weißrußland. L. wurde am 2. September 1896 in Mühlenbarbek bei Kellinghusen (Schleswig-Holstein) geboren. Er war 1924 bis 1928 Stadtverordneter in Altona, ab 1925 Gauleiter der NSDAP in Schleswig-Holstein, seit 1928 Abgeordneter seiner Partei im preußischen Landtag und seit dem 12. November 1933 auch NSDAP-Abgeordneter Schleswig-Holsteins im Reichstag. Seit September 1933 Oberpräsident der Provinz Schleswig-Holstein und Preußischer Staatsrat, avancierte L. im Februar 1934 zum SA-Gruppenführer. Im November 1941, gerade als in den baltischen Staaten und in Weißrußland mit äußerster Brutalität die Endlösung vorbereitet wurde, ernannte man L. zum Reichskommissar Ostland mit Sitz in Riga. Damit war L. Chef der deutschen Zivilverwaltung in den baltischen Staaten und Weißruthenien.
Nach seinen geheimen Anweisungen

vom 27. Juli 1941 sollten die Einwohner der Ghettos in seinem Zuständigkeitsbereich nur soviel an Lebensmitteln erhalten, wie die übrige Bevölkerung entbehren konnte, auf keinen Fall aber mehr als das unbedingt Lebensnotwendige. Sein erklärtes Ziel war es, die Durchführung von Minimalmaßnahmen zu gewährleisten, bis die Maßnahmen für die Endlösung ergriffen werden konnten. Dennoch war L. durch die Massenerschießungen und durch die von deutscher Seite inszenierten Pogrome im Wilnaer Ghetto und anderswo so beunruhigt, daß er am 15. November 1941 anfragte, ob »alle Juden im Ostland liquidiert werden sollten? Soll dies ohne Rücksicht auf Alter und Geschlecht und wirtschaftliche Interessen (z. B. der Wehrmacht an Facharbeitern in Rüstungsbetrieben) geschehen?« Die Antwort, die er am 18. Dezember 1941 vom Reichsministerium für die Ostgebiete erhielt, machte ihm klar, daß die Erfordernisse der Wirtschaft zu ignorieren seien, und verwies L. im übrigen an die Höheren SS- und Polizeiführer.
Trotz seiner Sorge um unersetzliche jüdische Arbeitskräfte war L. nicht der Mann, der es mit der Polizei → *Himmlers* aufgenommen hätte. Nach dem Kriege wurde er von der Spruchkammer Bielefeld 1948 zur Höchststrafe von zehn Jahren Gefängnis und Einziehung seines Vermögens verurteilt. Im Februar 1951 aus gesundheitlichen Gründen entlassen, glückte es ihm, vom Land Schleswig-Holstein eine Pension zu bekommen. Unter dem Druck des Landtages mußte diese Entscheidung jedoch revidiert werden, und zwar nicht wegen seiner Kriegsverbrechen in der Sowjetunion, sondern wegen seiner Demokratiefeindlichkeit, die er als Gauleiter Schleswig-Holsteins bewiesen hatte. Gegen den Entzug der Pension prozessierte L. vor sämtlichen Instanzen. Im Dezember 1955 wurde seine Klage schließlich vom Bundesverwaltungsgericht endgültig abgewiesen. L. starb am 25. Februar 1964 in seinem Heimatort Mühlenbarbek (unweit von Itzehoe) in Schleswig-Holstein.

Lorenz, Werner (1891–1974)
Leiter der Volksdeutschen Mittelstelle (VOMI), einer Dienststelle der SS. L. wurde am 2. Oktober 1891 in Grünhof geboren. Er nahm als Offizierskadett und Pilot des Fliegerkorps der kaiserlichen Armee am Ersten Weltkrieg teil. 1929 trat er der NSDAP bei. Unabhängig, wohlhabend, mit bedeutendem Industrie- und Grundbesitz im Freistaat Danzig, war L. zwar Nationalsozialist, stand aber eher im Rufe eines Lebemannes. 1931 trat er der SS bei, und zwei Jahre später wurde er in den preußischen Landtag gewählt.
Am 12. November 1933 zog L. als NSDAP-Abgeordneter in den Reichstag ein. 1934 bis 1937 war er Führer des SS-Oberabschnittes Nord in Hamburg und wurde im Januar 1937 zum Leiter der Volksdeutschen Mittelstelle ernannt, der die Betreuung sog. »Volksdeutscher« im Ausland, vor allem auch bei der Umsiedlung, im Sinne der NS oblag. Diese Dienststelle betrachtete deutschstämmige Bewohner fremder Länder als biologisch mit den Deutschen im Dritten Reich verbunden. Als eine Art »fünfter Kolonne« hatte sie bedeutenden Anteil an der Vorbereitung des Anschlusses Österreichs und unterstützte während der Sudetenkrise Konrad → *Henlein.* Im Zweiten Weltkrieg spielte die VOMI eine wichtige

Rolle bei der Heimführung von Deutschen aus Polen, den baltischen Staaten und der UdSSR ins »Großdeutsche Reich«. Gleichzeitig versuchte sie Polen und andere Ausländer einzudeutschen. So sah sich plötzlich mancher Ausländer in die Reihen der Waffen-SS eingegliedert.

Schließlich wurde die Volksdeutsche Mittelstelle auch zu einem Teil der SS-Organisation. Als Chef des Hauptamtes VOMI beim Reichskommissar für die Festigung des deutschen Volkstums war L. → *Himmlers* oberster Mitarbeiter, wenn es darum ging, »Volksdeutsche« heim ins Reich zu holen und die Macht der SS auf die eroberten Gebiete auszudehnen. Im November 1933 war L. zum SS-Gruppenführer ernannt worden, im November 1936 wurde er SS-Obergruppenführer. Er war in seiner Amtsführung von besserem Ruf als mancher seiner Zeitgenossen.

Am 10. März 1948 verurteilte man ihn als Kriegsverbrecher zu 20 Jahren Gefängnis, doch schon im Frühjahr 1955 wurde er wieder auf freien Fuß gesetzt. Er starb am 13. März 1974.

Lubbe, Marinus van der (1909–1934)
Junger, arbeitsloser holländischer Maurer und Anarchist, der in der Nacht des Reichstagsbrandes (27. Februar 1933) im brennenden Reichstagsgebäude aufgegriffen und wegen Brandstiftung zum Tode verurteilt wurde. Am 13. Januar 1909 in Leiden geboren, war L. ein homosexueller Stadtstreicher, der sich in billigen Absteigen und schäbigen Berliner Cafés herumtrieb. Die Polizei ergriff ihn halbaufgelöst im brennenden Reichstagsgebäude. Im Polizeipräsidium verhört, bekannte er, allein das Feuer gelegt zu haben, obwohl in der Folge noch weitere Personen – darunter Ernst Torgler und Georgi Dimitroff – verhaftet wurden, um die (falsche) Anschuldigung zu untermauern, die Brandstiftung habe den Kommunisten als Signal für den Ausbruch der Revolution dienen sollen. Damals glaubte man in Deutschland, L. habe den Nationalsozialisten als Werkzeug gedient, die den Brand als Vorwand benutzten, um sofort ihre politischen Gegner auszuschalten (Verhaftung von rd. 4000 kommunistischen Funktionären), und am Tage darauf mit Hilfe der »Notverordnung zum Schutz von Volk und Staat« zentrale Grundrechte der Verfassung »bis auf weiteres« aussetzten. Außerdem eignete sich der Brand ausgezeichnet zur Stimmungsmache für die in Kürze bevorstehenden Reichstagswahlen vom 5. März 1933.

L.s Schweigen, seine Verstörtheit und Apathie beim sogenannten Reichstagsbrandprozeß (Ende 1933) verstärkten den Verdacht, man habe ihn unter Drogen gesetzt und halb bewußtlos gemacht. Obwohl er angeblich während seiner Verhöre detaillierte Geständnisse abgelegt und den Vorgang in allen Einzelheiten rekonstruiert haben soll, war er während des Prozesses selbst außerstande, irgendeine zusammenhängende Erklärung abzugeben. Überdies stellte sich heraus, daß er seit sechs Jahren teilweise blind war, was die These seiner Alleintäterschaft noch unwahrscheinlicher machte. Dennoch wurde er des Hochverrates und der aufwieglerischen Brandstiftung für schuldig befunden, am 23. Dezember 1933 zum Tode verurteilt und am 10. Januar 1934 im Hof des Leipziger Gefängnisses hingerichtet.

Zuvor hatten die Nationalsozialisten ein eigenes, rückwirkendes Sondergesetz, die sogenannte *Lex van der Lubbe,* erlassen müssen, um seine Hinrichtung legal vollziehen zu können. Schließlich weigerten sich die deutschen Stellen, L.s Leichnam freizugeben und seiner Familie zur Bestattung in Holland zu überlassen. Die Frage nach der wahren Ursache des Reichstagsbrandes (bzw. die Frage, ob L. von sich aus handelte oder – vielleicht ohne es zu wissen – einfach Werkzeug und Opfer der Nationalsozialisten war, die einen Anlaß brauchten, um die letzten Reste der Weimarer Demokratie endgültig zu beseitigen), beschäftigt die Historiker noch heute.

Ludendorff, Erich (1865–1937)
Während der beiden letzten Jahre des Ersten Weltkrieges als Erster Generalquartiermeister bei der Obersten Heeresleitung zusammen mit → *Hindenburg* praktisch Militärdiktator in Deutschland und später führender Teilnehmer am sogenannten Hitlerputsch vom 9. November 1923. L. wurde am 9.4.1865 in Kruszczewina bei Posen geboren und war väterlicherseits Nachkomme einer pommerschen Kaufmanns- und Gutsbesitzerfamilie. L. war ab 1882 Offizier im Heer, ab 1904 im Generalstab. 1908 stieg er zum Chef der Aufmarschabteilung im Großen Generalstab auf, die unter anderem den im Ersten Weltkrieg ausgeführten Plan der Invasion in Belgien und Frankreich ausgearbeitet hatte. Ein entschiedener Befürworter der allgemeinen Wehrpflicht, stets auf die Erhöhung der Personenzahl des Heeres und die Verbesserung der Bewaffnung bedacht, wurde L. 1914 zum Generalmajor und Kommandeur der in Straßburg stationierten 85. Infanterie-Brigade befördert.
Beim Ausbruch des Ersten Weltkrieges war L. Oberquartiermeister der 2. Armee. Er führte die Truppen an, die überraschend schnell Lüttich eroberten. Zum Lohn dafür erhielt er den *Pour le mérite.* Kurz darauf wurde er zum Generalstabschef der 8. Armee ernannt, dessen Oberbefehlshaber Hindenburg war, den man gerufen hatte, um die Front in Ostpreußen wieder zu stabilisieren. In enger Zusammenarbeit mit Hindenburg entfaltete L. bedeutende Energie und beachtliches strategisches Können. Das Ergebnis waren die überwältigenden Siege der Deutschen bei Tannenberg und an den Masurischen Seen (August und September 1914). Im November 1914 schlugen L. und Hindenburg die russische Gegenoffensive zurück und konnten bis zum Herbst 1916 die deutsche Überlegenheit an der Ostfront behaupten. Am 29. September 1916 wurde L. nach der Entlassung des Generals Erich von Falkenhayn, mit dem er vorher manch scharfe Auseinandersetzung gehabt hatte, zum Ersten Generalquartiermeister bei der Obersten Heeresleitung ernannt.
Unter Hindenburgs Leitung trug L. erheblich dazu bei, die zunehmend schwieriger gewordene Lage an der Westfront zu entspannen, und infolge der Schwäche der politischen Führung gewannen L. und Hindenburg in den beiden letzten Kriegsjahren immer offener Einfluß auf die Politik. Er unterstützte die Idee, den im Schweizer Exil lebenden Lenin in einem verschlossenen (»plombierten«) Eisenbahnwagen nach Schweden und von dort nach Rußland zu schicken, um im russischen Heer Aufruhr zu schüren und es damit als Kriegsgegner auszumanövrieren – ein um so bemerkenswerterer Ent-

schluß, als L. später von der Idee verfolgt wurde, der Bolschewismus sei ein Instrument jüdisch-freimaurerischer Weltmachtgelüste. L. war auch die treibende Kraft, die auf die harten Bedingungen des Friedens von Brest-Litowsk drängte, der am 3. März 1918 zwischen den Mittelmächten (Deutschland nebst seinen Verbündeten) und den Bolschewiki abgeschlossen wurde – Bedingungen, die erkennen lassen, wie weit die territorialen Forderungen des deutschen Kaiserreiches in Osteuropa gingen.

Nach dem Fehlschlag der deutschen Offensive im Westen (Ende des Sommers 1918) begann L. an den Chancen eines militärischen Sieges zu zweifeln und forderte Waffenstillstandsverhandlungen sowie die von ihm bisher stets abgelehnte Parlamentarisierung der deutschen Reichsverfassung. Aus Furcht vor einem »Demütigungsfrieden« auf Fortsetzung des militärischen Widerstandes drängend und in Konflikt mit dem Reichskanzler Prinz Max von Baden geraten, bat L. schließlich um seine Entlassung, die ihm am 26. Oktober 1918 gewährt wurde. Daraufhin zog sich L. zunächst nach Schweden zurück, wo er seine 1919 erschienenen *Kriegserinnerungen* schrieb. Im Februar 1919 kehrte L. nach München zurück, wo er sich immer stärker in der um sich greifenden völkischen Bewegung engagierte. In rechtsgerichteten Kreisen warb er für eine Gegenrevolution.

Die Berliner Putschisten vom 13. März 1920 (Kapp-Putsch) deckte er mit seinem berühmten Namen. Er war jetzt überzeugt, die deutsche Niederlage im Weltkrieg könne nur auf Verrat zurückzuführen sein, und tat alles, um die berüchtigte »Dolchstoßlegende« zu verbreiten. Wegen seiner Siege im Ersten Weltkrieg, ganz besonders im Offizierskorps und in konservativen Kreisen als Nationalheld gefeiert, wurde L. auch vom jungen Hitler hofiert und hätte die Führung der Armee erhalten, wenn der Hitlerputsch vom 9. November 1923 zum Erfolg geführt hätte. Bei diesem Putsch marschierte L. an der Spitze von mehr als 3000 SA-Männern vom Bürgerbräukeller in die Münchener Innenstadt und verließ sich darauf, daß sein Name die bewaffneten Kräfte der bayerischen Polizei auf die Seite der Putschisten ziehen werde.

Als die Polizei dennoch das Feuer auf die Marschkolonne eröffnete (allerdings ist umstritten, ob nicht von Putschisten zuerst geschossen wurde), brachte L. sich als einziger nicht in Sicherheit, sondern marschierte seelenruhig allein vor den Mündungen der auf ihn gerichteten Gewehre weiter. Niemand folgte diesem Beispiel heroischen Leichtsinns, und L. wurde prompt verhaftet. Im darauffolgenden Prozeß, der zu Hitlers Festungshaft in Landsberg führte, wurde L. in München von der Anklage des Hochverrats freigesprochen. Er übernahm darauf zusammen mit Gregor → *Strasser* die Führung der Deutschvölkischen Freiheitspartei. Bei den Reichstagswahlen vom 4. Mai 1924 zog L. als Abgeordneter in den Reichstag ein (insgesamt gewann die Partei damals zwei Millionen Stimmen und 32 Sitze). Diesen Sitz im Reichstag behielt er bis 1928. Als er 1925 für das Amt des Reichspräsidenten kandidierte, hatte er wenig Erfolg: Er errang nur 1,1 % der abgegebenen Stimmen, was zu einer weiteren Abkühlung zwischen ihm und Hitler führte.

Unter dem Einfluß seiner zweiten Frau

Dr. Mathilde von Kemnitz (1877 bis 1966) gründete L. 1926 den Tannenbergbund, der zahllose Flugschriften und Bücher gegen die »überstaatlichen Mächte« (Judentum, Freimaurertum, Jesuiten und Marxisten) herausbrachte und in denen teilweise so exzentrische Standpunkte vertreten wurden, daß selbst NS-Ideologen sie als Hirngespinste zurückwiesen. So hätten sich – L. zufolge – dunkle »überstaatliche Mächte« zu einem teuflischen Komplott gegen das deutsche Volk verschworen. Höhepunkt ihres niederträchtigen Wirkens sei der November 1918 gewesen. Diese »überstaatlichen Mächte« hatten angeblich den Mord in Sarajewo geplant, der zum Ausbruch des Ersten Weltkrieges führte, dazu die Revolution in Rußland, den Kriegseintritt Amerikas, den Versailler Vertrag und vieles andere mehr, um eine jüdisch-freimaurerische Weltherrschaft sicherzustellen. In seiner Phantasterei verstieg sich L. sogar zu der Behauptung, Mozart und Schiller seien von der »Tscheka des überstaatlichen Geheimbundes« ums Leben gebracht worden.

L.s zunehmender Verfolgungswahn ließ ihn schließlich unter seinen eigenen Freunden und Kampfgenossen überall »Juden«, »Freimaurer« und »Römlinge« wittern. Obwohl die Nationalsozialisten L. wegen seines Auftritts beim Münchener Putsch als Helden feierten, provozierten derartige Wahnideen NS-Führer wie Alfred → *Rosenberg,* sich über seine »Psychose« zu mokieren. Was Hitler anging, so behauptete er 1927 auf einer öffentlichen Veranstaltung in Regensburg, L. sei selbst Freimaurer – eine Anschuldigung, die unwidersprochen blieb. Auf jeden Fall verschlechterten sich die Beziehungen zwischen Hitler und L. dermaßen, daß L. 1933 den Reichspräsidenten Hindenburg warnte. Er bezeichnete Hitler als eine Person, die Deutschland in den Abgrund und das deutsche Volk in eine nie dagewesene Katastrophe führen werde. Dennoch erhielt L., nachdem er am 20. Dezember 1937 in Tutzing gestorben war, ein Staatsbegräbnis und wurde als »großer Patriot« gefeiert.

Luther, Martin (1895–1945)
Chef der Deutschland-Abteilung des Auswärtigen Amtes und als Unterstaatssekretär einer von → *Ribbentrops* einflußreichsten Untergebenen. Der am 16. Dezember 1895 in Berlin geborene L. trat 1914 in die Armee ein und leistete seinen Militärdienst während des gesamten Ersten Weltkrieges in Eisenbahneinheiten ab. Von Beruf Spediteur, schloß er sich am 1. März 1933 der NSDAP wie auch gleichzeitig der SA an und war in seinem Berliner Wohnbezirk Dahlem sehr aktiv. 1936 trat er in das »Büro Ribbentrop« ein – eine Parteidienststelle, die Hitler in außenpolitischen Fragen beriet. Hier hatte er zunächst die bescheidene Aufgabe, für die Beschaffung der Büroeinrichtung zu sorgen.

Doch der ehrgeizige L. machte rasch Karriere (obwohl gegen ihn eine Klage anhängig war, er habe Parteigelder veruntreut; doch ließ man diesen Vorwurf wieder fallen). Am 7. Mai 1940 wurde er zum Leiter der neugebildeten Deutschland-Abteilung im AA ernannt – eine Position, die er bis 1943 innehatte. L. war nicht nur für die gesamte Propaganda des Außenministeriums zuständig, sondern auch für die Kontakte mit sämtlichen Parteigliederungen, der SS und der Polizei. So wurde er einer der einflußreichsten

Handlanger → *Himmlers* und → *Heydrichs* und untergrub nach und nach die Position seines nominellen Vorgesetzten von → *Ribbentrop*.
L.s Organisationstalent, sein Durchsetzungsvermögen und seine Gerissenheit in amtsinternen Auseinandersetzungen, ganz zu schweigen von seinem kühlberechnenden, skrupellosen Vorgehen, wenn es Vorteile zu erringen galt, machten ihn zu einem gefürchteten Gegner. Im Juli 1941 zum Unterstaatssekretär befördert, umgab sich L. in seiner Abteilung mit jungen, aktiven NS-Fanatikern und führte einen entschlossenen Kampf, um die traditionellen Vorrechte des Auswärtigen Amtes zu sichern. Dies erreichte er, indem er das Außenministerium ganz und gar mit Nationalsozialisten durchsetzte und seinem Amt neue Zuständigkeitsbereiche erschloß, es beispielsweise in die Endlösung der Judenfrage hineinzog. L., nicht von Ribbentrop, nahm an der berüchtigten Wannseekonferenz vom 20. Januar 1942 teil und arbeitete ein Übereinkommen mit Heydrich aus, das im Hinblick auf den geplanten Massenmord am europäischen Judentum eine Zusammenarbeit zwischen dem Außenministerium und dem Reichssicherheitshauptamt vorsah.
L.s intensive Mitwirkung an der Deportation von Juden aus West- und Südeuropa, seine skrupellose Art, zögernde Regierungen zu radikaleren Maßnahmen zu drängen, machen deutlich, daß die Endlösung ihm und seinen Günstlingen eine Chance bot, ihren Machtbereich zu erweitern. L.s Karrierestreben fand im April 1943 durch einen übereilten, fehlgeschlagenen Coup gegen Ribbentrop ein jähes Ende. Himmlers Adjutant Karl → *Wolff* schickte Ribbentrop eine Vorab-Kopie der Anschuldigungen, die L. gegen ihn vorzubringen gedachte, und die Affäre führte zu L.s Einlieferung in das KZ Sachsenhausen (bei Oranienburg, unmittelbar im Norden von Berlin), wo er ohne Erfolg versuchte, sich das Leben zu nehmen. Freigelassen, als die Russen Berlin angriffen, starb er am 12. oder 13. Mai in einem Berliner Krankenhaus an Herzversagen.

Lutze, Viktor (1890–1943)
Als Stabschef der SA Nachfolger von Ernst → *Röhm*. L. wurde am 28. Dezember 1890 in Bevergen geboren. Er trat 1912 in die Armee ein und nahm als Offizier am Ersten Weltkrieg teil. 1922 ging er zur NSDAP und beteiligte sich ein Jahr später am Ruhrkampf. 1925 Gau-SA-Führer und stellvertretender Gauleiter im Ruhrgebiet, rückte er 1928 zum SA-Oberführer Ruhr auf. 1930 zog er als Abgeordneter von Südhannover-Braunschweig in den Reichstag ein. Im März 1933 wurde L. kurzfristig Polizeipräsident von Hannover und zum Oberpräsidenten (bis April 1941) ernannt und im selben Jahr außerdem Mitglied des preußischen Staatsrates sowie als SA-Obergruppenführer Führer der SA-Gruppe VI in Hannover. Nach der blutigen Säuberung der SA, der Ernst Röhm und andere SA-Führer zum Opfer fielen (und an der er aktiv beteiligt war) wurde er am 1. Juli 1934 offiziell von Hitler zum Stabschef der SA ernannt. Diese Position hatte er inne, bis er am 2. Mai 1943 bei einem Autounfall ums Leben kam. Unter seiner Führung spielte die SA im Dritten Reich nur noch eine unbedeutende Rolle. Ihr Einfluß war infolge der Röhm-Säuberung drastisch zurückgegangen.

M

Manstein, Erich von (1887–1973)
Generalfeldmarschall, von manchen Militärexperten als fähigster deutscher Heerführer des Zweiten Weltkrieges angesehen. M. wurde am 24. November 1887 als Sohn eines Generals der Artillerie in Berlin geboren. Er hieß ursprünglich von Lewinski; nach dem Tode seiner Eltern wurde er von der begüterten, adeligen Gutsbesitzerfamilie adoptiert, deren Namen er künftig trug. Nach seiner Ausbildung im preußischen Kadettenkorps wurde M. 1906 aktiver Offizier und diente im Ersten Weltkrieg an der Ost- und Westfront. M. wurde zwischen 1919 und 1927 in verschiedenen Truppen- und Stabskommandos eingesetzt. 1934 wurde er als Oberst Chef des Stabes im Wehrkreis Berlin, im Juli 1935 Leiter der Operationsabteilung im Generalstab des Heeres und im Oktober 1936 als Generalmajor Oberquartiermeister I und damit Vertreter des Generalstabschefs, General Ludwig → *Beck*.
Im Zuge der Personalveränderungen nach der Fritsch-Krise erhielt M. im April 1938 das Kommando über eine Division in Schlesien und ein Jahr später die Beförderung zum Generalleutnant, doch unmittelbar vor Ausbruch des Krieges gegen Polen wurde er zum Generalstabschef der Heeresgruppe Süd (von → *Rundstedt*) ernannt. M. war es, der den von Hitler dann übernommenen kühnen Operationsplan für den Angriff auf Frankreich entwarf: den Vorstoß massierter Panzerkräfte durch die bewaldeten Ardennen und die Eroberung der Maasübergänge. Im Januar 1940 stand er an der Spitze des XXXVIII. Armeekorps, das an der Somme die französischen Linien schnell und vollständig durchbrach. Ebenso überquerte M. mit seinem Verband am 10. Juni 1940 als erster die Seine. In Anerkennung dieser militärischen Leistungen wurde er im Juli 1940 zum General der Infanterie ernannt und erhielt das Ritterkreuz.
Nachdem die Invasion Großbritanniens eingestellt worden war (man hatte M. dazu ausersehen, den Befehl über die in England gelandeten deutschen Einheiten zu führen), erhielt er das Kommando über das LVI. Panzerkorps in Ostpreußen und beteiligte sich mit beachtlichem Erfolg zwischen Juni und September 1941 an den Operationen im Rußlandfeldzug. Er stieß mit seinen Truppen in vier Tagen rund 320 km bis zur Westlichen Dwina *(Sapadnaja Dwina)* vor und näherte sich Ende Juli Leningrad. Am 2. September 1941 übernahm M. den Befehl über die 11. Armee im Südabschnitt der Ostfront. Trotz zahlenmäßiger Unterlegenheit schlug er während der ersten zehn Monate seines Kommandos die Rote Armee auf der Krim. 430000 Rotarmisten gerieten damals in deutsche Kriegsgefangenschaft. Trotz des harten Winters hielten seine Streitkräfte die Stellungen, stürmten Perekop sowie Parpatsch und nahmen nach 250tägiger Belagerung im Juli 1942 Sewastopol ein, wofür er am 1. Juli 1942 zum Generalfeldmarschall ernannt wurde (Generaloberst am 7. März 1942).
Mit dem Kommando über die Heeresgruppe Don betraut, der die nahezu unlösbare Aufgabe zugedacht war, die eingekesselte 6. Armee unter Generaloberst Friedrich → *Paulus* zu befreien, kam M. zu spät, um seinen Auftrag noch erfüllen zu können. Doch glückte

es ihm, die zurückflutenden deutschen Streitkräfte neu zu organisieren. Trotz aller Hoffnungen deutscher Widerstands-Kreise und trotz aller Bemühungen der Generäle Beck und von → *Tresckow* veranlaßte nicht einmal die Katastrophe von Stalingrad M., sich von Hitler loszusagen. Ihm waren die Ziele des Nationalsozialismus gleichgültig (er war daher lange Zeit bei Himmler schlecht angeschrieben), und seine Beschränkung auf das rein Militärische ließ ihn die Dinge aus einem sehr engen Blickwinkel heraus betrachten. Nachdem es ihm gelungen war, die Russen bis zum Donez zurückzuschlagen und Charkow einzunehmen (Februar/März 1943), war M. überzeugt, der Krieg im Osten könnte trotz aller Rückschläge noch gewonnen werden, wenn man verlustreichen und militärisch nichts einbringenden Widerstand vermiede und dem Feind tiefe Einbrüche gestattete, um ihn dann in der Flanke mit Panzern anzugreifen und abzuriegeln.
In persönlichen Gesprächen gelang es ihm zunächst immer wieder, Hitler davon zu überzeugen, daß für eine Konsolidierung der Front und zur Vorbereitung künftiger Offensiven Rückzug erforderlich sei, doch schließlich verwarf Hitler seine Pläne, die Russen im Sommer 1943 zu schlagen, als zu risikoreich. So erhielten die Sowjets Zeit, ihre Kräfte zu reorganisieren, und in der Folge fügten sie den deutschen Truppen schwere Verluste zu. Nach dem Scheitern der letzten deutschen Offensive bei Kursk drängten die Sowjets M.s Heeresgruppe über den Dnjepr bis zur polnischen Grenze zurück. Nach z. T. heftigen Auseinandersetzungen mit Hitler über die Führung der Operationen verlor dieser schließlich die Geduld und weigerte sich, weiter auf M.s Argumente zu hören. Als M. am 25. März 1944 erneut die Genehmigung zum Rückzug erbat, wurde er im April als Befehlshaber der Heeresgruppe Süd abgesetzt und nicht mehr verwendet. Er zog sich bis zum Kriegsende auf sein Gut zurück.
M. wurde von britischen Truppen gefangengenommen und in Hamburg vor ein britisches Militärgericht gestellt. In zwei Fällen von der Anklage freigesprochen, für Massenmorde an Juden verantwortlich zu sein, wurde er doch für schuldig erkannt, nicht auf den Schutz der Zivilbevölkerung bedacht gewesen zu sein. Denn er hatte in einem Tagesbefehl vom 20. November 1941 der 11. Armee verkündet: »Das Judentum bildet den Mittelsmann zwischen dem Feind im Rücken und den noch kämpfenden Resten der Roten Wehrmacht und der roten Führung.« Der deutsche Soldat an der Ostfront, der gegen den Bolschewismus kämpfe, sei der »Träger einer völkischen Idee« und müsse daher »für die Notwendigkeit der harten Sühne am Judentum, dem geistigen Träger des bolschewistischen Terrors... Verständnis aufbringen«. Am 19. Dezember 1949 wurde M. von seinen britischen Richtern zu 18 Jahren Gefängnis verurteilt, die später auf zwölf Jahre reduziert wurden. Auf ein ärztliches Gutachten vom August 1952 hin wurde er im Mai 1953 freigelassen. Später betätigte er sich als militärischer Berater der deutschen Bundesregierung und starb schließlich, 85 Jahre alt, am 10. Juni 1973 in Irschenhausen bei München.

Mayer, Helene (1910–1953)
Eine der bedeutendsten Fechterinnen. Die am 12. Dezember 1910 in Offen-

bach geborene Helene M., war die Tochter eines jüdischen Arztes und einer nichtjüdischen Mutter. Mit 13 Jahren gewann sie für ihren Offenbacher Fechtklub die deutschen Florett-Fechtmeisterschaften, und 1928 brachte sie aus Amsterdam olympisches Gold mit nach Deutschland. Im selben Jahr gewann sie auch die internationale italienische Meisterschaft, und 1930 trug sie in sechs Meisterschaften den Sieg davon. Florettweltmeisterin 1929, 1931 und 1939, hatte sie 1932 Deutschland verlassen, um in Kalifornien internationales Recht zu studieren. Während ihres Studiums kamen in Deutschland die Nationalsozialisten an die Macht. Anfangs feierte die NS-Propaganda die hochgewachsene, stattliche, grünäugige Blondine als Nationalheldin, bis man ihrer halbjüdischen Herkunft auf die Spur kam und sie aus ihrem Offenbacher Fechtverein ausgestoßen wurde.
Dennoch legten die Nationalsozialisten großen Wert darauf, sie bei den Olympischen Spielen in Berlin (1936) antreten zu lassen – einmal wegen ihrer hervorragenden Leistungen, dann aber auch, um vor aller Welt zu demonstrieren, Juden seien nicht automatisch von der Auswahl für die deutsche Nationalmannschaft ausgeschlossen. Helene M.s Gründe, die Einladung des Reichssportführers zur Teilnahme an den Spielen anzunehmen, waren vielschichtig. Es gab für sie als deutsche Staatsbürgerin keine andere Möglichkeit, ihren 1928 erworbenen Titel zu verteidigen. Außerdem war sie zwar im jüdischen Glauben erzogen worden, fühlte sich aber als Deutsche und wollte gern bei den Wettkämpfen ihr Land vertreten. Und schließlich hatte sie, seit sie nach Amerika gegangen war, ihre Mutter und ihre beiden Brüder nicht mehr gesehen, die noch in Frankfurt lebten (ihr Vater war 1931 gestorben).
So trat Helene M. 1936 in Berlin für Deutschland an, gewann die Silbermedaille im Einzelkampf (das Gold fiel an die ungarische Jüdin Ilona Elek-Schacherer, vielleicht die bedeutendste Florettfechterin aller Zeiten). Auf der Siegertribüne erhob die blonde Helene die Hand zum deutschen Gruß, und an ihrer weißen Uniform prangte (da sie ja zur deutschen Mannschaft gehörte) das Hakenkreuz. Nach den Siegesfeiern kehrte sie in die Vereinigten Staaten zurück, wurde US-Bürgerin und gewann insgesamt achtmal die US-Florettmeisterschaften (1934/35, 1937/39, 1941/42 und 1946). Nach Deutschland kam Helene M. erst kurz vor ihrem Tode zurück. Sie starb am 15. Oktober 1953.

Meinecke, Friedrich (1862–1954)
Deutschlands vielleicht bedeutendster Historiker des zwanzigsten Jahrhunderts und 1894 bis 1935 Herausgeber der *Historischen Zeitschrift.* M. wurde in Salzwedel (Altmark [Bezirk Magdeburg]) am 30. Oktober 1862 geboren. Nach dem Studium der Geschichte und Philosophie an den Universitäten Bonn und Berlin arbeitete er eine Zeitlang im Preußischen Geheimen Staatsarchiv und wurde 1896 Herausgeber der angesehenen *Historischen Zeitschrift.* Ein führender Exponent ideengeschichtlicher Betrachtungsweise, wirkte er als Professor in Straßburg (1901–1906), Freiburg (1906–1914) und Berlin (1914–1928). Als Autor außerordentlich fruchtbar, versuchte er, in seinem ersten größeren Werk – *Weltbürgertum und Nationalstaat* (1908) – einen optimistisch gezeichneten Nationalstaat

mit den Erfordernissen eines Rechtsstaates und den Wertvorstellungen der europäischen Zivilisation in Einklang zu bringen.
Im Grunde war M. konservativ und bewunderte zwar die preußische Tradition, doch beschönigte er keineswegs ihre Schattenseiten und trat nach dem Ersten Weltkrieg für die Weimarer Republik ein, wenn auch aus reinen Vernunftgründen und Nützlichkeitserwägungen. In seinem Werk *Die Idee der Staatsräson* (1924), von dem starke Impulse ausgingen, untersuchte M. die tragische Spannung zwischen Ethik und Machtpolitik. Die Ansicht zurückweisend, daß in der Geschichte absolute Prinzipien nachweisbar seien, bewegte er sich Schritt für Schritt auf den objektiven Relativismus und Historismus zu, den er 1936 in *Die Entstehung des Historismus* vertrat – einer Entwicklungsgeschichte des historischen Bewußtseins, die das, so scheint es, unlösbare Problem der Beziehungen zwischen Freiheit und Notwendigkeit zum zentralen Thema hat. Nach M.s Auffassung bildet die in Deutschland ausgeprägte Konzeption des Individuums den Gipfel neuzeitlichen westlichen Denkens.
Im Deutschland Hitlers verlor M. seine Stellung als Herausgeber der *Historischen Zeitschrift* und sein akademisches Amt. Nach dem Kriege sprach er sich mit scharfen Worten gegen den totalitären Größenwahn des Nationalsozialismus aus (vor dem er schon vor 1933 öffentlich gewarnt hatte) und bezeichnete 1946 das Dritte Reich nicht nur als größte Katastrophe der Deutschen, sondern auch als ihre größte Schmach. In seinen 1946 unter dem Titel *die deutsche Katastrophe* veröffentlichten außerordentlich klarsichtigen Betrachtungen untersuchte M. die Beziehung des Nationalsozialismus zur deutschen Geschichte, nahm sein früheres Eintreten für Machtpolitik zurück und bezeichnete Hitler als verkörperten Durchbruch eines satanischen Prinzips in der Weltgeschichte. Der Kampf der beiden Seelen innerhalb des Preußentums – der zivilisierten und der militaristischen – sei von den Nationalsozialisten zu einer entehrenden Kriecherei vor dem allmächtigen Staat pervertiert worden.
Sogar seine frühere Bewunderung für Bismarck, seine Verherrlichung des Erfolges und seine Einschätzung der Funktion des Historikers revidierte M. und forderte ein erneutes Innewerden der humanistischen Ströme der deutschen Geschichte. Andererseits verharmloste er die Todesfabriken, den Massenmord an den Juden, die Sklavenarbeit und andere Verbrechen gegen die Menschlichkeit, indem er erklärte, Hitler habe seine Macht seiner »dämonischen Persönlichkeit« verdankt, und der Nationalsozialismus sei ein Irrweg der deutschen Geschichte. 1948 wurde M. von den westlichen Besatzungsmächten zum ersten Rektor der neugegründeten Freien Universität in Berlin-Dahlem (West-Berlin) ernannt. Auch nachdem er am 6. Februar 1954 in Berlin-Dahlem gestorben war, übte er noch immer beachtlichen Einfluß auf die Historiker der Nachkriegsgeneration aus.

Meißner, Otto (1880–1953)
Chef der Präsidialkanzlei Hindenburgs und Hitlers. M. wurde am 13. März 1880 in Bischweiler (Elsaß) als Sohn eines Postdirektors geboren. Nach dem Besuch des Gymnasiums in Straßburg studierte er Jura, und 1908 wurde er

Reichsbeamter. Nachdem er 1915 zur Infanterie eingezogen worden war, wurde er 1918 zur Militärverwaltung der Ukraine unter dem Skoropadskij-Regime berufen und war kurze Zeit, nun im Dienst des Auswärtigen Amtes, als deutscher Geschäftsträger in der Ukraine tätig. 1920 bis 1945 war er, erst als Ministerialdirektor, seit 1923 als Staatssekretär, Chef des Präsidialbüros – zunächst unter dem Sozialdemokraten Ebert, dann unter dem Konservativen → *Hindenburg* und schließlich unter dem Nationalsozialisten → *Hitler.* Einer der einflußreichsten Ratgeber Hindenburgs und Drahtzieher hinter der Szene, trat M. bei Hindenburg schließlich trotz aller Bedenken für Hitler ein, als dieser sich um die Reichskanzlerschaft bewarb. Hitler behielt ihn nach Hindenburgs Tode als Staatssekretär und Chef der Präsidalkanzlei, und 1937 avancierte M. sogar zum Staatsminister. Nach Kriegsende wurde M. im sogenannten »Wilhelmstraßenprozeß« freigesprochen (am 14. April 1949), und auch drei Entnazifizierungskammern konnten keinen Flecken auf seiner Weste finden. Schließlich wurden im Januar 1952 sämtliche Verfahren gegen ihn eingestellt. M. veröffentlichte 1950 seine Lebenserinnerungen unter dem Titel *Staatssekretär unter Ebert, Hindenburg und Hitler* (3. Auflage 1958). Er starb, 74 Jahre alt, am 28. April 1953 in München.

Mengele, Josef (1911–1979)

Berüchtigter SS-Arzt im Vernichtungslager Auschwitz, der die Selektionen für die Gaskammern und die entsetzlichsten medizinischen Versuche an Häftlingen vornahm. Der am 16. März 1911 in Günzburg (Bayern) geborene M. studierte zunächst Philosophie in München und erwarb in Frankfurt/Main seinen medizinischen Doktorgrad. Als überzeugter Nationalsozialist wurde er 1934 Mitglied des Forschungsstabes des neugegründeten Institutes für Erbbiologie und Rassenhygiene, wo er sich auf Zwillingsforschung und auf Rassenkunde unter besonderer Berücksichtigung der Vererbungslehre spezialisierte. Während des Zweiten Weltkrieges trat M. der Waffen-SS bei und war zunächst in Frankreich und der Sowjetunion als Sanitätsoffizier tätig. 1943 wurde er Chefarzt in Auschwitz, und hier war er zuständig für die Vergasung von Juden und leitete zahllose Selektionen, wobei er sich als gnadenloser Vollstrecker der Endlösung erwies. Hier setzte er auch seine pseudowissenschaftlichen Forschungen über angebliche Rassenmerkmale, desgleichen über Anomalien wie Riesen- und Zwergwuchs, Rückgratverkrümmungen und andere Deformationen fort. Häftlinge, die irgendeine Art von Mißbildungen aufwiesen, wurden, sobald sie im Todeslager eingetroffen waren, auf seinen Befehl eigens für ihn umgebracht, um ihm als Studienobjekt zur Verfügung zu stehen. Es gab eine eigene Sektions-Abteilung, wo man an den für M. ermordeten Lagerinsassen Autopsien durchführte. Besonders war M. an medizinischen Experimenten mit Zwillingen interessiert. Er hoffte, über seine Menschenversuche einen Weg zu finden, um eine Rasse blauäugiger Arier heranzuzüchten.

Nach dem Krieg gelang es M., aus der Krankenabteilung eines britischen Militärgefängnisses zu entkommen und mit falschen Pässen über Rom nach Buenos Aires zu fliehen. Einer der meistgesuchten NS-Kriegsverbrecher, soll M. von zahlreichen Zeugen in Argentinien, Brasilien und Paraguay gesehen worden sein. Für seine Ergreifung wurden erhebliche Belohnungen ausgesetzt. Im September 1959 wurde er durch Naturalisation Bürger des Staates Paraguay. Seit 1962 beantragte die Bonner Regierung seine Auslieferung. Doch bisher blieben alle Versuche ergebnislos, seiner habhaft zu werden und ihn vor Gericht zu stellen. Am 6. Februar 1979 angeblich Tod durch Badeunfall. Grab in Embu im Staat São Paulo / Brasilien unter dem Namen Wolfgang Gerhard.

Messerschmitt, Willy (1898–1978)
Einer der bedeutendsten Flugzeugkonstrukteure des Jahrhunderts. M. wurde am 26. Juni 1898 als Sohn eines Weingroßhändlers in Frankfurt am Main geboren. Führend als Flugzeugkonstrukteur und Formgestalter, begründete er 1923 in Augsburg die Messerschmitt-Flugzeugbau-Gesellschaft, und drei Jahre später brachte er sein erstes Ganzmetallflugzeug (M 18) heraus. 1930 wurde M. zum Honorarprofessor für Flugzeugbau an der Technischen Hochschule in München ernannt.
Während des Dritten Reiches war M. einer der profiliertesten Vertreter der deutschen Flugzeugbauindustrie. In seinen M.-Werken in München und Augsburg schuf er eine Reihe hervorragender Jagdflugzeuge, die Geschwindigkeitsrekorde errangen, darunter die Me 209 und die berühmte, einsitzige Me 109, die erstmals bei den Olympischen Spielen des Jahres 1936 in Berlin öffentlich vorgeführt und in der Folge im Spanischen Bürgerkrieg erprobt wurde. Im Zweiten Weltkrieg erwies sich die Me 109 als außerordentlich erfolgreiches Jagdflugzeug, das sich in zahlreichen Einsätzen im Polenfeldzug, in den Niederlanden und in Skandinavien bewährte und bis zur Luftschlacht um England keinen ebenbürtigen Gegner fand. 1943 baute M. auch das erste in Serie hergestellte Flugzeug mit Düsenantrieb (Me 262).
Für seine international anerkannten Leistungen und seinen Beitrag zur Stärkung der deutschen Luftwaffe wurde er zum stellvertretenden Präsidenten der Deutschen Akademie für Luftfahrtforschung und zum Wehrwirtschaftsführer ernannt. Außerdem erhielt er den Titel »Pionier der Arbeit« verliehen. Nach Kriegsende interniert, wurde er 1948 von einer Entnazifizierungskammer als »Mitläufer« eingestuft. In der Folgezeit baute er Kabinenroller und Fertighäuser, doch zehn Jahre später entwarf er bereits wieder Düsenflugzeuge für die NATO und die Luftwaffe der Bundeswehr. Ab 1969 war M. Teilhaber eines der größten westdeutschen Privatkonzerne, der Messerschmitt-Bölkow-Blohm GmbH (Flugzeugbau, Raumfahrt). Er starb am 15. September 1978 in einem Münchener Krankenhaus.

Meyerhof, Otto (1884–1951)
Einer der bedeutendsten Biologen und Biochemiker des 20. Jahrhunderts. M. wurde am 12. April 1884 als Sohn mittelständischer jüdischer Eltern in Hannover geboren. Nachdem er in Berlin die Schule besucht hatte, studierte er in Freiburg, Berlin und Straßburg Medizin. Seinen Doktortitel erwarb er 1909 in Heidelberg mit einer Dissertation über ein psychiatrisches Thema. Ab 1913 lehrte M. in Kiel als Privatdozent Physiologie, fünf Jahre später avancierte er zum außerplanmäßigen, 1921 zum außerordentlichen Professor. Ein Jahr später erhielt er, noch immer in

Kiel tätig, den Nobelpreis, der ihm allerdings erst 1923 verliehen wurde, 1924 ging er an das Kaiser-Wilhelm-Institut für Zellphysiologie in Berlin, wo er unter Otto Warburg tätig war.
M. erkannte als erster Biochemiker die Wichtigkeit der Anwendung thermodynamischer und energetischer Erkenntnisse bei der Analyse chemischer Prozesse in der lebenden Zelle sowie bei der Erforschung der Zellfunktion. Er zeigte als erster, wie Stoffwechselprozesse im Körper miteinander in Verbindung stehen. Nach ihm bezeichnet man das Verhältnis zwischen Sauerstoffabbau und Sauerstoffaufnahme als M.-Quotienten. 1929 wurde M. Direktor des Kaiser-Wilhelm-Institutes für Physiologie in Heidelberg (das in den dreißiger Jahren zum internationalen Zentrum zytologischer Forschung wurde), und gleichzeitig ernannte man ihn zum Honorarprofessor an der Universität Heidelberg, ein Amt, das er allerdings unter NS-Druck wieder einbüßte.
Wie so viele andere Deutsche und Juden glaubte M. anfangs, Hitler werde sich nicht lange halten, 1936 wurde ihm klar, daß seine eigene Position in Deutschland untragbar geworden war. Zwar gestattete man ihm noch, bis 1938 an seinem Heidelberger Institut tätig zu sein, doch dann drängten ihn NS-Rassenfanatiker zur Emigration. M. ging nach Paris. Nach dem Einmarsch der Deutschen in Frankreich verließ M. im Mai 1940 auch Paris und floh nach dem Süden. Im Oktober 1940 traf er – via Lissabon – in den USA ein und erhielt in der Folge einen Lehrstuhl für Physiologie an der Universität von Pennsylvania in Philadelphia. 1949 erhielt er als Wiedergutmachung für das ihm zugefügte Unrecht seine Honorarprofessur in Heidelberg zurück. Er starb am 6. Oktober 1951 in Philadelphia.

Milch, Erhard (1892–1972)
Generalfeldmarschall und Generalinspekteur der Luftwaffe. M. wurde am 30. März 1892 als Sohn eines Marine-Apothekers in Wilhelmshaven geboren. Nachdem er bei der Fliegertruppe im Ersten Weltkrieg gedient hatte, war er zunächst beim Stab des XVII. Armeekorps in Danzig, dann beim Grenzschutz und bei der Schutzpolizei in Königsberg tätig. 1920 nahm er als Hauptmann den Abschied. Zwischen 1921 und 1923 war er dann Leiter der Flugbetriebsabteilung bei der Lloyd Ostflug GmbH, aus der die Junkers-Luftverkehrs-AG hervorging, 1924 war er für Junkers in Süd- und Nordamerika tätig, dann wieder für den Flugbetrieb des gesamten Junkerskonzerns verantwortlich. 1926 wurde er mit der Gründung der Deutschen Lufthansa AG im Januar 1926 Lufthansa-Vorstandsmitglied und 1928 bis 1933 Leiter der Lufthansa-Finanzabteilung. In diesen Funktionen trug er wesentlich zum Aufbau der Lufthansa bei.
1933 trat er in die NSDAP ein und wurde am 22. 2. 33 von → *Göring* zum Staatssekretär im Reichsluftfahrtministerium ernannt. Diesen Posten hatte er bis 1944 inne. Als Generalinspekteur der Luftwaffe übertrug M. hervorragenden Fachkräften aus führenden Firmen der Luftfahrtindustrie die Verantwortung für die einzelnen Teilbereiche der Luftrüstung und erwarb Görings höchste Anerkennung für das, was er leistete. Daß er jüdischer Abstammung war, stand seiner raschen Karriere nicht im Weg, da Göring kurzerhand M.s Mutter überredete, eine Erklärung zu unterzeichnen, M. sei »arischer«

Abstammung. 1935 zum Generalleutnant, 1936 zum General der Flieger und 1939 zum Generaloberst befördert, kommandierte M. während des Norwegen-Feldzuges vorübergehend die Luftflotte 5, wofür er das Ritterkreuz erhielt. Am 19. Juli 1940 wurde er zusammen mit noch zwei anderen Luftwaffengenerälen zum Generalfeldmarschall befördert.
Seit 1938 Generalinspekteur der Luftwaffe, übernahm M. nach dem Tode Ernst → *Udets*, des Generalluftzeugmeisters, auch die Leitung des Technischen Amtes im Luftfahrtministerium (November 1941). Im selben Jahr wurde er – zusammen mit seinem engen Freund und politischen Verbündeten Albert → *Speer* – praktisch Diktator des Transportwesens in Hitlerdeutschland. Beide versuchten erfolglos, Göring und Hitler auf die Notwendigkeit hinzuweisen, die Produktion von Bombenflugzeugen drastisch zu drosseln und statt dessen, bevor es zu spät wäre, mehr Jagdmaschinen herzustellen. Doch Göring wies die Berichte der Experten M.s über den dramatischen Anstieg der amerikanischen Flugzeugproduktion als Feindpropaganda zurück. Als sich die Katastrophe vor Stalingrad schon klar abzeichnete, wurde M. am 17. Januar 1943 auch mit der Luftversorgung der eingeschlossenen 6. Armee betraut. Im Juni 1944 gab Milch die Luftrüstung an Speers Rüstungsministerium ab; im Januar 1945 verlor er auch das Amt des Generalinspekteurs der Luftwaffe.
Am 17. April 1947 verurteilte der Internationale Militärgerichtshof in Nürnberg M. als Kriegsverbrecher zu lebenslanger Haft. Am 31. Januar 1951 reduzierte der amerikanische Hochkommissar McCloy das Strafmaß auf 15 Jahre. Schließlich wurde M. amnestiert und am 4. Juni 1954 entlassen. In der Folgezeit in Düsseldorf als Industrieberater tätig, starb er am 25. Januar 1972 in Wuppertal.

Model, Walter (1891–1945)
Generalfeldmarschall und einer der von Hitler am meisten geschätzten Truppenführer. M. wurde am 24. Januar 1891 in Genthin (bei Magdeburg) als Sohn eines Musiklehrers geboren. Als Berufssoldat bekleidete M. während des Ersten Weltkrieges unterschiedliche Dienstgrade als Truppen- und Stabsoffizier sowie als Adjutant. 1919 trat er der Reichswehr bei. Der loyale Anhänger der NS-Machthaber wurde 1935 als Oberst zum Chef des Technischen Amtes im Generalstab des Heeres ernannt und drei Jahre später zum Generalmajor befördert und als Chef des Stabes zum IV. Armeekorps nach Dresden kommandiert, mit dem er auch im Polenfeldzug kämpfte. Im Frankreichfeldzug war er Stabschef der 16. Armee unter Generaloberst → *Busch* und wurde zum Generalleutnant befördert. 1940 avancierte er zum General und im Februar 1942 zum Generaloberst. Außerdem zeichnete man ihn wegen seiner Erfolge im Ostfeldzug mit dem Eichenlaub zum Ritterkreuz aus. Im Ostfeldzug kommandierte er mit großem Schwung und spektakulären Erfolgen die 3. Panzerdivision, dann – nach Beförderung zum General der Panzertruppen im Oktober 1941 – das XXXXI. Panzerkorps und im kritischen Winter 1941/42 die 9. Armee. Seine entschlossene, offensive Taktik brachte ihn bis vor die Tore Moskaus. Im Sommer 1943 war er mit der 9. Armee an der letzten deutschen Offensive bei Kursk beteiligt. Nachdem er – in-

zwischen Generaloberst – die Heeresgruppe Nord seit Februar 1944 in das Baltikum zurückgeführt hatte, wurde er im März 1944 zur Heeresgruppe Nord-Ukraine versetzt und im Juni desselben Jahres – soeben zum Generalfeldmarschall befördert – zur Heeresgruppe Mitte gerufen, um sich der bevorstehenden sowjetischen Sommeroffensive entgegenzustemmen.
Wegen seiner Fertigkeit, schwierige Lagen zu meistern, wurde M. im Scherz als »Hitlers Feuerwehrmann« bezeichnet. Er imponierte Hitler durch seine mittelständische Herkunft, seine Energie und die Tatsache, daß er bestimmte konservative Ansichten nicht teilte, die andere deutsche Generäle hegten. Außerdem schätzte Hitler seine unverblümte, direkte Art. M. konnte sich dem »Führer« nicht nur widersetzen und ihm widersprechen, sondern er wußte auch seine Befehle zu umgehen, wenn die Situation es erforderte.
Dennoch stand seine Loyalität gegenüber Hitler niemals in Zweifel, und nach dem Mißlingen des Attentats vom 20. Juli 1944 wurde er am 17. August 1944 anstelle des abgesetzten Generalfeldmarschalls von → *Kluge* zum Oberbefehlshaber der Heeresgruppe B, vorübergehend (bis 5. 9. 1944) auch zum Oberbefehlshaber West ernannt. M. hielt die Alliierten bei Arnheim auf, leitete die Ardennenoffensive und bewies dabei beachtliches Talent, was die optimale Nutzung höchst bescheidener Hilfsquellen anging. Im April 1945 waren die 15. Armee und die 5. Panzerarmee seiner Heeresgruppe B im »Ruhrkessel« von den Alliierten in die Zange genommen worden. Dennoch hielt er 18 Tage gegen überlegene amerikanische Streitkräfte stand, bis seine über 300 000 Mann starken Truppen von überlegenen amerikanischen Kräften gezwungen wurden, zu kapitulieren. M. erschoß sich am 21. April 1945 in einem Wald zwischen Düsseldorf und Duisburg, um sich der Gefangennahme zu entziehen.

Mölders, Werner (1913–1941)
Oberst und Inspekteur der Jagdflieger. M. wurde am 18. März 1913 in Gelsenkirchen geboren. Sein Vater war Studienrat. Nach der Schulzeit in Brandenburg a. d. Havel entschied sich M. für die Offizierslaufbahn und trat 1931 in die Reichswehr ein. Bei seiner Beförderung zum Leutnant 1934 noch bei der Infanterie, ging er ein Jahr darauf zur im Aufbau befindlichen Luftwaffe. Mit der »Legion Condor« wurde er im spanischen Bürgerkrieg eingesetzt und war mit 13 Abschüssen erfolgreichster deutscher Jagdflieger. Außer der Reihe wurde er zum Hauptmann befördert.
Nach der Rückkehr nach Deutschland war M. vorübergehend im Reichsluftfahrtministerium beschäftigt, kam dann im März 1939 als Gruppenkommodore wieder zur Jagdwaffe und erhielt mit der Beförderung zum Major im Juni 1940 ein Jagdgeschwader. Aus der Hand Hitlers bekam er für seinen 40. Luftsieg im September 1940 das Eichenlaub zum Ritterkreuz des Eisernen Kreuzes. Im Ostfeldzug erzielte das von M. geführte Jagdgeschwader große Erfolge, und er selbst blieb mit seinen Abschußzahlen an der Spitze der deutschen Jagdflieger. Für seinen 101. Abschuß wurde ihm am 16. Juli 1941 die höchste deutsche Auszeichnung, das Ritterkreuz mit Eichenlaub, Schwertern und Brillanten, überreicht. Kurze Zeit darauf übertrug man ihm als Oberst die Stellung eines Inspekteurs der Jagdflieger.

Auf dem Flug zur Teilnahme an der Beisetzung des Fliegergenerals Ernst → *Udet* stürzte das Flugzeug, mit dem M. von einem Einsatz gegen die Festung Sewastopol nach Berlin gebracht werden sollte, bei schlechtem Wetter am 22. November 1941 ab. M., der sofort tot war, wurde auf dem Berliner Invalidenfriedhof neben dem berühmtesten deutschen Jagdflieger des Ersten Weltkrieges, Manfred v. Richthofen, begraben.
Seit Januar 1942 verbreitete der englische Geheimdienst über Deutschland einen gefälschten Mölders-Brief, in dem die in der Luftwaffe allgemein bekannte enge Bindung M.s an den katholischen Glauben geschickt zu einer Anklage gegen den Krieg und indirekt auch gegen den Nationalsozialismus verwendet wurde. Der Brief stützte das Gerücht, daß M. beseitigt worden sei, indem er ein plausibles Motiv lieferte. Die wahren Zusammenhänge wurden erst nach dem Kriege aufgeklärt.

Moltke, Helmuth James Graf von (1907–1945)
Tätig als Sachverständiger für Völkerrecht im Oberkommando der Wehrmacht (OKW) und einer der führenden Männer des deutschen Widerstandes. M. wurde am 11. März 1907 in Kreisau (Kreis Schweidnitz/Niederschlesien) geboren und war Urgroßneffe des Generalfeldmarschalls von M., der 1870/71 das preußische Heer gegen Frankreich zum Sieg geführt hatte. Seine Vorliebe für die angelsächsische Welt und seine pazifistischen Neigungen verdankte er seinen Eltern, die Anhänger der Christlichen Wissenschaft waren. Dies zeigte sich auch in M.s späterer Forderung nach einer Erneuerung Deutschlands in christlichem Geiste, in der er die einzige Antwort auf den Ungeist der NS-Ideologie sah.
Als Gutsherr in Schlesien und als in Berlin tätiger Jurist war er von Anfang an Gegner des Nationalsozialismus, der seiner Ansicht nach Deutschlands unwürdig war und zu einer Katastrophe führen mußte. Schon bald nach der Machtübernahme wurde er zum Mittelpunkt des »Kreisauer Kreises«, dessen Treffpunkt sein Gut Kreisau war. Die Gruppe, der Vertreter unterschiedlicher Berufe, Politiker, Offiziere und Akademiker angehörten (so Adam von → *Trott zu Solz,* Hans von Haeften und vor allem Peter Graf → *Yorck von Wartenburg*), verfolgte hochgesteckte idealistische Ziele. M. erweiterte sie, indem er Gewerkschafter und Sozialisten wie Julius → *Leber,* Adolf → *Reichwein,* Carlo Mierendorff und Wilhelm → *Leuschner* aufnahm. Während des Krieges vertrat er eine neue, christlich-sozialistisch orientierte Moral als Voraussetzung einer Re-Humanisierung Deutschlands. Seinem Kreis ging es weniger um die Beseitigung Hitlers (vor der M. persönlich zurückschreckte) als um die Schaffung einer neuen Ordnung für ein Deutschland nach dem Nationalsozialismus. Für ihn war, wie er erklärte, im Hinblick auf das Europa der Nachkriegszeit vor allem die Frage entscheidend, wie sich in den Herzen seiner Mitbürger wieder das Bild des Menschen errichten ließe.
Als Kriegsverwaltungsrat und Leiter des Völkerrechtsreferats der Abteilung (später: Amtsgruppe) Ausland im OKW – Amt Ausland/Abwehr – nutzte M. seine Stellung, um Opfern des Faschismus, Kriegsgefangenen und Zwangsarbeitern ihr Los zu erleichtern. Außerdem unterhielt er geheime Kontakte zu den Westmächten, bis er

am 19. Januar 1944 verhaftet wurde, nachdem er versucht hatte, ein Mitglied des antinazistischen Solf-Kreises in Berlin vor seiner bevorstehenden Verhaftung durch die Gestapo zu warnen. Nach dem 20. Juli 1944 wurde auch M. des Verrates bezichtigt, obwohl er an der Planung des Attentats gar nicht beteiligt gewesen war. Bei seinem Prozeß vor dem Volksgerichtshof stellte es sich heraus, daß man ihm kein spezifisches Vergehen, sondern einzig und allein seine christliche Grundhaltung vorwarf. Er wurde am 23. Januar 1945 in der Haftanstalt Berlin-Plötzensee erhängt.

Mühsam, Erich (1878–1934)
Deutscher Anarchist und prominenter Teilnehmer an der Revolution in Bayern (1918–1919). M. wurde am 6. April 1878 als Sohn mittelständischer jüdischer Eltern in Berlin geboren. Bohemien, Intellektueller und fruchtbarer Dramatiker, Lyriker, Satiriker und Essayist, tat M. sich nach dem Ersten Weltkrieg besonders als Agitator der bayerischen Räterepublik hervor. Nach dem Zusammenbruch der Räteregierung wurde M. am 7. Juli 1919 wegen Hochverrats zu 15 Jahren Festung verurteilt. Der provokante Ton seiner mündlichen und schriftlichen Äußerungen brachte konservative und nationalistische Kreise in München außerordentlich gegen ihn auf. M. war sich der Gefahr bewußt, die vom Nationalsozialismus drohte, und versuchte, 1924 vorzeitig aus Festungshaft entlassen, eine Einheitsfront revolutionärer Gruppen gegen die radikale Rechte zu organisieren. Auch mehrere seiner literarischen Werke aus der Weimarer Zeit handeln in satirischer Form von der nationalsozialistischen Gefahr. So machte er sich in seiner Erzählung *Die Affenschande* (1923) über die NS-Rassenlehre lustig, während sein Chanson *Republikanische Nationalhymne* (1924) die Rechtspflege aufs Korn nahm, die Linke mit drakonischen Strafen versah, rechtsradikale Putschisten und Fememörder jedoch mit Samthandschuhen anfaßte. Sein letztes Stück *Alle Wetter* (1930) spielte mit der Möglichkeit einer NS-Machtergreifung, die jedoch auf der Bühne noch einmal glücklich abgewendet werden konnte. Schon lange vor 1933 gehörte M. zu den bestgehaßten Gegnern der Nationalsozialisten, und → *Goebbels* bezeichnete ihn als einen jener jüdischen Wühler, mit denen man kurzen Prozeß machen werde, sobald man erst einmal an die Macht gekommen sei. Zu seinem Unglück schob M. seine Flucht aus Deutschland zu lange hinaus und wurde wenige Stunden nach dem Reichstagsbrand am 28. Februar 1933 verhaftet. Im folgenden Jahr, das er als Häftling in den Konzentrationslagern Sonnenburg, Brandenburg und Oranienburg verbrachte, war er jeder nur denkbaren Folter und Demütigung ausgesetzt. Die Lagerwachen schlugen, verspotteten ihn und rissen ihm ganze Büschel aus seinem Bart heraus, damit er wie die Karikatur eines orthodoxen Juden aussehe. Schließlich fand man am 10. Juli 1934 seinen ausgemergelten Leichnam erhängt in einer Latrine des KZ Oranienburg.

Müller, Heinrich (1900–1945)
Amtschef im Reichssicherheitshauptamt (RSHA) und eigentlicher Chef der Gestapo. M. wurde am 28. April 1900 als Sohn katholischer Eltern (der Vater war Gendarmeriebeamter und später Verwalter) in München geboren, lernte

Flugzeugmonteur, nahm als Unteroffizier am Ersten Weltkrieg teil und erwarb das Eiserne Kreuz I. Klasse. Nach dem Krieg trat er in den Dienst der bayerischen Polizei. Er arbeitete in der Abteilung IV (Politische Polizei) der Münchner Polizeidirektion, zeitweilig als Sachbearbeiter für die kommunistische Bewegung, wobei er sich auch intensiv mit dem Studium sowjetischer Polizeipraktiken befaßte. U. a. wegen seiner Spezialkenntnisse auf diesem Gebiet wurde er später von → *Heydrich* als enger Mitarbeiter herangezogen. 1933 war M. Kriminalinspektor bei der bayerischen politischen Polizei. 1937 war der gedrungene, stämmige Bayer mit seinem bäurischen Schädel und seinen harten, ausdruckslosen Gesichtszügen bereits Oberregierungs- und Kriminalrat, obwohl der SS-Obersturmbannführer nicht einmal NSDAP-Mitglied war. Er war der Münchner Gauleitung der NSDAP sogar politisch verdächtig, verübelte man ihm doch seine Tätigkeit bei der politischen Polizei vor 1933, während der er auch gegen Nazis vorgegangen war.

Erst 1939 gestattete man ihm offiziell den Beitritt zur NSDAP. Doch sowohl → *Himmler* als auch Heydrich schätzten den sturen, von sich selbst überzeugten M. hoch ein, bewunderten sein berufliches Können und lobten seinen blinden Gehorsam sowie seine Bereitschaft, delikate Aufgaben zu übernehmen, wie etwa die Bespitzelung von Kollegen und die skrupellose Beseitigung politischer Gegner. M. verband außergewöhnlichen Pflichteifer mit außerordentlicher Gelehrigkeit gegenüber seinen NS-Lehrmeistern. Musterbild eines gefühlsrohen, persönlich von dem, was er tat, völlig unberührten Polizeifunktionärs, machte M. rasch Karriere. 1937 beförderte Heydrich ihn zum SS-Standartenführer, am 20. April 1939 wurde er SS-Oberführer, am 14. Dezember 1940 SS-Brigadeführer, und am 9. November 1941 rückte er zum SS-Gruppenführer und Generalleutnant der Polizei auf.

Als Chef des Amtes IV (Gestapo) im RSHA (1939–1945) war M. unmittelbar in die Endlösung der Judenfrage verstrickt. So unterzeichnete er einen Befehl, wonach am 31. Januar 1943 45 000 Juden in Auschwitz einzuliefern waren, um dort umgebracht zu werden. Daneben bezeugen zahllose andere, ähnlichlautende Dokumente, mit welchem Eifer M. seines Amtes waltete. Im Sommer 1943 wurde er nach Rom gesandt, um Druck auf die Italiener auszuüben, die keinerlei Eile hatten, Juden zu verhaften und auszuliefern. Bis Kriegsende trieb M. seine Untergebenen immer wieder zu größeren Anstrengungen an, um die NS-Vernichtungsmaschinerie mit noch mehr Opfern zu beliefern. Er machte den Massenmord zu einem routinemäßigen Verwaltungsakt. Ähnlich verhielt er sich sowjetischen Kriegsgefangenen gegenüber. Auch befahl er die Erschießung britischer Offiziere, die aus einem Kriegsgefangenenlager bei Breslau entkommen waren (Ende März 1944). Wo sich M. bei Kriegsende aufhielt, ist unbekannt. Man sah ihn letztmalig am 29. April 1945 im Führerbunker, dann verschwand er. Zwar soll er am 17. Mai 1945 begraben worden sein, doch bei einer späteren Exhumierung des fraglichen Leichnams war eine Identifikation nicht möglich.

Müller, Ludwig (1883–1945)

Oberhaupt der sogenannten »Deutschen Christen« und Reichsbischof. M.

wurde am 23. Juni 1883 in Gütersloh (Westfalen) als Sohn eines Beamten geboren. M. studierte Theologie und war seit 1908 Pfarrer, während des Ersten Weltkrieges Marinegeistlicher in Flandern und der Türkei sowie zwischen 1918 und 1926 Pastor in Wilhelmshaven. M. wurde anschließend in den Wehrkreis Königsberg (Ostpreußen) versetzt, wo er sich durch besonders nationalistische und antisemitische Predigten hervortat. Nach der Machtergreifung Hitlers Vertrauensmann und Bevollmächtigter für die Fragen der evangelischen Kirche, übernahm er die Leitung des Deutschen Evangelischen Kirchenbundes, einer Vereinigung, die christliche Glaubensinhalte mit der nationalsozialistischen Blut-und-Boden-Ideologie in Einklang zu bringen suchte. Am 6. September 1933 wurde M. zum preußischen Landesbischof und am 27. September 1933 zum Reichsbischof gewählt (im Volksmund spöttisch als »Reibi« bezeichnet).

Er bediente sich seiner Autorität, um Protestanten einerseits für Hitler und das Dritte Reich, andererseits aber gegen Martin → *Niemöller* und seine Bekennende Kirche zu mobilisieren, die Christentum und NS-Weltanschauung für unvereinbar erklärten. Die Bekennende Kirche, die vor allem in Nord- und Mitteldeutschland Anhänger hatte, widersetzte sich M.s Wahl und der von ihm betriebenen Gleichschaltung im kirchlichen Bereich. Doch so bedingungslos er das NS-Regime unterstützte, schwand sein Einfluß zunehmend, und nach 1935 war er bereits nur mehr eine Randfigur. Hitler zeigte nie sonderliches Interesse an kirchlichen Fragen. M. war für ihn nicht der Mann, um irgendeine weittragende Veränderung innerhalb der evangelischen Kirche zu bewirken. Am 31. Juli 1945 beging Bischof M. in Berlin Selbstmord.

N

Naujocks, Alfred (1911–1960)
Agentenführer und Referatsleiter in → *Heydrichs* Sicherheitsdienst (SD). N. wurde am 20. September 1911 geboren. Für kurze Zeit studierte er in Kiel das Ingenieurwesen. N. verkörperte den Typ des jugendlichen Schlägers und Raufboldes, den die Nationalsozialisten in ihrer »Kampfzeit« brauchten. Als Amateurboxer bekannt, war er immer wieder in Schlägereien mit Kommunisten verwickelt. 1931 trat er der SS bei und drei Jahre später dem SD, wo er bald als einer der engsten Vertrauten Heydrichs galt.

1939 war der SS-Obersturmbannführer Referatsleiter im Amt VI des RSHA und erhielt Spezialaufträge wie die Beschaffung falscher Papiere (Pässe, Ausweise) und Banknoten für im Ausland tätige SD-Agenten. In der Frühphase des Zweiten Weltkrieges kam N. auf die Idee, England mit gefälschten Banknoten zu überschwemmen, um die britische Wirtschaft zu ruinieren (Operation Bernhard). Zuvor schon hatte er – auf Heydrichs Befehl – den fingierten polnischen Angriff auf den nahe der polnischen Grenze befindlichen Reichssender Gleiwitz inszeniert, den die NS-Propaganda als einen Akt polnischer Aggression hinstellte und

als Rechtfertigung für den Einmarsch in Polen ausschlachtete. N. hatte damals ein kleines Kommando in polnische Uniformen gekleideter SS-Männer geführt, das am Abend des 31. August 1939 kurz den Sender besetzte und verkündete, es sei Zeit für einen Krieg zwischen Polen und Deutschland. Um den Angriff plausibler aussehen zu lassen, ließen N. und seine Komplizen am Tatort die Leiche eines exekutierten KZ-Häftlings zurück, als sei dieser dabei ums Leben gekommen. Am Tage nach dieser inszenierten »polnischen Provokation« fiel die deutsche Wehrmacht in Polen ein.
Am 8. November 1939 war N. an einem weiteren Gaunerstück beteiligt. Diesmal ging es um die Entführung zweier britischer Geheimagenten in der kleinen holländischen Stadt Venlo unweit der deutschen Grenze. Abermals führte N. bei dieser Operation die eigentliche »Dreckarbeit« aus. 1941 wurde N. aus dem SD entlassen, weil er sich einem Befehl Heydrichs widersetzt hatte, und zur Waffen-SS abkommandiert. 1943 kam er an die Ostfront, bereits im Jahr darauf war er in der Wirtschaftsverwaltung der deutschen Besatzungstruppen in Belgien tätig. Während er dieses Amt bekleidete, war er an einer ganzen Reihe von Morden an Mitgliedern der dänischen Widerstandsbewegung beteiligt.
Im November 1944 lief er zu den Amerikanern über, wurde von ihnen aber bei Kriegsende in ein Kriegsverbrecherlager gebracht. Bevor man ihn vor ein alliiertes Militärgericht stellen konnte, gelang es ihm auszubrechen. Später hieß es, N. habe sich in Hamburg niedergelassen und bis zu seinem Tode am 4. April 1960 unbehelligt als Geschäftsmann weitergelebt, ohne daß er jemals wegen seiner früheren Vergehen zur Rechenschaft gezogen worden wäre.

Naumann, Max (1875–1939)
Begründer und Vorsitzender des militanten, rechtsgerichteten Verbandes nationaldeutscher Juden. Der am 12. Januar 1875 in Berlin als Sohn eines jüdischen Kaufmannes geborene N. beendete 1899 in Berlin das Studium der Rechte und erhielt seine Zulassung als Anwalt. 1902 bekam er das Reserveoffizierspatent der bayerischen Armee (in der preußischen Armee erhielten es Juden nur dann, wenn sie getauft waren), und im Ersten Weltkrieg tat er sich als Infanterieoffizier hervor, wofür er mit dem Eisernen Kreuz Erster und Zweiter Klasse ausgezeichnet wurde. Aus einer alteingesessenen westpreußischen Familie stammend, betätigte er sich nach dem Kriege als einer der glühendsten Befürworter des totalen Aufgehens der deutschen Juden in der deutschen Volksgemeinschaft.
Am 20. März 1921 gründete er seinen Verband nationaldeutscher Juden, der zur bewußten Selbstaufgabe jüdischer Identität sowie zur Vertreibung osteuropäisch-jüdischer Einwanderer aufrief und spezifisch jüdische Verhaltensweisen mit geradezu antisemitsch wirkender Gehässigkeit kritisierte. Verfasser von Schriften wie *Vom nationaldeutschen Juden* (1920) oder *Sozialismus, Nationalsozialismus und nationaldeutsches Judentum* (1932), konzentrierte N. seine gesamte Polemik auf die Ostjuden, die er als »gefährliche Zuwanderer aus dem Osten« apostrophierte und als schädliche Bakterien im deutschen Volkskörper beschimpfte, die den deutschen Juden rassisch und geistig weit unterlegen seien. Gleichzeitig

attackierte er auch Zionisten als »Fremdkörper im deutschen Volke« und erklärte sie für eine Bedrohung der jüdisch-deutschen Integration und für Handlanger einer »rassistischen« Ideologie, die nur dem britischen Kolonialismus diene. Sein besonderer Haß galt kosmopolitischen, »wurzellosen« jüdischen Linksintellektuellen.
Während der gesamten Weimarer Zeit war N. Chefideologe und Sprecher des von ihm gegründeten Verbandes, dessen Vorsitzender aber nur von 1921–1926. Erst 1933 wurde er unter NS-Druck erneut in den Vorsitz berufen. Anfang der zwanziger Jahre hatte seine Organisation → *Ludendorff* und andere rechtsgerichtete Politiker unterstützt. N. selbst war Mitglied der Deutschnationalen Volkspartei Alfred → *Hugenbergs*. Nach 1929 neigte sein Verband immer mehr zum Rechtsradikalismus. Er war die einzige jüdische Gruppierung, die die von der NSDAP angeführte nationale Revolution begrüßte und unterstützte. N. feierte 1932 die NSDAP als die Partei, die fähig sei, eine »Wiedergeburt des Germanentums« herbeizuführen. Diese Einstellung isolierte ihn völlig von der Mehrheit der deutschen Juden.
Trotz ihrer nicht zu überbietenden Deutschtümelei blieb es N. und seinem Kreis versagt, die Nationalsozialisten für eine Assimilation jüdischer deutscher Staatsbürger zu gewinnen oder wenigstens für sich selbst im Dritten Reich einen Sonderstatus zu erreichen. 1935 löste die Gestapo den Verband natonaldeutscher Juden wegen angeblich »staatsfeindlicher Gesinnung« auf, und auch das monatlich erschienene Verbandsblatt mußte sein Erscheinen einstellen. N. selbst war zeitweilig im Columbiahaus – einem berüchtigten Berliner Gestapogefängnis – in Haft, wurde aber nach wenigen Wochen wieder freigelassen. Er starb im Mai 1939 in Berlin an Krebs.

Nebe, Arthur (1894–1945)
SS-Gruppenführer und 1937 bis 1944 Chef des Reichskriminalpolizeiamtes. N. wurde am 13. November 1894 als Sohn eines Volksschullehrers in Berlin geboren und diente im Ersten Weltkrieg als Kriegsfreiwilliger. 1920 wurde er als Oberleutnant verabschiedet. Im gleichen Jahr trat er in Berlin der Kriminalpolizei bei und erreichte 1924 den Rang eines Kriminalkommissars. N. war Verfasser eines kriminologischen Standardwerkes. Im Juli 1931 stieß N. zur NSDAP und unterstützte die SS. Einige Monate später trat er auch in die SA ein. Schon vor der NS-Machtergreifung fungierte N. als Verbindungsmann der Nationalsozialisten in der Berliner Kripo. Als solcher unterhielt er enge Kontakte zu der SS-Gruppe unter Kurt → *Daluege,* der ihn seinen Vorgesetzten empfahl und ihm so dazu verhalf, daß er im April 1933 als Kriminalrat zum Leiter der Exekutivabteilung (Abt. III) des (preußischen) Geheimen Staatspolizeiamtes aufrückte.
1935 wurde N. Leiter des preußischen Landeskriminalpolizeiamtes, 1936 Leiter der Abteilung Kriminalpolizei beim Chef der Sicherheitspolizei und des SD, → *Heydrich*. Diese Abteilung wurde am 16. Juli 1937 zum Reichskriminalpolizeiamt ausgebaut. Als Kripo-Chef spielte N. keine unbedeutende Rolle bei der Schaffung des totalen Polizeistaates. Im September 1939 wurde sein Amt als Amt V in das Reichssicherheitshauptamt (RSHA) eingebaut. Zum SS-Gruppenführer avanciert, kommandierte er von Juni bis Novem-

ber 1941 die Einsatzgruppe B, ein Todeskommando, dessen Hauptquartier sich zeitweise in Minsk (Weißrußland) befand und das auch im Frontgebiet vor Moskau tätig war. Während der fraglichen viereinhalb Monate meldete N. die Zahl von 45467 »liquidierten Personen« an seine vorgesetzte Dienststelle, das Reichssicherheitshauptamt. Als → *Himmler* im Juli 1941 Minsk besuchte, erhielt N. die Anweisung, neue Methoden der Massentötung zu finden (nach dem Kriege fand man in seiner Berliner Wohnung einen Amateurfilm. Er zeigte eine Gaskammer, in die die Auspuffgase eines Lastwagens geleitet wurden). Allerdings hat man geltend gemacht, N. sei nicht persönlich für die in dem ihm unterstellten Bereich begangenen Massenmorde an Juden verantwortlich zu machen und habe im übrigen damals mit dem von Oberst → *Oster* geführten Widerstandskreis zusammengearbeitet. Mit N.s angeblichem Widerwillen gegen die Massenmorde verträgt sich ein von ihm am 28. Juni 1944 verfaßter Brief nur schlecht, in dem N. empfahl, sogenannte »asoziale Mischlinge« (d. h.: Zigeuner) aus Auschwitz als menschliche Versuchskaninchen für Experimente wie z. B. das Trinken von Meerwasser zu verwenden. Gleichwohl war der Hitler-Gegner N. in das am 20. Juli 1944 verübte mißglückte Attentat auf den Diktator verwickelt. Auf ihn fiel keinerlei Verdacht, dennoch verlor er die Nerven und tauchte am 23. Juli 1944 unter. Von einer sitzengelassenen Geliebten verraten, wurde er am 16. Januar 1945 in einer Mühle bei Zossen verhaftet und vom Volksgerichtshof am 2. 3. 1945 zum Tode verurteilt. Offiziellen Angaben zufolge wurde er am 21. März 1945 in Berlin hingerichtet.

Neurath, Konstantin Freiherr von (1873–1956)

Deutscher Außenminister von 1932 bis 1938 und anschließend Reichsprotektor für Böhmen und Mähren. N. wurde am 2. Februar 1873 in Klein-Glattbach (Württemberg) als Sohn eines königlich-württembergischen Hofbeamten geboren. Er studierte die Rechte, schlug eine diplomatische Karriere ein und trat 1901 in den konsularischen Dienst. 1914 bis 1916 war er Botschaftsrat in Konstantinopel, und ein Jahr später wurde er Chef des Zivilkabinetts des Königs von Württemberg. 1919 ernannte man N. zum Gesandten in Kopenhagen. Die Jahre 1921 bis 1930 verbrachte er als Botschafter in Rom. Als Botschafter nach London versetzt (1930–1932), trat er am 2. Juni 1932 als Reichsaußenminister in das Kabinett von → *Papen* ein.

Der Diplomat alter Schule behielt seine Stellung auch unter dem Reichskanzler von → *Schleicher* und verlieh durch sein konservatives Auftreten in der Frühphase des Dritten Reiches sogar der NS-Außenpolitik einen gewissen Anstrich von Seriosität. Doch diente er weitgehend als Galionsfigur, und seine Position wurde immer mehr durch das NSDAP-eigene »Büro Ribbentrop« eingeengt (→ *Ribbentrop*), von dem die außenpolitischen Initiativen ausgingen. Nach der berühmten Besprechung vom 5. November 1937, in der Hitler, wie durch die → *Hoßbach*-Niederschrift bekannt, seine Pläne zur Annexion Österreichs und der Tschechoslowakei erstmals offenlegte und seine Bereitschaft zum Krieg mit den Westmächten erkennen ließ, äußerte N. seine Bestürzung, und am 4. Februar 1938 verlor er im Zusammenhang mit der → *Fritsch*-Krise sein Amt als

Reichsaußenminister. Hitler ernannte ihn zum Präsidenten des Geheimen Kabinettsrats – eines Phantomgremiums, das nie zusammentrat. Von 1938 bis 1945 blieb N. Reichsminister ohne Geschäftsbereich und Mitglied des Reichsverteidigungsrates, doch sein Einfluß auf die Außenpolitik war gering. Nach dem Einmarsch der Deutschen in die Tschechoslowakei ernannte Hitler N. am 18. März 1939 zum Reichsprotektor für Böhmen und Mähren – ein Schachzug, der die angelsächsische Welt mit Hitlers Annexionspolitik versöhnen sollte.
In seinem neuen Amt war N. verantwortlich für die Auflösung des tschechischen Parlamentes und der politischen Parteien, die Abschaffung der Pressefreiheit, die Schließung tschechischer Universitäten, die Zerschlagung des studentischen Widerstandes, die Verfolgung der Kirchen sowie die Einführung der Nürnberger Rassengesetze im Protektorat. Doch selbst mit diesen drakonischen Maßnahmen war Hitler noch nicht zufrieden. N. wurde am 27. September 1941 nach Berlin zitiert und mußte abdanken; nach offizieller Lesart wurde er aus Altersgründen beurlaubt. Die Macht im Protektorat übernahm der noch am selben Tage zu seinem Stellvertreter ernannte → *Heydrich,* sein nomineller Nachfolger wurde schließlich (am 24. August 1943) → *Frick.*
N. war SS-Obergruppenführer (seit 19. Juni 1943) und Parteimitglied seit 1937. Gegenüber Bemühungen des Widerstandes verhielt sich N. passiv. In den Nürnberger Kriegsverbrecherprozessen wurde er am 1. Oktober 1946 für schuldig befunden, Kriegsverbrechen, Verbrechen gegen die Menschlichkeit und Verbrechen gegen den Frieden begangen zu haben und zu 15 Jahren Gefängnis verurteilt. Acht Jahre später (im November 1954) wurde er aus gesundheitlichen Gründen aus dem Kriegsverbrechergefängnis in Berlin-Spandau entlassen. Er starb am 14. August 1956 in Enzweihingen (bei Vaihingen, nordwestlich von Stuttgart).

Niekisch, Ernst (1889–1967)
In der Weimarer Zeit Führer der Nationalbolschewisten, im Dritten Reich als Widerstandskämpfer acht Jahre in Haft. N. wurde am 23. Mai 1889 in Trebnitz als Sohn eines Feilenhauers geboren und war von Beruf Lehrer. N. wuchs in Bayern auf, hatte sich 1917 den Sozialdemokraten angeschlossen und gab deren Parteizeitung heraus. 1918/19 aktiv an der Revolution in Bayern beteiligt (er war Mitglied des Münchener Zentralen Arbeiter- und Soldatenrates), wurde er – inzwischen Mitglied der USPD – im Juni 1919 wegen der Rolle, die er bei der Etablierung einer Räterepublik nach sowjetischem Muster auf deutschem Boden gespielt hatte, zu zwei Jahren Festungshaft verurteilt, die er als Mitglied des Landtags aber nicht absitzen mußte. Zwischen 1922 und 1926 kehrte er in den Schoß der SPD zurück – er war Sekretär des Deutschen Textilarbeiterverbandes in Berlin –, doch lehnte er grundsätzlich deren marxistischen Internationalismus sowie ihre nach seiner Auffassung zu wenig entschiedene Haltung gegenüber dem Versailler Vertrag ab.
1926 wurde er Mitglied der Altsozialisten und Chefredakteur ihres in Dresden erscheinenden Parteiblattes. Außerdem gab er ein *Widerstand* betiteltes Blatt heraus, das nachdrücklich gegen Stresemanns prowestliche Politik Front machte. Ein antiwestlicher, revolutio-

närer Nationalist, der an ein deutsch-sowjetisches Zusammengehen glaubte und davon überzeugt war, der »Geist von Potsdam« habe in der Sowjetunion Gestalt angenommen, war N. zur Weimarer Zeit Führer der deutschen Nationalbolschewisten. Sein Versuch einer Synthese von extremem Nationalismus – er dokumentierte sich vor allem in N.s Haltung gegenüber dem Versailler Vertrag, gegen französische Einflüsse und gegen angebliche Judenherrschaft – und revolutionär-sozialistischen Elementen blieb nicht ohne Auswirkung auf den linken Flügel der NSDAP (so etwa auf den jungen → *Goebbels*, auf Gregor → *Strasser* und Ernst → *Röhm*). Doch auch nicht der NSDAP angehörende Nationalisten wie der Schriftsteller Ernst → *Jünger* wurden davon beeinflußt. Eine Annäherung an die Kommunistische Partei Deutschlands war für N. nicht möglich. Sie war ideologisch zu unbeweglich und zu sehr dem marxistisch-leninistischen Internationalismus verpflichtet, um N. und seine Anhänger an sich zu ziehen. So blieben die Nationalbolschewisten eine kleine, sektiererische Gruppe, der man im Dritten Reiche keine Daseinsberechtigung zugestand.
N. versuchte in Großstädten wie Berlin, München, Nürnberg und Leipzig (mit allerdings nur geringem Erfolg) Widerstandszellen aufzubauen. 1937 wurde er wegen dieser konspirativen Tätigkeit von der Gestapo verhaftet und am 10. Januar 1939 vom Volksgerichtshof wegen Hochverrats zu lebenslangem Freiheitsentzug verurteilt. Den Rest der Hitlerzeit verbrachte er in NS-Haftanstalten, hatte jedoch das Glück, zu überleben, da er durch eine schwere Erkrankung zum Invaliden geworden war.
In den Jahren nach dem Krieg wandelte N. sich zum Marxisten. Er stellte in *Das Reich der niederen Dämonen* (1953), womit Hitlerdeutschland gemeint ist, das Versagen der deutschen Mittelschicht und ihren Mangel an politisch-moralischem Rückgrat heraus. »Hitler erfuhr, daß es schlechthin kein Verbrechen gebe, durch das er den Abscheu des deutschen Bürgertums auf sich ziehen könnte... die bürgerliche Schicht hatte die Regierung, die ihr zukam und die sie verdiente.« Enttäuscht von der Niederschlagung des Ostberliner Arbeiteraufstandes vom 17. Juni 1953, kehrte er der SED, der er inzwischen beigetreten war, den Rücken und ließ sich in West-Berlin nieder, wo er am 23. Mai 1967 starb.

Niemöller, Martin (1892–1984)
Evangelischer Pfarrer und eine der profiliertesten Gestalten der antinazistischen Bekennenden Kirche. N. wurde am 14. Januar 1892 in Lippstadt (Westfalen) geboren. Er war im Ersten Weltkrieg U-Boot-Kommandant und wurde für seine militärischen Verdienste mit dem *Pour le mérite* ausgezeichnet. Nach Kriegsende studierte er Theologie und war zunächst (1924–1930) in Münster (Westfalen) für die Innere Mission tätig. Von 1931 bis zu seiner Verhaftung 1937 wirkte N. als Pfarrer der St.-Annen-Kirche in Berlin-Dahlem. Wie viele andere evangelische Christen im damaligen Deutschland begrüßte auch er anfangs die NS-Machtübernahme als Beginn einer nationalen Wiedergeburt, und seine Autobiographie *Vom U-Boot zur Kanzel* (1934) wurde in der NS-Presse weithin wegen der darin zum Ausdruck kommenden patriotischen Einstellung gelobt. N. teilte den Antikommunismus

der Nationalsozialisten und deren Geringschätzung der Weimarer Republik, die er als »vierzehn Jahre Dunkelheit« brandmarkte.
Doch schon bevor dieses Buch erschien, hatten sich bei ihm Ernüchterung und Enttäuschung eingestellt, als Hitler begann, mit Hilfe des »Reichsbischofs« Ludwig → *Müller* die evangelischen Kirchen gleichzuschalten und auf NS-Kurs zu bringen. Zum Schutz gegen derartige Übergriffe hatte N. schon im Herbst 1933 den Pfarrernotbund gegründet, der zur Keimzelle der Bekennenden Kirche werden sollte. Im Februar 1934 wurde N. durch den preußischen Landesbischof zwangsweise in den Ruhestand versetzt, doch ignorierte N. diese Maßnahme und amtierte weiter. Im Mai 1934 wurde die Barmer Bekenntnissynode zur eigentlichen konstituierenden Versammlung der Bekennenden Kirche, die sich als »rechtmäßige evangelische Kirche Deutschlands vor der gesamten Christenheit« verstand und in der sich N. als eine der herausragenden Gestalten des kirchlichen Widerstandes gegen das NS-Regime profilierte.
Durch N.s aufrührerische Predigten und seine ungeheure Popularität in äußerste Wut versetzt, befahl Hitler schließlich, N. am 1. Juli 1937 zu verhaften. Ein Sondergericht fand ihn am 2. März 1938 der staatsfeindlichen Hetze schuldig, verhängte jedoch ein verhältnismäßig mildes Urteil von sieben Monaten Festungshaft und 2000 Reichsmark Geldstrafe. Nach seiner Freilassung wurde N. jedoch auf Hitlers persönlichen Befehl erneut verhaftet und verbrachte die nächsten sieben Jahre als »persönlicher Gefangener des Führers« in mehreren Konzentrationslagern (darunter Sachsenhausen und Dachau), bis er schließlich auf dem Transport in Südtirol im Frühjahr 1945 befreit wurde. 1947 wählte man ihn zum Präsidenten der Evangelischen Kirche in Hessen-Nassau. Dieses Amt hatte er bis 1964 inne, außerdem gehörte er 1948 bis 1955 dem Rat der Evangelischen Kirche in Deutschland an. Von 1961 bis 1967 war er Präsidiumsmitglied des Weltkirchenrats. Als überzeugter Kriegsgegner wies er oft auf die Gefahren des atomaren Wettrüstens hin und suchte Kontakte mit dem Ostblock. Seit seinem Rücktritt als hessischer Kirchenpräsident lebte er in Darmstadt. Er starb am 6. 3. 1984 in Wiesbaden.

Nolde, Emil, eigentlich Emil Hansen (1867–1956)

Bedeutender deutscher Maler und Graphiker, der sich 1920 der NS-Bewegung anschloß, aber später als »entartet« verfemt wurde. N. wurde am 7. August 1867 auf dem elterlichen Bauernhof unweit des Dorfes Nolde in Südtondern geboren. 1884 bis 1888 in Flensburg als Möbelzeichner und Holzschnitzer ausgebildet, arbeitete er zunächst für verschiedene Möbelfabriken in München, Karlsruhe und Berlin. 1892 bis 1898 lehrte er an der Kunstgewerbeschule in St. Gallen (Schweiz). In der Folgezeit reiste er viel in Europa umher, um sich künstlerisch weiterzubilden (u. a. an der Académie Julien in Paris [1900]).
In Dresden schloß er sich vorübergehend (1906/7) dem Künstlerkreis *Die Brücke* an, einer künstlerischen Avantgarde, deren Stil ebenso archaisch wie zukunftsweisend, auf jeden Fall antibürgerlich-aggressiv war. 1910 verwandte sich N. in einem offenen Brief an den Präsidenten der Berliner Sezes-

sion Max → *Liebermann* für jene jungen Maler, die nicht zur Ausstellung der Sezession zugelassen worden waren. Als Folge wurde N. aus der Sezession ausgeschlossen. Ausgeprägt individualistisch und der »nordischste« der deutschen Maler, gab N. der religiösen Kunst neue Impulse (zu seinen berühmtesten Werken zählt ein *Abendmahl),* wobei er sich leuchtender Farben von eruptiver Ausdruckskraft bediente. Die fünf Tafeln seines vor dem Ersten Weltkrieg entstandenen Zyklus über das Leben *Christi* geben Jesus und seine Jünger derart ekstatisch wieder, daß kirchliche Stellen es verbieten lassen wollten.

Erst in den zwanziger Jahren fanden N.s leuchtende Blumenstücke, seine visionären Landschaften und seine ekstatischen Heiligen in breiteren Kreisen Anerkennung. Zu seinem 60. Geburtstag im Jahre 1927 wurde er weithin in Deutschland gefeiert. Dies war freilich eine späte Würdigung, die dem ichbezogenen, verschlossenen Künstler, der niemandem je Kritik verzieh, schwer zu schaffen machte. Früh schon Mitglied der NSDAP, legte N. den gleichen Nationalismus, Fremdenhaß und Antisemitismus an den Tag, die in Grenzgebieten Deutschlands wie seiner schleswig-holsteinischen Heimat stark ausgeprägt waren. Bei früheren Aufenthalten in Frankreich und Italien hatte er sich von der dortigen Kunst abgestoßen gefühlt. Er tadelte die »Süßlichkeit« der Impressionisten, die seine »robusteren nordischen Sinne« nicht anzusprechen vermochte. Nicht weniger herabsetzend äußerte er sich über Kubismus und Konstruktivismus, und jede Mischung – sei es im ästhetischen oder biologischen Bereich – widerstrebte ihm zutiefst.

Auch die Juden kamen bei N. schlecht weg. In seinen frühen Schriften ließ er an ihnen kein gutes Haar. Er sprach ihnen »Geist und Schöpfergabe« ab und beschuldigte sie, die Kunstwelt mit materialistischer Habgier zu vergiften. Er attackierte den »jüdischen Intellektualismus« Herwarth Waldens, des Direktors der avantgardistischen Galerie *Der Sturm,* der eine gleichnamige Zeitschrift herausgab und Anfang des Jahrhunderts einer der bedeutendsten Wegbereiter moderner Kunst war. Desgleichen den Kunsthändler Paul Cassirer, der es nur auf französische Künstler und ihre deutschen Nachahmer abgesehen habe. Nach N.s Ansicht waren Juden außerstande, eine in deutschem Boden wurzelnde Kunst zu verstehen. Als Hitler an die Macht kam, begrüßte N. dies als Erhebung gegen die Macht der Juden, die in sämtlichen Künsten die Herrschaft an sich gerissen hätten, und erwartete, nun als deutschester aller Künstler gefeiert zu werden. Doch fand N. schon in der Kampfzeit der NS-Bewegung bei den künftigen Herren des Dritten Reiches eine zwiespältige Aufnahme. Von → *Goebbels* geschätzt, wurde er bereits in den zwanziger Jahren von → *Rosenbergs* Kampfbund für deutsche Kultur erbittert als entartet bekämpft. Lange vor der Machtergreifung, als Wilhelm → *Frick* in Thüringen Kulturdirektor war (1930), fielen N.s Werke im Weimarer Schloßmuseum einer ersten Säuberung zum Opfer. Befürworter fanden N. und andere avantgardistische Künstler vor allem beim NSD-Studentenbund sowie bei der NS-Gemeinschaft Kraft durch Freude (KdF), die auch dann noch »Fabrikausstellungen« mit Werken N.s veranstaltete, als N. offiziell längst verpönt war.

Später sah N. sich immer heftigeren Angriffen ausgesetzt, ja 1937 wurden mehr als 40 Ölbilder sowie etwa 1000 Radierungen, Holzschnitte, Lithographien und Aquarelle, die er geschaffen hatte, amtlicherseits beschlagnahmt, eine Folge der berüchtigten Münchener Ausstellung *Entartete Kunst* vom gleichen Jahr, wo man die ausgestellten Objekte durch die Art der Präsentation und durch begleitende Texte herabzusetzen und lächerlich zu machen suchte. So sah N. sich plötzlich von den »Verfechtern nordischer Art« geächtet und mußte feststellen, daß deren ästhetische Ideale durchaus nicht die seinen waren. 1941 wurde er aus der Reichskammer der bildenden Künste ausgestoßen, und keine der Demütigungen, die er auf sich nahm, um das Wohlwollen der NS-Machthaber und ihrer Kunstfunktionäre zu gewinne, zeigte die geringste Wirkung. N. durfte nicht mehr malen und öffentlich ausstellen. Dennoch schuf er in seinem Hof Seebüll an der Nordsee (Schleswig-Holstein) weiterhin unermüdlich etwa 1300 Aquarelle, die man heute zu seinen viel bewunderten Meisterwerken rechnet.

O

Oberg, Carl-Albrecht (1897–1965)
1942 bis 1945 Höherer SS- und Polizeiführer im besetzten Frankreich. O. wurde am 27. Januar 1897 als Sohn eines Medizinprofessors in Hamburg geboren. Er trat im August 1914 in die Armee ein, kämpfte 1916 an der Westfront und erwarb das Eiserne Kreuz I. und II. Klasse. Nach dem Kriege nahm er am 13. März 1920 am Kapp-Putsch teil. Im Januar 1921 war er Geschäftsführer der Organisation Escherich in Flensburg und danach Verbindungsmann zwischen verschiedenen Reichswehrformationen, dem Regierungspräsidenten in Schleswig und den Vaterländischen Verbänden. 1926 bis 1929 war er Filialleiter der Westindia Bananen-Vertriebsgesellschaft und übernahm dann eine Stellung in einer Versandfirma für Tropenfrüchte. Infolge der Weltwirtschaftskrise machte die Firma im Frühjahr 1930 Bankrott, und O. blieb ein paar Monate arbeitslos. Von einem kleinen Familiendarlehen kaufte er sich in Hamburg einen Tabakkiosk.
1935 übernahm ihn → *Heydrich* in den SD, dann in der Gründungsphase 1939 in das Reichssicherheitshauptamt. O. machte rasch Karriere. Bereits im Juni 1934 war er SS-Sturmbannführer, im Juli desselben Jahres SS-Obersturmbannführer. 1935 hatte er den Rang eines SS-Standartenführers und figurierte als Heydrichs »rechte Hand«, geachtet wegen seiner Loyalität, seiner bürokratischen Genauigkeit und seiner Disziplin. Differenzen zwischen ihm und Heydrich – teilweise darauf zurückführbar, daß O. sieben Jahre älter war als sein arroganter Vorgesetzter – veranlaßten O., zur SS-Truppe zurückzukehren, wo er den Befehl über die 22. SS-Standarte in Mecklenburg übernahm. In der Folge war er dann bis September 1938 Stabsführer beim SS-Abschnitt IV (Hannover).
Im Januar 1939 wurde O. zum kommissarischen Polizeipräsidenten in Zwik-

kau (Sachsen) ernannt, kam aber im März wieder zu Heydrich in das SD-Hauptamt zurück. Nach der Organisation und Gründung des Reichssicherheitshauptamts wurde O. bereits im Oktober wieder als Polizeipräsident nach Zwickau versetzt, bis er im September des Jahres 1941 SS- und Polizeiführer in Radom wurde, wo er maßgeblich an der Ausrottung von Juden sowie an der Jagd auf polnische Arbeitskräfte beteiligt war. Im März 1942 zum SS-Brigadeführer ernannt, ging er am 12. Mai 1942 als Höherer SS- und Polizeiführer nach Paris, um im besetzten Frankreich das Kommando über alle SS- und Polizeieinheiten zu übernehmen.

O.s Ernennung zum höchsten SS- und Polizeiführer auf französischem Boden bedeutete einen radikalen Wechsel in den Beziehungen zwischen der Militärverwaltung und der deutschen Polizei, die von nun an Exekutivgewalt hatte und auch für die Sicherheit der Truppe in der Etappe zu sorgen hatte. Völlig unabhängig von General Karl-Heinrich von → *Stülpnagel,* erwies O. sich als disziplinierter NS-Funktionär. Er sicherte sich zwar den Gehorsam französischer Kollaborateure und Milizionäre, machte sich und seine Gestapobeamten aber bei der deutschfeindlich eingestellten Mehrzahl der Bevölkerung verhaßt. Ihm war es zuzuschreiben, daß nach seinem Eintreffen in Frankreich französische Juden den Judenstern tragen mußten, außerdem gehen Vergeltungsmaßnahmen gegen Angehörige der französischen Widerstandsbewegung zu seinen Lasten.

Nach der alliierten Invasion in der Normandie unter der Befreiung von Paris zog sich O. mit seinen Mitarbeitern im Dezember 1944 nach Deutschland zurück. Er war bereits im August 1944 zum SS-Obergruppenführer und General der Polizei befördert worden und erhielt ein Kommando in Himmlers Heeresgruppe »Weichsel«. Bei Kriegsende versteckte O. sich in einem Dorf in Tirol, wurde jedoch im Juni 1945 von amerikanischer Militärpolizei aufgespürt. In Deutschland verurteilte man ihn zum Tode und lieferte ihn am 10. Oktober 1946 an Frankreich aus. Am 22. Februar 1954 kamen er und Helmut → *Knochen* (beide Insassen des Cherche-Midi-Gefängnisses) vor ein Pariser Militärtribunal. Obwohl man O. bereits 386mal verhört hatte, wurde sein Prozeß noch einmal vertagt. Am 9. Oktober 1954 verurteilte man ihn abermals zum Tode, doch durch einen am 10. April 1958 ratifizierten Gnadenerlaß des französischen Präsidenten wurde das Urteil in lebenslängliche Haft umgewandelt. Ein weiterer Gnadenerlaß vom 31. Oktober 1959 reduzierte das Strafmaß auf 20 Jahre Zwangsarbeit, vom Tage der Urteilsverkündung an gerechnet. Schließlich wurde O. 1965 von Präsident Charles de Gaulle begnadigt und repatriiert. Nach Deutschland zurückgekehrt, starb er am 3. Juni desselben Jahres.

Ohlendorf, Otto (1907–1951)

Während des Zweiten Weltkrieges Chef des Amtes III (Sicherheitsdienst) des Reichssicherheitshauptamtes und 1941/42 Organisator von Massenmorden in der Süd-Ukraine. Der als Bauernsohn am 4. Februar 1907 in Hoheneggelsen (zwischen Braunschweig und Hildesheim) geborene O. besuchte das humanistische Gymnasium in Hildesheim sowie später die Universitäten Leipzig und Göttingen, wo er 1933 sein Studium abschloß. Im Oktober 1933 wurde er Assistent bei Professor Jessen am Institut für Weltwirtschaft der Universität Kiel. Hier spezialisierte er sich auf das Studium des Nationalsozialismus und des italienischen Faschismus – später war er der einzige höhere SS-Führer, der mit den syndikalistischen Elementen und der Organisationsstruktur des faschistischen Italien vertraut war.

Im Januar 1935 wurde O. Abteilungsleiter im Institut für angewandte Wirtschaftswissenschaft, bevor er 1936 dem SD beitrat und unter Professor Reinhard Höhn arbeitete. Parallel zu seiner vielversprechenden akademischen Laufbahn war der intelligente, von Idealen erfüllte O. im NSD-Studentenbund in Kiel und Göttingen tätig und lehrte 1935 auch an einer Parteischule in Berlin. Als eines der ersten Mitglieder der 1925 neugegründeten NSDAP war er schon ein Jahr nach seinem Parteieintritt auch der SS beigetreten und nahm in seiner Heimat auch verschiedene SA-Ämter wahr. Der hochgebildete Rechtsanwalt und Wirtschaftswissenschaftler wurde 1938 zum SS-Obersturmbannführer befördert, und ein Jahr später avancierte er zum Chef des Amtes III im RSHA – eine Position, die er bis Kriegsende behielt.

O.s SD versorgte die NS-Machthaber mit geheimdienstlichem Material besonderer Art: Er bespitzelte Privatleben und Gesinnung einfacher Bürger des Dritten Reiches und versah die Reichsführung auf diese Weise mit relativ zutreffenden Informationen über die öffentliche Meinung. Zwar gehörten O.s Agenten dem SD an, doch → *Himmler* konnte O. nicht leiden, der für ihn ein unerträglicher Preuße, humorlos, antimilitaristisch und ein berufsmäßiger Schwarzseher war. Als Himmler seine Exekutionskommandos (Einsatzgruppen und Einsatzkommandos, auch Sonderkommandos genannt) aufstellte, die in der UdSSR zum Einsatz kommen sollten, war die Büro-Karriere des inzwischen zum SS-Oberführer aufgestiegenen O. beendet.

Von Juni 1941 bis Juni 1942 war O. Chef der Einsatzgruppe D, die im Süden der Ostfront operierte. Der 11. Armee zugeteilt, war der nunmehr zum blutigen Verfolger gewordene Gelehrte verantwortlich für die Exekution von 90000 Männern, Frauen und Kindern (meist Juden). Im Gegensatz zu anderen Einsatzgruppenführern ließ O. jeweils mehrere Mann auf die Opfer schießen, um direkte persönliche Verantwortung auszuschließen, die, wie er später in Nürnberg erklärte, für die, die die Exekution durchführten, eine unerträgliche psychologische Belastung darstellte. Später suchte er auf der Anklagebank den Massenmord an Juden in Nikolajew, Cherson, in Podolien sowie auf der Krim als historisch notwendig hinzustellen, um den Deutschen im Osten Lebensraum zu sichern. Indem er Präzedenzfälle wie die im Dreißigjährigen Krieg verübten Morde an Zigeunern heranzog und behauptete, die Israeliten der Bibel hätten ihre Gegner ebenfalls ausgerottet, versicherte O., vor der Geschichte würden seine Todeskommandos dereinst nicht schlimmer dastehen als die amerikanischen »Knopfdruckmörder«, die über Japan die ersten Atombomben auslösten.

Nachdem er seine Aufgabe als Organisator von Massenmorden erfüllt hatte, für die er am 16. Juli 1942 zum Brigadeführer befördert worden war, kehrte O. nach Berlin zurück. Im Reichswirtschaftsministerium wurde er 1943 Geschäftsführer eines Komitees für den

Außenhandel sowie Mitglied des Zentralen Planungsstabes. Im November 1944 erhielt er seine Beförderung zum SS-Gruppenführer, daneben hatte O. nach wie vor seinen Posten als Chef des Amtes III im RSHA inne. Im übrigen galt er als liberaler Gefolgsmann Himmlers. Gegen Kriegsende schlug er vor, der Reichsführer SS solle sich selbst den Alliierten ergeben, um die SS vor den Verunglimpfungen durch ihre Gegner zu schützen. Walter → *Schellenberg,* Himmlers »rechte Hand«, glaubte allen Ernstes, O. auf eine Kabinettsliste setzen zu können, die für die Alliierten akzeptabel wäre. Seine Nürnberger Richter gewannen ein äußerst zwiespältiges Bild von O., den sie als »Jekyll-und-Hyde-Charakter« bezeichneten, der Verbrechen begangen habe, die das Maß alles Glaubhaften überschritten. Im April 1948 zum Tode verurteilt, verbrachte O. dreieinhalb Jahre in Haft, bevor er zusammen mit drei anderen Einsatzgruppenkommandeuren am 8. Juni 1951 im Gefängnis von Landsberg gehängt wurde.

Olbricht, Friedrich (1888–1944)
Chef des Allgemeinen Heeresamtes und einer der führenden Männer des 20. Juli 1944. O. wurde am 4. Oktober 1888 in Leisnig (Sachsen) als Sohn eines Mathematikprofessors geboren. Als Berufssoldat, der den Ersten Weltkrieg als Regimentsadjutant und Generalstabsoffizier mitgemacht hatte, wurde O. nach 1926 in die Heeresstatistische Abteilung des Truppenamtes (= Generalstabes) berufen. Nach der NS-Machtergreifung wurde er Stabschef der Dresdener Division und 1935 des in Dresden stationierten IV. Armeekorps. Vom November 1938 bis zum März 1940 war er Kommandeur der 24. Infantereriedivision und übernahm dann, kurz darauf zum General der Infanterie befördert, die Führung des Allgemeinen Heeresamtes im Oberkommando des Heeres (OKH). Seit 1938 hatte O. über seinen Freund → *Oster* Kontakt mit revolutionären Widerstandskreisen und zu Planck, → *Popitz* und Ulrich v. → *Hassell.* Ab Februar 1943 baute O. in Berlin, Köln, München und Wien eine militärische Organisation auf, die nach der Beseitigung Hitlers die Macht übernehmen wollte. Nach dem Fehlschlagen eines Versuches, Hitler durch eine Sprengladung in seinem Flugzeug umzubringen, planten O. und Oberst Graf von → *Stauffenberg* die »Operation Walküre«, die vorsah, daß Teile des Ersatzheeres auf Befehl der Widerstandskämpfer in Berlin entscheidende Positionen besetzten.
Am 15. Juli 1944 gab O. »Walküre«-Alarm, doch das für diesen Zeitpunkt geplante Attentat Stauffenbergs mußte in letzter Minute verschoben werden. O. hatte alle Mühe, die Operation → *Fromm* gegenüber als Überraschungsübung zu erklären. Am 20. Juli 1944, als Stauffenbergs Bombe im Führerhauptquartier »Wolfsschanze« bei Rastenburg (Ostpreußen) detonierte, befand sich O. in seinem Berliner Büro, wo er erneut den »Walküre«-Alarm auslöste. Weil einer der für die Nachrichtenverbindung verantwortlichen Verschwörer die Nerven verlor, kam das Stichwort jedoch um Stunden zu spät. Als dann endlich »Walküre« ausgelöst und Fromm verhaftet wurde, war bereits durchgedrungen, daß Hitler das Attentat überlebt hatte. So wurden die Verschwörer immer unsicherer, was den Nationalsozialisten ermög-

lichte, das Heft wieder in die Hand zu nehmen. Fromm wurde von NS-hörigen Offizieren befreit und ließ O., Stauffenberg und zwei Mitverschwörer noch am Abend des 20. Juli im Hof des Oberkommandos der Wehrmacht in der Bendlerstraße erschießen.

Ossietzky, Carl von (1889–1938)
Einer der bekanntesten deutschen Pazifisten. O. wurde am 3. Oktober 1889 als Sohn assimilierter katholischer Eltern polnischer Herkunft in Hamburg geboren. Er heiratete 1913 eine Engländerin. O. wurde zum kaiserlichen Heer eingezogen, in dem er während des Ersten Weltkrieges bei der Infanterie diente. Das Kriegserlebnis bestärkte ihn in seinen pazifistischen Ansichten und hinterließ eine tiefe Abneigung gegen alles Militärische. 1919 bis 1920 arbeitete er für die Deutsche Friedensgesellschaft in Berlin, zwei Jahre später war er Mitbegründer der pazifistischen Organisation »Nie wieder Krieg«. Nichts, so erklärte er, sei der Sache des Friedens und der Demokratie so abträglich wie »die Allmacht der Generäle«.
1920 bis 1924 war er Redakteur der linksliberalen *Berliner Volks-Zeitung*. 1924 Mitbegründer der Republikanischen Partei, wurde O. Schriftleiter der Zeitschrift *Das Tagebuch* und verfaßte Beiträge für die linke politische Wochenschrift *Die Weltbühne*. 1927 übernahm O. die Schriftleitung dieser Zeitschrift, die das Sprachrohr nicht parteigebundener linker Intellektueller war und so radikale Ansichten wie Sexual- und Rechtsreform, Aussöhnung mit Frankreich und Vereinigung aller Werktätigen vertrat. Ganz besonders entschieden wandte sich O. gegen deutschen Chauvinismus, Militarismus und gegen alle Versuche, Deutschland unter Mißachtung des Versailler Vertrages heimlich wieder aufzurüsten.
In einem skandalösen Prozeß wurde er 1931 vom Leipziger Reichsgericht wegen Landesverrats und Verrats militärischer Geheimnisse zu 18 Monaten Gefängnis verurteilt, weil er Einzelheiten über den geheimen Wiederaufbau der deutschen Luftwaffe veröffentlicht hatte. Tatsächlich war die angeblich geheime Information längst offen in einer Reichstagsdebatte zur Sprache gekommen, und im übrigen war die Einhaltung des Versailler Vertrages, der dem Deutschen Reich den Besitz von Kampfflugzeugen verbot, sogar Bestandteil der Weimarer Verfassung. 1932 amnestiert, begann O. erneut, die Parteilichkeit der Rechtspflege und die Auswüchse des Militarismus zu geißeln.
Daß er sich die kommunistische These zu eigen machte, der Faschismus sei (unter Kanzler → *Brüning*) bereits an der Macht, ließ ihn den Unterschied zwischen bürgerlicher Demokratie und NS-Herrschaft ignorieren – ein Fehler, der ihn schließlich das Leben kostete. Denn nach der Machtergreifung weigerte er sich, ins Ausland zu fliehen, sondern versuchte, *Die Weltbühne* weiterzuführen. Doch unmittelbar nach dem Reichstagsbrand (im Februar 1933) wurde er erneut verhaftet und als Staatsfeind in das KZ Papenburg-Esterwegen eingewiesen. Hier zog er sich Tuberkulose zu und wurde deshalb im Mai 1936 in ein Berliner Gefängniskrankenhaus eingeliefert. Noch als Häftling in Esterwegen erhielt er 1935 den Friedensnobelpreis zuerkannt, was die NS-Machthaber aufs äußerste erboste. Man verwehrte ihm, die Auszeichnung entgegenzunehmen, außer-

dem durfte nach einer Anordnung Hitlers künftig kein Deutscher den Nobelpreis annehmen. In der Häftlingsklinik verschlechterte sich O.s Zustand dermaßen, daß man O. in eine Berliner Klinik verlegte. Hier starb er, noch immer unter Polizeiaufsicht, am 4. Mai 1938.

Oster, Hans (1888–1945)
Stabschef des OKW-Amtes Ausland/Abwehr und überzeugter Gegner des NS-Regimes. O. wurde am 9. August 1888 als Sohn eines evangelischen Geistlichen in Dresden geboren. Er nahm als Generalstabsoffizier am Ersten Weltkrieg teil und wurde in die Reichswehr übernommen, die er 1932 wegen Verletzung des Ehrenkodex verlassen mußte. Ab 1933 – zunächst als Angestellter, später wieder als Offizier – im Reichswehrministerium tätig, wurde er Chef der Zentralabteilung der Abwehr, die u. a. für Finanz- und Verwaltungsangelegenheiten zuständig war und die zentrale Agentenkartei führte. Konservativ und schon sehr früh entschiedener Gegner Hitlers, den er als »Deutschlands Verderber« betrachtete, war O. gegen die deutschen Kriegsvorbereitungen und ließ 1939 bis 1940 den Alliierten Informationen über die deutschen Angriffspläne gegen Holland, Belgien und Dänemark zuspielen. Durch verschiedene Tarnorganisationen, über die die Abwehr ihre Fittiche breitete, ließ er auch Juden Hilfe zukommen. Dies war einer der Gründe, weshalb er im April 1943 vom Dienst bei der Abwehr beurlaubt wurde. Eine Zeitlang wurde O. von der Gestapo überwacht und am 31. 3. 1944 aus der Wehrmacht entlassen. Am 21. Juli 1944, einen Tag nach dem mißglückten Attentat auf Hitler, verhaftete man ihn wegen seiner Teilnahme an der Verschwörung. Er wurde von der SS am 9. April 1945 im KZ Flossenbürg gehängt.

P

Papen, Franz von (1879–1969)
Reichskanzler und Hitlers Vizekanzler während der ersten beiden Jahre des NS-Regimes. P. wurde am 29. Oktober 1879 als Sohn einer alten katholischen Adelsfamilie in Werl (Westfalen) geboren. Seine Laufbahn begann er als Leutnant in einem feudalen Kavallerieregiment, 1913 wurde er Hauptmann im Generalstab. Im Ersten Weltkrieg war er zunächst Militärattaché an den deutschen Vertretungen in Mexiko und Washington, wurde jedoch Ende 1915 unter der Beschuldigung, Sabotage betrieben zu haben, aus den USA ausgewiesen. Anschließend kurze Zeit als Bataillonskommandeur in Frankreich, wurde er in der Folge zum Leiter der Operationsabteilung der deutschen Streitkräfte in der Türkei ernannt und war schließlich Stabschef der 4. türkischen Armee in Palästina. 1918 nahm er als Oberstleutnant seinen Abschied. Nicht lange nach Kriegsende wandte sich P. der Politik zu und war schon 1920 Mitglied der katholischen Zentrumsfraktion im preußischen Landtag (dies blieb er mit Unterbrechungen bis 1932). Als Repräsentant und Symbolfigur des antirepublikanischen, ultrarechten Flügels, der der Hohenzollernmonarchie nachtrauerte, wurde P.

Aufsichtsratsvorsitzender des katholischen Zentrumsblattes *Germania,* und seine Heirat mit der Tochter eines führenden Industriellen aus dem Saarland sicherte ihm gute Beziehungen zu Hochfinanzkreisen. P. wurde gern als Typ eines aristokratischen Herrenreiters charakterisiert und war durch seinen katholisch geprägten Konservatismus, seinen christlich gefärbten Nationalismus und seine Verbindungen zur Reichswehr auch der ideale Repräsentant der aristokratisch-großbürgerlichen Oberschicht der Weimarer Zeit, die von der Restauration eines autoritären Staatswesens träumte, von dem sie sich Sicherung ihrer Privilegien erhoffte. Obwohl ohne die geringste Erfahrung in der praktischen Politik, wurde P. auf Betreiben des Generals von → *Schleicher* als Nachfolger von Heinrich → *Brüning* Kanzler des Deutschen Reiches, gegen den ausdrücklichen Wunsch seiner Partei, aus der er deshalb austrat. Sein konservatives »Kabinett der Barone« stützte sich allein auf das Vertrauen des Reichspräsidenten von → *Hindenburg* und hatte Rückhalt bei der Reichswehr und der Hochfinanz, doch keine Mehrheit im Reichstag.

Nur zwei Wochen nach seinem Amtsantritt löste P. sein Hitler gegebenes Versprechen ein und hob das Verbot der SA sowie des Tragens von NS-Uniformen auf. Damit handelte er sich das Versprechen Hitlers (dessen Partei im Reichstag über eine sehr starke Position verfügte) ein, seine Regierung zu tolerieren. Damit ging der Abbau der letzten Reste der Weimarer Republik weiter. Wie weit P. dabei seinen eigenen, konservativen Überzeugungen folgte und wie weit es sich nur um Beschwichtigungsgesten gegenüber den zur Macht drängenden Nationalsozialisten handelte, ist oft schwer zu unterscheiden. Jedenfalls entließ P. republikanisch eingestellte Beamte und ersetzte sie durch Nationalisten. Am 20. Juli 1932 löste er das in der Tat schwierige Problem der noch amtierenden preußischen SPD-Minderheitsregierung unter Otto Braun, indem er diese Regierung mit Hilfe einer Notverordnung kurzerhand absetzte und selbst als Reichskommissar die Regierung Preußens übernahm (man bezeichnete dies später als P.s »Staatsstreich« bzw. als »Preußenschlag«).

Auch dieser Maßnahme begegnete die SPD nicht mit der gebotenen Entschlossenheit. Bei den zweiten Reichstagswahlen am 6. November 1932 fand P. nicht die erforderliche Mehrheit. Er forderte daher von Hindenburg diktatorische Vollmachten, die von dem Reichspräsidenten – wiederum auf Betreiben Schleichers – abgelehnt wurden, worauf P. am 17. November 1932 zurücktrat. Nun begann P. jenes verhängnisvolle Paktieren mit Hitler, das am 30. Januar 1933 zu Hitlers Machtergreifung führte.

Am 4. Januar 1933 traf er sich heimlich mit Hitler im Hause des Kölner Bankiers Kurt von → *Schröder.* Zweck der Aussprache war es, Mittel und Wege zum Sturz des Kabinetts Schleicher zu finden und ein Kabinett Hitler-P. vorzubereiten. Sie erreichten die Zustimmung des greisen Hindenburg, doch die Voraussetzung, Hitler durch die nicht der NSDAP angehörenden National-Bürgerlichen in seinem Kabinett zu zügeln oder gar zu zähmen, erwies sich als Selbsttäuschung. Zunächst wurde P. am 30. Januar 1933 Hitlers Vizekanzler und blieb dies bis zum 3. Juli 1934. Damit verhalf er der neuen Re-

gierung zu einer quasilegalen Fassade bürgerlicher Respektabilität und Seriosität, hinter der die Nationalsozialisten sich fest in den Sattel setzen konnten.
Von Hitler ausmanövriert, äußerte P. in einer berühmten Rede, die er am 17. Juni 1934 vor Studenten der Universität Marburg hielt, konservative Befürchtungen und forderte, den bedrohlichen Aktivitäten der nationalsozialistischen Radikalen und insbesondere der SA ein Ende zu bereiten. Man habe eine antimarxistische Revolution hinter sich gebracht und sehe sich jetzt mit einem marxistischen Programm konfrontiert. Mit der Forderung nach mehr Freiheit und dem Übergang zu demokratischen Gepflogenheiten verband er lobende Anspielungen auf die Hohenzollernmonarchie und redete einer Erneuerung der Nation aus konservativ-christlicher Sicht das Wort. Hitler war über diese Rede äußerst aufgebracht. Er bezeichnete P. als Wurm und lächerlichen Pygmäen, der die gigantische Erneuerung des deutschen Lebens angreife, und → *Goebbels* beschimpfte die Vertreter der Oberschicht als Feinde des Nationalsozialismus.
Die Säuberung vom 30. Juni 1934 im Zusammenhang mit dem sog. → *Röhm*-Putsch, bei der auch der eigentliche Verfasser jener Rede P.s, der konservative jungdeutsche Publizist Edgar Jung, zusammen mit manchem seiner Gesinnungsgenossen ermordet wurde, zeigte: Die Nationalsozialisten hielten es nicht mehr für nötig, noch länger den Schein bürgerlicher Respektabilität zu wahren. Selbst P. entkam nur knapp dem Tode (die SS war darauf vorbereitet, ihn umzubringen, doch → *Göring* legte sich für ihn ins Mittel) und trat kurz danach als Vizekanzler zurück.
Dennoch arbeitete er schon am 28. Juli 1934 wieder mit den Nationalsozialisten zusammen. Er ging als Gesandter nach Wien und trug wesentlich dazu bei, die deutsch-österreichischen Spannungen abzubauen, die nach der Ermordung des österreichischen Bundeskanzlers Dollfuß durch österreichische Nationalsozialisten entstanden waren (man verdächtigte Hitler, in den Mordplan verwickelt zu sein). 1936 wurde P. offiziell zum Botschafter ernannt. Zwar behauptete P. später in seinen Memoiren, es sei ihm in Österreich lediglich darum gegangen, einen europäischen Konflikt zu verhindern. Doch hatte er als deutscher Diplomat in Österreich bedeutenden Anteil an den Vorbereitungen für den Anschluß.
P. fuhr auch weiterhin fort, »dem deutschen Vaterlande«, wie er es nannte, treu zu dienen. Zwischen April 1939 und August 1944 war er als Botschafter in Ankara. Bei Kriegsende nahmen amerikanische Truppen P. gefangen und stellten ihn in Nürnberg vor Gericht. Am 1. Oktober 1946 wurde P. in allen Punkten freigesprochen. Eine deutsche Spruchkammer dagegen stufte ihn am 1. Februar 1947 als Hauptschuldigen ein und verurteilte ihn zu acht Jahren Arbeitslager sowie zur Einziehung seines Vermögens. P. legte jedoch Berufung ein und wurde daraufhin im Januar 1949 entlassen, da ihm nunmehr die Untersuchungshaft angerechnet wurde. Ein Teil seines Vermögens wurde eingezogen. P. führte später noch einen mehrjährigen Rechtsstreit um die Zuerkennung einer Majorsrente, der 1968 mit der Aberkennung des Anrechts durch das Bundesverfassungsgericht endete.
Von den drei Büchern, die er in der Folge veröffentlichte, erschienen seine

Memoiren *Der Wahrheit eine Gasse* zuerst (1952). Sie sind vor allem als ein Zeugnis grenzenloser Selbstüberschätzung und Selbstgefälligkeit bemerkenswert. P. starb, 89 Jahre alt, am 2. Mai 1969 in Obersasbach (Baden).

Paulus, Friedrich (1890–1957)
Oberbefehlshaber der in Stalingrad eingekesselten 6. Armee. P. wurde am 23. September 1890 als Beamtensohn in Breitenau (Kreis Melsungen/Nordhessen) geboren. Er war Berufssoldat, trat 1910 in die preußische Armee ein. Er nahm als Adjutant und Generalstabsoffizier sowohl an der Ost- als auch an der Westfront am Ersten Weltkrieg teil. Zwischen 1920 und 1939 hatte P. verschiedene Stabs- und Truppenkommandos bei der Reichswehr und (ab 1935) der Wehrmacht, wo er unter anderem als Chef des Stabes bei → *Guderian* und → *Hoepner* zum Aufbau der Panzerstreitkräfte beitrug. Im Januar 1939 zum Generalmajor befördert, nahm er als Stabschef unter → *Reichenau* am Siegeszug der deutschen Wehrmacht durch Polen, Belgien und Frankreich teil.
Am 3. September 1940 wurde er Oberquartiermeister I im Generalstab des Heeres sowie stellvertretender Stabschef unter Generaloberst → *Halder.* P. war verantwortlich für die Planung der »Operation Barbarossa« (den Überfall auf die Sowjetunion), erhielt im Mai 1942 das Ritterkreuz und wurde am 30. November 1942 zum Generalobersten befördert. Schon im Januar 1942 hatte er den Oberbefehl über die 6. Armee (es war sein erstes operatives Kommando) erhalten, die gegen Stalingrad marschierte und die Donsteppe bis zur Wolga eroberte, bevor sie die gesamte Stadt einkreiste. Mitte Oktober 1942 hatten P.s Streitkräfte Stalingrad erreicht, doch wurden sie durch wochenlange Häuserkämpfe aufgehalten, wobei der sowjetische Gegendruck immer mehr zunahm. P. bat für seine in immer größere Schwierigkeiten geratende Armee dringlich um neue Truppen, um mehr Waffen, um Treibstoff, Lebensmittel und Winterkleidung, doch die Hilfe blieb aus. Als am 19. November 1942 die sowjetische Gegenoffensive begann, die dazu führte, daß die 6. Armee in nur vier Tagen eingekesselt war, bat der Generalstabschef Zeitzler Hitler für die 6. Armee um die Erlaubnis zum Ausbruch, um nicht durch deren vergebliches Ausharren auf verlorenem Posten die Gefahr ihrer völligen Vernichtung heraufzubeschwören. Hitler weigerte sich jedoch kategorisch, einem Ausbruch (und damit dem Rückzug von der Wolga) zuzustimmen, sondern befahl der 6. Armee, ihre Stellung zu halten. Seine Einstellung spricht aus einer späteren Antwort, die er P. gab, nachdem dieser in inzwischen aussichtslos gewordener Lage Ende Januar um die Genehmigung zur Kapitulation gebeten hatte. Hitlers Antwort lautete: »Verbiete Kapitulation. Die Armee hält ihre Position bis zum letzten Soldaten und zur letzten Patrone und leistet durch ihr heldenhaftes Aushalten einen unvergeßlichen Beitrag zum Aufbau einer Abwehrfront und der Rettung des Abendlandes.«
Obwohl P. schon im November 1942 wußte, daß jede Fortführung des Kampfes sinnlos war, und er seine 230000 Mann starke Armee immer mehr ausbluten sah, setzte er den Kampf noch den ganzen Dezember 1942 und fast den ganzen Januar 1943 hindurch fort. Hitler überschüttete

seine bei Stalingrad zum Untergang verurteilten Offiziere mit Beförderungen (P. wurde im Januar 1943 noch in den Rang eines Generalfeldmarschalls erhoben), und von Parteiseite hagelte es makabere Funksprüche, die die im Todeskampf liegende Armee zu ihrem Heldenmut beglückwünschten. Man hoffte wohl, dies werde die Bereitschaft der Eingekesselten stärken, ihre furchtbaren Leiden weiter auf sich zu nehmen.
So war Hitler denn auch außer sich vor Zorn, als P. schließlich – gegen seinen ausdrücklichen Befehl – mit den vor Entbehrungen fast besinnungslosen, von Erfrierungen, Krankheiten und Wunden gepeinigten Überresten der 6. Armee am 31. Januar 1943 kapitulierte, auf die → *Göring* noch einen Tag vorher (am 10. Jahrestag der Machtergreifung) eine angesichts der grauenvollen Wirklichkeit zynisch wirkende Leichenrede gehalten hatte.
Stalingrad war der Wendepunkt im Zweiten Weltkrieg, und die Kapitulation von etwa 90000 deutschen Soldaten, die die Katastrophe überlebt hatten, führte der Welt sinnfällig das Ende der militärischen Überlegenheit Hitlerdeutschlands vor Augen. Auch P. geriet in sowjetische Kriegsgefangenschaft und wandte sich später im Namen der Sowjetunion an seine ehemaligen deutschen Kriegskameraden. Nach dem 20. Juli 1944 trat er dem »Bund Deutscher Offiziere« bei, der mit dem »Nationalkomitee Freies Deutschland« zusammen in der Organisation »Freies Deutschland« auf eine Beendigung des NS-Regimes und des Krieges hinarbeitete, im Gegensatz zu dem kommunistisch beherrschten Nationalkomitee jedoch stärker bürgerlich-traditionelle Wertvorstellungen hervorhob. Nach dem Kriege sagte P. 1946 als Zeuge der sowjetischen Anklagebehörde vor dem internationalen Nürnberger Kriegsverbrechertribunal aus. Allerdings blieb er danach noch bis zum November 1953 in sowjetischer Kriegsgefangenschaft. Nach seiner Freilassung ließ er sich in der DDR nieder, wo er bereits vier Jahre später (am 1. Februar 1957) in Dresden starb.

Pfitzner, Hans (1869–1949)
Bedeutender deutscher Komponist mit stark nationalistischen Neigungen, der sich in hohem Alter dem Glaubensbekenntnis der Nationalsozialisten verschrieb. P. wurde am 5. Mai 1869 in Moskau geboren. Sein Vater war Musikdirektor und Violinist am Stadttheater in Frankfurt am Main. Er war Schüler seines Vaters sowie von James Kwast (Klavier) und Iwan Knorr (Theorie, Komposition) am Dr. Hochschen Konservatorium in Frankfurt/Main. Seit 1892 war P. in mehreren deutschen Städten (angefangen mit Mainz) als Musikdozent und Dirigent tätig, darunter in Straßburg, wo er ab 1908 als städtischer Musikdirektor und Direktor des Konservatoriums, später (1910 bis 1926) auch als Operndirektor wirkte. Zu seinen bekanntesten Kompositionen zählen die Musikdramen *Der Arme Heinrich* (1891 bis 1893), *Die Rose vom Liebesgarten* (1897 bis 1900) und vor allem die »musikalische Legende« *Palestrina* (1912 bis 1915). 1913 zum Königlich Preußischen Professor ernannt, erhielt er die Ehrendoktorwürde der Philosophischen Fakultät der Universität Straßburg und wurde im März 1919 Mitglied der Berliner Akademie der Künste, wo er eine Meisterklasse leitete.
Später unterrichtete er, zum bayeri-

schen Generalmusikdirektor ernannt, an der Akademie der Tonkunst in München. Ein zwar selbständiger, doch sehr stark der Tradition (und insbesondere Richard Wagner) verpflichteter Komponist und Verfechter der Romantik, dessen *Palestrina* sehr stark auf → *Hindemith* wirkte. P. verwandte viel Zeit und Energie darauf, die Gefahren des »Modernismus« (oder, wie er es nannte, des »Futurismus«) zu bekämpfen (vgl. z. B. seine Schrift *Futuristengefahr* [1917]). Dabei geriet er unter den Einfluß der vor allem nach dem Ersten Weltkrieg um sich greifenden nationalistischen Bestrebungen in der europäischen, insbesondere der deutschen Musik. Stets den deutschen Charakter seiner Kompositionen betonend – eine seiner Kantaten hieß sogar *Von deutscher Seele* (1921) –, fand P. in rechtsgerichteten Kreisen viele Bewunderer.

Allerdings blieb P.s Ruhm weitgehend auf Deutschland beschränkt, außerhalb der deutschen Grenzen war sein musikalischer Einfluß relativ gering. P. war stets mit irgend jemandem überworfen, überempfindlich und fühlte sich verkannt. Er sah sich als Fortsetzer des schon von Richard Wagner geführten Kampfes um die Wahrung deutscher Werte und deutscher Kultur – dies sogar in der an Deutschtümelei nicht mehr zu überbietenden NS-Zeit. Trotz gelegentlichen Haderns mit → *Göring* und des einen oder anderen Zwistes mit anderen Parteigrößen unterstützte P. deren Feldzug gegen jede »Neutönerei« und gegen das Eindringen »artfremder, zersetzender« Elemente (wie z. B. des Jazz) in die deutsche Musik. Mit der Goethemedaille der Stadt Frankfurt (1934) und anderen Auszeichnungen geehrt, komponierte er im Dritten Reich weiter. 1934 wurde eines seiner beiden Cellokonzerte aufgeführt, und 1939 dirigierte → *Furtwängler* die Uraufführung einer seiner Symphonien.

P. beteiligte sich an Aktionen der Nationalsozialisten, die unter dem Motto »Die Kunst dem Volke« standen. Beispielsweise dirigierte er 1937 ein Konzert mit eigenen Kompositionen in der ungewöhnlichen Umgebung eines Reichsbahnausbesserungswerkes. Im Dritten Reich wurden P.s Werke oft aufgeführt, und er erhielt 1944 den Ehrenring der Stadt Wien. P. starb, kurz nachdem er das 80. Lebensjahr vollendet hatte, am 22. Mai 1949 in Salzburg.

Planck, Max (1858–1947)

International bekannter deutscher Physiker, der die Quantentheorie entwickelte und 1918 den Nobelpreis für Physik erhielt. P. wurde am 23. April 1858 in Kiel geboren. Nach Studien an den Universitäten in München und Berlin befaßte er sich mit der Erforschung der Entropie und dem Nachweis ihrer Bedeutung in der Thermodynamik. Von 1889 bis zu seiner Emeritierung 1928 lehrte P. an der Berliner Universität theoretische Physik. 1900 entwickelte er die revolutionäre Idee, daß die von einem »schwarzen Körper« ausgestrahlte Energie nur in einzelnen, ganzzahligen Vielfachen eines universellen Wirkungsquantums abgegeben werden kann. Seine weiteren Forschungen im Bereich der Quantentheorie fanden ihre Bestätigung in Niels Bohrs Theorie der Atomstruktur (1913) sowie in der modernen Physik der zwanziger Jahre. 1930 wurde P. zum Vorsitzenden der Kaiser-Wilhelm-Gesellschaft für Naturwissenschaftliche Forschung

(später Max-Planck-Gesellschaft) ernannt und taktierte vorsichtig und zurückhaltend, als 1933 die Nationalsozialisten an die Macht gekommen waren. Max Born äußerte über ihn, daß die preußische Tradition des Dienstes am Staate und der Treuepflicht gegenüber der Regierung tief in ihm verwurzelt war und er sich darauf verlassen habe, daß sich Gewalt und Unterdrükkung eines Tages legen würden und alles wieder seinen normalen Gang ginge. P. habe nicht bemerkt, daß etwas geschehen war, das sich nicht mehr rückgängig machen ließ. Dennoch widersetzte sich P. Maßnahmen Hitlers ganz offen, insbesondere der Judenverfolgung. Als Freund und Förderer Einsteins verteidigte er vor der Preußischen Akademie der Wissenschaften dessen wissenschaftliche Bedeutung, und 1934 organisierte er trotz aller Warnungen des Kultusministeriums eine Gedenkfeier für Fritz Haber.
Allerdings scheiterten seine Bemühungen, die Entlassungspolitik der Nationalsozialisten durch hinhaltende Behandlung der einzelnen Fälle zu unterlaufen bzw. zu entschärfen. Seine Hoffnung auf irgendeine Art von Angleichung an die Traditionen der deutschen Wissenschaftspflege sollten bitter enttäuscht werden. Sein zweiter Sohn, Erwin P. (1893–1945), der die Beamtenlaufbahn eingeschlagen hatte und unter von → *Papen* sowie unter von → *Schleicher* Chef der Reichskanzlei gewesen war, wurde wegen seiner Teilnahme an der Verschwörung gegen Hitler nach dem mißglückten Attentat vom 20. Juli 1944 von der Gestapo verhaftet und hingerichtet. Hinzu kamen andere Heimsuchungen: So verlor P. bei einem Bombenangriff sein Heim mit seinem gesamten wissenschaftlichen Apparat. Er starb am 4. 10. 1947 in Göttingen.

Pohl, Oswald (1892–1951)
Im Zweiten Weltkrieg Chef des SS-Wirtschafts- und Verwaltungshauptamtes. P. wurde am 30. Juni 1892 als Sohn eines Werkmeisters in Duisburg geboren. Nach Teilnahme am Ersten Weltkrieg trat er 1926 der NSDAP bei und wurde vier Jahre später zum SA-Führer ernannt. Von Beruf Schiffsoffizier, brachte er es bis zum Oberzahlmeister im Kapitänsrang. Seine organisatorischen Fähigkeiten ließen Heinrich → *Himmler* auf ihn aufmerksam werden, und am 1. Februar 1934 war P. SS-Standartenführer und Leiter der Verwaltung im SS-Hauptamt. Im Juni 1939 wurde er zum Ministerialdirektor im Reichsministerium des Innern ernannt, und im selben Jahr trat er dem Freundeskreis Reichsführer SS bei, einer Gruppe schwerreicher Partei-Mäzene aus den Spitzenetagen der Großindustrie, der Banken und Versicherungen, die im Zweiten Weltkrieg eine führende Rolle bei allen möglichen Projekten Himmlers spielten, wofür Himmler sie mit mancherlei Privilegien und SS-Ehrenrängen bedachte.
P. selbst brachte es bis 1942 zum SS-Obergruppenführer und General der Waffen-SS. 1942 wurde er zum Leiter des SS-Wirtschafts- und Verwaltungshauptamtes (WVHA) ernannt. In seine Kompetenz fiel auch der Einsatz von KZ-Insassen als Arbeiter sowie die Inspektion der KZ, wobei den Häftlingen ein Maximum an Arbeitsleistung abgepreßt wurde. P. war also für die ökonomische Seite des Judenvernichtungsprogramms der Nationalsozialisten zuständig und sorgte dafür, daß Himm-

lers ständige Forderung nach größerer Effizienz verwirklicht wurde, um die finanzielle Unabhängigkeit der SS sicherzustellen. So wurden z. B. alle Wertsachen, die man vergasten KZ-Insassen abnahm – darunter auch Kleidungsstücke, Haare, Zahnfüllungen, Goldbrillen sowie Diamanten, goldene Uhren, Silberwaren, Armbänder, Trauringe, Devisen und dergleichen –, nach Deutschland gebracht. Hier wurde die Beute verteilt und – soweit es sich um Edelmetall handelte – eingeschmolzen. Die Barren deponierte man bei der Deutschen Bank, die den Wert einem unter dem Namen »Max Heiliger« geführten Sonderkonto gutschrieb.
Nach Kriegsende versteckte sich P. und tarnte sich als Bauernknecht. Im Mai 1946 verhaftet, gab er anfangs unumwunden zu, daß das Vorhandensein von Todeslagern in Deutschland kein Geheimnis war. Jeder bis hin zum kleinsten Angestellten habe gewußt, was in den Konzentrationslagern vor sich ging. Am 3. November 1947 wurde P. von einem amerikanischen Militärgericht zum Tode verurteilt. Nachdem er drei Jahre in Landsberg am Lech in einer Todeszelle verbracht hatte, erfolgte eine Generalrevision der Urteile in Landsberg einsitzender Kriegsverbrecher durch den US-Hochkommissar John McCloy. Das Urteil gegen P. blieb jedoch im Hinblick auf die Schwere seiner Taten und das hohe Maß seiner Verantwortung bestehen. Schließlich wurde er am 8. Juni 1951 als Kriegsverbrecher gehängt.

Popitz, Johannes (1884–1945)
1933 bis 1944 preußischer Finanzminister und Widerstandskämpfer gegen das Hitlerregime. P. wurde am 2. Dezember 1884 in Leipzig als Sohn eines Apothekers geboren. Er war ein hervorragender Gelehrter, der Jura und Staatswissenschaften studiert hatte. 1919 war er als Geheimrat, 1925 bis 1929 als Staatssekretär im Reichsfinanzministerium tätig, wo er zeitweise unter dem sozialdemokratischen Finanzminister Hilferding arbeitete, mit dem er 1929 zurücktrat. Seit 1922 Honorarprofessor für Steuerrecht und Finanzwissenschaft der Berliner Universität, wurde er am 1. November 1932 (unter von → *Schleicher*) zum Reichsminister ohne Geschäftsbereich und zum kommissarischen Leiter des preußischen Finanzministeriums ernannt.
Am 21. April 1933 machte man ihn zum preußischen Finanzminister, obwohl er kein NSDAP-Mitglied war. 1937 wurde ihm ehrenhalber das Goldene Parteiabzeichen verliehen, und er nahm diese Auszeichnung an. Ein rechtsorientierter Konservativer und Monarchist, der am liebsten den Kronprinzen Wilhelm, den ältesten Sohn des früheren Kaisers Wilhelm II., als Hitlers Nachfolger gesehen hätte, wurde P. 1938 in Widerstandskreisen sehr aktiv. Als Mitglied der Mittwochsgesellschaft, einer kleinen Gruppe von hohen Beamten und Industriellen, die sich von einem Debattierklub zu einem Zentrum der konservativen Opposition gegen das Regime entwickelte, geriet P. immer mehr ins Zentrum der Verschwörung gegen Hitler. Im Sommer 1943 führte er Geheimgespräche mit → *Himmler,* um dessen Unterstützung für einen Staatsstreich zu gewinnen und ihn zu überreden, sich an Versuchen zu beteiligen, mit den Westmächten einen annehmbaren Frieden auszuhandeln.
Schon im Herbst 1943 wurde P. dann überwacht, doch verhaftete man ihn erst nach dem mißlungenen Attentat

vom 20. Juli 1944. Am 21. 7. 1944 gefangengenommen und am 3. 10. vom Volksgerichtshof zum Tode verurteilt, ließ Himmler ihn vorerst noch leben, solange er noch Kontakte mit den Alliierten aufzunehmen versuchte. Als dieses Bemühen sich jedoch als vergeblich erwies, gewährte man P. keinen Hinrichtungsaufschub mehr. Er wurde am 2. Februar 1945 in der Strafanstalt Berlin-Plötzensee gehängt.

Porsche, Ferdinand (1875–1951)
Autokonstrukteur. Geboren wurde P. am 3. September 1875 in Maffersdorf (Böhmen) als Sohn eines Klempnermeisters. Er erlernte den Beruf seines Vaters, betätigte sich aber nebenbei als Bastler und Techniker und bildete sich in Abendkursen weiter. Zunächst mehr der Elektrotechnik zugewandt, kam er noch vor dem Ersten Weltkrieg zu einer Wiener Automobilfirma und konstruierte 1900 für die Pariser Weltausstellung ein Aufsehen erregendes Elektromobil mit Radnabenmotor. 1916 wurde P. Generaldirektor der Firma »Austro-Daimler« in Wiener Neustadt. Seit 1921 war er bei der Daimler Motorengesellschaft in Stuttgart-Untertürkheim angestellt. Hier konstruierte er einen Kompressormotor, mit dem die deutsche Automobilindustrie die ersten Erfolge nach dem Weltkrieg für sich verbuchen konnte. Nach seiner Tätigkeit bei Mercedes-Benz in Stuttgart ging P. für kurze Zeit als Direktor zur Firma Steyr nach Österreich zurück, bis er sich 1931 endgültig in Stuttgart niederließ und ein eigenes Konstruktionsbüro gründete. Für die Auto-Union baute er 1933 einen Rennwagen, der mehrere Jahre zum erfolgreichsten Wagen in allen internationalen Rennen wurde.
Der Führer des Nationalsozialistischen Kraftfahrkorps, Korpsführer Hühnlein, berief ihn 1935 in die Oberste Nationale Sportbehörde für die deutsche Kraftfahrt. Als auf Geheiß Hitlers im Frühjahr 1937 damit begonnen wurde, ein für jedermann erschwingliches Kraftfahrzeug zu bauen, wurde P., der sich seit 1934 mit dem Bau eines kleinen, billigen Massenautos beschäftigt hatte, beauftragt, diesen »Volkswagen« zu entwerfen. Die Fertigstellung war auf das Jahr 1939 festgelegt. Die Deutsche Arbeitsfront förderte mit 50 Millionen Reichsmark die Entwicklung des Wagens; ihre Freizeitorganisation »Kraft durch Freude« (KdF) gab dem Wagen zunächst den Namen. P.s Modell dieses »KdF-Wagens«, für das Hitler die erste Planungsskizze gezeichnet hatte, konnte er bereits im April 1938 dem »Führer« zum Geburtstag überreichen.
Die Grundsteinlegung für das eigens geschaffene »Volkswagenwerk« in Fallersleben nahm Hitler am Himmelfahrtstag 1938 selbst vor. P. wurde Geschäftsführer der Volkswagen GmbH, des nunmehr größten deutschen Autowerkes. Im gleichen Jahr 1938 erhielt P. von Hitler den Deutschen Nationalpreis für Kunst und Wissenschaft. Im Oktober 1940 ernannte der Reichsminister für Wissenschaft, Erziehung und Volksbildung P. zum Honorarprofessor an der Abteilung für Maschineningenieurwesen, Elektrotechnik und Luftfahrt der Technischen Hochschule Stuttgart, nachdem ihm die Technischen Hochschulen in Wien und wiederum Stuttgart schon Jahre zuvor die Ehrendoktorwürde verliehen hatten. Während des Krieges war P. vor allem an der Konstruktion von Panzern und gepanzerten Fahrzeugen beteiligt. Auf

Wunsch Hitlers versuchte er sich auch am Bau eines 100-t-Riesenpanzers mit dem sinnigen Namen »Maus«, der jedoch nie in Serie ging.
Zusammen mit seinem Sohn Ferry P. betrieb P. nach dem Krieg den Bau der bekannten P.-Sportwagen in seiner alten Firma, der Dr.-Ing. h. c. F. Porsche KG in Stuttgart, die auch Fremdaufträge, u. a. für die VW-Werke in Wolfsburg, durchführte. P. starb am 30. Januar 1951 in Stuttgart.

Preußen, August Wilhelm (Auwi) Prinz von (1887–1949)
SA-Obergruppenführer. Der Prinz wurde als vierter Sohn des letzten deutschen Kaisers, Wilhelms II., am 29. Januar 1887 in Potsdam geboren. Er studierte u. a. an der damaligen deutschen Universität in Straßburg, wo er 1907 zum Doktor der Staatswissenschaften promoviert wurde. Ein Jahr darauf heiratete er die Prinzessin Alexandra Viktoria von Schleswig-Sonderburg-Glücksburg, von der er 1920 geschieden wurde. August Wilhelm war kgl. preußischer Oberst und Regierungsassessor. Über die Mitgliedschaft bei der Frontkämpferorganisation der rechtsstehenden Deutschnationalen Volkspartei, dem »Stahlhelm« (→ *Seldte*, → *Duesterberg*), kam er zur NSDAP, der er am 1. April 1930 auch beitrat. Auf Hitlers ausdrückliche Anordnung erhielt der Prinz, dessen Wirkung als Stimmenfänger bei den monarchistischen, konservativen Kreisen in diesen Jahren nicht zu unterschätzen war, die Mitgliedsnummer 24 der NSDAP, obwohl die Partei zu dieser Zeit schon mehrere hunderttausend Mitglieder hatte. Der SA trat A. W. 1933 bei; im gleichen Jahr erhielt er das Goldene Parteiabzeichen, wurde preußischer Staatsrat und Mitglied des Deutschen Reichstages. Seine Führerstellung in der SA gipfelte in der Ernennung zum SA-Obergruppenführer am 31. Juni 1939. Kurz nach dem Attentat auf Hitler vom 8. November 1939 trat A. W. Gerüchten vor allem im Ausland, daß er verhaftet sei, auf der Auslandspressekonferenz des Propagandaministeriums entgegen, wobei er betonte, daß er Hitler unmittelbar nach dem Attentat seine Glückwünsche zur Errettung über die Deutsche Gesandtschaft in Den Haag habe übermitteln lassen und Hitler ihm auf die gleiche Weise gedankt habe.
Nach dem Krieg wurde A. W. verhaftet und interniert. Eine Spruchkammer des Lagers Ludwigsburg stufte ihn am 13. Mai 1948 in die Gruppe der Belasteten ein und verurteilte ihn zu zweieinhalb Jahren Arbeitslager, die durch die seit 8. Mai 1945 bestehende Haft als verbüßt angesehen wurden. Außerdem wurden 40 % seines Vermögens eingezogen und eine fünfjährige Beschränkung der Berufsausübung und des Wohnaufenthalts ausgesprochen. Sofort nach A. W.s Entlassung waren neue Verfahren anhängig, u. a. wegen eines Haftbefehls des Amtsgerichts Potsdam und Beschuldigungen aus Schweden. A. W. starb jedoch bereits am 25. März 1949 in Stuttgart.

Preysing, Konrad Graf von (1880–1950)
Bischof von Berlin. Als viertes von elf Kindern wurde P. am 30. August 1880 auf Schloß Kronwinkel (zwischen Landshut und Moosburg, Niederbayern), dem alten Familiensitz der Grafen von Preysing-Lichtenegg-Moos, geboren. Sein Vater war u. a. Reichstagsabgeordneter für das Zentrum ge-

wesen, starb aber, als P. erst 17 Jahre alt war. In München begann der junge P. nach dem Abitur 1898 mit dem Studium der Rechtswissenschaft, das er in Würzburg fortsetzte und 1905 mit dem 2. Staatsexamen abschloß. Als Attaché an der Deutschen Botschaft in Rom entschloß er sich 1908, Geistlicher zu werden. Er studierte Theologie an der Universität Innsbruck, wo zwei seiner Brüder schon zu Theologen ausgebildet worden waren, und kam 1913, ein Jahr nach der Priesterweihe und im Jahr der Promotion zum Dr. theol., als Sekretär zu Kardinal Bettinger, dem Erzbischof von München. Von 1921–1928 war er dann Domprediger in München, bis zu seiner Berufung zum Bischof von Eichstätt im Jahre 1932 ferner Domkapitular. Die Berufung nach Eichstätt verdankte er nicht zuletzt dem Kardinalstaatssekretär Pacelli, dem späteren Papst Pius XII., der ihn als Nuntius in München kennengelernt hatte.

1935 wurde P. Bischof von Berlin, zu einem Zeitpunkt, als die Nationalsozialisten gerade darangegangen waren, die katholische Presse mundtot zu machen. P. war ein Gegner der wirkungslosen Eingabepolitik des Kardinals Bertram, des Vorsitzenden des deutschen Episkopats, und forderte statt dessen das öffentliche Anprangern der Konkordatsverletzungen. 1938 ließ P. in seinem Bistum die Vertreibung des Rottenburger Bischofs Sproll aus seinem Bistum von der Kanzel verkünden und informierte seine Geistlichen über die Ausschreitungen der Nationalsozialisten gegen den Wiener Erzbischof Innitzer. Als Kardinal Bertram Hitler im April 1940 zum Geburtstag gratulierte, ohne von den Mitgliedern der Fuldaer Bischofskonferenz dazu autorisiert worden zu sein, gab P. aus Protest sein Amt als Pressesprecher der Konferenz zurück. Er wurde damit zum Zentrum der Opposition in der Bischofskonferenz. Besonders eng verbunden war er dem Pacelli-Papst Pius XII., dem er regelmäßig brieflich Bericht erstattete. 1943, während der letzten Judendeportationen in Berlin, bat er ihn, sich für die »vielen Unglücklich-Unschuldigen einzusetzen«. Zur Betreuung der Verfolgten errichtete er das »Hilfswerk beim Bischöflichen Ordinariat«, dessen erster Leiter, Dompropst → *Lichtenberg,* in SS-Haft starb. Um nicht weitere Priester zu verlieren, leitete er das Hilfswerk selbst.

Obwohl P. nicht die Entschiedenheit seines Vetters und Bischofs von Münster, des Grafen von → *Galen*, besaß und in seinen Entscheidungen oft von großen Zweifeln über die Richtigkeit seines Handelns geplagt war, hatte er doch enge Kontakte zu dem Widerstandskreis um die Grafen James von → *Moltke* und Peter → *Yorck von Wartenburg*, dem »Kreisauer Kreis«. Seine unbestrittene oppositionelle Führungskraft blieb den Nationalsozialisten nicht verborgen. Hitler nannte ihn ein »absolutes Rabenaas«, und Goebbels wollte nur die Zeit bis nach dem »Endsieg« abwarten, um den »Hetzer« P. zur Rechenschaft zu ziehen. Die Zerstörung Berlins durch Bomben, denen auch seine Domkirche, die Hedwigskathedrale, sowie schließlich das Ordinariat und die Wohnung des Bischofs zum Opfer fielen, traf P. nicht weniger hart als die Greuel bei der Eroberung Berlins durch die sowjetischen Truppen.

P. sah klar, daß die Besetzung Berlins und Mitteldeutschlands keine Befreiung für die Bevölkerung und die Kirche mit sich brachte. Im Januar 1950 forderte er die Auflösung der Konzentrationslager in der DDR und protestierte in einem Schreiben an den DDR-Ministerpräsidenten Otto Grotewohl vom Mai desselben Jahres gegen die Beschneidung des kirchlichen Lebens. Am 21. Dezember 1950 starb P. im Alter von 70 Jahren in Berlin an Herzversagen. Ausdruck der persönlichen Wertschätzung des Papstes war die unvermutete Erhebung P.s zum Kardinal, die bereits im Herbst 1945 erfolgt war.

Prien, Günther (1908–1941)
Deutscher U-Boot-Kommandant, der im Oktober 1939 in die Bucht von Scapa Flow (Orkney-Inseln) eindrang und dabei das Schlachtschiff *Royal Oak* versenkte. P. wurde am 16. Januar 1908 in Osterfeld (Thüringen) geboren. Mit 16 Jahren der Handelsmarine beigetreten, brachte er es zum Schiffsoffizier der Hamburg-Amerika-Linie, musterte aber 1931 infolge der Großen Depression ab. 1933 wurde er zur Marine einberufen, und im Oktober 1939 erhielt er, inzwischen zum Kapitänleutnant aufgestiegen, von Admiral → *Dönitz* den Befehl, die britische Home Fleet, die er in der Bucht von Scapa Flow wähnte, anzugreifen. P. führte seinen Auftrag am 14. Oktober bei einbrechender Dunkelheit und tückischen Strömungen durch. Dabei gelang es ihm, mit großem Geschick die Sicherungen an einer der engen Einfahrten zu umgehen und das Schlachtschiff *Royal Oak* zu versenken und das Linienschiff *Iron Duke* zu beschädigen, bevor er sich durch dieselbe enge Passage wieder davonmachte und schließlich unversehrt seinen Heimathafen erreichte. Für die britische Kampfmoral war P.s Tat ein schwerer Schock, waren doch 24 Offiziere und 800 Matrosen mit dem Schiff untergegangen, und dies in einem als absolut sicher geltenden Hafen. In Deutschland feierte man P. als Nationalhelden. Er erhielt das Ritterkreuz und wurde von Hitler persönlich empfangen.
In der Folge kommandierte er sein U-Boot (U 47) in der Schlacht auf dem Atlantik und bei Narvik. Im Oktober 1940 erhielt er das Eichenlaub zum Ritterkreuz. Schließlich wurde sein Boot am 7. März 1941 während einer Geleitzugschlacht im Atlantik von britischen Wasserbomben versenkt. Von seinen Lebenserinnerungen (*Mein Weg nach Scapa Flow* [1940]) wurden in Hitlerdeutschland mehr als 750000 Exemplare verkauft. Auch in England ging eine nach Kriegsende unter dem Titel »Ich versenkte die Royal Oak« *(I Sank the Royal Oak)* auf den Markt gebrachte Übersetzung recht gut.

R

Rademacher, Franz (1906–1973)
Referatsleiter III (Judenfragen) im Auswärtigen Amt. R. wurde am 20. Februar 1906 als Sohn eines Lokomotivführers in Neustrelitz (Mecklenburg) geboren. Nach Besuch des humanistischen Gymnasiums in Rostock studierte er in München und Rostock Rechtswissenschaft, bestand im April 1932 seine zweite Staatsprüfung und wurde Gerichtsassessor. Mitglied der NSDAP seit März 1933 (der SA war er

schon im Sommer 1932 beigetreten, er trat aber zwei Jahre später wieder aus ihr aus), trat R. Ende 1937 als Legationssekretär in das Reichsaußenministerium. 1938 wurde er als Geschäftsträger an die deutsche Botschaft in Montevideo (Uruguay) versetzt. Im Mai 1940 kehrte er nach Deutschland zurück und übernahm das sogenannte Judenreferat der Deutschland-Abteilung unter Martin → *Luther.*
Ein Beamter, der nur an seine Karriere dachte und seinen wissenschaftlich verbrämten Antisemitismus sichtbar zur Schau stellte, wurde R. während seiner dreijährigen Tätigkeit unter Luther tief in die Planung der Endlösung verstrickt. 1940 entwarf er den sogenannten Madagaskar-Plan, der vorsah, alle europäischen Juden auf die damals zum französischen Kolonialreich gehörende Insel zu deportieren (nachdem das französische Mutterland von Hitlerdeutschland besiegt worden war). Doch ließ man dieses Projekt wieder fallen, als der Krieg mit der Sowjetunion die Möglichkeit eröffnete, die Juden in den Osten abzuschieben und die Endlösung in Europa selbst vorzunehmen. R. war von der Notwendigkeit einer solchen Lösung überzeugt, obwohl er zumindest anfangs nicht daran dachte, die Juden physisch zu vernichten.
Doch in ständigem Kontakt mit dem Büro Adolf → *Eichmanns* hinterließ R. seine Unterschrift auf zahllosen Dokumenten, in denen es um die Deportation vor allem osteuropäischer Juden in die in Polen errichteten Vernichtungslager ging. Im Oktober 1941 leitete er die kaltblütige Ermordung jugoslawischer Juden durch deutsche Besatzungstruppen in Belgrad, wofür er nach dem Kriege verurteilt wurde. Außerdem war er für die Deportation belgischer, holländischer und französischer Juden zumindest mitverantwortlich. Nachdem im April 1943 Luther zu Fall gekommen war, war es auch mit seiner eigenen Karriere im Außenministerium zu Ende. Er ging als Offizier zur Marine, wo er bis Kriegsende blieb.
Im September 1947 wurde R. von den Amerikanern verhaftet, jedoch wieder freigelassen, weil man ihn für unwichtig hielt. Schließlich wurde R. im Februar 1952 vor Gericht gestellt und wegen des Blutbades in Serbien zu drei Jahren und fünf Monaten Haft verurteilt. Im September 1952 tauchte er jedoch unter und wurde von einer neonazistischen Organisation über Marseille nach Damaskus geschmuggelt. Auslieferungsanträge an Syrien erwiesen sich als erfolglos. Doch wurde R. im Juli 1963 unter der Beschuldigung, er habe den syrischen Staat verleumdet und sei NATO-Spion, von den Syrern verhaftet, aber nach zwei Herzattacken im Oktober 1965 wieder freigelassen. Völlig mittellos kehrte er im September 1966 in die Bundesrepublik zurück, wurde abermals vor Gericht gestellt und zu fünfeinhalb Jahren Gefängnis verurteilt, jedoch in Freiheit gesetzt, weil man ihm die bereits verbüßte Haft anrechnete. Im Januar 1971 hob das Bundesgericht in Karlsruhe diesen Spruch auf und ordnete einen neuen Prozeß an. Bevor dieser stattfinden konnte, starb R. am 17. März 1973 in Bonn.

Raeder, Erich (1876–1960)
Großadmiral und bis 1943 Oberbefehlshaber der Kriegsmarine. R. wurde am 24. April 1876 als Sohn eines Lehrers in Wandsbek bei Hamburg geboren. 1894 trat er in die Kriegsmarine ein

und war drei Jahre später Offizier. Während des Ersten Weltkrieges war er teils beim Stab, teils im Gefechtseinsatz. So kommandierte er unter anderem einen Kreuzer und beteiligte sich an mehreren Seeschlachten. Nach längerer Tätigkeit im Marinearchiv (er verfaßte für das Admiralstabswerk eine zweibändige Darstellung *Der Kreuzerkrieg in den ausländischen Gewässern* [1922–1923]) wurde er 1925 als Vizeadmiral zum Chef der Marinestation der Ostsee und am 1. Oktober 1928 als Admiral zum Chef der Marineleitung ernannt.

1934 erhielt er den neugeschaffenen Rang eines Generaladmirals. Im Zuge der Umorganisation der Streitkräfte mit dem Erlaß des Wehrgesetzes wurde seine Dienststellung am 1. Januar 1935 in »Oberbefehlshaber der Kriegsmarine« umbenannt. In dieser Eigenschaft oblag ihm der Aufbau einer deutschen Kriegsflotte. Ursprünglich sprach sich R. gegen Hitlers Einmarsch ins Rheinland (7. Mai 1936) aus, wie er später auch gegen den Angriff auf die Sowjetunion (22. Juni 1941) war, doch nachträglich billigte er Hitlers Entscheidungen. 1937 zeichnete man ihn durch Verleihung des Goldenen Parteiabzeichens aus. Zwei Jahre später verteidigte er den Nationalsozialismus als eine aus dem Geiste des Frontsoldaten und aus wahrhaft deutschem Empfinden geborene Bewegung. Am »Heldengedenktag« 1939 erklärte R. seine volle Übereinstimmung mit dem rücksichtslosen Kampf gegen den Bolschewismus und das internationale Judentum, dessen volkszersetzende Taten man voll zu spüren bekommen habe. Am 1. April 1939 erhielt er den Rang eines Großadmirals.

R. war für den uneingeschränkten U-Bootkrieg verantwortlich und drang in Hitler, alle Anstrengungen zu unternehmen, um Englands Verbindungen zur See abzuschneiden. Außerdem war er überzeugt, daß erst England niedergeworfen werden müsse, bevor man einen Angriff auf die Sowjetunion wagen könne. Doch sein Wunsch, einen Zweifrontenkrieg zu vermeiden, wurde von Hitler ignoriert, und die Unstimmigkeiten im Hinblick auf strategische Fragen führten schließlich zu R.s Verabschiedung am 30. Januar 1943. An seine Stelle trat → *Dönitz* als neuer Oberbefehlshaber der Kriegsmarine.

Nach Kriegsende wurde R. vor das internationale Militärgericht in Nürnberg gestellt und am 1. Oktober 1946 zu lebenslänglicher Haft verurteilt. Doch ließ man ihn bereits am 26. September 1955 wieder frei. Seine zweibändigen Lebenserinnerungen (*Mein Leben* [1956/57]) versuchen Hitlers Eroberungspolitik und seine eigene Rolle beim Auf- und Ausbau der NS-deutschen Kriegsmaschinerie (in diesem Fall der Kriegsflotte) zu verharmlosen. Im zweiten Bande, der den Untertitel *Von 1935 bis Spandau 1955* trägt, nennt R. Hitler einen außergewöhnlichen Menschen, der es verdient habe, Deutschlands Führer zu werden. R. starb am 6. November 1960 in Kiel.

Rauschning, Hermann (1887–1982)
Senatspräsident von Danzig, der später die Korruption und Menschenfeindlichkeit des NS-Regimes anprangerte. R. wurde am 7. August 1887 als Sohn eines Offiziers in Thorn (Westpreußen) geboren und studierte in München und Berlin Geschichte, Musik sowie Germanistik. 1911 promovierte er. Von Beruf war R. Gutsbesitzer. Am Ersten Weltkrieg war er als Infanterieleutnant

beteiligt und wurde verwundet. In der Folgezeit leitete er die Kulturarbeit der deutschen Volksgruppe in Posen. 1926 verlegte er Wohnsitz und Betätigungsfeld nach Danzig, wo er sechs Jahre später Vorsitzender des Landbundes wurde. Ebenfalls 1926 wurde er Mitglied der NSDAP und stand auf vertrautem Fuß mit Hitler. 1933–34 hatte er die Stellung des Senatspräsidenten der (nicht zum Deutschen Reich gehörenden, sondern eine besondere politische Einheit bildenden) Freien Stadt Danzig inne, nachdem die Nationalsozialisten bei den Danziger Parlamentswahlen eine knappe Mehrheit erzielt hatten.
Im August 1933 unterzeichnete R. im Namen Danzigs einen Vertrag mit Polen, vertrat im übrigen aber die Interessen Hitlerdeutschlands. Von Hitlers Alten Kämpfern wurde R. wegen seines raschen Aufstiegs als Emporkömmling und Opportunist angefeindet, und insbesondere mit dem Danziger Gauleiter Albert → *Forster* überwarf er sich. Enttäuscht vom Nationalsozialismus legte R. am 24. November 1934 sein Amt nieder. 1936 floh er in die Schweiz und ließ sich schließlich in Portland (Oregon/USA) als Farmer nieder.
R. verfaßte zwei der ersten großen Anklagewerke, die vor der NS-Ideologie und den vom Nazismus ausgehenden Gefahren warnten: *Revolution des Nihilismus* (1938) und die frei erfundenen, aber ganz authentisch wirkenden, *Gespräche mit Hitler* (1939). Beide sollten die freie Welt darüber aufklären, daß Hitler vor nichts zurückschrecken werde, um seine Machtgier zu befriedigen. Die Nationalsozialisten unternahmen alles nur Erdenkliche, um in der neutralen Schweiz ein Verbot der *Gespräche* zu erreichen. Nach dem Kriege gelang es R. nicht, wieder im politischen Leben Deutschlands Fuß zu fassen. R. starb, fast 95jährig, am 8. Februar 1982 in Portland.

Reichenau, Walter von (1884–1942)
Generalfeldmarschall und der politische Kopf unter Hitlers Heerführern. R. wurde am 8. Oktober 1884 in Karlsruhe als Sohn eines preußischen Generalleutnants geboren. Als Berufssoldat trat er 1903 in die Armee ein, wurde Offizier der preußischen Garde-Feldartillerie und war während des Ersten Weltkrieges im Generalstab tätig. Er wurde von der Reichswehr übernommen, war vom 1. Februar 1933 an Chef des Ministeramtes im Reichswehrministerium (später in Wehrmachtsamt umbenannt). In dieser Stellung als Stabschef und persönlicher Berater des Reichswehr- und späteren Reichskriegsministers Werner von → *Blomberg,* erwies B. sich als eiskalter, zielbewußter Machiavellist.
In den Nationalsozialisten erblickte er einen unverzichtbaren »Rammbock« gegen den Marxismus und beschloß, ihren revolutionären Elan für seine eigene Laufbahn und für die Interessen des Heeres nutzbar zu machen. R. war der Prototyp des modernen rein technisch orientierten Offiziers ohne Standesdünkel, der im Nationalsozialismus eine willkommene Massenbewegung erblickte, deren Energien, im richtigen Moment in die richtigen Kanäle geleitet, der Reichswehr einen bedeutenden Machtzuwachs bringen konnten.
So wurde R. zur Schlüsselfigur der Eingliederung der Reichswehr in den NS-Staat, wobei die von ihm und Blomberg befürwortete sofortige Vereidung der Soldaten auf den »Führer und

Reichskanzler« beim Tod → *Hindenburgs* am 2. August 1934 der entscheidende Schritt war. Zuvor hatte Hitler die durch die Volksheer-Pläne Ernst → *Röhms* beunruhigte Reichswehr durch das Blutbad vom 30. Juni 1934 zufriedengestellt und sie in ihrer Rolle als »einziger Waffenträger der Nation« bestätigt. Absprachen zwischen R. und → *Heydrich* sowie Loyalitätserklärungen Blombergs gegenüber Hitler gaben diesem wiederum erst freie Hand für das Massaker. Als Ende Juni/Anfang Juli die Terror- und Einschüchterungswelle durch Deutschland rollte und die letzten Reste von Rechtsstaatlichkeit mit sich riß, standen R. und Blomberg hinter der Entscheidung, die Armee in ihren Kasernen zu belassen und nicht zu intervenieren. Die Reichswehr, so erklärte R., werde sich aus innenpolitischen Konflikten heraushalten und Gegnern der Regierung keine Unterstützung gewähren.
Im August 1935 war R. zum Generalleutnant befördert und ab Oktober als Nachfolger Wilhelm → *Adams* zum Befehlshaber im Wehrkreis VII (Bayern) ernannt worden. Er billigte die militärische Ausbildung der SS, so wie er noch ein Jahr zuvor das Auftreten der SA als einer gleichsam mit der Reichswehr konkurrierenden »Volksarmee« mißbilligt hatte. R. erhielt für seine politische Loyalität 1938 den Befehl über die Heeresgruppe 4 (Leipzig) und wurde bei Kriegsausbruch Oberbefehlshaber der 10. Armee, im Oktober 1939 Generaloberst. Obwohl persönlich pessimistisch, was die Aussichten eines Sieges über die Westmächte anging, mit denen er viel lieber einen Ausgleich gesucht hätte, unterstützte R. dennoch Hitlers Pläne in der Öffentlichkeit und wurde, nachdem der Frankreichfeldzug beendet war, im Juli 1940 zum Generalfeldmarschall befördert.
Beim Einmarsch in die Sowjetunion kommandierte er die 6. Armee (die dann später unter → *Paulus* bei Stalingrad zugrunde ging), und Anfang Dezember 1941 trat er die Nachfolge von → *Rundstedts* als Oberbefehlshaber der Heeresgruppe Süd an. Nach dem Blutbad, das die SS im September 1941 in Kiew an Juden anrichtete, erließ R. am 10. Oktober 1941 den berüchtigten Tagesbefehl, in dem er die »Notwendigkeit der harten, aber gerechten Sühne am jüdischen Untermenschen« hervorhob. Nach R.s Worten war der deutsche Soldat im Osten Träger einer »unerbittlichen rassischen Idee«, die über alle bisher geltenden militärischen Ehrbegriffe zu setzen sei. Es überrascht nicht, daß die als Einsatzgruppen bezeichneten Mordkommandos, die für die Tötung zahlloser Juden in den besetzten Ostgebieten verantwortlich waren, Anerkennendes über R. zu melden wußten und berichteten, wie er ihnen durch kooperative Haltung ihre Aufgabe erleichtert habe. Er starb überraschend am 17. Januar 1942 in Poltawa an einem Schlaganfall nach einer Flugzeugbruchlandung.

Reichwein, Adolf (1898–1944)
Sozialdemokratischer Kulturpolitiker und Pädagoge, eine der führenden Persönlichkeiten des deutschen Widerstandes. Der am 3. Oktober 1898 in Bad Ems geborene Sohn eines Lehrers erwarb nach Kriegsdienst im Ersten Weltkrieg (wobei er schwer verwundet wurde) 1920 zum Abschluß des Studiums der Geschichte und Philosophie den Doktorgrad, war seit 1928 persönlicher Referent des preußischen Kultusministers Carl Becker und erhielt

1930 eine Professur an der damals neugegründeten Pädagogischen Hochschule in Halle (Saale). Drei Jahre später von den Nationalsozialisten entlassen, sah er sich gezwungen, seinen Lebensunterhalt als Dorfschullehrer (in Tiefensee [Kreis Oberbarnim/Mark Brandenburg]) zu verdienen, bevor man ihn 1939 als Direktor der Schulabteilung an das Berliner Volkskundemuseum berief.
Ab 1942 gehörte R. dem Kreisauer Kreis (→ *Moltke*) an und war dessen Verbindungsmann zum linken Flügel des deutschen Widerstands. Zusammen mit Julius → *Leber* nahm er im Auftrage → *Stauffenbergs* Kontakt mit Kommunisten auf, von denen sich einer als Gestapo-Spitzel erwies, was zu beider Verhaftung am 4. Juli 1944 führte. Am 20. Oktober 1944 zum Tode verurteilt, wurde R. noch am selben Tage in der Haftanstalt Berlin-Plötzensee gehängt.

Reinhardt, Fritz (1895–1969)
Leiter der NSDAP-Rednerschule und von 1933 bis 1945 Staatssekretär im Reichsfinanzministerium. R. wurde am 3. April 1895 in Ilmenau (Thüringen) geboren. Er war während des Ersten Weltkrieges in Rußland interniert. Nach dem Kriege studierte er Wirtschaftswissenschaft und gründete in Ilmenau eine Akademie für Wirtschaft und Steuer, bevor er thüringischer Finanzbeamter wurde. Nach seinem Beitritt zur NSDAP war er 1928 bis 1930 Gauleiter in Oberbayern. 1928 begründete er sein Institut zur Ausbildung von NS-Parteirednern, und als die NSDAP Wahlerfolge erzielte, wurde diese Schule als Rednerschule der NSDAP zu einer nationalen Institution.
1930 zog R. als NS-Abgeordneter für Oberbayern/Schwaben in den Reichstag ein, und als die Nationalsozialisten an die Macht kamen, wurde er im August 1933 als Staatssekretär ins Reichsfinanzministerium berufen, wo er ein Sonderprogramm zur Bekämpfung der Arbeitslosigkeit mit fiskalischen Mitteln entwickelte, aber auch für die Finanzierung der Aufrüstung der Wehrmacht zuständig war. Im Herbst 1933 wurde R. zum SA-Gruppenführer im Stab der Obersten SA-Führung ernannt, und am 9. November 1937 rückte er zum SA-Obergruppenführer auf. 1945 verhaftet, wurde R. vier Jahre später wieder auf freien Fuß gesetzt. 1950 stufte ihn eine Münchener Entnazifizierungs-Spruchkammer als »Hauptschuldigen« ein.

Reitsch, Hanna (1912–1979)
Testpilotin und glühende Bewunderin Hitlers. Hanna R. wurde am 29. März 1912 in Hirschberg (Schlesien) als Tochter eines Augenarztes geboren. Die zierliche, zarte Blondine, die in den dreißiger Jahren zur Symbolfigur »mannhafter« Waghalsigkeit wurde, wollte ursprünglich fliegende Missionsärztin in Afrika werden, wandte sich jedoch ganz der Führung von Segel- und Motorflugzeugen zu, wobei sie außerordentlichen Wagemut und enormes Können entwickelte. Von 1932 an, als sie ihren ersten Weltrekord im Nonstop-Segelfliegen für Frauen (fünfeinhalb Stunden) aufstellte, den sie 1933 auf elfeinhalb Stunden verbesserte, bis zu ihrem Weltrekord im Nonstop-Entfernungsflug für Segelflieger (305 km) im Jahre 1936 sowie ihrem Frauen-Weltrekord im Segelflieger-Zielflug (1939) war Hanna R. konkurrenzlos erfolgreich.
1934 stellte sie den Höhenweltrekord

(2800 m) für Frauen auf, drei Jahre später überquerte sie erstmals in einem Segelflugzeug die Alpen, und 1938 flog sie erstmals mit einem Hubschrauber in einem geschlossenen Raum (der Berliner Deutschlandhalle). Außerdem gewann sie im selben Jahr die deutschen Segler-Weitflugmeisterschaften. 1937 ernannte Ernst → *Udet* sie zum ersten weiblichen Flugkapitän und gleichzeitig zur ersten Testpilotin der neuen deutschen Luftwaffe. In der Folge führte sie während des Zweiten Weltkrieges mit allen Arten von Militärmaschinen Testflüge durch. Unter anderem flog sie den kleinen, raketengetriebenen Messerschmitt-Abfangjäger Me 163, das riesige Transportflugzeug Messerschmitt »Gigant«, ja 1944 machte sie sogar mehrere Flüge mit der V-1, die als bemannte Bombe für Sondereinsätze geplant war, aber in dieser Form nicht zum Einsatz kam.

Hanna R., die wie durch ein Wunder mehrere Abstürze überlebte, war die erste und einzige Frau, die für ihre Verdienste um die Luftfahrt 1942 von Hitler das Eiserne Kreuz (Erster und Zweiter Klasse) erhielt. Hochgeehrt und vom Führer außerordentlich geschätzt, war die tapfere, vaterlandsliebende Testpilotin politisch eher naiv. Sie weigerte sich zu glauben, daß Hitler mit Ausschreitungen wie dem Pogrom der Reichskristallnacht zu tun haben könne und wies Äußerungen über Konzentrationslager als Greuelpropaganda von sich. Im November 1943 tat sie sich in dessen Luftwaffen-Hauptquartier an der Ostfront mit dem Luftwaffengeneral Robert Ritter von → *Greim* zusammen, der wie sie ein fanatischer Flieger war und ebenso an den Nationalsozialismus glaubte wie sie selbst.

Sie und von Greim gehörten zu Hitlers letzten Besuchern im Berliner Führerbunker (26.–29. April 1945), nachdem sie mitten durch russisches Flak-Sperrfeuer geflogen und im Berliner Tiergarten nicht allzuweit von der Reichskanzlei gelandet waren, wobei Ritter von Greim durch einen Flaktreffer schwer verwundet wurde. Am 29. April befahl Hitler, seelisch und körperlich gebrochen, ihr und dem schwerverwundeten von Greim (den er anstelle des in letzter Minute abgesetzten → *Göring* zum Oberbefehlshaber der Luftwaffe ernannt hatte), Berlin zu verlassen und die verbliebenen Luftwaffen-Reste zu sammeln, um einen Entlastungsangriff zu unterstützen. Beide entkamen wie durch ein Wunder mit ihrer Maschine aus dem brennenden, bereits von den Sowjets umkämpften Berlin und erreichten das Hauptquartier von Admiral → *Dönitz*. Später wurde Hanna R. verhaftet und 15 Monate in einem amerikanischen Untersuchungslager *(Interrogation Center)* festgehalten. 1946 ließ man sie wieder frei, ohne sie unter Anklage gestellt zu haben.

1951 veröffentlichte sie ihre Autobiographie *Fliegen, mein Leben,* und schon ein Jahr später war sie die einzige weibliche Teilnehmerin an der internationalen Segelflugmeisterschaft in Madrid, bei der sie die Bronzemedaille gewann. 1955 gewann sie die deutsche Segelflugmeisterschaft (abermals als einzige weibliche Teilnehmerin) und 1957 noch einmal die Bronzemedaille. Im selben Jahr stellte sie zwei deutsche Höhenrekorde für Frauen im Segelflug auf. Ihren letzten deutschen Segelflugrekord erzielte sie 1970. Ab 1954 war Deutschlands erfolgreichste Fliegerin auch wieder als Forschungspilotin tätig. 1959 verbrachte sie mehrere Monate in Indien, wo sie sich mit Indira

Gandhi und dem damaligen Premierminister Pandit Nehru anfreundete, der sie als Passagier auf einem Segelflug über Neu-Delhi begleitete. 1962 gründete die unermüdliche Hanna R. die staatliche Segelflugschule in Ghana, wo sie das Vertrauen des Präsidenten Kwame Nkrumah erwarb.
Eine außergewöhnliche Persönlichkeit, die in ihrer langen Berufslaufbahn mehr als 40 Höhen- und Dauerrekorde im Segel- und Motorflug aufstellte, war Hanna R. andererseits in ihrer Schwärmerei für den Nationalsozialismus und die Person Hitlers typisch für viele Menschen während des Dritten Reiches. Nach dem Kriege scheint sich bei ihr ein echter Gesinnungswandel vollzogen zu haben, denn sie erklärte 1952 einem amerikanischen Reporter, sie sei erschüttert und angewidert von dem, was sich während des Dritten Reiches in den Korridoren der Macht abgespielt habe. Sie starb am 24. August 1979 in Frankfurt am Main.

Remer, Otto-Ernst (geb. 1912)
Kommandeur des Wachbataillons »Großdeutschland«, der bei der Niederschlagung des Putsches vom 20. Juli 1944 eine Schlüsselrolle spielte. Der 32 Jahre alte Major R. stellte sich auf Hitlers Seite und trug so wesentlich zum Scheitern der Verschwörung bei. R., im Kriege achtmal verwundet und von Hitler persönlich mit dem Ritterkreuz mit Eichenlaub dekoriert, war am Tage des Putsches in Marsch gesetzt worden, um Joseph → *Goebbels* zu verhaften. Doch der Reichspropagandaminister erinnerte ihn an seinen Hitler geleisteten Treueid und verband ihn telephonisch mit Hitler, um ihm zu beweisen, daß der Führer nicht tot sei, wie die Verschwörer fälschlich behauptet hatten. R. zog sein Bataillon daraufhin aus der Wilhelmstraße ab, besetzte die Kommandantur Unter den Linden und suchte, die Anführer des Anti-Hitler-Komplotts zu verhaften. Für seine Rolle bei der Wiederherstellung von Ruhe und Ordnung in Berlin wurde R. zum Generalmajor und Divisionskommandeur befördert.
Nach dem Kriege gründete R. 1950 die neonazistische Sozialistische Reichspartei (SRP), die ein Jahr später bei Kommunalwahlen in Niedersachsen 360000 Stimmen erhielt. 1952 brachte ein Beleidigungsprozeß ans Tageslicht, daß R. seiner in Spreeberg östlich der Elbe eingeschlossenen Division in den letzten Kriegstagen befohlen hatte, nach Süden Richtung Dresden durchzubrechen. Er selbst ging dagegen in Zivilkleidung über die westlich gelegene Elbe, wo damals bereits amerikanische Truppen standen. Dies hinderte R. jedoch nicht, andere zu verunglimpfen. Er beschimpfte die Widerstandsbewegung, die er als »Flecken auf dem Ehrenschild des deutschen Offizierskorps« apostrophierte und von der er behauptete, sie sei der deutschen Armee in den Rücken gefallen.
Im März 1952 wurde er deshalb wegen kollektiver Verunglimpfung und Verleumdung der Männer des Widerstandes zu einer dreimonatigen Haft verurteilt, die er allerdings niemals abbüßte, weil er außer Landes floh. Einige Monate später wurde die SRP von der Bonner Regierung aufgelöst. R. tauchte in Ägypten wieder auf.

Renn, Ludwig, eigentlich Arnold Vieth von Golsenau (1889–1979)
Kommunistischer Schriftsteller aus einer sächsischen Adelsfamilie. R. wurde am 22. April 1889 in Dresden ge-

boren und kannte das deutsche Militär aus eigener Erfahrung, denn er hatte den Ersten Weltkrieg als Kompaniechef und Bataillonskommandeur mitgemacht. 1919 bis 1920 gehörte er einer Dresdner Polizeieinheit an. Nachdem er 1920 als Hauptmann seinen Abschied genommen hatte, studierte er in Göttingen und München Jura, Wirtschaftswissenschaft und Russisch. Nach weiteren Studien (Architektur, byzantinische und chinesische Geschichte) wurde er freier Schriftsteller und veröffentlichte 1928 sein erstes Buch *Krieg*. Im unpersönlichen, leidenschaftslosen Ton eines Fronttagebuches skizzierte R., was eine Infanterieeinheit während des Ersten Weltkrieges erlebte. Der Roman spiegelt eine literarische Tendenz zu Realismus und Nüchternheit, die der Neuen Sachlichkeit in Malerei und Architektur entspricht. 1928 wurde R., inzwischen KPD-Mitglied, Sekretär des Bundes proletarisch-revolutionärer Schriftsteller (bis 1932). Außerdem gab er die kommunistisch orientierte Zeitschrift *Linkskurve* heraus. Sein Roman *Nachkrieg* (1930) zog noch radikalere Folgerungen aus dem Kriegserlebnis als sein Vorgänger *Krieg*. Kein bürgerlicher Verlag wollte dieses Werk verlegen. 1932 veröffentlichte R. *Rußlandfahrten,* das Ergebnis eines 1929 unternommenen Besuchs in der Sowjetunion. R., der bereits Ende 1932 zwei Monate wegen »literarischen Hochverrats« in Untersuchungshaft gesessen hatte, wurde in der Nacht des Reichstagsbrandes (27. Februar 1933) verhaftet und verbrachte zweieinhalb Jahre wegen »Vorbereitung zum Hochverrat« im Gefängnis.

1935 entlassen, glückte ihm 1936 die Flucht in die Schweiz, und noch im selben Jahr wurde er Stabschef der 11. Internationalen Brigade im Spanischen Bürgerkrieg. Frankreich internierte ihn 1939, doch wurde er noch im selben Jahr wieder entlassen und ließ sich – nach kurzen Zwischenaufenthalten in England und den USA – schließlich in Mexiko nieder, wo er an der indianischen Universität von Morelia eine Professur für europäische Geschichte und Sprachen erhielt. 1941 gründete er die Bewegung Freies Deutschland, eine Bewegung in Lateinamerika lebender, antinazistischer deutscher Emigranten, deren Präsident er bis 1946 war. Seine kommunistische Überzeugung veranlaßte ihn schließlich, sich im März 1947 in Ostdeutschland niederzulassen, wo er ordentlicher Professor für Anthropologie und Direktor des Kulturwissenschaftlichen Institutes der Technischen Hochschule Dresden wurde.

Ein bedeutender Autor, prominenter Befürworter des ostdeutschen Regimes und Mitglied der ostdeutschen Staatspartei SED (Sozialistische Einheitspartei Deutschlands), bekleidete er mehrere hohe Positionen im kulturellen Leben der Deutschen Demokratischen Republik. 1955 erhielt er den Nationalpreis Zweiter Klasse, und 1969 machte man ihn zum Ehrenpräsidenten der ostdeutschen Akademie der Künste, der er seit 1952 angehörte. Zu seinen bekanntesten Werken gehört neben *Krieg* (das ein Welterfolg wurde und seinerzeit fast ebensoviel Aufsehen erregte wie Erich Maria Remarques *Im Westen nichts Neues*) und *Nachkrieg* auch *Adel im Untergang* (1946). R. starb kurz nach seinem 90. Geburtstag.

Renteln, Theodor Adrian von (1897–1946)

Im Zweiten Weltkrieg Generalkommissar von Litauen. R. wurde am

5. September 1897 in Rußland geboren. Er studierte 1920–1924 an den Universitäten Berlin und Rostock Rechte und Wirtschaftswissenschaft. 1928 trat er der NSDAP bei, gründete die Berliner Gruppe des Nationalsozialistischen Deutschen Studentenbundes und wurde bald dessen Führer auf nationaler Ebene. Im November 1931 ernannte Hitler den jungen Emigranten aus dem Baltikum zum Führer der Hitlerjugend (HJ) wie auch des NSD-Studentenbundes – ein Sieg der eher intellektuell-mittelständisch orientierten Elemente innerhalb der NS-Jugendbewegung über zuvor bestimmende, eher der Arbeiterschaft angehörende und stärker ideologisch ausgerichtete Gruppen.

R. trat am 16. Juni 1932 von beiden Ämtern zurück. Seine Stelle nahm Baldur von → *Schirach* ein, während er die Leitung des NS-Kampfbundes des gewerblichen Mittelstandes übernahm sowie 1933 auch das Hauptamt für Handwerk und Handel in der Reichsleitung der NSDAP und das Hauptarbeitsgebiet Handwerk und Handel im Zentralbüro der Deutschen Arbeitsfront. Als Abgeordneter für Potsdam wurde R. in den Reichstag gewählt. Für die Interessen des Mittelstandes eintretend, war R. Chef des Institutes für Angewandte Wirtschaftswissenschaft, Vorsitzender des Disziplinargerichtes der Deutschen Arbeitsfront und Präsident und Betriebsführer des Deutschen Genossenschaftsverbandes in Berlin. 1941 erhielt R. seine Ernennung zum Generalkommissar in Litauen. Er stand auf der Liste der Kriegsverbrecher, nach denen die Sowjets fahndeten. Am Ende des Krieges nahmen ihn die Russen gefangen und hängten ihn 1946.

Ribbentrop, Joachim von (1893–1946)
Von 1938 bis 1945 Reichsaußenminister. R. wurde am 30. April 1893 als Sohn eines Offiziers (aber ohne Adelsprädikat) in Wesel geboren. Seine Ausbildung erhielt er in Metz und Grenoble, wo er Fremdsprachen lernte. Später lebte er vier Jahre als Banklehrling, als Arbeiter, Reporter und schließlich als unabhängiger Geschäftsmann in Kanada. 1914 meldete er sich freiwillig in Deutschland zum aktiven Militärdienst und brachte es bis zum Leutnant. Gegen Ende des Ersten Weltkrieges war er zeitweilig Militärattaché in Istanbul. Nach dem Kriege ging er nach Berlin und kehrte ins Geschäftsleben zurück (Handel mit Baumwolle).

Seine Heirat mit Anneliese Henkell, der Erbtochter des reichsten deutschen Sektfabrikanten, ermöglichte ihm seit dem Juli 1920 den sehnlichst gewünschten Zugang zur großen Gesellschaft und trug ihm die Henkell-Vertretung für Berlin ein. R. war spät (am 1. Mai 1932) zur NSDAP gestoßen und hatte Hitler erst im August 1932 kennengelernt. Die R.sche Villa in der Lentzeallee in Berlin-Dahlem war der geeignete Ort, wo Hitler geheime Pläne für die Bildung seines Kabinetts (vom 30. Januar 1933) schmieden konnte. Schon nach einem Jahr war R. NS-Reichstagsabgeordneter für Potsdam, SS-Standartenführer und Hitlers außenpolitischer Berater. Sein »Büro R.« nahm neben dem Außenpolitischen Amt der NSDAP (Rosenberg) und dem Reichsaußenministerium (v. Neurath) Hitlers außenpolitische Pläne wahr. Von Hitler als Mann von Welt geschätzt, verdankte R. (der seinen Adelstitel erst 1925 durch Adoption erworben hatte) umgekehrt Hitler alles, was er im NS-

Staat wurde. Er legte dafür Hitler gegenüber große Willfährigkeit an den Tag, so daß sich selbst Hitlers Alte Kämpfer von ihm abgestoßen fühlten, zumal sie in ihm nur einen Emporkömmling sahen.
Arrogant, eitel, empfindlich und humorlos, eckte R. fast überall an, zumal er seine Unfähigkeit durch Überheblichkeit zu überspielen suchte. Hermann → *Göring* beschimpfte ihn öffentlich als »Sektvertreter«, sein erboster Rivale → *Goebbels* bemerkte, R. habe seinen Namen gekauft, sein Geld erheiratet und sich den Weg in sein Amt erschwindelt, und der italienische Außenminister Graf Ciano soll abfällige Äußerungen Mussolinis über R.s Geistesgaben zum besten gegeben haben, die offensichtlich damals weit verbreitet waren. Hitler dagegen ließ nichts auf R. kommen und behauptete gelegentlich sogar, R. sei »größer als Bismarck«. Bis 1935 befaßte sich R. hauptsächlich mit Abrüstungsfragen, dann schloß er als deutscher Sonderbotschafter am 18. Juni 1935 das deutsch-britische Flottenabkommen ab und wurde am 11. August 1936 Botschafter in London, wobei ihm die Aufgabe zugedacht war, ein deutsch-britisches Bündnis vorzubereiten. Diese Mission schlug fehl.
Die beiden Jahre, die R. in London verbrachte, waren ein Unglück. R. fühlte sich durch die Ablehnung, die man ihn in der britischen Hauptstadt fühlen ließ, zutiefst gekränkt und gelangte zu der Überzeugung, daß zwischen England und Deutschland unüberbrückbare Gegensätze bestünden. Von nun an schilderte er England als »unseren gefährlichsten Feind«, versuchte andererseits aber Hitler glauben zu machen, daß die Engländer gegen eine Eroberungspolitik des Dritten Reiches »auf dem Kontinent« nichts einzuwenden hätten. Ganz in seinem Sinne schloß Deutschland am 25. November 1936 mit Japan den Antikominternpakt ab, der später mit dem einen Monat zuvor (25. Oktober 1936) abgeschlossenen Achsenpakt (zwischen Berlin und Rom) zum Dreieck der »Achse Berlin–Rom–Tokio« ausgebaut wurde.
Nach seiner Ernennung zum Reichsaußenminister am 4. Februar 1938 erreichte R. den Höhepunkt seiner Karriere zwischen der Münchner Konferenz (29. September 1938) und dem sensationellen deutsch-sowjetischen Nichtangriffspakt, den er und Molotow am 23. August 1939 unterzeichneten und dem am 28. September 1939 sogar ein Grenz- und Freundschaftsvertrag zwischen der Sowjetunion und dem Dritten Reich folgte. Der Pakt vom 23. August ebnete Hitler den Weg nach Polen, wobei R. nach wie vor der Überzeugung war (und dies auch Hitler einzureden verstand), von seiten Englands sei nichts zu befürchten. Der Außenminister, der alles getan hatte, um noch in letzter Minute unternommene Friedensbemühungen zu vereiteln, verlor während des Krieges zunehmend an Einfluß, je mehr Außenpolitik durch militärische Gewalt ersetzt wurde.
Nach Hitlers Einmarsch in die Sowjetunion verwendete R. seine Zeit auf Rivalitätskämpfe, um ein weiteres Schrumpfen seines Machtbereiches zu verhindern. Dabei schreckte er nicht davor zurück, sich auch bei der Endlösung der Judenfrage unentbehrlich machen zu wollen, indem er seinen Untergebenen befahl, so energisch wie möglich zur »Evakuierung« der Juden aus den einzelnen Ländern Europas

beizutragen und auf die Regierungen Italiens, Bulgariens, Ungarns und Dänemarks entsprechenden Druck auszuüben.
Er überdauerte einen Versuch seines eigenen Staatssekretärs Martin → *Luther,* ihn zu stürzen. Doch 1945 hatte er seinen gesamten Einfluß verloren, sogar bei Hitler, dessen politische Absichten er zuvor stets erahnt hatte und dessen Gunst die Grundlage seiner Karriere war. Am 14. Juni 1945 in einer Hamburger Pension von britischen Soldaten verhaftet, wurde R. vor das Nürnberger Kriegsverbrechertribunal gestellt.
Man fand R. schuldig, Kriegsverbrechen, Verbrechen gegen die Menschlichkeit und Verbrechen gegen den Frieden begangen zu haben. Am 1. Oktober 1946 wurde er zum Tode verurteilt und 15 Tage später als erster der Todeskandidaten gehängt.

Richthofen, Wolfram Freiherr von (1895–1945)
Generalfeldmarschall und Luftwaffenkommandeur im Zweiten Weltkrieg. R. wurde am 10. Oktober 1895 in Barzdorf (Schlesien) als Sohn eines Rittergutsbesitzers geboren. Absolvent der Kadettenschule in Lichterfelde bei Berlin (seit 1920 Berlin-Lichterfelde), trat R. 1917 dem kaiserlichen Fliegerkorps bei und wurde ein Jahr später dem berühmten Jagdgeschwader R. zugeteilt, dessen erster Geschwaderchef sein Vetter Manfred von R. (gefallen am 21. April 1918) gewesen war. 1919 bis 1923 studierte R. Ingenieurwissenschaften, schloß sich später der Reichswehr an und nahm an zahlreichen Flugwettbewerben teil. 1932 promovierte er zum Dr. ing. an der Berliner Technischen Hochschule. 1929 bis 1933 war er als Mitglied des deutschen Generalstabs in Italien beurlaubt.
Nach einer Zwischenphase, in der er am Technischen Amt des Reichsluftfahrtministeriums tätig war, wurde er im Januar 1937 zum Stabschef der »Legion Condor« ernannt, die auf der Seite Francos in den Spanischen Bürgerkrieg eingriff. Im September 1938 erhielt er seine Beförderung zum Generalmajor und übernahm schließlich das Kommando über die Legion. Im Mai 1939 kehrte R. aus Spanien nach Deutschland zurück. Ab September kommandierte R. das VIII. Fliegerkorps an der Westfront und leitete die Einsätze seiner Einheiten während des Frankreichfeldzuges mit außerordentlichem Erfolg. Im Mai 1940 erhielt er das Ritterkreuz und wurde noch im selben Jahre zum General der Flieger (unter Überspringung des Generalleutnants) befördert. Ein Jahr später zeichnete man ihn mit dem Eichenlaub zum Ritterkreuz aus. 1941/42 an der Ostfront eingesetzt, wurde er im März 1942 Generaloberst und übernahm ab Juni des gleichen Jahres die Luftflotte 4 im Osten. Im Februar 1943 wurde R. zum Generalfeldmarschall befördert. Von Kesselring übernahm er im Juni 1943 die 4. Luftflotte in Italien, die er im Oktober 1944 krankheitshalber abgeben mußte. Er starb am 12. Juli 1945 in Bad Ischl an den Folgen der Krankheit.

Riefenstahl, Leni (geb. 1902)
Bekannteste Regisseurin des Dritten Reiches. Leni R. wurde am 22. August 1902 in Berlin geboren. Sie begann ihre Laufbahn als Ballett-Tänzerin und wurde Anfang der zwanziger Jahre unter anderem von Max Reinhardt als Tänzerin eingesetzt. 1925 wirkte sie erstmals in einem Film mit. Es war *Der*

heilige Berg – der erste einer Reihe gut photographierter Spielfilme mit Alpenthematik. Sein Schöpfer war Arnold Fanck, der »Vater des Bergfilms« der Weimarer Zeit. In den ausgehenden zwanziger Jahren war Leni R. der Star in zahlreichen beliebten Alpenfilmen. Sie spielte die Hauptrollen in Fancks *Der große Sprung* (1927), *Die weiße Hölle vom Piz Palü* (1929 [an dem auch G. W. Pabst beteiligt war]), *Stürme über dem Mont Blanc* (1930) und *Das blaue Licht* (1932).
Beim letztgenannten Film war sie Mitautorin, Regisseurin, Produzentin und Trägerin der Hauptrolle. Sie gewann für ihn eine Goldmedaille auf der Biennale in Venedig. 1933 drehte sie ihren letzten Film mit Fanck, bevor Hitler, der sie außerordentlich bewunderte, sie zur Spitzenfilmerin der NSDAP ernannte.
Die sportliche, gutaussehende junge Schauspielerin und Regisseurin wurde eine begeisterte filmische Interpretin von NS-Mythen wie der »nationalen Wiedergeburt«, von Männlichkeits-, Gesundheits- und Reinheitskult sowie von romantischer Naturschwärmerei. Beauftragt, einen abendfüllenden Dokumentarfilm über einen NS-Parteitag zu drehen, schuf sie gleich deren zwei: *Sieg des Glaubens* (1933), eine Huldigung an Hitler und seine Partei, sowie den beeindruckenden Film *Triumph des Willens* (1934) – vielleicht die wirksamste NS-Propaganda, die je ins Bild gesetzt wurde. Mehr als 100 Mitarbeiter wirkten an diesem Film mit, darunter ein Stab von 16 Kameraleuten, jeder mit einem Assistenten. Nicht weniger als 30 Kameras waren im Einsatz, dazu eine Unzahl von Scheinwerfern.
Leni R. verband melodramatische Kameratechniken aus der Stummfilmzeit der zwanziger Jahre mit den dramatischen Effekten Wagnerscher Opern, wobei das Individuum ganz in der Masse unterging und die Wirklichkeit hinter den Parteitagsinszenierungen mit ihren Paraden und Vorbeimärschen verschwand. Dennoch gewann der Film gleichfalls eine Goldmedaille in Venedig. Ihm folgte Leni R.s klassischer Dokumentarfilm *Olympia,* ein vierstündiges Filmepos in zwei Teilen, das den Berliner Olympischen Spielen von 1936 gewidmet war. Er hatte seine Galapremiere zu Hitlers 49. Geburtstag am 20. April 1938. Leni R.s Olympiafilm, der wegen seiner neuen Techniken und filmischen Vollendung überall Bewunderer fand, erhielt auf der Biennale in Venedig den ersten Preis und wurde noch 1948 vom Internationalen Olympischen Komitee ausgezeichnet.
Nach dem Sturz des Dritten Reiches war Leni R. eine der wenigen herausragenden Gestalten der deutschen Filmindustrie, die für ihre frühere Verherrlichung des Nationalsozialismus büßen mußte. Lebhaft wies sie jedoch alle Anschuldigungen eines romantischen Verhältnisses zu oder gar der politischen Komplizenschaft mit Hitler zurück. In jüngster Zeit fand ihr fortbestehendes Interesse an primitiven Volksstämmen und deren natürlicher Umwelt in Photoexpeditionen nach Afrika ein neues Betätigungsfeld. Das bleibende Ergebnis waren zwei bemerkenswerte Bildbände: *Die letzten Nuba* und *Die Leute von Kau.*

Rienhardt, Rolf (geb. 1903)
Stabschef von Max → *Amann* und zeitweilig der mächtigste Mann auf dem Sektor der NS-Publizistik. R. wurde am 2. Juli 1903 als Pastorssohn in Bucha

geboren. Nach dem Jurastudium in Berlin und München wurde er 1922 Rechtsberater des Eher Verlages, nachdem er durch seinen Freund Gregor → *Strasser* Bekanntschaft mit dem Nationalsozialismus gemacht hatte. Auf Strassers Vorschlag wurde er auf die Liste der NSDAP für die Reichstagswahlen vom 31. Juli 1932 gesetzt, und auch für die Wahlen vom 6. November desselben Jahres kandidierte er erneut mit Erfolg. 1932 wurde er außerdem Abteilungsleiter in Strassers Reichsorganisationsamt.

Obwohl R. zusammen mit anderen Anhängern Strassers im Dezember 1932 gemaßregelt wurde, machten ihn seine organisatorische Begabung, seine Fähigkeiten als Jurist und sein phänomenaler Arbeitseifer zum idealen Anwärter auf den Posten des »Hauptamtsleiters« in Amanns Presseamt in der Reichsleitung der NSDAP sowie als stellvertretender Direktor des Reichsverbandes der deutschen Zeitungsverleger. R. war der eigentliche Kopf und die treibende Kraft in Amanns Presseimperium. Er verfaßte Amanns Reden und Artikel und entwarf die meisten seiner wichtigeren Direktiven. Außerdem spielte er eine führende Rolle in der Reichspressekammer, war Mitglied der Akademie für Deutsches Recht und Direktoriums-Vorsitzender des Deutschen Verlages (zuvor Ullstein GmbH). Die Position im Zeitungsverlegerverband gab ihm weitgehende Macht über die noch in privater Hand befindliche Presse, deren allmähliches Aufgehen in der NS-Presse weitgehend auf seinen juristischen Einfallsreichtum und seine unbeirrbare Zielstrebigkeit zurückzuführen war.

1939 war R.s Position auf dem Publizistiksektor unangefochten, obwohl er lediglich Macht ausübte, die ihm von seinem Vorgesetzten, Max Amann, übertragen worden war. Amanns Minderwertigkeitskomplex gegenüber seinem Hauptmitarbeiter, der ihm an Bildung und Fähigkeiten weit überlegen war, führte zwischen beiden zu immer stärkeren Spannungen. Schließlich bot R.s aufschiebende Behandlung des Hitlerbefehls, die *Frankfurter Zeitung* verschwinden zu lassen, Amann den willkommenen Vorwand, im November 1943 seine rechte Hand kurzerhand zu entlassen – ohne finanzielle Abfindung, ohne Pensionsberechtigung und ohne über ein nennenswertes Bankkonto zu verfügen. Man schob ihn zur Leibstandarte Adolf Hitler ab, in der er bis Kriegsende Dienst tat.

Ritter, Karl (1888–1977)

Einer der militaristischsten Filmdirektoren der NS-Zeit. R. wurde am 7. November 1888 in Würzburg als Sohn eines Musikprofessors geboren. Er tat sich im Ersten Weltkrieg als Flieger hervor, zuletzt führte er als Major ein Bataillon. Nach abgebrochenem Architekturstudium betätigte er sich anschließend als Zeichner und Maler. Seine erste Bekanntschaft mit dem Film machte er 1925 als Public-Relations-Manager für Südfilm und Emelka. 1933 wurde er Direktor und Produktionschef der UFA, und dies blieb er bis 1945. Überzeugter Nationalsozialist, verstand er es, Filmen, die vor allem propagandistische Ziele verfolgten, ein gewisses Flair von Realismus und von künstlerischer Bedeutung zu geben. Ein Meister von Szenen in bester Hollywoodmanier, verherrlichte R. preußisch-militärische Traditionen, das Heldentum der Wehrmacht, Kameradschaftsgeist und vor allem die mann-

hafte Bravour der Luftwaffenpiloten (allein acht seiner Filme beschäftigten sich nach 1936 mit diesem Thema).
→ *Goebbels* ehrte R. mit dem Professorentitel. In seinen Filmen verband R. Reportage-Sequenzen mit Spielhandlungen, die in Streifen wie *GPU* (1942) den typischen Antikommunismus des Dritten Reiches widerspiegeln. Zu seinen bekanntesten Werken gehören *Urlaub auf Ehrenwort* (1937), *Patrioten* (1937) sowie seine Huldigung an die alte und neue Luftwaffe: *Pour le Mérite* (1938) – ein Film, den seinerzeit das führende SS-Presseorgan wärmstens empfahl, zeige er doch die Wirklichkeit des Dritten Reiches. Zu anderen bedeutenden Filmen gehören *Legion Condor* (1939), *... über alles in der Welt* (1941) und *Stukas* – abermals eine epische Verherrlichung der Luftwaffe, bei der es darum geht, daß ein Flieger, der durch einen Flaktreffer einen Schock erlitten hat, auf wunderbare Weise geheilt wird, als er in Bayreuth eine Aufführung von Wagners *Siegfried* hört.
Nach dem Kriege emigrierte R. 1949 – wie viele andere ehemalige Nationalsozialisten – nach Argentinien, wo er Chef der Eos-Film in Mendoza wurde. 1954 kehrte er nach Deutschland zurück, wo er erneut Filme drehte und seine eigene Filmgesellschaft (die Karl-Ritter-Filmproduktion GmbH) aufbaute. Er starb am 7. April 1977 in Buenos Aires.

Röchling, Hermann (1872–1955)
Großindustrieller. R. wurde am 12. November 1872 in Völklingen (Saarland) geboren. Bereits mit 29 Jahren übernahm er die Völklinger Eisenhütte, den wichtigsten Teil der von seinem Vater Karl R. gegründeten Röchlingschen Eisen- und Stahlwerke in Völklingen, zu der auch Beteiligungen an Werken in Frankreich oder im Ruhrgebiet gehörten, darunter Anteile an lothringischen Erzgruben. Nach dem Ersten Weltkrieg mußte die Firma R. diese französischen Anteile sämtlich zurückgeben. R., der sich mit einer Reihe von Verhüttungsverfahren wie der Entschwefelung des Roheisens und der Verwertung manganarmer Eisenerze einen Namen gemacht hatte, versuchte sein Hüttenimperium nach dem verlorenen Krieg wieder aufzubauen, gründete Firmen wie die Buderus-Röchling AG und setzte sich vor dem Völkerbund in Genf für den Verbleib des Saarlandes bei Deutschland ein. Zur gleichen Zeit verurteilte ihn ein französisches Militärgericht in Amiens wegen Kriegsverbrechen und Raub in Abwesenheit zu zehn Jahren Zuchthaus.
R.s weiterer wirtschaftlicher Aufstieg war eng mit dem Anschluß des Saargebiets an Deutschland im Jahre 1935 verbunden. R. übernahm nicht nur weitere Firmen in Mitteldeutschland, sondern war fast in allen eisenerzeugenden und -verarbeitenden Firmen Deutschlands als Mitglied des Aufsichtsrates vertreten. R. stellte seine Erfahrung und seinen Einfluß voll in den Dienst der nationalsozialistischen Aufrüstung, wurde nicht nur Wehrwirtschaftsführer, sondern übernahm auch die Leitung der Reichsvereinigung Eisen, die der Leistungssteigerung und Marktregelung innerhalb dieses Wirtschaftszweiges diente, sowie gleichzeitig die Führung der Wirtschaftsgruppe Eisenschaffende Industrie mit ihren Aufgaben der fachlichen und wirtschaftlichen Betreuung der Mitgliedsfirmen. 1940, nach der Besetzung Frankreichs, fiel die kommissarische Verwaltung der ehemals Röchlingschen

Unternehmen in Lothringen wieder an R. zurück, wobei die endgültige Übernahme nach Kriegsende in Aussicht gestellt wurde. Für seine Verdienste um die Rüstungsindustrie an der Saar erhielt R. zu seinem 70. Geburtstag 1942 von Hitler den selten verliehenen Adler-Schild des Deutschen Reiches.
Um die R.schen Interessen im Saargebiet ein für allemal auszuschalten, aber auch zur Ahndung der an französischen und anderen ausländischen Fremd- und Zwangsarbeitern sowie Kriegsgefangenen begangenen Übergriffe wurde R. nach seiner Verhaftung in der amerikanischen Besatzungszone im Mai 1947 an die französischen Strafverfolgungsbehörden ausgeliefert. R. wurde in einem Prozeß vor dem französischen Militärgerichtshof in Rastatt wegen Verbrechen gegen den Frieden und die Menschlichkeit sowie wegen Kriegsverbrechen zu sieben Jahren Gefängnis verurteilt, wogegen er Berufung einlegte. Im Prozeß vor dem zonalen Obergericht wurde das Urteil auf zehn Jahre erhöht, hinzu kam noch die Einziehung des gesamten Vermögens, das der Zwangsverwaltung unterlag.
R. wurde nach verschiedenen Gnadengesuchen, an denen sich auch die Betriebsräte der Röchlingschen Unternehmen beteiligten, am 18. August 1951 von den Franzosen freigelassen, durfte das Saargebiet allerdings nicht mehr betreten. In der Folgezeit wurde das Schicksal der R.-Werke an der Saar zu einem ständigen Streitpunkt zwischen Frankreich und der Bundesrepublik, der sogar den Abschluß des deutsch-französischen Saarabkommens gefährdete. Eine Einigung konnte erst nach dem Verkauf der Familienanteile und einer Abmachung zwischen → *Adenauer* und dem damaligen französischen Außenminister Pinay im April 1955 erzielt werden. R. starb wenige Monate später am 24. August 1955 im Alter von 83 Jahren.

Röhm, Ernst (1887–1934)
Stabschef der SA und einer der frühesten Wegbereiter Hitlers. R. wurde am 28. November 1887 als Sohn eines Eisenbahnoberinspektors in München geboren. Er war das typische Beispiel eines Angehörigen der »verlorenen Generation«, die die »Wertvorstellungen« ihrer Schützengrabenzeit zu verewigen und zu verabsolutieren suchte: die Kameraderie der Frontsoldaten des Ersten Weltkrieges, deren Ruhelosigkeit und ihr Abenteurertum. Hinzu kam ein Schuß krimineller Energie, der sich hinter nationalistisch-revolutionärer Maskerade verbarg. Ein untersetzter, stämmiger, rotgesichtiger kleiner Mann, der im Ersten Weltkrieg dreimal verwundet worden war und dabei seine halbe Nase eingebüßt hatte, wurde R. nach 1918 zum berufsmäßigen Abenteurer voll grenzenloser Verachtung für das Pharisäertum und die Heuchelei des bürgerlichen Lebens.
Mit Hitler kam er 1919 in Verbindung, und beide wurden enge Freunde (R. war einer der wenigen, die Hitler mit »du« anredete), und beide marschierten am 9. November 1923 zur Feldherrnhalle. In diesen frühen Jahren der NS-Bewegung erwies sich der Reichswehrhauptmann R. (1921 Generalstabsoffizier in der Brigade → *Epp* in München) als unersetzlicher Organisator, der der NSDAP zahlreiche Anwärter zuführte. Außerdem gebot er als »Maschinengewehrkönig von Bayern« über geheime Waffenarsenale, deren Bestände er eines Tages bei einem Frontalangriff auf den Staat einsetzen

zu können hoffte. Doch der Fehlschlag des Hitlerputsches vom 8./9. November 1923 führte zu seiner Entlassung aus der Reichswehr und zur Verurteilung zu eineinhalb Jahren Gefängnis (mit Bewährung).
R. zog sich vorübergehend aus dem politischen Leben zurück, wurde aber noch 1924 von der Deutsch-völkischen Freiheitspartei in den Reichstag entsandt, wurde Organisator des NS-Wehrverbandes »Frontbann«, dessen Führung er allerdings nach der Rückkehr Hitlers aus der Landsberger Haft niederlegen mußte. 1928 bis 1930 ging er nach Bolivien, wo er zwei Jahre als Truppenausbilder zubrachte. Nach der Revolte der Berliner SA gegen Hitler im September 1930 wurde R. von Hitler zurückgerufen, um das Kommando über die Sturmabteilung (SA) zu übernehmen. R. machte aus dieser Sturmabteilung eine Volksarmee von Straßenkämpfern, Schlägern und Raufbolden. Von 70000 im Jahre 1930 stieg die Mitgliederzahl der SA auf 170000 im Jahre 1931. Was sie dermaßen anwachsen ließ, war der immer größere Zulauf Arbeitsloser und aus der Bahn Geworfener. Für R. war diese Plebejerarmee der Kern der NS-Bewegung, die Verkörperung und Garantie einer »permanenten Revolution« sowie jenes Kasernensozialismus, den er während des Krieges in sich aufgenommen hatte.
In der Tat spielte die SA bei Hitlers Aufstieg zur Macht zwischen 1930 und 1933 eine unschätzbare Rolle, gewann sie doch die »Eroberung der Straße« gegen kommunistische Kampftrupps und schüchterte politische Gegner. Gegen Ende 1933 machte sich bei der SA, die nun mehrere Millionen Mitglieder zählte, Enttäuschung über die Resultate der nationalsozialistischen Revolution breit. Sie fühlte sich um den Lohn ihrer Mühen betrogen, und Männer wie R., die noch immer vom Soldatenstaat sowie vom Vorrang der Soldaten über den Politiker träumten, waren über die zunehmende Bürokratisierung der NS-Bewegung erbittert. R. plante eine Zweimännerherrschaft (Duumvirat) mit Hitler als politischem Führer, während er sich selbst als Generalissimus an der Spitze einer riesigen Streitmacht sah, die aus einer Verschmelzung von SA und regulärer Armee hervorgehen sollte.
Als SA-Stabschef, Reichsminister ohne Geschäftsbereich und bayerischer Staatsminister befand sich R. Ende 1933 noch immer in einer starken Position, doch verschenkte er seine Trumpfkarten leichtfertig. Hitlers Konzept einer allmählichen Revolution unter dem Mantel der Legalität stand er verständnislos gegenüber. Er hielt an dem Geist der »Kampfzeit« fest und renommierte offen mit einer bevorstehenden revolutionären Machtübernahme im Staat. Seine volksnahe Demagogie stieß die bürgerliche Mittelschicht ab, verunsicherte die Militärs und bereitete den Großindustriellen an Rhein und Ruhr Sorgen, auf deren Unterstützung Hitler angewiesen war. R.s Forderung, die SA zu einem selbständigen Volksheer unter seiner eigenen Führung auszubauen, alarmierte die Reichswehrgeneräle, die für Hitlers langfristige Pläne nicht weniger unentbehrlich waren.
Darüber hinaus hatte R. zwei gefährliche Rivalen: → *Göring* und → *Himmler*. Beide hatte er dermaßen gegen sich aufgebracht, daß sie in ihm ihren Hauptfeind sahen, ständigen Druck auf Hitler ausübten, R. in die Schranken zu weisen, und in ihr Intrigenspiel auch

die (formell der SA [und damit R.] damals noch unterstehende) SS sowie die Gestapo einschalteten. R.s Verhalten und das seiner Umgebung mit ihren homosexuellen Orgien und Trinkgelagen machten es seinen Gegnern leicht. Dennoch zögerte Hitler, seinen ältesten Waffengefährten zu beseitigen, dem er sich zu Dankbarkeit verpflichtet fühlte und mit dem ihn noch immer eine Art herzlicher Freundschaft verband, obwohl R. zu einem Unsicherheitsfaktor, ja sogar zu einer Gefahr für sein Regime geworden war.
Hitler warnte R. vor »Revoluzzertum«, und die SA wurde für einen Monat – beginnend Anfang Juli 1934 – beurlaubt. Doch dann fiel die Entscheidung, R. und seinen engsten Anhang zu liquidieren. Der arglose R., der keinerlei Verdacht hegte, wurde am 30. Juni 1934 im Hotel *Hanslbauer* in Bad Wiessee am Tegernsee, wo er mit anderen SA-Führern gefeiert hatte, mitten in der Nacht von Hitler und einer kleinen Gruppe von NS-Führern (darunter der spätere R.-Nachfolger als SA-Stabschef Viktor → *Lutze*) aus den Betten geholt und in die Strafanstalt Stadelheim gebracht, wo ihn SS-Leute zwei Tage später erschossen, nachdem er sich geweigert hatte, Selbstmord zu begehen. Das als »Nacht der langen Messer« bezeichnete Blutbad kostete 85 Personen das Leben, die z. T. mit R. nicht das geringste zu tun hatten. Zu den Opfern, die bei dieser allgemeinen Abrechnung ihr Leben verloren, gehörten auch General von → *Schleicher* und seine Frau. Hitler beschuldigte R. des Verrates; er habe einen landesweiten Putsch geplant, um die Regierung Hitler zu stürzen. Außerdem gab sich die NS-Führung über die homosexuellen Praktiken in R.s Umgebung entrüstet, obwohl diese durchaus nicht unbekannt gewesen und jahrelang hingenommen worden waren. R. und sein Kreis wurden bezichtigt, »Revolution um der Revolution willen« gewollt zu haben – ein Vorwurf, der den wahren Ursachen der Ermordung schon näherkam.

Römer, Josef (Beppo) (1892–1944)
Hauptmann, Führer im Freikorps »Oberland«, kommunistischer Funktionär und Mitglied des Widerstands. R. wurde am 5. März 1892 in Altenkirchen bei Freising (Bayern) geboren. Er stammte aus einem gutbürgerlichen Elternhaus, besuchte das Gymnasium seiner Vaterstadt und trat nach dem Abitur in das II. Telegraphen-Bataillon in München ein. Am Weltkrieg nahm er als Offizier teil. Nach dem Krieg erhielt er als Hauptmann seinen Abschied und begann in München mit dem Studium der Rechts- und Staatswissenschaften. 1922 schloß er mit dem Dr. jur. ab. Im Frühjahr 1919 hatte er sein Studium unterbrochen, um sich als Angehöriger des Freikorps »Oberland«, zu dessen populärsten Führern er bald gehörte, an der Niederwerfung der Münchner Räterepublik zu beteiligen. Auch an der Niederschlagung des kommunistischen Aufstands im Ruhrgebiet, der im Gefolge des Kapp-Putsches ein Jahr später ausgebrochen war, sowie an den Kämpfen gegen die Polen in Oberschlesien wirkte R. im Verband des Freikorps »Oberland« mit.
Nach der Auflösung des Freikorps am 5. Juli 1921 und der Neugründung als politischer »Bund Oberland« unter dem Bahninspektor Knauf begann R. seinen eigenen Weg zu gehen, der zu seinem Ausschluß im März 1923 führte. Nach kurzer Zugehörigkeit zum unbe-

deutenden Bund Alt-Oberland ging er als Wirtschaftsberater ins Rheinland und bald darauf nach Berlin, wo er von 1924 bis 1926 unter dem Pseudonym Otto Heinrich zahlreiche wirtschafts- und innenpolitische Artikel in der von seinem Bruder mitfinanzierten, politisch rechts orientierten Zeitschrift *Die Neue Front* veröffentlichte. R. war in diesen Jahren der ideologischen Wandlung wie zahlreiche andere rechtsstehende Akademiker der Meinung, daß die politischen und wirtschaftlichen Zeitprobleme nur zusammen mit der Arbeiterschaft gelöst werden könnten. Anders als seine Gesinnungsfreunde konnte er sich eine Lösung aber nur unter Einschluß der KPD vorstellen. R. wurde deshalb schon in der Weimarer Zeit von der Polizei verhaftet und wegen Spionage und Hochverrats angeklagt; 1930 wurde das Verfahren allerdings eingestellt.

R., dessen Abwendung vom Nationalismus und Annäherung an den Sozialismus in dieser Zeit immer konkretere Formen annahm, stellte sich nach dem Übertritt des ehemaligen Reichswehrleutnants Richard Scheringer von der nationalsozialistischen Bewegung zur KPD offen in den Dienst der kommunistischen Monatszeitschrift *Aufbruch,* die versuchte, die sozialrevolutionären Kreise, das Kleinbürgertum und die städtischen Mittelschichten sowie enttäuschte Nationalsozialisten für den Kommunismus zu gewinnen. Im April 1932 trat R. schließlich in die KPD ein; zum gleichen Zeitpunkt wurde ihm von der Partei die Leitung des *Aufbruch* übertragen. Um den *Aufbruch* bildeten sich von Anfang an sog. »Aufbruch-Arbeitskreise«, die vor allem dazu dienen sollten, die Reichswehr und die Polizei zu unterwandern.

R., ein guter Organisator, pflegte besonders die Kontakte zu den Arbeitskreisen in München und Hamburg, wo er sich häufig selbst an den Diskussionen beteiligte. Im Juni 1934 wurde R., der schon nach der Machtergreifung der Nationalsozialisten kurz verhaftet worden war, erneut ins Gefängnis gesteckt und anschließend für fünf Jahre als »Schutzhäftling« in das KZ Dachau eingeliefert. Nach der Entlassung im Sommer 1939 ging R. in seinen Geburtsort Altenkirchen und organisierte mit Wilhelm Olschewski, dem Leiter des Münchner »Aufbruch-Arbeitskreises«, eine illegale Gruppe, mit der R. die Herausgabe eines seit 1940 monatlich erscheinenden »Informationsdienstes« ins Werk setzte. Im Jahr darauf nahm R. mit seiner Widerstandsgruppe von etwa 100 Leuten Kontakte mit einer größeren Berliner kommunistischen Aktionsgruppe um Robert Uhrig auf und schuf mit dieser zusammen eine weitverzweigte Organisation, der auch etwa 20 Betriebszellen angehörten. Über die Verbindungen R.s zu oppositionellen Offizierskreisen bekam seine Organisation auch Informationen über den geplanten Generalsputsch, den er aber wegen der zu erwartenden gesellschaftspolitischen Auswirkungen ablehnte.

Im Februar 1942 gelang es der Gestapo, in die kommunistische Organisation um R. einzudringen und mit der Zeit etwa 200 ihrer Angehörigen zu verhaften; der Rest ging in der von Anton Saefkow geleiteten kommunistischen Widerstandsgruppe auf. R. mußte in über zweijähriger Haft auf seinen Prozeß warten, in dem er schließlich am 19. Juni 1944 zum Tod verurteilt und am 25. September 1944 im Zuchthaus Brandenburg hingerichtet wurde.

Rommel, Erwin (1891–1944)
Generalfeldmarschall und volkstümlichster deutscher Heerführer des Zweiten Weltkrieges. Wegen seiner zur Legende gewordenen erfolgreichen Wüstenkriegführung von der NS-Propaganda, aber auch vom Volksmund als unbesiegbarer »Wüstenfuchs« gefeiert. R. wurde als Sohn eines Gymnasialdirektors am 15. Januar 1891 in Heidenheim an der Brenz (nordöstlich von Ulm) geboren. Er trat 1910 in ein Infanterie-Regiment ein und zeichnete sich schon während des Ersten Weltkrieges als Zug-, Kompanie- und Kampfgruppenführer aus. Als Oberleutnant in einem Gebirgsjägerbataillon, das am 24. Oktober 1917 in der 12. Isonzoschlacht bei Karfreit (italienisch Caporetto, heute jugoslawisch Kobarid) eingesetzt war, hatte R. auf seine Weise Anteil am sogenannten »Wunder von Karfreit«.

Er drang damals tief in das gegnerische Hinterland ein und machte zahlreiche Gefangene – Erfolge, die er nicht allein der Stärke der von ihm geführten Kräfte, sondern ebenso seiner Überraschungstaktik und operativen Initiative verdankte. Mit dem Eisernen Kreuz Erster Klasse und dem begehrten *Pour le Mérite* ausgezeichnet, setzte R. nach dem Kriege seine militärische Laufbahn fort. Unter anderem hatte er verschiedene Truppenkommandos und war als Ausbilder an der Dresdener Infanterieschule tätig. Obwohl er nicht Mitglied der NSDAP wurde, zeigte er anfangs ausgesprochene Sympathie für den Nationalsozialismus, leitete militärische Ausbildungskurse für die Hitlerjugend und war beim Einmarsch der deutschen Wehrmacht in die Rest-Tschechoslowakei (März 1939) sowie während des Polenfeldzuges (September 1939) Kommandant des Führerhauptquartiers.

Als die Wehrmacht in Belgien und Frankreich einmarschierte, erhielt R. den Befehl über die 7. Panzerdivision, die im Mai 1940 durch die Ardennen in Richtung Kanalküste vordrang. Hierbei bewies R. außerordentliche Fähigkeiten auf dem Gebiet der taktischen Panzerkriegführung. Seine Panzereinheiten durchstießen als verhältnismäßig schmaler Keil die gegnerische Front und fächerten sich dann auf, um in weniger gut verteidigte Gebiete im Rükken des Gegners einzubrechen, wobei sie überall durch das Tempo, mit dem sie sich ihren Weg bahnten, Schrecken und Verwirrung hervorriefen. R. leitete die Bewegungen seiner Truppen stets vorn an der Front. Immer befand er sich – wie später auch in Nordafrika – mitten im Kampfgetümmel.

Bei Hitler war R. ebenso beliebt wie bei seinen eigenen Soldaten. Er wurde im Januar 1941 zum Generalleutnant befördert und im Februar als »Befehlshaber der deutschen Truppen in Libyen« nach Nordafrika versetzt, wo seine Aufgabe darin bestand, die Italiener zu unterstützen und die britischen Verbände nach Ägypten zurückzutreiben. Als Befehlshaber des Deutschen Afrikakorps (seit 9. Februar 1941) prägte R. dem Feldzug in Nordafrika seinen Stempel auf und erwarb sich durch seine meisterhafte Taktik des mobilen Wüstenkrieges und seine Fähigkeiten als Truppenführer einen geradezu legendären Ruf. Voller Energie, kühn und ritterlich, erfreute er sich bei seinen britischen Gegnern großer Bekanntheit und stand bei ihnen in gutem Ruf. Er schlug die Briten am 21. März 1941 bei el-Agheila, trieb sie in einer von März bis Juni dauernden

Offensive aus der Cyrenaika, schlug sie abermals bei Sollum und schloß Tobruk ein, das – von See her versorgt – als einziger britischer Stützpunkt noch seine Nachschublinien gefährdete.
R.s glänzende Erfolge brachten ihm im Juli 1941 die Beförderung zum General der Panzertruppen und am 30. Januar 1942 die Beförderung zum Generalobersten ein, während der britische Oberbefehlshaber Wavell durch General Sir Claude Auchinleck abgelöst wurde. R. hatte Nachschub- und Versorgungsschwierigkeiten, die weitgehend darauf zurückzuführen waren, daß man in Berlin Nordafrika als Nebenkriegsschauplatz betrachtete und alle Kräfte auf die Versorgung der Ostfront konzentrierte. So zwang eine am 18. November 1941 begonnene britische Gegenoffensive R. zum Rückzug nach Benghasi, wobei er beträchtliche Verluste an Menschen und Material erlitt. Doch nach Lieferung neuer Panzer konnte er seinerseits einen Gegenstoß beginnen.
Am 26. Mai 1942 griff R. die britischen Stellungen bei el-Gazala an, und am 21. Juli 1942 gelang es ihm – obwohl er dabei beinahe in Gefangenschaft geraten wäre –, Tobruk zu erobern, wo man riesige Mengen britischer Waffen und Vorräte erbeutete. Am Tage darauf beförderte Hitler ihn zum Generalfeldmarschall. Die Briten strömten völlig aufgelöst zurück und bezogen eine neue Stellung bei el-Alamein, gute 80 km westlich von Alexandrien und dem Nildelta. Obwohl Auchinleck R. schließlich zum Stehen brachte, wurde er doch als Befehlshaber der 8. Armee durch General Montgomery abgelöst. Alle Anstrengungen der Alliierten konzentrierten sich nunmehr darauf, R. zu schlagen. Infolge der alliierten Luftüberlegenheit sowie der Ausrüstung der alliierten Truppen mit dem besten Material, das zur Verfügung stand, verschlechterten sich die Chancen des ehemaligen deutschen Afrikakorps (das seit Januar 1942 »Panzerarmee Afrika« hieß und im Februar 1943 in »Heeresgruppe Tunis« umbenannt wurde) gegenüber dem alliierten Aufgebot zusehends.
R. selbst war gesundheitlich angegriffen und wurde immer heftiger von einem Magenleiden geplagt, so daß er nach Berlin ging. Doch er mußte sein Krankenbett wieder verlassen, als die Briten im Oktober 1942 el-Alamein angriffen. R. traf erst zwei Tage nach Beginn der Schlacht ein, zu spät, um ihren Ausgang noch beeinflussen zu können. Im November befand sich die »Panzerarmee Afrika« auf vollem Rückzug längs der nordafrikanischen Mittelmeerküste. Trotz tapferer Rückzugsgefechte, die die Verfolger hinhalten sollten, war das Schicksal der Streitkräfte R.s besiegelt, als am 7./8. November 1942 britische und nun auch amerikanische Truppen in Nordwestafrika landeten *(Operation Torch)*.
R. wurde am 9. März 1943 aus Tunesien evakuiert und erhielt den Befehl über die Heeresgruppe B in Norditalien. Im Dezember 1943 ernannte man ihn zum Inspekteur der Küstenbefestigungen in Nordfrankreich und übertrug ihm das Kommando über die Heeresgruppe B unter von → *Rundstedt* (dem Oberbefehlshaber West). R.s Strategie gegenüber der erwarteten alliierten Invasion bestand darin, möglichst von vornherein jegliche Landung und Brückenkopfbildung zu verhindern, wogegen von Rundstedt mehr eine starke Reserve befürwortete. R. verteilte seine Panzer längs der gesamten Küste, half,

die Geschütze an geeigneten Plätzen in Stellung zu bringen und Gefechtsstände strategisch günstig zu placieren, ließ vier Millionen Tretminen kommen und eingraben und dachte sich alle nur möglichen Arten von Hindernissen aus. Als Rommel nach geglückter Invasion der Alliierten klar wurde, daß die schweren deutschen Verluste vor allem angesichts der angloamerikanischen Luftüberlegenheit zu einem baldigen Ausbluten der deutschen Verbände führen mußten, bat er Hitler am 15. Juli 1944, den einzig richtigen Entschluß zu fassen und den Krieg zu beenden.
R. sympathisierte mit den Verschwörern, die ein Attentat auf Hitler planten, ohne sich selbst aktiv an der Verschwörung zu beteiligen. In Anbetracht seiner Beliebtheit wünschten die Widerständler im Offizierskorps, R. zum neuen Oberbefehlshaber des Heeres zu machen, nachdem Hitler beseitigt sei. R. entzog sich jedoch allen Werbungen der Verschwörer und blieb unentschieden. Er wurde bei einem alliierten Bombenangriff am 17. Juli 1944 schwer verwundet und erlitt einen Schädelbruch. Man brachte ihn nach Ulm, wo er genesen sollte. In das mißglückte Attentat vom 20. Juli 1944 wurde R. dadurch hineingezogen, daß er von Oberstleutnant → *Hofacker* und auch durch Äußerungen seines Generalstabschefs Hans → *Speidel* belastet wurde. Am 14. Oktober 1944 erschienen zwei mit der Untersuchung des »Falls R.« beauftragte Generäle in Rommels Haus und stellten ihn vor die Wahl, entweder eine Giftkapsel zu schlucken oder wegen Hochverrats vor den Volksgerichtshof gestellt zu werden.
R. argwöhnte, man werde ihn auf dem Transport nach Berlin ermorden, und befürchtete auch Nachteile für seine Familie, falls er vom Volksgerichtshof verurteilt würde. Er entschloß sich für das Gift. Zur Tarnung erhielt er ein Staatsbegräbnis mit allen militärischen Ehren, und man hielt den Schein aufrecht, er sei an den in Frankreich erlittenen Verwundungen gestorben. Auf diese Weise täuschte Hitler zur »Förderung des Wehrwillens der Bevölkerung« vor, R. sei ihm bis zu seinem Ende treu gewesen und als mit den Nationalsozialisten sympathisierender Kriegsheld gestorben.

Rosenberg, Alfred (1893–1946)
Einer der frühesten Förderer Hitlers, im Dritten Reich halboffizieller Parteiphilosoph sowie Leiter des Außenpolitischen Amtes der NSDAP. R. wurde am 12. Januar 1893 in Reval (heute: Tallinn) als Sohn einer estnischen Mutter aus hugenottischer Familie und eines lettischen Vaters geboren, die aber beide baltendeutscher Herkunft waren. Nach Studien in Riga (Ingenieurwissenschaft) und Moskau (Architektur) floh er nach der russischen Revolution (1917) zunächst nach Paris, später dann nach München. Als aktives Mitglied von weißrussischen Emigrantenzirkeln sowie der ultranationalistischen, dem Okkultismus zuneigenden »Thulegesellschaft«, litt R. unter dem Deutschtums-Komplex heimatvertriebener Grenz- und Auslandsdeutscher. Der NSDAP trat er schon 1919 bei, als sie noch Deutsche Arbeiterpartei hieß. Hitler wurde er durch Dietrich → *Eckart* vorgestellt, den er 1923 als Hauptschriftleiter der Parteizeitung *Völkischer Beobachter* ablöste. Hitler beeindruckte R. durch sein Wissen, das hauptsächlich aus Traktaten stammte, die an nationalistischem Fanatismus,

Antibolschewismus und Antisemitismus ihresgleichen suchten. In Pamphleten wie *Die Spur der Juden im Wandel der Zeiten* und *Unmoral im Talmud* (beide 1919) sowie *Das Verbrechen der Freimaurerei* (1921) brachte er seine Vorstellungen von einer jüdisch-freimaurerischen Weltverschwörung zum Ausdruck, die ständig versuche, »die Grundlagen der Existenz anderer Völker zu unterminieren«. Nach R.s Ansicht hatten Freimaurer ein Komplott geschmiedet, um den Ersten Weltkrieg heraufzubeschwören, während das »internationale Judentum« die russische Revolution inszeniert hatte. Er spielte eine führende Rolle unter denjenigen, die die *Protokolle der Weisen von Zion* verbreiteten – eine Fälschung aus der Hexenküche der zaristischen Polizei, die auf gewisse NSDAP-Funktionäre und Millionen ihrer Anhänger eine geradezu magische Anziehungskraft ausübte.

Als Hitlers außenpolitischer Berater während der Kampfzeit nahm R. an dem fehlgeschlagenen Hitlerputsch vom 8./9. November 1923 teil und war 1924 stellvertretend für Hitler, der im Gefängnis saß, Gründer und Führer der »Großdeutschen Volksgemeinschaft«, einer Ersatzorganisation der verbotenen NSDAP, dabei in ständige Kämpfe mit anderen »Platzhaltern« Hitlers wie Hermann → *Esser* und Julius → *Streicher* verwickelt. Selbst in der Frühzeit der NS-Bewegung galt R. als Außenseiter, ja als »Ausländer«. Aber er schaffte sich auch Gegner durch seine Pedanterie, seine Introvertiertheit und seinen dünkelhaften Anspruch, als Intellektueller respektiert zu werden. Der Hauptschriftleiter des Völkischen Beobachters befand sich in ständigem Konflikt mit Hitlers Geschäftsführer Max → *Amann* und anderen bayerischen NS-Größen, die seine schwerfällige, humorlose Art nicht ausstehen konnten.

Dennoch vermochte sich R. während der zwanziger Jahre zum Wächter der nationalsozialistischen Weltanschauung aufzuwerfen und wurde zum führenden, Rassismus predigenden NS-Theoretiker und Kulturpropagandisten. 1929 gründete er den Kampfbund für deutsche Kultur, der sogenannte »entartete Kunst« mit engstirniger Spießbürgerlichkeit bekämpfte. 1930 wurde R. als NSDAP-Abgeordneter für Hessen-Darmstadt in den Reichstag gewählt und veröffentlichte sein Hauptwerk *Der Mythus des zwanzigsten Jahrhunderts,* das nach Hitlers *Mein Kampf* zur zweiten »Bibel« der NS-Bewegung wurde. Obwohl nur wenige Leser mit R.s abstrusem Stil etwas anfangen konnten, waren Ende 1936 mehr als eine halbe Million Exemplare verkauft, 1938 waren es bereits 680000, 1940 stieg die Zahl auf 850000 und 1942 überschritt sie die Millionengrenze. An diesem Buch hatte R. lange gearbeitet (seiner eigenen Aussage nach hatte er es in den Jahren 1927/28 geschrieben). Es war stark von den rassistischen Thesen des Grafen Gobineau und Houston Stewart Chamberlains beeinflußt, insbesondere von Chamberlains *Die Grundlagen des 19. Jahrhunderts* (1899). Bei dem Mythos, von dem R. schrieb, ging es um die Mystik der »Reinheit des Blutes«, die »unter dem Zeichen des Hakenkreuzes« eine geistige Weltrevolution entfesselt habe und bei der es sich angeblich »um ein Erwachen der Rassenseele« handelte. Kunst, Wissenschaft, Recht, Gesetz, Brauchtum, Wahrheit und Irrtum – alles hing von der »rassischen Substanz«

jeder einzelnen Seele ab, denn die ganze Weltgeschichte sei nichts anderes als Rassengeschichte. Für R. waren die alten Germanen die »Arier« par excellence, deren Wertvorstellung von »Ehre«, »Persönlichkeit«, »Freiheit« und »Adel« die Überlegenheit ihrer »Rassenseele« widerspiegelte. Sie waren die besten Vertreter der »nordischen Rasse«, und ihre Bestimmung war es, über Europa zu herrschen. Alle kulturellen und zur Staatenbildung führenden Leistungen waren dem »nordischen Blut« zuzuschreiben – von den »Ariern« in Indien und im Iran bis hin zu Griechen und Römern sowie zu den heutigen »germanischen« Völkern des Abendlandes. R. verfocht »den Mythus des Blutes« und seine Überlegenheit über »die alten Sakramente« und behauptete, dabei die »seelische Bastardisierung« der Deutschen zu bekämpfen. Befände sich doch der Nationalsozialismus mit seiner germanischen Idee der Kameradschaft in einem naturgegebenen (oder, wie R. es nannte, »organischen«) Widerspruch zur »christlich-syrisch-liberalen Weltanschauung« und dem »semitischen Geist«, der sich in der katholischen Kirche manifestierte. Judentum und Christentum bezeichnete er als tödliche Feinde der germanischen Seele und ihres Ehrbegriffs. Das Neuheidentum, das R. predigte, zielte ganz bewußt darauf ab, den Einfluß des Alten und Neuen Testaments auszuschalten und damit auch die christlichen Ideale Liebe, Güte, Demut und Erbarmen. R.s neuer germanischer Glaube erklärte dem Christentum den Krieg, vor allem aber dem Internationalismus der römisch-katholischen Kirche, der seinen Ursprung bei den »orientalischen Rassen« in Judäa und Syrien habe – Rassen, die ganz anders geartet seien als die »nordische«. Anstelle der alten Glaubenssymbole und -vorstellungen empfahl R. das Hakenkreuz als »lebendiges Symbol von Blut und Rasse«, Wotanverehrung, Sonnenwendfeiern sowie den Kult der alten nordischen Götter und Runen. Nicht minder bissig waren seine Angriffe gegen Juden und Freimaurer, die – wie die Katholiken – als Anhänger überstaatlicher Religionen oder Quasireligionen humanitäre Ideale vertraten, die dem deutschen Geist fremd seien. Insbesondere die Juden waren dabei verantwortlich für die schändlichen, dem Geist der Rasse so abträglichen Lehren des Christentums. R.s Mischung aus Mystik, Pseudowissenschaft und Ideologie veranlaßte die katholische Kirche 1934 zu einer energischen Reaktion, deren Wortführer der Münchener Kardinal → *Faulhaber* war. Dies trieb zwar die Verkaufszahlen des Buches noch höher, führte aber auch dazu, daß man R. kritischer gegenübertrat. Obwohl R.s Buch in Parteikreisen gewissermaßen als Pflichtlektüre galt und von offizieller Seite verschenkt wurde, rief es bei der obersten Führungsschicht der Partei kaum sonderliche Begeisterung hervor. Allenfalls einige Parteiideologen der unteren Ränge benutzten es als Quelle für markige Sprüche. Regimegegner, die nach einem roten Faden in der offiziellen NS-Ideologie suchten, studierten R.s Schrift meist sehr viel gründlicher, als die NS-Führer selbst es taten. Hitler fand R.s Buch zu unklar, um lesbar zu sein. Außerdem widersprach es seiner Taktik, einer offenen, großangelegten Konfrontation mit den christlichen Kirchen vorerst aus dem Wege zu gehen.

Hitlers katholischer Vizekanzler Franz von → *Papen* erinnerte sich in seinen

Memoiren, daß Hitler sich in frühen Gesprächen über R. und seinen neuen »Mythus« dermaßen spöttisch äußerte, daß er selbst nicht glauben konnte, diese Verirrungen stellten irgendeine Gefahr dar. Von → *Schirach* bemerkte, daß R. mehr Exemplare eines Buches verkaufte, das niemand las, als irgendein anderer Schriftsteller, während → *Göring* die Schrift schlichtweg als »Schund« bezeichnete. Joseph → *Goebbels,* R.s schärfster Konkurrent, der schließlich dessen Position eines obersten Kulturhüters im Dritten Reich einnahm, bezeichnete R.s *Mythus* als »philosophischen Rülpser«, gab aber zu, daß er R.s Fleiß bewundere. Goebbels war es auch, der die sarkastische Formel »Beinahe-R.« prägte und erklärte, R. habe es beinahe geschafft, Gelehrter, Journalist und Politiker zu werden, aber eben alles nur beinahe. Dennoch stellte R.s *Mythus* den einzigen nennenswerten Versuch dar, eine systematische Darstellung der offiziellen NS-Philosophie aus nationalsozialistischer Sicht zu geben.

Trotz des Spottes seiner hochgestellten Parteigenossen wurde R. 1934 »Beauftragter des Führers für die Überwachung der gesamten geistigen und weltanschaulichen Schulung und Erziehung der NSDAP«. R. war nun mit der Überwachung der ideologischen Erziehung und Ausbildung der Parteimitglieder beauftragt und übte auch diese Tätigkeit mit der gleichen beflissenen Pedanterie aus, mit der er an jede Aufgabe heranging. Seine größte Enttäuschung war es, daß man ihn 1933 und 1938 überging, und nicht er, sondern → *Neurath* bzw. → *Ribbentrop* Außenminister wurden. Als Leiter des Außenpolitischen Amtes der NSDAP (1933–1945) war er zuständig für NS-Parteien im Ausland. Diese Arbeit beschränkte sich hauptsächlich auf Kontakte mit faschistischen Organisationen in Osteuropa sowie auf dem Balkan. Ein Besuch, den er im Mai 1933 Großbritannien abstattete, sollte die deutsch-britischen Beziehungen verbessern, brachte aber die Briten nur noch mehr gegen das Dritte Reich auf und stellte R.s Unfähigkeit als Diplomat unter Beweis. Einen seiner größten Momente erlebte der Außenpolitiker R., der von einem nordischen Großreich unter deutscher Führung träumte, als er im Dezember 1939 den norwegischen Faschistenführer Vidkun Quisling nach Deutschland brachte, der der NS-Führung zur Besetzung Norwegens riet. Im selben Jahr etablierte R. in Frankfurt sein Institut zur Erforschung der Judenfrage und erklärte in seiner Eröffnungsansprache, Deutschland werde die Judenfrage erst dann als gelöst ansehen, wenn der letzte Jude den großdeutschen Lebensraum verlassen habe. Hauptaufgabe des Institutes war die Plünderung von in jüdischen Händen befindlichen Bibliotheken, Archiven und Kunstgalerien zugunsten eines großangelegten »wissenschaftlichen und kulturellen Forschungsvorhabens«. Seit Oktober 1940 beschlagnahmte ein eigener »Einsatzstab Reichsleiter R.« mit Unterstützung der Wehrmacht die Kunstschätze Frankreichs sowie anderer besetzter Länder und brachte sie nach Deutschland. Nach R.s eigener Aussage wurden im Januar 1941 allein aus Frankreich Kunstgegenstände verschiedenster Art im Werte von einer Milliarde Reichsmark »sichergestellt«. R. hatte freie Hand, alles »herrenlose jüdische Eigentum« in Frankreich, Belgien und Holland einzuziehen und dar-

über hinaus Sonderkommandos aufzustellen, um »Forschungsmaterial« und Kulturgüter zu beschlagnahmen, die aus dem Besitz von Freimaurern stammten. Während er bei diesen Plünderungsaktionen die gleiche Rücksichtslosigkeit an den Tag legte wie seine Rivalen an der Parteispitze, erwies er sich als Minister für die besetzten Ostgebiete um so unentschlossener und unsicherer, nachdem Hitler ihn am 17. Juli 1941 dazu ernannt hatte.
Was die Juden betraf, so unterschied sich R.s Ostministerium nur in Einzelheiten, nicht aber in seinem Gesamtziel von der drakonischen Politik der Ghettoisierung und anschließenden Ausrottung, die → *Himmler*, → *Heydrich* und das Reichssicherheitshauptamt verfolgten. Ebenso wie diese beiden Männer unterstützte auch R. die brutale Germanisierung der unterworfenen Völker, besonders in den baltischen Staaten.
Rosenberg, der auch für die Verwaltung der Ukraine durch den ihm unterstellten Reichskommissar Ukraine verantwortlich war, verfaßte im Herbst 1942 empörte Berichte über die dort herrschenden Lebensbedingungen, ferner protestierte er brieflich gegen die barbarische Behandlung sowjetischer Kriegsgefangener in Deutschland, ohne freilich jemals eine Antwort von Hitler zu erhalten. R. träumte von einer Reihe halbsouveräner Satelliten- und Pufferstaaten in Osteuropa, die einen Sicherheitswall gegen Moskau bilden sollten, und begriff nicht, daß die eigentliche Politik darauf hinauslief, die Einheimischen in den besetzten Gebieten zu liquidieren und durch Deutsche zu ersetzen. Seine Opposition gegen die Schreckensherrschaft des Reichskommissars Erich → *Koch* in der Ukraine blieb deshalb vollkommen wirkungslos. R.s Position war viel zu schwach, um die Politik in den besetzten Gebieten zu beeinflussen. Längst hatten seine Rivalen – Himmler, Göring, Goebbels und → *Bormann* – ja sogar »vor Ort« tätige SS-Führer und Wehrmachtsbefehlshaber mehr Macht als er. Der Chefideologe des Nationalsozialismus wurde von den Technikern der Macht überspielt. Während der Nürnberger Prozesse wirkte R. ebenso pathetisch wie gebrochen und beschuldigte seine im Kampf um die Macht erfolgreicheren Konkurrenten, die »nationalsozialistische Idee« verfälscht zu haben. Man befand ihn für schuldig, selbst Kriegsverbrechen begangen zu haben, verurteilte ihn zum Tode und hängte ihn am 16. Oktober 1946 in Nürnberg.

Rudel, Hans Ulrich (1916–1982)
Erfolgreichster deutscher Kampfflieger des Zweiten Weltkrieges, der mehr Einsätze flog als jeder andere deutsche Pilot und an der Ostfront insgesamt 519 sowjetische Panzer zerstörte. R. wurde am 2. Juli 1916 in Konradswaldau (Niederschlesien) geboren, besuchte die Militärschule in Wildpark (bei Potsdam) und wurde in der Deutschen Wehrmacht als technischer Offizier einer Stukaformation zugeteilt. 1939 beförderte man ihn zum Hauptmann. R. versenkte 1941 einen Kreuzer und das Schlachtschiff *Marat*. Im März 1944 geriet er in sowjetische Kriegsgefangenschaft, konnte aber entfliehen. Im Januar 1945 erhielt er die höchste deutsche Tapferkeitsauszeichnung, die erst am 29. Dezember 1944 geschaffen worden war und deren einziger Träger er blieb: das Goldene Eichenlaub mit Schwertern und Brillanten zum Ritter-

kreuz des Eisernen Kreuzes. Sie wurde ihm verliehen in Anerkennung seiner schlechterdings nur als phänomenal zu bezeichnenden Erfolge als Kampfflieger.

Im Februar 1945 wurde R. ein zweites Mal abgeschossen und verlor sein rechtes Bein. Nach dem Kriege floh er nach Argentinien, wo er Mitglied der dortigen nationalsozialistischen Emigrantenkolonie war. Von der Regierung Peron unterstützt, fungierte er als Verbindungsmann zwischen den Nationalsozialisten im Exil und rechtsradikal orientierten Kreisen in Niedersachsen. 1951 kehrte er in die Bundesrepublik zurück und wurde Schirmherr des nationalistischen Freikorps Deutschland. Seine unter dem Titel *Trotzdem* in Buenos Aires veröffentlichten Memoiren verherrlichten den Krieg und brachten seine unverhohlene Bewunderung für Hitler zum Ausdruck. Als Idol der deutschen Rechtsradikalen der Nachkriegszeit wurde R. einer der Sprecher und Propagandisten der neonazistischen Sozialistischen Reichspartei (SRP). 1956 setzte er sich abermals nach Südamerika ab, lebte eine Zeitlang in Brasilien und Paraguay und führte seine Tätigkeit für rechtsextremistische Kreise fort.

In der Bundesrepublik löste R. immer wieder Kontroversen aus. So mußten im November 1976 zwei Luftwaffengenerale der Bundeswehr ihren Abschied nehmen, weil sie sein Auftreten auf einem Treffen ehemaliger Luftwaffenangehöriger gebilligt hatten, an dem auch Bundeswehroffiziere teilnahmen. R. starb am 18. Dezember 1982 in Rosenheim. Selbst bei seiner Beerdigung kam es noch zu einem Skandal, als Düsenflugzeuge der Bundesluftwaffe im Tiefflug die Grabstätte überflogen und dies als eine Ehrung für R. gedeutet wurde.

Rudin, Ernst (1874–1952)

Ab 1930 Professor für Psychiatrie an der Münchener Universität und einer der Wegbereiter der nationalsozialistischen Rassenhygiene. R. wurde am 19. April 1874 in St. Gallen (Schweiz) geboren. Er war Mitherausgeber des 1904 begründeten *Archivs für Rassen- und Bevölkerungsbiologie* sowie Mitbegründer der *Gesellschaft für Rassenhygiene,* die ein Jahr später von seinem engen Mitarbeiter Dr. Alfred Plötz ins Leben gerufen wurde. Ab 1925 war R. ordentlicher Professor der Psychologie in Basel und ab 1928 Direktor des Kaiser-Wilhelm-Instituts für Genealogie und Demographie sowie des Forschungsinstitutes für Psychiatrie in München.

Als führender deutscher Delegierter unterstrich er auf dem *First International Congress for Mental Hygiene* (Washington 1930) die Bedeutung der Erbgesundheitslehre sowie des systematischen Studiums der Vererbungslehre. Als die Nationalsozialisten an die Macht kamen, ernannte Wilhelm →*Frick* R. zu seinem Ehrenbevollmächtigten im Führungsgremium zweier deutscher Vereinigungen für Rassenhygiene und berief ihn als Mitarbeiter für Fragen der Erneuerung der germanischen Rasse in sein Ministerium.

Am 16. Juli 1933 übernahm R. die Leitung des Deutschen Verbandes für psychische Hygiene und Rassenhygiene. Auf ihn geht im wesentlichen die Formulierung des *Gesetzes zur Verhütung erbkranken Nachwuchses* zurück, das zwei Tage vorher, am 14. Juli 1933, erlassen worden war und am 5. Januar

1934 in Kraft trat. Zusammen mit Arthur → *Gütt* und Falk Ruttke verfaßte R. einen der ersten verbindlichen Kommentare zu diesem Musterbeispiel rassenhygienischer Gesetzgebung. Sie betraf jeden, der an einer Krankheit litt, die erblich war (oder von der man damals glaubte, daß sie erblich sei). Die Liste der indizierten Leiden reichte von geistiger Behinderung über seelische Leiden wie Schizophrenie, manisch-depressivem Wahn bis hin zu ererbter Blind- und Taubheit, schweren körperlichen Anomalien und Alkoholismus. Die in solchen Fällen verfügte Sterilisierung, vor der eigens zu schaffende Entscheidungsgremien für »Erbgesundheit« jeden einzelnen Fall beurteilen sollten, hatte – so R. – den Zweck, »unreine« und »unerwünschte« Elemente von der deutschen Rasse fernzuhalten.

In einem Aufsatz über die Sterilisierungsgesetze des Dritten Reiches, der in der Zeitschrift *Deutscher Wissenschaftlicher Dienst* vom 29. Juli 1940 erschien, pries R. Hitlers politische Führung, die es gewagt habe, mit Hilfe »rassenhygienischer Maßnahmen«, den »Terror« inferiorer Vertreter des Menschengeschlechtes (er meinte damit die Behinderten) zu brechen. Schon zwei Jahre zuvor hatte R. erklärt, daß die Bedeutung der Erbgesundheitslehre erst durch die politische Tat Adolf Hitlers für »jeden intelligenten Deutschen« erkennbar geworden sei. Nur durch ihn (Hitler) sei ein 30 Jahre alter Traum verwirklicht und seien rassenhygienische Ideale in die Tat umgesetzt worden. Zu den Errungenschaften, die R. voller Stolz »seiner« Erbgesundheits-Bewegung zuschrieb, gehörte das Nürnberger Rassengesetz *Zum Schutz des deutschen Blutes und der deutschen Ehre* vom 15. September 1935.

An seinem 65. Geburtstage 1939 wurde R. von Hitler durch die Verleihung der Goethemedaille für Kunst und Wissenschaft ausgezeichnet und durch ein Telegramm des Reichsinnenministers Frick geehrt, das ihn als verdienten Pionier der rassenhygienischen Maßnahmen des Dritten Reiches feierte. Zu seinem 70. Geburtstag 1944 erhielt er von Hitler den Adlerschild des Deutschen Reiches und eine Beischrift, die ihn als »Pfadfinder auf dem Felde der Erbgesundheit« pries.

Rundstedt, Gerd von (1875–1953)
Generalfeldmarschall und (zwischen 1942 und 1945) Oberbefehlshaber auf dem westlichen Kriegsschauplatz. R. wurde am 12. Dezember 1875 in Aschersleben geboren, gehörte seit 1893 als Offizier der preußischen Infanterie an und nahm als Generalstabsoffizier am Ersten Weltkrieg teil, und zwar in der Türkei und in Frankreich. Nach dem Krieg machte er rasch Karriere in der Reichswehr. 1927 war er Generalmajor und im März 1929 Generalleutnant. Im Oktober 1932 wurde er Oberbefehlshaber des Gruppenkommandos 1 in Berlin und General der Infanterie, im März 1938 Generaloberst.

Nachdem er beim Einmarsch in das Sudetenland eine Heeresgruppe geführt hatte, wurde R. im Oktober 1938 verabschiedet, doch bereits im Sommer 1939 reaktiviert. Im Polen- und Frankreichfeldzug führte er abermals Heeresgruppen und erhielt dafür im September 1940 das Ritterkreuz. Als Oberbefehlshaber der Heeresgruppe Süd im Polenfeldzug hatte er das Zentrum der polnischen Streitkräfte an der Südflanke umgangen und durch diese

Zangenbewegung den Rückzug der Polen über die Weichsel verhindert. Im Mai und Juni 1940 war R. beim Einmarsch in Belgien und Nordfrankreich Oberbefehlshaber der Heeresgruppe A, führte den Stoß der Panzerkräfte durch die Ardennen bis zur Kanalküste und umklammerte auch hier die alliierten Streitkräfte. Hitler befahl ihm bei Dünkirchen Halt. So konnten die britischen Expeditionsstreitkräfte, die in Gefahr waren, völlig aufgerieben zu werden, in die Heimat entkommen.
In Anerkennung seiner Verdienste wurde R. im Juli 1940 zum Generalfeldmarschall ernannt und dazu ausersehen, den Hauptteil jener Truppen zu kommandieren, die England angreifen sollten (ein Plan, der jedoch niemals verwirklicht wurde). Als Deutschland dann in die Sowjetunion einrückte, wurde R. an die Ostfront abkommandiert und erhielt im Juni 1941 den Oberbefehl über die Heeresgruppe Süd (Ukraine). Seine Truppen überrannten die Krim und das Donezbecken und stießen bis Rostow am Don vor. Nachdem R. aus taktischen Gründen (aber gegen Hitlers Befehl) wieder aus Rostow abgezogen war, wurde er im November 1941 abberufen und durch von → *Reichenau* ersetzt.
Im März 1942 fand er als Oberbefehlshaber West (Heeresgruppe D) wieder Verwendung. Nunmehr oblag ihm die Vorbereitung der Maßnahmen gegen die erwartete Invasion der alliierten Westmächte in Frankreich. Er behielt dieses Kommando bis zum März 1945. Gegen seinen Plan einer mobilen Verteidigung war strategisch nichts einzuwenden, aber es gelang ihm nicht, die Alliierten an der Landung in der Normandie zu hindern.
Am 6. Juli 1944 war er vorübergehend seines Kommandos enthoben, führte aber dennoch den Vorsitz bei dem Ehrengericht, das die in die Verschwörung vom 20. Juli 1944 verwickelten Generäle aus der Wehrmacht ausschloß. Auch R. selbst hatte von den Plänen der Verschwörer gewußt, sich aber den Widerstandskämpfern nicht anschließen wollen. Er wurde Anfang September an die Front zurückberufen und vermochte Mitte September den alliierten Vormarsch im Westen zu stoppen, die Verteidigungslinie zu stabilisieren und sie bis Dezember zu halten. Zunehmend durch Hitlers Befehle irritiert, konnte R. auch durch die Ardennenoffensive vom Dezember 1944 das Blatt nicht mehr wenden. Im März 1945 zum letztenmal seines Kommandos enthoben, erlebte er das Kriegsende in britischer Kriegsgefangenschaft.
R. war ein hervorragender Truppenführer, der noch den alten preußischen Idealen anhing und sich sehr zurückhaltend gab. Dennoch hatte er am 21. Juni 1942 entgegen geltendem Kriegsrecht befohlen, in deutsche Kriegsgefangenschaft geratene Angehörige britischer Kommandoeinheiten an die Gestapo auszuliefern. Hierfür sollte er später vor Gericht gestellt werden. Wegen seines schlechten Gesundheitszustandes wurde das Verfahren ausgesetzt. Am 5. Mai 1949 wurde er wegen Krankheit aus der brit. Kriegsgefangenschaft entlassen. R. starb am 24. Februar 1953 in Hannover.

Rust, Bernhard (1883–1945)
Reichsminister für Wissenschaft, Erziehung und Volksbildung (1934–1945). R. wurde am 30. September 1883 in Hannover geboren. Er studierte Germanistik, Philosophie und Klassische Philologie (Griechisch und

Latein) an mehreren Universitäten, darunter Berlin und München. Anschließend war er in Hannover als Lehrer an höheren Lehranstalten tätig und wurde Studienrat. Am Ersten Weltkrieg nahm er als Infanterieleutnant teil und erlitt eine schwere Kopfverletzung, die seine geistige Leistungs- und Zurechnungsfähigkeit beeinträchtigte. R. trat bereits 1922 der NSDAP bei und war ab 1925 Gauleiter von Hannover-Nord, 1928 umbenannt in Südhannover-Braunschweig, also einer von Hitlers Alten Kämpfern. 1930 wurde er von der republikanischen Schulbehörde in Hannover aus dem Schuldienst entlassen. Angeblich hatte er eine Schülerin belästigt. Dennoch wählte man ihn 1930 als Abgeordneten der NSDAP in den Reichstag.

Am 4. Februar 1933, kurz nach der »Machtübernahme«, wurde R. Kommissar für das preußische Kultusministerium. Seine unerschütterliche Loyalität gegenüber Hitler wurde am 30. April 1934 durch seine Ernennung zum Reichsminister für Wissenschaft, Erziehung und Volksbildung belohnt – eine Position, die ihm die Kontrolle über die Wissenschaftspflege, das Grundschulwesen, die Oberschulen usw. sowie die Jugendverbände verschaffte. Obwohl er gemäßigter war als die Fanatiker im NS-Studentenbund und im Lehrerverband, vollzog R. – im Namen der »Reinheit der Rasse« – die völlige Erneuerung deutschen Geisteslebens. Zu den Folgen, die die von R. betriebene Säuberung der Universitäten nach sich zog, gehörte vor allem der Verlust der führenden Rolle, die Deutschland bisher im Bereich der Naturwissenschaften gespielt hatte. Mehr als 1000 Hochschullehrer – vor allem Juden, Sozialdemokraten und Liberale – verloren im Dritten Reich ihre Stellung an deutschen Bildungsanstalten. Unter ihnen befanden sich weltberühmte Wissenschaftler und Nobelpreisträger wie Albert Einstein, James Franck, Fritz Haber, Otto Meyerhof und Otto Warburg, neben zahlreichen anderen hervorragenden Physikern, Chemikern, Mathematikern, Ingenieuren, Juristen usw.

Deutschlands Jugend wurde von Stund an im Geiste des Militarismus, des Germanentums und des Antisemitismus erzogen. Ihr Ideal sollte sein, sich zum perfekten Vertreter der »arischen Rasse« zu entwickeln. »Wir brauchen eine neue arische Generation an den Universitäten, oder wir werden die Zukunft verlieren«, verkündete der Reichsminister für Erziehung ganz im Sinne Adolf Hitlers. Juden wurden in deutschen Schulen und Universitäten als Erbfeinde des deutschen Volkes hingestellt, als »auserwähltes Volk von Verbrechern«, das den Bestand des Dritten Reiches gefährdet. Als Deutschland zusammenbrach, beging R. am 8. Mai 1945 in Berne (Oldenburg) Selbstmord.

S

Salomon, Ernst von (1902–1972)
Nationalistischer Schriftsteller, wegen seiner Beteiligung an politischen Verbrechen mehrfach inhaftiert. Der Nachkomme einer Hugenottenfamilie wurde am 25. September 1902 in Kiel

geboren. Am Tage des Waffenstillstandes von Compiègne (11. November 1918), der den Ersten Weltkrieg beendete, gehörte er der Oberstufe (Obersecunda) der Königlich Preußischen Kadettenanstalt an. Kurz nach dem Kriege nahm er an Freikorps-Kämpfen im Baltikum und in Oberschlesien teil. Er beteiligte sich am Kapp-Putsch (13. März 1920) und an allen konterrevolutionären Aktivitäten, die auf den Sturz der in seinen Kreisen verhaßten Weimarer Republik abzielten. Er und seine Gesinnungsgenossen wollten die »Schmach« des Versailler Vertrages tilgen und die Monarchie wiederherstellen.

Sein erster Roman, *Die Geächteten,* dessen Hauptthema der Freikorps-Kampf in den (und um die) baltischen Staaten ist, schildert die Freikorps-Kämpfer von 1920 als hemmungslose Nihilisten, die versuchten, sich für die Gefühle der Verzweiflung und Ohnmacht zu rächen, die die militärische Niederlage Deutschlands im Ersten Weltkriege bei ihnen ausgelöst hatte. Er schildert diese Menschen als einen Haufen von Kämpfern, trunken von aller Leidenschaft der Welt, voller Gier und voller Begeisterung, wenn es ans Handeln ging. Was sie wollten, wußten sie nicht, und was sie wußten, wollten sie nicht. Sie suchten Krieg und Abenteuer, Erregung und Zerstörung.

S.s Neigung zu Gesetzlosigkeit und Gewalt sowie sein Nationalismus gingen so weit, daß er bei der Ermordung des von jüdischen Vorfahren abstammenden deutschen Reichsaußenministers Walther Rathenau (24. Juni 1922) Beihilfe leistete. Dafür verurteilte man ihn zu fünf Jahren Zuchthaus. Wegen der Beteiligung an einem versuchten Fememord wurde er 1927 zu weiteren eineinhalb Jahren Zuchthaus verurteilt.

Infolge einer von → *Hindenburg* verkündeten Generalamnestie wurde S. 1928 aus der Haft entlassen und beteiligte sich sogleich an Bauernunruhen in Schleswig-Holstein (Hans → *Fallada*), bei denen es an Bombenlegern wahrlich nicht fehlte. Nach einigen Monaten erneuter Gefängnishaft, in denen er *Die Geächteten* schrieb, die 1930 erschienen und sein erster Bestseller wurden, war S. bald der Liebling literarischer Salons. Seine nächsten Werke waren *Die Stadt* (1932) und eine für ihn typische Verherrlichung des Preußentums: *Die Kadetten* (1933).

Wie Ernst → *Jünger* spielte auch S. eine bedeutende Rolle als Vorläufer und Wegbereiter des Dritten Reiches – nicht zuletzt durch seine »moralische Farbenblindheit«, seine Selbstgerechtigkeit und seinen Nihilismus. Doch war er von den konkreten Ergebnissen der »Nationalen Revolution« schließlich enttäuscht. Wiewohl er geholfen hatte, die Haßgefühle gegen Republik und Demokratie zu schüren, trat er nie der NSDAP bei. Denn er verabscheute die »Demokratie der Massen« und hielt am preußischen Ideal eines hierarchischen Obrigkeitsstaates fest. Später erklärte S., er sei über die Brutalität bei der Niederschlagung des sog. Röhm-Putsches (30. Juni 1934) und die antijüdischen Ausschreitungen in der Reichskristallnacht (9. November 1938), ja den gesamten moralischen Bankrott des NS-Regimes entsetzt und bestürzt gewesen. Dies hinderte ihn aber keineswegs, sich von den »moralischen Bankrotteuren« einen Sitz in deren Akademie der Künste geben zu lassen und zu dulden, daß das von ihm verachtete NS-Regime seine Bücher als natio-

nale Dokumente pries, die den Kampf um die Wiedergeburt der Nation schilderten. Während des Dritten Reiches gab sich S. als Autor unpolitisch und konzentrierte sich ganz auf seine erfolgreiche Karriere als gutbezahlter Filmautor der UFA. Zu seinen bekanntesten Drehbüchern zählen *Kautschuk, Kongo-Expreß, Sensationsprozeß Casilla* (1939), *Carl Peters* (1941) und *Der dunkle Tag* (1943). Nach dem Zweiten Weltkriege wurde S. von den amerikanischen Besatzungsbehörden verhaftet und bis 1946 interniert. Dann entließ man ihn, weil man ihm nichts Belastendes nachzuweisen vermochte.
1951 veröffentlichte er einen 800 Seiten umfassenden Bestseller, *Der Fragebogen,* ein bitteres, zynisches persönliches Testament, das S.s absolute Gleichgültigkeit gegenüber der Kriegsschuldfrage und den geschehenen Verbrechen dokumentierte. Er starb am 9. August 1972, kurz bevor er sein 70. Lebensjahr vollenden konnte, in seinem Hause in Winsen an der Luhe (südlich von Hamburg).

Sauckel, Fritz (1894–1946)
Generalbevollmächtigter für den Arbeitseinsatz von 1942 bis 1945. S. wurde am 27. Oktober 1894 als Sohn eines Postbeamten in Haßfurt am Main (Unterfranken) geboren und war 1909 bis 1914 Seemann in der norwegischen und schwedischen Handelsmarine. Im Ersten Weltkrieg kam er in ein französisches Internierungslager. Nach Kriegsende verdiente er nach einer Schlosserlehre seinen Lebensunterhalt als Fabrikarbeiter, bevor er 1923 der NSDAP beitrat. 1925 wurde er Gaugeschäftsführer der NSDAP in Thüringen, und bereits zwei Jahre später hatte er es zum Gauleiter Thüringens gebracht. 1927 bis 1933 war er NSDAP-Abgeordneter im thüringischen Landtag und ab 1929 Führer der NSDAP-Fraktion. Am 26. August 1932 wurde er thüringischer Ministerpräsident und Innenminister, und am 5. Mai 1933 folgte die Ernennung zum Reichsstatthalter in Thüringen (bis 1945). 1935 bis 1937 war S. zugleich Reichsstatthalter in Braunschweig, seit dem 12. November 1933 auch Abgeordneter im Reichstag. Außerdem war S. SS-Obergruppenführer ehrenhalber. Am 1. September 1939 beförderte man S. zum Reichsverteidigungskommissar für den Wehrkreis Kassel. Am 21. März 1942 wurde S. zum Generalbevollmächtigten für den Arbeitseinsatz ernannt. Als solcher war er verantwortlich für die Deportation von Millionen Menschen aus ihrer Heimat in den besetzten Gebieten Osteuropas. Sie wurden der deutschen Rüstungsindustrie als Zwangsarbeiter zugeführt. S. gab Verfügungen heraus, nach denen diese Arbeiter so weit wie möglich und zu den geringstmöglichen Kosten auszubeuten seien. Um die Arbeitskräfte stellen zu können, setzte er Sonderkommandos ein. Außerdem war der Generalbevollmächtigte für den Arbeitseinsatz auch für die Ausrottung zehntausender jüdischer Arbeiter in Polen verantwortlich.
Als er nach dem Kriege in Nürnberg vor Gericht gestellt wurde, behauptete S., sich keinerlei Kriegsverbrechen bewußt zu sein. Von den Konzentrationslagern habe er keine Ahnung gehabt, und er sei über die Verbrechen, die während des Prozesses ans Licht gekommen seien, in seiner »innersten Seele« erschüttert. S.s Unschuldsbeteuerungen machten auf seine Richter keinerlei Eindruck. Er wurde vom Internationalen Militärgerichtshof in

Nürnberg als Kriegsverbrecher zum Tode verurteilt und am 16. Oktober 1946 gehängt.

Sauerbruch, Ferdinand (1875–1951)
Chirurg von internationalem Ruf, ranghöchster Arzt des deutschen Heeres, zeitweise begeisterter Anhänger der Nationalsozialisten. S. wurde am 3. Juli 1875 in Barmen (heute: Wuppertal) geboren. Nach Beendigung seiner Studien praktizierte er als Arzt und lehrte als Professor in Marburg, Zürich und München. Schließlich kam er nach Berlin (u. a. auch als Chefarzt und Direktor der Chirurgie an das berühmte Krankenhaus Charité). S. war einer der namhaftesten unter den 960 Professoren, die sich im Herbst 1933 öffentlich für Hitler und das NS-Regime aussprachen.
Während des Dritten Reiches galt er als Deutschlands bedeutendster Arzt. Zu seinen Patienten zählten Mitglieder der NS-Führungsspitze einschließlich Hitler und → *Goebbels*. Dem in einer Münchener Klinik liegenden Oberst v. → *Stauffenberg*, der im Afrikafeldzug schwer verwundet worden war, soll er das Leben gerettet haben. Trotz seiner NS-freundlichen Einstellung war S. ein Freund von Generaloberst → *Beck* und genoß das Vertrauen von Widerstandskreisen, obwohl von einer echten Verwicklung in die Offiziersverschwörung gegen Adolf Hitler nicht die Rede sein kann. Nach dem Kriege wurde S. von einer deutschen Entnazifizierungs-Spruchkammer freigesprochen. Er starb am 2. Juli 1951 in Berlin.

Schacht, Hjalmar Horace Greely (1877–1970)
Finanzexperte der Weimarer Republik und des Dritten Reiches, bis 1939 Reichsbankpräsident sowie bis Januar 1943 Minister ohne Geschäftsbereich.
S. wurde am 22. Januar 1877 als Sohn deutsch-dänischer Eltern in Tingleff bei Tondern (seinerzeit schleswig-holsteinisch, seit 1920 jedoch dänisch) geboren. Er wuchs in den USA auf, wohin seine Eltern ausgewandert waren (sein Vater erwarb die amerikanische Staatsbürgerschaft). S. kehrte nach Deutschland zurück, um in Kiel, München und Berlin zu studieren. In Berlin promovierte er zum Doktor der Wirtschaftswissenschaften. 1903 wurde er Chef des Wirtschaftsarchivs der Dresdner Bank, stieg bereits fünf Jahre später bei eben dieser Bank zum stellvertretenden Direktor auf und übernahm 1916 die Leitung der (privaten) Nationalbank für Deutschland, die 1922 mit der Bank für Handel und Industrie zur »Darmstädter und Nationalbank« (Danat) verschmolz.
Während des Ersten Weltkrieges hatte er den Auftrag, die Belgische Notenbank in Brüssel zu errichten. Im November 1923 ernannte man ihn zum Reichswährungskommissar. Als solcher hatte er entscheidenden Anteil an der Eindämmung der Inflation und der Stabilisierung der deutschen Mark, indem er die Rentenmark zur Grundlage einer neuen, von Auslandsanleihen gestützten Währung machte. Im Dezember 1923 wurde er zum Präsidenten der deutschen Reichsbank ernannt. Dieses Amt behielt er zunächst bis 1930. Er nahm an den Verhandlungen über die Dawes-Plan-Anleihe (1924) teil und stimmte als Chef der deutschen Delegation auf der Konferenz zur Revision des Dawesabkommens (11. Februar bis 7. Juni 1929) dem Young-Plan zu.
Im März 1930 trat er jedoch nach den Haager Beschlüssen vom Januar dieses

Jahres aus Protest gegen die zunehmende Auslandsverschuldung des Deutschen Reiches von seinem Posten zurück und warf der Reichsregierung vor, durch Konzessionen die von ihm ausgehandelten Bedingungen verschlechtert zu haben. In der Folgezeit näherte er sich immer mehr rechtsradikalen Kreisen und schließlich auch den Nationalsozialisten. S., der 1918 Mitbegründer der Deutschen Demokratischen Partei gewesen war, sich aber 1926 von ihr getrennt hatte, da er ihre linksliberalen Ideale nicht mehr teilte, sah nun in Hitler die Rettung. Beeindruckt durch die Lektüre von *Mein Kampf* und den Erfolg der NSDAP bei den Reichstagswahlen vom 14. September 1930, schloß er sich am 11. Oktober 1931 der Harzburger Front an, auf deren Gründungsversammlung in Bad Harzburg er eine aufsehenerregende Rede hielt, die seinen »Rechtsruck« verdeutlichte. Wie viele andere Konservative hoffte auch S., sich der Nationalsozialisten zum Sturz der Weimarer Republik bedienen und sie dann unter Kontrolle halten zu können.

Wie er einmal erklärte, ersehnte er ein »großes und starkes Deutschland«. Um dieses Ziel zu erreichen, sei er bereit, selbst »einen Bund mit dem Teufel einzugehen«. Er trug wesentlich dazu bei, Hitler in Hochfinanzkreisen einzuführen, und bereits im November 1932 drängte er den Reichspräsidenten → *Hindenburg,* Hitler zum Kanzler zu ernennen. Nicht zuletzt auf sein Betreiben hin unterstützten die Spitzenvertreter der deutschen Schwerindustrie, insbesondere → *Krupp* sowie die Vereinigten Stahlwerke und die I. G. Farben, die Nationalsozialisten wie auch die Deutschnationalen bei dem Wahlkampf von 1933. In Anerkennung dieser Verdienste als Wegbereiter des Dritten Reiches berief Hitler S. im März 1933 abermals in das Amt des Reichsbankpräsidenten und ernannte ihn im August 1934 zugleich zum Wirtschaftsminister. Diese Stellung behielt er bis November 1937.

Als »finanzieller Architekt« Hitlerdeutschlands konnte S. in den ersten Jahren des NS-Regimes wirtschaftspolitisch schalten und walten, wie er wollte. Dabei nutzte er mit beachtlichem Erfolg seine engen Kontakte zu Banken, Großfirmen und Wirtschaftsverbänden. Da er an freie Marktwirtschaft glaubte, hielt S. während seiner Amtszeit die Großindustrie dem direkten Zugriff der Partei weitgehend fern, stärkte das private Unternehmertum und sicherte hohe Gewinnspannen. Mit dieser Befürwortung der privaten Wirtschaft stand er im Gegensatz zur offiziellen NS-Doktrin. Er schuf die Reichswirtschaftskammer – eine Organisation der Industrie aus dem Zusammenschluß ehemaliger Arbeitgebervereinigungen, Handelskammern und Industrieverbände. Mit Dutzenden von Ländern handelte er sehr günstige Handelsabkommen aus, und es gelang ihm, Kredit für ein Land zu gewinnen, das kaum über flüssiges Kapital und über fast gar keine finanziellen Reserven verfügte.

Am 31. Mai 1935 wurde S. zum Generalbevollmächtigten für die Kriegswirtschaft ernannt. In dieser Funktion traf er die wirtschaftlichen Vorbereitungen für den Krieg, indem er den Aufbau der Wehrmacht und die deutsche Wiederaufrüstung finanziell ermöglichte. Dazu erteilte man ihm unbeschränkte Vollmachten, und sein Geschick bei der Finanzierung der deutschen Wiederbewaffnung machte ihn für Hitler

und die NSDAP unentbehrlich, obwohl er nie das uneingeschränkte Vertrauen der Parteispitzen genoß. Man respektierte ihn, betrachtete ihn aber zugleich mit Mißtrauen.
Nach seiner Ernennung zum Generalbevollmächtigten für die Kriegswirtschaft finanzierte er Rüstungs- und Arbeitsbeschaffungsprojekte, indem er das öffentliche Bauprogramm erweiterte und die Privatwirtschaft ankurbelte. Gleichzeitig versuchte er, Geldentwertung und Inflation zu verhindern. Dies brachte ihn letztlich in Konflikt mit der NS-Führung. Im November 1937 trat er von seinem Posten als Reichswirtschaftsminister und Generalbevollmächtigter für die Kriegswirtschaft zurück und wurde durch → *Funk* und → *Göring* ersetzt. Dennoch blieb er von 1937 bis 1943 Reichsminister ohne Geschäftsbereich, während er den Posten des Reichsbankpräsidenten schon im Januar 1939 räumte.
S. verstärkte nun seine Kontakte zu den konservativen Widerstandskreisen um → *Goerdeler.* Im Laufe der Jahre hatte er begonnen, am NS-Regime zu zweifeln. Er war vor allem bestürzt über die Krise um die Generäle von → *Blomberg* und von → *Fritsch* (4. Februar 1938) sowie über die antijüdischen Ausschreitungen während der Reichskristallnacht (9. November 1938). Er stellte sich aber nie völlig auf die Seite der Widerstandsbewegung.
Dennoch wurde er nach dem mißlungenen Attentat auf Hitler vom 20. Juli 1944 am 29. Juli 1944 verhaftet und zunächst in das KZ Ravensbrück gebracht. Später überstellte man ihn nach Flossenbürg, obwohl ihm eine direkte Beteiligung an der Verschwörung gegen Hitler nicht nachgewiesen werden konnte. Amerikanische Soldaten befreiten S. im April 1945 aus der Gefangenschaft. Während der Nürnberger Prozesse angeklagt, entscheidend zur Vorbereitung Deutschlands auf den Krieg beigetragen zu haben, sprach man ihn 1946 (gegen den ausdrücklichen Protest des sowjetischen Richters) frei, da Aufrüstung als solche nicht als kriminell einzustufen ist. 1947 verurteilte ihn eine Stuttgarter Entnazifizierungs-Spruchkammer als »Hauptschuldigen« zu acht Jahren Arbeitslager. Doch S. legte Berufung ein, und ein Ludwigsburger Gericht hob bald darauf den Stuttgarter Spruch auf, so daß S. am 2. September 1948 wieder aus der Haft entlassen wurde.
Im November 1950 sprach man ihn endgültig von allen im Zusammenhang mit seiner Tätigkeit im Dritten Reich gegen ihn erhobenen Anklagen frei. S. begann eine erfolgreiche zweite Laufbahn als Finanzberater von Entwicklungsländern wie Brasilien, Äthiopien, Indonesien, Iran, Ägypten, Syrien und Libyen. Außerdem machte er ein Vermögen als Mitinhaber der 1953 von ihm gegründeten privaten Außenhandelsbank *Schacht & Co* (Düsseldorf). In den sechziger Jahren hatte er weiterhin mit Entwicklungshilfe zu tun und unterhielt rege Beziehungen zu Regierungs- und Finanzkreisen in Indonesien und Westafrika. 1948 erschien sein Buch *Abrechnung mit Hitler,* 1953 seine Autobiographie *76 Jahre meines Lebens.* S. starb am 3. Juni 1970 in München.

Schellenberg, Walter (1910–1952)
Leiter des SS-Auslandsnachrichtendienstes und im Zweiten Weltkrieg einer der engsten Berater → *Himmlers.*
S. wurde am 16. Januar 1910 als siebtes Kind eines Klavierfabrikanten in Saar-

brücken geboren. Nachdem er an der Universität Bonn (wo er sich besonders für die Renaissance und ihre politischen Folgen interessierte) sein Jurastudium beendet hatte, trat er im Mai 1933 der NSDAP und der SS bei. Im Sommer 1934 kam er zum SD, bald darauf ins SD-Hauptamt unter → *Heydrich*. Der ehrgeizige junge Mann, der fließend Englisch und Französisch sprach, zog Heydrichs und Himmlers Aufmerksamkeit auf sich. S. erhielt die Aufgabe, 1938 die Maßnahmen für den Einmarsch in die Tschechoslowakei zu organisieren. Im Frühjahr 1941 verhandelte er neben Heydrich und dem Gestapochef → *Müller* im Namen des Reichssicherheitshauptamtes (RSHA) mit dem Heer über den Kompetenzbereich, innerhalb dessen die Einsatzgruppen freie Hand bei der Durchführung ihrer Aufgaben hinsichtlich der Zivilbevölkerung erhalten sollten, was einem Freibrief zur Tötung von Zivilpersonen gleichkam. Schon vorher hatte S. mit dem Venlo-Zwischenfall (im November 1939) zu tun. Damals überschritt ein Trupp bewaffneter Deutscher die holländische Grenze bei Venlo, um zwei britische Geheimdienstoffiziere zu kidnappen. Für diese Tat wurde der nur 30 Jahre alte S. ausgezeichnet und vom SS-Obersturmbannführer zum SS-Standartenführer befördert. 1939 bis 1942 war S. als Leiter der Gruppe IV E im Reichssicherheitshauptamt für die polizeiliche Spionageabwehr zuständig.

1940 erhielt S. den Auftrag, eine »Sonderfahndungsliste Großbritannien« aufzustellen. Sie enthielt die Namen von 2700 prominenten Persönlichkeiten in Großbritannien, die sofort nach der geplanten deutschen Invasion in Großbritannien verhaftet werden sollten (S. behauptete auch, das streng geheime Informationsheft verfaßt zu haben, das den Nationalsozialisten dabei helfen sollte, Großbritannien auszuplündern und jeden Widerstand zu brechen). Ein weiterer Sonderauftrag endete in einem Fiasko. Es handelte sich um die Entführung des Herzogs und der Herzogin von Windsor aus Lissabon. Hitler wollte sie als Geiseln benutzen, um von Großbritannien einen Friedensvertrag zu erpressen. Doch obwohl dieses Vorhaben mißlang, wurde S. als Günstling Himmlers 1942 zum Chef des Amtes VI im RSHA (Auslands-SD) befördert. 1944 wurde ihm auch der größte Teil der nach dem Sturz von → *Canaris* herrenlos gewordenen Abwehr überstellt. Er bediente sich seiner Agenten, um Geheimverhandlungen mit den Alliierten aufzunehmen, und animierte Himmler, Kontakte mit dem Vertreter des schwedischen Roten Kreuzes, Graf Folke Bernadotte, anzuknüpfen, um durch ihn den Alliierten die Kapitulation der deutschen Truppen im Westen anzubieten. S. wurde schließlich vor das amerikanische Tribunal in Nürnberg gestellt. Von der Anklage des Völkermordes sprach man ihn frei, da er beweisen konnte, daß er nicht unmittelbar mit der Endlösung zu tun gehabt hatte. Man befand ihn aber der Beihilfe zum Mord an sowjetischen Kriegsgefangenen für schuldig und verurteilte ihn am 11. April 1949 zu sechs Jahren Gefängnis. Krankheitshalber begnadigt und im Dezember 1950 bereits entlassen, starb er, erst 42 Jahre alt, am 31. März 1952 in Turin.

Schirach, Baldur von (1907–1974)
Reichsjugendführer und Reichsstatthalter in Wien. S. wurde am 9. Mai

1907 in Berlin geboren und stammte väterlicherseits aus einer alten, aristokratischen Offiziersfamilie mit künstlerischen und kosmopolitischen Neigungen: sein Vater, Carl von S., war 1908 aus dem Heer ausgeschieden, um in Weimar Theaterdirektor zu werden, während seine Mutter Amerikanerin war; zu ihren Vorfahren gehörten zwei Unterzeichner der amerikanischen Unabhängigkeitserklärung. So wuchs S. in einer Atmosphäre von Geborgenheit und Wohlstand auf. Er trat bereits 1925 in die NSDAP ein, als er in München für kurze Zeit deutsche Volkskunde und Geschichte studierte, und gehörte trotz seiner Jugend schon bald zum inneren Führungszirkel.

Die Lektüre Henry Fords *(The International Jew)* sowie der Schriften von Houston Stewart Chamberlain und Adolf → *Bartels* machte ihn zum überzeugten Antisemiten. Er stand in Opposition zum Christentum ebenso wie zu seiner eigenen Gesellschaftsschicht. S. widmete sich der Aufgabe, Hochschul- und Universitätsstudenten für die NSDAP zu gewinnen, und erwies sich dabei als hervorragender Organisator und Propagandist. Sein mitreißender Enthusiasmus und seine Fähigkeit, die Jugend für Ideale wie Kameradschaft, Selbstaufopferung, Tapferkeit und Ehre zu begeistern, verschafften ihm hohes Ansehen bei Hitler, der auch seine blinde Ergebenheit zu schätzen wußte, der S. in Formulierungen wie »Treue ist alles, und alles ist die Liebe zu Adolf Hitler« Ausdruck verlieh. 1929 wurde S. Führer des Nationalsozialistischen Deutschen Studentenbundes. Zwei Jahre später avancierte er zum Reichsjugendführer der NSDAP und behielt diesen Posten bis 1940.

1933 organisierte er einen gigantischen Jugendaufmarsch, bei dem endlose Wellen von Jugendlichen grüßend an Hitler vorbeizogen. Schon vor der Machtergreifung der Nationalsozialisten hatte S.s unablässiges Werben, sein Idealismus und sein Organisationstalent Hunderttausende junger Deutscher für die Sache Hitlers gewonnen. Im Mai 1933 wurde der erst sechsundzwanzigjährige S. zum Jugendführer des Deutschen Reiches ernannt und während der nächsten Jahre Idol einer Verehrung, die nur durch die für Hitler übertroffen wurde. An der Spitze der Hitlerjugend, die 1936 bereits sechs Millionen Mitglieder zählte, bediente sich S. bei ihrer Ausbildung einer eindrucksvollen Mischung aus heidnisch-romantischen Riten, paramilitärischem Drill und patriotischer Schwärmerei. Junge Deutsche sollten ganz im Geiste der NS-Ideale von Charakter, Disziplin, Gehorsam und Führerschaft erzogen werden – so wie S. es in seinem Buch *Die Hitler-Jugend* (1934) beschrieb.

Man hatte sich vorgenommen, aus ihnen eine neue Rasse von Herrenmenschen zu formen. S., der sich selbst für einen Schriftsteller und Dichter hielt, veröffentlichte 1932 ein Buch, das weite Verbreitung fand: *Hitler, wie ihn keiner kennt* (mit Aufnahmen seines Schwiegervaters, des Fotografen Heinrich → *Hoffmann*). Ein Jahr später erschienen die Gedichtsammlung *Die Fahne der Verfolgten* sowie Kurzbiographien von NS-Führern (Titel: *Die Pioniere des Dritten Reiches*). S. lehrte die deutsche Jugend, daß ihr Blut besser sei als das jeder anderen Nation, und stellte seine Lyrik ganz in den Dienst der Verehrung des Führers.

Gegen Ausbruch des Zweiten Welt-

kriegs wurde seine Position durch die Intrigen Martin → *Bormanns* und anderer innerparteilicher Gegner untergraben. Zahlreiche Witze über seine »unmännliche« Art und über sein angeblich weiß möbliertes, ganz nach »weibischem« Geschmack ausgestattetes Schlafzimmer machten die Runde, und es ist erwiesen, daß S. es nie schaffte, sein Ideal eines »flinken, zähen und harten« Hitlerjungen selbst zu verkörpern. Anfang 1940 meldete er sich freiwillig zur Wehrmacht und diente einige Monate als Infanterieoffizier an der Westfront; dafür erhielt er das Eiserne Kreuz (Zweiter Klasse). Dann wurde er – als Reichsjugendführer von Arthur → *Axmann* bereits abgelöst – am 7. August 1940 zum Gauleiter und Reichsstatthalter in Wien ernannt.
Seine unorthodoxe Kulturpolitik erregte jedoch bald Hitlers Argwohn, der unablässig von Bormann geschürt wurde. Als S. während eines Besuches bei Hitler auf dessen Berghof bei Berchtesgaden 1943 nicht nur für eine mildere Behandlung der osteuropäischen Völker eintrat, sondern auch die Bedingungen kritisierte, unter denen man Juden deportierte, büßte er seinen Einfluß völlig ein. Immerhin äußerte er noch am 15. September 1942 in einer Rede, die Umsiedlung der Juden nach dem Osten sei ein »Beitrag zur europäischen Kultur«.
Daß während seiner Amtszeit in Wien 185000 Juden nach Polen deportiert wurden, war dann auch einer der Hauptpunkte der vor dem Nürnberger Kriegsverbrechertribunal gegen S. erhobenen Anklage. S. wandte dagegen ein, er habe zwar die Umsiedlung befürwortet, bestritt aber, je etwas von Vernichtungslagern und Völkermord gehört zu haben. Hitler bezeichnete er – nun auf der Anklagebank – als »millionenfachen Mörder«, und Auschwitz nannte er »den teuflischsten Massenmord der Geschichte«. Am 1. Oktober 1946 wurde S. wegen Verbrechen gegen die Menschlichkeit zu 20 Jahren Haft verurteilt (die er zusammen mit Rudolf → *Heß* und Albert → *Speer* in Berlin-Spandau verbüßte). In seinen Erinnerungen, die 1967/68 unter dem Titel *Ich glaubte an Hitler* erschienen, versuchte er, die seltsame Faszination zu erklären, die Hitler auf ihn und die jüngere Generation seiner Zeit ausgeübt hatte. Nunmehr hielt S. es für seine Pflicht, jeden Glauben an eine Wiedergeburt des Nationalsozialismus zu zerstören, und klagte sich selbst vor der Geschichte an, weil er nicht mehr getan habe, um die Konzentrationslager zu verhindern. Am 30. September 1966 wurde S. aus dem Berlin-Spandauer Kriegsverbrechergefängnis entlassen und lebte zurückgezogen in Südwestdeutschland. Er starb am 8. August 1974 in einem kleinen Hotel in Kröv an der Mosel.

Schleicher, Kurt von (1882–1934)
Berufsoffizier und letzter Kanzler der Weimarer Republik. S. wurde am 7. April 1882 in Brandenburg als Sohn eines Offiziers geboren. Mit 18 Jahren trat er in → *Hindenburgs* altes Regiment, das 3. Garderegiment zu Fuß, ein. Im Ersten Weltkrieg diente er als Generalstabsoffizier in der Eisenbahnabteilung unter General Wilhelm → *Groener* bei der Obersten Heeresleitung. Nach Kriegsende trat er in den Dienst der Reichswehr, in der er als Gegenspieler des Generals Hans von Seeckt galt. 1929 wurde S. als Generalmajor Chef des neugeschaffenen Mini-

steramtes im Reichswehrministerium unter Groener, mit dem er nach wie vor eng verbunden war. Als Verantwortlicher für die Politik und das Pressewesen des Heeres und der Marine erwies sich S. als begabter, skrupelloser Intrigant mit einem beweglichen Intellekt und wachem Spürsinn für Politik.
Während der nächsten drei Jahre war S. eine der einflußreichsten Persönlichkeiten hinter der Szene, die das Schicksal der Weimarer Republik bestimmten. Ihm war es weitgehend zuzuschreiben, daß am 28. März 1930 Heinrich → *Brüning* zum Kanzler ernannt wurde. Auch später, beim Rücktritt Brünings am 30. Mai 1932, hatte er seine Hände im Spiel. Außerdem redete er Hindenburg zu, Franz von → *Papen* am 1. Juni 1932 zu Brünings Nachfolger zu machen, nur um ihn schon kurz darauf – als von Papen andere Wege ging, als S. wollte – wieder zu Fall zu bringen.
Am 2. Dezember 1932 wurde S. selbst letzter Kanzler der Weimarer Republik. Er blieb nur 57 Tage im Amt und regierte – wie schon seine unmittelbaren Vorgänger – mit Notverordnungen. Erfolglos suchte er eine Verbindung mit den Gewerkschaften, und die von ihm angestrebte Allianz von Reichswehr und Arbeiterschaft gegen die besitzenden Klassen und die Nationalsozialisten kam nicht zustande. S. versuchte, die NSDAP zu spalten, indem er Gregor → *Strasser* das Amt des Vizekanzlers sowie den Posten des preußischen Ministerpräsidenten anbot. Seine »sozialistische« Politik in militärischem Gewande sowie sein Versprechen, die bankrotten Groß-grund-Besitztümer in Ostpreußen zu zerschlagen, erregte den Zorn der Großgrundbesitzer und Industriellen, die S. fürchteten und ihm mißtrauten. Die Gleichgültigkeit des neuen Kanzlers gegenüber dem herkömmlichen Klassendenken stieß die Hochfinanz vor den Kopf. So fand S. weder eine Mehrheit im Reichstag, noch gelang es ihm, Hindenburg zu überreden, einer von ihm geleiteten Militärdiktatur zuzustimmen.
Hindenburg entließ ihn vielmehr am 28. Januar 1933 ziemlich abrupt, und S. war nun selbst Opfer einer Intrige geworden, die sein alter Rivale von → *Papen* gesponnen hatte. S. zog sich aus dem politischen Leben zurück, unterhielt im Geheimen jedoch noch immer allerlei Kontakte und hatte wohl die Hoffnung auf eine Rückkehr in die Politik nicht völlig aufgegeben. Am 30. Juni 1934, dem Tag des sogenannten Röhm-Putsches, wurden S. und seine Frau in ihrer Berliner Wohnung von Gestapo-Beamten in Zivil heimtückisch erschossen.

Schmeling, Max (geb. 1905)
1930 bis 1932 Weltmeister im Schwergewicht und wohl erfolgreichster deutscher Berufsboxer. S. wurde am 28. September 1905 in Klein-Luckow (Uckermark) geboren. Er holte sich 1926 den deutschen Titel im Halbschwergewicht und wurde ein Jahr später Europameister in dieser Disziplin. 1928 stieg er in die Schwergewichtsklasse auf und errang die deutsche Meisterschaft. Am 12. Juni 1930 besiegte er den amerikanischen Titelverteidiger, Jack Sharkey, bei einer Begegnung in New York in der vierten Runde durch K. o. Bei einem Revanchekampf, der zwei Jahre später (am 21. Juni 1932) in Long Island City abgehalten wurde, hatte S. dagegen Pech. Er verlor die Entscheidung in 15

Runden und damit den Titel des Weltmeisters im Schwergewicht. Ein Jahr darauf heiratete er die Filmschauspielerin Anny Ondra.
Ganz gegen seinen Willen sah sich S., dessen Manager (Max Jacobs) Jude war, zum Symbol der überlegenen nordisch-germanischen Rasse erhoben, als er am 19. Juni 1936 seinen sensationellen Sieg über den farbigen amerikanischen Schwergewichtler Joe Louis feierte, den viele für den größten Boxer seiner Gewichtsklasse in der gesamten Geschichte des Boxsports hielten. Vor einer riesigen Menschenmenge im New Yorker Yankee-Stadion hatte S. für eine der sensationellsten Überraschungen der Box-Geschichte gesorgt, indem er den allzu selbstsicheren »Braunen Bomber« in der 12. Runde k. o. schlug. Der Revanchekampf, der am 22. Juni 1938 vor 70000 Zuschauern im Yankee-Stadion stattfand und mehr als eine Million Dollar einbrachte, wurde von vornherein als Revanchekampf hingestellt und war weitaus stärker mit politischen und rassistischen Emotionen geladen als jeder andere vorangegangene Kampf in dieser Gewichtsklasse. Joe Louis, der 1937 den Weltmeistertitel gewonnen hatte, war entschlossen, nicht nur sich selbst zu verteidigen, sondern das Selbstbewußtsein der Amerikaner und insbesondere das der Farbigen durch einen Sieg zu stärken. Schon nach zwei Minuten und vier Sekunden der ersten Runde lag S. k. o. am Boden, nachdem der Amerikaner ihn mit einem gnadenlosen Trommelfeuer von Schlägen eingedeckt hatte.
Nach dieser Niederlage fand S. nie mehr zu seiner alten Form zurück, obwohl er 1939 noch einmal Europameister im Schwergewicht wurde. Im Zweiten Weltkrieg kam S. als Fallschirmjäger zum Einsatz und nahm an der spektakulären Besetzung Kretas durch deutsche Luftlandetruppen teil. Nach 1945 versuchte er ein *comeback* als Boxer, obwohl er schon über 40 Jahre alt war. Er gewann im Mai 1948 einige Kämpfe, wurde aber schließlich in einem Kampf über zehn Runden in Hamburg von einem anderen Veteranen, Walter Neusel, geschlagen. Auch nach dem Ende seiner Boxerlaufbahn – von insgesamt 70 Kämpfen hatte er 56 gewonnen, vier waren unentschieden ausgegangen – blieb der ehemalige deutsche Meister und Weltmeister beliebt und geachtet, nicht nur in Deutschland, sondern auch in Amerika. S. wurde mit dem Goldenen Band des Bundes der deutschen Sportpresse geehrt und zum Ehrenmitglied des österreichischen Verbandes der Berufsboxer ernannt. Außerdem verlieh man ihm die Ehrenbürgerwürde der Stadt Los Angeles und 1967 den amerikanischen »Sport-Oscar«. Im selben Jahr erschien seine Autobiographie *Ich boxte mich durchs Leben.*

Schmidt, Paul Otto (1899–1970)
Gesandter, Chefdolmetscher des Auswärtigen Amtes. Sch. wurde am 23. Juni 1899 in Berlin geboren. Nach der Schulzeit in Berlin studierte er an der Universität seiner Vaterstadt neue Sprachen. Über Sprachkurse beim Sprachendienst des Auswärtigen Amts, bei denen er wegen seiner erstaunlichen Gedächtnisleistung die Aufmerksamkeit seiner Lehrer auf sich zog, kam er in Kontakt mit dem Auswärtigen Dienst, bei dem er nach seinen Universitätsexamina und einer Tätigkeit als sprachwissenschaftlicher Hilfsarbeiter im Fremdsprachen-

amt der Reichsregierung seit 1924 als Dolmetscher tätig war.
Unter Stresemann, mit dem er alle wichtigen Konferenzen seiner Zeit absolvierte, wurde Sch. bereits Chefdolmetscher des Auswärtigen Amtes. Auch nach der Machtübernahme durch die Nationalsozialisten blieb er in dieser Position, dolmetschte aber auch für Hitler, u. a. während der Münchner Konferenz von 1938, bei der Unterredung zwischen dem britischen Premierminister Chamberlain und Hitler am 15. September 1938 in Berchtesgaden und bei den Treffen zwischen Hitler und dem rumänischen Staatschef Marschall Antonescu.
Sch. wurde 1933 zum Legationssekretär und 1935 zum Legationsrat ernannt. 1938 beförderte ihn Ribbentrop zum Vortragenden Legationsrat mit der Amtsbezeichnung Gesandter, zwei Jahre später bereits zum Ministerialdirigenten und Gesandten 1. Klasse. 1943 trat Sch. in die NSDAP ein.
Sch., der über 21 Jahre als Randfigur im Zentrum der politischen Macht gestanden hatte, schrieb nach dem Krieg Erinnerungen, deren erster Teil unter dem Titel *Statist auf diplomatischer Bühne 1923–1945* im Jahre 1949, deren zweiter Teil zwei Jahre später unter dem Titel *Statist auf der Galerie 1945–1950* erschienen. Der Autor schilderte darin zwar manche interessante Einzelheit, konnte aber nicht über den Schatten seiner Randfiguren-Existenz springen und bot Geschichten, wo man Geschichte erwartet hätte. Manches mag Sch. auch bewußt übergangen haben; nicht alle Ereignisse waren nach dem Kriege noch erinnerungswürdig. Die Spruchkammer stufte ihn als Entlasteten ein. Sch., der nach dem Kriege wieder als Übersetzer und schließlich als Leiter eines Dolmetscher- und Spracheninstituts in München tätig gewesen war, kandidierte 1953 als Bewerber der rechtsstehenden Deutschen Partei, deren Landesvorsitz in Bayern er einige Zeit innehatte, für den Bundestag. Er starb am 21. April 1970 in München.

Schmitt, Carl (1888–1985)
Führender Staatsrechtler der Weimarer Republik und konservativer Rechtstheoretiker. S. wurde am 11. Juli 1888 in Plettenberg (Westfalen) geboren. Er war nacheinander Professor für Rechtswissenschaft in Greifswald (1921), Bonn (1922/23), Berlin (Handelshochschule, 1926), Köln (1933) und abermals Berlin (Universität, 1933–1945). Während seiner Karriere als erfolgreicher akademischer Lehrer und Autor über staatstheoretische Fragen erwies sich S. als gefürchteter konservativer Kritiker der Weimarer Verfassung. Er warf ihr vor, den Staat geschwächt zu haben und sich an einen Liberalismus zu klammern, der außerstande sei, die Probleme einer modernen Massendemokratie zu lösen. S. verwarf die parlamentarische Demokratie als »veraltete bürgerliche Regierungsmethode«. Obwohl er mit dem Pluralismus der Weimarer Zeit streng ins Gericht ging, stand er vor der Machtergreifung der Nationalsozialisten in Opposition zur äußersten Rechten und Linken und unterstützte die Bemühungen des Generals von → *Schleicher,* das »Abenteuer Nationalsozialismus« entweder abzublocken oder völlig zu beenden.
Als jedoch im Reichstag das Ermächtigungsgesetz vom 24. März 1933 angenommen wurde, änderte er seine Haltung, und noch im selben Jahr feierte er

es als »vorläufige Verfassung der deutschen Revolution«, aus der eine neue politische Rechtsordnung hervorginge. Am 1. Mai 1933 schloß er sich der NSDAP an und war bald der führende Rechtstheoretiker des NS-Staates. In *Staat, Bewegung, Volk: Die Dreigliederung der politischen Einheit* (1933) äußerte er, daß »die deutsche Revolution legal sei, das heißt, sie befände sich formal korrekt in Übereinstimmung mit der früheren Verfassung und sie stamme aus Disziplin und deutschem Ordnungssinn«. Außerdem betonte er, der Zentralbegriff des nationalsozialistischen Staatsrechtes sei »Führertum«. Unerläßliche Voraussetzung dafür sei die rassische Gleichheit von Führer und Gefolge.

S., der in der Weimarer Zeit durchaus kein Antisemit gewesen war (seine 1928 erschienene *Verfassungslehre,* die 1970 wieder aufgelegt wurde, war sogar seinem jüdischen Freund Dr. Fritz Eisler gewidmet, und noch 1930 gedachte er mit Respekt des Schöpfers der Weimarer Verfassung, Hugo Preuß, der ebenfalls Jude war), gab sich nun rassistisch, um seine Bekehrung noch überzeugender darzustellen. So rechtfertigte er die Nürnberger Rassengesetze als »Verfassung der Freiheit«, und im Oktober 1936 führte er den Vorsitz bei einem in Berlin stattfindenden Kongreß akademischer Rechtslehrer, auf dem er forderte, das deutsche Recht von »jüdischem Geist« zu säubern. All dieser Opportunismus, den er auch in anderen Lebensbereichen an den Tag legte, hinderte die NS-Machthaber nicht, ihm mit Argwohn zu begegnen und ihn schließlich als »politisch unzuverlässig« anzusehen.

In den frühen Tagen des Regimes schützten ihn seine Verbindungen zu anderen Konservativen wie Franz von → *Papen* und Johannes → *Popitz*. Außerdem hielt → *Göring,* der es genoß, prominente Intellektuelle und Künstler zu protegieren, eine Hand über ihn und machte ihn zum Preußischen Staatsrat. Im November 1933 wurde S. Leiter der Gruppe Universitätslehrer im NSD-Juristenbund und im Juni 1934 Hauptschriftleiter des führenden Fachblattes *Deutsche Juristen-Zeitung*. Doch abgesehen von Göring und Hans → *Frank* hatte S. keinerlei Kontakte zu den Spitzen der NSDAP, die ihre eigenen Rechtstheoretiker, wie Werner → *Best,* Reinhard Höhn und Frank selbst, hatte. S. publizierte weiter mit größtem Eifer und gab sich alle Mühe, jeden Zweifel an seiner Loyalität zu beseitigen – so begrüßte er das Blutbad anläßlich der Niederschlagung des sog. → *Röhm*-Putsches, dem er selbst nur mit knapper Not entgangen war, als »höchste Form administrativer Justiz«. Dennoch geriet er in die Kritik von NS-Theoretikern, die ihm vorwarfen, sein Denken kreise nicht genügend um die zentralen Begriffe »Rasse« und »Volk«. Außerdem hatte man seine früheren Beziehungen zu Juden und Liberalen nicht vergessen und übersah auch nicht, daß er noch immer praktizierender Katholik war. Im Dezember 1936 bezeichnete das SS-Organ *Das Schwarze Korps* seinen Antisemitismus als bloße Attrappe und zitierte frühere Äußerungen von ihm – Äußerungen der Kritik an den nazistischen Rassentheorien. Damit war S.s Parteikarriere zu Ende, doch dank der Intervention Görings und Franks behielt er seinen akademischen Lehrstuhl in Berlin sowie den Titel Staatsrat. Schließlich begab er sich in die »innere Emigration«, fand aber in den entsprechenden Krei-

sen nur kühle Aufnahme, da er sich allzu bereitwillig dazu hergegeben hatte, der nationalsozialistischen Bewegung den Anschein intellektueller Respektabilität zu verleihen.
Seine 1950 geschriebenen Memoiren enthalten eine wenig überzeugende Rechtfertigung seines Verhaltens im Dritten Reich. Nachdem das Weimarer System ihn nicht länger habe schützen können, sei ihm keine andere Wahl geblieben, als seine staatsbürgerliche Treue auf das neue System zu übertragen, solange dieses ihm den Schutz gewährte, dessen er bedurfte. Trotz seiner intellektuellen Brillanz vermochte S. sich nie von seinem Opportunismus gegenüber der Macht zu lösen. S. starb am 7. April 1985 in seinem Geburtsort Plettenberg.

Schörner, Ferdinand (1892–1973)
Von Hitler noch während seiner letzten Tage im Führerbunker (30. April 1945) zum Generalfeldmarschall befördert. S. wurde am 12. Juni 1892 als Sohn eines Polizeibeamten in München geboren und erwarb, zusammen mit Erwin → *Rommel,* im Ersten Weltkrieg als junger Offizier bei Karfreit (Caporetto/Kobarid) den *Pour le mérite*. 1919 trat er in die Reichswehr ein, wurde 1937 Oberstleutnant und erhielt 1941 (nun bereits 49 Jahre alt) den Befehl über eine Gebirgsjägerdivision. S. sympathisierte zwar seit langem mit den Nationalsozialisten, machte aber erst ab 1941 Karriere. Mit ihr nahm er als Generalleutnant am Griechenland-Feldzug teil. Im Mai 1941, nach dem Balkanfeldzug, erhielt er als Generalmajor das Ritterkreuz, und 1942/43 kommandierte er als General der Panzertruppen unter → *Dietl* das XIX. Gebirgsjägerkorps in Lappland, ab Oktober 1943 die Armeeabteilung Nikopol an der russischen Südfront.
Im Februar 1944 zeichnete man ihn mit dem Eichenlaub zum Ritterkreuz aus. Vom 15. bis 30. März 1944 war S. so etwas wie der oberste Politoffizier des Heeres als Chef des NS-Führungsstabes im Oberkommando des Heeres, ein Posten, den er offenbar gerne wieder mit einem Frontkommando vertauschte, angeblich, weil er sich mit Bormann nicht verstand. Er übernahm Ende März 1944 die Heeresgruppe Südukraine, ab Ende Juli 1944 die Heeresgruppe Nord an der russischen Front, half dann einen Monat lang bei der Heeresgruppe A aus (Januar 1945) und befehligte ab Ende Januar 1945 die Heeresgruppe Mitte (teilweise nur Umbenennungen der gleichen Formationen). S., inzwischen Generaloberst, wurde so zum Krisenmanager der Ostfront, denn seine Kombination aus ideologischem Fanatismus und Brutalität beeindruckte Hitler, der ihn am Ende des Krieges (1. März 1945) noch zum Generalfeldmarschall beförderte. S., dem man Beinamen wie »Bluthund«, aber auch »Volksgeneral« gab, war seit 25. Januar 1945 Oberbefehlshaber der wichtigen schlesischen Front (Heeresgruppe Mitte), und Hitler erwartete von ihm Wunderdinge, um Berlin von den immer näher rückenden sowjetischen Truppen zu befreien. Auch S.s Standgerichte und seine berüchtigten »disziplinarischen Maßnahmen«, bei denen es ihm völlig gleichgültig war, ob er einen Obersten oder einen einfachen Soldaten an die Wand stellen ließ, konnten die Auflösung der deutschen Verteidigungsfront nicht mehr verhindern.
Bei Kriegsende floh S. in den amerikanisch besetzten Teil Österreichs, wurde

jedoch schon Ende Mai 1945 an die Russen ausgeliefert und verbrachte zehn Jahre als Kriegsverbrecher in sowjetischer Haft. Anfang 1955 kehrte er aus der Sowjetunion nach Westdeutschland zurück. Hier wurde er wegen der Ermordung deutscher Soldaten an der Ostfront angeklagt. Ein Münchener Gericht befand ihn 1957 des Totschlags für schuldig und verurteilte ihn erneut zu viereinhalb Jahren Gefängnis, aus dem er wegen seines schlechten Gesundheitszustands schon 1960 entlassen wurde. Ein Wiederaufnahmeantrag wurde 1962 abgewiesen. S. starb am 2. 7. 1973 in München.

Scholl, Hans (1918–1943)
Scholl, Sophie (1921–1943)

Katholische Studenten einer ebenso aussichtslosen wie tapferen Widerstandsgruppe (»Die Weiße Rose«) an der Universität München. Die Geschwister wurden in Württemberg geboren: Hans am 22. September 1918 in Ingersheim an der Jagst, Sophie am 9. Mai 1921 in Forchtenberg (Kreis Öhringen), wo ihr Vater Bürgermeister war. Später wuchsen beide in Ulm auf. Als Gymnasiasten waren sie begeisterte Mitglieder der Hitlerjugend. Die Universität München, an die sie anschließend gingen, war 1942 eine Keimzelle studentischer Unzufriedenheit. Hier versammelte der Schweizer Tonpsychologe und Philosophieprofessor Kurt Huber, der später von den Nationalsozialisten hingerichtet wurde, oppositionelle Studenten um sich. Die Gründe, aus denen sich die Geschwister S. von begeisterten Anhängern der Hitlerjugend zu Widerstandskämpfern wandelten, lagen in ihrer katholischen Erziehung und in der Erkenntnis, daß die Realität des NS-Staates weit von den propagierten Idealen entfernt war. Hans begann sein Medizinstudium 1941, diente als Sanitäter in Frankreich, erhielt Studienurlaub und kehrte 1942 an die Münchener Universität zurück. Sophie ließ sich 1942 als Studentin der Biologie und Philosophie immatrikulieren. Hans wurde im Sommer 1942 einer Studentenkompanie zugeteilt, die an der Ostfront Sanitätsdienst leisten mußte. Die dortigen Erlebnisse prägten ihn sehr. Im Herbst 1942 trafen sich Bruder und Schwester wieder zum Studium in München. Zunächst leisteten sie stillen Widerstand, der sich auf geheime Zirkel an der Universität sowie auf die Vervielfältigung und Verbreitung von Texten (z. B. der mutigen Predigten des Münsteraner Bischofs Graf → *Galen*) beschränkte. Dann stellten sie Flugblätter her, die zu passivem Widerstand sowie zur Sabotage von Rüstungsfabriken aufriefen und die Ausrottung der polnischen Aristokratie, insbesondere aber der Juden, als Verbrechen gegen die Menschenwürde brandmarkten, ja als ein Verbrechen, das mit keinem anderen in der Geschichte der Menschheit vergleichbar sei. Am Morgen des 18. Februar 1943 warfen die Scholls in den Lichthof des Universitätshauptgebäudes Flugblätter, die die deutsche Jugend aufriefen, sich in einem Befreiungskampf gegen das »Untermenschentum« der Nationalsozialisten zu erheben.

Ein Hausdiener der Universität, der sie beobachtet hatte, meldete sie. Obwohl sie noch hätten fliehen können, ließen sie sich offensichtlich in einem Akt von Selbstopferung von der Gestapo abführen. Sie wurden drei Tage lang verhört und dann in einem Volksgerichts-Schnellverfahren, zusammen mit Christoph Probst, einem Studienfreund von

Hans, zum Tode verurteilt. Am Morgen ihrer Hinrichtung (22. Februar 1943) äußerte Sophie S. zu ihrer Mitgefangenen, sie glaube, das, was sie getan hätten, werde Tausende aufrütteln und wach werden lassen. Am Abend des Hinrichtungstages kam es keineswegs zu der Revolte, die sich die Geschwister Scholl erhofft hatten, sondern die Münchener Studenten bekundeten demonstrativ der NS-Regierung ihre Loyalität. Professor Huber, der zusammen mit anderen Mitgliedern der Gruppe ebenfalls vor Gericht gestellt worden war, wurde im Juli 1943 hingerichtet. Insgesamt verteilte die Gruppe, die auch in Stuttgart, Frankfurt/M., Augsburg, Linz und Wien aktiv war, etwa 7000 Flugblätter.

Scholtz-Klink, Gertrud (geb. 1902)
NS-Frauenführerin im Dritten Reich. Die blonde, blauäugige, schlanke kleine Person wurde am 9. Februar 1902 in Adelsheim (Baden) geboren. Mit 18 Jahren heiratete sie einen Postbeamten und gebar ihm sechs Kinder. Zwei starben, bevor sie Witwe wurde. Sie trat schon früh der NSDAP bei und wurde 1929 zur Frauenführerin der Partei in Baden ernannt. Zwei Jahre später stieg sie zur Führerin der NS-Frauenschaft in Hessen auf. Sie bemühte sich, überall in Südwestdeutschland ähnliche Gruppen aufzubauen, und als die NSDAP an die Macht kam, machte man sie zur Reichsfrauenführerin der NS-Frauenschaft. Außerdem stand sie an der Spitze des Deutschen Frauenwerks sowie des Frauenverbandes des Deutschen Roten Kreuzes. Ab Juli 1934 leitete sie auch das Frauenbüro der Deutschen Arbeitsfront. Als oberste Frauenführerin eines frauenfeindlichen Regimes übte sie keinen wirklichen Einfluß auf die Parteispitze aus. Die deutsche Frau, erklärte sie beispielsweise, kämpfe begeistert an der Seite des Führers im Kampf um die allgemeine Anerkennung der deutschen Rasse und der deutschen Kultur. Auf dem Parteitag von 1937 verstieg sie sich zu der Bemerkung, selbst wenn die Waffe der Frau nur der Holzlöffel sei, so soll seine Durchschlagskraft nicht geringer sein als die anderer Waffen. Sie mobilisierte Frauen für den Arbeitseinsatz und erklärte auf dem Parteitag von 1938, daß die deutsche Frau arbeiten müsse und nur arbeiten. Körperlich und geistig habe sie auf Luxus zu verzichten. Die gewandte Rednerin mit der etwas rauhen Stimme wurde oft ins Ausland geschickt, um für das NS-Regime Propaganda zu machen. Sie versuchte immer wieder, anderen Frauen beizubringen, wie sie ihren Haushalt gemäß der Politik der Partei zu organisieren hätten, und hörte nicht auf, den heiligen Charakter der nationalsozialistischen Eroberungen und des von den Nationalsozialisten geführten Kampfes zu preisen.
Nach Kriegsende versteckte sie sich fast drei Jahre unter falschem Namen, bis sie festgenommen und von einem französischen Militärgericht am 18. November 1948 zu 18 Monaten Haft verurteilt wurde. Eine Tübinger Entnazifizierungs-Spruchkammer setzte sie 1949 als hartnäckige Verfechterin der NS-Ideologie auf die Liste der »Hauptschuldigen«, von der Anklage, Kriegsverbrechen begangen zu haben, wurde sie jedoch freigesprochen.

Schröder, Kurt Freiherr von (1889–um 1965)
Kölner Bankier, der eine der Geheimbesprechungen vermittelte, die zu Hit-

lers Machtübernahme im Januar 1933 führten. S. wurde am 24. November 1889 in Hamburg geboren, studierte an der Universität Bonn und nahm dann als Hauptmann im Generalstab am Ersten Weltkrieg teil. Nach dem Krieg wurde er Mitinhaber des Kölner Bankhauses J. H. Stein. Als eines der frühesten Mitglieder des → *Keppler*-Kreises warb er für die NSDAP und arrangierte das entscheidende Treffen zwischen Hitler und Franz von → *Papen,* das am 4. Januar 1933 in seinem Hause in Köln stattfand. Bei dieser Zusammenkunft einigten sich Hitler und von Papen darauf, die Regierung Kurt von → *Schleicher* zu stürzen und gemeinsam eine Rechtskoalition zu bilden.

Während des Dritten Reiches hatte S. zahlreiche Aufsichtsratsposten inne. Er saß im Aufsichtsrat der Firmen Felten und Guilleaume Carlswerk AG, Thyssenhütte AG, Braunkohle-Benzin AG, Mitropa, Deutsche Verkehrs-Kredit-Bank u. a. S. bekleidete das Amt des Präsidenten der Gauwirtschaftskammer Köln–Aachen. Außerdem wurde er zum Präsidenten der Rheinischen Industrie- und Handelskammer in Köln und zum Leiter der Organisation der Privatbanken und zum SS-Brigadeführer ernannt und war Mitglied des Freundeskreises Reichsführer SS und der Akademie für Deutsches Recht. Als SS-Gefreiter verkleidet wurde S. in einem französischen Gefangenenlager entdeckt, nach dem Zweiten Weltkrieg von den Briten interniert und schließlich im November 1947 von einer deutschen Spruchkammer wegen Verbrechen gegen die Menschlichkeit zu drei Monaten Haft und einem geringen Bußgeld verurteilt. Da die Anklagebehörde in die Berufung ging, wurde das Bußgeld 1948 empfindlich (auf 500000 Reichsmark) erhöht, doch nach der Währungsreform und einer weiteren Berufung seitens der Verteidigung (1950) blieb nur noch ein geringer Rest zu zahlen. Der einstige Bankier verbrachte seine letzten Jahre in Hohenstein bei Eckernförde und soll um 1965 gestorben sein.

Schulenburg, Fritz-Dietlof Graf von der (1902–1944)

Stellvertretender Oberpräsident der Provinz Schlesien und Teilnehmer an der Verschwörung vom 20. Juli 1944. Geboren wurde der Angehörige eines alten mecklenburgischen Geschlechts am 5. September 1902 in London. Nach dem Studium der Rechtswissenschaft wurde er Verwaltungsjurist, zunächst am Landratsamt in Recklinghausen, wo ihm sein Verständnis für die Radikalen unter der teilweise in kümmerlichsten Verhältnissen lebenden Arbeiterschaft 1933 die Versetzung nach Ostpreußen einbrachte. Obwohl er bereits ein Jahr vorher der NSDAP beigetreten war, galt er am Oberpräsidium in Königsberg als der »rote Graf«, um den sich bald eine Gruppe unkonventionell denkender, aufgeschlossener Freunde scharte, die sich von der Person Gregor → *Strassers* politisch vertreten fühlte. Die Distanzierung vom Nationalsozialismus kam bei Sch. schon vor der Ermordung Strassers und wuchs danach zu Enttäuschung und Entfremdung.

Zunächst verwaltete er als Landrat einen ostpreußischen Kreis, den er durch vorbildliche Arbeit schuldenfrei machen konnte, nahm dann 1937 die Stelle als stellvertretender Polizeipräsident von Berlin an und zog sich hier bereits das Mißtrauen von Goebbels zu. Sch. selbst fühlte sich, als er die Stelle annahm, in der Rolle des napoleoni-

schen Polizeiministers Fouché. Ob er in dieser Position bereits in Verbindung zu dem damaligen Reichskommissar für die Preisbildung und Gauleiter von Schlesien, Josef → *Wagner,* trat, ist nicht feststellbar. 1939 jedoch wurde er im Range eines Regierungspräsidenten Wagners Vertreter als stellvertretender Oberpräsident der Provinzen Ober- und Nieder-Schlesien und galt bald als »politisch untragbar«. Bei Ausbruch des Krieges ging er als Offizier zur Wehrmacht, wurde zunächst Zugführer in einer Infanteriekompanie, später Mitarbeiter des zum Auskämmen der Heimatfront von frontverwendungsfähigen Leuten eingesetzten Generals von Unruh (genannt »Heldenklau«).
Von hier aus zog er seine Fäden zu den verschiedenen oppositionellen Gruppen, hielt Kontakte mit → *Goerdeler,* → *Stauffenberg,* zum Kreisauer Kreis (→ *Moltke)* und beteiligte sich am Verfassungsentwurf von → *Popitz,* → *Beck* und anderen. Die Regierbarkeit des modernen Massenstaates mit den Mitteln einer dauerhaften Demokratie war sein besonderes Anliegen. Am 20. Juli 1944 war er mit den Hauptverschwörern in der Bendlerstraße und wurde mit ihnen verhaftet, am 10. August vor Gericht gestellt und noch am selben Tag in Plötzensee hingerichtet. Während der Verhandlung vor dem Volksgerichtshof äußerte er: »Wir haben diese Tat auf uns genommen, um Deutschland vor einem namenlosen Elend zu bewahren. Ich bin mir klar, daß ich daraufhin gehängt werde, aber ich bereue meine Tat nicht.«

Schultze, Walther (1894–1979)
Reichsdozentenführer von 1935 bis 1944. S. wurde am 1. Januar 1894 in Hersbruck (Mittelfranken) geboren. Am Ersten Weltkrieg nahm er als Flieger teil, wurde als Oberleutnant entlassen und schloß sich dem Freikorps des Ritters von → *Epp* an. Als Führer einer rechtsgerichteten Studentenorganisation war er Mitglied der NSDAP seit ihren Anfängen im Jahre 1919. Am 8./9. November 1923 nahm er am Hitlerputsch teil. Er stand neben Hitler, als die Schießerei begann, besorgte das Auto, in dem Hitler entkam, und kümmerte sich dann im Hause → *Hanfstaengls* (in Uffing am Staffelsee) um die Genesung des entflohenen Führers, der eine schmerzhafte Schulterverrenkung davongetragen hatte.
Der ausgebildete Mediziner wurde 1923 zum Stellvertreter des SA-Reichsarztes ernannt. 1926 bis 1931 war S. NSDAP-Abgeordneter im bayerischen Landtag, und 1933 wurde er Leiter der Abteilung VII im bayerischen Justizministerium. Im November 1933 beförderte man ihn als Ministerialdirektor zum Staatskommissar und Leiter der Abteilung Gesundheitswesen im bayerischen Innenministerium, ein Jahr später wurde S. zum Honorarprofessor der Münchener Universität ernannt. Den 1935 übernommenen Posten eines Reichsdozentenführers behielt er während der folgenden acht Jahre. Er war mit verantwortlich für die Vertreibung jüdischer Gelehrter aus den deutschen Universitäten. In einer Rede, die er 1939 in München vor Mitgliedern des NS-Hochschullehrerverbandes hielt, betonte er, daß die deutsche Universität stehe und falle mit den kampfbereiten politischen nationalsozialistischen Kämpfern, die ihr Volk als ihr höchstes Gut betrachteten. Akademische Freiheit habe ihre Grenzen im wirklichen Sein des Volkes.
Nach seiner Ansicht war eine verpflich-

tende Weltanschauung und nicht unabhängige Gelehrsamkeit oder Sachbezogenheit das entscheidende Merkmal der akademischen Gemeinschaft. Ziel seines Verbandes war es, eine durch und durch nationalsozialistische Körperschaft akademischer Lehrer und Forscher zusammenzuschmieden, deren Tun und Lassen ganz dem Dienst am deutschen Volk geweiht war. Außerdem war S. am Euthanasieprogramm beteiligt. Im Mai 1960 verurteilte ihn ein Münchener Schwurgericht wegen der Beihilfe zum Gnadentod von mindestens 380 Erwachsenen und Kindern zu vier Jahren Gefängnis. Bei seinem Prozeß zeigte S. keinerlei Reue, sondern erklärte, er habe keinen Augenblick lang das Gefühl gehabt, irgendein Unrecht oder gar Verbrechen begangen zu haben.
Im August 1979 starb S. im Alter von 85 Jahren in seiner Villa in Krailling bei München.

Schuschnigg, Kurt von (1897–1977)
Österreichischer Bundeskanzler von 1934 bis zum Anschluß Österreichs 1938. S. wurde am 14. Dezember 1897 als Sohn eines österreichischen Offiziers in Riva am Gardasee geboren, nahm am Ersten Weltkrieg teil und geriet gegen Kriegsende in italienische Gefangenschaft. Nachdem er in Freiburg und Innsbruck Jura studiert hatte, ließ S. sich 1924 als Anwalt nieder und spielte bald eine bedeutende Rolle in der klerikal-konservativen Christlichsozialen Partei Österreichs. Er wurde 1927 als jüngster Abgeordneter in den österreichischen Nationalrat gewählt und galt in christlich-sozialen Kreisen bald als der »kommende Mann«. 1932 übernahm er das Amt des Justizministers im Kabinett Ignaz Seipel. Ab 1933 hatte er dann – unter Seipels Nachfolger Engelbert Dollfuß – auch das Unterrichtsministerium unter sich. Nach Dollfuß' Ermordung am 25. Juli 1934 wurde S. österreichischer Bundeskanzler und amtierte zeitweilig auch als Verteidigungsminister und Außenminister sowie ab 1937 auch als Minister für öffentliche Sicherheit.
Der katholische großdeutsche und doktrinäre Verfechter des Ständestaates versuchte die von seinem Vorgänger eingeschlagene Linie fortzusetzen und an der ständisch-autoritären Verfassung festzuhalten. Indem er geschickt seine Gegner gegeneinander ausspielte, gelang es ihm, die faschistische Heimwehr zurückzudrängen und kleinere paramilitärische Organisationen unter Kontrolle zu halten. 1936 glückte es ihm sogar, den austro-faschistischen Vizekanzler und Heimwehrführer Fürst Rüdiger von Starhemberg zum Rücktritt zu bewegen und aus der Leitung der Vaterländischen Front zu drängen, die er selbst übernahm.
Am 11. Juli 1936 schloß S. mit dem Dritten Reich das sogenannte »Juliabkommen«, das die Beziehungen beider Länder, die ihre Außenpolitik aufeinander abstimmen wollten, wenigstens vorübergehend normalisierte. Obwohl S. Nationalsozialismus und völkische Ideologie schärfstens ablehnte, war er bereit, diese Abkommen zu schließen. Denn er hoffte, auf diese Weise Österreichs diplomatische Isolierung zu überwinden und die deutsche Reichsregierung zur Anerkennung der österreichischen Souveränität und Unabhängigkeit zu bewegen. Ein schwerer Schlag für diese Konzessionspolitik war der am 25. Oktober 1936 geschlossene deutsch-italienische Achsenpakt. 1937 erklärte Mussolini S. bei einem Treffen

in Venedig, daß er von ihm keine Hilfe gegen den Nationalsozialismus zu erwarten habe.
Nachdem es S. nicht gelungen war, gemäßigte Nationalisten an sich zu binden, und sein doktrinäres Denken es ihm unmöglich machte, sich mit den Sozialdemokraten zu verbünden, besaß er keine hinreichend breite Basis, auf die er sich den Nationalsozialisten gegenüber stützen konnte. Dies, obwohl die Sozialdemokraten bereit gewesen wären, angesichts des wachsenden nationalsozialistischen Drucks auch ein autoritäres Österreich zu verteidigen, nur um seine Unabhängigkeit zu retten. So blieb S. nur noch die »Politik des deutschen Weges«. Am 12. Februar 1938 bestellte Hitler den österreichischen Bundeskanzler nach Berchtesgaden und setzte ihn hart unter Druck. Er belehrte seinen Gast über Österreichs Geschichte, die »ein einziger Volksverrat« sei, und warnte ihn, daß das Deutsche Reich eine Großmacht sei, keine Einmischung dulde, wenn es an seinen Grenzen Ordnung schaffe. Dann verlangte Hitler von S., alle in Haft befindlichen NSDAP-Anhänger zu amnestieren und das Verbot der österreichischen NSDAP zu widerrufen; ferner forderte er ihn auf, mehrere Hitler-Anhänger in sein Kabinett aufzunehmen.
S. blieb keine andere Wahl, als auf diese Bedingungen einzugehen. Dennoch entschloß er sich zu einem letzten, verzweifelten Versuch, Österreichs Unabhängigkeit zu retten. Er beraumte am 9. März 1938 kurzfristig eine Volksabstimmung an, die schon vier Tage später durchgeführt werden sollte. Die österreichische Bevölkerung wurde aufgefordert, für ein »freies und deutsches, unabhängiges und soziales, für ein christliches und einiges Österreich« zu stimmen. Unter dem massiven Druck des Aufmarsches deutscher Truppen an der österreichischen Grenze wurde diese Volksabstimmung wieder abgesagt, und Hitler bestand hocherzürnt auf S.s Rücktritt, der am 11. März 1938 auch erfolgte, als S. durch → *Seyß-Inquart* abgelöst wurde.
Nach dem Anschluß, bei dem die deutschen Streitkräfte von vielen Österreichern begeistert als »Befreier« begrüßt wurden, war S. zeitweise in einem Wiener Hotel interniert und befand sich unter Aufsicht der Gestapo. 1941 ließ man ihn erneut verhaften und lieferte ihn in das KZ Dachau ein. Den Rest der Hitlerzeit verbrachte S. in verschiedenen Konzentrationslagern.
Anfang Mai 1945 wurde er von den Amerikanern in Südtirol befreit. 1948 wanderte er in die Vereinigten Staaten aus, erhielt eine Professur für Staatswissenschaften an der Missouri-Universität in St. Louis und erwarb 1956 auch durch Naturalisation die amerikanische Staatsbürgerschaft. Er verfaßte mehrere Bücher, darunter *Dreimal Österreich* (1937), *Ein Requiem in Rot-Weiß-Rot* (seine Lebenserinnerungen, 1946) und *Im Kampf gegen Hitler* (1969). 1967 kehrte S. wieder nach Österreich zurück und wohnte bis zu seinem Tode am 18. November 1977 in Mutters bei Innsbruck (Tirol).

Schwarz, Franz Xaver (1875–1947)
Schatzmeister der NSDAP und Mitglied der Alten Kämpfer aus Hitlers frühen Münchener Tagen. S. wurde am 27. November 1875 in Günzburg (im bayerischen Schwaben) geboren und besuchte in seiner Heimatstadt auch das Gymnasium. Nach Ableistung seines Militärdienstes war er zunächst als

Angestellter der Militärverwaltung und dann als städtischer Beamter in München tätig. Er nahm am Ersten Weltkrieg teil, schloß sich 1922 der NSDAP an und wurde nach ihrer Neugründung im Jahre 1925 zum Reichsschatzmeister ernannt. Diese hauptberufliche Tätigkeit übte er bis zum Ende des Dritten Reiches aus. Dabei übernahm er Pflichten, die vorher in die Zuständigkeit Max → *Amanns* gefallen waren. 1933 wurde er als NS-Delegierter von Franken in den Reichstag gewählt, 1935 zum Reichsleiter befördert und 1943 mit dem Titel eines SS-Obergruppenführers ausgezeichnet. Der bereits am 2. Dezember 1947 in einem Internierungslager bei Regensburg verstorbene S. wurde im September 1948 posthum von einer Münchener Spruchkammer als »Hauptschuldiger« eingestuft.

Schwerin von Krosigk, Ludwig Johann (Lutz) Graf (1887–1977)
Reichsfinanzminister unter von → *Papen,* von → *Schleicher* und → *Hitler.* S. wurde am 22. August 1887 in Rathmannsdorf (Anhalt) geboren und in Roßleben erzogen. Später studierte er in Oxford, Halle und Lausanne Rechtswissenschaften. 1910 trat er in Stettin in den Öffentlichen Dienst. 1914 bestand er seine zweite Staatsprüfung. Während des Ersten Weltkrieges diente er beim 2. Pommerschen Ulanenregiment und erhielt das Eiserne Kreuz Erster Klasse für Tapferkeit vor dem Feind. 1920 wurde er Regierungsrat und 1929 Ministerialdirektor und Leiter der Haushaltsabteilung im Reichsfinanzministerium.

Am 2. Juni 1932 wurde er Reichsfinanzminister und blieb es bis 1945. In seinen Kompetenzbereich gehörte die Finanzierung des deutschen Wiederaufrüstungsprogramms. Im Gegensatz zum Reichswirtschaftsminister Hjalmar → *Schacht* billigte S. Hitlers Maßnahmen zur Verfolgung und Vertreibung der Juden. Im Mai 1945 ernannte ihn Hitlers Nachfolger, Großadmiral → *Dönitz,* zum Chef der Geschäftsführenden Reichsregierung, obwohl dieses Amt in Dönitz' Rumpfstaat jede Bedeutung verloren hatte. Am 11. April 1949 verurteilte das Internationale Militärgericht in Nürnberg S. als Kriegsverbrecher zu zehn Jahren Haft. Doch bereits im Januar 1951 wurde er aus seinem Gefängnis in Landsberg (Lech) entlassen. S. starb nach einer Phase reger schriftstellerischer Tätigkeit (zuletzt *Memoiren,* 1977) am 4. März 1977 fast 90jährig in Essen.

Schwerin von Schwanenfeld, Ulrich-Wilhelm Graf (1902–1944)
Großgrundbesitzer, Mitglied des Widerstands. Sch. wurde am 21. Dezember 1902 in Kopenhagen als Sohn eines Diplomaten geboren. Er studierte in München Landwirtschaft und erlebte dabei den Hitlerputsch vom 9. November 1923. In Breslau, wo er 1925 seine Diplomprüfung ablegte, entstanden die bleibenden Kontakte zum Grafen → *Yorck von Wartenburg* und den späteren Mitverschwörern aus dem Kreis des Auswärtigen Amtes, Albrecht von Kessel und Botho von Wussow, zu denen noch Eduard Brücklmeier und Adam von → *Trott zu Solz* kamen. Sch., der die Erneuerung Deutschlands aus christlichsozialem Geist anstrebte, vertrat schon 1935 die Ansicht, daß nur die gewaltsame Beseitigung Hitlers zu einer Befreiung Deutschlands vom Nationalsozialismus führen könne. Seine Verbindungen auch zu Militärs wie → *Witzleben* und

→ *Oster* führten dazu, daß am Vorabend der Münchner Konferenz, auf der über das Schicksal der Tschechoslowakei entschieden wurde, im Hause Sch.s die letzte Besprechung über die geplante Umsturzaktion stattfand, eine Aktion, der durch die Verhandlungsbereitschaft des britischen Premiers Chamberlain die Basis entzogen wurde.
Bei Ausbruch des Krieges kämpfte Sch. als Offizier im Polenfeldzug, wurde danach als Hauptmann Ordonnanzoffizier bei Generalfeldmarschall von Witzleben, mit dem er 1942 als politisch nicht zuverlässig abtreten mußte. Oster holte ihn jedoch bald nach Berlin, wo er auch in Verbindung zu dem sozialdemokratischen Kreis um → *Leuschner,* Mierendorff und → *Leber* trat. Obwohl er im Sommer 1944 das Attentat schon als zu spät ansah, um die deutsche Katastrophe abwenden zu können, betrachtete er die Beteiligung an der Beseitigung Hitlers weiterhin als seine Pflicht. Am 8. September 1944 stand er wegen Beteiligung am Attentat vor dem Freislerschen Volksgerichtshof. Nach den Motiven seines Handelns befragt, erwähnte er die Morde in Polen und anderswo, die im Namen Deutschlands von Deutschen begangen worden seien.
Er wurde zum Tode verurteilt und noch am selben Tag hingerichtet.

Seldte, Franz (1882–1947)
Begründer des Stahlhelm und Hitlers Reichsarbeitsminister. S. wurde am 29. Juni 1882 als Sohn eines Fabrikanten in Magdeburg geboren. Er studierte in Braunschweig Chemie, übernahm dann die chemische Fabrik seines Vaters und wurde ein erfolgreicher Unternehmer. 1914 bis 1916 kämpfte er an der Front, verlor seinen linken Arm und wurde mit dem Eisernen Kreuz Erster und Zweiter Klasse ausgezeichnet. Im Dezember 1918 gründete er den Stahlhelm, einen deutschnationalen Frontkämpferbund, der neben den nationalsozialistischen Sturmabteilungen (SA) die größte paramilitärische Organisation der Weimarer Republik wurde.
S. rief seine ehemaligen Frontkämpfer auf, gegen »die Sklaverei des Versailler Diktats« zu kämpfen, forderte »angemessenen Lebensraum« für die Deutschen und verurteilte marxistischen Internationalismus und Pazifismus als Feinde der Nation. Trotz gelegentlicher Reibereien mit den Nationalsozialisten brachte die gemeinsame Gegnerschaft gegen den Youngplan 1929 S., → *Hugenberg* und → *Hitler* einander näher, bis sie am 11. Oktober 1931 gemeinsam die »Harzburger Front« bildeten. Unabhängig davon hatte der Stahlhelm als eine jener Kräfte, die beharrlich die Stabilität der Weimarer Republik untergruben, erheblich zum Aufstieg der NSDAP beigetragen. S. war gegen Demokratie, gegen Parlamentarismus und für ein autoritäres System unter nationalistischem Vorzeichen, so daß sein Aufgehen in der NS-Bewegung nur eine Frage der Zeit war. Nach Hitlers Ernennung zum Reichskanzler wurde S. Reichsarbeitsminister – unter seiner Amtsführung ein einflußloses Amt, das er bis zum Zusammenbruch des Dritten Reiches innehatte. Wenige Wochen später erfolgte die Ernennung zum Reichskommissar für den Freiwilligen Arbeitsdienst.
Den Stahlhelm versuchte er vor der Auflösung zu retten, indem er seine Stahlhelm-Männer geschlossen der SA beitreten ließ. Diese Maßnahme

konnte jedoch das Ende nicht verhindern. Der sogenannte Wehr-Stahlhelm (Mitgliedsalter bis 35 Jahre) ging in der SA auf, der Stahlhelm der älteren Frontkämpfer wurde als NSD-Frontkämpferbund (Stahlhelm) – unter Vorsitz von S. 1934 gleichgeschaltet und 1935 aufgelöst, S. dabei zum SA-Obergruppenführer ernannt. Den von S. 1935 angebotenen Rücktritt lehnte Hitler ab. Außer seinen anderen Ämtern war er noch preußischer Arbeitsminister, preußischer Staatsrat und Mitglied des Reichstags. Er wurde in Nürnberg angeklagt und starb am 1. April 1947 in Fürth, wo er inhaftiert war.

Seydlitz-Kurzbach, Walther von (1888–1976)

Kommandierender General eines Armeekorps unter Generalfeldmarschall → *Paulus*. S. wurde 1943 von der Roten Armee gefangengenommen und später in Moskau Vorsitzender des Bundes deutscher Offiziere, der mit dem kommunistischen Nationalkomitee Freies Deutschland gemeinsam auf die Beendigung des Krieges und den Sturz des Hitlerregimes hinarbeitete. S. wurde am 22. August 1888 in Hamburg als Sohn eines Generalleutnants geboren. Nachdem er 1908 als Fahnenjunker in die Armee eingetreten war, kämpfte er im Ersten Weltkrieg an der Ost- und an der Westfront. Von 1919 bis 1929 war er abwechselnd Batteriechef und Adjutant, bis er 1929 ins Reichswehrministerium berufen wurde.

Im Frankreichfeldzug führte er als Generalmajor eine Division. Im August 1940 erhielt er das Ritterkreuz und wurde wegen hervorragender militärischer Leistungen zum Generalleutnant befördert. Ab Juni 1942 war er General der Artillerie und Kommandierender General des I. Armeekorps und kam unter General Paulus' Führung nach der Kapitulation der letzten deutschen Truppen im Kessel von Stalingrad im Februar 1943 in sowjetische Kriegsgefangenschaft. S. war der erste deutsche Offizier, der sich im selben Jahr über Radio Moskau an die Deutschen wandte. Als entschiedener Gegner von Hitlers Kriegführung bekannt, machten die Sowjets S. im September 1943 zum Vorsitzenden des Bundes deutscher Offiziere, dessen Ziele sich – was die baldige Beendigung des Krieges und den Sturz des NS-Regimes betraf – weitgehend mit denen des bereits ein Jahr früher gegründeten Nationalkomitees Freies Deutschland deckten, mit dem S. ebenfalls zusammenarbeitete. Beiden Institutionen ging es darum, die deutsche Wehrmacht und die deutsche Bevölkerung von der Notwendigkeit zu überzeugen, daß Hitler gestürzt, der Krieg beendet und ein »freies« und »demokratisches« Deutschland geschaffen werden müsse (womit beide Gruppen unterschiedliche Vorstellungen verbanden, was schließlich dazu führte, daß S. mit sowjetischen Stellen in Konflikt geriet).

Zahlreiche deutsche Offiziere und Soldaten, die in sowjetische Kriegsgefangenschaft geraten waren, schlossen sich zwischen dem Herbst 1943 und dem Sommer 1944 dem Bund und dem Nationalkomitee an. Generalfeldmarschall Paulus trat dem Bund erst nach dem Attentat vom 20. Juli 1944 bei. Doch gerade dieses mißlungene Attentat gegen Hitler, dem keine allgemeine Erhebung in Deutschland folgte, brachte die Sowjets zu der Überzeugung, daß ihnen der Bund deutscher Offiziere nicht mehr sonderlich nützlich sei.

Im Sommer 1950 verurteilte ein sowjetisches Militärgericht S. wegen angeblicher Kriegsverbrechen zunächst zum Tode, dann zu 25 Jahren Zwangsarbeit, von der er 1955 durch Entlassung nach Deutschland befreit wurde.
Nach zwölf Jahren Kriegsgefangenschaft sah S. sich noch immer von den meisten deutschen Generälen boykottiert, die mit ihm zusammen in die Heimat entlassen wurden. In Deutschland mußte er weitere neun Monate warten, bis das im April 1944 vom Reichskriegsgericht in Abwesenheit gegen ihn verhängte Todesurteil in aller Form amtlich für null und nichtig erklärt wurde (Juli 1956). Er starb am 28. April 1976 in Bremen.

Seyß-Inquart, Arthur (1892–1946)
Reichsstatthalter der sogenannten Ostmark (= Österreich), später (1940–1945) Reichskommissar der von den Deutschen besetzten Niederlande.
S. wurde am 22. Juli 1892 als Sohn eines Gymnasialprofessors in Stannern (bei Iglau/Mähren) geboren. Er diente im Ersten Weltkrieg nach Abschluß seines Jurastudiums bei den Tiroler Kaiserjägern und wurde schwer verwundet. 1918 ging er nach Wien, wo er sich als Rechtsanwalt niederließ. Er gehörte anfänglich zur Gruppe der Katholisch-Nationalen, bewegte sich aber allmählich auf die österreichische NSDAP zu und wurde Mitglied mehrerer ihrer Vorläuferorganisationen (z. B. des »Deutsch-Österreichischen Volksbundes« und des »Steierischen Heimatschutzes«). Dennoch galt er als gemäßigt. Deshalb erwog Bundeskanzler Dollfuß, ihn in sein Kabinett aufzunehmen, um sich seiner als Mittelsmann gegenüber Hitlerdeutschland zu bedienen. Auf Drängen der Deutschen machte → *Schuschnigg* ihn im Juni 1937 zum Mitglied des österreichischen Staatsrates, in der Hoffnung, sich dadurch größere Konzessionen an die Nationalsozialisten zu ersparen.
Dies rief jedoch scharfe Proteste → *Heydrichs* hervor, und in der Unterredung mit Schuschnigg am 12. Februar 1938 preßte Hitler ihm die Zusage ab, S. zum österreichischen Innenminister zu ernennen. Dies tat Schuschnigg am 16. Februar 1938. S. hatte damit die Macht über Österreichs Sicherheitskräfte. Mochte S. ursprünglich von einer mehr oder weniger legalen Machtergreifung der Nationalsozialisten in Österreich nach reichsdeutschem Muster geträumt haben, die Politik seiner deutschen Gesinnungsgenossen machte ihn zu einer Art »Trojanischem Pferd«, und das NS-Regime bediente sich seiner, um Bundeskanzler Schuschnigg unter Druck zu setzen und Österreichs Unabhängigkeit zu untergraben. Als sich am 11. März 1938 Schuschnigg zum Rücktritt gezwungen sah, weigerte sich Bundespräsident Miklas zunächst, S. als neuen Bundeskanzler anzuerkennen. Er mußte sich jedoch am Ende dem Druck aus Berlin beugen. Noch am selben Tag überschritt die deutsche Wehrmacht Österreichs Grenze, und S. übernahm auch die Machtbefugnisse des Bundespräsidenten.
Er drückte im Parlament ein Gesetz durch, wonach Österreich aufgehört hatte, als unabhängiger Staat zu existieren, und faktisch zur Provinz des »Großdeutschen Reiches« wurde. Am 15. März 1938 ernannte man S. in Anerkennung seiner Verdienste um den Anschluß zum SS-Obergruppenführer, und er blieb bis zum 30. April 1939 Reichsstatthalter der »Ostmark«, wie

Österreich nunmehr hieß. Im Mai 1939 wurde er zum Reichsminister ohne Geschäftsbereich ernannt. Nachdem am 12. Oktober 1939 das »Generalgouvernement« geschaffen worden war, machte man S. zum Stellvertrter des Generalgouverneurs Hans → *Frank.* Vom Mai 1940 bis 1945 war er Reichskommissar in den besetzten Niederlanden, wo er für die Deportierung von Arbeitskräften nach Deutschland sowie für die Verfolgung von Juden verantwortlich war. Während seiner Amtszeit wurde die holländische Wirtschaft ganz in den Dienst für das Reich gestellt. Man beschlagnahmte Kunstwerke von enormem Wert, und 1943 requirierte man von den Holländern auch Textilien und Konsumgüter, die der deutschen Bevölkerung zugute kommen sollten.

Fünf Millionen Niederländer wurden als Arbeiter ins Reich transportiert, und 117000 der 140000 holländischen Juden kamen in die Vernichtungslager nach Polen. Holländische Juden, die in sogenannter Mischehe mit Nichtjuden verheiratet waren, wurden entsprechend den von S. am 28. Juni 1943 gebilligten Richtlinien vor die Wahl gestellt, entweder nach Auschwitz deportiert zu werden oder sich sterilisieren zu lassen. Mit Widerständlern wurde kurzer Prozeß gemacht, und man erlegte dabei den Städten Kollektivstrafen auf, in denen man Widerständler vermutete. Noch während seiner letzten Lebenstage im Berliner Führerbunker schlug Hitler S. zum Außenminister vor. Im Mai 1945 geriet S. in die Gefangenschaft kanadischer Truppen. Man machte ihm in Nürnberg den Prozeß und fand ihn schuldig, Kriegsverbrechen begangen zu haben. Unter anderem machte man ihn für Deportationen und Geiselerschießungen verantwortlich. Er wurde am 16. Oktober 1946 hingerichtet.

Skorzeny, Otto (1908–1975)

Im Dritten Reich gefeierter Kommandoführer, dessen Taten während des Zweiten Weltkrieges die deutsche Kampfmoral beträchtlich steigerten. S. wurde am 12. Juni 1908 in Wien geboren, studierte Ingenieurwissenschaften, schloß sich der Freikorps-Bewegung an und trat 1930 der NSDAP bei. Als Schützling seines Landsmannes Ernst → *Kaltenbrunner,* den er zur Zeit des Anschlusses kennengelernt hatte, trat er 1940 in Berlin in die SS-Leibstandarte Adolf Hitler ein, nachdem man ihn für die Luftwaffe als nicht tauglich befunden hatte. Nach Einsätzen in Frankreich, den Niederlanden und Rußland war er im Dezember 1942 wieder in Berlin, da er an Gallensteinen litt.

Nachdem man ihm zunächst Büroarbeit zugeteilt hatte, wurde er im April 1943 an das Amt VI im Reichssicherheitshauptamt versetzt, und man übertrug ihm die Verantwortung für eine speziellen Zwecken dienende Sondereinheit mit dem Decknamen Oranienburg. Seine besondere Aufgabe bestand darin, einen eigenen Kriegführungsstil nach »Kommando«-Art zu entwickeln. Zu diesem Zweck studierte S. sorgfältig britische Geheimdienstmethoden, insbesondere den Versuch der Briten, → *Rommel* zu entführen. Seine ersten Missionen im Mittleren Osten und in der Sowjetunion schlugen fehl, weil der Generalstab die Unterstützung verweigerte und auch die politische Führung ihre Ansichten geändert hatte. Doch Ende Juli 1943 bekam S. von Hitler den Befehl, Mussolini zu

befreien, der sich in Gefangenschaft der neuen italienischen Regierung des Marschalls Badoglio befand, die am 3. September 1943 mit den Alliierten einen Waffenstillstand geschlossen hatte.
Das schwierige Unternehmen kam am 12. September 1943 zur Ausführung. Mussolini wurde auf dem Gran Sasso in einem nahezu unzugänglichen Skigelände hoch oben in den Abruzzen (Mittelitalien) gefangengehalten. Hier landete ein Kommando des Fallschirmjäger-Lehrbataillons unter dem Major Mors, dem S. als Spezialist beigegeben war, mit Lastenseglern auf einem winzigen Plateau. Das Hotel *Campo Imperatore,* in dem Mussolini von 250 Bewachern festgehalten wurde, nahm Mors mit 91 Mann im Handstreich, die Bewachungsmannschaft ergab sich bereits nach wenigen Minuten. S. entführte Mussolini in einem winzigen Fieseler Storch nach einem waghalsigen Start, und bereits am selben Abend traf Mussolini in Wien ein. Joseph → *Goebbels'* Propagandaapparat pries diese Blitzaktion als ungeheuren Erfolg und machte aus S. einen Helden, ja den »gefährlichsten Mann Europas«. S. wurde befördert und demonstrierte seinen Einfallsreichtum und seine Wendigkeit, als er kurz nach dem Attentat vom 20. Juli 1944 in Berlin auftauchte, eine SS-Sondereinheit mobilisierte und so die zu Hitler haltenden Offiziere unterstützte.
Im Herbst 1944 rief man abermals nach S., um den ungarischen Reichsverweser Horthy zu entführen, der einen Waffenstillstand mit den Sowjets aushandeln wollte. Auch die »Aktion Horthy« endete erfolgreich, und am 17. Oktober 1944 konnte S. wieder einen abgesetzten Achsen-Führer nach Deutschland zurückeskortieren. Während der Ardennenoffensive im Dezember 1944 erhielt S. einen weiteren waghalsigen Auftrag, die »Operation Greif«. 2000 englischsprechende Deutsche wurden in amerikanische Uniformen gesteckt und erhielten Befehl, den Maas-Brückenkopf zu nehmen und hinter den gegnerischen Linien Unruhe zu stiften. S.s Brigade konnte sich jedoch nicht lange genug halten, um vom Gros der deutschen Truppen befreit zu werden. Die meisten Beteiligten konnten sich auch nicht mehr zu den deutschen Linien durchschlagen und wurden erschossen. Dennoch rief diese Operation Verwirrung in den Reihen der Alliierten hervor und löste eine Angst vor Spionen aus. Diese führte unter anderem dazu, daß man General Eisenhower aus Sicherheitsgründen strikt isolierte, um zu vermeiden, daß er entführt wurde.
Gegen Kriegsende diente S., 1944 noch zum Obersturmbannführer befördert, kurze Zeit als Führer einer Einheit in → *Bach-Zelewskis* Korps an der Oderfront. Schließlich wurde er am 15. Mai 1945 von amerikanischen Streitkräften in der Steiermark aufgegriffen und zwei Jahre später als Kriegsverbrecher vor Gericht gestellt. Am 9. September 1947 sprach ihn ein amerikanisches Militärtribunal in Dachau von der Anklage frei, während der Ardennenoffensive ungesetzliche Handlungen begangen zu haben, nachdem ein britischer Offizier ausgesagt hatte, er habe nichts getan, was nicht auch die Alliierten selbst geplant oder zu tun versucht hätten. Nach seiner Freilassung wurde S. von den deutschen Behörden erneut verhaftet. Es gelang ihm jedoch, 1948 aus einem Internierungslager zu entkommen. 1951 eröffnete er in Madrid eine

Export-Import-Firma, die vor allem die Geschäftsbeziehungen zwischen deutschen Firmen und der spanischen Regierung förderte. Außerdem spielte er eine bedeutende Rolle in der neofaschistischen Internationale der Nachkriegszeit, wobei er von seiner Publizität als weltbekannter Kriegsabenteurer zehrte. Er starb am 6. Juli 1975 in Madrid.

Sorge, Richard (1895–1944)
Deutscher Journalist und sowjetischer Spion. S. wurde 1895 als Sohn eines deutschen Bergbauingenieurs in Baku (Aserbeidschan) geboren. Während des Ersten Weltkrieges diente er in der deutschen Armee, kämpfte an der Westfront und wurde schwer verwundet. Nach dem Studium in Berlin, Kiel und Hamburg trat er der Kommunistischen Partei bei und wurde 1929 im Range eines Offiziers Spion für die Rote Armee im Fernen Osten. Seine Basis war Schanghai, wo er zur Tarnung als Redakteur an einer deutschen Nachrichtenagentur tätig war. Nachdem er in China wichtige Erfahrungen gesammelt hatte, wurde er 1933 nach Japan geschickt, wo er als Korrespondent der *Frankfurter Zeitung* getarnt arbeitete – des einzigen bedeutenden Blattes im Dritten Reich, das relativ unabhängig war. S. baute den ersten größeren ausländischen Spionagering in der modernen Geschichte Japans auf und nutzte sein hervorragendes Verständnis für japanische Politik und Kultur, um sich Zutritt zu den Kreisen japanischer Spitzendiplomaten zu verschaffen.
Seine sorgfältig ausgesuchten japanischen Zuträger sammelten streng vertrauliche Informationen unmittelbar aus dem japanischen Kabinett. Um seine Tarnung noch glaubhafter zu machen, gab S. sich als loyaler Nationalsozialist aus und redigierte das Informationsblatt der deutschen Botschaft. S. übte einen starken Einfluß auf den deutschen Botschafter – Generalleutnant Ott – aus, der ihm sogar gestattete, Berichte zu entwerfen, die er nach Berlin sandte. S. übermittelte seine Geheimnachrichten per Funk oder per Mikrofilm über Schanghai oder Hongkong. Auf diese Weise informierte er seine sowjetischen Auftraggeber über die Kampfbereitschaft der japanischen Armee, deren Aufstellung und politische Rolle, über den Fortschritt der deutsch-japanischen Beziehungen, über Japans Absichten im Hinblick auf China sowie über Japans Beziehungen zu Großbritannien und den USA. Durch S. wußten die Sowjets im voraus vom deutsch-japanischen Antikominternpakt (25. November 1936), desgleichen von dem deutsch-italienisch-japanischen Dreimächtepakt vom 27. September 1940. Er informierte sie über Japans Angriffsabsichten auf die USA und teilte ihnen im Mai 1941 auch mit, daß die Deutschen beabsichtigten, die Sowjetunion zu überfallen. Sogar das Angriffsdatum sagte er – nur um zwei Tage falsch berechnet – voraus (20. statt 22. Juni 1941), doch die Sowjets trafen keinerlei Gegenmaßnahmen.
In der Folge wurde es für die Sowjets wichtig, zu erfahren, ob sich Japans rasche Aufrüstung gegen sie (was für sie einen Zweifrontenkrieg bedeutet hätte) oder gegen die USA und Großbritannien richtete. Ende August 1941 konnte S. ihnen mitteilen, daß es 1941 keinen japanischen Angriff geben werde – für die Sowjetunion, die damals dem Zusammenbruch nahe war, eine außerordentlich wichtige Nach-

richt. Gerade als sich in der Sowjetunion das Kriegsglück zugunsten der UdSSR zu wenden begann, wurden S. und sein japanischer Assistent von der japanischen Polizei in Tokio verhaftet. S. blieb drei Jahre in japanischer Haft, bevor er am 7. November 1944 gehängt wurde.

Spann, Othmar (1878–1950)
Führender Staatstheoretiker und Befürworter des Ständestaates nach 1918. S. wurde am 1. Oktober 1878 in Wien geboren. Als Begründer des Universalismus und Verkünder einer Ganzheitslehre, deren Wurzeln in Platons Ideenlehre und im mittelalterlichen Mystizismus sowie der deutschen Romantik zu suchen sind, übte er zwischen den beiden Weltkriegen einen starken Einfluß auf völkische Kreise in Deutschland und Österreich aus. 1909 bis 1918 war er Professor an der Universität Brünn, wurde von den Tschechen vertrieben und lehrte bis 1938 in Wien. Während der zwanziger Jahre trat der katholische Volkswirtschafts- und Gesellschaftstheoretiker gegen den Versailler Vertrag, gegen Marxismus und Demokratie und für einen hierarchisch gegliederten Ständestaat ein. Nach 1928 versuchten er und seine Schule der faschistischen österreichischen Heimwehr eine Ideologie zu geben. Für seine Aktivitäten erhielt er bedeutende Zuwendungen des deutschen Stahlmagnaten Fritz → *Thyssen,* der seine Ständestaat-Theorien begrüßte, desgleichen von österreichischen Bergwerksgesellschaften. Am 23. Februar 1929 hielt S. die Hauptrede auf der Eröffnungsveranstaltung des neugegründeten Kampfbundes für deutsche Kultur im Auditorium maximum der Universität München. Anwesend waren → *Hitler,* → *Rosenberg* (der Begründer des Kampfbundes) und andere Spitzen der NSDAP. S. forderte einen dritten Weg jenseits von Demokratie und Marxismus: die Neuordnung der deutschen Gesellschaft auf ständischer Grundlage.
Die Nationalsozialisten teilten zwar S.s Widerstand gegen Individualismus, wissenschaftsgläubigen Rationalismus und Klassenkampf, andererseits betrachteten sie seine Ganzheitslehre als konservative Verfallserscheinung. In S.s Hoffnungen auf eine vom katholischen Lager angeführte »konservative Revolution« sah man den Versuch, den Geist des mittelalterlichen »Heiligen Römischen Reiches Deutscher Nation« wiederzubeleben. Die Nationalsozialisten duldeten Theoretiker wie S. und seinen Kreis, bis 1934 derartige Helfer in den Augen des Regimes überflüssig wurden. S. und seine Anhänger versuchten, der neuen Situation Rechnung zu tragen, indem sie sich enger an den Nationalsozialismus anlehnten. Obwohl S. die Bücherverbrennung von 1933 lobte, verwarf er die »Blut-und-Boden«-Mentalität und den Rassismus der Nationalsozialisten, in dem er ein Produkt des zeittypischen Materialismus erblickte. Rasse war für ihn weit weniger wichtig als Geist, und in den Augen seiner Schule war die Nation im wesentlichen eine geistige Gemeinschaft.
S. und seine Anhänger schlugen vor, den deutschen Juden auf deutschem Boden ein eigenes Territorium als Ghetto zuzuweisen, wo sie gleichsam als Mündel der Gesellschaft leben sollten, denen jedoch die aktive Teilnahme am politischen Leben, am Wirtschaftsleben, desgleichen auch jede intellektuelle und künstlerische Betätigung

untersagt sein müsse. Dieser für NS-Begriffe maßvolle Antisemitismus sowie S.s unerträglicher Anspruch, als der Ideologe des Dritten Reiches zu gelten, bewirkten, daß seine Theorien ab 1935 in der NS-Presse und anderen Publikationen immer heftiger angegriffen wurden. Nach dem Anschluß Österreichs im März 1938 wurden S. und sein Sohn Raphael verhaftet und in das KZ Dachau eingeliefert, wo man sie mehrere Monate festhielt. Bei einem Gestapoverhör wurde Othmar S. mißhandelt und war in der Folgezeit ständig sehbehindert. Nach seiner Entlassung aus dem KZ erhielt S. Lehrverbot. Er starb am 8. Juli 1950 in Neustift (Burgenland).

Speer, Albert (1905–1981)
Reichsminister für Rüstung und Kriegsproduktion von 1942 bis 1945, der in den späteren Phasen des Krieges die gesamte deutsche Produktion kontrollierte und eine Zeitlang der zweitwichtigste Mann im Dritten Reich war. S. wurde am 19. März 1905 als Sohn eines der gehobenen Mittelschicht angehörenden Architekten in Mannheim geboren. Er studierte zunächst an der Technischen Hochschule in Karlsruhe und rundete sein Architekturstudium später in München und Berlin ab. An der Berliner Universität hörte er 1930 erstmals Hitler sprechen und erlag seinem hypnotischen »Zauber«. Im Januar 1931 wurde er Mitglied der SA, ein Jahr später der NSDAP, womit er, wie er später in seinen Lebenserinnerungen sagte, seine eigene Vergangenheit, seine Herkunft aus der gehobenen Mittelschicht und sein gesamtes früheres Umfeld verleugnete.
Hitler schien dem jungen S. alle Fragen zu beantworten, die der Kommunismus und die politische Ohnmacht des Weimarer Systems aufwarfen. Es war vor allem Hitlers Persönlichkeit, weniger die Partei (in der er stets ein Außenseiter blieb), die Speer anzog. Durch seine enge Beziehung zum Führer erhielt S. die Möglichkeit, für eine neue Gesellschaft zu planen und zu bauen, was einen besonderen Reiz auf den jungen Architekten ausübte. 1932 erhielt S. seinen ersten Parteiauftrag, und ab 1933 war er für die gesamte Planung und Gestaltung der großen NS-Massenkundgebungen (angefangen mit den Maifeiern auf dem Tempelhofer Feld) verantwortlich. Er perfektionierte den typischen NS-Stil öffentlicher Vorbeimärsche und verstand es geschickt, einfallsreiche Lichteffekte einzusetzen und Flaggen zu plazieren, um den Nürnberger Parteitagen einen die Massen berauschenden Glanz zu verleihen. Sein Organisationstalent verfehlte seine Wirkung auf Hitler nicht, der in ihm einen »genialen Architekten« sah und ihn mit Projekten geradezu überhäufte. Unter anderem entwarf S. die Neue Reichskanzlei in Berlin und das Parteitagsgelände in Nürnberg.
S.s Einfallsreichtum und sein technisches Können sprachen besonders den verhinderten Architekten in Hitler an. Er ernannte S. 1937 zum Generalbauinspekteur für die Reichshauptstadt Berlin, der Berlin – aber auch andere deutsche Städte – in jenem neoklassizistischen Monumentalstil neugestalten sollte, den Hitler so liebte. S.s Aufgabe war es, Visionen von »deutscher Größe« in eine möglichst imponierende Bauweise umzusetzen. 1938 wurde S., dem man bereits – 33 Jahre alt – den Professorentitel verliehen hatte, zum Preußischen Staatsrat ernannt und mit dem Goldenen Parteiab-

zeichen ausgezeichnet. Als Abteilungsleiter bei der Deutschen Arbeitsfront leitete er deren Amt Schönheit der Arbeit. 1941 wurde er als Abgeordneter von Berlin-West in den Reichstag gewählt. Ab 1942 war er Mitglied der Zentralen Planung, nachdem er im Februar desselben Jahres die Nachfolge von Fritz → *Todt* als Reichsminister für Bewaffnung und Munition, Generalinspekteur für das Straßenwesen sowie als Generalinspekteur für Wasser und Energie angetreten hatte. Seit 2. September 1943 führte er den Titel Reichsminister für Rüstung und Kriegsproduktion.

In dieser Stellung bewies er, mit weitgehenden Vollmachten ausgestattet, bemerkenswerte Fähigkeiten als Manager von Industriewerken größten Stils. Während der nächsten zwei Jahre war er der größte »Arbeitgeber« NS-Deutschlands und vollbrachte wahre Wunder, indem er es verstand, trotz massiver alliierter Bombenangriffe die Kriegsproduktion noch zu steigern. Während man beispielsweise im Jahre 1941 nur 9540 Flugzeuge für den Fronteinsatz sowie 2900 schwere Panzer gefertigt hatte, stieg unter S. infolge effizienzsteigernder Maßnahmen die Fertigungsrate im Jahre 1944 auf 35350 Flugzeuge und 17300 Panzer. In seinem Amt als Rüstungsminister ermöglichte es S. der deutschen Kriegsmaschinerie, sich zu behaupten (wodurch er den Krieg um mindestens ein Jahr verlängerte). Dafür setzte er so viele fremde Arbeitskräfte in der Kriegsproduktion ein, wie er nur bekommen konnte. Doch im Endstadium des Krieges wurde er durch Hitlers Politik des »Siegens oder Untergehens« desillusioniert und versuchte, die deutsche Industrie und Landwirtschaft vor Hitlers Befehlen zu retten, nach denen vom Vormarsch der alliierten Truppen bedrohte Gebiete in eine Wüste verwandelt werden sollten. Anfang 1945 trug sich S. vorübergehend mit dem Gedanken, Hitler und seinen engeren Führungs- und Ratgeberkreis durch Giftgas zu beseitigen. Er verwarf diesen Plan und versuchte bis zum Ende, mit rationalen Argumenten gegen die Scheinwelt im Führerbunker anzukämpfen. S.s Loyalität gegenüber Hitler ging nicht bis zur Aufgabe der kritischen Intelligenz und des eigenen Willens, dennoch verschanzte er sich hinter der Fiktion, ein ganz und gar unpolitischer Spezialist zu sein.

Im Gegensatz zu anderen NS-Führern bekannte sich S., als er 1946 vor dem internationalen Militärgericht in Nürnberg stand, zu der Schuld, die das Regime auf sich geladen hatte. Er anerkannte die Unzulässigkeit, Gehorsam gegenüber Befehlen als Entschuldigung vorzuschieben, wenn diese Befehle Kriminelles verlangten und von einem verbrecherischen Regime erteilt wurden. Und er verstand, daß man ihn für das Schicksal der Arbeitskräfte zur Verantwortung zog, die er in den ihm unterstellten Rüstungsbetrieben ausgenutzt hatte; desgleichen für seine Zusammenarbeit mit der SS, die der Lieferant von KZ-Häftlingen für seine Produktionsstätten gewesen war.

Man fand S. für schuldig, Verbrechen gegen die Menschlichkeit begangen zu haben, hielt ihm aber zugute, daß er, als der Krieg sich seinem Ende zuneigte, einer der Wenigen gewesen war, die den Mut aufbrachten, Hitler offen zu sagen, der Krieg sei verloren. Und daß er – entgegen Hitlers Befehl – Maßnahmen ergriffen hatte, um die sinnlose Zerstörung von Produktionsmitteln zu vermeiden. Am 1. Oktober 1946 wurde S. zu 20 Jahren Haft verurteilt, und die Sowjets, die dafür gestimmt hatten, ihn zu hängen, achteten peinlich darauf, daß er die gesamte Strafe abbüßte. Erst am 30. September 1966 wurde er aus dem Kriegsverbrechergefängnis in Berlin-Spandau entlassen.

Während seiner Haft verfaßte er den ersten Entwurf seiner *Erinnerungen,* die 1969 veröffentlicht wurden. Sie berichten nüchtern und sehr detailliert von seinen Jahren mit Hitler sowie von den Rivalitäten innerhalb der NS-Hierarchie. Als eine der eindrucksvollsten Darstellungen des »Innenlebens« des Dritten Reiches bekräftigen sie die Ansicht mancher Historiker, daß S. es verdiene, im Vergleich zu den Kriminellen in der NS-Führung, mit denen er laufend zu tun hatte, als ein Mann von untadelhafter Ehre bezeichnet zu werden. Trotz seiner persönlichen Qualitäten war er der Prototyp jener Technokraten, ohne deren Fähigkeiten und ohne deren Loyalität sich kein moderner totalitärer Staat etablieren und entfalten kann. S. starb am 1. September 1981 bei einem Besuch Großbritanniens in einer Londoner Klinik.

Speidel, Hans (1897–1984)

Wehrmachtsgeneral und → *Rommels* letzter Generalstabschef in Frankreich. S. wurde am 28. Oktober 1897 in Metzingen (Württemberg) geboren. Er studierte nach Teilnahme am 1. Weltkrieg als Offizier Volkswirtschaft und Geschichte, bevor er sich der Laufbahn des Berufsoffiziers zuwandte. Ab 1930 gehörte er dem Generalstab an und bekleidete vor allem ab 1940 hohe Positionen als Generalstabsoffizier. Unter anderem war S. seit 14. Juni 1940 Chef des Militärbefehlshabers Paris, dann des Militärbefehlshabers Frankreich (O. v. Stülpnagel). 1942–43 an der Ostfront, kam S. am 14. April 1944 als Chef des Generalstabes zu Rommels Heeresgruppe B in Frankreich und wurde in die Pläne der Widerstandsbewegung eingeweiht. Zusammen mit General Karl-Heinrich → *v. Stülpnagel* versuchte er, Rommel zum aktiven Widerstand gegen Hitler zu bewegen, weil sie beide davon überzeugt waren, daß der Krieg verloren war und Deutschland auf eine Katastrophe zusteuerte.

Als dann das Attentat vom 20. Juli 1944 mißglückte, wurde S. abgesetzt und von der Gestapo vernommen. Er leugnete aber, von der Verschwörung gewußt zu haben. Ein militärisches Ehrengericht sprach ihn frei, und S. entging auf diese Weise dem Schicksal anderer Mitglieder der Widerstandsbewegung. 1949 veröffentlichte er ein Buch unter dem Titel: *Invasion 1944. Ein Beitrag zu Rommels und des Reiches Schicksal.* Es war ein Loblied auf Generalfeldmarschall Rommel und lieferte einen detaillierten Bericht über die Verschwörung vom 20. Juli, verbunden mit einem vernichtenden Urteil über Hitlers moralische Prinzipien. Nach S.s Darstellung der Dinge hatten sowohl Mannschaften als auch Offiziere der Wehrmacht mehr Vertrauen zu Rommel als zu Hitler und standen im Grunde auf seiten der Verschwörer. Nach dem Krieg wurde S. militärischer Ratgeber Konrad → *Adenauers,* 1954/55 nahm er als Vertreter der Bundesrepublik an den Verhandlungen über deren Eintritt in die NATO teil. 1955/56 leitete er die Abteilung Gesamtstreitkräfte im Bundesministerium für Verteidigung, und von April 1957 bis September 1963 war er Oberbefehlshaber sämtlicher NATO-Landstreitkräfte in

Mitteleuropa. 1963/64 war er Sonderbeauftragter der Bundesregierung für Fragen der atlantischen Verteidigung. Am 21. März 1964 nahm S. seinen Abschied und konzentrierte sich in der Folgezeit auf seine akademische Arbeit sowie auf militärwissenschaftliche Schriftstellerei. S. starb am 28. November 1984 in Bad Honnef.

Spengler, Oswald (1880–1936)
Kulturhistoriker und im gewissen Sinne intellektueller Vorläufer des Dritten Reiches. S. wurde als Sohn eines Postsekretärs am 29. Mai 1880 geboren. Er war von 1908 bis 1911 Gymnasialoberlehrer (Fach: Mathematik) in Hamburg und lebte anschließend als freier Schriftsteller in München. Sein berühmtestes Werk, *Der Untergang des Abendlandes*, war 1911 als Kritik an der deutschen Außenpolitik der spätwilhelminischen Ära konzipiert worden. S. erweiterte das Werk jedoch zu einer Geschichts- und Kulturphilosophie (einer »Philosophie der Zukunft«, wie er behauptete, insofern es Vorausbestimmungen der Zukunft erlaube) und einer »Morphologie der Weltgeschichte«, für die er sich besonders auf Goethe und Nietzsche berief.
S. prophezeite einen Niedergang der kulturellen Produktivität des Abendlandes und das Heraufkommen eines neuen Zeitalters des Caesarentums, charakterisiert durch rücksichtslose Machtpolitik, zunehmende Technisierung sowie gleichzeitig fortschreitende Primitivierung der politischen Formen. Das Abendland, und insbesondere Deutschland, habe keine andere Wahl, als »fest zu stehen oder unterzugehen«, einen dritten Weg gebe es nicht. Schon in neunzehnten Jahrhundert, das ein Jahrhundert des Materialismus, der Formlosigkeit, beständiger Kriege und der Massendemokratie gewesen sei (die S. verabscheute), habe der Untergang des Abendlandes begonnen. Allerdings ließe sich dem weiteren Abstieg einer zerfallenden Massenzivilisation durch eine Rückkehr zu preußischen Traditionen der Staatsführung und der Organisation der Gesellschaft Einhalt gebieten.
S.s umfangreiches Geschichtswerk, dessen zwei Bände 1918 und 1922 erschienen, machte einen ungeheuren Eindruck, zumal es unmittelbar nach der deutschen Weltkriegsniederlage veröffentlicht wurde. In weiteren politischen Schriften wie *Preußentum und Sozialismus* (1920), das eine Allianz zwischen klassischem Preußentum und einer nichtmarxistischen Elite der Arbeiterschaft forderte, versuchte S., die öffentliche Meinung in Richtung auf eine konservative Revolution hin zu beeinflussen. Als gnadenloser Kritiker der Weimarer Republik und der liberalen, parlamentarischen Demokratie (die er als einen Import aus England betrachtete, die deutschen Traditionen fremd sei), lieferte S. der radikalen Rechten und den Nationalsozialisten wirksame Argumente und trug mit dazu bei, eine Stimmung zu erzeugen, die den Aufstieg des Nationalsozialismus begünstigte. 1933 veröffentlichte S. *Jahre der Entscheidung*, worin er die »nationale Revolution« als Freisetzung »der tiefsten Instinkte in unserem Blut« begrüßte. Obwohl er im Nationalsozialismus anfangs ein »mächtiges Phänomen« erblickte, hatte er bald jede Illusion verloren, was Hitler und seine Partei mit ihrer Rassenlehre anging, die S. als kindischen Unsinn betrachtete. S. verwarf offen den heftigen, gewalttätigen Antisemitismus der Nationalsozia-

listen und blieb einer der wenigen rechtsorientierten Denker, die für eine Assimilierung der Juden eintraten. Die NSDAP kritisierte S.s pessimistischen Determinismus, sein konservativ-elitäres Denken und seine offenkundige Geringschätzung des Volkes. Mehr und mehr sah er sich so in dem neuen Deutschen Reich, das er selbst prophezeit hatte, isoliert – einem Reich, dessen politische Führung andere Ziele hatte als er und deren Absichten nicht die seinen sein konnten. Er starb am 8. Mai 1936 in München.

Sperrle, Hugo (1885–1953)
Generalfeldmarschall und Oberbefehlshaber von Luftflotten. S. wurde am 7. Februar 1885 in Ludwigsburg (Württemberg) als Sohn eines Brauereibesitzers geboren. Zunächst war er Offizier bei der württembergischen Infanterie, wurde 1913 zum Oberleutnant befördert und an eine Militärakademie abkommandiert. Im Ersten Weltkrieg diente er bei den Fliegern und kommandierte 1919 die Fliegertruppe des *Freikorps Lüttwitz*. 1925 wurde er ins Reichswehrministerium berufen, und zwischen 1929 und 1933 war er mit verschiedenen Truppenkommandos betraut.
1935 rief man ihn zur neuen Luftwaffe und ernannte ihn zum Generalmajor sowie zum Befehlshaber im Luftgau V, München. 1936/37 führte S. die Legion Condor (die deutsche Interventionsstreitmacht im Spanischen Bürgerkrieg) und ließ Guernica sowie andere spanische Städte und Dörfer bombardieren. Im November 1937 wurde S. aus Spanien abberufen und zum Generalleutnant befördert. Er übernahm dann die Luftwaffengruppe 2. Ein Jahr darauf wurde er zum General der Flieger befördert; im Juli 1938 erhielt er den Oberbefehl über die in München stationierte Luftflotte 3. S. war mit ihr an den Luftangriffen auf Frankreich beteiligt und erhielt im Mai 1940 das Ritterkreuz. Im Juli desselben Jahres ernannte man ihn zum Generalfeldmarschall der Luftwaffe. 1940/41 war er für die Operationen der Luftwaffe gegen Großbritannien verantwortlich. Dabei hob er immer wieder die Notwendigkeit hervor, die *Royal Air Force* niederzukämpfen, wenn deutsche Bombenangriffe auf englische Ziele erfolgreich sein sollten.
Nachdem er die Luftstreitkräfte in Nordafrika geführt hatte, deren Aufgabe es war, das Afrikakorps → *Rommels* zu unterstützen, erhielt S. 1944 den Befehl über die zur Abwehr der erwarteten alliierten Invasion in Westeuropa stationierten Teile der Luftwaffe. Sein Hauptquartier schlug er im Palais du Luxembourg in Paris auf, das einst Maria de Medici gehört hatte. Rüstungsminister → *Speer*, der ihn dort besuchte, äußerte später, die Neigung dieses Feldmarschalls zu Luxus und öffentlicher Selbstdarstellung habe der → *Görings* kaum nachgestanden, mit dem er auch habe wetteifern können, was seine Korpulenz anging. Nach der geglückten alliierten Invasion mußte S. am 23. August 1944 sein Kommando abgeben und den Abschied nehmen. Nach Kriegsende wurde der wohlbeleibte S. in Nürnberg vor Gericht gestellt, jedoch am 22. Oktober 1948 in allen Punkten der Anklage freigesprochen. Er starb am 7. April 1953 in München.

Srbik, Heinrich Ritter von (1878–1951)
Führender österreichischer Historiker und nach dem Anschluß Präsident der

Akademie der Wissenschaften in Wien. Der Sohn eines österreichischen Beamten und einer aus Westfalen stammenden Mutter wurde am 10. November 1878 in Wien geboren. Er wuchs in einem streng katholischen Elternhaus auf und wurde an der Theresianischen Akademie ausgebildet. Nach seinem Studium an der Wiener Universität wirkte er 1904–1912 als Assistent am Institut für Österreichische Geschichte. Seit 1907 war er außerdem als Dozent an der Wiener Universität tätig und erhielt 1912 einen Lehrstuhl in Graz (bis 1922). 1922 kehrte er nach Wien zurück, wo er bis zum Ende des Dritten Reiches (1945) Professor für Geschichtswissenschaft blieb.

Zwischen 1929 und 1930 war S. außerdem auch Unterrichtsminister im Kabinett von Johannes Schober. Seinen Ruf als Historiker begründete er mit der zweibändigen Biographie *Metternich, der Staatsmann und der Mensch*, die 1925 erschien (ein dritter Band wurde erst 1954 posthum veröffentlicht). Außerdem gab er von 1934 bis 1938 ein fünfbändiges Quellenwerk *(Quellen zur deutschen Politik Österreichs 1859–1866)* heraus.

In seinen historischen Werken kreist S.s Denken immer wieder darum, daß es den Deutschen nicht gelungen sei, eine harmonische Einheit von Nation, Staat, Reich und territorialer Souveränität herzustellen. Nach Herkunft und Bildung wurzelte seine Weltanschauung zu tief im Universalismus der Habsburger Monarchie, als daß er ein überzeugter Nationalsozialist hätte sein können.

Dennoch begrüßte er den Anschluß als die Erfüllung all seiner Hoffnungen. Er publizierte viel in der NS-Presse, erwies sich als emsiger Mitläufer der Nationalsozialisten und stellte sich dem Regime 1938 als Mitglied des Deutschen Reichstages zur Verfügung. Im selben Jahre ernannte man ihn zum Mitglied der Deutschen Historischen Kommission, und 1938–1945 war er Präsident der Wiener Akademie der Wissenschaften. 1943 erhielt er für seine Verdienste um die deutsche Geschichtsschreibung die Goethe-Medaille, und er publizierte weiter bis zum Ende des Dritten Reiches. Nach 1945 zog er sich nach Tirol zurück, wo er am 16. Februar 1951 in Ehrwald starb.

Stangl, Franz (1908–1971)
In den Jahren 1942 bis 1943 Kommandant des Vernichtungslagers Treblinka im besetzten Polen. S. wurde am 26. März 1908 in Altmünster (Österreich) als Sohn eines Nachtwächters geboren. Nach einer Ausbildung zum Webmeister trat S. 1931 der österreichischen Polizei bei. 1935 wurde er zur politischen Abteilung der Kriminalpolizei in das kleine österreichische Städtchen Wels versetzt, und ein Jahr später scheint er Mitglied der NSDAP geworden zu sein. 1940 wurde er Aufsichtsbeamter in der berüchtigten Euthanasie-Anstalt Schloß Hartheim, wo man nicht nur geistig und körperlich Behinderte, sondern auch politische Gefangene tötete.

Nachdem S. im März 1942 nach Lublin kommandiert wurde, erhielt er die Leitung des Vernichtungslagers Sobibor, das seit Mai 1942 bestand. Während S.s Amtszeit (bis zu seiner Versetzung nach Treblinka im September 1942) wurden dort annähernd 100000 Juden liquidiert. Nach seinem Eintreffen in Treblinka, dem größten der fünf Vernichtungslager des NS-Regimes in Polen, erwies S. sich als außergewöhnlich

»tüchtiger« und »hingebungsvoller« Organisator und erhielt eine öffentliche Belobigung als »bester Lagerkommandant in Polen«. S. war stets makellos gekleidet (er überwachte die Entladung von Transporten in Treblinka in weißen Reithosen), sprach mit sanfter Stimme und war höflich und freundlich. Er gewöhnte es sich an, seine Opfer als »Ladung« zu bezeichnen, als »Fracht«, die man »abzufertigen« hatte.
Rückblickend erklärte er später der Journalistin Gitta Sereny, daß er in diesen Menschen nur selten Individuen sah. Für ihn habe es sich stets um eine riesige Masse gehandelt, deren Teile nackt und miteinander verklammert gewesen seien. S. behauptete, sein Diensteifer habe nichts mit Ideologie oder Judenhaß zu tun gehabt. Die Opfer seien einfach schwach gewesen. Sie ließen alles mit sich geschehen. Sie waren Menschen, mit denen man keine Gemeinsamkeiten hatte, keine Möglichkeit der Kommunikation. Daraus sei Verachtung erwachsen. Er habe nie verstehen können, wie sie sich so aufgeben konnten, wie sie sich aufgaben. Kurz nach der Revolte in Treblinka wurde der SS-Hauptsturmführer S. nach Triest versetzt, um dort zu helfen, den Kampf gegen jugoslawische Partisanen zu organisieren.
Sein nächster Auftrag führte ihn nach Italien, wo er als Offizier eine Sonderaufgabe bei einem strategischen Bauvorhaben in der Po-Ebene erhielt. Dort arbeiteten etwa eine halbe Million Italiener unter deutschem Kommando. 1945 fiel er in die Hände der Amerikaner und wurde von ihnen als SS-Mitglied interniert, das sich an Aktionen gegen Partisanen in Jugoslawien und Italien beteiligt hatte. Von seiner früheren Laufbahn in Polen wußte man noch nichts. Man übergab ihn den Österreichern, die ihn Ende 1947 wegen seiner Beteiligung an dem Euthanasie-Programm in Schloß Hartheim in einer offenen Haftanstalt in Linz unterbrachten. Hier ging S. einfach zur Tür hinaus und entkam mit seinem österreichischen Kollegen Gustav → *Wagner* nach Italien. Dort half ihnen Bischof Hudal, Rom mit einem Paß des Roten Kreuzes und einem syrischen Einreisevisum zu verlassen. 1948 traf er in Damaskus ein, wo er drei Jahre als Ingenieur in einer Textilfabrik arbeitete und wohin auch seine Frau und seine Kinder nachkamen.
1951 emigrierten die Stangls nach Brasilien, wo S. abermals Arbeit als Ingenieur fand. Ab 1959 arbeitete er noch immer unter seinem Namen – in einem brasilianischen Zweigwerk des Volkswagenwerkes. Erst 1961 erschien sein Name auf einer offiziellen österreichischen Fahndungsliste, obwohl die österreichischen Behörden schon seit Jahren gewußt hatten, daß er für den Tod von nahezu einer Million Menschen verantwortlich war. S. wurde von Simon Wiesenthal aufgespürt, am 28. Februar 1967 in Brasilien verhaftet und an die Bundesrepublik Deutschland ausgeliefert. Am 22. Oktober 1970 wurde S. als Mitverantwortlicher für den Massenmord an 900000 Juden in Treblinka zu lebenslänglichem Zuchthaus verurteilt. Er starb am 28. Juni 1971 in der Düsseldorfer Haftanstalt an Herzversagen.

Stark, Johannes (1874–1951)
Nobelpreisträger für Physik und Präsident der Deutschen Forschungsgemeinschaft (einer gemeinnützigen Einrichtung zur Unterstützung von

Forschungsvorhaben und Förderung des wissenschaftlichen Nachwuchses).
S. wurde am 15. April 1874 auf dem Familiengut Schickhof (Gemeinde Thansüß/Kreis Amberg/Oberpfalz) geboren. Nachdem er 1897 in München seinen naturwissenschaftlichen Doktorgrad erworben hatte, ging er drei Jahre später nach Göttingen, wo er bis 1906 als Dozent tätig war. 1919 erhielt er eine ordentliche Professur in Aachen. In dieser Phase seiner Laufbahn korrespondierte S. ausgiebig mit Einstein und war einer der Vorkämpfer neuer naturwissenschaftlicher Konzeptionen wie beispielsweise der Lichtquantenhypothese. 1913 entdeckte er den nach ihm benannten »S.-Effekt«, die Aufspaltung von Spektrallinien der Atome und Moleküle im elektrischen Feld, nachdem er bereits 1905 den (optischen) Doppler-Effekt an Kanalstrahlen entdeckt hatte. 1919 erhielt er für seine Arbeiten über den Elektromagnetismus den Nobelpreis.
Von 1920 bis 1922 war er Professor in Würzburg, verlor jedoch seinen Lehrstuhl infolge seiner Polemik gegen Einstein und die Relativitätstheorie. Sein verletzender, herabsetzender Angriff auf seine Kollegen (*Die gegenwärtige Krise der deutschen Physik*, 1922), der nicht nur die Relativitätstheorie, sondern auch die Bohr-Sonnenfeldsche Quantentheorie als dogmatisch verwarf, isolierte S. unter den deutschen Physikern und warf ihn für elf Jahre aus seiner akademischen Laufbahn. Sein Gefühl, nicht Angreifer, sondern Opfer zu sein, und sein streitsüchtiges Temperament trieben ihn in die Arme der völkischen Bewegung, und schon 1924 erklärte er sich Hitler verbunden. Seine Waffe gegenüber denen, die ihn aus dem akademischen Leben vertrieben hatten, war nun der Rassismus, und er fand Ausdruck in Angriffen auf die »jüdische« Physik, der es nicht um die Beobachtung von Fakten, um Experimente und wissenschaftliche Objektivität ginge.
Am 1. April 1930 trat S. der NSDAP bei, und neben Philipp → *Lenard* war er der namhafteste Physiker, der den Versuch unternahm, die Naturwissenschaft in die NS-Weltanschauung einzubauen. Nach Hitlers Machtergreifung versuchte er, die physikalische Forschung und Lehre an deutschen Universitäten unter nationalsozialistischer Führung neu zu organisieren und auch die Richtung zu bestimmen, die die naturwissenschaftliche Forschung einzuschlagen habe. Als Präsident der Physikalisch-Technischen Reichsanstalt (1933–1939) sowie der Deutschen Forschungsgemeinschaft (1934–1936) polemisierte er heftig gegen die theoretische Physik und hob demgegenüber die Bedeutung angewandter Forschung für Technik, Industrie, wirtschaftliche Autarkie und Kriegsproduktion hervor. In erster Linie sei der Naturwissenschaftler – so S. in *Nationalsozialismus und Wissenschaft* (1934) – gegenüber der Nation verpflichtet. Demnach könnten führende Positionen im Bereich der Naturwissenschaft im NS-Staat nur von nationalbewußten, rein deutschen Wissenschaftlern eingenommen werden.
Die Fähigkeit zur uneigennützigen Beobachtung der Naturphänomene sei (laut S.) eine Eigenschaft der nordischen Rassenseele und diese wiederum sei überwiegend eine Schöpfung der nordisch-germanischen Blutkomponenten der arischen Völker. Jüdische Naturwissenschaftler stellte er als egozentrisch und als geborene Advokaten hin, denen es nicht um die Wahrheit

gehe, sondern darum, Fakten und Unterstellungen miteinander zu vermischen. Außerdem seien sie vor allem daran interessiert, sich selbst ins rechte Licht zu rücken und aus ihrer Arbeit wirtschaftlichen Profit zu ziehen. Da dem jüdischen Wissenschaftler – so S. – die Fähigkeit zu wahrhaft schöpferischer Arbeit in den Naturwissenschaften fehle, verführe ihn sein »dogmatischer Eifer« und sein »propagandistischer Trieb« um so mehr dazu, seine Ergebnisse zu Markte zu tragen, und dies nicht nur in Fachzeitschriften, sondern auch in der Tagespresse und auf Vortragsreisen.

Ähnlich rassistisch argumentierte S. in einem weiteren Pamphlet (*Jüdische und Deutsche Physik*, 1941), doch dieses Mal war sein Einfluß auf die deutsche Physiker-Gemeinschaft bereits erheblich zurückgegangen, denn S. hatte nicht nur gegen die allgemein akzeptierten Wertvorstellungen seines Berufsstandes verstoßen und Deutschlands wissenschaftliches Ansehen in der Welt untergraben, sondern es darüber hinaus fertiggebracht, sich mit dem Reichsminister für Wissenschaft, Erziehung und Volksbildung, Bernhard → *Rust*, zu überwerfen und die SS sowie verschiedene Parteistellen gegen sich aufzubringen. S. war in innerparteiliche Intrigen verwickelt, beging den Fehler, sich unter die Fittiche von Alfred → *Rosenberg* zu begeben und hatte nun darunter zu leiden, daß dieser sein Ansehen in der Partei schon eingebüßt hatte.

Nach Kriegsende wurde S. in Bayern vor Gericht gestellt und hatte mehrere deutsche Spitzenphysiker, darunter von → *Laue*, → *Heisenberg* und Sommerfeld als Zeugen gegen sich. Am 20. Juli 1947 wurde er als »Hauptschuldiger« eingestuft und zu vier Jahren Arbeitslager verurteilt. Später wurde das Urteil jedoch aufgehoben. S. starb am 21. Juni 1951 in Traunstein.

Stauffenberg, Claus Schenk Graf von (1907–1944)

Oberst und Stabschef beim Befehlshaber des Ersatzheeres; Widerstandskämpfer, der am 20. Juli 1944 das Attentat auf Hitler verübte. S. wurde am 15. November 1907 auf Schloß Jettingen bei Günzburg (Schwaben) geboren und entstammte einem alten schwäbischen Adelsgeschlecht. Mütterlicherseits war er Nachkomme des preußischen Generals von Gneisenau, eines der Helden der Befreiungskriege gegen Napoleon. Außerdem war S. mit dem Grafen Yorck von Wartenburg, einem anderen berühmten Heerführer dieser Zeit, verwandt. Sein Vater war Oberhofmarschall des letzten Königs von Württemberg, und der junge S. wuchs in einer kultivierten, streng katholischen Atmosphäre auf. Er sah gut aus, liebte Kunst und Literatur ebenso wie Pferde und Sport und stand in seiner Jugend stark unter dem Einfluß des elitär-konservativen Dichters Stephan George. Dennoch entschloß S. sich für die Offizierslaufbahn und trat 1926 als Kadett in das traditionsreiche 17. Bamberger Kavallerieregiment (Bamberger Reiter) ein.

In seinen jungen Jahren war er Monarchist und glaubte fest an eine Wiedergeburt der Größe Deutschlands. So war er anfänglich auch durchaus nicht gegen die Nationalsozialisten eingestellt. Doch erweckte bereits die Reichskristallnacht (9. November 1938) Zweifel in ihm, die später durch seine Erfahrungen im Dritten Reich noch bestärkt werden sollten. Außerdem bekräftigte ihn sein tiefer Katholizismus in der Überzeugung, daß Hitler die Verkörperung des Bösen sei und das NS-Regime beseitigt werden müsse, um Deutschlands Ehre zu retten und es vor der Zerstörung zu bewahren. 1936 wurde er an die Kriegsakademie nach Berlin berufen. Während des Polen- und Frankreichfeldzuges zeichnete sich S. als Stabsoffizier in der Panzerdivision des Generals → *Hoepner* aus. Im Juni 1940 berief man ihn in das Oberkommando des Heeres, und er war entsetzt, als er nach dem Angriff auf die Sowjetunion von den Ausschreitungen gegen Juden, russische Zivilisten und sowjetische Kriegsgefangene erfuhr.

Seine Erfahrungen in der Sowjetunion, wo er unter anderem mit der Aufstellung russischer Freiwilligenverbände befaßt war, wandelten ihn zum Sozialisten, und unter seinem Einfluß machte die deutsche Widerstandsbewegung einen Ruck nach links und war vorübergehend sogar prosowjetisch orientiert. Nachdem er an der Ostfront Kontakte mit Henning von → *Tresckow* und Fabian von Schlabrendorff aufgenommen hatte, erlangte S. in der deutschen Widerstandsbewegung rasch eine führende Position und konzentrierte sich darauf, eine Organisation aufzubauen, die, wenn Hitler erst einmal beseitigt war, die Regierungsgewalt übernehmen konnte. Er gab sich nicht zufrieden mit dem konservativen, farblosen Regime, das → *Beck*, → *Goerdeler* und → *Hassell* vorschwebte, sondern trat für eine neue, dynamische Sozialdemokratie ein. Damit stand er Julius → *Leber* sehr nahe, den er gern als deutschen Kanzler nach Hitler gesehen hätte.

Im Februar 1943 wurde S. der 10. Panzerdivision in Tunesien zugeteilt und am 7. April desselben Jahres schwer verwundet, als er in ein Minenfeld lief. Er verlor ein Auge, seine rechte Hand und zwei Finger der linken. Eine Zeitlang schien es, als ob er ganz erblinden würde, doch der bekannte Professor → *Sauerbruch* stellte ihn in einer Münchener Klinik wieder her. In der Zeit seiner Genesung entschloß sich S., alles, was er an Willen, Energie, militärischem Spürsinn und klarem Verstand aufzubringen vermochte, in den Dienst des Widerstandes zu stellen und Hitler, koste es, was es wolle, zu beseitigen. Er war überzeugt, daß der Krieg verloren sei, und nicht gewillt, die deutsche Wehrmacht, ja das gesamte Vaterland von Hitler zugrunde richten zu lassen. So plante er, die »Operation Walküre«, die für den Fall innerer Unruhen beim Befehlshaber des Ersatzheeres ausgearbeitet worden war, nach Hitlers Beseitigung zur Besetzung der wichtigsten Positionen im Reich sowie zur Unschädlichmachung der gefährlichsten NS-Organisationen (Gestapo, SS und SD) durch die Wehrmacht zu verwenden.

Nach seiner Genesung wurde S. nach Berlin zurückberufen und zunächst General → *Olbricht*, dem stellvertretenden Chef des Allgemeinen Heeresamtes, als Chef des Stabes zugeteilt. Dies ermöglichte ihm Zugang zu wichtigen Geheiminformationen über die militärischen und politischen Operationen der Wehrmacht und Kontakte mit den Verschwörern um Beck, Tresckow, Fellgiebel und Stieff, die er nutzte, um seinen Plan der Machtübernahme detailliert auszuarbeiten und das nötige Schema für den Ablauf der einzelnen Aktionen aufzustellen. Im Juni 1944 wurde er zum Oberst befördert und

zum Stabschef des Generalobersten → *Fromm* ernannt, der das Ersatzheer befehligte. Dies verschaffte ihm die Möglichkeit des direkten Zutritts zu Hitler in dessen ostpreußischem Hauptquartier. An sich hatte er schon am 2. Juli 1944 Hitler zusammen mit → *Göring* und → *Himmler* im »Berghof« auf dem Obersalzberg bei Berchtesgaden beseitigen sollen. Doch dann erschien der »Führer« allein, und das Vorhaben wurde wieder abgeblasen.
Ein zweites Mal mußte das Attentat am 15. Juli verschoben werden. Doch schließlich entschloß sich S., die nächstbeste Gelegenheit zu ergreifen, selbst wenn Himmler und Göring nicht dabei wären, denn sein Plan mußte durchgeführt werden, bevor die Alliierten einen klaren Sieg in der Normandie erringen konnten, was die Chancen der Widerstandskämpfer für einen Verhandlungsfrieden noch mehr geschwächt hätte. Am 20. Juli nahm er an einer Besprechung in Hitlers Hauptquartier »Wolfsschanze« bei Rastenburg (Ostpreußen) teil. In seiner Aktentasche trug er eine Bombe, die so eingestellt war, daß sie explodieren sollte, zehn Minuten nachdem S. seine Aktentasche unauffällig an der Hitler zugekehrten Seite des Eichensockels abgestellt hatte, der den Tisch im Kartenraum trug, an dem Hitler mit hohen Offizieren die Kriegslage erörterte. Dann stahl S. sich davon, angeblich um zu telefonieren. Nachdem er gesehen hatte, daß die Bombe explodiert war, flog er nach Berlin in der festen Überzeugung, Hitler sei tot. Doch einer der im Raum verbliebenen Offiziere hatte die Aktentasche, die ihn störte, auf die Hitler abgewandte Seite des schweren Tischsockels geschoben, der nun Hitler vor der Gewalt der Explosion schützte. So wurden zwar vier Offiziere getötet und sieben schwer verwundet, Hitler aber trug nur leichte Verletzungen davon. S. s Mitverschwörer in Berlin um General → *Olbricht* zögerten aus nicht geklärtem Grund mit der Auslösung des Stichwortes für »Walküre«. So ging kostbare Zeit verloren. Mehr noch: Die Blockierung der Nachrichtenzentrale im Führerhauptquartier konnte auf Dauer nicht aufrechterhalten werden, so daß es nach kurzer Zeit möglich war, mit den Dienststellen im Reich Verbindung aufzunehmen. So erfuhr der »Führer«, was in Berlin vorging, und konnte gleichzeitig dafür sorgen, daß bekannt wurde, er habe das Attentat überlebt. Nun konnte → *Goebbels* gegen die Verschwörer vorgehen, die wertvolle Zeit verloren hatten. Generaloberst Fromm, der Befehlshaber des Ersatzheeres und S.s Vorgesetzter, weigerte sich, mit den Verschwörern gemeinsame Sache zu machen.
Nach einiger Verwirrung und Fromms vorübergehender Verhaftung schaffte es eine Gruppe regimetreuer Offiziere, Fromm zu befreien. Bei den Kämpfen wurde S. verwundet und seinerseits verhaftet. General Fromm berief ein »Standgericht« ein, und S. sowie drei seiner Mitverschworenen (darunter auch Olbricht) wurden hinunter in den Hof des Oberkommandos der Wehrmacht geführt, dort an eine Mauer gestellt und im trüben Licht der Verdunklungsscheinwerfer eines Autos erschossen. S.s letzte Worte waren: »Lang lebe unser heiliges Deutschland.«

Steinhoff, Hans (1882–1945)
Bayerischer Filmregisseur, geboren am 10. März 1882 in Pfaffenhofen bei München. S. war zunächst Medizinstudent und gab sein Studium auf, um Schau-

spieler und Theaterregisseur zu werden, bevor er 1922 zum Film ging. Weithin bekannt wurde er als Regisseur von *Hitlerjunge Quex*, der die Geschichte des HJ-Märtyrers Herbert Norkus zum Gegenstand hatte. 1933 gedreht, als das Dritte Reich erst anbrach und die NS-Diktatur noch nicht gefestigt war, ist dieser Film insofern aufschlußreich, als er ein Dokument der allgemeinen Zeitstimmung darstellt und gleichzeitig die Bereitschaft der Nationalsozialisten dokumentiert, auch die Kommunisten als Teil der »Volksgemeinschaft« zu betrachten.
S.s weitere Filme geben sich demgegenüber gewichtiger. Seinen filmischen Biographien (so *Robert Koch*, 1939, *Ohm Krüger*, 1941, und *Rembrandt* 1942) sind gewisse Verdienste nicht abzusprechen. Der *Krüger*-Film mit Emil → *Jannings* in der Hauptrolle geißelt englische Barbarei und insbesondere die von den Engländern Ende des neunzehnten Jahrhunderts in Transvaal errichteten Konzentrationslager. Dabei mag es makaber anmuten, daß er gedreht wurde, als Hitler bereits Vorbereitungen für die *Endlösung der Judenfrage* in Europa traf. Vom technischen Niveau her war er einer der besten NS-Filme, und wegen seines »politischen und künstlerischen Wertes« wurde er von → *Goebbels* wärmstens empfohlen. Auf der Biennale in Venedig (1941) erhielt er einen Preis als bester ausländischer Film. Es ist charakteristisch für S., der als der linientreueste Regisseur des NS-Films gelten darf, daß seine Filme die beabsichtigte Diffamierung ihres Gegenstandes (Kommunismus, England, Frankreich) durch technische Brillanz, realistische Details und humoristische Einschübe geschickt überlagern und die Propagandawirkung nur unterschwellig zur Wirkung kommt. S. kam 1945 bei einem Flugzeugunglück bei Luckenwalde ums Leben.

Stinnes, Hugo (1870–1924)
Stinnes, Hugo jun. (1897–1982)
Deutscher Großindustrieller und einer der ersten deutschen Industriemagnaten, die die Nationalsozialisten finanziell unterstützten. S. wurde am 12. Februar 1870 in Mülheim (Ruhr) geboren und war der Prototyp des »Schlotbarons« von der Ruhr, der den Staat als Anhängsel seines Unternehmens und die Politik als Fortsetzung der Wirtschaft mit anderen Mitteln betrachtete. 1920 zog er als Delegierter der Deutschen Volkspartei (DVP) in den Reichstag ein. S.s Wirtschaftsimperium umfaßte Kohlebergwerke, Kohlenhandelsfirmen, Eisen- und Stahlwerke, eine Reederei, Hotels und Zeitungen. Außerdem war er tonangebend in der Rheinisch-Westfälischen Elektrizitätswerke AG, die viele Städte in Nordrhein-Westfalen mit Strom belieferte.
Nachdem er am 10. April 1924 in Berlin gestorben war, geriet der von seinen Söhnen weitergeführte Konzern in ernste Schwierigkeiten und mußte liquidiert werden. 1925 wurde ein neues Unternehmen aufgebaut, an dem die S.-Familie nur noch 40 % der Anteile besaß. Der am 16. Oktober 1897 in Mülheim geborene älteste Sohn Hugo kontrollierte noch immer einen riesigen Konzern, zu dem Kohlebergwerke, Schiffahrtslinien auf dem Rhein und auf hoher See ebenso gehörten wie eine Glasfabrik, chemische Werke und Hydrierwerke, die Treibstoff für Flugzeuge erzeugten sowie Werke der Maschinenindustrie. In den Werken waren

ganze Heere von Arbeitern beschäftigt, darunter Ausländer und Kriegsgefangene.
Im Sommer 1945 wurde S. junior von den Briten in Gewahrsam genommen, konnte jedoch nicht der Komplizenschaft mit den Nationalsozialisten überführt werden. Welcher Art seine Beziehungen zu den NS-Machthabern waren, ließ sich nicht feststellen. Nach dem Entnazifizierungsgesetz wurde er im Juni 1948 wieder auf freien Fuß gesetzt. S. jun. starb am 10. März 1982 in Mülheim/Ruhr.

Strasser, Gregor (1892–1934)
Führer des sozialrevolutionären Flügels der NSDAP und Hitlers gefährlichster Konkurrent in der Frühzeit der nationalsozialistischen Bewegung. Er wurde am 31. Mai 1892 in Geisenfeld (Niederbayern) geboren, diente im Ersten Weltkrieg als Kriegsfreiwilliger in einem bayerischen Artillerieregiment und wurde mit dem Eisernen Kreuz Erster und Zweiter Klasse ausgezeichnet. Er war von Beruf Apotheker, schloß sich dem Freikorps → *Epp* an, dessen Ziel die Unterdrückung des Kommunismus in Bayern war, und führte das »Sturmbataillon Niederbayern« (in dem der junge Heinrich → *Himmler* sein Adjutant war), das er 1920 in die nationalsozialistische Freiheitspartei einbrachte. S. schloß sich 1921 der NSDAP an und wurde Gauleiter von Niederbayern. Als Teilnehmer des Hitlerputsches vom 8./9. November 1923 kam er kurze Zeit in Haft. Durch seine Wahl in den bayerischen Landtag (Frühjahr 1924) kam er aus dem Gefängnis Landsberg wieder frei und leitete zusammen mit → *Ludendorff* und v. Graefe die NSDAP-Ersatzorganisation Nationalsozialistische Freiheitsbewegung (die NSDAP war nach dem Hitlerputsch verboten worden).
Damals schloß S. so »alte Kämpfer« wie → *Streicher* und → *Esser* aus der Partei aus. Nach Hitlers Haftentlassung organisierte S. die NSDAP in Nord- und Westdeutschland, wo sie dank seines unermüdlichen Einsatzes und seines Organisationstalentes bald mehr Mitglieder besaß als im Süden. Dadurch erhielt die dortige Parteiorganisation eine vom Münchener Hauptquartier relativ unabhängige Stellung. Zusammen mit seinem Bruder, Otto → *Strasser*, gründete er ein Wochenblatt, die *Berliner Arbeiterzeitung*, die alle vierzehn Tage erscheinenden *NS-Briefe* (für die er den jungen Joseph → *Goebbels* als Schriftleiter anheuerte) sowie seinen eigenen, unabhängigen Parteiverlag, den Kampf-Verlag. Als Mitglied der NSDAP-Fraktion im Reichstag (seit 1924), die damals stark unter seinem Einfluß stand, benutzte S. seine Handlungsfreiheit und seine parlamentarische Immunität, um gegen – wie er es nannte – Hitlers Absage an die »sozialistischen Ideale« der Bewegung Einwände zu erheben. 1926 trat er Hitlers Vorschlag entgegen, das Volk plebiszitär über etwaige Garantien an abgesetzte Fürsten entscheiden zu lassen. Auf dem im selben Jahr abgehaltenen Bamberger Parteikongreß argumentierten die Brüder S., der Nationalsozialismus müsse für die Zerstörung des Kapitalismus, eine soziale Justiz und die Verstaatlichung der Wirtschaft eintreten. Bis zu seinem Tod bestand Gregor S. auf der Enteignung der Banken und der Schwerindustrie und widersetzte sich Hitlers Verbrüderung mit den nationalsozialistischen Junkern, der reaktionären Reichswehrführung und konservativen Politikern wie

→ *Hugenberg*, von → *Papen* und Hjalmar → *Schacht*. Sein proletarischer Antikapitalismus diente dem Aufbau einer »organischen« völkischen Gemeinschaft und einer neuen Gesellschaftsordnung, die er »Staatsfeudalismus« nannte und deren oberste Stufe die Klasse der Industriearbeiter bilden sollte. Sein sozialistisches Programm, das auch eine Allianz mit dem bolschewistischen Rußland und dem antiimperialistischen Fernen Osten gegen die westlichen Demokratien vorsah, hatte im wesentlichen den Sturz der bestehenden Sozialordnung zum Ziel.
S. definierte einst den Nationalsozialismus als »das Gegenteil von dem, was heute existiert«. Ab September 1926 bis 1928 war S. Reichspropagandaleiter der 1925 von Hitler neugegründeten NSDAP. Am 2. Januar 1928 ernannte Hitler ihn zum Reichsorganisationsleiter der Partei. Allerdings wurde die Kluft zwischen beiden noch größer, als am 7. Dezember 1932 der neu ernannte Kanzler, General von → *Schleicher*, S. die Ämter des Vizekanzlers und der Ministerpräsidenten von Preußen anbot. S. wollte die Partei auf keinen Fall spalten, trat aber für eine Tolerierung des Kabinetts von Schleicher ein. Dies erboste Hitler zutiefst, und er verbot S. strikt, auf das Angebot einzugehen. S. gab nach, trat aber am 8. Dezember 1932 zugleich auch von all seinen Parteiämtern zurück – ein Abfall, der Hitler zutiefst schockierte und ihm das Gefühl vermittelte, daß ihm die Partei entglitte. Aus der Partei ausgeschlossen, zog sich S. ganz von der Politik zurück, arbeitete als Geschäftsführer eines Betriebs der Schering-Werke und erhielt auch kein Amt im Kabinett angeboten, als Hitler am 30. Januar 1933 Reichskanzler wurde. Während der Partei-Säuberung wegen des sogenannten Röhm-Putsches (30. Juni 1934) wurde S. auf Hitlers Befehl von der Gestapo ermordet.

Strasser, Otto (1897–1974)
Einer der Führer des revolutionär-»sozialistischen« Flügels der NSDAP und jüngerer Bruder von Gregor *Strasser*. S. wurde am 10. September 1897 in Windsheim (Mittelfranken) geboren. Er studierte Volkswirtschaft und trat zunächst der SPD bei. 1925 schloß er sich jedoch der NSDAP an und baute zusammen mit seinem Bruder und dem jungen Joseph → *Goebbels* einen radikalen linken NSDAP-Flügel in Norddeutschland auf. Dieser unterstützte zum Teil Streiks der sozialdemokratischen Gewerkschaften und forderte, Industrie und Banken zu verstaatlichen. Außerdem trat S. auch für ein Bündnis mit der Sowjetunion und den revolutionären »farbigen« Völkern Asiens (z. B. China und Indien) gegen den »untergehenden« Westen ein.
S. stand zu dem ursprünglichen 25-Punkte-Programm der NSDAP, dessen sozialistischen Inhalt er sehr ernst nahm. Dies brachte ihn im Gegensatz zu Hitler, der, aus S.s Sicht, die ursprünglichen Ideale der NS-Bewegung verraten hatte. 1926 wurde S. Schriftleiter der *Berliner Arbeiterzeitung* und der *NS-Briefe*, zugleich aber auch Propagandachef des norddeutschen Parteiflügels. Als Leiter des Berliner Kampf-Verlages hatte er ein bedeutendes Instrument zur Verbreitung seiner antikapitalistischen Ansichten in der Hand, das Hitler bei seinem Werben um die Großindustriellen immer lästiger wurde.
Zum Eklat kam es am 21./22. Mai 1930, als sich die beiden NS-Führer in einer

Auseinandersetzung über Kapitalismus und Sozialismus in die Haare gerieten. S. weigerte sich, nachzugeben, und trat am 4. Juli 1930 aus der Partei aus. Sechs Wochen später gründete er die von der NSDAP unabhängige Kampfgemeinschaft revolutionärer Nationalsozialisten (auch »Schwarze Front« genannt), doch es gelang ihm nicht, Hitler Wählerstimmen zu entziehen, obwohl S. behauptete, seine Kampfgemeinschaft zähle 10000 Mitglieder. Nach Hitlers Machtergreifung wanderten S. und einige seiner Anhänger erst nach Wien und dann nach Prag aus. Im Exil gaben sie ein vierzehntägig erscheinendes Blatt, *Die deutsche Revolution*, heraus, das Hitlers Diktatur anprangerte, doch weiterhin nationalsozialistische Thesen verbreitete.

S.s linker Flügel der NS-Bewegung war nicht weniger rassistisch und antisemitisch eingestellt als der von Hitler geführte rechte. So verkündete S. in seinen »Vierzehn Thesen zur deutschen Revolution«, es sei Pflicht eines Deutschen, einheitliche rassische Individualität zu entwickeln und sich der kulturellen Bevormundung durch das »artfremde Judentum« zu widersetzen, das in Verbindung mit den »überstaatlichen Mächten« der Freimaurerei und des politischen Katholizismus entweder getrieben von seiner rassischen Beschaffenheit oder einfach nur böswillig das Leben der deutschen Seele zu zerstören suche. Dennoch veröffentlichte S. als erklärter Feind Hitlers im Exil eine Fülle von Büchern, die das politische System des Dritten Reiches angriffen und den Führer des Verrates an nationalsozialistischen Idealen beschuldigten. Hierzu gehörte *Die deutsche Bartholomäusnacht* (1935), das von der blutigen Säuberung vom 30. Juni 1934 handelte, die Ernst → *Röhm*, andere SA-Führer und S.s eigenen Bruder das Leben gekostet hatte. Weitere Veröffentlichungen wie *Wohin treibt Hitler?* (1936), *Aufbau des deutschen Sozialismus* (1936), *Europäische Föderation* (1936), *Kommt es zum Krieg?* (1937), *Europa von morgen* (1939), *Hitler and I* (1940, deutsch 1948: *Hitler und ich*), *Germany Tomorrow* (1940), *The Gangsters around Hitler* (1942) sowie *Flight from Terror* (1943) enthalten ebenso den Gedanken an einen europäischen Staatenbund wie seine persönliche Abrechnung mit Vergangenheit und Gegenwart.

Während seines Exils in der Schweiz, (seit 1938), in Portugal (seit 1940) und in Kanada (seit 1943) wurde S. zum Verteidiger des »Solidarismus«, eines dritten Weges zwischen Kapitalismus und Kommunismus, dem er einen teils nationalsozialistischen, teils christlichen, teils dezentralistisch-»europäischen« Anstrich gab. Nach Kriegsende kehrte er 1955 nach Westdeutschland zurück, wo er die – ihm 1934 vom Hitler-Regime aberkannte – deutsche Staatsbürgerschaft wiedererlangte. In den fünfziger Jahren versuchte er, für seine Ideen Anhänger zu finden, scheiterte aber. Eine von ihm gegründete Partei, die Deutsch-Soziale Union, erlangte keinerlei Bedeutung. In anderer Hinsicht freilich schien er aus der Vergangenheit nichts gelernt zu haben, denn in seinen journalistischen Publikationen liebäugelte er nach wie vor mit einem Antisemitismus nationalsozialistischer Prägung. Er starb am 27. August 1974 in München.

Strauss, Richard (1864–1949)

Von 1933 bis 1935 Präsident der Reichsmusikkammer und der prominenteste Komponist, der im national-sozialistischen Deutschland blieb. S. wurde am 11. Juni 1864 in München als Sohn eines der bekanntesten Waldhornsolisten (Franz S.) der damaligen Zeit geboren. Der berühmte Dirigent Hans von Bülow führte 1885 das »musikalische Wunderkind« in Meiningen in die Musikwelt ein. Ein Jahr später wurde S. dritter Kapellmeister an der Münchner Oper, und drei Jahre später dirigierte er bereits in Bayreuth und war zum Protégé Cosima Wagners geworden. Er war noch keine dreißig Jahre alt und hatte bereits internationales Ansehen mit symphonischen Dichtungen wie *Don Juan, Tod und Verklärung* und *Till Eulenspiegel* gewonnen. 1898 wurde er Hofkapellmeister in Berlin. Um die Jahrhundertwende hatte er nicht nur in den meisten westeuropäischen Hauptstädten dirigiert, sondern war auch weithin als größter deutscher Komponist seit Wagner und Brahms anerkannt.

Der junge S. war ein revolutionärer Neuerer und Bilderstürmer, der seine Zeitgenossen in manchen seiner frühen Orchesterwerke mit herben Dissonanzen schockierte – aber auch mit bewußter Hinwendung zu den Nachtseiten der menschlichen Natur und makaberer Erotik in Opern wie *Salome* (1905) nach dem Text von Oscar Wilde. Mit *Elektra* (1909) begann S. zwanzig Jahre andauernde Zusammenarbeit mit dem berühmten Wiener Dichter (und Librettisten) Hugo von Hofmannsthal. Ihr größter Erfolg, *Der Rosenkavalier* (1911), eine heitere, melodiöse, sinnliche Barockkomödie, brachte S. auf den höchsten Gipfel des Ruhmes und der Popularität. 1919 folgte S. Mahler als Dirigent an der Wiener Staatsoper (diese Stellung behielt er bis 1924), doch so produktiv er nach wie vor als Komponist war – seiner Musik fehlten in zunehmendem Maße der Wagemut, die Spannung und die Vitalität seiner frühen Werke. Dennoch waren die Premieren auch all seiner späteren Opern – *Die Frau ohne Schatten* (1919), *Intermezzo* (1924), *Die ägyptische Helena* (1928, Neufassung: 1933) sowie *Arabella* (1933) – glanzvolle Ereignisse, und zur Zeit der Weimarer Republik genoß S. einen Status, der sich nur mit dem des Dramatikers Gerhart → *Hauptmann* vergleichen ließ.

Als die Nationalsozialisten an die Macht kamen, machte sich S. offensichtlich wenig Gedanken darüber, was dies bedeutete. Er lieh vielmehr, obwohl selbst keineswegs Nationalsozialist, dem Regime bereitwillig den Glanz seines Namens, indem er sich von den NS-Machthabern 1933 zum Vorsitzenden der Reichsmusikkammer ernennen ließ. Er übernahm die Stelle des im Exil befindlichen Bruno Walter als Gastdirigent der Berliner Philharmoniker und sprang in Bayreuth für Toscanini ein. Ja er sandte sogar → *Goebbels* ein Telegramm, in dem er ausdrücklich die Maßnahmen guthieß, die das NS-Regime gegen den Komponisten → *Hindemith* und gegen → *Furtwängler* ergriff, der sich für Hindemith eingesetzt hatte. Außerdem protestierte S. niemals öffentlich gegen die Entlassung begabter jüdischer Musiker, mit denen er oft befreundet war, obwohl er privat diese Politik der Nationalsozialisten mißbilligte. Als er aber feststellte, daß der Name seines jüdischen Librettisten, des bekannten Schriftstellers Stefan Zweig, bei der Uraufführung seiner Oper *Die schweigsame Frau* (1935) ungenannt bleiben sollte, drohte er, Dres-

den zu verlassen, bis man sich bequemte, Zweigs Namen zu drucken.
Voller Zorn wies er Zweigs Vorschlag zurück, einen Decknamen zu benutzen, um den Schwierigkeiten mit dem Regime aus dem Wege zu gehen. Er schrieb Zweig, der sich geweigert hatte, ein zweites Libretto für ihn zu schreiben, am 17. Juni 1935 einen erbitterten sarkastischen Brief. Darin frozzelte er über Zweigs »jüdische Sturheit«, die genüge, ihn auch zum Antisemiten zu machen. Er ärgerte sich über diesen Rassenstolz und dieses Solidaritätsgefühl und erklärte, daß es für ihn nur zwei Arten von Menschen gäbe, diejenigen, die Begabung hätten und diejenigen, denen sie fehle. S. behauptete Zweig gegenüber, er habe oft der NS-Spitze erklärt, daß er die antijüdische Kampagne → *Streichers* und Goebbels' als eine Schmach für die deutsche Ehre, als die niedrigste Art der Kriegführung talentloser, fauler Mittelmäßigkeit gegen höhere Begabung ansehe. Weiter sagte er, er habe von Juden so viel Hilfe, Selbstaufopferung, Freundschaft und Anregung erfahren, daß es ein Verbrechen wäre, dies nicht in größter Dankbarkeit anzuerkennen – seine schlimmsten und übelsten Gegner und Feinde seien vielmehr ›Arier‹ gewesen.
Dieser Brief wurde von der Gestapo abgefangen und führte zu S. Absetzung als Präsident der Reichsmusikkammer und Vorsitzender des Verbandes deutscher Komponisten. Der eingeschüchterte S. schrieb nun einen devoten Brief an Hitler, in dem er versuchte, jeden Gedanken daran zu zerstreuen, daß er es mit dem Antisemitismus nicht ernst nehme.
So rückgratlos er sich damit auch zeigte – sein Verhalten ist größtenteils auf seine Naivität und auf die Illusion zurückzuführen, daß er »über der Politik« schwebe. Dazu kam wohl auch noch der Wunsch, sein Werk durch die Organisationen der Staatsmacht weiterhin gefördert zu sehen. Tatsächlich wurden S. Kompositionen in sämtlichen Opernhäusern und Konzertsälen NS-Deutschlands aufgeführt und regten manchen jungen, weniger begabten Musiker zur Nachahmung an. S. komponierte weiter bis zum Ende des Dritten Reiches, war ein liebevoller Familienvater, schützte seine jüdische Schwiegertochter, an der er sehr hing, vergrub sich in seinem Studio in Garmisch-Partenkirchen und ignorierte den Weltuntergang, der sich außerhalb seiner vier Wände abspielte. *Capriccio* (1942), eine Reflexion über die Natur der Oper, war sein nostalgisch-beschwörender Abschied von der Kunstform, der er so lange als einer ihrer größten Vertreter gedient hatte. Erst am Ende des Krieges, als alle großen Opernhäuser in Dresden, Berlin, Wien und München, an denen er gewirkt hatte, zerstört waren, schien er das Ausmaß der Katastrophe zu begreifen, die über Deutschland hereingebrochen war.
Im Herbst 1949 suchte er in der Schweiz Zuflucht, nachdem er noch einen leidenschaftlich-klagenden Nachruf auf das Deutschland geschrieben hatte, das für immer untergegangen war. Am 8. Juni 1948 sprach eine Entnazifizierungskammer in München S. in allen Punkten von den gegen ihn erhobenen Anklagen frei. Man hatte ihm vorgeworfen, er habe an der NS-Bewegung teilgenommen und sei Nutznießer des Regimes gewesen. Der 85 Jahre alte Komponist, einer der ganz Großen der deutschen Musikgeschichte, starb am

8. September 1949 in Garmisch-Partenkirchen.

Streicher, Julius (1885–1946)
Gauleiter von Franken, Begründer des antisemitischen Hetzblattes *Der Stürmer* sowie rabiatester Propagandist des Antisemitismus im Dritten Reich. S. wurde am 12. Februar 1885 in Fleinhausen bei Augsburg als Sohn eines Volksschullehrers geboren und ergriff später selbst diesen Beruf. Während des Ersten Weltkrieges diente S. bei einer bayerischen Einheit und erhielt, obwohl man ihn wegen Disziplinlosigkeit verwarnte, das Eiserne Kreuz Erster Klasse. 1919 war er Mitbegründer der nationalistisch-antisemitischen Deutsch-Sozialen Partei, trat jedoch zwei Jahre später mit all seinen Anhängern geschlossen der NSDAP bei. Er war einer der frühesten NSDAP-Anhänger in Nordbayern und wurde 1925 zum Gauleiter in Franken ernannt. Seine Teilnahme am Hitlerputsch vom 8./9. November 1923 und seine Ausfälle gegen die Weimarer Republik führten dazu, daß er 1923 bis 1928 aus dem Schuldienst entlassen war. 1924 hielt er als NSDAP-Abgeordneter Einzug in den bayerischen Landtag.

S. war ein nimmermüder gehässiger Demagoge, dessen politischer Einfluß weitgehend auf den 1923 von ihm gegründeten *Stürmer* zurückzuführen war, den er bis 1945 herausgab. Dieses Wochenblatt war berüchtigt wegen seiner rüden Karikaturen, seiner abstoßenden Fotos von Juden, seiner Geschichten über Ritualmorde, seiner pornographischen Elemente und seines groben Stils. Als *Stürmer*-Kolumnist und auf endlosen Vortrags-Reisen erreichte S. Millionen von Deutschen, die er zu seinem Antisemitismus bekehren wollte. Ein System landesweit verbreiteter Schaukästen (Aushängekästen, die man als *Stürmerkästen* bezeichnete) trug erheblich zur Breitenwirkung des *Stürmers* bei. Sie waren in Parks, auf öffentlichen Plätzen, in Werkskantinen, an Straßenecken und Bushaltestellen aufgehängt und zogen so die Aufmerksamkeit auf sich. Die optische Wirkung, die rassistischen Schlagzeilen und die mit Skandalgeschichten gewürzten Texte verfehlten ihre Wirkung auf die Massen nicht. Immer wieder brachte der *Stürmer* fettgedruckte Parolen wie: »Meidet jüdische Ärzte und Anwälte!« und veröffentlichte Listen jüdischer Zahnärzte, Kaufleute und Angehöriger anderer Berufe, um die Arier einen Bogen zu machen hätten. Wer diesen Rat ignorierte, lief Gefahr, sich eines Tages selbst in einer *Stürmer*-Liste wiederzufinden.

Leserbriefe mit Denunziationen von Juden und von Deutschen, die zu ihnen hielten, waren ein weiteres Charakteristikum des *Stürmers*, der 1935 behauptete, daß Woche um Woche etwa 11000 Briefe dieser Art bei ihm eingingen. Diese »Pranger«-Spalte schuf ein Klima der Angst und Einschüchterung – dies nicht nur in Nürnberg, wo Streichers Einfluß überall spürbar war und sich auf alle Lebensbereiche auswirkte, sondern darüber hinaus in ganz Deutschland. Mit dem *Stürmer* hatte S. ein Druckmittel für die antijüdischen Maßnahmen der NS-Machthaber in der Hand. Schon 1933 hetzte er zur Verbannung der Juden aus öffentlichen Bädern, Vergnügungsstätten, staatlichen Schulen und anderen Orten. Nachdem S. 1935 in Magdeburg eine Rede gehalten hatte, durften Juden keine öffentlichen Verkehrsmittel

mehr benutzen. Außerdem war S. mit Hilfe des *Stürmers* Initiator der Kampagne, die schließlich 1935 zu den Nürnberger Rassengesetzen führte.
Einer der begeistertsten *Stürmer*-Leser war Adolf Hitler, der erklärte, der *Stürmer* sei die einzige Zeitung, die er begierig von der ersten bis zur letzten Seite verschlinge. Zweifellos war es der »Führer«, der Streicher protegierte, ihm hohe Ämter verlieh und als »Freund und Waffengefährten« pries, der niemals schwankte und in jeder Lage unerschütterlich hinter ihm stünde. Obwohl Hitler von S.s weitverbreiteter Unpopularität und seinem denkbar schlechten Ruf durchaus Kenntnis hatte, betrachtete er ihn als Mann von Geist und als außerordentlich nützlich, wenn nicht gar unersetzlich. Die primitiven Methoden des fränkischen Gauleiters hielt er für sehr wirkungsvoll, besonders im Hinblick auf den »Mann auf der Straße«, und er erklärte laut → *Rauschning*, er gebe S. freie Hand, denn Antisemitismus sei die wichtigste Waffe im Arsenal der NSDAP.
Trotz wiederholter Forderungen, der *Stürmer* solle sein Erscheinen einstellen, weil er eine »Kulturschande« sei, ordnete Hitler persönlich an, daß nichts gegen das Blatt unternommen werden dürfe, und erklärte, S.s Material sei unterhaltsam und sehr geschickt dargeboten. Die deutsche Öffentlichkeit schien ebenfalls dieser Ansicht zu sein, denn die Auflage des *Stürmers* stieg von 2000–3000 Exemplaren im Jahre 1923 auf 65000 (1934) und näherte sich 1937 der halben Million. Sie schwankte, nahm zu, sank aber dann während des Krieges auf etwa 200000. Selbstverständlich sicherte der Besitz eines so vielgelesenen Blattes S. ein beträchtliches Einkommen, um das ihn manch anderer Gauleiter beneidete.
Ebensowenig ließen es die Mächtigen des Dritten Reiches S. gegenüber an Zeichen offiziellen Wohlwollens fehlen. So ernannte Hitler ihn im März 1933 zum Leiter des »Zentralkomitees zur Abwehr jüdischer Greuel- und Boykotthetze«. Im Jahre 1933 wurde S. in den Reichstag gewählt, und 34 erhielt er die Beförderung zum SA-Gruppenführer. Solange er als Gauleiter amtierte (d. h. bis 1939), stieg er in immer größerem Umfang ins Zeitungsgeschäft ein, bis ihm schließlich zehn Blätter – darunter die *Fränkische Tageszeitung* – gehörten. Außerdem vergrößerte er sein Privatvermögen, indem er in seinem Machtbereich Juden enteignete und es Freunden ermöglichte, jüdische Häuser und Geschäfte zu einem Bruchteil ihres wirklichen Wertes zu kaufen.
Durch sein Verhalten, seine sexuellen Eskapaden und seine zweifelhaften Geschäfte wurde S. sogar in den Augen seiner Gesinnungs- und Parteigenossen untragbar, und bis 1939 rissen die Klagen von Parteifunktionären über sein geradezu psychopathisches Verhalten nicht ab. So bezichtigte man ihn der Vergewaltigung und der Quälerei politischer Gefangener. Außerdem hatte er sich angeblich über sexuelle Fähigkeiten anderer angesehener NS-Funktionäre lustig gemacht. So formierte sich eine massive innerparteiliche Opposition gegen ihn, die nicht einmal Hitler länger ignorieren konnte. Daß S. 1940 seiner Parteiämter enthoben wurde, war weniger seiner Käuflichkeit oder seiner Neigung zur Pornographie zuzuschreiben, sondern seiner Behauptung, Hermann → *Göring* sei impotent, und seine Tochter Edda das Produkt künst-

licher Besamung. Der erboste Göring schickte eine Kommission nach Franken, die S.s geschäftliche Transaktionen sowie sein Privatleben durchleuchten sollte, was dann zu seinem Sturz führte. Dennoch durfte S. weiterhin als Herausgeber des *Stürmers* fungieren. Am 16. Oktober 1946 wurde er in Nürnberg nach seiner Verurteilung durch das Kriegsverbrechertribunal gehängt. Laut Gerichtsbefund erfüllte S.s Hetze zu Mord und Vernichtung zu einer Zeit, da die Juden unter den furchtbarsten Bedingungen in Osteuropa ermordet wurden, den Tatbestand der »Verfolgung aus rassischen und politischen Gründen« und stellte ein Verbrechen gegen die Menschlichkeit dar. S. selbst betrachtete seinen Prozeß und seinen Tod als »Triumph des Weltjudentums«, schritt mit dem zornigen Ausruf »Dies ist mein Purimfest 1946« zum Galgen und beteuerte dem toten Hitler noch einmal »ewige Treue«.

Stroop, Jürgen (1895–1952)
Als Sohn eines Polizisten am 26. September 1895 in Detmold geboren, wuchs Josef S. (er änderte erst später seinen Vornamen in Jürgen) in einer katholischen Familie der unteren Mittelschicht auf. Er meldete sich im Ersten Weltkrieg freiwillig zum Militär und kehrte als Vizewachtmeister aus dem Krieg heim. 1934 machte man ihn zum SS-Hauptsturmführer, 1939 war er bereits bis zum SS-Oberführer und Obersten der Polizei avanciert. Im Zweiten Weltkrieg erwies er sich als Experte für die Befriedung der Zivilbevölkerung in der besetzten Tschechoslowakei, der Sowjetunion, Polen und Griechenland. Der linientreue Parteianhänger verehrte General → *Ludendorff*, war von der antisemitischen Gesinnung der Generalsgattin Mathilde stark beeinflußt und stellte sich willig in den Dienst der herrschenden Mächte.
1943 schlug S. den Aufstand im Warschauer Ghetto nieder, der damit begonnen hatte, daß die Kampforganisation der jüdischen Ghettobewohner von Hausdächern und aus Kellerlöchern auf Panzerspähwagen, Panzer und LKWs der SS und der Wehrmacht das Feuer eröffnete. SS-Brigadeführer S. wurde aus Lemberg (Galizien) nach Warschau gerufen, um die zwischen 60000–80000 Juden, die noch immer im Ghetto lebten, zu liquidieren. An sich hatte er geplant, die Revolte in drei Tagen niederzuwerfen und das Ghetto dem Erdboden gleichzumachen, doch der Kampf dauerte bis Mitte Mai und kostete die Deutschen nach eigenen Feststellungen 16 Gefallene und 85 Verwundete. S., für den die Liquidierung der Ghettobewohner eine militärische Aktion war wie jede andere auch, hatte knapp über 2000 Mann zur Verfügung (einschließlich zweier SS-Ausbildungsbataillone und einiger Wehrmachttruppenteile). Seine Tagebucheintragungen sowie die Meldungen, die er erstattete und die exakt vermerken, wie viele Juden täglich getötet wurden, bringen sein Erstaunen darüber zum Ausdruck, daß die Warschauer Juden trotz der Gefahr, lebendigen Leibes zu verbrennen, lieber in die Flammen zurückkehrten, als sich von seinen Männern gefangennehmen zu lassen.
Am 23. April 1943 beklagt er, daß durch die Schläue, die diese Juden und Banditen an den Tag legten, seine Operationen erschwert würden. So berichtete er, daß auf den Wagen, die dazu benutzt wurden, die Leichen zu transportieren, auch lebendige Juden zum jüdischen Friedhof gebracht wurden, damit sie so

das Ghetto verlassen und entkommen konnten. Am 25. April 1943 hatte S. einen großen Teil des Ghettos durchgekämmt und insgesamt 27464 Juden gefangengenommen. Er vermerkte, daß er sich bemühe, am folgenden Tag einen Zug nach T2 (Treblinka) zu bekommen, da sonst eine sofortige Liquidation durchgeführt würde. Denn keiner der ergriffenen Juden sollte in Warschau bleiben. Am 16. Mai 1943 erklärte S. die »Operation« für beendet: 17000 Juden waren im Ghetto selbst, 6929 im Vernichtungslager Treblinka ermordet worden. Weitere 42000 brachte man in die Arbeitslager von Lublin, und vielleicht 6000–7000 Juden lagen unter den Trümmern verschüttet oder waren verbrannt.
S. verfaßte anschließend einen 75 Seiten umfassenden Bericht über diese Aktion, der, in schwarzes Leder gebunden, sämtliche Kopien der Tagesmeldungen enthielt, die er an seinen Vorgesetzten geschickt hatte, dazu Photos mit Unterschriften in Fraktur, wie etwa die folgende: »Das Ausräuchern der Juden und Banditen«. Dieser S.-Bericht wurde später (1960) in Warschau veröffentlicht. Eine deutsche Ausgabe erschien 1976. Als Anerkennung für die Niederwerfung des Ghettoaufstandes erhielt der SS-General S. das Eiserne Kreuz Erster Klasse, wurde zum SS-Gruppenführer befördert und dann nach Griechenland versetzt, wo man ihn zum Höheren SS- und Polizeiführer ernannte. Am 21. März 1947 verurteilte ihn ein amerikanisches Militärgericht in Dachau zum Tode, weil er in Griechenland die Erschießung kriegsgefangener amerikanischer Piloten und griechischer Geiseln befohlen hatte. Anschließend wurde er an die Polen ausgeliefert, erneut vor Gericht gestellt und als »Henker von Warschau« am 6. März 1952 in Warschau hingerichtet.

Stuckart, Wilhelm (1902–1953)
Staatssekretär im Reichsinnenministerium, der die Nürnberger Gesetze und ihre späteren Ergänzungen mitverfaßte. S. wurde am 16. November 1902 in Wiesbaden geboren, studierte in München und Frankfurt Rechtswissenschaft, kämpfte später im Freikorps Epp und wurde zweimal von französischen Besatzungsbehörden in Deutschland wegen oppositioneller Aktivitäten verhaftet. Schon früh (1922) stieß er zur NSDAP und wurde 1926 Rechtsberater der Partei in Wiesbaden. Wegen seiner politischen Verbindungen mußte er 1932 als Richter zurücktreten, doch nur ein Jahr später war er amtierender Bürgermeister in Stettin. Im Juni 1933 ernannte man ihn zum Staatssekretär im preußischen Unterrichtsministerium, im September des gleichen Jahres zum Mitglied des preußischen Staatsrates. Am 11. März 1935 wurde S. Staatssekretär im Reichsministerium des Inneren, und wenige Monate später beteiligte er sich an der Formulierung und Vorlage der Nürnberger Gesetze, durch die das deutsche Judentum von der »Volksgemeinschaft« ausgeschlossen wurde.
Zusammen mit Hans → *Globke* verfaßte er einen maßgeblichen Kommentar zu dieser Gesetzgebung, der 1936 unter dem Titel *Kommentare zur deutschen Rassengesetzgebung* erschien. Dieses Ergänzungswerk legt ausführlich die völkische Konzeption des Staates dar und verbreitete sich darüber, daß im Dritten Reich »die deutsche Idee des Volkes« Wirklichkeit geworden sei. S. war ein führender Staats-

theoretiker und loyaler SS-Mann (im Januar 1944 wurde er zum SS-Obergruppenführer befördert) und verfaßte mehrere Werke über nationalsozialistische Rechtstheorie. Im Januar 1942 nahm er an der sogenannten Wannseekonferenz teil, auf der er den Plänen für eine Endlösung der Judenfrage zustimmte und die Zwangssterilisation aller Nicht-Arier sowie die Auflösung sämtlicher Mischehen vorschlug. S. stand auch der »Kommission zum Schutze des deutschen Blutes« vor. 1945 wurde S. verhaftet, doch der Nürnberger Gerichtshof hatte dokumentarische Schwierigkeiten, S.s Behauptung zu widerlegen, er habe von dem Vernichtungsprogramm nichts gewußt, und verurteilte ihn 1949 lediglich zu vier Jahren Gefängnis, die durch die Jahre, die er nach dem Kriege bereits abgesessen hatte, als verbüßt galten. Man ließ ihn sofort frei, und er lebte in der Folgezeit in West-Berlin. Im Dezember 1953 kam er bei einem Autounfall in der Nähe von Hannover ums Leben.

Stülpnagel, Karl-Heinrich von (1886–1944)

Von 1942 bis 1944 deutscher Militärbefehlshaber in Frankreich. S. wurde am 2. Januar 1886 in Darmstadt geboren. Als Berufssoldat der alten Schule, der wie viele seiner Offizierskameraden das NS-Regime mißbilligte, wurde er in Paris zur Zentralfigur der Widerstandsbewegung, die es sich zum Ziel gesetzt hatte, Hitler zu stürzen. Von November 1938 bis Juni 1940 war er Oberquartiermeister I im Generalstab des Heeres und leitete anschließend sechs Monate lang die französisch-deutsche Waffenstillstandskommission. Im Januar 1941 wurde er Oberbefehlshaber der 17. Armee, die er – an der Ostfront eingesetzt – bis Oktober 1941 führte.

Am 13. Februar 1942 folgte er seinem Vetter, Otto von → *Stülpnagel*, als Militärbefehlshaber in Frankreich nach und bekleidete dieses Amt bis zum 21. Juli 1944. Die Maßnahmen, die er gegen die französische Widerstandsbewegung ergreifen ließ (einschließlich der Erschießung von Familienangehörigen und Geiseln), waren außergewöhnlich hart. Dennoch stand S., der bereits dem Kreis um → *Halder* und → *Beck* angehört hatte und in die Putsch-Pläne des Jahres 1939 eingeweiht gewesen war, in der vordersten Linie der Verschwörer, die Hitler möglichst noch vor der erwarteten alliierten Landung in Frankreich zu beseitigen versuchten. Allerdings ließ sich diese Absicht nicht mehr verwirklichen, da die Alliierten bereits am 6. Juni 1944 landeten. Doch als dann am 20. Juli 1944 das Attentat Claus von → *Stauffenbergs* auf Hitler stattfand und die »Operation Walküre« ausgelöst wurde, gelang es S. und seinen Mitverschwörern, den Höheren SS- und Polizeiführer → *Oberg* und die wichtigsten Gestapo- und SD-Leute in Paris festzunehmen, bevor aus Deutschland die Nachricht eintraf, daß die Verschwörung gescheitert war.

S. wurde nach Berlin befohlen und versuchte, sich in der Nähe von Verdun das Leben zu nehmen. Allerdings zertrümmerte er sich nur eine Gesichtshälfte und erblindete an den Folgen dieser Verwundung. Trotz seiner schweren Verletzung transportierte man ihn nach Berlin, wo der Volksgerichtshof ihn zum Tode verurteilte. Die Hinrichtung fand am 30. August 1944 in der Haftanstalt Berlin-Plötzensee statt. Man mußte den Erblindeten an der Hand zum Galgen führen.

Stülpnagel, Otto von (1878–1948)
Vetter von Karl-Heinrich von → *Stülpnagel* und dessen Vorgänger (1940 bis 1942) als Militärbefehlshaber in Frankreich. S. wurde am 16. Juni 1878 in Berlin geboren. Er diente ab 1898 im preußischen 2. Garderegiment zu Fuß und nahm am Ersten Weltkrieg teil. Nach dem Waffenstillstand beantragte Frankreich seine Auslieferung, weil man ihn des Mordes und Diebstahls beschuldigte, doch wurde er nie zur Rechenschaft gezogen. Als Mitglied des sogenannten Schwertadels spielte S. eine tonangebende Rolle in einer Gruppe reaktionärer Reichswehroffiziere, die aus dem Hintergrund versuchte, die Weimarer Republik zu zerstören.
Bereits vor 1933 war S. einer der treuesten Anhänger Hitlers, wurde 1940 aus dem Ruhestand zurückberufen und als General der Infanterie reaktiviert, um mit Sonderaufgaben betraut zu werden. Im Oktober 1940 wurde er zum Militärbefehlshaber in Frankreich ernannt und schlug im Schloß Pierre Lavals in Clermont-Ferrand sein Hauptquartier auf. Als Militärgouverneur von Groß-Paris (bis Februar 1942) erwarb er sich den traurigen Ruf eines brutalen Henkers, der für den Tod vieler französischer Patrioten ebenso verantwortlich war wie für die Deportation zahlloser anderer nach Deutschland. Seine Proklamationen, die Sperrstunden, drakonische Strafen und Geiselerschießungen anordneten, wurden ihm von den Parisern nicht vergessen.
Nachdem in einer Pariser Metrostation ein deutscher Offizier umgebracht worden war, befahl er die Hinrichtung von 22 Geiseln, deren Tod der Bevölkerung von Paris auf roten Plakaten bekanntgegeben wurde. Nach Operationen der französischen Untergrundbewegung in Bordeaux und Nantes ließ er weitere 50 Geiseln erschießen. Im Herbst und Winter 1941 erreichte S.s Schreckensherrschaft ihren Höhepunkt. Damals holte man als Vergeltung für Aktionen der Widerstandskämpfer gegen die Besatzungsmacht vorwiegend Juden und Kommunisten aus den Gefängnissen und richtete sie hin. Nach dem Krieg wurde S. in Deutschland verhaftet, um in Paris vor Gericht gestellt zu werden. Doch er erhängte sich im Februar 1948 in seiner Zelle im Pariser Cherche-Midi-Gefängnis, noch ehe der Prozeß begonnen hatte.

T

Terboven, Josef (1898–1945)
Reichskommissar in Norwegen. T. wurde am 23. Mai 1898 als Sohn eines katholischen Landwirts in Essen geboren und nahm als Leutnant am Ersten Weltkrieg teil. Anschließend studierte er Jura und Staatswissenschaften an den Universitäten Freiburg und München. Am 8./9. November 1923 beteiligte er sich am Hitlerputsch. T. war von Beruf Bankbeamter und schloß sich Ende der zwanziger Jahre in Essen der NSDAP und der SA an. 1930 zog er als einer von 107 NS-Abgeordneten für den Wahlkreis Düsseldorf-West in den Reichstag ein. 1933 wurde er zum Preußischen Staatsrat ernannt und bereits 1928 zum Gauleiter von Essen bestellt. Am 5. Februar 1935 machte man ihn zum Oberpräsidenten der Rheinpro-

vinz, und im September 1939 wurde er Reichsverteidigungskommissar für den Wehrkreis VI.
Nach der Besetzung Norwegens durch die Deutschen wurde T. am 24. April 1940 zum SA-Obergruppenführer und Reichskommissar für Norwegen ernannt (eine Position, die er bis Kriegsende innehatte). Hitler lobte sein rigoroses Vorgehen in Norwegen und erklärte in einem seiner »Tischgespräche« (5. Mai 1942), daß T. sich bewußt sei, »daß er Schwemmsand unter die Füße bekomme, wenn er nicht rücksichtslos zugreife«. Fast alle Norweger bekamen T.s Härte zu spüren. Doch nach dem deutschen Überfall auf die Sowjetunion richteten sich seine Aktionen vor allem gegen die wenigen norwegischen Juden, von denen ein Großteil entweder exekutiert oder nach Deutschland deportiert wurde. T. beging im Mai 1945 in Norwegen Selbstmord.

Thälmann, Ernst (1886–1944)
Führer der Kommunistischen Partei Deutschlands (KPD); gegen Ende des Zweiten Weltkrieges im KZ Buchenwald erschossen. T. wurde am 16. April 1886 als Sohn eines Hamburger Gastwirtes geboren. Seiner Herkunft nach war T. ein echter Proletarier und verdiente seinen Lebensunterhalt zunächst als Transportarbeiter. 1903 trat er der Sozialdemokratischen Partei (SPD) bei und ein Jahr später auch der Gewerkschaft. Im Ersten Weltkrieg wandte er sich der Unabhängigen Sozialdemokratischen Partei Deutschlands (USPD) zu. 1920 befürwortete er auf einem Kongreß in Halle deren Anschluß an die Kommunistische Internationale (Komintern). Nachdem er mit dem linken USPD-Flügel zur KPD gestoßen war, wurde er schon zwei Jahre danach in deren Zentralkomitee gewählt.
Im Oktober 1923 unterstützte er – im Gegensatz zur Linie der Parteiführung – die fehlgeschlagene kommunistische Erhebung in Hamburg. 1924 wurde er als kommunistischer Abgeordneter in den Reichstag gewählt und blieb bis 1933 Reichstagsmitglied. Als Stellvertretender Vorsitzender der KPD vertrat er zunächst deren am weitesten links stehenden Flügel (um Ruth Fischer). 1924 wurde er außerdem Vorsitzender des neu gegründeten Roten Frontkämpferbundes, einer paramilitärischen kommunistischen Organisation, die in den kommenden Jahren der SA blutige Straßenschlachten lieferte. 1926 war T. unter dem Druck Stalins maßgeblich am Sturz der »Linksabweichler« (wie es nun hieß) unter Ruth Fischer beteiligt. 1928 festigte er seine Position, indem er die reformistische Gruppe um Heinrich Brandler aus der Partei ausschloß. T. befolgte loyal die Direktiven aus Moskau und unterstützte bedingungslos den leninistisch-stalinistischen Kurs der Partei, der keinerlei ideologische Abweichung duldete. Ab 1924 war er Mitglied des Exekutivkomitees der Komintern, in deren Präsidium er sieben Jahre später eintrat.
Unter dem Einfluß der Komintern vollzog er 1928 abermals eine Schwenkung nach ganz links, die dazu führte, daß sich die KPD auf die Bekämpfung der »faschistischen Sozialdemokraten« und der reformistischen Gewerkschaften konzentrierte. So erklärte T. am 2. Februar 1930 im Reichstag, der Faschismus sei in Deutschland bereits an der Macht, obwohl ein Sozialdemokrat (Hermann Müller) an der Spitze der

Regierung stand. Die massiven Stimmengewinne der NSDAP dagegen (in der Reichstagswahl vom 14. September 1930) wurden seitens der kommunistischen Führung als »Anfang vom Ende« abgetan. Im April 1931 verkündete T. dem Exekutivkomitee der Komintern zuversichtlich, der Wahlerfolg der NSDAP bei den Septemberwahlen 1930 sei Hitlers bester Tag gewesen, und in der Folge könne es für ihn nur schlimmer kommen. Die gleiche Einstellung ließ T. und die übrige KPD-Führung auch den Unterschied zwischen den Regierungen von → *Papens*, von → *Schleichers* und einem rein nationalsozialistischen Regime verkennen. Man wollte nicht wahrhaben, daß Hitler sämtliche unabhängigen Organisationen der deutschen Arbeiterschaft sofort ausschalten würde.
Zwar gehörte zu T.s stalinistisch geprägter Strategie gegenüber dem Nationalsozialismus der offene, gewaltsame Widerstand auf der Straße, aber er schreckte nicht vor einem Flirt mit dem deutschen Nationalismus zurück. So übernahmen 1930 die Kommunisten das nationalsozialistische Schlagwort von der »Revolution des Volkes« und riefen zur »nationalen und sozialen Befreiung des deutschen Volkes« auf, desgleichen zu einem gemeinsamen Kampf der Massen gegen den Versailler Vertrag, den Young-Plan und die »Herrschaft des Finanzkapitals«, an dessen Spitze angeblich die Sozialdemokraten standen. T.s Taktik, eine revolutionäre Einheitsfront der Arbeiterklasse gegen den Nationalsozialismus zu schaffen, richtete sich vor allem gegen die SPD, wobei man davon ausging, daß nur ein Sieg über die Sozialdemokraten den Kommunisten den Sieg bringen werde. T. hatte sich dermaßen in den Kampf gegen die SPD verrannt, daß er im Dezember 1931 sogar schriftlich erklärte, die Sozialdemokratie versuche, die Massen von machtvollen Aktionen gegen die Diktatur des Finanzkapitals abzulenken, indem sie das Gespenst des Hitlerfaschismus an die Wand male. Dabei gebe es einige, die im Wald der Sozialdemokratie die nationalsozialistischen Bäume nicht mehr sähen.
T. kandidierte dreimal für das Amt des Reichspräsidenten. Am 26. April 1925 erhielt er dabei lediglich 1,9 Millionen Stimmen, am 13. März 1932 allerdings 4,9 Millionen (13,2%) gegenüber den 18,6 Millionen (49,6%), die der siegreiche → *Hindenburg*, und den 11,3 Millionen (30,1%), die Hitler auf sich vereinigen konnte. Im zweiten Wahlgang (am 10. April 1932) erreichte Hindenburg dann 19,4 Millionen (53%) gegen 13,4 Millionen (36,8%) für Hitler und 3,7 Millionen (10,2%) für T. Seine Kandidatur im Jahre 1925 führte (wenn auch mittelbar) zur Niederlage des demokratischen Zentrumskandidaten Wilhelm Marx (»Weimarer Koalition«, 13,8 Millionen Stimmen) gegen Hindenburg, der es damals auf 14,7 Millionen Stimmen brachte. Als am 30. Januar 1933 dann Adolf Hitler an die Macht kam, erwies sich der Optimismus des KP-Führers als verhängnisvolle Illusion. Unmittelbar nach dem Reichstagsbrand (27. Februar 1933) wurde er als einer der Hauptgegner Hitlers verhaftet und zunächst in das Untersuchungsgefängnis Berlin-Moabit eingeliefert. Damit begann für ihn eine Leidenszeit, die länger als zehn Jahre dauerte. Er blieb in Haft, bis er im August 1944 im KZ Buchenwald, vermutlich auf direkten Befehl Hitlers, erschossen wurde.

Thierack, Otto (1889–1946)
Präsident des gefürchteten Volksgerichtshofes und Reichsjustizminister. T. wurde am 19. April 1889 als Sohn mittelständischer Eltern in Wurzen (Sachsen) geboren. Nach dem Studium (Jura und Sozialwissenschaft) in Marburg und Leipzig promovierte er im Februar 1914 zum Doktor der Rechte. Am Ersten Weltkrieg nahm er als Leutnant teil und wurde mit dem Eisernen Kreuz II. Klasse ausgezeichnet. Anschließend begann er seine Laufbahn als Jurist und amtierte in Leipzig und Dresden als Staatsanwalt. Er war schon früh Mitglied der SA, seit 1932 auch der NSDAP, avancierte zum Führer des NS-Rechtswahrerbundes, wurde 1933 kommissarischer sächsicher Justizminister und zwei Jahre später Vizepräsident des Reichsgerichtes in Leipzig.
Von 1936 bis 1942 war T. dann Präsident des Volksgerichtshofes in Berlin – eines unter Ausschaltung des bisher dafür zuständigen Reichsgerichtes eigens geschaffenen Sondergerichtes zur raschen Aburteilung in Fällen von Hoch- und Landesverrat sowie anderer politischer Straftaten gegen das Dritte Reich. Gegen Entscheidungen des Volksgerichtshofes gab es keinerlei Berufung. Der mittlerweile zum SS- und SA-Gruppenführer aufgestiegene T. wurde nach dem Tode → *Gürtners* schließlich Reichsminister der Justiz (1942–1945). In seinem Ernennungsschreiben vom 20. August 1942 ermächtigte Hitler ihn ausdrücklich, sich über jedes bestehende Gesetz hinwegzusetzen, um »eine nationalsozialistische Rechtspflege« aufzubauen. Unter anderem legalisierte T. → *Goebbels'* Vorschlag, verschiedene Gruppen verhafteter oder im Dritten Reich unerwünschter Ausländer in Konzentrationslager einzuweisen, um sie dort durch Arbeit unschädlich zu machen. Am 18. September 1942 schloß T. mit → *Himmler* ein Abkommen über die Auslieferung Asozialer zum Vollzug ihres Urteils durch die SS und arbeitete Anordnungen aus, wonach ganze Bevölkerungsgruppen, ohne daß gegen ihre einzelnen Angehörigen die geringste Anklage vorlag, in Konzentrationslagern der Vernichtung durch Arbeit zugeführt werden konnten.
Von Juden und Zigeunern abgesehen, erfaßten die betreffenden Dekrete auch sämtliche in den besetzten Gebieten eingezogenen Ostarbeiter, insbesondere Russen und Ukrainer. Polen, die mehr als drei Jahre in Haft saßen, desgleichen Tschechen und Deutsche, die eine mehr als achtjährige Gefängnisstrafe abzubüßen hatten, zählten ebenfalls zu den genannten »asozialen Elementen«.
Um die Ostgebiete für eine deutsche Kolonisierung geeignet zu machen, empfahl T., daß Juden, Polen, Zigeuner, Russen und Ukrainer, die überführt wurden, Verbrechen begangen zu haben, nicht von regulären Gerichten abgeurteilt, sondern gemäß den Plänen der Reichsführung über die Erledigung des Ostproblems vom Reichsführer SS exekutiert werden sollten. In einem Brief an Martin → *Bormann* vom 13. Oktober 1942 legte T. mit ungewohntem Freimut dar, was hinter seiner Politik stand: Er erklärte, »daß die Justiz nur in kleinem Umfange dazu beitragen kann, Angehörige dieses Volkstums auszurotten ... Es hat auch keinen Sinn, solche Personen Jahre hindurch in deutschen Gefängnissen und Zuchthäusern zu konservieren, selbst dann nicht, wenn, wie das heute weitgehend geschieht, ihre Arbeits-

kraft für Kriegszwecke ausgenutzt wird.«
Weiterhin erklärte T. in demselben Brief, Himmlers Polizei könne ihre Maßnahmen ganz ungehindert durch die Feinheiten des Strafgesetzes durchführen. Trotz dieser Äußerungen wurde T. von Hitler kritisiert, der erklärte, er sei nicht robust genug und stecke noch immer in seinen »legalistischen Eierschalen«. Nach dem Krieg geriet T. in alliierte Gefangenschaft und wurde von den Engländern interniert. Am 26. Oktober 1946 erhängte er sich im Internierungslager Eselheide bei Paderborn, bevor man ihn nach Nürnberg bringen und dort vor Gericht stellen konnte.

Thorak, Josef (1889–1952)
Einer der Lieblingsbildhauer Hitlers, spezialisiert auf muskulöse Männergestalten von meist hohlem Pathos. T. wurde am 7. Februar 1889 als Sohn eines Töpfers in Salzburg geboren. Er war bereits in den zwanziger Jahren vor allem als Schöpfer damals von Rodin beeinflußter Wachsplastiken bekannt. Später ließ er sich jedoch mehr von neoklassizistischen Einflüssen leiten und schuf immer monumentalere Skulpturen, an denen oft kaum mehr beeindruckte als ihre Kolossalität. Der solide Handwerker und »Muskelliebhaber«, der unter anderem Porträtbüsten zahlreicher Politiker schuf (so auch von → *Hindenburg*) erhielt 1928 den Staatspreis der Preußischen Akademie der Künste.
Während des Dritten Reiches wurde T. mit seinen überdimensionalen Bronze- und Marmorstatuen muskelstrotzender Männer und schwerhüftiger, strammer, nicht weniger robuster Frauen zu einem von den NS-Machthabern ganz besonders geschätzten Künstler. Denn er realisierte jenes Pathos, das man damals in der Kunst ganz besonders bevorzugte. Seine Marmorgruppe *Zwei Menschen* wurde als Beispiel »gesunder nordischer Erotik« gegenüber der »schwülen Sexualität« der zwanziger Jahre von Hitler eigenhändig zur Preisverleihung ausgesucht. Seit 1937 war T. Professor an der Akademie für Bildende Künste in München. Er erhielt den Auftrag, Büsten von Hitler und Mussolini sowie einige der Monumentalstatuen anzufertigen, die den Eingang zur Neuen Reichskanzlei flankierten. Außerdem wirkte er an Großprojekten mit, wie z. B. der Gestaltung des Berliner Reichssportfeldes.
Auf Hitlers Weisung hin erhielt er ein riesiges Atelier in Oberbayern, wo er über 16 m hohe Skulpturen für die Reichsautobahnen schuf. Nach dem Kriege zog T. sich zurück, doch nachdem eine Münchener Entnazifizierungs-Spruchkammer ihn freigesprochen hatte, begann er erneut, an verschiedenen Aufträgen zu arbeiten. Unter anderem schuf er Statuen für ein Kloster bei Linz (Österreich). Er starb am 26. Februar 1952 in Hartmannsberg (Landkreis Rosenheim/Oberbayern).

Thyssen, Fritz (1873–1951)
Führender deutscher Großunternehmer, der 15 Jahre lang Hitler und dessen Bewegung unterstützte, die ihm mehr als eine Million Mark verdankte. T. wurde am 9. November 1873 in Styrum bei Mülheim (Ruhr) als Sohn einer katholischen Unternehmerfamilie geboren. Sein Vater, August T., einer der reichsten Großindustriellen Deutschlands, unterstützte die katholische Zentrumspartei, bis diese die Unterzeichnung des Vertrages von Versailles

guthieß. Fritz T., der Erbe des Familienvermögens, wurde ein eifriger Nationalist, organisierte während der Ruhrbesetzung (1923) passiven Widerstand und wurde dafür von einem französischen Kriegsgericht verurteilt. Im selben Jahr hörte er zum erstenmal Hitler sprechen und war von dessen Rhetorik und Fähigkeit, die Massen zu begeistern sowie von der fast militärischen Disziplin der NS-Anhänger so beeindruckt, daß er der NSDAP über General → *Ludendorff* 100000 Goldmark zukommen ließ.

T. war überzeugt, Hitler könne Deutschland vor dem Bolschewismus retten, und blieb während der nächsten zehn Jahre einer der finanzkräftigsten Förderer der Partei. Unter anderem ermöglichte er ihr den Bau des Braunen Hauses in München und finanzierte ihre Wahlkämpfe. Der Mitbegründer (zusammen mit seinem Vater) und Hauptteilhaber der Vereinigten Stahlwerke (des größten deutschen Stahlkonzerns) trat im Dezember 1931 selbst der Partei bei, nachdem → *Hugenbergs* Bündnis mit Hitler (die »Harzburger Front« vom 11. Oktober 1931) ihn überzeugt hatte, daß der Young-Plan für Deutschland eine Katastrophe bedeuten würde und nur eine starke staatliche Autorität die Nation retten könne. T. brachte eine Verbindung zwischen Hitler und den Vertretern der Schwerindustrie an Rhein und Ruhr zustande und lud ihn ein, am 27. Januar 1932 auf einer Versammlung des Düsseldorfer Industrieklubs zu sprechen.

Hier redete Hitler den Kohle- und Stahlmagnaten geschickt nach dem Munde, trat für Privateigentum ein, hob die Notwendigkeit eines starken Staatswesens hervor und strich die Gefahr des Bolschewismus heraus. Auch hinsichtlich des linken Flügels seiner eigenen Partei gelang es ihm, die Teilnehmer der Versammlung zu beruhigen. Von da an erhöhten außer T. auch noch andere Großindustrielle ihre Zuwendungen an die Partei und ebneten so Hitler den Weg zur Macht. Im September 1933 wurde T. von → *Göring* zum Preußischen Staatsrat auf Lebenszeit ernannt. T. seinerseits hatte Göring, den er als einen »maßvollen« Nationalsozialisten und gleichzeitig als Bollwerk gegen die Parteilinke betrachtete, ganz besonders intensiv unterstützt. Am 12. November 1933 hielt T. (als NSDAP-Abgeordneter für Düsseldorf-Ost) Einzug in den Reichstag, und im selben Jahre unterstellte man ihm auch ein Institut zur Erforschung der Ständischen Wirtschaftsordnung.

T.s Eintreten für ein industrielles Zunftwesen, wie es auch der österreichische Staatswissenschafter und Wirtschaftstheoretiker Othmar → *Spann* befürwortete, erwies sich jedoch als unvereinbar mit dem totalitären Anspruch der Nationalsozialisten auf die Kontrolle sämtlicher Lebensbereiche. In den ausgehenden dreißiger Jahren wurde T.s Enttäuschung über die Aufrüstungspolitik des NS-Staates immer größer (obwohl gerade diese Politik seinen Geschäftsinteressen am wenigsten zuwiderlief). Außerdem wuchs sein Zorn über den Antikatholizismus und die Judenverfolgung in Hitlerdeutschland. Schließlich sah T. sich veranlaßt, seinen Titel als »Preußischer Staatsrat« zurückzugeben. In einem am 28. Dezember 1939 abgefaßten Brief an Hitler, den T. nach seiner Flucht in die Schweiz schrieb, äußerte er, daß seine Zweifel am NS-Regime begonnen hätten, als der konservative Vizekanzler Franz von → *Papen* habe zurücktreten

müssen. Daran habe sich die Verfolgung der Christen angeschlossen, man habe Priester brutal mißhandelt und Kirchen geschändet. Wie T. weiter erklärte, habe ihn das Pogrom der Reichskristallnacht vom 9. November 1938 zutiefst berührt. Man habe die Juden in der denkbar feigsten und brutalsten Weise beraubt und gefoltert und ihre Synagogen in ganz Deutschland zerstört. Dieser Protest fand jedoch keinerlei Gehör.
Der deutsch-sowjetische Nichtangriffspakt vom 23. August 1939 war dann der Tropfen, der für T. das Faß zum Überlaufen brachte. Er schrieb von nun an als »freier und aufrechter Deutscher«, bezeichnete sich als »Stimme des gequälten deutschen Volkes« und forderte die Wiederherstellung von »Freiheit, Recht und Humanität« im Deutschen Reich. Doch sein Appell wurde ignoriert. Man entzog ihm in Abwesenheit die deutsche Staatsbürgerschaft und beschlagnahmte sein Eigentum. 1941 erschienen (zuerst in einer englischen Ausgabe) seine Memoiren unter dem Titel *I paid Hitler* (Ich bezahlte Hitler). Sie sind eine bittere Abrechnung mit dem NS-Regime, das »Deutschland ruinierte«, doch außerordentlich unzuverlässig in ihrer Darstellung der finanziellen Beziehungen T.s zu Hitler und seiner Partei. 1941 wurden T. und seine Frau in Vichy-Frankreich verhaftet und an Deutschland ausgeliefert. Sie verbrachten den Rest des Krieges im Konzentrationslager. T. starb am 8. Februar 1951 bei Buenos Aires.

Todt, Fritz (1891–1942)
Schöpfer (wenn auch nicht geistiger Vater) der Reichsautobahnen, von 1940 bis 1942 auch Reichsminister für Bewaffnung und Munition sowie (ab 1941) Generalinspekteur für Wasser und Energie. T. wurde am 4. September 1891 als Sohn eines Fabrikanten in Pforzheim (Baden) geboren. Er besuchte in seiner Heimatstadt die Oberschule und studierte bis 1914 an der Technischen Hochschule in München. Im Ersten Weltkrieg kämpfte er als Offizier an der Westfront und wurde als Flugzeugbeobachter im Luftkampf verwundet. Nach dem Krieg setzte er in Karlsruhe sein Studium fort. Er trat schon am 5. Januar 1922 der NSDAP bei, wurde 1931 zum SA-Oberführer im Stabe → *Röhms* befördert und am 30. Juni 1933 zum Generalinspektor für das deutsche Straßenwesen ernannt und erhielt als solcher – Hitler direkt unterstellt – den Status einer Obersten Reichsbehörde.
In den nächsten acht Jahren vereinigte der bescheidene, zurückhaltend wirkende Ingenieur die Verantwortung für Deutschlands gesamtes Bauwesen in seinen Händen (einschließlich der Errichtung militärischer Befestigungen und des Baus der neuen Reichsautobahnen). Seit Dezember 1938 war er als Generalbevollmächtigter für die Bauwirtschaft Kontrolleur sämtlicher Straßenbauvorhaben und der Bauvorhaben an schiffbaren Wasserstraßen und an Kraftwerken. Im gleichen Jahr erhielt T. auch die Aufgabe, den Westwall zu errichten. Um dieses Vorhaben in möglichst kurzer Zeit zu vollenden, schuf er sich eine eigene Armee von Arbeitskräften – die »Organisation Todt« (OT). 1939 begann das Werk rasch voranzuschreiten, denn zusammen mit der Organisation Todt beteiligten sich neben der privaten Bauwirtschaft auch Teile des Heeres und fast der gesamte Reichsarbeitsdienst am Bau der West-

wall-Befestigungen, um diese noch vor Kriegsausbruch fertigzustellen.
T. wurde im März 1940 auch zum Reichsminister für Bewaffnung und Munition ernannt (ein Amt, das er bis zu seinem Tode innehatte) und war damit auch verantwortlich für den Bau des Atlantikwalls sowie einer Kette aus Beton errichteter U-Boot-Bunker an der französischen Atlantikküste. Als Leiter der im Rahmen des Vierjahresplans durchzuführenden Bauwerke hatte T. oft Zusammenstöße mit → *Göring*, doch genoß er Hitlers äußerste Hochachtung, der ihn 1941 auch noch zum Generalinspekteur für Wasser und Energie ernannte. In Anerkennung seiner Verdienste um den Bau der Autobahnen und des Westwalls erhielt er als erster Deutscher den »Deutschen Orden«, den Hitler als Auszeichnung »für besondere Verdienste um Volk und Reich« gestiftet hatte. Als Chef des Hauptamtes für Technik der NSDAP war T. auch in der Partei verankert, was seiner Autorität ebenso zugute kam wie sein Rang als Generalmajor der Luftwaffe. Beispielsweise war er verantwortlich für den Straßenbau in den besetzten Gebieten vom Nordkap bis Südfrankreich. Nach dem Angriff auf die Sowjetunion verlegte seine Organisation Tausende von Kilometern russischer Eisenbahngeleise, brachte sie auf die deutsche Spurweite und errichtete im Hinterland der Front Depots.
Für all diese umfangreichen Arbeitsvorhaben stand dem inzwischen zum SA-Obergruppenführer avancierten T. eine riesige Armee von Arbeitern zur Verfügung. Im Herbst 1941 allerdings war T., was die militärische Lage anging, der Verzweiflung nahe. Nach seiner Rückkehr von einer längeren Inspektionsreise an der Ostfront erklärte er seinem späteren Nachfolger (→ *Speer*), in Anbetracht des schrecklichen Klimas und anderer Schwierigkeiten sei dies ein Krieg, in dem sich die »Primitiveren« (er meinte die Russen) als überlegen erweisen würden. In diesem Pessimismus bestärkte ihn noch Hitlers Weigerung, einer umfangreicheren Versorgung der Wehrmacht absoluten Vorrang zu geben. Trotzdem blieb T. ein treuer Diener des NS-Regimes, war aber auch nach außen hin mehr Technokrat als Mann der Partei und ließ sich auch nicht in Machtkämpfe hineinziehen. Er starb durch einen Flugzeugunfall am 8. Februar 1942 bei Rastenburg (Ostpreußen). Seine sterblichen Überreste wurden nach Berlin gebracht, um dort nach einem Staatsakt, bei dem auch Hitler anwesend war, beigesetzt zu werden. Die meisten seiner Ämter – einschließlich das des Reichsministers für Bewaffnung und Munition – gingen an Albert Speer über.

Tresckow, Henning von (1901–1944)
Deutscher Generalstabsoffizier und einer der führenden Männer der deutschen Widerstandsbewegung gegen Hitler. T. wurde am 10. Januar 1901 in Magdeburg geboren, nahm als Offizier am Ersten Weltkrieg teil und war danach ein erfolgreicher Börsenmakler. 1924 ging er wieder zum Militär (Reichswehr). Eine Zeitlang sympathisierte er mit dem Nationalsozialismus, wurde aber später zum Gegner des Hitlerregimes. Zu Beginn des Zweiten Weltkrieges war T. Erster Generalstabsoffizier einer Infanteriedivision und zeichnete sich im Polen- und Frankreichfeldzug aus. Nach der Beförderung zum Oberst diente er als Ia der Heeresgruppe Mitte an der Ost-

front und versuchte vergeblich, die Generalfeldmarschälle von → *Kluge* und von → *Bock* zu überreden, sich an einem Staatsstreich der Militärs gegen Hitler zu beteiligen, bei dem man Hitler verhaften und anschließend vor Gericht stellen wollte.
Da er entschlossen war, den Krieg zu beenden, bevor die Deutsche Wehrmacht an der Ostfront zusammenbrach, entwickelte T. dann Ende 1942 eigene Attentatspläne. Mit Hilfe seines Adjutanten Fabian von Schlabrendorff über seine Verbindungen zu General Schmundt veranlaßte er Hitler, am 13. März 1943 besuchsweise nach Smolensk zur Heeresgruppe zu kommen, und schmuggelte eine Zeitbombe in Hitlers Flugzeug, die allerdings auf dem Rückflug nicht explodierte, weil die Zündung versagte. T. plante 1943 noch mehrere andere Anschläge auf Hitlers Leben, und im Oktober desselben Jahres tat er sich schließlich mit Claus Schenk Graf von → *Stauffenberg* zusammen, der nun die Hauptrolle bei der Verschwörung übernahm. Die Invasion der Westmächte in der Normandie machte die Ausführung der Pläne der Widerstandskämpfer unumgänglich, und T. betonte gegenüber allen, die noch zögerten, wie notwendig es sei, vor der Welt und der Geschichte zu beweisen, daß die deutsche Widerstandsbewegung unter Einsatz des Lebens den entscheidenden Wurf gewagt habe.
Nach dem Mißlingen des Stauffenberg-Attentats vom 20. Juli 1944 zog T. es vor, Selbstmord zu begehen, anstatt Gefahr zu laufen, von den Nationalsozialisten gefaßt zu werden und unter der Folter vielleicht Namen von Mitwissern preiszugeben. Bevor er von seinem Freund von Schlabrendorff endgültig Abschied nahm, bezeichnete er Hitler als »Erzfeind Deutschlands«, ja als »Erzfeind der Welt«. Er erinnerte an die an Abraham ergangene biblische Verheißung, Sodom werde verschont bleiben, wenn sich nur zehn Gerechte in der Stadt befänden, und fügte hinzu, Gott werde, so hoffe er, auch Deutschland verschonen um dessentwillen, was seine Freunde und er getan hätten. Niemand könne klagen. Wer immer sich dem Widerstand anschließe, ziehe das Nessoshemd an. Und auf das Wort eines Mannes sei nur dann Verlaß, wenn er bereit sei, für seine Überzeugungen mit dem Leben einzustehen.

Troost, Paul Ludwig (1878–1934)
Hitlers bevorzugter Architekt, dessen neoklassizistischer Stil eine Zeitlang die offizielle Bauweise des Dritten Reiches war. T. wurde am 17. August 1878 in Elberfeld (heute: Wuppertal), geboren. Der hochgewachsene, hagere, reservierte und stets kurzgeschorene Westfale gehörte zusammen mit Peter Behrens und Walter Gropius einer Architektenschule an, die schon vor 1914 scharf auf den ausgesprochen ornamentalen Jugendstil reagierte und für einen schlichten, funktionalen Architekturbegriff eintrat, dem Ornamente so gut wie fremd waren. T. entwickelte sich vom Dampfschiff-Innenausstatter (so gestaltete er für den Norddeutschen Lloyd so prunkvolle Überseedampfer wie die *Europa*) zum Vertreter eines Stils, der spartanische Traditionsgebundenheit mit Elementen modernen Bauens verband.
Obwohl er vor 1933 durchaus nicht zu den führenden Architekten Deutschlands gehörte, erfüllten seine Entwürfe Hitler mit Begeisterung. Auf dessen ausdrücklichen Wunsch entwarf er

1930 das »Braune Haus« der NSDAP in München. Im Herbst 1933 erhielt er den Auftrag, die Reichskanzlei in Berlin umzubauen und neu auszugestalten. Zusammen mit anderen NS-Architekten plante und baute er überall im Lande staatliche und städtische Gebäude, darunter neue Verwaltungsgebäude, Sozialbauten für Arbeiter und Brücken über die wichtigsten Autobahnen. Eines der vielen Projekte, mit denen er sich vor seinem Tode beschäftigte, war das Haus der Deutschen Kunst in München, das zum Tempel einer »wahren, ewigen Kunst des deutschen Volkes« werden sollte. Es war ein gutes Beispiel dafür, wie man während des Dritten Reiches bei Monumentalbauten klassische Formen imitierte.
Doch in der Folgezeit entfernte sich Hitler wieder von T.s zurückhaltenderem Stil und wandte sich jener pompösen imperialen Monumentalität zu, die er einst als Jugendlicher in der Wiener Ringstraße bewundert hatte. Hitlers Verhältnis zu T. war das eines Schülers zu einem bewunderten Lehrmeister, und er besuchte häufig T.s Architektenbüro in einem schäbigen Hinterhof der Münchener Theresienstraße. Nach Albert → *Speer*, der später zu Hitlers Lieblingsarchitekten avancierte, pflegte der »Führer« T. voller Ungeduld zu begrüßen, fragte nach Neuigkeiten und wollte alles sehen. T. legte ihm dann seine neuesten Pläne und Skizzen vor. Laut Speer äußerte Hitler häufig, er habe erst von T. gelernt, was Architektur sei. Als T. nach schwerer Krankheit am 21. Januar 1934 starb, war dies für Hitler ein schmerzlicher Verlust. Der Führer blieb T.s Witwe verbunden, deren Geschmack, was die Architektur betraf, sich häufig mit dem seinen deckte, so daß sie (nach Speers Worten) »eine Art Kunstrichterin in München« wurde.

Trott zu Solz, Adam von (1909–1944)
Jurist, Diplomat und Widerstandskämpfer, der in der Verschwörung gegen Hitler eine wichtige Rolle spielte. T. wurde am 9. August 1909 in Potsdam als Nachkomme einer Adelsfamilie geboren, die seit Generationen Diplomaten und Staatsmänner hervorgebracht hatte. So war sein Vater 1909–1917 preußischer Erziehungsminister gewesen, und seine Mutter, die von kalvinistischen und hugenottischen Vorfahren abstammte, führte ihren Stammbaum auf den ersten Obersten Bundesrichter der USA, John Jay, zurück. Die protestantische Frömmigkeit seiner Mutter und seine Beziehungen zur angelsächsischen Welt prägten seine ablehnende Haltung gegenüber den Nationalsozialisten. Er war der festen Überzeugung, nur eine Rückwendung Deutschlands zum Christentum könne das Land vor vollständiger Barbarei retten.
Anfang der dreißiger Jahre knüpfte T. während seiner Zeit als Cecil-Rhodes-Stipendiat am Balliol College in Oxford in England Kontakte, die er später im Interesse der Widerstandsbewegung nutzen konnte. 1934 kehrte er nach Deutschland zurück, war als Jurist tätig, veröffentlichte eine Neuausgabe der Werke Heinrich von Kleists mit einem Kommentar, der Kleist als Rebellen gegen die Tyrannei feierte, und beteiligte sich aktiv im Kreisauer Kreis (→ *Moltke*). Als er im Frühjahr 1940 als Protegé Ernst von → *Weizsäckers* ins Auswärtige Amt eintrat, war T. bereits einer der führenden NS-Gegner aus der jüngeren Generation. Ihm oblag es, die Kontakte mit Sympathi-

santen aus den Kreisen des »anderen Deutschland« im Ausland offenzuhalten.

Im Juli 1939 besuchte er England, um angeblich im Namen des Führers Friedensfühler auszustrecken, und traf in Cliveden mit Premierminister Neville Chamberlain, Außenminister Lord Halifax und anderen britischen Spitzenpolitikern zusammen. Der als Freund der Familie Astor eingeführte T. berichtete anschließend dem deutschen Außenministerium, Hitler könne die britische Öffentlichkeit beschwichtigen und »seine Feinde zum Schweigen bringen«, wenn er seine Truppen aus Böhmen und Mähren abzöge. Doch ebenfalls von T. weitergegebene Sympathieäußerungen für Deutschland ermutigten Hitler möglicherweise zu der Annahme, er könne in Polen einmarschieren, ohne eine britische Intervention befürchten zu müssen.

T.s wahrer Beweggrund war höchstwahrscheinlich – wie auch bei einem Besuch in Washington im Oktober 1939 –, Zeit für die deutsche Opposition zu gewinnen, obwohl es im Ausland auch nicht an gewissen Verdachtsmomenten dafür fehlte, daß er ein deutscher Agent war. Jedenfalls behandelte ihn das britische Foreign Office mit Mißtrauen, befand, daß das Material, das man über ihn gesammelt hatte, »verheerend« sei, und reagierte auch nicht auf verschiedene Friedensangebote, die T. während des Zweiten Weltkrieges im Namen der deutschen Widerstandsbewegung machte. Die Zweifel, die die Briten bezüglich seiner Person hegten, wurden dadurch bestärkt, daß T. und seine Gesinnungsfreunde wenig Neigung zeigten, Hitlers territoriale Erwerbungen zurückzugeben. Als er – ermöglicht durch Kontakte mit der Abwehr – sich 1943/1944 mit britischen und amerikanischen Diplomaten in der Schweiz traf, warnte er sie, daß die Widerstandsbewegung sich auf die sowjetische Seite schlagen könne, wenn die Westmächte nicht zu einem ehrenvollen Frieden bereit seien.

Doch sosehr sich T. auch hinsichtlich seiner Loyalität in einem quälenden Zwiespalt befand (auch ihm mochte der Appell des NS-Regimes an die patriotischen Gefühle der Deutschen bisweilen die Entscheidung erschweren), so war er doch ein überzeugter Gegner der Nationalsozialisten, der fest an die Idee der christlichen Ökumene glaubte, wie etwa Dietrich → *Bonhoeffer* sie lehrte. Er wurde vom Volksgerichtshof wegen seiner Beteiligung an der Verschwörung des 20. Juli 1944 zum Tode verurteilt und am 26. August 1944 in der Haftanstalt Plötzensee gehängt.

Tschammer und Osten, Hans von (1887–1943)

Staatssekretär im Reichsministerium des Inneren und Reichssportführer. T. wurde am 25. Oktober 1887 in Dresden geboren. 1929 trat er der NSDAP bei und wurde im Januar 1931 zum SA-Standartenführer befördert. Im März 1932 avancierte er zum SA-Gruppenführer der SA-Gruppe Mitte in Dessau, und ein Jahr später, am 5. März 1933, hielt er als NSDAP-Abgeordneter für Magdeburg Einzug in den Reichstag. Am 19. Juli 1933 wurde T. Reichssportführer; im Januar 1934 machte man ihn zum Leiter der Sektion Sport in der NS-Gemeinschaft Kraft durch Freude, die die Arbeitsmoral der deutschen Arbeiter heben und auf diese Art dazu beitragen sollte, die Produktivität zu steigern. Als Reichssportführer gehörte es zu T.s Aufgaben, im

Ausland für Deutschland Reklame zu machen und im Inland die Bevölkerung durch »Spiele« bei Laune zu halten.
Ab 1933 wurde der gesamte Sport »gleichgeschaltet«, und man legte größten Wert auf Körperertüchtigung, aktive Teilnahme am Sport sowie an Leistungs- und Härtetests – oft sogar auf Kosten der geistigen Ausbildung und des akademischen Studiums. Sportliches Können wurde einer der Gesichtspunkte, die den Zugang zu den Bildungsanstalten ermöglichten, es spielte eine große Rolle auf Schulabgangszeugnissen und sogar für die Zulassung zu gewissen Berufen. Ein weiteres Ziel der nationalsozialistischen Sportpolitik war es, in internationalen Wettkämpfen die Überlegenheit der arischen Rasse zu demonstrieren. Beispielsweise wurden unter T. deutsch-jüdische Athleten systematisch behindert, indem man ihnen keine geeigneten Trainingsmöglichkeiten zur Verfügung stellte und sie nicht an Wettkämpfen teilnehmen ließ. Jüdische Sportverbände wurden zuerst gettoisiert und verschwanden schließlich gänzlich von der Bildfläche, obwohl man für kurze Zeit gewisse Ausnahmen machte, damit 1936 in Berlin die Olympischen Spiele störungsfrei ablaufen konnten. T. starb am 25. März 1943.

U

Udet, Ernst (1896–1941)
Erfolgreicher Jagdflieger des Ersten Weltkrieges und später Generalluftzeugmeister der deutschen Luftwaffe.
U. wurde am 26. April 1896 in Frankfurt am Main geboren. Als einer der bekanntesten Jagdflieger des Ersten Weltkrieges (man schrieb ihm 62 Abschüsse zu) wurde U. mit dem Pour le Mérite ausgezeichnet. Später erwarb er sich den Ruf eines waghalsigen Testpiloten und Kunstfliegers – dies durch atemberaubende Kunstflugdarbietungen sowie durch Flüge über Afrika, Amerika, Grönland und die Schweizer Alpen. 1935 beförderte man ihn zum Oberst, ein Jahr später zum Chef des Technischen Amtes im Reichsluftfahrtministerium und 1938 avancierte er zum Generalluftzeugmeister. U. schätzte aufgrund seiner langjährigen Erfahrungen mit Jagd- und Sportflugzeugen vor allem Geschwindigkeit und Wendigkeit. Doch fehlte ihm Erfahrung mit Langstreckenbombern sowie Transportmaschinen und ihren Problemen.
So konzentrierte er sich auf die Entwicklung einmotoriger Jagdflugzeuge wie der Me 109 (→ *Messerschmitt*), die er 1937 persönlich geflogen hatte, den Sturzkampfbomber Junkers Ju 87, desgleichen auf leichte Bomber und solche von mittlerer Reichweite, die seinem persönlichen Geschmack sowie seinem taktischen, nicht strategischen, Luftkriegskonzept entsprachen. Daß es in der »Schlacht um England« nicht gelang, die Royal Air Force völlig auszuschalten, untergrub U.s Stellung bei Hitler und → *Göring*. U., der sich durch seine Ansichten und seinen Geschmack als leichtlebiger Mann von Welt erwies, war an Machtkämpfen wenig interessiert. Die Art, wie Göring je nach Lust und Laune mit ihm um-

sprang, aber auch Görings Blindheit für unübersehbare Tatsachen trieben ihn zur Verzweiflung. So beging er nach dem Versagen der Luftwaffe an der Ostfront und einer heftigen Auseinandersetzung mit Göring am 17. November 1941 Selbstmord. Das NS-Regime vertuschte die Angelegenheit und verlautbarte, er sei durch einen Unfall beim Testen einer neuen Maschine der Luftwaffe ums Leben gekommen.

Ulbricht, Walter (1893–1973)
Kommunistischer Parteiführer, der aus NS-Deutschland floh und später faktisch Staatschef der Deutschen Demokratischen Republik (DDR) wurde. Geboren wurde U. am 30. Juni 1893 in Leipzig als Sohn eines Schneiders. U. selbst begann nach dem Besuch der achtjährigen Grundschule eine Tischlerlehre. Seine erste intensivere Bekanntschaft mit dem Marxismus machte er in der Arbeiterjugend der Vorkriegszeit. 1912 trat er in Leipzig der SPD bei. Während des Ersten Weltkrieges war er beim Militär und gehörte 1919 zur »Gründergeneration« der neu gebildeten KPD. Sein rascher Aufstieg als Funktionär fiel zeitlich mit der zunehmenden Bolschewisierung dieser Partei zusammen. 1923 wurde U. erstmals Mitglied des Zentralkomitees. Ein Jahr später schickte man ihn bereits nach Moskau, wo er eine Ausbildung für die Tätigkeit im Komintern-Apparat erhielt.
Anschließend war er als Parteiinstrukteur in Prag und Wien und vertrat die KPD in der von den Sowjets beherrschten Dritten Internationale. 1928–1933 saß U. als kommunistischer Abgeordneter für den Wahlkreis Süd-Westfalen im Reichstag. 1929 wurde er zum Bezirkssekretär für Berlin-Brandenburg ernannt und organisierte den kommunistischen Widerstand gegen die NS-Bewegung in den letzten Tagen der Weimarer Republik. Im Oktober 1933 glückte es ihm, mit Hilfe falscher Papiere Hitlerdeutschland zu verlassen. Er begründete nun ein KPD-Auslandskomitee in Paris und nahm als politischer Kommissar am Spanischen Bürgerkrieg teil. Zu seinen Aufgaben gehörte es hier auch, Angehörige der Internationalen Brigaden auf ihre Linientreue gegenüber Moskau zu überprüfen.
U. verließ Spanien bereits 1938 und ging nach Moskau, wo er bis 1945 blieb, die große stalinistische Säuberung *(tschistka)* überlebte (die von 1935 bis 1939 dauerte und zwischen 1936 und 1938 ihren Höhepunkt erreichte) und während des Zweiten Weltkrieges im Auftrag der politischen Leitung der Roten Armee tätig war. 1939 begrüßte er in seinen Veröffentlichungen den Stalin-Hitler-Pakt. Später, nach dem Überfall der Deutschen auf die Sowjetunion, zählte es zu seinen Hauptaufgaben, deutsche Kriegsgefangene für den Kommunismus anzuwerben. An der Gründung des Nationalkomitees Freies Deutschland (1943) hatte er maßgeblichen Anteil. Am 29. April 1945 kehrte U. an der Spitze der »Gruppe U.« wieder nach Berlin zurück, um in der von den Sowjets besetzten Ostzone Deutschlands ein kommunistisches Regime ganz nach sowjetischem Muster zu errichten.
Unter anderem war er maßgeblich am Zusammenschluß von KPD und SPD zur SED (= Sozialistische Einheitspartei Deutschlands) beteiligt, und andere nach dem Kriege in Ostdeutschland zugelassene Parteien (offiziell ist die DDR noch immer ein Mehrparteien-

staat) wurden erheblich in ihren Entfaltungsmöglichkeiten eingeschränkt und durch sogenannte »Blockpolitik« mit geringen, nachsichtig geduldeten Abweichungen sämtlich auf SED-Kurs gebracht. 1950 war U. zunächst Generalsekretär, seit Juli 1953 Erster Sekretär der SED und schon 1949 stellvertretender Ministerpräsident der DDR (1950 lautete sein Titel: Erster Stellvertretender Ministerpräsident).
Während der nächsten 20 Jahre gab U. der DDR ihr spezifisches Gepräge. Als getreuer Satellit Moskaus und Wächter marxistisch-leninistischer Linientreue drückte er dem Land seinen persönlichen Stempel auf. Er handelte streng nach den Richtlinien der Partei und war autoritär in seinem Führungsstil. Er verlangte immer höhere wissenschaftliche und technische Leistung, wobei die Arbeiter ebenso unterdrückt wurden wie jede Regung selbständigen Denkens, die als Abweichlertum galt. Als Erster Sekretär der SED und Vorsitzender des Staatsrats (ab 1960) wurde U. faktisch Staatschef und vereinigte die Leitung von Partei und Staat in seiner Hand. Ab 13. August 1961 ließ U. die Berliner Mauer bauen, um den Strom der sich täglich in die Berliner Westsektoren absetzenden Flüchtlinge zu stoppen. Doch sosehr diese Mauer auch weltweit Abscheu erregte, sie erfüllte ohne jeden Zweifel ihren Zweck, Ostdeutschlands wirtschaftliche Lage zu stabilisieren, was unter anderem auch der Konsolidierung von U.s Macht diente.
1968 entsandte U. Einheiten der ostdeutschen Nationalen Volksarmee (NVA) in die Tschechoslowakei, die halfen, den »Prager Frühling« zu beenden. Er erwies sich erneut als Moskaus verläßlichster Verbündeter in Osteuropa. Als U. schließlich im Mai 1971 als Erster Sekretär der SED von Erich Honecker abgelöst wurde, hatte der unpopuläre und von vielen gehaßte Mann sämtliche Rivalen und Gegner überdauert und ein Vierteljahrhundert lang die Macht in Händen gehabt. Er starb am 1. August 1973 in Döllnsee bei Ost-Berlin.

V

Veesenmayer, Edmund (geb. 1904)
Gegen Ende des Zweiten Weltkrieges Bevollmächtigter des Deutschen Reiches in Ungarn. V. wurde am 12. November 1904 in Bad Kissingen geboren. Nach dem Studium der Wirtschaftswissenschaften war er als Dozent an der Technischen Hochschule München sowie an der Wirtschaftshochschule in Berlin tätig. Er war schon früh der NSDAP beigetreten und machte anschließend Karriere in der SS, bevor er als Protegé von Wilhelm → *Keppler* in den Dienst des Auswärtigen Amtes trat. Außerdem besaß er in Österreich erhebliche Geschäftsanteile und hatte unter anderem Sitze in der Verwaltung der Donauchemie AG (Wien), der Länderbank AG (Wien) und der Standard Elektrik-Gesellschaft (Berlin).
Seit Frühjahr 1941 war er der deutschen Gesandtschaft in Zagreb (Agram) zugeteilt und bemühte sich um die Deportation serbischer Juden. Dies wurde schließlich V.s »Hauptanliegen«, und später beklagte er sich im-

mer wieder in langatmigen Berichten an → *Ribbentrop*, Ungarn und die Slowakei dächten nicht daran, die Judendeportationen wieder aufzunehmen. Am 15. März 1944 wurde V. zum SS-Brigadeführer befördert und als Generalbevollmächtigter nach Ungarn gesandt. Dort war er von Mai bis Oktober an der »Endlösung« beteiligt, indem er dem Kommando Adolf → *Eichmanns* einen diplomatischen Deckmantel verschaffte. Obwohl er noch immer nominell → *Ribbentrop* und dem Reichsaußenministerium unterstand, erstattete er in erster Linie Ernst → *Kaltenbrunner* im Reichssicherheitshauptamt Bericht über seine Bemühungen, die ungarischen Behörden zur Zusammenarbeit mit der deutschen Polizei bei der Liquidierung der ungarischen Juden zu bewegen.
Am 2. April 1949 verurteilte das Internationale Militärtribunal in Nürnberg V. als Kriegsverbrecher zu zwanzig Jahren Haft. Infolge einer Intervention des US-Hochkommissars in Deutschland wurde er jedoch bereits im Dezember 1951 aus Landsberg entlassen.

Vögler, Albert (1877–1945)
Führender deutscher Großindustrieller und Vorstandsvorsitzender und Aufsichtsratsvorsitzender der von ihm mitbegründeten Vereinigten Stahlwerke AG zur Weimarer Zeit und im Dritten Reich. Er wurde am 8. Februar 1877 als Sohn eines Betriebsführers in Borbeck an der Ruhr geboren, war von Beruf Hütteningenieur und bereits in der Zeit vor 1914 eine prominente Persönlichkeit in den Kreisen der deutschen Stahlindustrie. 1906 bis 1912 fungierte er als Direktor der Union AG für Eisen- und Stahlindustrie in Dortmund und arbeitete eng mit Hugo → *Stinnes* zusammen.
1915 wurde er zum Generaldirektor der Deutsch-Luxemburgischen Bergwerks- und Hütten AG befördert. Diese Position hatte er bis 1926 inne. 1920 wählte man ihn als Abgeordneten der Deutschen Volkspartei, zu deren Gründern er gehörte, in den Reichstag, wo er seinen Sitz bis 1924 behielt (ein zweites Mal wurde er 1933, ohne NSDAP-Mitglied zu sein, bis 1945 für den Wahlkreis Westfalen-Süd in den Reichstag gewählt). Als Mitglied der Dortmunder Handelskammer trat V. 1925 die Nachfolge Emil → *Kirdorfs* als Vorsitzender des Rheinisch-Westfälischen Kohlensyndikates an und war ein Jahr später Vorstandsvorsitzender der größten deutschen Stahlwerke, der von ihm mitbegründeten Vereinigten Stahlwerke AG (Düsseldorf). Diesen Posten bekleidete er bis 1935.
In den Jahren von 1930 bis 1933 war V. einer der ersten Vertreter deutscher Wirtschaftskreise, die Hitlers Partei Gelder zufließen ließen. Er war auch bei jenem Geheimtreffen Hitlers mit führenden Vertretern der Wirtschaft anwesend, das auf Betreiben → *Schachts* am 20. Februar 1933 im Reichstagspräsidentenpalais → *Görings* zustande kam. Hier erläuterte Hitler den Vertretern der Hochfinanz seine künftige Politik. Sie reagierten auf diese Ausführungen, indem sie ihm drei Millionen Mark spendeten. Hitler versprach, die Marxisten zu beseitigen, eine starke Wehrmacht aufzubauen, Deutschland wiederaufzurüsten und keine freien Wahlen mehr zu dulden. Außerdem zerstreute er die Bedenken seiner Zuhörer bezüglich der Vertreter des linken Flügels in seiner eigenen Partei. Alles in allem verkündete er ein

Programm, das V. und andere Vertreter der Hochfinanz begeistert begrüßten.
In der Zeit des Dritten Reiches wurde V., obwohl er nie Mitglied der NSDAP war, Präsident des Kaiser-Wilhelm-Institutes für Wissenschaft und Forschung, und 1934 ernannte man ihn zum Reichsbevollmächtigten für die Verstaatlichung der rheinisch-westfälischen Kohlegruben. Außerdem war er in Hitlerdeutschland Vorsitzender und Mitglied mehrerer Vorstandsgremien, so bei der AG für Energiewirtschaft in Berlin, der Deutsche Röhrenwerke AG (Düsseldorf), der Elektrizitäts-AG (Nürnberg), der Deutsche Edelstahlwerke AG (Krefeld) und der Ruhrstahl AG (Witten). Hinzu kamen die Ruhrgas AG (Essen), die Westfälische Union AG für Eisen- und Drahtindustrie, die Harpener Bergbau AG (Dortmund) sowie die Rheinisch-Westfälische Elektrizitätswerke AG in Essen.
Nach dem Attentat vom 20. Juli 1944 wünschte Ernst → *Kaltenbrunner*, man solle V. und zwei seiner Kollegen wegen »wehrkraftersetzender Reden« vor Gericht stellen. Doch Albert → *Speer* intervenierte, und V. blieb unbehelligt. Gegen Kriegsende geriet er in amerikanische Gefangenschaft und beging am 13. April 1945 in Ende bei Dortmund Selbstmord.

W

Wagner, Adolf (1890–1944)
Nationalsozialistischer Politiker und bayerischer Innenminister nach Hitlers Machtergreifung (1933). W. wurde am 1. Oktober 1890 in Algringen (Lothringen) geboren. Während des Ersten Weltkrieges war er Offizier, später Direktor einer Bergwerksgesellschaft in Bayern. 1923 schloß sich W. dann der NSDAP an. Zusammen mit Max → *Amann*, Franz Xaver → *Schwarz* und Hermann → *Esser* gehörte er zu Hitlers alten Münchener »Kampfgefährten«. 1924 wurde er Mitglied des bayerischen Landtages, und am 1. November 1929 avancierte er zum Gauleiter der NSDAP für München/Oberbayern. Im März 1933 machte Hitler W. zum Staatskommissar für Bayern, und im April desselben Jahres wurde er Innenminister sowie stellvertretender Ministerpräsident in Bayern.
Infolge der von ihm erteilten Anweisungen stieg die Zahl der Inhaftierten beträchtlich an, denn man verhaftete auch nichtkommunistische Gegner des NS-Regimes. Ab 1933 repräsentierte W. Oberbayern auch im Deutschen Reichstag. 1934 war er eine wichtige Figur bei der Ausschaltung Ernst → *Röhms* und der SA-Führung. 1935 wurde er als Beauftragter für die Reichsreform im Stab des »Stellvertreters des Führers« im Braunen Haus (in München) berufen. Am 28. November 1936 avancierte er zum bayerischen Staatsminister für Unterricht und Kultus.
Bei Ausbruch des Zweiten Weltkrieges ernannte man ihn zum Reichsverteidigungskommissar für die Wehrkreise VII und XIII. Im Juni 1942 gab er krankheitshalber den größten Teil seiner Posten ab. Er starb am 12. April 1944. Hitler kam persönlich zu den Trauerfeierlichkeiten nach München

und verlieh dem Toten noch das Goldene Kreuz mit Eichenlaub des Deutschen Ordens. W. wurde bei den Ehrentempeln neben den sog. Führerbauten am Münchner Königsplatz beigesetzt.

Wagner, Gerhard (1888–1939)
Leiter des Amtes für Volksgesundheit in der Reichsleitung der NSDAP und Reichsärzteführer. W. wurde am 18. August 1888 in Neu-Heiduk als Sohn eines Chirurgieprofessors geboren.
Der Mitbegründer und Führer des Nationalsozialistischen Deutschen Ärztebundes (ab 1932) avancierte zwei Jahre später zum Reichsärzteführer. Ab 12. November 1933 war der Antisemit W. Mitglied des Reichstages (Wahlkreis Pfalz) und NS-Ärzteführer in Franken. Bereits im September 1935 hatte sich der frühere Freikorps-Mann, der mit dem Freikorps Oberland an der Erstürmung des Annaberges in Oberschlesien teilgenommen hatte und bis 1924 Leiter der dortigen Deutschtumsverbände war, in einer Rede auf dem Nürnberger Parteitag als öffentlicher Befürworter der antijüdischen Rassengesetze hervorgetan.
W. war ein Günstling von Rudolf → *Heß* (der sein Patient war) und befürwortete die Sterilisation nicht nur von Juden, sondern auch von Behinderten. In der fraglichen Rede erwies er sich als Befürworter des Euthanasieprogramms im Glauben an das Überleben der Tüchtigen und beklagte die Millionen, die jährlich für mit erblichen Krankheiten wie Blindheit, Taubheit, Stummheit und Schwachsinn behaftete Kinder und Erwachsene ausgegeben würden. W. starb am 25. März 1939 in München.

Wagner, Gustav (1911-1980)
Stellvertretender Kommandant des Vernichtungslagers Sobibor in Ostpolen. Er wurde in Wien geboren und schloß sich hier 1931 der damals illegalen NSDAP an, an deren Programm ihm vor allem das Ziel imponierte, alle Menschen deutscher Zunge zu vereinigen. Wegen Hakenkreuzschmierereien und Plakatkleberei wurde er verhaftet und nach seiner Freilassung 1934 über die Grenze nach Deutschland geschleust, um einer erneuten Verhaftung zu entgehen. Hier meldete er sich bei einer SA-Einheit und wurde außerhalb eines Konzentrationslagers zum Wachtdienst eingeteilt. Nachdem er der SS beigetreten war, schickte man ihn 1940 nach Schloß Hartheim bei Linz, wo vor allem Euthanasie durchgeführt wurde. Sie wurde von der Tiergartenstraße 4 in Berlin aus geleitet, wo sich das Hauptquartier der sogenannten Reichsarbeitsgemeinschaft Heil- und Pflegeanstalten befand. W. wurde aufgrund seiner Personalakte aus Hartheim eigens ausgesucht, um beim Aufbau des Lagers Sobibor zu helfen, wo er im März 1942 eintraf.
Im September 1943 beförderte man ihn zum SS-Oberscharführer, und er erhielt von → *Himmler* für seine Verdienste das Eiserne Kreuz. Zwischen Mai 1942 und der Schließung des Lagers Ende Oktober 1943 wurden in Sobibor annähernd 250000 Juden liquidiert. Als ranghöchste Charge und stellvertretender Kommandant von Sobibor (er war übrigens auch Franz → *Stangls* Vertreter in Treblinka) hatte der Sturmscharführer W. die Aufgabe, Selektionen durchzuführen, so daß Tausende von Menschen auf seine persönliche Anordnung hin sterben mußten. Man bezeichnete W. als »Bestie in

Menschengestalt« und schilderte ihn als Sadisten, der auch andere zu Mißhandlungen und Tötung von Gefangenen anhielt. Einem Überlebenden zufolge aß W. nie sein Mittagessen, ohne vorher getötet zu haben. Ein anderer Überlebender erinnerte sich, daß W. als »lächelnder Todesengel« bekannt gewesen sei. Nicht zufällig fand die Häftlingsrevolte in Sobibor (1943) statt, als W. sich gerade auf Urlaub befand. Nach seiner Rückkehr erhielt W. den Befehl, das Lager zu schließen, und wurde in der Folgezeit nach Italien versetzt, wo er abermals an der »Endlösung« mitwirkte.
Das Kriegsende verbrachte er in einem amerikanischen Kriegsgefangenenlager, aus dem er mit Hilfe falscher Papiere entkommen konnte. Als er als Bauarbeiter in Graz untergetaucht war, traf er mit seinem österreichischen Landsmann Franz Stangl, dem Ex-Kommandanten von Treblinka, zusammen. Die beiden schlugen sich nach Rom durch und entkamen mit Hilfe des Vatikans über Syrien nach Brasilien, wo W. am 12. April 1950 eine unbefristete Zuzugsgenehmigung erhielt. Dort lebte er in einem im bayerischen Stil erbauten Haus außerhalb von São Paulo, bis er am 30. Mai 1978 verhaftet wurde. Er war identifiziert worden, weil Fotos einer Geburtstagsfeier mit W.s Bild in die brasilianische Presse geraten waren.
Auslieferungsanträge Israels, Österreichs (dessen Staatsbürgerschaft W. früher besessen hatte) und Polens wurden von der brasilianischen Generalstaatsanwaltschaft zurückgewiesen, desgleichen am 22. Juni 1979 auch ein Auslieferungsantrag der Bundesrepublik Deutschland. W. war noch immer ein überzeugter Nationalsozialist und zeigte keinerlei Bedauern über Vergangenes. In einem BBC-Fernsehinterview vom 18. Juni 1979 über die Judenvernichtung in Sobibor erklärte er, er habe nichts dabei gefühlt. Für ihn sei es einfach eine andere Art von Arbeit gewesen. Abends habe man nie über die Arbeit gesprochen, sondern getrunken und Karten gespielt. W., der seit 1979 wiederholt in psychiatrischer Behandlung gewesen war, zuletzt nach der Fernsehübertragung des Films »Holocaust«, beging am 3. Oktober 1980 Selbstmord.

Wagner, Josef (1899–1945)
Gauleiter und Reichskommissar für die Preisbildung. Geboren wurde er am 12. Januar 1899 in Algringen (Lothringen) als Sohn eines Bergmannes. Nach der Ausbildung zum Lehrer erfolgte 1917 die Einberufung zum Heer. Nach schwerer Verwundung kam W. 1919 aus französischer Gefangenschaft zurück. Er schloß die Lehrerausbildung in Fulda ab, fand aber erst 1927 Anstellung in seinem erlernten Beruf, aus dem er aber im selben Jahr aus politischen Gründen entlassen wurde.
Seit 1922 setzte er sich für die NSDAP im Ruhrgebiet ein und war an der Gründung der NSDAP-Ortsgruppe Bochum beteiligt. 1927 wurde er Bezirksleiter der NSDAP in Bochum, im Mai 1928 zog er als einer der ersten zwölf Nationalsozialisten in den Reichstag ein (Wahlkreis Westfalen-Süd).
Im Oktober desselben Jahres wurde er Gauleiter von Westfalen, 1930, nach der Teilung des Gaus, Gauleiter von Westfalen-Süd. Er gründete 1930 die nationalsozialistische Wochenzeitung *Westfalenwacht* und ein Jahr später die Tageszeitung *Rote Erde*, 1932 dann

eine »Hochschule für Politik« zur Heranbildung des Parteinachwuchses. Im April 33 berief ihn → *Göring* zum ersten Vizepräsidenten des Preußischen Staatsrates und im Dezember 1934 zum Oberpräsidenten der Provinz Oberschlesien. Gleichzeitig wurde er zum Gauleiter von Schlesien ernannt, wobei er seinen alten Gau Westfalen-Süd behielt. Mit der ersten Durchführungsverordnung zum Vierjahresplan vom 29. Oktober 1936 übertrug ihm Göring den Posten des Reichskommissars für die Preisbildung, der ihm im Jahre 1940 noch den Rang eines Staatssekretärs einbrachte. Offenbar auf Betreiben → *Bormanns* fiel er wegen seiner allgemein bekannten Bindungen zum Katholizismus bei Hitler in Ungnade. Ende 1940 wurde ihm zwar noch das Kriegsverdienstkreuz verliehen, im Januar 1941 mußte er jedoch bereits das Oberpräsidium für Schlesien und den Gau abgeben, der unter seinen bisherigen Stellvertreter Bracht und den ehemaligen Goebbels-Staatssekretär Karl → *Hanke* aufgeteilt wurde. Ende 1941 wurde W. aller Ämter beraubt, auf Befehl Hitlers aus der Partei ausgeschlossen und vor einen Sondersenat des Obersten Parteigerichts unter Reichsleiter Walter → *Buch* gestellt. Das Gericht, dem auch einige Gauleiter angehörten, stellte sich auf die Seite W.s, dem u. a. vorgeworfen worden war, er habe vertrauliche Partei-Informationen an den 1931 in Unfrieden von der NSDAP geschiedenen ehemaligen Obersten SA-Führer Hauptmann von Pfeffer, weitergegeben, seine Kinder auf eine katholische Schule geschickt und zu sehr unter dem Einfluß seiner militant katholischen Frau gestanden. Frau W., Altparteigenossin wie ihr Mann, hatte sich in einem Brief, der Himmler zugespielt worden war, heftig gegen die Heirat ihrer bereits schwangeren Tochter mit einem SS-Angehörigen ausgesprochen. Der Spruch des Obersten Parteigerichts, der W.s Parteiausschluß mißbilligte, nützte W. nichts und schadete nur dem Obersten Parteirichter Buch (der mit diesem Spruch wohl auch seinen Schwiegersohn Martin Bormann hatte treffen wollen) und der von ihm geführten Institution, deren Urteile von nun an nurmehr gültig waren, wenn Bormann sie vorher bestätigt hatte. Im Namen des »Führers« wurde W. am 12. Oktober 1942 aus der Partei ausgeschlossen und ab Oktober 1943 auf Befehl Hitlers von der Gestapo überwacht.

Eine Verbindung W.s mit den Verschwörern vom 20. Juli 1944 gab es wohl nicht, auch wenn sein persönlicher Referent in seiner Stellung als Reichskommissar für die Preisbildung Peter Graf → *Yorck von Wartenburg* war, der wie W. fest im christlichen Glauben verwurzelt und von dessen Persönlichkeit trotz aller ideologischen und gesellschaftlichen Unterschiede stark beeindruckt war. Die Gestapo vermutete jedoch Zusammenhänge und verhaftete W. nach dem Attentat. Im Februar oder März 1945 wurde W. noch im Potsdamer Polizeigefängnis gesehen, wo er als Mensch von raschem Verstand, belesen, dabei von überzeugender Gutmütigkeit und bäuerischen Manieren geschildert wurde. Hitler war für ihn die diabolische Kraft des Nationalsozialismus, der seit 1936 »seinen« Krieg vorbereitet habe und seit 1938 nicht mehr normal gewesen sei. Als Hjalmar → *Schacht*, der ihn als »weißen Raben« unter den Gauleitern bezeichnete, im Februar 1945 im Potsdamer Gefängnishof noch mit ihm reden konnte, hatte W. offenbar die Hoffnung, bald entlassen zu werden. Er hatte nicht mit der Rachsucht seiner früheren Gesinnungsgenossen gerechnet. Sicheres ist über seinen Tod nicht bekannt. Möglicherweise gehörte er mit zu den letzten Gestapo-Opfern aus den Kellern der Prinz-Albrecht-Straße, die Ende April 1945 auf einem Trümmergrundstück in der Berliner Puttkammerstraße erschossen wurden.

Wagner, Robert (1895–1946)
Gauleiter von Baden-Elsaß (während des Zweiten Weltkrieges). Er wurde am 13. Oktober 1895 in Lindach geboren. W. meldete sich freiwillig zum Wehrdienst, nahm als Infanterist am Ersten Weltkrieg teil und blieb bis 1924 aktiver Reichswehroffizier. Als einer der frühesten Anhänger Hitlers nahm er am Hitlerputsch vom 8./9. November 1923 teil und stand 1924 mit Hitler vor Gericht; in der Folgezeit war er sechsmal wegen politischen Rowdytums in Haft. Ab März 1925 wurde W. Gauleiter der NSDAP in Baden und 1929–1933 auch Mitglied des badischen Landtages. Ab 1933 war er Mitglied des Reichstages für den Wahlkreis Baden und wurde am 5. Mai desselben Jahres auch zum Reichsstatthalter in Baden ernannt.
W. war verantwortlich für die Reorganisation der NSDAP in Baden und war zugleich Vorsitzender des badischen Zweiges der Nordischen Gesellschaft. Seit dem 8. August 1940 bis 1945 fungierte W. auch als Chef der Zivilverwaltung im Elsaß. Auf Hitlers Anregung hin führte er die Deportationen vom Oktober 1940 durch. Damals wurden mehr als 6500 Juden aus den Gauen Baden und Saarpfalz enteignet und in das unbesetzte Frankreich abgeschoben. W. wurde 1945 verhaftet und von einem französischen Kriegsgericht zum Tode verurteilt. Seine Hinrichtung fand am 14. August 1946 in Straßburg statt.

Wagner, Winifred (1897–1980)
Richard Wagners englische Schwiegertochter und »Hausherrin« der Bayreuther Festspiele während des Dritten Reiches. Sie wurde in Hastings geboren und hieß ursprünglich Winifred Williams. Acht Jahre nach dem Verlust beider Eltern wurde die etwa 10 Jahre alte Winifred von einem in Deutschland lebenden Verwandten ihrer Mutter, Karl Klindworth, adoptiert, einem Musiker, der zu den frühen Förderern und Freunden Richard Wagners gehörte. 1914 nahm er seine inzwischen 17 Jahre alte Adoptivtochter das erste Mal mit zu den Bayreuther Festspielen. Ein Jahr später war sie mit Siegfried Wagner, dem damals 45 Jahre alten Sohn des berühmten Komponisten, verheiratet.
Adolf Hitler, der Wagners Musik über alles bewunderte, begegnete sie erstmals 1923, als er noch ein auf die Zukunft hoffender politischer Agitator war. Während er nach dem mißlungenen Münchener Putsch vom 8./9. November 1923 in Landsberg in Festungshaft saß, schickte Winifred ihm Lebensmittelpakete und Papier für das Manuskript zu *Mein Kampf*. In der Folgezeit blieb sie Hitler gegenüber unverbrüchlich loyal. Als 1930 sowohl ihr Gatte Siegfried als auch Cosima Wagner, die hochbetagte Witwe Richard Wagners, starben, sah sie sich im Alter von 33 Jahren plötzlich als alleinige Hausherrin des Festspielhauses. Im Dritten Reich machte sie dieses Festspielhaus zu einer Art Kultstätte; die

Festspiele waren einer der jährlichen Höhepunkte des NS-Kalenders und der Höhepunkt der jeweiligen Opernsaison. 1933 war ihre Freundschaft mit Hitler so eng geworden, daß sogar Gerüchte über eine Heirat der beiden die Runde machten. Haus Wahnfried, Wagners Heim in Bayreuth, wurde zur bevorzugten Zufluchtsstätte, in die sich der Führer und Reichskanzler zurückzog, um von den Regierungsgeschäften auszuruhen.

Hitler betrachtete sich als Schutzherr der jährlichen Festspiele (sie erhielten großzügige staatliche Unterstützung, und die Einnahmen brauchten nicht versteuert zu werden), blieb seinerseits ein enger Freund der Familie und behandelte Winifreds Kinder wie seine eigenen. Nach Albert → *Speers* Worten war er wie ein Vater zu den Kindern und liebevoll besorgt um Winifred W. Zweifellos hatte dies zu einem großen Teil mit der Heldenverehrung zu tun, die Hitler Richard Wagner entgegenbrachte. Er schrieb ihm einen bedeutenden geistigen Einfluß zu. Wagners Musik nahm im Dritten Reich eine dominierende Stellung ein, da sie sich hervorragend zur Einstimmung auf nazistische Mythen und zu deren Untermalung eignete. Bayreuth und die Kunst Wagners erfüllten die Funktion eines Rituals, eines Kultes des deutschen Nationalismus, der Selbstdarstellung, der völkischen Schöpferkraft und der Visionen von deutscher Größe. Wie Hitler glaubte auch Winifred W. unerschütterlich an diese Werte und erblickte im Nationalsozialismus die Verwirklichung der ästhetischen Ideale ihres Schwiegervaters.

Nach dem Zusammenbruch des Dritten Reiches wurde ihr unter anderem verboten, weiterhin die Bayreuther Festspiele zu leiten. Sie gab diese Aufgabe an ihre Söhne Wieland und Wolfgang weiter. 1975 brach Winifred W. ihr langes Schweigen und gab Hans-Jürgen Syberberg ein fünfstündiges Filminterview. Dabei zeigte es sich, daß sie ihre Beziehung zu Hitler in keiner Weise bereute. Ihre politischen Ansichten waren starr und unbeugsam, und sie ließ, was allgemein überraschte, persönliche Zuneigung zu Hitler erkennen, dem Mann, der – nach ihren Worten – stets und unfehlbar »Herzenstakt« bewiesen habe. Ihm begegnet zu sein, erklärte Frau Wagner, sei eine Erfahrung, die sie nie missen möchte.

Winifred W. starb am 5. März 1980 in Überlingen.

Waldeck-Pyrmont, Josias Erbprinz von (1896–1967)

SS-Obergruppenführer, Neffe der holländischen Königin und einer der ersten von → *Himmlers* »blaublütigen Rekruten«. W. wurde am 13. Mai 1896 auf dem Familiensitz in Arolsen/Waldeck geboren. Als Kadett trat er in die Armee ein, nahm am Ersten Weltkrieg teil und wurde schwer verwundet. Nach Kriegsende studierte W. Agronomie und schloß sich am 1. November 1929 der NSDAP an. Am 2. März 1930 trat er in die SS ein und wurde Adjutant von Sepp → *Dietrich* und noch im September desselben Jahres von Himmler. Der zum SS-Gruppenfrüher beförderte W. wurde 1933 als Abgeordneter des Wahlkreises Düsseldorf-West in den Reichstag gewählt.

Himmlers »Rekrut aus dem Hochadel« avancierte 1936 zum SS-Obergruppenführer des Oberabschnitts Rhein (1937 des Oberabschnitts Fulda-Werra) und wurde 1939 Höherer SS- und Polizeiführer im Wehrkreis IX (Weimar). In seinem Stab in Kassel richtete er ein »Büro für die Germanisierung der Ostvölker« ein. 1944 kam die Kronprinzessin von Bayern in das KZ Buchenwald, das gleichfalls seiner Jurisdiktion unterstand. Außerdem befahl er als Gerichtsherr die Exekution des mit Ilse → *Koch* verheirateten Lagerkommandanten von Buchenwald, der durch private Ausbeutung von Arbeitskräften des KZs ein Vermögen verdient hatte. Nach dem Kriege wurde W. verhaftet und am 14. August 1947 von einem amerikanischen Gericht in Dachau zu lebenslänglichem Gefängnis verurteilt. Im September 1950 wurde er aus gesundheitlichen Gründen entlassen und starb am 30. November 1967.

Warlimont, Walter (1894–1976)
General und → *Jodls* Stellvertreter im Wehrmachtsführungsstab. W. wurde am 3. Oktober 1894 in Osnabrück geboren. 1913 trat W. der Armee als Fahnenjunker bei und war Leutnant im Ersten Weltkrieg. Im Spanischen Bürgerkrieg war er Bevollmächtigter des Reichskriegsministers bei Franco. 1937 bereitete er, damals noch Oberstleutnant im Wehrmachtsamt des Reichskriegsministeriums, einen Bericht vor, der die Reorganisation der Wehrmacht unter einem Führungsstab und einem Oberkommandierenden forderte. Dieser Plan zielte eindeutig darauf ab, die Macht der militärischen Führungsspitze zugunsten des Führers einzuschränken, und bildete die Grundlage für die Einrichtung des OKW (Oberkommando der Wehrmacht).
W. wurde innerhalb dieses Apparates zu Jodls Stellvertreter ernannt und gleichzeitig zum Chef der Abteilung Landesverteidigung im OKW befördert – eine Stellung, die er von 1939 bis 1944 bekleidete. In dieser Position hatte er vorwiegend mit Organisationsfragen zu tun. Am 1. August 1940 wurde er zum Generalmajor befördert und entwarf im Dezember 1940 zusammen mit Jodl erste Pläne für das Unternehmen »Barbarossa« (Kodewort für den geplanten Angriff auf die Sowjetunion). Der loyale NS-Anhänger W., der seit Januar 1942 als »Stellvertretender Chef des Wehrmachtführungsstabes« firmierte, wurde am 1. April 1942 zum Generalleutnant befördert. Am 1. April 1944 avancierte er dann zum General der Artillerie.
Nach dem Krieg wurde W. verhaftet und am 27. Oktober 1948 als Kriegsverbrecher zu lebenslänglicher Haft verurteilt. Später reduzierte man seine Haftstrafe auf 18 Jahre, entließ ihn aber bereits 1957 aus dem Landsberger Gefängnis. Er starb am 9. Oktober 1976.

Weichs, Maximilian Freiherr von (1881–1954)
Generalfeldmarschall, der sich zu Beginn des Zweiten Weltkrieges in Polen und an der Westfront auszeichnete. W. wurde am 12. Novemer 1881 in Dessau geboren. Nachdem er als Adjutant am Ersten Weltkrieg teilgenommen hatte, trat er 1919 im Rang eines Rittmeisters der Reichswehr bei. 1933 wurde er zum Generalmajor befördert und organisierte und kommandierte 1935 als Generalleutnant die 1. Panzerdivision der neugeschaffenen Wehrmacht. Seit Oktober 1937 führte er das XIII. Armeekorps (Generalkommando XIII in Nürnberg), das in Österreich und im Sudetenland einmarschierte.
Im Oktober 1936 wurde W. zum General der Kavallerie befördert. Nach dem Westfeldzug erhielt er als Oberbefehls-

haber der 2. Armee im Juli 1940 das Ritterkreuz. Am 19. Juli 1940 wurde W. zum Generaloberst befördert. Während des Balkanfeldzuges betraute man ihn mit dem Kommando über den Mittelabschnitt. Anschließend versetzte man ihn an die Ostfront, wo er die 2. Armee bis in den Sommer 1942 behielt, am 15. Juli 1942 dann den Befehl über die Heeresgruppe B im Südabschnitt übernahm. Im Februar 1943 wurde er zum Generalfeldmarschall befördert. Im August 1943 wurde er zum Oberbefehlshaber Südost auf dem Balkan ernannt, wo er gleichzeitig die Heeresgruppe F in Serbien bis 1945 befehligte. Im Februar 1945 erhielt er das Eichenlaub zum Ritterkreuz. Nach Kriegsende wurde W. im Nürnberger Südost-Prozeß angeklagt, aus Gesundheitsgründen aber schon während des Prozesses am 3. November 1948 entlassen. W. starb am 27. September 1954 in Bornheim-Rösberg bei Bonn.

Weiß, Wilhelm (1892–1950)
Hauptschriftleiter des *Völkischen Beobachters* und Leiter des Reichsverbandes der Deutschen Presse. W. wurde am 31. März 1892 in Stadtsteinach (Bayern) geboren. Er trat 1911 in die bayerische Armee ein, nahm am Ersten Weltkrieg teil und brachte es bis zum Hauptmann. Nach einer schweren Verwundung (er verlor in einem Luftkampf sein linkes Bein) wurde er zum Truppenamt des bayerischen Kriegsministeriums versetzt, wo er für die Presseabteilung Kommentare zur militärischen Lage verfaßte. Er war zwei Jahre lang an der Münchener Universität immatrikuliert, beendete sein Studium jedoch nicht, sondern schloß sich Freikorps sowie einer Vielzahl anderer paramilitärischer Organisationen und Veteranenverbände an. 1921 war er Hauptschriftleiter des nationalistischen Blattes *Heimatland*, und ein Jahr später beteiligte er sich am Hitlerputsch (8./9. November 1923).

1924 bis 1926 war W. Chefredakteur des *Völkischen Kuriers*, der anstelle des verbotenen *Völkischen Beobachters* erschien, und am 1. Januar 1927 trat er als Alfred → *Rosenbergs* Mitarbeiter in die Redaktion des *Völkischen Beobachters* ein. W. übernahm in dieser Stellung eine Fülle redaktioneller Aufgaben und leitete praktisch den Herausgeberstab des Blattes. 1933 avancierte er zum stellvertretenden Schriftleiter und 1938 zum Hauptschriftleiter, dessen Arbeit er praktisch schon seit Jahren, wenn auch ohne entsprechenden Titel, geleistet hatte. Als Schriftleiter der am meisten verbreiteten offiziellen NS-Parteizeitung im Dritten Reich spielte W. bald eine führende Rolle im deutschen Journalismus der damaligen Zeit. Am 24. November 1933 wurde er von → *Goebbels* zum Präsidenten des Reichsverbandes der Deutschen Presse ernannt, begrüßte vorbehaltlos die der Presse seitens der politischen Führung auferlegten Zwangsmaßnahmen und Kontrollen und erklärte, der Journalismus sei kein Mittelklasse-Geschäft mehr, und diejenigen, die im Innern Philister blieben, würden sicherlich nicht ermuntert, ihre zarten Seelen in nationalsozialistische Gewänder zu hüllen.

In der Praxis stand W. nicht so rigoros hinter dem Schriftleitergesetz, das er selbst als Vorsitzender des Reichsverbandes der Deutschen Presse öffentlich unterstützt hatte. Andererseits distanzierte er sich niemals in irgendeiner Weise vom NS-System. Er nahm vielmehr zahlreiche Parteiehrungen entge-

gen, darunter das Goldene Parteiabzeichen sowie das Verdienstkreuz, und wurde 1937 zum SA-Obergruppenfrührer befördert. Er war Mitglied des Reichstages (ab 5. März 1933/Wahlkreis Potsdam), des Volksgerichtshofes und des Reichskultursenats. So stieg er in der NS-Hierarchie auf, trotz seiner eher reservierten Art und seiner Feindschaft mit dem Reichspressechef Otto → *Dietrich*. Seine Bemühungen, den journalistischen Standard des *Völkischen Beobachters* zu heben und das Spektrum der Berichterstattung zu erweitern, wurden durch die diktatorische Politik untergraben, die Hitler und Dietrich während des Krieges betrieben.
1945 gab sich W. keinerlei Illusion mehr über das Zwangssystem hin, das er einst befürwortet hatte. Am 15. Juli 1949 verurteilte ihn eine Münchener Entnazifizierungs-Spruchkammer zu drei Jahren Arbeitslager (die er bereits in Internierungslagern abgebüßt hatte), zum Einzug eines Drittels seines Vermögens sowie zu zehnjährigem Berufsverbot. W. legte Berufung ein, starb aber am 24. Februar 1950, noch ehe über seinen Berufungsantrag entschieden worden war, in Wasserburg am Inn.

Weizsäcker, Ernst Freiherr von (1882–1951)
Diplomat. Während des Dritten Reiches Staatssekretär im Auswärtigen Amt und später Botschafter beim Vatikan. Er wurde am 12. Mai 1882 als Sohn eines späteren württembergischen Ministerpräsidenten in Stuttgart geboren. Während des Ersten Weltkrieges war er Marineoffizier, trat 1920 in den Dienst des Auswärtigen Amtes und bekleidete mehrere Posten im konsularischen und diplomatischen Dienst. 1922 war er Konsul in Basel und Botschaftsrat in Kopenhagen, avancierte dann zum Geschäftsträger in Oslo (1931–1933) und in der Schweiz (1933–1936). 1937 ernannte man ihn zum Ministerialdirektor, und nach → *Ribbentrops* Ernennung zum Reichsaußenminister wurde er Staatssekretär im Auswärtigen Amt – eine Position, die er bis Frühjahr 1943 innehatte.
Während der letzten Kriegsjahre war der nachgiebige W. Botschafter beim Vatikan. Er wurde im Juli 1947 von den Alliierten verhaftet und in Nürnberg als Kriegsverbrecher im sog. Wilhelmstraßen-Prozeß angeklagt und am 14. April 1949 zu 7 Jahren Haft verurteilt. Allerdings entließ man ihn infolge einer allgemeinen Amnestie schon nach 18 Monaten. 1950 veröffentlichte er seine im Gefängnis verfaßten *Erinnerungen*, in denen er sein Verhalten während der Hitlerzeit zu rechtfertigen versuchte, sich als Mann des Widerstandes hinstellte und behauptete, er habe Hitlers Außenpolitik stets mißbilligt und den ihm verliehenen Ehrenrang eines SS-Führers nur aus dekorativen Gründen angenommen. Als Diplomat alter Schule betrachtete er die Durchsetzung des Auswärtigen Amtes mit Nationalsozialisten gewiß nicht mit Wohlwollen. Dies hinderte ihn nicht, einige der Unrechtsbefehle abzuzeichnen, die man ihm zur Billigung und Unterschrift vorlegte. W. starb kurz nach seiner Freilassung am 4. August 1951 in einem Krankenhaus in Lindau am Bodensee.

Wels, Otto (1873–1939)
Sozialdemokratischer Parteiführer und einer der SPD-Vorsitzenden von 1919

bis 1933. Er wurde am 15. September 1873 als Sohn eines Gastwirts in Berlin geboren und erlernte den Beruf des Tapezierers. 1912 wurde er in den Reichstag (des Kaiserreiches) gewählt und gehörte bis 1918 dessen sozialdemokratischer Fraktion an. Seit 1913 war er auch Mitglied des Parteivorstandes. Während der Weimarer Zeit (1919–1933), und zwar ab 1920, war W. erneut Reichstagsabgeordneter. Er entwickelte sich zu einem scharfen Gegner des linken SPD-Flügels und wirkte 1918 als Stadtkommandant von Berlin gegen eine Machtergreifung von links. 1919 bis 1920 gehörte er der Nationalversammlung an.
Als SPD-Politiker entfachte W. am 23. März 1933, nachdem Hitler beantragt hatte, sich durch ein sogenanntes Ermächtigungsgesetz mit Sondervollmachten ausstatten zu lassen, im Reichstag eine Debatte – die letzte echte Parlamentsdebatte für zwölf Jahre. Dies war eine mutige persönliche Intervention zur Rettung der Demokratie. Doch die Rede, mit der W. die Ablehnung des Ermächtigungsgesetzes durch die SPD begründete, zeigte auch, wie weit sich die Sozialdemokratie von der Sprache politischer Freiheit und internationaler proletarischer Solidarität entfernt hatte. So betonte W. nicht nur, daß seine Partei nicht weniger patriotisch sei als die NSDAP und verwahrte sich dagegen, daß Deutschland am Ersten Weltkrieg schuld gewesen sei und Reparationen leisten müsse, sondern er wies auch angebliche Übertreibungen der Auslandspresse über die augenblickliche innere Situation in Deutschland zurück. Selbst gegen Hitlers Programm der Wiederaufrüstung und Autarkie äußerte er keinerlei Einwände. Dennoch mußte er kurz darauf zunächst nach Prag auswandern. 1938, beim Einmarsch der Deutschen, floh er nach Paris, wo er bis zu seinem Tode (am 16. September 1939) die Exil-SPD leitete.

Wessel, Horst (1907–1930)
Junger Berliner SA-Führer und im Dritten Reich besonders gefeierter Märtyrer der NS-Bewegung. W. wurde am 9. Oktober 1907 als Pfarrerssohn in Bielefeld geboren. Er trat 1926 der NSDAP und der SA bei und verfaßte das Marschlied »Die Fahne hoch ...«, das unter der Bezeichnung *Horst-Wessel-Lied* bekannt wurde. Nach seinem Tode wurde es zur »zweiten Nationalhymne« (neben dem Deutschlandlied) erhoben. Man sang es bei öffentlichen Versammlungen und benutzte es als musikalische Untermalung auf den Nürnberger Parteitagen der dreißiger Jahre.
Der junge SA-Mann kam am 23. Februar 1930 in Berlin bei einer Schlägerei ums Leben, und die Aufregung über seinen Tod wurde von → *Goebbels* geschickt ausgenutzt, um einen Umschwung der öffentlichen Meinung zugunsten der Nationalsozialisten herbeizuführen und gegen ihre linken Gegner Stimmung zu machen. Einige Details aus W.s Leben verschwieg man und stilisierte ihn zum asketischen Helden, dem zahllose Kampfzeit-Epen, filmische Apotheosen und Gedächtniskantaten gewidmet waren, hinter denen die NS-Propagandamaschine stand.

Wiechert, Ernst (1887–1950)
In der Weimarer Zeit außerordentlich erfolgreicher Autor unpolitischer Romane, anfangs von den Nationalsoziali-

sten geduldet, später verfolgt. W. wurde am 18. Mai 1887 im Forsthaus Kleinort (Kreis Sensburg) geboren und stammte somit aus Ostpreußen, dessen Landschaft und Menschen die Szenerie einiger seiner Romane prägten. Er nahm am Ersten Weltkrieg teil und war, von seiner Militärdienstzeit abgesehen, seit 1911 Studienrat. Er unterrichtete zunächst in Königsberg, später an einem Berliner Gymnasium. wo er mit wachsender Sorge den bereits während der letzten Weimarer Jahre immer bedrohlicher um sich greifenden Nationalsozialismus an den Schulen und Universitäten beobachtete.

Als Hitler 1933 an die Macht gekommen war, wurde W. entlassen und zog sich nach Bayern zurück. Anfangs tolerierten ihn die Nationalsozialisten noch und versuchten, ihn als angeblichen »Blut-und-Boden«-Dichter für sich zu beanspruchen. Tatsächlich sind die Helden seiner oft von mystischen Erfahrungen geprägten Romane – Helden, die Trost im einfachen Leben und nicht in der Hektik der Städte finden – weit von dem entfernt, was man im Dritten Reich als Asphaltliteratur verdammte. Dennoch kritisierte man Romane wie *Die Majorin* (1934), weil sie nicht »die positive Kriegserfahrung« und die »Erhebung der Nation« widerspiegelten.

W.s humane, religiöse Weltsicht wurde als »Flucht nach innen« und als »steriler Traditionalismus« angegriffen. Nachdem er 1935 bei einem Vortrag vor Studenten der Münchener Universität angeblich »zersetzende« Äußerungen getan hatte, wurde W. überwacht. Ein zweiter, 1937 gehaltener Vortrag an der Münchener Universität, in dem er sich als Teil des deutschen Gewissens bezeichnete und warnte, die Nation stehe bereits am Rande eines Abgrundes und sei vom ewigen Richter verurteilt, wenn sie nicht lernte, zwischen Recht und Unrecht zu unterscheiden, machte ihn zum Gebrandmarkten. 1938 lieferte man ihn als »Verführer und Verderber der Jugend« sowie als »Feind des Reiches« in das KZ Buchenwald ein. Zwei Monate später wurde er als ein gebrochener Mann entlassen und erhielt Berufsverbot auf Lebenszeit. Dennoch kommandierten ihn die Literaturfunktionäre des Regimes wegen seines großen Einflusses zur Teilnahme an einem Literatentreffen in Weimar ab, wo er als Beispiel der »Großzügigkeit« des Regimes herumgereicht wurde.

Nach dem Krieg schrieb W. ein aufwühlendes Buch *(Der Totenwald)* über seine Erfahrungen in Buchenwald, das 1946 in der Schweiz erschien. Im Rückblick auf das Dritte Reich äußerte W., die meisten Deutschen hätten nur ganz vage Vorstellungen von dem Terrorsystem gehabt, das in den Konzentrationslagern herrschte. Worte der Anerkennung fand er für das Verhalten der Arbeiterklasse (im Gegensatz zu dem des Adels, der Kirchen und der Intellektuellen unter dem NS-Regime: Nie habe, so meinte er, der deutsche Arbeiter eine schwerere Last zu tragen gehabt als in diesen zwölf Jahren, doch nie habe er sie mit mehr Würde getragen.

Zu W.s bekanntesten Romanen und Novellen gehören: *Der Totenwolf* (1924), *Die kleine Passion* (1929), *Jedermann* (1931), *Die Magd des Jürgen Doskocil* (1932), *Hirtennovelle* (1935), *Der Kinderkreuzzug* (1935) und *Das heilige Jahr* (1936).

W. starb am 24. August 1950 auf seinem Hof in Uerikon bei Rapperswil (Schweiz).

Wiedemann, Fritz (1891–1970)
Hitlers Bataillonsadjutant und Vorgesetzter im Ersten Weltkrieg – der nachmalige »Führer« war Meldegänger bei seinem Stab – und später sein außenpolitischer Berater. W. wurde am 16. August 1891 in Augsburg geboren. Er strebte eine militärische Karriere an, wurde 1912 zum Leutnant befördert und war während des Ersten Weltkrieges Bataillonsadjutant des 17. bayerischen Infanterieregiments. Nach dem Krieg nahm er als Hauptmann seinen Abschied und ließ sich in Niederbayern als Bauer nieder. 1934 trat er der NSDAP bei, wurde Hitlers persönlicher Adjutant und erfüllte häufig inoffizielle diplomatische Missionen.
1936/37 war er in Österreich aktiv und intrigierte zusammen mit dem deutschen Botschafter Franz von → *Papen* gegen den amtierenden österreichischen Bundeskanzler → *Schuschnigg*. Im Juli 1938 reiste er zu Gesprächen mit Lord Halifax nach London, und 1939 wurde er als deutscher Generalkonsul nach San Franzisco geschickt. Nach dem Kriegseintritt der USA im Juni 1941 wurde er von den Amerikanern ausgewiesen und erhielt den Posten eines deutschen Generalkonsuls in Tientsin (China), den er ab Oktober 1941 innehatte, bis ihn 1945 die Amerikaner verhafteten. W., der seit 1935 auch im Rang eines SA-Brigadeführers stand, trat bei den Nürnberger Prozessen als Zeuge auf und blieb selbst 28 Monate in Zeugenhaft. Er wurde 1948 freigelassen und lebte als Bauer in Süddeutschland. Im Januar 1970 starb er 79jährig in Fuchsgrub (Bayern).

Wiener, Alfred (1885–1964)
Generalsekretär des Zentralvereins deutscher Staatsbürger jüdischen Glaubens (zur Weimarer Zeit), später Flüchtling aus dem Dritten Reich und Begründer der Wiener Library. Er wurde am 16. März 1885 als Sohn eines Kaufmanns in Potsdam geboren und besuchte die Schule in Bentschen, Posen und Potsdam. Anschließend studierte er an den Universitäten Berlin und Heidelberg, wo er im Hauptfach Arabistik zum Dr. phil. promovierte. Am Ersten Weltkrieg nahm er als Soldat, zuletzt in der Türkei, teil. Nach dem Krieg wurde W. Syndikus und Geschäftsleiter des Zentralvereins, des mitgliedsstärksten jüdischen Verbandes in Deutschland, dem in seinen besten Zeiten über 300 000 Personen (das ist mehr als die Hälfte der in Deutschland lebenden Juden) angehörten. Ziel des Verbandes war die Assimilation. Er betonte, daß Juden Deutsche seien wie andere Deutsche auch, daß ihnen völlige rechtliche Gleichstellung zustehe und nur die Religion sie von anderen Deutschen unterscheide.
Er bot Juden Rechtsschutz, kämpfte gegen den Verlust des jüdischen Identitätsgefühls, vor allem aber gegen die in den zwanziger Jahren in Deutschland hochgehenden Wogen des Antisemitismus. Für ihn war das Problem des Antisemitismus der Prüfstein dafür, wie ernst es die Deutschen mit der Demokratie meinten, und er protestierte unablässig gegen die Gleichgültigkeit der Behörden, das Schweigen der Presse und die allgemeine Interesselosigkeit. Seine 1919 veröffentlichte Broschüre *Vor Pogromen?* warnte schon damals vor den Folgen eines pseudowissenschaftlich verbrämten Rassenhasses und attackierte die Nachgiebigkeit der Justiz in den frühen Tagen des NS-Umsturzes.
Doch W.s Appelle an die konservative

Mittelschicht stießen auf taube Ohren, und er mußte 1933 Deutschland verlassen. Zunächst floh er nach Holland, wo er das *Jewish Central Information Office* (Zentrales jüdisches Informationsbüro) errichtete. Dieses bildete die Keimzelle der umfassenden Dokumentationen über die Greuel der NS-Zeit, die er Ende der dreißiger Jahre zusammentrug und 1939 nach London brachte. Das nun in *Wiener Library* (W.-Bibliothek) umbenannte Institut spielte eine wichtige Rolle im Propagandakrieg der britischen Regierung gegen Hitlerdeutschland und versorgte die britischen Behörden sowie die Presse mit Quellenmaterial über das Dritte Reich.
Nach dem Krieg lieferte die *Wiener Library* wichtiges Beweismaterial gegen Kriegsverbrecher und entwickelte sich in der Folgezeit zu einem bedeutenden Archiv mit wertvollen Unterlagen für die wissenschaftliche Erforschung des Nationalsozialismus und des Dritten Reiches. In den fünfziger Jahren besuchte W. Deutschland sehr oft und versuchte, eine Atmosphäre der Versöhnung zwischen Juden und Deutschen zu schaffen, warnte allerdings vor jedem Wiederaufleben des Nazismus. Er starb am 4. Februar 1964 in London.

Winnig, August (1878–1956)
Ehemaliger Gewerkschaftsfunktionär, der 1933 die Nationalsozialisten begrüßte, weil er sich von ihnen die »Heilung des Staates« vom Marxismus versprach. W. wurde am 31. März 1878 in Blankenburg (Harz) geboren. Der jüngste Sohn eines kinderreichen Totengräbers lernte in seiner Kindheit und Jugend bittere Not kennen. Als Organisator des Bauarbeiterverbandes gab er ab 1905 dessen Organ *Der Grundstein* heraus und wurde 1913 zum stellvertretenden Vorsitzenden gewählt. Als SPD-Mitglied gehörte W. dem rechten Flügel seiner Partei an. 1918 wurde er Bevollmächtigter des Reiches für die baltischen Lande und 1919 Oberpräsident von Ostpreußen. Doch bereits ein Jahr später verlor er dieses Amt und wurde aus der SPD ausgeschlossen, weil er sich am Kapp-Putsch (13. März 1920) beteiligt hatte.
W.s Bücher, die in den letzten Jahren der Weimarer Zeit sowie im Dritten Reich entstanden, gewähren einen aufschlußreichen Einblick in die Geschichte der SPD von 1878 bis 1933, zeigen aber auch seine persönlichen Wege und Irrwege. Außerdem spiegeln sich in ihnen seine Liebe zur Natur, seine Glaubensstärke und seine Herkunft aus dem Arbeitermilieu. Die meiste Beachtung fanden: *Vom Proletariat zum Arbeitertum* (1930) sowie die autobiographische Trilogie *Frührot* (1920), *Der weite Weg* (1932) und *Heimkehr* (1935), aber auch die politischen Aufsätze in *Wir hüten das Feuer* (1933). In *Europa – Gedanken eines Deutschen* (1937), verkündet W. sein privates, konservativ-nationalistisches Glaubensbekenntnis. Doch vermochte er sich als überzeugter evangelischer Christ nicht völlig mit dem Dritten Reich und dessen neuheidnischen Tendenzen zu identifizieren. So zog er sich aus der Politik in die innere Emigration zurück. Er starb am 3. November 1956 in Bad Nauheim.

Wirmer, Joseph (1901–1944)
Zentrumspolitiker und Anwalt, der eine wichtige Rolle in der Widerstandsbewegung spielte. W. wurde am 19. März 1901 geboren. Als geschickter

Verhandlungstaktiker brachte er den konservativen Flügel der Widerstandsbewegung um → *Goerdeler* und Sozialdemokraten wie Julius → *Leber* unter einen Hut, die politisch dem jungen, aristokratischen, aber sozialistischen Idealen nachhängenden Motor der Verschwörung, Claus Schenk Graf von → *Stauffenberg*, näherstanden. Nach dem Mißlingen des Attentats auf Hitler vom 20. Juli 1944 wurde W. verhaftet und nach der Verurteilung durch den Volksgerichtshof am 8. September 1944 am gleichen Tag hingerichtet.

Wirth, Christian (1885–1944)
Kriminaloberkommissar und Vergasungsspezialist in den Todeslagern in Polen (1942/43). Er wurde am 24. November 1885 in Oberbalzheim (Württemberg) geboren. Als Unteroffizier kämpfte er im Ersten Weltkrieg an der Westfront und erhielt für seine Tapferkeit das Goldene Militärverdienstkreuz. Nach einigen Jahren, in denen er als Baumeister tätig war, machte er wieder als Polizeibeamter in Württemberg von sich reden, der für seine ganz speziellen Verhörmethoden in Kriminalfällen berüchtigt war, die ihm schließlich sogar einen öffentlichen Tadel seitens des württembergischen Landtages eintrugen. Dennoch hatte er es 1939 in der Stuttgarter Kriminalpolizei bis zum Kriminaloberkommissar gebracht.
Gegen Ende des Jahres 1939 wurde er dann zum »Euthanasie-Dienst« in die psychiatrische Klinik Grafeneck versetzt, der ersten von 15 derartigen Institutionen im Reich, wo man Menschen durch Gas oder Spritzen tötete. Anschließend kommandierte man W. nach Brandenburg ab, wo im ehemaligen Zuchthaus gleichfalls eine Euthanasie-Anstalt eingerichtet war, deren Verwaltungsdirektor er wurde. Ende 1939 führte er die ersten bekanntgewordenen Vergasungsexperimente an unheilbar kranken Deutschen aus. Als Beobachter waren → *Brack* und → *Bouhler* aus der Kanzlei des Führers anwesend, von denen er später als Inspektor der Todeskommandos in Belzec, Sobibor und Treblinka (Polen) seine Weisungen erhalten sollte. Hier in Brandenburg kam Bouhler auch auf die Idee, die Gaskammern als Duschraum zu tarnen.
Zweifellos führte der Ruf, den sich W. bei der Beseitigung unheilbar Kranker erworben hatte, zu seiner »strengvertraulichen Mission«, die ihn im Sommer 1941 nach Ostpolen brachte. Seit Mitte 1940 war er als Inspekteur von Euthanasie-Anlagen in Großdeutschland umhergereist. Einige dieser Anlagen wie Hadamar und Schloß Hartheim in Österreich, über die W. kurze Zeit das Kommando hatte, sollten das Personal für die künftigen Todeslager in Polen liefern. Im Juli 1941 beschlossen Bouhler und Brack, ihn nach Lublin zu schicken, um eine neue Euthanasieanstalt aufzubauen – die erste außerhalb des Reiches. Ende 1941 hatte W. den Auftrag, mit der Ausrottung von Juden in Chelmno (Kulmhof) zu beginnen, dem ersten der 5 Todeslager in Polen.
Während der nächsten 18 Monate beaufsichtigte W. den Mord an mehr als zwei Millionen Juden in den Vernichtungslagern von Belzec, Sobibor und Treblinka, wobei Odilo → *Globocnik*, der SS- und Polizeiführer von Lublin, die Oberleitung übernahm und für das nötige Personal sorgte. W., ein massiger, grobschlächtiger Typ, dessen Ausdrucksweise und Hang zur Grausamkeit ihm den Namen »der wilde

Christian« einbrachten, rühmte sich des Terrorsystems, das er in den Vernichtungslagern eingeführt hatte, und der Leistungsfähigkeit der von ihm entworfenen Gaskammern. Er beanspruchte für sich, »bahnbrechende Arbeit« geleistet zu haben, indem er ein jüdisches Sonderkommando einsetzte. Dabei ließ er körperlich noch etwas kräftigere Juden ihre toten Leidensgenossen begraben, bevor sie selbst liquidiert wurden. Es steht außer Zweifel, daß W., obwohl er gerne übertrieb, als Kommandant von Belzec an der Entwicklung neuer Vergasungstechniken beteiligt war. Ein Überlebender des Lagers Belzec, wo 600000 Juden umgebracht wurden, erinnert sich an W. als einen großen, breitschultrigen Mann, Mitte 40, mit brutalem Gesicht. Er sei eine Bestie in Menschengestalt gewesen. Obwohl er sich selten sehen ließ, verstand er es, auch den SS-Leuten Schrecken einzuflößen.

Er lebte allein und wurde von seinem ukrainischen Offiziersburschen bedient, der ihm täglich berichtete, was im Lager vor sich ging. Nach Auflösung des Lagers Belzec im Herbst 1943 wurde W. zum Polizeimajor befördert und zusammen mit seinem Kommando von Himmler nach Triest geschickt, wo er mit anderen deutschen Einheiten zusammentreffen sollte. Es heißt, W. sei am 26. Mai 1944 beim Straßenkampf mit jugoslawischen Partisanen ums Leben gekommen.

Wisliceny, Dieter (1911–1948)

SS-Hauptsturmführer und enger Mitarbeiter von → *Eichmann*, mitverantwortlich für die Massendeportationen von Juden aus der Slowakei, Griechenland und Ungarn. W. wurde am 13. Januar 1911 in Regulowken (Ostpreußen) als Sohn eines Gutsbesitzers geboren. Der ehemalige Theologiestudent arbeitete später kurze Zeit als Angestellter in einem Konstruktionsbüro und war, als er 1931 der NSDAP beitrat, arbeitslos. 1934 schloß er sich der SS an, und im Juni desselben Jahres kam er zum SD. Er war zeitweise Eichmanns Vorgesetzter in der SS und wurde später während des Zweiten Weltkrieges einer seiner Mitarbeiter in der Zentralstelle für jüdische Auswanderung. Ab September 1940 war er der deutschen Delegation in Preßburg als Judenberater für die slowakische Regierung zugeteilt. W., der zur gebildeteren Schicht der SS-Leute gehörte und im übrigen mehr auf Geld als auf Karriere bedacht war, erwarb sich in der Slowakei bald den Ruf, bestechlich zu sein. Er war weniger fanatisch als Eichmann und ließ sich von einem jüdischen Hilfskomitee in Preßburg 50000 Dollar dafür bezahlen, daß er für 1942 geplante Deportationen aufschob.

1943/44 wurde er nach Griechenland versetzt, wo er an der Spitze des Sonderkommandos für Judenangelegenheiten in Saloniki stand, den gelben Judenstern einführte und Deportationen vorbereitete. Im März 1944 rief man ihn nach Budapest zu Eichmanns Sonderkommando. W., der es liebte, sich von den ungarischen Juden als »Baron« titulieren zu lassen, beteiligte sich hier am Feilschen um das Leben jüdischer Menschen, aber die Zahlungen, die man an ihn leistete, konnten schließlich doch die Deportationen nach Auschwitz nicht verhindern.

In Nürnberg trat W. als Zeuge der Anklage auf und enthüllte erschreckende Details der »Endlösung«. Ihm zufolge soll Eichmann geäußert haben, er werde dereinst lachend in die Grube fahren, da das Gefühl, 5 Millionen Menschen auf dem Gewissen zu haben, für ihn eine Quelle außerordentlicher Befriedigung darstelle. Schließlich lieferte man W. an die Tschechoslowakei aus, wo man ihm in Preßburg den Prozeß machte und er am 27. Februar 1948 wegen Beihilfe zum Massenmord hingerichtet wurde.

Witzleben, Erwin von (1881–1944)
Generalfeldmarschall der Wehrmacht, geboren am 4. Dezember 1881 in Breslau. Er war seit 1901 aktiver Offizier, nahm während des Ersten Weltkrieges an den Kämpfen im Westen teil und wurde 1933, im Jahr der NS-Machtergreifung, zum Kommandeur der 3. Division in Berlin ernannt. 1934 berief man ihn an die Spitze des Wehrkreises III unter gleichzeitiger Beförderung zum Kommandierenden General. 1939/40 hatte er das Kommando über die 1. Armee, und nach dem Sieg über Frankreich machte Hitler ihn am 19. Juli 1940 zum Generalfeldmarschall.
In Frankreich führte W. bis März 1941 die Heeresgruppe D und war dann anschließend Oberbefehlshaber West, bis er Mitte März 1942 – angeblich aus Gesundheitsgründen – entlassen wurde. Schon 1939 war er führend an Staatsstreichplänen gegen Hitler beteiligt, die jedoch wegen des Münchener Abkommens vom 29. September 1938 nicht durchführbar waren. Er hielt ständige Verbindung mit Widerstandskreisen. Die Verschwörer planten, ihm nach Hitlers Beseitigung den Oberbefehl über die Wehrmacht zu geben. Einen Tag nach dem Scheitern der Verschwörung des 20. Juli 1944 wurde er verhaftet und vom Volksgerichtshof, vor dem er dessen Präsidenten → *Freisler* ein böses Ende prophezeite, am 8. August zum Tode verurteilt.
Seine Hinrichtung am gleichen Tag sollte ihn bewußt entwürdigen: Der 63 Jahre alte Feldmarschall wurde halbnackt am Hinrichtungsort, einem Schuppen hinter der Haftanstalt Berlin-Plötzensee, mit der Schlinge um den Hals an einem Haken emporgezogen und langsam stranguliert.

Wolff, Karl (1900–1984)
Höchster SS- und Polizeiführer in Italien, vorher Chef des Persönlichen Stabes von Heinrich → *Himmler*. W. wurde am 13. Mai 1900 als Sohn eines Bezirksrichters in Darmstadt geboren. Er beteiligte sich als aktiver Offizier am Ersten Weltkrieg, brachte es bis zum Rang eines Gardeleutnants und erhielt das Eiserne Kreuz I. und II. Klasse. Von Dezember 1918 bis Mai 1920 war er Leutnant im Freikorps Hessen. Während der nächsten 5 Jahre arbeitete er als kaufmännischer Angestellter in verschiedenen Firmen, 1925–1933 besaß er in München ein Anzeigenbüro. 1931 trat er der NSDAP und der SS bei, und im November 1933 war er bereits SS-Sturmbannführer. Von März bis Juni 1933 war er Adjutant des Reichsstatthalters in Bayern, General Ritter von → *Epp*, und wurde noch im Juli Himmlers persönlicher Adjutant.
Ab 1936 war er Mitglied des Reichstags für den Wahlkreis Hessen und machte in der SS rasch Karriere. Am 30. Januar 1934 beförderte man ihn zum SS-Obersturmbannführer, bereits am 4. Juli 1934 avancierte er zum SS-Oberführer, am 9. November 1935 zum SS-Brigadeführer und am 30. Januar 1937 zum SS-Gruppenführer. Am 30. Januar 1939 erhielt er das Goldene Parteiabzeichen, und am 3. Mai 1940 wurde er Ge-

neral der Waffen-SS. Nachdem → *Heydrich* zum Reichsprotektor für Böhmen und Mähren ernannt war, galt W. praktisch als Himmlers Stellvertreter und war gleichzeitig Himmlers Haupt-Verbindungsoffizier zum »Führer«. 1941 begleitete er Himmler nach Finnland und erhielt 1942 das Großkreuz des finnischen Ordens der Weißen Rose mit Schwertern. Am 30. Januar 1942 wurde W. zum SS-Obergruppenführer und General der Waffen-SS befördert. Im September 1943 wurde er als Bevollmächtigter General der Deutschen Wehrmacht in Italien zugleich Generalbevollmächtigter bei Mussolini (bis zum Kriegsende).

Ende Februar 1945 war er davon überzeugt, daß der Krieg verloren sei, und stellte durch italienische und Schweizer Mittelsmänner Kontakt mit Allen Dulles, dem Chef des amerikanischen Geheimdienstes in Bern, her. Die Verhandlungen, die er hinter Hitlers Rükken in Zürich führte, hatten die frühe Kapitulation der deutschen Truppen in Italien zur Folge. Aus diesem Grund wurde der elegante, sympathisch wirkende SS-General in Nürnberg nicht vor Gericht gestellt. Statt dessen trat er als aussagewilliger Zeuge der Anklage auf, wobei er in voller SS-Uniform erschien. 1946 wurde er von einer deutschen Spruchkammer zu vier Jahren Arbeitslager verurteilt, verbrachte jedoch nur eine Woche in Haft. In der Folge etablierte er sich als außerordentlich erfolgreicher Werbeagent in Köln und baute sich später von seinem Vermögen eine elegante Villa am Ufer des Starnberger Sees. Doch der Drang des »SS-Generals mit der weißen Weste« zur Selbstdarstellung erwies sich als verhängnisvoll.

Seine während des → *Eichmann*-Prozesses publizierten Memoiren (1961) machten nicht nur die Öffentlichkeit auf ihn aufmerksam, sondern auch die bayerische Justiz, die sich nun für seine Aktivitäten als Schlüsselfigur in Himmlers unmittelbarer Umgebung sowie beim Aufbau des SS-Staates zu interessieren begann.

W. wurde am 18. Januar 1962 verhaftet und vor Gericht gestellt. Die Anklage lautete: Beihilfe zum Massenmord an Juden. Man beschuldigte ihn, an der Deportation von mindestens 300000 Juden in das Vernichtungslager Treblinka beteiligt gewesen zu sein. In einem Brief vom 13. August 1941 hatte W. seiner Genugtuung darüber Ausdruck verliehen, daß während der letzten zwei Wochen täglich ein Transport mit mindestens 5000 »Angehörigen des auserwählten Volkes« (so W.) nach Treblinka abgegangen sei. Außerdem warf man ihm vor, für neue Transportkapazität gesorgt zu haben, um die Juden leichter aus den Gettos oder aus anderen Gebieten, wo man sie konzentriert hatte, deportieren zu können. Ferner klagte man W. der Beihilfe bei der Erschießung von Juden und Partisanen hinter der Front bei Minsk an, wo er sich als Himmlers Stabschef aufgehalten hatte (→ *Himmler*). Ferner wurde behauptet, er habe in beratender Funktion bereitwillig an der »Endlösung« teilgenommen.

Die Schöffen des Münchener Schwurgerichtes nahmen W.s Einwand nicht an, er habe von den Todeslagern nicht die geringste Ahnung gehabt, und verurteilten ihn am 30. September 1964 zu 15 Jahren Zuchthaus und zu 10 Jahren Verlust der bürgerlichen Ehrenrechte. W. erhielt jedoch 1971 Haftverschonung. Er starb am 15. Juli 1984 in Rosenheim.

Y

Yorck von Wartenburg, Peter Graf (1904–1944)
Prominentes Mitglied der deutschen Widerstandsbewegung und Urenkel des berühmten preußischen Generals der Freiheitskriege, der eine entscheidende Rolle im Kampf gegen Napoleon gespielt hatte. Y. wurde am 13. November 1904 in Klein-Oels (bei Breslau/Schlesien) geboren und stammte aus einer der angesehensten deutschen Adelsfamilien.
Er studierte in Bonn und Breslau Rechts- und Staatswissenschaft, trat in den Staatsdienst, u. a. beim Oberpräsidium in Breslau und beim Reichskommissar für die Preisbildung, Josef → *Wagner*, und brachte es bis zum Oberregierungsrat. Im Zweiten Weltkrieg diente er als Oberleutnant im Polenfeldzug und war ab 1942 in der Wehrmachtsverwaltung (Wehrwirtschaftsamt des OKW) tätig. Als einer der Mitbegründer des Kreisauer Kreises (→ *Moltke*) und Vetter des Grafen Claus Schenk von → *Stauffenberg* hatte er, wie dieser, für Hitler und den Nationalsozialismus nur Verachtung übrig. Nach dem Plan der Verschwörer sollte er Staatssekretär unter Wilhelm → *Leuschner* werden.
Er war einer der ersten Verschwörer, die nach dem mißglückten Anschlag vom 20. Juli 1944 verhaftet und vor den Volksgerichtshof unter → *Freisler* gestellt wurden. Seine Mitwirkung im Widerstand beruhte, wie bei anderen Mitgliedern des Kreisauer Kreises auch, auf seiner christlichen Überzeugung. Sie ließ ihn, wie er Freisler erklärte, den Totalitätsanspruch des Staates gegenüber dem Staatsbürger unter Ausschaltung seiner religiösen und sittlichen Verpflichtung vor Gott zurückweisen. Y. wurde am 8. August 1944 in Plötzensee gehängt.

Z

Zangen, Wilhelm (1891–1971)
Deutscher Großunternehmer und ab 1938 Leiter der Reichsgruppe Industrie. Z. wurde am 30. September 1891 in Duisburg geboren und bekleidete als ebenso fähiger Kaufmann wie Techniker Ende der dreißiger Jahre Positionen, die ihm hohe Verantwortung aufluden. Seit 1. Mai 1937 war er Mitglied der NSDAP. Auch der Akademie für Deutsches Recht gehörte er an. Während des Dritten Reiches führte Z. den Titel eines Wehrwirtschaftsführers und war von 1934 an Generaldirketor und Vorstandsvorsitzender der Mannesmann-Röhrenwerke AG in Düsseldorf (dies bis zum Jahre 1957).
Als Generaldirektor des Mannesmann-Konzerns beschäftigte er während des Zweiten Weltkrieges Fremdarbeiter. Neben seinen zahlreichen Funktionen wurde er 1938 Leiter der Reichsgruppe Industrie. Außerdem war er Vizepräsident der Industrie- und Handelskammer in Düsseldorf sowie stellvertretender Leiter der Reichswirtschaftskammer in Berlin. Mitglied des Aufsichtsrates war Z. unter anderem bei der AEG, der Deutschen Bank, der Kronprinz AG, der

Metallindustrie in Solingen-Ohligs sowie der Maschinenfabrik Meer AG in Mönchengladbach. 1957–1966 war Z. Aufsichtsratsvorsitzender der Mannesmann AG. Er starb am 25. November 1971 in Düsseldorf.

Zeitzler, Kurt (1895–1963)
Generalstabschef des deutschen Heeres von 1942 bis 1944. Z. wurde am 9. Juni 1895 als Pastorensohn in Coßmar (Brandenburg) geboren. Nachdem er im Ersten Weltkrieg wegen Tapferkeit vorzeitig zum Offizier befördert worden war, setzte Z. anschließend seine Laufbahn in der Reichswehr fort, wobei er sich als fähiger Stabsoffizier und Experte für bewegliche Kriegführung erwies. Im Dritten Reich wurde er, obwohl noch verhältnismäßig jung, rasch in verantwortliche Positionen berufen. 1937/38 war er Oberstleutnant im Oberkommando des Heeres, nahm als Oberst und Generalstabschef eines Armeekorps am Polenfeldzug teil und diente 1940 als Stabschef der Panzergruppe von → *Kleist* in Frankreich. Er wurde im Oktober 1941 Generalstabschef der 1. Panzergruppe, avancierte danach zum Generalmajor und war Generalstabschef der Heeresgruppe D unter von → *Rundstedt* im Westen.
Z.s Erfolge beeindruckten Hitler, der ihn am 24. September 1942 unter Beförderung zum General der Infanterie als Nachfolger Franz → *Halders* zum Generalstabschef des Heeres ernannte. Offensichtlich hoffte Hitler, Z. werde den Krieg an der Ostfront mit mehr Schwung führen als Halder, und überdies glaubte er, Z. werde seine Art der Kriegführung nicht in Frage stellen. Doch im Herbst 1942 war die prekäre Situation der Deutschen Wehrmacht in Rußland nicht mehr zu übersehen und ein vorübergehender Rückzug kaum zu vermeiden. Z. drang daher in Hitler, der 6. Armee, die bei Stalingrad eingekesselt zu werden drohte, den Rückzug aus Stalingrad oder wenigstens einen Ausbruch zu gestatten, solange dieser noch möglich wäre.
Hitler wies diesen Rat zurück, doch nach der Kapitulation der 6. Armee unter → *Paulus* vermochte Z. den Führer wenigstens zu strategischen Rückzügen vor Moskau und Leningrad zu bewegen. Das Scheitern der deutschen Offensive bei Kursk (Juli 1943) und danach der Zusammenbruch auf der Krim (1944) raubten Z., seit 30. Januar 1944 Generaloberst, jegliche Illusion, und er wünschte nun, seinen Abschied zu nehmen. Er ließ sich am 1. Juli 1944 aus gesundheitlichen Gründen beurlauben. Am 31. Januar 1945 entließ ihn Hitler aus der Wehrmacht und verweigerte ihm das Recht, weiterhin Uniform zu tragen. Z. starb am 25. September 1963 in Hohenaschau (Oberbayern).

Ziegler, Adolf (1892–1959)
Präsident der Reichskammer der Bildenden Künste und Hitlers Lieblingsmaler. Z. wurde 1892 in Bremen geboren. Er studierte – unterbrochen durch den Kriegsdienst im Ersten Weltkrieg – von 1911 bis 1924 an der Kunstakademie in Weimar Malerei. Ab 1925 stand er in persönlichem Kontakt mit Hitler, schloß sich dessen Partei an und wurde später Kunstexperte der NSDAP. Er war ein mittelmäßiger, wenn auch technisch vollendeter Maler und für seine pseudoklassischen Akte bekannt, die dem arischen Idealtyp entsprachen. Sein pedantischer Realismus überließ nichts der Phantasie (nicht umsonst trug Z. den Spottnamen »Meister des deutschen Schamhaares«), doch rissen

seine Arbeiten Hitler zu Begeisterungsausbrüchen hin. So beauftragte er ihn, ein Porträt seiner Nichte Geli Raubal zu malen. Seit 1933 war Z. Professor an der Münchener Kunstakademie und wurde zum führenden Vertreter der offiziellen Parteikunst im Dritten Reich. 1936 ernannte man ihn zum Präsidenten der Reichskammer der Bildenden Künste (dies blieb er bis 1943). 1937 ermächtigte Hitler ihn, sämtliche Galerien und Museen des Reiches nach sogenannter entarteter Kunst zu durchkämmen und die betreffenden Werke von ihren Standorten zu entfernen. Bei dieser Aktion brachte Z. mehr als 16000 Werke expressionistischer, abstrakter, kubistischer und surrealistischer Kunst zusammen. Gemälde von Max Ernst, Franz Marc, Max Beckmann, Emil →*Nolde*, Oskar Kokoschka, George Grosz und Wassili Kandinsky wurden auf Anordnung Z.s, der diese Säuberungsaktion leitete, beschlagnahmt.

Im Juni 1937 stellte Z. daraus die berüchtigte Ausstellung *Entartete Kunst* zusammen, die in München gezeigt wurde und sich zur größten Verblüffung der Nationalsozialisten als die populärste Malereiausstellung erwies, die je im Dritten Reich veranstaltet wurde. Mehr als zwei Millionen Besucher strömten herbei, um sich die verpönten Kunstwerke anzusehen, während eine gleichzeitig veranstaltete Parallelausstellung genehmer Kunstwerke viel weniger Anklang fand. Z. starb im Alter von 67 Jahren im September 1959 in Varnhalt bei Baden-Baden.

Zöberlein, Hans (1895–1964)

Schriftsteller. Z. wurde am 1. September 1895 in Nürnberg geboren. Er erlernte den Beruf des Maurers und Steinhauers. Im Ersten Weltkrieg erhielt er die höchste bayerische Kriegsauszeichnung, die an Mannschaften verliehen wurde. Nach dem Krieg war er Mitglied des Freikorps Epp und gehörte schon 1921 der NSDAP und der SA an. Am 9. November 1923 beteiligte er sich am Hitlerputsch in München. 1931 erschien von ihm der Roman *Glaube an Deutschland*, in dem er seine Erlebnisse auf den Schlachtfeldern von Verdun, wo eine der blutigsten Materialschlachten des Ersten Weltkrieges stattfand, verarbeitete und die Sinnlosigkeit des Abschlachtens gipfeln läßt im völligen Zusammenbruch des Reiches am Ende des Krieges.

»Lieber den Krieg als die Treue verlieren« war das Fazit seines Fühlens und Schreibens, dem aber mit dem NS-Roman *Der Befehl des Gewissens* von 1937 bald Hoffnungsvolleres folgte: »Das Reich wird kommen! Das Reich, von dem du so hoffnungsvoll geträumt ... Adolf Hitler wird euch hinführen. Der allein ist es, der das kann! – Sonst keiner.« Z., beruflich inzwischen Architekt, wurde 1943 SA-Brigadeführer. Außerdem ernannte man ihn zum Präsidenten des Ordens der Bayerischen Tapferkeitsmedaille, die er im Ersten Weltkrieg verliehen bekommen hatte. Kurz vor Kriegsende 1945 folgten Bürger der oberbayerischen Bergwerksstadt Penzberg – einst Hochburg der Sozialdemokraten im südlichen Bayern mit einem bis zuletzt unterdurchschnittlichen Anteil von Nationalsozialisten – dem Aufruf der »Freiheitsaktion Bayern« und setzten den NS-Bürgermeister ab, um der Stadt weitere Kampfhandlungen zu ersparen. Auf Befehl des Münchner Gauleiters und Reichsverteidigungskommissars Giesler wurden daraufhin einige der Verantwortlichen erschossen. Um aber dort endgültig »mit den Kommunisten aufzuräumen«, schickte der Gauleiter ein Kommando unter Führung Z.s einen halben Tag später erneut nach Penzberg, das dort vermummt im Stile der bis zuletzt propagierten, aber fast nie in Erscheinung getretenen NS-Untergrundorganisation »Werwolf« die dortige Bevölkerung verängstigen sollte.

Neun Bürger Penzbergs, die man als politisch unzuverlässig einstufte, unter ihnen zwei Frauen, von denen eine schwanger war, wurden ohne Verfahren gehängt – einer von ihnen überlebte schwer verletzt den Gewaltakt. Z. wurde in einem Prozeß, der vom 14. Juni bis zum 7. August 1948 dauerte, deshalb dreimal mit dem Tode bestraft; im Revisionsverfahren vor dem Oberlandesgericht München wurde Mitte 1949 – nach der Abschaffung der Todesstrafe durch das Grundgesetz der Bundesrepublik Deutschland – das Urteil bestätigt, die Todesstrafe jedoch in eine lebenslängliche Haftstrafe umgewandelt. In einem Spruchkammerverfahren des Jahres 1948 bezeichnete sich Z. als überzeugten Nationalsozialisten und Antisemiten. Aus Gesundheitsgründen erhielt Z. 1958 Haftverschonung. Er starb am 13. Februar 1964 in München.

Anhang

Vergleichende Übersicht der Ränge

Wehrmacht	**Polizei**	**SS und Waffen-SS**	**SA**
Reichsmarschall			
General- feldmarschall Großadmiral	Reichsführer-SS und Chef der deutschen Polizei		Stabschef
Generaloberst Generaladmiral	Generaloberst	Oberstgruppen- führer	———
General der Infanterie usw. Admiral	General der Polizei	Obergruppen- führer	Obergruppen- führer
Generalleutnant Vizeadmiral	Generalleutnant	Gruppenführer	Gruppenführer
Generalmajor Konteradmiral	Generalmajor	Brigadeführer	Brigadeführer
———	———	Oberführer	Oberführer
Oberst Kapitän z. See	Oberst	Standartenführer	Standartenführer
Oberstleutnant Fregattenkapitän	Oberstleutnant	Obersturmbann- führer	Obersturmbann- führer
Major Korvettenkapitän	Major	Sturmbannführer	Sturmbannführer
Hauptmann Kapitänleutnant	Hauptmann	Hauptsturmführer	Hauptsturmführer
Oberleutnant (z. See)	Oberleutnant	Obersturm- führer	Obersturm- führer
Leutnant (z. See)	Leutnant	Untersturmführer	Sturmführer
Stabs- oberfeldwebel	———	Sturmscharführer	Haupttruppführer

Vergleichende Übersicht der Ränge

Wehrmacht	**Polizei**	**SS und Waffen-SS**	**SA**
Oberfähnrich (z. See)	———	———	———
Oberfeldwebel	———	Hauptscharführer	Obertruppführer
Feldwebel	Meister	Oberscharführer	Truppführer
Fähnrich (z. See)	———	———	———
Unterfeldwebel Matr. Ob. Maat	Hauptwachtmeister	Scharführer	Oberscharführer
Unteroffizier Matr. Maat	Rev. O. Wachtmeist. Zugwachtmeister	Unterscharführer	Scharführer
Stabsgefreiter Hauptgefreiter	———	———	———
Obergefreiter	Oberwachtmeister	———	———
Gefreiter	Wachtmeister	Rottenführer	Rottenführer
Obersoldat	Rottwachtmeister	Sturmmann	Obersturmmann
Soldat Matrose	Unterwachtmeister	SS-Mann	Sturmmann

Bibliographie

Abshagen, Karl-Heinz: Canaris. Stuttgart 1949
Ackermann, Josef: Heinrich Himmler als Ideologe. Göttingen 1970
Adam, Uwe Dietrich: Judenpolitik im Dritten Reich. Düsseldorf 1972
Addington, Larry H.: The Blitzkrieg Era and the German General Staff, 1865–1941. New Brunswick 1971
Allen, William Sheridan: The Nazi Seizure of Power. London 1966
Alquen, Gunter d': Die SS: Geschichte, Aufgabe und Organisation der Schutzstaffel der NSDAP. Berlin 1939
Arendt, Hannah: Elemente und Ursprünge totalitärer Herrschaft. Frankfurt/M.[2]1958; TB-Ausgabe Frankfurt/M. 1975
Arendt, Hannah: Eichmann in Jerusalem. München 1964
Aronson, Shlomo: Reinhard Heydrich und die Frühgeschichte von Gestapo und SD. Stuttgart 1971
Balfour, Michael/Julian Frisby/Freya v. Moltke: Helmuth James v. Moltke, 1907–1945. Stuttgart 1975
Barkai, Avraham: Das Wirtschaftssystem des Nationalsozialismus. Der historische und ideologische Hintergrund 1933–1936. Köln 1977
Bartz, Karl: Als der Himmel brannte. Hannover 1955
Baumbach, Werner: Zu spät? Aufstieg und Untergang der deutschen Luftwaffe. München[2]1949
Baynes, Norman (Hg.): The Speeches of Adolf Hitler, April 1922 to August 1939, 2 Bände. London 1943
Ben Elissar, Eliahu: La Diplomatie du IIIe Reich et les Juifs 1933–1939. Paris 1969
Berben, Paul: Dachau: The Official History 1933–1945. London 1975
Berghahn, Volker Rolf: Der Stahlhelm. Düsseldorf 1966
Best, Werner: Die deutsche Polizei. Darmstadt 1941
Bethge, Eberhard: Dietrich Bonhoeffer. New York 1970
Bewley, Charles: Hermann Göring. Göttingen 1956
Beyerchen, Alan: Wissenschaftler und Hitler. Köln 1980
Binion, Rudolph: »... daß ihr mich gefunden«. Hitler und die Deutschen. Stuttgart 1978
Bleuel, Hans Peter: Das saubere Reich. Theorie und Praxis des sittlichen Lebens im Dritten Reich. Bern, München, Wien 1972
Blumentritt, Günther: Von Rundstedt. London 1952
Bollmus, Reinhard: Das Amt Rosenberg und seine Gegner. Stuttgart 1970
Botz, Gerhard: Wien vom ›Anschluß‹ zum Krieg. Wien 1978
Bracher, Karl-Dietrich/Wolfgang Sauer/Gerhard Schulz: Die Nationalsozialistische Machtergreifung. Köln 1960
Bracher, Karl-Dietrich: Die deutsche Diktatur. Köln, Berlin [6]1980

Bramstead, Ernest K.: Goebbels und die nationalsozialistische Propaganda. Frankfurt /M. 1971

Brenner, Hildegard: Die Kunstpolitik des Nationalsozialismus. Hamburg 1963

Broszat, Martin: German National Socialism 1919–1945. Santa Barbara 1966

Broszat, Martin: Der Staat Hitlers: Grundlegung und Entwicklung seiner inneren Verfassung. München 1969

Browning, Christopher: The Final Solution and the German Foreign Office. New York 1978

Buchheim, Hans/Martin Broszat/Helmut Krausnick: Anatomie des SS-Staates. Gutachten des Instituts für Zeitgeschichte. TB-Ausgabe München³1982

Buchheim, Hans: Das dritte Reich: Grundlagen und politische Entwicklung. München 1958

Buchheim, Hans: SS und Polizei im NS-Staat. Bonn 1964

Bullock, Alan: Hitler. Eine Studie über Tyrannei. Neuausgabe Düsseldorf 1971

Burden, Hamilton T.: Die programmierte Nation. Die Nürnberger Reichsparteitage. Gütersloh 1970

Carr, William: Adolf Hitler. Persönlichkeit und politisches Handeln. Stuttgart, Berlin, Köln, Mainz 1980

Carsten, F. L.: Die Reichswehr und Politik, 1918–1933. Köln, Berlin 1964

Cecil, Robert: The Myth of the Master Race: Alfred Rosenberg and Nazi Ideology. New York 1972

Cohn, Normann: Warrant for Genocide. London 1967

Collier, Basil: The Battle of Britain. London 1962

Conway, John S.: Die nationalsozialistische Kirchenpolitik 1933–1945. München 1969

Courtade, Francis/Pierre Cadars: Geschichte des Films im Dritten Reich. München 1975

Craig, Gordon: Die preußisch-deutsche Armee 1640–1945. Düsseldorf 1960

Crankshaw, Edward: Die Gestapo. Berlin 1959

Dallin, Alexander: Deutsche Herrschaft in Rußland 1941–1945. Düsseldorf 1958

Dawidowicz, Lucy: Der Krieg gegen die Juden. 1933–1945. München 1979

Delarue, Jacques: Geschichte der Gestapo. Düsseldorf 1964

Deutsch, Harold: Hitler and his Generals. Minneapolis 1974

Dicks, Henry V.: Licensed Mass Murder: A Socio-Psychological Study of Some SS Killers. London 1972

Diels, Rudolf: Lucifer ante portas: Es spricht der erste Chef der Gestapo. Stuttgart 1950

Dietrich, Otto: 12 Jahre mit Hitler. Köln 1955

Documents on German Foreign Policy, 1918–1945. Serie D, 2 Bände

Domarus, Max: Hitler: Reden und Proklamationen, 1932–1945. Neuauflage Wiesbaden 1973

Douglas-Home, Charles: Rommel. München 1974

Duesterberg, Th.: Der Stahlhelm und Hitler. Wolfenbüttel 1949

Eckart, Dietrich: Der Bolschewismus von Moses bis Lenin: Zwiegespräch zwischen Adolf Hitler und mir. München 1924

Farquharson, J. E.: The Plough and the Swastika: The NSDAP and Agriculture in Germany 1928–45. London 1976

Ferencz, Benjamin B.: Lohn des Grauens. Die verweigerte Entschädigung für jüdische Zwangsarbeiter. Frankfurt/M., New York 1981

Fest, Joachim: Das Gesicht des Dritten Reiches. Profile einer totalitären Herrschaft. München 1964

Fest, Joachim: Hitler. Frankfurt/M., Berlin, Wien 1973

Fitzgibbon, Constantin: 20 July. New York 1956

Flitner, Andreas (Hg.): Deutsches Geistesleben und Nationalsozialismus. Tübingen 1965

Fraenkel, Ernst: Der Doppelstaat. Frankfurt/M., Köln 1974; (Fischer Taschenbuch Bd. 4305)

Frank, Hans: Im Angesicht des Galgens. München 1953

Franz-Willing, Georg: Die Hitlerbewegung. Hamburg 1962

Freisler, Roland: Nationalsozialistisches Recht und Rechtsdenken. Berlin 1938

Friedländer, Saul: Kurt Gerstein und die Zwiespältigkeit der Gesten. Gütersloh 1968

Friedländer, Saul: L'Antisémitisme Nazi. Paris 1971

Friedrich, Jörg: Die kalte Amnestie (Fischer Taschenbuch Bd. 4308)

Frischauer, Willi: Ein Marschallstab zerbrach. Eine Göring-Biographie. Ulm 1951

Frischauer, Willi: Himmler. London 1953

Führerlexikon, Das deutsche (Hrsg.: Verlagsanstalt Otto Stollberg) Berlin 1934/35

Funke, Manfred (Hg.): Hitler, Deutschland und die Mächte. Düsseldorf 1977

Galland, Adolf: Die Ersten und die Letzten. Die Jagdflieger im Zweiten Weltkrieg. Darmstadt 1953

Gallo, Max: Der schwarze Freitag der SA. Die Vernichtung des revolutionären Flügels der NSDAP durch Hitlers SS im Juni 1934. Wien, München, Zürich 1970

Gilbert, G. M.: Nürnberger Tagebuch. Frankfurt/M. 1962; (Fischer Taschenbuch Bd. 1885)

Gisevius, Hans Bernd: Adolf Hitler. München 1963

Gisevius, Hans Bernd: Bis zum bittern Ende, 2 Bände. Zürich 1946, einbändige Sonderausgabe Hamburg 1961

Goebbels, Joseph: Vom Kaiserhof zur Reichskanzlei. München[38]1942

Goebbels, Joseph: Tagebücher aus den Jahren 1942–43 (Hrsg. v. Louis P. Lochner). Zürich 1948

Goebbels, Joseph: Tagebücher 1945. Hamburg 1977

Gordon, Harold J.: Hitlerputsch 1923. Frankfurt/M. 1971

Graber, G. S.: Stauffenberg: Resistance Movement within the General Staff. New York 1973

Gruchmann, Lothar: Autobiographie eines Attentäters: Johann Georg Elser. Stuttgart 1970.

Grünberger, Richard: A Social History of the Third Reich. London 1977

Guderian, Heinz: Erinnerungen eines Soldaten. Heidelberg 1951

Hagemann, Walter: Publizistik im Dritten Reich. Hamburg 1948

Halder, Franz: Hitler als Feldherr. München 1949
Hale, Oron J.: Presse in der Zwangsjacke. Düsseldorf 1965
Hallgarten, George W. F.: Hitler, Reichswehr und Industrie. Frankfurt 1955
Hanfstaengl, Ernst: Unheard Witness. Philadelphia 1957
Hassell, Ulrich von: Vom andern Deutschland. Aus den nachgelassenen Tagebüchern 1938–1944. Zürich[3]1949; TB-Ausgabe Frankfurt/M. 1964
Heiber, Helmut: Joseph Goebbels. Berlin 1962
Heiber, Helmut: Walter Frank und sein Reichsinstitut für Geschichte des neuen Deutschland. Stuttgart 1967
Heiden, Konrad: Hitler. Eine Biographie, 2 Bände. Zürich 1936–1937
Helmreich, E.: The German Churches under Hitler. Detroit 1970
Hilberg, Raul: Die Vernichtung der europäischen Juden. Berlin 1982
Hildebrand, Klaus: Deutsche Außenpolitik 1933–1945. Stuttgart, Berlin, Köln, Mainz[4]1980
Hillgruber, Andreas: Hitlers Strategie: Politik und Kriegführung, 1940–1941. Frankfurt/M. 1965
Himmler, Heinrich: Die Schutzstaffel als antibolschewistische Kampforganisation. München 1936
Hitler, Adolf: Mein Kampf, 2 Bände. München 1930
Hoch, Anton/Lothar Gruchmann: Georg Elser. Der Attentäter aus dem Volke. Der Anschlag auf Hitler im Bürgerbräu 1939; (Fischer Taschenbuch Bd. 3485)
Hoeß, Rudolf: Kommandant in Auschwitz. Stuttgart 1958, TB-Ausgabe München 1965
Hofer, Walther (Hg.): Der Nationalsozialismus: Dokumente 1933–1945; (Fischer Taschenbuch Bd. 6084)
Hoffmann, Peter: Widerstand, Staatsstreich, Attentat. Der Kampf der Opposition gegen Hitler: München[3]1979
Höhne, Heinz: Der Orden unter dem Totenkopf. Die Geschichte der SS. Gütersloh 1967
Höhne, Heinz: Canaris. München 1976
Huck, Jürgen: Reichsverkehrsminister Paul Frhr. v. Eltz-Rübenach (in: Unser Porz. Beiträge zur Geschichte von Amt und Stadt Porz). Porz 1961
Hull, David St.: Film in the Third Reich. Berkeley, Los Angeles 1969
Internationales Biographisches Archiv. (Hg.): Archiv für publizistische Arbeit – Munzinger Archiv. Ravensburg 1950ff.
Irving, David: Die Tragödie der deutschen Luftwaffe. Frankfurt/M., Berlin, Wien 1970
Irving, David: Hitlers Krieg. 1. Die Siege 1939–1942. München, Berlin 1983
Jäckel, Eberhard: Hitlers Weltanschauung. Entwurf einer Herrschaft. Tübingen 1969
Jacobsen. H. A.: Nationalsozialistische Außenpolitik 1933–1938. Frankfurt/M. 1968
Just, Günther: Alfred Jodl: Soldat ohne Furcht und Tadel. Hannover 1971
Kater, Michael H.: Das ›Ahnenerbe‹ der SS, 1933–45. 1974
Keegan, John: Waffen SS: The Asphalt Soldiers. London 1970

Kersten, Felix: Totenkopf und Treue. Heinrich Himmler ohne Uniform. Aus den Tagebuchblättern des finnischen Medizinalrates Felix Kersten. Hamburg 1952.
Kesselring, Albert: Soldat bis zum letzten Tag. Bonn 1953
Kissenkoetter, Udo: Gregor Strasser und die NSDAP. Stuttgart 1978
Klarsfeld, Serge (Hg.): Die Endlösung der Judenfrage in Frankreich. 1977
Klee, Ernst: »Euthanasie« im NS-Staat. Die Vernichtung »lebensunwerten Lebens«. Frankfurt/M. 1983; (Fischer Taschenbuch Bd. 4326)
Klee, Ernst: Dokumente zur »Euthanasie«; (Fischer Taschenbuch Bd. 4327)
Klee, Ernst: Was sie taten – was sie wurden. Ärzte, Juristen und andere Beteiligte am Kranken- und Judenmord; (Fischer Taschenbuch Bd. 4364)
Kochan, Lionel: Pogrom: 10. November 1938. London 1957
Kogon, Eugen: Der SS-Staat. Frankfurt/M. 1965
Kogon, Eugen/Hermann Langbein/Adalbert Rückerl u. a. (Hg.): Nationalsozialistische Massentötungen durch Giftgas. Eine Dokumentation. Frankfurt/M. 1983; (Fischer Taschenbuch Bd. 4353)
Kracauer, Siegfried: Von Caligari zu Hitler. Eine psychologische Geschichte des deutschen Films. Frankfurt/M. 1979
Kuhn, Axel: Das faschistische Herrschaftssystem und die moderne Gesellschaft. Hamburg 1973
Kühnl, Reinhard: Die Nationalsozialistische Linke 1925–1930. Meisenheim 1966
Laqueur, Walter: Deutschland und Rußland. Berlin 1965
Laqueur, Walter: Weimar. A Cultural History 1918–1933. London 1974
Laqueur, Walter (Hg.): Fascism: A Reader's Guide. London 1976
Laqueur, Walter: Was niemand wissen wollte. Die Unterdrückung der Nachrichten über Hitlers »Endlösung«. Frankfurt/M., Berlin, Wien 1981
Leber, Annedore (Hg.): Das Gewissen steht auf. 64 Lebensbilder aus dem deutschen Widerstand, 1933–1945. Berlin, Frankfurt/M. [8]1959
Lehmann-Haupt, Helmut: Art under a Dictatorship. Oxford 1954
Lewy, Günther: Die katholische Kirche und das Dritte Reich. München 1965
Lukacs, John: Die Entmachtung Europas. Der letzte europäische Krieg 1939–1941. Stuttgart 1978
Macksey, K. J.: Afrika Korps. London 1972
Mann, Thomas: Tagebücher 1933–1934. Frankfurt/M. 1977
Manstein, Erich von: Verlorene Siege. Bonn 1955
Manvell, Roger/Heinrich Fraenkel: Goebbels. Köln, Berlin 1960
Manvell, Roger/Heinrich Fraenkel: Hermann Göring. Hannover 1964
Manvell, Roger/Heinrich Fraenkel: Himmler, Kleinbürger und Massenmörder. Berlin, Frankfurt/M. 1965
Manvell, Roger/Heinrich Fraenkel: Gestapo. London 1972
Maser, Werner: Die Frühgeschichte der NSDAP. Hitlers Weg bis 1924. Bonn 1965
Maser, Werner: Adolf Hitler. München, Berlin [7]1978
Mason, David: U-Boat: The Secret Menace. London 1972
Mason, David: Who's Who in World War II. London 1978
Mason, Timothy: Arbeiterklasse und Volksgemeinschaft. Opladen 1975
Meinck, Gerhard: Hitler und die deutsche Aufrüstung. Wiesbaden 1959

Meinecke, Friedrich. Die deutsche Katastrophe. Wiesbaden[3]1947
Milward, Allen S.: Die deutsche Kriegswirtschaft 1939–1945. Stuttgart 1966
Mitscherlich, Alexander/Fred Mielke (Hg.): Medizin ohne Menschlichkeit (Fischer Taschenbuch Bd. 2003)
Mommsen, Hans: Beamtentum im Dritten Reich. Stuttgart 1966
Mosse, George: Ein Volk, ein Reich, ein Führer. Königstein 1979
Mosse, George: Der nationalsozialistische Alltag. So lebte man unter Hitler. Königstein 1978
Mosse, George: Nazism. New Brunswick 1978
Müller, Klaus-Jürgen: Das Heer und Hitler, Armee und nationalsozialistisches Regime, 1933–1940. Stuttgart 1969
Nachmansohn, David: German-Jewish Pioneers in Science 1900–1933. New York 1979
Nazi Conspiracy and Aggression, 10 Bände. Washington 1946
Neumann, Franz L.: Behemoth: Struktur und Praxis des Nationalsozialismus 1933–1944. Köln, Frankfurt/M. 1977; (Fischer Taschenbuch Bd. 4306)
Niekisch, Ernst: Das Reich der niederen Dämone. Hamburg 1953
Noakes, Jeremy: The Nazi Party in Lower Saxony 1921–1933. Oxford 1971
Nolte, Ernst: The Three Faces of Fascism. London 1965
Nolte, Ernst (Hg.): Theorien über den Faschismus. Köln/Berlin 1967
Orlow, Dietrich: The History of the Nazi Party 1919–1933. Pittsburgh 1969
Oven, Wilfred von: Mit Goebbels bis zum Ende. Buenos Aires 1949
Papen, Franz von: Der Wahrheit eine Gasse. München 1952
Peis, Günter: Naujocks, l'homme qui déclencha la guerre. Paris 1962
Picker, Henry (Hg.): Tischgespräche im Führerhauptquartier (erweiterte Neuausgabe) 1983
Picker, Henry/Heinrich Hoffmann: The Hitler Phenomenon. London 1974
Poliakov, Léon: La Bréviaire de la haine. Paris 1951
Pridham, Geoffrey: Hitler's Rise to Power. The Nazi Movement in Bavaria. New York 1974
Prittie, Terence: Deutsche gegen Hitler. Tübingen 1965
Der Prozeß gegen die Hauptkriegsverbrecher vor dem Internationalen Militärgerichtshof, 42 Bände. Nürnberg 1947
Raeder, Erich: Mein Leben, 2 Bände. Tübingen 1956/57
Rauschning, Hermann: Die Revolution des Nihilismus. Zürich, New York 1938
Reitlinger, Gerald: Die SS. Tragödie einer deutschen Epoche. Wien, München, Basel 1957
Reitlinger, Gerald: Die Endlösung. Berlin 1961
Ribbentrop, Joachim von: Zwischen London und Moskau. Erinnerungen und letzte Aufzeichnungen. (Hg.: Anneliese v. Ribbentrop). Leoni 1953
Rich, Norman: Hitler's War Aims: The Establishment of the New Order. New York 1974
Riess, Curt: Gustaf Gründgens. Hamburg 1965
Ritter, Gerhard: Carl Goerdeler und die deutsche Widerstandsbewegung. Stuttgart 1956

Roh, Franz: Entartete Kunst. Hannover 1962
Rosenberg, Alfred: Der Mythus des 20. Jahrhunderts. München 1934
Rosenberg, Alfred: Selected Writings. London 1970
Rothfels, Hans: Deutsche Opposition gegen Hitler; (Fischer Taschenbuch Bd. 4354)
Salomon, Ernst von: Der Fragebogen. Hamburg 1951
Schacht, Hjalmar: Abrechnung mit Hitler. Berlin, Frankfurt/M. 1949
Schellenberg, Walter: Aufzeichnungen. Die Memoiren des letzten Geheimdienstchefs unter Hitler (Hg.: Gitta Petersen). Wiesbaden, München 1979
Schirach, Baldur von: Ich glaubte an Hitler. Hamburg 1967
Schirach, Henriette: Der Preis der Herrlichkeit. München 1976
Schlabrendorff, Fabian von: Offiziere gegen Hitler. TB-Ausgabe Frankfurt/M., Hamburg 1959
Schleunes, Karl E.: The Twisted Road to Auschwitz. University of Illinois 1970
Schmidt, Dietmar: Martin Niemöller. Hamburg 1959
Schoenbaum, David: Die braune Revolution. Eine Sozialgeschichte des Dritten Reiches. Köln, Berlin 1968
Schroeder, Rudolf: Modern Art in the Third Reich. Offenburg 1952
Schweitzer, Arthur: Big Business in the Third Reich. London 1964
Seabury, Paul: The Wilhelmstrasse: A Study of German Diplomats under the Nazi Regime. Berkeley 1954
Sereny, Gitta: Am Abgrund. Eine Gewissenserforschung. Gespräche mit Franz Stangl, Kommandant von Treblinka, und anderen. Frankfurt/M., Berlin, Wien 1979
Shirer, William L.: Aufstieg und Fall des Dritten Reiches. Köln, Berlin 1961
Skorzeny, Otto: Geheimkommando Skorzeny. Hamburg 1950
Snyder, Louis L.: Encyclopedia of the Third Reich. London 1976
Smith, Bradley F.: Heinrich Himmler 1900–1926. Sein Weg in den deutschen Faschismus. München 1979
Smith, Bradley F.: Der Jahrhundertprozeß; (Fischer Taschenbuch Bd. 3408)
Speer, Albert: Erinnerungen. Berlin 1969
Speidel, Hans: Invasion 1944. Tübingen, Stuttgart 1949
Spengler, Oswald: Der Untergang des Abendlandes, 2 Bände. München 1922
Spengler, Oswald: Jahre der Entscheidung. München 1933
Stachura, Peter (Hg.): The Shaping of the Nazi State. London 1978
Stephenson, Jill: Women in Nazi Society. London 1975
Stern, J. P.: Hitler. Der Führer und das Volk. München 1978
Stevenson, William: The Bormann Brotherhood. New York 1973
Stockhorst, Erich: Fünftausend Köpfe. Velbert, Kettwig 1967
Strasser, Gregor: Kampf um Deutschland. München 1932
Strasser, Otto: Hitler und ich. Konstanz 1948
Strasser, Otto: History in My Time. London 1941
Strothmann, Dietrich: Nationalsozialistische Literaturpolitik: Ein Beitrag zur Publizistik im Dritten Reich. Bonn 1960
Taddey, Gerhard (Hg.): Lexikon der deutschen Geschichte. Stuttgart 1977

Taylor, A. J. P.: The Course of German History. London 1945
Taylor, A. J. P.: Die Ursprünge des zweiten Weltkrieges. Gütersloh 1962
Tenenbaum, Joseph: Race and Reich. New York 1956
Thies, Jochen: Architekt der Weltherrschaft. Düsseldorf 1976
Thyssen, Fritz: I Paid Hitler. London 1941
Tobias, Fritz: Der Reichstagsbrand. Rastatt 1962
Toland, John: Adolf Hitler. Bergisch-Gladbach 1977
Trevor-Roper, Hugh: Hitlers letzte Tage. TB-Ausgabe Frankfurt/M., Berlin, Wien 1973
Trevor-Roper, Hugh (Hg.): Hitler's War Directives 1939–1945. London 1964
Turner, Henry A., Jr: Nazism and the Third Reich. New York 1972
Tyrell, Albrecht: Vom Trommler zum Führer. München 1975
Vogelsang, Thilo: Reichswehr, Staat und NSDAP. Stuttgart 1962
Waite, Robert G.: Vanguard of Nazism. The Freecorps Movement in Post-War Germany, 1918–1923. Cambridge 1952
Waite, Robert G.: The Psychopathic God: Adolf Hitler. New York 1977
Warlimont, Walter: Im Hauptquartier der deutschen Wehrmacht 1939–1945. Frankfurt/M. 1962
Weinberg, Gerhard L.: The Foreign Policy of Hitler's Germany: Diplomatic Revolution in Europe, 1933–1936. Chicago 1970
Weinberg, Gerhard (Hg.): Hitlers Zweites Buch. Ein Dokument aus dem Jahre 1928. Stuttgart 1961
Weinreich, Max: Hitler's Professors. New York 1946
Weizsäcker, Ernst von: Erinnerungen. München 1950
Wheeler-Bennett, John W.: Die Nemesis der Macht. Die deutsche Armee in der Politik 1918–1945. Düsseldorf 1954
Wiedemann, Fritz: Der Mann der Feldherr werden wollte. Velbert, Kettwig 1964
Wiener Library Bulletin. OS I–XIX, Nr. 3, 1946–65 (Kraus Reprint) München 1978
Wighton, Charles: Heydrich, Hitler's Most Evil Henchman. London 1962
Wilmovsky, Tilo Freiherr von: Warum wurde Krupp verurteilt? Düsseldorf 1962
Wistrich, Robert S. (Hg.): Theories of Fascism. London 1976
Wulf, Josef: Martin Bormann – Hitlers Schatten. Gütersloh 1962
Wulf, Josef: Musik im Dritten Reich – Eine Dokumentation. Gütersloh 1963
Wulf, Josef: Presse und Funk im Dritten Reich. Gütersloh 1964
Wulf, Josef: Theater und Film im Dritten Reich. Gütersloh 1964
Wuttke-Groneberg, Walter: Medizin im Nationalsozialismus. Ein Arbeitsbuch. Tübingen 1980
Young, Desmond: Rommel. Wiesbaden 1950
Zeman, Z. A. B.: Nazi Propaganda. London 1964